化危为机

近距离看IMF

林建海 刘菲 蒋旭峰等 编著

新华出版社

图书在版编目（CIP）数据

化危为机：近距离看IMF / 林建海，刘菲，蒋旭峰编著.
-- 北京：新华出版社，2022.11
ISBN 978-7-5166-6564-0
Ⅰ. ①化… Ⅱ. ①林… ②刘… ③蒋… Ⅲ. ①国际货币基金组织 - 研究
Ⅳ. ①D813.7
中国版本图书馆CIP数据核字（2022）第223026号

化危为机：近距离看IMF

编　　著： 林建海　刘　菲　蒋旭峰

出 版 人： 匡乐成　　**责任校对：** 刘保利
责任编辑： 张　谦　樊文睿　　**封面设计：** 今亮后声 · 小冉

出版发行： 新华出版社
地　　址： 北京石景山区京原路8号　　**邮　　编：** 100040
网　　址： http://www.xinhuapub.com
经　　销： 新华书店、新华出版社天猫旗舰店、京东旗舰店及各大网店
购书热线： 010 - 63077122　　**中国新闻书店购书热线：** 010 - 63072012

照　　排： 六合方圆
印　　刷： 河北鑫兆源印刷有限公司

成品尺寸： 170mm × 240mm　1/16
印　　张： 35　　**字　　数：** 520千字
版　　次： 2023年9月第一版　　**印　　次：** 2023年9月第一次印刷

书　　号： ISBN　978-7-5166-6564-0
定　　价： 138.00元

前　言

“变化是一个永恒的不变量”，这是国际货币基金组织（IMF）前总裁拉加德经常提到的一句话。“变化在路上”是IMF现任总裁格奥尔基耶娃经常强调的观点。为什么两任IMF总裁都强调“变化”的重要性？

流水不腐，户枢不蠹。纵观IMF发展史，我们不难发现，正是由于顺应全球经济格局的重大变化和IMF自身比较有效的应变和持续改革，才使IMF从无到有、从小到大、革故鼎新，发展成当今在全球经济和金融领域中举足轻重的国际机构。面对变化和挑战，勇于改革、不断改进，是IMF历久弥新的主要原因，也是我们希望通过本书向读者传达的一个重要信息。

本书全景式地解读了全球经济近几十年来的发展趋势和未来面临的重大挑战，IMF如何分析、监督全球经济的发展与影响，并如何帮助成员国在历次全球经济金融危机中共渡难关，恢复经济稳定和增长。IMF生在危机，长在危机，帮助成员国应对危机、化危为机也就成为它的重要职责。

全书分六部分，共二十一章，分别是：第一部分，巨变中的全球经济与IMF（第一章至第六章）；第二部分，IMF的全球经济监督职责与作用（第七章至第十二章）；第三部分，IMF的双边国别经济监督功能（第十三章至第十四章）；第四部分，国际资本流动、债务分析与主权债务重组（第十五章至第十七章）；第五部分，IMF信贷政策设计与资金来源（第十八章至第十九章）；第六部分，新课题（第二十章至第二十一章）。

第一部分　巨变中的全球经济与 IMF（第一章至第六章）

本书首先从全球视角来介绍和分析世界经济在近几十年间的重大变化，以及未来的发展趋势和挑战。全球经济产出总量自 20 世纪 40 年代第二次世界大战以来呈指数级增长，增长量远超过去两千年增长的总和。风起云涌的经济全球化，全球贸易金融深度互联，划时代的信息通信技术和密切的人文往来，为世界开辟了前所未见的发展空间。

在这个大变化的时代，我们需要对全球经济发展中的重大变化和挑战有深刻的了解，才能更好地把握潮流、共同发展。特别是 2008 年全球金融危机和 2020 年新冠肺炎疫情引发的经济衰退和动荡给全球带来了十分严重的影响和前所未有的变数。近期以来，不断加剧的地缘政治冲突和贸易“碎片化”又给全球经济增添了诸多不确定性。在过去数十年间，全球经济发生了哪些重大变化？在后疫情阶段，全球经济又将何去何从？国际社会，包括 IMF，又将如何应对这些变化，并促进全球经济持续增长？这些问题将在第一章进行分析和讨论。

21 世纪初，由于美国和欧元区许多国家的信息技术行业和房地产业快速发展，众多发达和发展中国家的经济呈现一片前所未有的欣欣向荣景象。然而，繁荣外表下悄悄酝酿着一场金融风暴。2008 年，世界经济被卷入了一场破坏力极强的全球金融危机，在十多年后，其给全球经济带来的负面影响仍没有完全消失。2020 年，又出现了新冠肺炎疫情大流行，给全球经济带来了自 20 世纪 30 年代大萧条以来最严重的冲击。

在与这些全球危机的较量中，国际社会普遍认为，IMF 扮演了重要角色，成为家喻户晓的应对全球危机的“救火队”。IMF 给陷于危机的国家提供的信贷有力地支持了它们渡过难关，并通过经济政策监督、改革措施和技术援助，帮助这些国家重返经济增长的正轨。

那么，IMF 是在什么情况下建立的？在全球经济金融危机的风风雨雨中，它又是怎样走过来并不断发展壮大的？展望未来，IMF 在哪些方面需要继续改革，才能与时俱进并更好地造福于成员国和国际经济社会？第二章将就这些问题向读者进行阐述。

英国著名经济学家凯恩斯是当年 IMF 的创始人之一。如果他还健在并有机会来 IMF 参观访问，他也许会惊讶地发现，近八十年过去了，世界经济发生了翻天覆地的变化，IMF 在全球经济金融体系中仍然发挥着举足轻重的作用。他或许会想，IMF 经历了这么多风风雨雨之后，其职能与治理发生了哪些重大变化？如果在当今世界经济版图中重建 IMF，其职能与治理框架又该如何规划？凯恩斯不能完全预见未来的这些变化，但他当年与其他创始人所追求的多边主义与国际合作的精神如今依然适用。要使 IMF 在当今国际局势下继续发挥其应有的作用，IMF 必须顺势而为，不断改革前行。有关 IMF 的宗旨、主要职能、治理结构演变及挑战等内容将在第二章中进行介绍和分析。

2016 年，国内外媒体对 IMF 特别提款权（Special Drawing Rights，SDR）和相关话题进行了大篇幅报道，IMF 认定人民币为国际“可自由使用货币”，并决定从 2016 年 10 月 1 日起，将其纳入由美元、欧元、日元和英镑共同组成的 SDR 货币篮子。IMF 时任总裁拉加德在执行董事会结束后表示：“执行董事会关于将人民币纳入 SDR 货币篮子的决定，是中国经济融入全球金融体系的一个重要里程碑。它是对中国在过去多年来在改革其货币和金融体系方面取得的成就的认可。中国在这一领域的持续推进和深化，将推动建立一个更加充满活力的国际货币和金融体系。”2021 年 6 月 25 日，IMF 执行董事会讨论决定向成员国发行分配 6500 亿美元的特别提款权，以帮助他们应对 2020 年新冠肺炎疫情危机给经济带来的冲击。

那么，什么是特别提款权（SDR）？它在全球经济金融危机中发挥什么样的作用？人民币加入 SDR 货币篮子的意义何在？第四章主要介绍 SDR 的演化和运作机制，包括其创设的背景、分配、利率、交易、定值及 SDR 能否在未来成为超主权国际储备货币。

纵观数十年来国际经济的发展与变化，我们会惊奇地发现，似乎每隔十年左右，全球经济金融危机就会卷土重来。从 20 世纪 70 年代两次石油危机引发的经济衰退，到 20 世纪 80 年代的拉美债务危机，再到 20 世纪 90 年代末的亚洲金融危机，然后又遭遇 2008 年全球金融危机和 2020 年新冠肺炎疫情引发的经济衰退，全球经济金融危机的发生似乎是不可避免的轮回。

然而，这些全球经济金融危机都发生在 20 世纪 70 年代初布雷顿森林体系崩溃之后，特别是 2008 年全球金融危机的爆发再次凸显了以美元为主要国际储备货币的缺陷，引发了国际社会对国际货币体系现状和未来的热烈讨论。在 2011 年法国戛纳 G20 峰会上，如何改革国际货币体系提上了议事日程，包括如何对全球经济和金融体系进行监督，如何加强全球金融安全网的建设和最后贷款人的安排，以及如何改善国际货币体系治理机制等。在 2020 年新冠肺炎疫情发生后，关于国际货币体系改革的讨论又见诸报端。在全球经济日益多元化的背景下，我们该如何思考当今国际货币体系以主权货币作为主要储备货币的挑战？如何未雨绸缪地引领国际储备货币的多元化？

第五章将详细介绍这些危机与国际货币体系的关联和国际货币体系的主要演进历史和展望，帮助读者更好地了解历史和洞悉未来，更全面地理解当今国际货币体系的利弊和发展趋势。第六章则着重讲述在当前国际货币体系中的国际经济治理，包括有哪些主要国际机构参与、如何制定和推行国际经济治理的规则与惯例，在新兴和发展中国家实力兴起、科技与气候变化带来全新挑战等大趋势下，国际经济治理又将如何改进，以维护全球经济稳定发展并造福全人类等问题。

第二部分　IMF 的全球经济监督职责与作用（第七章至第十二章）

经济监督、贷款和能力建设（也称技术援助）是 IMF 的三大核心职责。其中，经济监督是一项内容广泛而丰富的工作，涵盖了 IMF 对国际货币体系的运转和各成员国经济金融政策予以监督和评估的整个过程。通过监督工作，IMF 会分析成员国以及国际经济中的潜在风险，提出适当的政策建议，从而促进各国和全球经济的稳健增长。

经济金融政策是国家主权的重要组成部分。当一个国家制定和执行这些政策时，其首要目的是维护本国经济的稳定发展。IMF 是如何有效地开展和推进这方面的工作的？其监督工作的法律依据又是什么？第七章将围绕这些问题，向读者介绍 IMF 在成员国、不同区域和全球层面如何履行其双边和多边监督的职能，并通过这项工作促进成员国经济的稳定和持续增长，从而维护国际货币体系的健康运行。

本书第八章至第十章将系统介绍IMF对全球经济金融体系进行多边经济监督中最重要的三大旗舰报告:《世界经济展望》《全球金融稳定报告》和《财政监测报告》。这些报告是IMF多边监督工作的重要环节，是综合众多经济学家对全球经济金融发展趋势监测分析结果的重要宏观经济报告。IMF如何开展这项工作?其覆盖范围和研究方法又是什么?为什么大家说IMF的《世界经济展望》是分析、研究和预测世界经济发展动态的晴雨表?IMF在这方面的工作与报告和其他国际机构有何不同?这些问题将是第八章介绍的重点。面对复杂多变的国际金融市场，《全球金融稳定报告》采用了哪些研究方法以确保其分析和评估的严谨性和权威性?在新冠肺炎疫情发生后，IMF关注哪些与国际金融市场相关的重点议题?这些问题将在第九章阐述。IMF财政监督有何历史渊源?IMF如何就财政问题进行双边和多边监督?《财政监测报告》监督和研究的重点方向有哪些?在经济周期中，财政监督的作用和途径又是怎样的?近期IMF财政方面关注的重点和方向又是什么?这些问题将在第十章分析和介绍。

作为一个维护国际货币体系稳定的国际机构，IMF的一项主要职责就是维护全球经济的平衡发展。而全球各国汇率政策、汇率水平和对外经济部门的平衡程度则直接影响全球经济平衡。因此，对成员国的汇率和国际收支进行分析和监督成为IMF工作的重要组成部分。在其工作中，IMF也在不断改革和完善其对成员国汇率有关政策的分析和监督。第十一章介绍的就是IMF在这方面所做的工作和努力。

一方面，IMF的190个成员国遍布全球五大洲，经济发展情况差异巨大，面临的问题和挑战也各不相同。鉴于全球各区域经济发展情况的差异性，深入分析有关区域的经济状况并单独撰写分析报告就十分必要。另一方面，随着全球化和区域一体化进程的不断推进，在同一个区域内的国家面临越来越多的共同问题，需要从整个区域而不是单个国家的视角来了解和审视这些问题，共同寻求解决方案。IMF的五大区域经济展望报告应运而生，它们是IMF多边经济监督的重要组成部分，也是IMF《世界经济展望》的延伸和有益补充，能给各个地区的经济发展和政策实施提供具有针对性和时效性的分析研究，获得了成员国政策制定者、研究机构、其他方面的广泛关注和重视。第十二章将详细介绍这些区域经济展望报告的由来、分析研究的方法和覆盖的内容。

第三部分　IMF 的双边国别经济监督功能（第十三章至第十四章）

IMF 身负维护全球经济、金融稳定的使命，对于危机中的成员国来说，IMF 无疑扮演着“消防队”的角色。众所周知，作为“消防员”的 IMF 经济学家和专家队伍通常由毕业于全球知名高校的专业人才构成。尽管拥有高等学历和出众的教育背景，但他们在 IMF 开始职业生涯后，会通过 IMF 为其员工设置的系统的培训体系，继续不断接受培训和学习。这些内部培训将经济学理论与工作实践相结合，使他们迅速成长为具备分析和解决实际经济问题能力的经济学家，参与对成员国及全球经济的各项工作。

无独有偶，在过去二三十年中，IMF 也成了全球各大银行和其他金融机构的中国区首席经济学家的“摇篮”。许多金融机构的中国经济分析团队中的主要研究人员曾供职于 IMF。他们吸取了 IMF 宏观经济分析框架的有关内容，将其与中国经济特点相结合，提供了广泛且严谨的分析，为中国宏观经济预测分析做出了贡献。

在 IMF 的众多培训课程中，许多人公认的最具有实用价值和经济政策意义的课程之一就是金融规划与政策（也称宏观经济分析框架）。这个框架覆盖宏观经济分析的主要理论和具体方法。在该分析框架下，经济是一个不断变化、相互影响的系统，一个经济变量的改变可能会“牵一发而动全身”。基于这个前提，解决大多数经济问题时，都必须综合考虑政策组合的互动作用。这也是 IMF 宏观经济分析、研究和预测方法中较为突出的特点之一。本书第十三章将围绕宏观经济分析框架，详细介绍和分析宏观经济各部门之间的关联性及其经济理论基础和实际运用，并解答 IMF 近年来为何多次指出金融的脆弱性和结构性改革的重要性，并强调其对宏观经济稳定和政策有效性的影响。

经常会有关心 IMF 的人士问起，什么是 IMF“第四条款磋商”，这个成员国的年度经济“体检”又有什么意义？近年来，中国媒体常常大幅报道 IMF 工作人员和第四条款磋商小组访问中国的情况，尤其关注访问小组对中国经济走势的分析和预测。IMF 如何进行磋商访问，这些访问的目的和工作重点又有哪些？IMF 工作人员又是如何准备和开展这项工作的？第十四章将介绍 IMF 工作小组是如何以该框架为轴心，与成员国进行第四条款磋商和金融部门评估工作，包括第四条款磋商和金融部门评估工作的目标、准备流程、报告撰写和审阅过程等内容。

第四部分　资本流动、债务分析与主权债务重组（第十五章至第十七章）

众所周知，跨境资本流动是国际经济、贸易发展的必然结果之一。跨境资本流入，特别是直接投资对一国的经济发展有着巨大的促进作用。但是，资本流动也可能对经济发展造成冲击。纵观近几十年来的多次全球经济金融危机，几乎每一次危机的发生，都与资本流动的剧烈波动紧密相关。鉴于这种复杂性，国际资本流动问题一直备受关注。

既然资本流动对经济发展如此重要，那么 IMF 如何研究和分析资本流动带来的利与弊？它又如何帮助成员国规划和建立管理资本流动的框架与举措？这些政策措施与建议产生的效果又如何？第十五章将就这些问题向读者进行介绍。

自 2008 年全球金融危机以来，全球公共债务大幅上升，引发了 IMF 各成员国的担忧。在 2020 年新冠肺炎疫情引发的危机期间，伴随各国大规模的财政刺激计划、全球经济萎缩和政府收入下降，全球公共债务规模激增。据 IMF 估算，截至 2020 年底，全球公共债务与 GDP 占比已接近 100%，是有史以来的最高点。许多国家，特别是低收入国家，面临沉重的债务负担，给经济复苏和持续增长带来严重的挑战。

对一个国家融资和债务偿还能力的分析，也是 IMF 宏观经济政策评估的重要组成部分之一。这一评估在 IMF 向成员国提供贷款时尤为重要，因为其结果可能影响贷款发放的时间和数额，以及是否需要国际债务重组。为更好地发现、预防和解决潜在债务危机，IMF 制定了公共和外部债务可持续性分析框架，并积极推进和建立高质量的债务数据库，以帮助成员国及时了解有关国家的债务情况。这一框架将在第十六章着重进行探讨。

IMF 制定的公共和外部债务可持续性分析框架不仅可用于分析各个国家债务状况对其宏观经济政策的影响，在衡量全球债务负担，是否需要国际协调、援助等方面也至关重要。比如，2020 年新冠肺炎疫情引发了自第二次世界大战以来最严重的全球经济衰退，许多中低收入国家出现了严重的流动性困难和债务偿付能力不足，各国大规模的治疫措施使公共债务达到前所未有的水平。新冠肺炎疫情引发的债务大幅增长突显了主权债务问题对国际金融稳定性的冲击，使之成为国际公共政策中的一个重点问题。为此，在 2020 年，G20 发起了“暂缓最贫困国家债务偿付倡议”，要求其成员国官方债权人在有限的时期内暂缓 73 个低收入和中低收入国家的债务偿付。同年 11 月又宣布了“缓债倡议后续债务处理共同框架”，进一步帮助这些国家解决主权债务问题。

作为维护国际货币和金融稳定的国际机构，观察人士认为，IMF 近几十年来在预防和解决主权债务危机方面发挥了核心作用。金融市场的全球化虽然带来了众多益处，但也多次导致因过度负债而产生的危机，不但给个别国家造成了严重的经济困难，也给整个全球经济金融系统带来了重大风险。因此，IMF 的一项重要工作就是设法妥善化解主权债务危机，从而使债务国能够走出债务泥潭，恢复经济增长活力，并防止一个国家的债务危机发生系统性蔓延而影响其他成员国。

第十七章将介绍 IMF 主权债务政策的法律基础、起源和演变，分析对官方和私营部门债权人参与主权债务重组所采取的各种方法，总结 2008 年全球金融危机后 IMF 对其主权债务政策的重新评估，并讨论如何发起并参与帮助重债穷国减免外债的国际倡议等。

第五部分　IMF 信贷政策设计与资金来源（第十八章至第十九章）

国际社会间紧密合作无疑是防范和解决经济金融危机的重要途径，而 IMF 在协调和组织危机防范与应对危机方面发挥着不可替代的作用。在国际社会面临的每一场危机中，IMF 的信贷政策和危机应对措施无一例外地成为解决危机的关键。IMF 是如何规划和设计其信贷政策的？其信贷的目标、工具和条件又有哪些？IMF 的信贷在帮助成员国克服经济金融危机中发挥了哪些作用？在帮助成员国制定经济调整改革中又有哪些经验与教训？第十八章将以 IMF 信贷政策框架的历史和发展路径为基础，进一步讨论 IMF 帮助成员国解决危机的设计思路和实践，并与读者共同探讨 IMF 在历次重大全球危机中的所作所为。

浏览 IMF 官方网站，有几组数字常常引起人们的好奇和关注。比如，IMF 的可贷资金高达约 1 万亿美元、IMF 向成员国承诺的信贷总额已超 2500 亿美元、IMF 2020—2021 年度财政预算达 11 亿美元等。在我们和外界的交往中，许多人常常会问，IMF 的钱是从哪里来的？它难道不像联合国那样依靠成员国缴纳的会费来维持运营开支吗？“钱”对 IMF 来说，并不是一个陌生的字眼。实际上，IMF 中的“M”就是“货币”。也正因为它有“钱”，才使它不同于许多其他国际机构，也使它能在风云变幻的国际经济舞台上，发挥其独特的作用。当然，IMF 的“钱”都来自其 190 个成员国。因而，IMF 在履行其职能时，特别是在帮助成员国应对经济金融危机的过程中，应充分有效地利用这些资金来为其成员国服务，并维护国际货币体系的稳定和运转。第十九章主要介绍 IMF 的信贷资金来源、结构和操作，其收入模式和资金风险管理，以及 IMF 如何使用这些资金为其成员国服务。

第六部分　新课题（第二十章至第二十一章）

IMF 的重要职能是通过国际合作来维护全球货币和金融稳定，包括近几年兴起的金融科技和数字货币。第二十章将探讨数字货币的应用以及更广泛的金融服务数字化将如何影响 IMF 的相关职能，并阐述 IMF 对数字货币和金融科技的分析与研究，以及如何帮助成员国应对数字货币和金融科技带来的影响。本章将首先讨论数字货币的意义、影响及前途，以及金融科技对金融体系结构可能带来的冲击，然后介绍 IMF 近年来在这个领域的分析研究及下一步的工作计划。

随着科技进步和各种新型媒体平台和网络媒体的出现，传统的信息交流渠道，包括纸媒、广播、电视等受到了很大的冲击。为了更好和更快地与全球各国各界高效交流，更广泛倾听社会大众的诉求，并将 IMF 的观点、分析和建议更有效地传播出去，IMF 在原有传统信息交流渠道的基础上，利用新信息技术和新媒体平台，在信息交流方面进行了大量的探索和创新。第二十一章将介绍与分析现代信息交流工作在经济决策中的作用，也将介绍 IMF 在信息交流工作方面的经验。

诸多 IMF 中国职员为本书的编写付出了辛勤的努力并做出了巨大的贡献，他们都在相关领域积累了丰富的工作经验，在工作之余，将自己的知识、心得体会和所见所闻分享介绍给读者。除我们三位主要编著者（第一章至第六章及第十章的撰稿及全书的审阅和统稿），其他章节作者包括丁鼎（第七章），张帆（第八章），徐绎之（第九章），李彬（第十章的前半部分），陆茵秋（第十一章），方向明（第十二章），李向明（第十三章），柳雪、徐腾腾（第十四章），林慧丹（第十五章），展再金（第十六章），刘岩（第十七章），余江岩（第十八章），张睿锋（第十九章），何东（第二十章），马德志（第二十一章）。如果没有他们的鼎力相助和辛苦付出，本书是不可能顺利完稿的。

值此付梓之际，我们谨向所有关心和支持本书编写的同事和朋友们致以衷心的感谢。IMF 许多部门及同事给予我们很大的支持和鼓励。我们要特别感谢 IMF 发言人和信息交流部原主任 Gerry Rice 先生对本书从构思和动笔到完稿和审阅全过程中提供的巨大支持和良多建议。我们也要感谢 IMF 亚洲与太平洋部原主任、现韩国央行行长 Changyong Rhee 先生，IMF 战略、政策与审查部主任 Ceyla Pazarbsioglu 女士，IMF 秘书长 Ceda Ogada 先生，IMF 中东与中亚部主任 Jihad Azour 先生。IMF 现任法律部副法律总顾问刘岩博士除撰稿第十七章之外，热情支持本书的撰写工作，还抽时间帮助审阅了部分其他章节并提出了宝贵建议，在此表示诚挚谢意。IMF 信息交流部的许多同事（如 Patricia Loo 女士、Linda Kean 女士、Mintaro Oba 先生等）也为本书的顺利出版付出了辛勤的劳动。该部的高级新闻官严婷女士，利用假期时间对本书的所有初稿进行了仔细和认真的审阅并在其他方面提供了帮助和支持，在此表示衷心谢意。龚思铭博士对本书第十三章和第十五章以及参考文献进行了细致的修订，在此也表示诚挚感谢。我们也要感谢国家外汇管理局中央外汇业务中心首席经济学家缪延亮、剑桥大学的 John Chang，以及其他诸多朋友为本书提供的热情帮助和关心。新华出版社的多位领导和编辑，尤其是樊文睿、张谦和江文军等几位老师为本书的编辑和出版工作付出了艰辛的努力，他们一丝不苟的工作态度使我们受益良多，在此也一并表示衷心感谢。

本书是各位作者利用工作之余撰写的，只代表作者自己的观点和看法，并不代表 IMF 执行董事会、管理层、成员国和本书中提到的其他机构的观点。由于本书涉及众多复杂的议题，加之编著者水平有限，难免会有疏漏和不当之处，恳请读者不吝指正。希望本书能成为广大读者了解全球经济重大发展趋势和挑战以及 IMF 在国际货币金融体系中重要作用的一扇窗口，并在阅读本书时受益。

林建海、刘菲、蒋旭峰

2022 年末

序言一　新的布雷顿森林体系时刻

克里斯塔利娜·格奥尔基耶娃
国际货币基金组织（IMF）总裁

2020 年 8 月，那场前所未有的、对全球经济造成巨大冲击的新冠肺炎疫情仅发生几个月之后，我访问了位于美国新罕布什尔州的布雷顿森林会议会址。

这是 IMF 诞生的地方。1944 年，IMF 的 44 个创始成员国代表在此签署了《IMF 协定》。站在 IMF 创始人曾经驻足之处，我深刻地反思了他们当时面临的两个艰巨使命：面对“二战”后的满目疮痍，重建家园；为建设更加和平、繁荣的战后世界奠定基础。

2020 年至今，新冠肺炎疫情已经持续了两年多时间，给全球经济和我们的生活带来了深远的影响。同时，2022 年俄乌冲突所引发的冲击在全世界蔓延和回荡，使国际局势变得更加复杂。我们面临的是处于极为复杂的全球环境中的一场重叠危机。

如今，就像我们的创始人在布雷顿森林所做的那样，我们也面临着两项艰巨的任务：一是迅速应对持续存在的危机；二是建设更美好的明天。我们需要一个新的布雷顿森林时刻。

自从 1944 年布雷顿森林体系成立以来，这个由 44 个创始成员国建立的 IMF 经历了风风雨雨，成长为现在拥有 190 个成员国、约 2700 名员工的国际机构。IMF 始终致力于应对瞬息万变的全球挑战，并有力地支持成员国应对这些挑战。IMF 与成员国的合作，包括与中国的牢固伙伴关系，为我们的未

IMF 现任总裁格奥尔基耶娃

来奠定了坚实的基础。

我们有能力创造并把握住一个新的布雷顿森林时刻，让世界变得更美好。我们怎样才能实现这一目标呢？这需要通过有效地发挥 IMF 的职能，包括通过向成员国提供贷款、能力发展、政策建议、经济监督和研究等，实现以下三项关键政策要务。

第一要务是制定正确的经济政策。

即使是在如今复杂的全球经济环境下，布雷顿森林体系建立的初衷依然成立。特别是，审慎的宏观经济政策和强有力的机构能力对于促进经济增长、创造就业和提高人民生活水平至关重要。如今，对 IMF 的许多成员国而言，这意味着需要采取有力的政策措施来应对通货膨胀和债务负担等迫在眉睫的问题。

我们也知道，“一刀切”式的、对所有成员国都普遍适用的经济政策并不存在。有效的政策必须要根据各国的具体情况和需要进行制定和调整。我们必须认真地考虑和安排财政支出的优先顺序，比如在社保、医疗、教育等方面支出的优先顺序，并在这方面加强对最脆弱群体的保护。制定可信的中期财政路径将有助于创造所需的政策空间，同时避免损害公共债务的可持续性。

IMF 将继续秉承其使命，为成员国提供帮助，并协助其经济政策的制定和实施。在 2022 年春季会议前，IMF 对成员国发放的贷款就已超 3000 亿美元，这些贷款为处于困境中的成员国提供了巨大的资金支持。2021 年夏季实施的 6500 亿美元特别提款权（SDR）分配也是如此。低收入国家正将其分配到的 SDR 的多达四成用于控制新冠肺炎疫情、加强疫苗供给等用来保护人民的生命和生计的优先支出。

我想强调的第二个政策要务是必须坚持以人为本。

为了充分发挥稳健经济政策的好处，我们必须增加对人力的投资。这意味着要保护脆弱群体，提升人力和实体资本以支持经济的持续增长与韧性。

新冠肺炎疫情突显出一个完善稳健的卫生体系的重要性。

不断加剧的不平等现象和快速发展的科学技术需要强有力的教育和培训体系的支持。教育的发展能为社会进步、经济发展提供更多机会并缩小不平等差距。

加快推动性别平等可能成为全球性的变革因素。对于性别不平等最严重的国家，推动性别平等能使 GDP 平均增长 35%。

此外，投资年轻人就是投资我们的未来。我们需要为年轻人提供医疗服务和教育，为他们提供互联网，让他们接触到方兴未艾的数字革命。

当今世界面临层出不穷的新课题，这些课题对 1944 年布雷顿森林体系的创始人来说简直不可想象。然而，这些新课题，包括帮助劳动者获得新的技能使其适应日益数字化的经济，释放央行数字货币等创新的潜力，以及完善加密资产的监管框架等对 IMF 成员国来说至关重要。

第三个政策要务是迅速果断地应对气候危机。

最新的证据充分表明，地球面临的气候威胁并未消失。相反，这种威胁正在加剧。全球各国必须行动起来，适应气候变化，采取措施减轻气候威胁，并增强抵御冲击的能力。

我们知道需要做什么。我们需要一个全方位的解决途径，包括碳定价、可再生能源投资、借助经济增长转型减少能源消耗强度等多管齐下的举措，并为那些因为绿色转型而遭遇冲击的群体提供补偿和新的机会。IMF 正在这一领域加大工作力度，包括设立一个全新的“复苏及可持续基金”。我们面临着一个历史性的机遇来建设一个更加绿色、更加繁荣、有更多就业机会的世界。

尽管 IMF 成员国面临的挑战不断变化，但上述三项政策要务，即良好的经济政策、以人为本的政策、气候行动，将作为布雷顿森林新时刻的关键支柱而继续存在。中国已经并将继续推动这些政策的实施，并在推动全球多边共同努力中发挥重要作用，IMF 高度重视双方的合作。

我为IMF的员工感到自豪，他们辛勤工作，迅速适应新的挑战并不断创新；他们兢兢业业，为帮助成员国应对迫在眉睫的危机和共建美好未来而不断努力，为迎接新的布雷顿森林时刻奉献自己的智慧和汗水。

林建海博上作为 IMF 的前秘书长，与秘书部的所有成员站在了这项工作的第一线。在 2020 年新冠肺炎疫情爆发后关键的头几个月中，林建海博士及其团队的无私奉献和大量宝贵建议，为 IMF 成员国提供了极为关键的帮助和支持。如今，林建海博士将他多年在 IMF 和国际经济金融舞台工作的宝贵经验融入本书，第一次与读者分享他不可或缺的观点和思路，向读者介绍 IMF 如何从一次次的危机中适应、创新和成长。

A New Bretton Woods Moment

Kristalina Georgieva

Managing Director of the IMF

In August 2020, months into a crisis like no other — the COVID-19 pandemic and its economic impact around the world — I paid a visit to Bretton Woods, New Hampshire, the United States.

In 1944, our founders — 44 men — had signed the Articles of Agreement creating the International Monetary Fund (IMF) at Bretton Woods. Standing where our founders once stood, I reflected on the fact that they faced two massive tasks: to deal with the immediate devastation caused by the War; and to lay the foundation for a more peaceful and prosperous postwar world.

Today, more than two years into the pandemic which turned our lives and our economies upside down has been compounded by a war whose shockwaves continue to spread and reverberate throughout the world. We now face a crisis upon a crisis, bringing about the most universally complex policy environment of our lifetime.

Once again, just as our founders did at Bretton Woods, we face two massive tasks: to urgently tackle ongoing crises today and build a better tomorrow. We need a new Bretton Woods moment.

But since the Bretton Woods in 1944, the IMF that began in a room with 44 men now has 190 member countries, approximately 2,700 staff, and a continuing commitment to adapt to support our member countries through these rapidly evolving challenges. Our collaboration with and for our member countries, including the strong partnership between China and the IMF, gives us a firm foundation for the future.

We have the capacity to create — and seize — a new Bretton Woods moment to transform our world for the better — and we must. How? By using the tools at our disposal — financing, capacity development, policy advice, economic surveillance and research — to deliver on three key policy imperatives.

First, the right economic policies.

What was true at Bretton Woods remains true today. Prudent macroeconomic policies and strong institutions are critical for growth, jobs, and improved living standards. Today, for many of our member countries, this means tackling inflation and debt.

One size does not fit all — policies must be calibrated to individual country needs. Spending must be carefully prioritized — on safety nets, health, and education — and targeted to the most vulnerable. A credible medium-term fiscal path can help create the space needed to deliver this support, without compromising public debt sustainability.

We have been, and will continue to be, there for our member countries — supporting their policies. IMF lending — over $300 billion as of the 2022 IMF Spring Meetings — has helped our member countries significantly. Our historic $650 billion SDR allocation in summer 2021 has also supported our most vulnerable members; low-income countries are using up to 40 percent of their SDRs on Covid-related priorities, like vaccines and other essential spending that help protect the lives and livelihoods of their people.

That brings me to our second imperative: policies must be for people.

To reap the full benefits of sound economic policy, we must invest more in people. That means protecting the vulnerable. It also means boosting human and physical capital to underpin growth and resilience.

Covid-19 has underscored the importance of strong health systems.

Rising inequality and rapid technological change demand strong education and training systems — to increase opportunity and reduce disparities.

Accelerating gender equality can be a global game-changer. For the most unequal countries, closing the gender gap could increase GDP by an average of 35 percent.

And investing in our young people is investing in our future. They need access to health and education, and also access to the internet — because that helps give them access to the unfolding digital revolution.

This includes evolving priorities that would have been unthinkable to our founders at Bretton Woods, but are crucial to our members today: reskilling workers for an increasingly digital economy; unlocking the potential of innovations such as central bank digital currencies; and strengthening the regulatory framework around crypto-assets.

Our third imperative: tackle the climate crisis — urgently and boldly.

The latest evidence is overwhelming: the threat to our planet from climate change is not going away. On the contrary, it is getting worse. We must mitigate it everywhere, adapt where necessary, and build resilience against the shocks to come.

We know what needs to be done: a comprehensive approach including carbon pricing, investment in renewables, and rebalancing to reduce the energy intensity of growth, with compensation and new opportunities for those adversely affected by the green transition. The IMF is stepping up to help, including through a new Resilience and Sustainability Trust. We have a historic opportunity to build a greener world — and also a more prosperous and job-rich one.

Although the nature of the challenges facing our member countries will continue to evolve, these three policy imperatives — sound economic policies, policies for people, and climate action — will endure as the defining pillars of this new Bretton Woods moment. China has played — and will continue to play — a vital role in advancing multilateral efforts across these policy pillars. We highly value our cooperation.

I am proud of the IMF staff, who worked day and night, adapting and innovating in difficult circumstances to help our members achieve a new Bretton Woods moment — to tackle urgent crises now and build forward better.

Dr. Jianhai Lin, in his role as Secretary of the IMF, and his team in the Secretary's Department were on the front lines of this effort, providing invaluable contributions, dedication, and advice to help support our members in the critical first months of the Covid pandemic. Here, for the first time, is Dr. Lin's indispensable perspective, grounded in his years of experience, on how the Fund adapts and evolves for its member countries.

序言二　不断创新的国际货币基金组织[①]

克里斯蒂娜·拉加德

欧洲中央银行行长、IMF 前总裁

国际货币基金组织（IMF）诞生于第二次世界大战的硝烟中。面对千疮百孔的全球经济，当时世界各国急需齐心协力，重铸多边主义，共同避免重复那些破坏和毁灭性的错误。

各国认识到，如果大家为了共同利益而携手努力、互相帮助，那么每个人都可以共享繁荣。因此，各国没有局限于封闭狭隘和国家利益至上，而是选择了精诚合作与全球共同利益。这是一个非常强大的理念。在过去七十多年里，全球经济发生了巨大变化，但这一理念经受住了时间的考验。

英国财政部的约翰·凯恩斯和美国财政部的哈里·怀特是布雷顿森林体系的两位主要缔造者。深受第一次世界大战的影响，多边主义和国际秩序在贸易保护主义和货币竞争性贬值中崩塌。崩溃的世界贸易加深了大萧条的冲击，造成了巨大的经济、金融和社会成本，致使民族主义和民粹主义抬头，最终导致第二次世界大战爆发。

亲身经历两次大战对全球经济的深重打击，布雷顿森林体系的创始人坚定地确定了国际货币体系的三个核心任务：促进国际货币合作、支持贸易和

① 此文选自布雷顿森林委员会在 2019 年 7 月结集的《重振布雷顿森林精神》一书。拉加德行长欣然同意将此文略做修改，作为本书的序言之一，以帮助读者更加深入地了解 IMF 如何不断改革创新以应对全球经济的剧烈变化和成员国的新需求。

经济增长、阻止损害繁荣的政策。

如今，全球经济格局已然发生巨大变化。新兴市场经济体的经济权重不断增加，私人资本的国际流动大幅增加，使得官方资金流动相形见绌。随着经济格局的演变，具体的挑战也在不断变化。因此，国际货币基金组织的应对之策也随之不断变化。虽然当今世界与当时布雷顿森林体系建立时已大不相同，但是国际货币体系的核心目标仍然大致相同。

欧洲央行行长、IMF 前总裁拉加德

创新和灵活性

1944 年，44 个国家聚集在美国新罕布什尔州的一个小镇建立了 IMF，如今 IMF 有 190 个成员国，几乎遍布全球。在成立的七十多年里，IMF 始终致力于维护国际货币体系的三个核心目标。经历七十多年的风风雨雨仍然屹立不倒，IMF 充分证明了自己是一个具有高度创新精神的国际机构，并随着应对全球新趋势和成员国面临的新挑战而不断成长完善。如今，布雷顿森林体系成立 75 周年提供了一个反思 IMF 发展历程的良好契机，并借助这些反思来规划未来如何更好地适应不断变化的世界秩序。

从设立之初，IMF 始终秉承通过国际合作帮助各成员国应对重大挑战的多边主义精神。作为马歇尔计划的补充，IMF 帮助欧洲从战争废墟中重建。IMF 的贷款为各国在困难时期稳定经济和实施促进增长的政策提供了喘息空间。在“二战”后的岁月里，IMF 帮助非洲和亚洲新独立的国家建立了自己的经济与金融机构，并在世界经济中站稳了脚跟。

在经历了两次世界大战期间以邻为壑的政策带来的混乱之后，布雷顿森林体系旨在恢复信任、确定性和经济秩序。值得一提的是，IMF 为成员国提供临时的国际收支帮助，使得逆差国只有在“根本性失衡”的情况下才会进行货币贬值。

布雷顿森林体系为金融稳定和强劲的共同增长奠定了基础。然而，布雷顿森林体系在20世纪60年代后期遭受日益严峻的压力，并在20世纪70年代初期不可挽回地走向解体。1973年，布雷顿森林体系固定汇率制崩溃，这是对IMF能否灵活应变的一次重大考验。IMF认识到在新秩序与旧秩序中，其维护全球金融稳定的使命同样重要。它不仅迅速适应了这一新现实，而且为了应对1973年的石油危机，IMF大刀阔斧改革了其贷款工具，以帮助成员适应不断变化的全球环境，创建了“中期贷款安排”（Extended Fund Facility，简称EFF）。与传统的备用安排（Stand-By Arrangement, 简称SBA）相比，EFF可以更好地应对持续时间更长的国际收支挑战。IMF也创设了“石油融资安排”（Oil Facility），为面临能源进口费用大幅上涨冲击的成员国提供支持。

随着1982年发展中国家债务危机的爆发，IMF再次调整政策、信贷程序和相关融资安排，以帮助成员国的经济重整旗鼓。在此期间，IMF还响应低收入成员国的特定需求，围绕促进增长和减少贫困的需要，为其提供量身定制的优惠贷款。

20世纪80年代末，当发展中国家终于从债务危机的“失去的十年”中走出来时，IMF又迎来了前所未有的新挑战，即帮助苏联和中东欧国家从高度集中的计划经济向市场经济转型。这项任务需要对IMF的政策和做法进行大量改革创新。尽管这些国家经济改革的范围远远超过IMF常见的贷款项目中的改革范围，IMF还是充分发挥了其专业特长并调动国际合作，帮助这些成员国调整政策以实现宏观经济稳定、提高对外部门的韧性。

20世纪90年代，墨西哥比索危机和亚洲金融危机爆发。这两次危机都反映了全球经济日益紧密的关联性。积极应对这些危机必须要求IMF制定新的政策，满足更高的融资需求，引入新的分析工具和框架（如资产负债表分析法、债务可持续性分析、对大额贷款采取更严格的保障措施）。这些危机也引发了IMF深刻的反思，包括重新考虑贷款设计以及如何强化对成员国经济政策的监督等，以便更好地分析成员国金融部门的问题和脆弱性。

2005年前后出现的全球失衡促使IMF加强对成员国的汇率监督，促使国际收支盈余国和逆差国之间实现更加平衡的政策调整，推动对实施固定汇率制和浮动汇率制的成员国进行更加公平的监督。IMF 的《综合监督决定》为此提供了必要的法律框架，从而更全面地监督跨境溢出效应，并以更加多边合作的方式来解决国际货币体系中的失衡和失调问题。

2008 年全球金融危机及余波再次促使 IMF 推动创新。IMF 重新调整和扩大了其优惠和非优惠贷款工具，包括通过创建“预防危机”融资工具来加强全球金融安全网，这也再次反映了全球日益紧密的跨境金融联系。在此过程中，IMF 部署和增强了自身的资金“火力”来支持成员国，承诺提供超过 5000 亿美元来帮助保护全球金融体系。重要的是，IMF 在全球金融危机之后推出了零利率优惠贷款，以帮助和支持低收入国家应对危机带来的影响。IMF 也与成员国合作并制定更强有力的金融监管法规，以便更好地防止下一次危机的发生。IMF 也对贷款政策进行了调整，帮助那些仅靠财政重组不足以恢复债务可持续性的成员国实现有序的债务重组安排。

IMF 的宏观经济监督政策也得以改善。IMF 加强了对宏观经济、宏观金融政策、跨境资本流动管理和结构性改革的政策建议。为了对外部失衡进行更深入的分析研究，IMF 推出了《对外部门报告》，对重要经济体的外部平衡和政策进行多边一致的评估。IMF 成员国还批准了关于跨境资本流动管理的框架（简称 IMF“机构观点”），以指导成员国在如何管理资本流动相关风险的同时，最有效地利用资本流动带来的益处。此外，IMF 开发了一系列分析工具，提高识别经济脆弱性的能力，并针对新出现的风险和可能出现的危机提供预警。

与此同时，IMF 还加强了能力建设工作，帮助世界各国政府实现经济现代化。IMF 的能力建设涵盖一系列领域，从与中央银行合作实现金融系统现代化，到给经济研究者提供免费的在线经济学课程培训等。

几十年来，IMF 的治理也发生了重大变化。例如，金砖四国（巴西、俄罗斯、印度和中国）现在都位列 IMF 的前十大股东。2016 年，人民币成为特别提款权篮子货币，加入美元、欧元、日元和英镑的国际储备货币行列。这是 IMF 反映全球经济版图变化的又一里程碑事件。

IMF 也比其历史上任何时候都要更加开放、透明和多样化。今天，IMF 的工作人员来自 147 个国家，而且超过 44% 的工作人员都是女性。这是一个很好的进展，但肯定还有更多工作要做。

下一个里程

对于我们的前辈而言，当今全球经济面临的诸多挑战也许是他们熟悉的，包括外部失衡、不平等加剧、全球化带来的成果未能公平分享、技术对就业的影响、腐败问题等。然而，其他一些挑战对他们来说是全新的，例如数字化对增长和金融稳定的影响，迫在眉睫的气候变化和其他环境危害。我们可以想象，1944 年布雷顿森林会议的参与者一定会对当今世界经济、金融、政治日异月更的变化感到震惊，这也突显了 IMF 保持灵活性和促进国际合作的必要性。

IMF 职能的灵活性使其能够不断适应变化万千的国际环境。事实上，除了在财政、货币、汇率和金融政策方面提供一流的建议外，如今 IMF 还能够在收入不平等、性别不平等、腐败和气候变化等问题上帮助各国。虽然这些问题的影响往往在较长时间里才能体现出来，但是它们对宏观经济稳定和增长有着重要影响。另外，鉴于民生支出对于促进稳定和包容性增长的核心作用，IMF 在工作中也加强了对民生支出的关注和分析。

因此，在庆祝布雷顿森林会议 75 周年之际，我们应认识到其创举在于构建了一个能够不断创新，而且在未来将继续创新以满足成员国新需求的国际合作机构。我相信，再过 25 年，在 IMF 成立 100 周年之际再次回顾历史时，我们将面对一系列今天几乎没有受到关注的新问题。我同样坚信，IMF 能像以往一样再次克服这些新挑战。

The Innovative Monetary Fund[1]

Christine Lagarde

President of the European Central Bank

Former Managing Director of the IMF

The IMF was born during that remarkable multilateral moment after World War II, when the nations of the world joined together in a cooperative endeavor, determined to avoid the mistakes of the past that had led to devastation and ruin.

Instead of insularity and the supremacy of national interests, they chose collaboration and the global common good, recognizing that if countries worked together in the common interest and helped each other in times of need, then everyone could prosper. This was a simple idea, but an immensely powerful one. It is an idea that has stood the test of time, despite the enormous changes that have taken place in the global economy over the past three-quarters of a century.

The principal architects of Bretton Woods — John Maynard Keynes of the UK Treasury and Harry Dexter White of the US Treasury — were deeply influenced by the events of the interwar period, when multilateralism and the liberal international order had broken down amidst trade protectionism and competitive currency devaluations. Imploding world trade had deepened the reach of the Great Depression, exacting huge

1 Selected from Revitalizing the Spirit of Bretton Woods, The Bretton Woods Committee, July 2019。

economic, financial, and social costs that ultimately gave rise to nationalist and populist movements, culminating in the outbreak of World War II.

Against this backdrop, the founders of Bretton Woods identified three core challenges of the international monetary system: promoting international monetary cooperation, supporting the expansion of trade and economic growth, and discouraging policies that would harm prosperity.

The world of today is very different from that of Bretton Woods — in part because of the shifting economic weight of emerging-market economies and the rise of private capital that now dwarfs official flows. Although the specific challenges — and correspondingly, the Fund's responses — have changed over time, at their core, the goals of the international monetary system remain much the same.

Innovation and Flexibility

Over the seven-plus decades of its existence, the IMF has focused on these goals and proven itself to be a highly innovative institution that has responded to emerging global trends and to the challenges confronting its membership. This 75th anniversary of Bretton Woods provides an opportune moment to reflect upon how the institution has evolved in the past — and must continue to evolve in the future — to adapt to the changing world order. From a small band of 44 countries huddled in a small New Hampshire town in 1944, the IMF now has a near global membership of 190 countries — a testament to its continued relevance.

From the very beginning, the IMF helped countries address major new challenges through collaboration. Complementing the Marshall Plan, we helped Europe rebuild from the rubble of war. Our loans gave countries breathing space to stabilize their economies in difficult times and implement policies to promote growth. As the postwar years progressed, the IMF helped the newly independent countries of Africa and Asia build their institutions and gain a secure foothold in the global economy.

A major test of the IMF's flexible mandate came with the collapse of the original Bretton Woods system of fixed exchange rates in 1973. This system was designed to restore trust, certainty, and order following the interwar chaos of beggar-thy-neighbor policies. In particular, the Fund would provide temporary balance-of-payments support so that deficit countries would devalue their currencies only in cases of "fundamental disequilibrium."

This system served the world well — it laid the foundation for strong and shared growth underpinned by a remarkable run of financial stability. Yet it came increasingly under strain in the late 1960s and broke down irreparably in the early 1970s. The IMF adapted quickly to this new reality, recognizing that its mandate for global financial stability remained as relevant in the new order as in the old. In response to the 1973 oil price shock, the Fund updated its lending instruments to help members adjust to the changed global environment, creating both the Extended Fund Facility (for more protracted balance-of-payments problems than could be handled by its traditional Stand-By Arrangement) and the Oil Facility for countries facing the sticker shock of massively higher energy import bills.

With the onset of the developing-country debt crisis in 1982, the Fund again had to adapt its policies, procedures, and facilities to help members get back on their feet. During this time, the Fund also responded to the specific needs of its low-income members, offering tailored and concessional lending facilities based on the need to generate growth and reduce poverty.

As the 1980s drew to a close and developing countries finally emerged from the "lost decade" of the debt crisis, the IMF took on the unprecedented challenge of helping the countries in the former Soviet Union and central and eastern Europe transform themselves from centrally planned to market economies. This task required numerous innovations in the policies and practices of the Fund. And even though the scope of reforms was far wider than that of traditional Fund-supported programs, the Fund played a major role in helping countries adjust and achieve macroeconomic stability and external viability.

The Fund continued to respond to a changing global landscape as the 1990s progressed — including by helping countries overcome the Mexican peso crisis and the Asian financial crisis, both of which reflected the growing size and interconnectedness of the global economy. A proactive response required the IMF to develop new facilities and policies to provide the exceptionally large amounts of financing needed, and to introduce new analytical tools and frameworks (such as the balance sheet approach, more rigorous debt sustainability analysis, and stricter safeguards for loans above the Fund's normal credit limits). It also required a fundamental rethinking of program design and an expansion of surveillance to better cover financial-sector issues and vulnerabilities.

The emergence of global imbalances in the middle of the first decade of the 21st century spurred the Fund to sharpen its exchange rate surveillance and to achieve greater symmetry in the burden of adjustment between surplus and deficit countries, and greater even-handedness in surveillance over fixed and floating exchange-rate countries. The Fund's Integrated Surveillance Decision provided the necessary legal framework for a more encompassing oversight of cross-border spillovers, and for a more multilateral and cooperative approach to addressing imbalances and maladjustments in the international monetary system.

The 2008 global financial crisis and its aftermath once again led to further innovation at the Fund. Both concessional and nonconcessional lending tool kits were revised and expanded, including strengthening the global financial safety net with the creation of "crisis prevention" contingent financing instruments — a reflection once again of the enormous growth in global cross-border financial linkages. In the process, the IMF deployed its firepower and supported its member countries, committing over US$500 billion to help secure the global financial system. Importantly, the IMF introduced zero-interest loans on concessional lending to help support low-income countries in the wake of the global financial crisis. We worked with our membership to craft stronger financial-sector regulations so that, together, we could prevent the next crisis. Our lending policies were adapted to provide for a graduated recourse to debt restructuring for cases in which adjustment alone is insufficient to ensure debt sustainability.

IMF surveillance was also enhanced with a sharpening of policy advice on macroeconomic and macrofinancial policies, management of cross-border capital flows, and structural reforms. To provide greater scrutiny of external imbalances, a new External Sector Report was introduced, providing a multilaterally consistent assessment of external positions and policies in the major economies. The Fund's members also approved a framework (the "institutional view") to guide policy advice on how best to harness the benefits of capital flows while managing the associated risks. In addition, requisite analytical tools were developed to give the Fund cutting-edge technology to identify vulnerabilities and provide early warning against emerging risks and possible crises.

At the same time, the IMF enhanced its capacity-development efforts and helped governments around the world modernize their economies. Our capacity-building programs now cover a range of areas, from working with central banks to modernize financial systems, to training nearly 30,000 individuals through free online economics courses.

IMF governance has also changed significantly over the decades; for example, the BRIC countries (Brazil, Russia, India, and China) are now all among the 10 largest shareholders of the IMF. In 2016, the Chinese renminbi was added to the Special Drawing Right basket, joining the US dollar, euro, Japanese yen, and British pound. This development marked yet another milestone in ensuring that the fund reflects the current realities of the global economy.

The IMF has also become more open, transparent, and diverse than at any time in its history. Today, IMF staff represents 147 countries, and over 44 percent of our staff is female. This is good progress, but there is certainly more work left to do.

The Next Chapter

Some of the current challenges facing the global economy today would have been familiar to our forebears — including external imbalances, rising inequality, a perception that the gains from globalization are not being shared fairly, anxieties about how technology affects job prospects, and frustrations about corruption. Yet other challenges are entirely new — such as the effects on growth and financial stability that come from digitalization and the looming specter of climate change and other environmental hazards. And those at Bretton Woods in 1944 would be astounded at the speed with which developments — economic, financial, or political — ricochet around the world, underscoring the need for agility and cooperation.

The flexible mandate of the Fund allows us to adapt continually to changing circumstances. In fact, in addition to offering top-notch advice on fiscal, monetary, exchange rate, and financial policies, the IMF of today is able to help countries tackle issues such as inequality, gender equity, corruption, and climate change. We can see that these issues have implications for macroeconomic stability and growth, even if those implications tend to play out over a longer horizon. We are also elevating the importance of social spending in the IMF's work — because such spending matters for promoting stable and inclusive growth.

So as we celebrate the 75th anniversary of the Bretton Woods Conference, it is timely to recognize that its genius lay in creating an international cooperative institution that could, and would, constantly innovate to meet the evolving needs of its membership. I am confident that as we look back again in another 25 years, at the IMF's 100th anniversary, we will have identified a new set of issues that are barely even on the radar today. I am equally confident that the IMF will once again be able to meet these new challenges, just as it always has.

目录 CONTENTS

第二部分　IMF 的全球经济监督职责与作用

第一部分

巨变中的
全球经济与IMF

第一章
巨变中的全球经济：挑战与机遇①

纵观人类发展的两千余年，全球经济在20世纪40年代第二次世界大战以来的近八十年间，得到飞速发展。这期间，全球经济产出总量呈指数级增长，其增量远超过去两千余年增长的总和。风起云涌的经济全球化，特别是全球贸易金融深度互联、划时代的信息通信技术和密切的人文往来，为世界开辟了前所未见的发展空间。

在这个大变化和大发展的时代，我们需要对全球经济发展中的重大变化和挑战有深刻的了解，才能更好地把握潮流、共同发展。特别是2008年全球金融危机、2020年新冠肺炎疫情和2022年俄乌冲突给全球经济带来了十分严重的影响和前所未有的变数。在过去的几十年间，全球经济发生了哪些重大变化？在后疫情阶段，全球经济又将何去何从？国际经济社会，包括国际货币基金组织（International Monetary Fund, IMF），又将如何应对这些变化，并促进全球经济持续增长？

本章将从全球视角来介绍分析世界经济在几十年间的变化和发展趋势，以及未来发展的重大挑战。当然，鉴于这些问题的复杂性和多变性，短短一个章节无法提供尽善尽美的分析和答案，但希望本章能够抛砖引玉，引发更全面、更深刻的思考。

① 本章作者是刘菲、蒋旭峰和林建海。

一、全球经济的重大变化和趋势

在 20 世纪 40 年代以来至 2020 年新冠肺炎疫情发生之前这一时期，相对稳定的国际环境和日新月异的科技进步为全球经济发展带来了巨大变化。这些变化表现在新兴市场和发展中国家的崛起、经济的全球化与互联性大幅增强、信息通信技术与金融科技的蓬勃兴起和全球减贫事业取得巨大成就等方面。同时，这些变化也带来了新的挑战，包括如何改善国际经济治理机制和提高新兴和发展中国家的话语权，如何应对经济全球化带来的负面影响，如何更好地利用信息通信技术和金融科技带来的发展机遇等。这些重大变化也将对未来全球社会和经济发展产生深远影响。

（一）持续快速增长的全球经济

全球经济的持续快速增长是 20 世纪 40 年代以来最大的特征之一。19 世纪蒸汽机的诞生和运用带来了生产力的第一次飞跃。电力的广泛使用以及内燃机的出现让世界进入了电气化时代，生产成本大大降低。然而，第一次和第二次工业革命带来的生产力发展也给当时国与国之间的经济贸易往来带来了新的挑战。第一次世界大战期间，各国汇率波动剧烈，金币本位制宣告结束，国际货币体系的稳定性不复存在。20 世纪 30 年代的大萧条进一步加剧了“一战”后经济混乱的状况，并埋下了第二次世界大战的伏笔。两次世界大战期间的这一段混乱的经济局面催生了 20 世纪 40 年代的布雷顿森林体系（Bretton Woods System），IMF 随之诞生。

得益于相对稳定的国际环境，生产力在“二战”后的几十年内飞速发展。计算机的问世和应用帮助全球制造业实现从机械化到自动化运行的跨越。随着生产力的发展、远距离通信技术的应用，国际分工也在不断深化、细化，并促进了国际贸易飞速增长。“二战”后，全球经济蓬勃发展，GDP 呈指数级增长（见图 1.1）。而全球贸易的增速更是超过了 GDP 增速，形成了覆盖整个世界的错综复杂的经济贸易互动网络。随着贸易的发展和经济全球化趋势增强，跨境金融服务和国际资本流动也随之快速发展。随着全球经济快速增长，人民生活水平也得到大幅改善。

全球经济的深度互联是生产力提高、国际分工与合作加强的必然结果。国际贸易的增长、全球价值链的扩张使得各国生产者的价格更加同步，外部需求对国内资源分配的影响更大。自1990年以来，国家资产和负债的交叉持有量几乎增长了四倍，而股票市场一体化的措施达到了有史以来的最高水平。在新的格局下，国际贸易和金融活动也显得更加开放，全球经济发展的前景似乎更加美好。

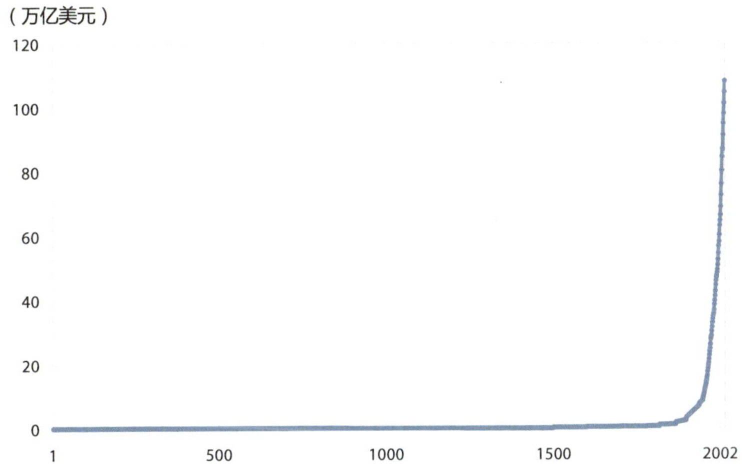

图1.1　世界经济产出总量的变化（2011年购买力平价汇率）

资料来源：Our World in Data，基于World Bank & Maddison（2017）。

然而，近几十年来，全球经济也经历了诸多危机和挑战。特别是近几年，国与国之间贸易失衡的上升与收入和财富不平等的加剧引发一些负面情绪，引起了一些人对经济全球化益处的质疑。技术快速进步和经济全球化使许多人从中受益，但也导致部分劳动者的收入和生活水平下降，一些行业付出了高昂的结构调整代价。2020年新冠肺炎疫情给全球供应链带来严重冲击，进一步引发了一些人对全球供应链“安全性”和“可靠性”的疑问，进而导致了内顾性政策和“去全球化”的负面情绪的上升。近期以来，不断加剧的地缘政治冲突和贸易“碎片化”又给全球经济增添了诸多不确定性。那么经济全球化过程中出现的这些问题是什么原因造成的？能否归结于贸易体系的不完善、关税的不合理？经济全球化将何去何从？下面将就这些问题做更详细的分析。

（二）新兴市场和发展中国家的崛起

近几十年间，新兴市场和发展中国家发展迅速、引人注目。1980 年，这些国家只占全球经济总量的四分之一，2018 年，其经济规模已上升到全球的 40%。如按购买力平价（Purchasing Power Parity, PPP）来计算，新兴市场和发展中国家的经济规模已经超过发达经济体。

如今的新兴市场和发展中国家不仅是全球经济的重要组成部分，更是全球经济增长的引擎。20 世纪 80 年代，新兴市场和发展中国家对全球经济增长的贡献只有四分之一，21 世纪初，这些国家对全球经济增长的贡献上升到一半左右。最近十年内，世界经济增长的逾三分之二来自新兴市场和发展中国家，中国对世界经济增长的贡献更是高达三分之一。

在 2020 年新冠肺炎疫情之前，许多机构预测，到 2030 年，全球经济规模最大的前 10 个国家中就有可能包括中国、印度、印度尼西亚等；到 2050 年，这些国家的经济规模有可能会超越七国集团国家（G7，即美国、英国、法国、德国、日本、意大利和加拿大）的两倍；同时，非洲国家也将在国际经济舞台上发挥更大的作用。[①] 虽然这些预测简化了经济发展的复杂性和曲折性，也没有考虑到 2020 年新冠肺炎疫情和近期不断上升的地缘政治风险给全球经济带来的冲击，但可以肯定的是，在持续发展的前提下，新兴市场和发展中国家的综合国力将会继续增强，在世界经济中的重要性也将会进一步提高。从全球角度来看，一个多极化的世界经济格局已经形成并不断加强。

新兴市场和发展中国家的崛起为全球经济开辟了前所未有的发展潜力和远景，但也带来了巨大的挑战。这些国家人口众多，但与发达经济体相比，生活水平总体上还比较低。如何帮助这些国家实现持续的经济增长，并逐步缩小与发达经济体收入水平的差距，既是当务之急，也是一项长期目标。实现这一目标需要这些国家自身持之以恒的努力，也需要国际社会，特别是

① 参见 Enda Curran, “These Could Be the World’s Biggest Economies by 2030,” Bloomberg, January 8, 2019; Pricewaterhouse Coopers, “The World in 2050: The Long View — How Will the Global Economic Order Change by 2050?” 2017。

发达经济体的协助和支持。随着新兴市场和发展中国家在全球经济中占比的持续上升，这些国家在国际经济舞台上的话语权也必须得到相应的提高。这就要求不断改革 20 世纪 40 年代建立的国际经济秩序和机制，充分考虑到这些国家的利益、发展愿望和潜力。IMF 作为全球经济和金融体系中重要的国际机构，这些是它的职责所在，也是它为之努力的核心任务。

（三）经济的全球化与互联性大幅增强

国民经济融入全球经济体系，即全球化，是近几十年来最重要的变化之一。在过去几十年里，国际贸易合作推动世界经济实现了前所未有的增长和繁荣，并帮助数亿人摆脱了贫困。20 世纪 90 年代中期以来，关税、运输和通信等成本大幅下降，全球价值链和区域价值链迅速拓宽并深化，国际贸易飞速发展。

这些发展促进了国际分工和知识技术的跨界传播、提高了生产率、创造了就业机会和经济增长。贸易壁垒的降低也导致资本产品价格下降，推动了实际投资，缩小了新兴市场和发展中经济体与发达经济体之间的收入差距。贸易也降低了商品和服务价格并扩大了选择范围，使消费者从中获益。据 IMF 分析研究，在发达经济体中，国际贸易使高收入家庭的生活成本降低了四分之一，低收入家庭的生活成本降低了三分之二。

2020 年 11 月 15 日，一项酝酿了近十年的亚太贸易协定《区域全面经济伙伴关系协定》（Regional Comprehensive Economic Partnership Agreement，RCEP）终于敲定。该协定由东盟 10 国发起，邀请中国、日本、韩国、澳大利亚和新西兰参加，旨在通过削减关税及非关税壁垒，建立一个统一市场的自由贸易协定。这 15 国人口约占全世界 78 亿总人口的近一半，经济总量约为 27 万亿美元，占全球 GDP 的约三分之一，贸易额也约占全球的三分之一。这样大规模的自贸区不仅将促进亚太区域的贸易交流，也为国际贸易的继续发展提供了重要助力。

三十余年间，全球金融互联性也大幅加强，全球跨境资本流动快速增长。1980 年，流向发达国家的国际资本仅占其 GDP 的 5%。到 2008 年全球金融危机前的高峰期，流入发达国家的国际资本占其 GDP 的 25%。国际资本流动有助于改善资源在国际间的配置，缓解一些国家发展中的资金短缺问题，有助于技术的传播和提高生产率，并帮助改善就业。当然，国际资本流动也存在风险，比如汇率波动、金融冲击等会给一国的宏观经济管理带来挑战。

全球的一体化不仅局限于经济活动，国家间的人文交流也随着经济的全球化而快速发展。人文交流涵盖诸多方面，从艺术交流、国际交换学生、学术会议等，到非正式的民间活动、国际旅游等。以国际游客数量为例，全球国际游客数量从 1995 年的 5.3 亿人次增加到 2018 年的 14 亿人次。除 2020—2022 年受新冠肺炎疫情影响外，来自中国的游客自 2002 年以来每年都以两位数增长，到 2018 年高达 1.4 亿人次。

纵观历史，全球经济的深度互联是经济发展和合作加强的必然结果。国际贸易的增长和全球价值链的扩张提高了生产率并促进了经济增长，使广大民众受益。在大变化和新格局下，国际贸易应该更开放，合作领域应该更广阔，多边主义应该更重要。这意味着全球经济强劲、持续和包容增长不仅仅需要单个国家的努力，更需要一个稳定的国际货币、金融和贸易体系，也需要强有力的国际合作。

（四）信息、通信技术与金融科技的蓬勃兴起

全球经济一体化和互联性的快速发展，在相当大的程度上得益于信息和通信技术的高速发展。这也是近几十年来的另一个重大变化。

以纳米科技、量子电脑和生物科技等为代表的第四次工业革命将很多原来想象中的概念变为现实。这些科技影响到每一个国家几乎所有的产业，从电脑、互联网，到大数据和人工智能。这些改变渗透到生产、消费和管理系统的每一个环节，带来产业和经济的全面升级和转型。

促进技术进步、维持创新势头不仅需要良好的知识产权保护体制，还需要政府对基础科学和突破性技术的支持。国家政策框架也应保障人们能广泛分享经济全球化和技术创新带来的好处，在保护知识产权的同时，防止创新企业利用新获得的技术过度控制市场。因此，除了对研发活动的直接投资，政府对教育、人力资本的投入，对产业升级和技术创新的制度支持，都至关重要。

数字科技与金融的结合，产生了一类新的组合——金融科技。简单地说，

金融科技是那些可能影响金融服务的各种新技术的集合，包括人工智能、大数据、生物识别技术和分布式分类账技术（如区块链）等。金融科技公司近年来吸引了大量投资，其全球投资额从2010年的20亿美元增加到2018年的逾500亿美元。[①] 金融科技已经影响到世界各地的大小企业和消费者。从上市集资的大企业到寻求贷款的小商户，从普通劳动者到创业者，金融科技的影响无处不在。

第一，金融科技大大提高了服务的效率和质量，以更便宜、更透明和更便捷的方式服务更多的用户。大数据可以帮助金融机构更好地了解客户的特性，更有针对性地为他们选择合适的产品。互联网与金融科技的结合形成了手机支付、网络借贷等全新的互联网金融业态，提高了金融的包容性，让更多的人能够获得金融服务。世界各地的人们可以绕过银行对商品和服务进行瞬时移动支付，从国外订购茶叶变得像在隔壁商店买茶叶一样容易。

第二，金融科技将改变现有的商业模式和经济结构。提供金融服务的传统中介机构，如银行和各种金融公司，以及从事跨境清算和结算交易服务的代理银行都将面临重大挑战。身份识别和账户验证等新技术可以减少信息不对称、促进交易各方的匹配、降低交易成本。竞争的加剧则会进一步促进现有的银行和非银行金融机构采取新技术、改进服务产品、改变商业模式、降低成本。

第三，金融科技的另一个特点是这些技术会相互促进，从而进一步推动快速变革。由于各种技术的互补性和强大的网络传播速度，新应用程序的使用常常呈指数级增长，并刺激金融部门的变化。根据谷歌趋势分析，公众对区块链技术和机器学习的兴趣指数在2020年之前的几年内增长了近十倍。比特币、以太币等加密数字货币都在争夺无现金世界的一席之地，这些加密货币正在不断进行自我改造，以期提供更加稳定的价值并实现更加快捷廉价的结算。当然，这些加密货币能否成为市场能接受的货币并得到广泛使用仍是一个很大的未知数。此外，数字货币也是一把双刃剑，在看到其优势的同时，

① 参见埃森哲：《中国成为全球最大金融科技投资市场》，2019年2月26日。

也需要留意其给金融市场稳定带来的冲击。

第四，政府部门也可以通过更加完善的电子注册系统，弥补税收漏洞，提高税收效率。例如，最近 IMF 的研究估计，腐败问题较少的国家财政收入更高。在过去 20 年间，有些国家在反腐斗争中取得了不小的进步。如果所有国家都采取类似的举措减少腐败，那么它们的税收收入将增加 1 万亿美元，占全球 GDP 的 1.25%。① 通过使用基于数字技术的新工具，政府能够减少税收流失，增加财政收入。另外，先进的数字技术可以提高金融交易的透明度，有利于打击腐败，完善体制和增强民众与政府之间的信任度，从而增强社会凝聚力，有利于改革稳步推进。

近年来，关于央行发行数字货币的新闻引起了各国中央银行、业界和学术界的广泛关注。回顾历史，技术变迁和经济发展推动了货币形态从商品货币，到金属货币，再到法定货币的演化。如今随着区块链、大数据、云计算和人工智能等数字技术的发展，货币的概念也延展到数字货币、加密资产等更深层次，数字货币应运而生。央行发行数字货币也备受关注。然而，如何设计央行数字货币，如何兼顾隐私保护与监管合规，如何理解数字货币对银行系统的影响等仍被广泛研究讨论。同时，作为一项崭新的技术，区块链技术在数字货币上的安全高效应用也有巨大的改进和发展空间。

金融科技是一把双刃剑，在提供巨大便利的同时，也蕴藏着新的风险。匿名性是很多加密资产的一个特点，而央行在考虑发行数字货币的时候，需要重视金融诚信风险，找到个人隐私与金融诚信这两者之间的一个恰当平衡点，同时确保反洗钱和打击恐怖主义融资系统的运行。加密资产不分国界，它不仅会给一国的宏观经济带来影响，更会给全球货币金融体系稳定带来挑战。因此，国际合作至关重要。IMF 在不断研究金融科技对宏观经济的影响，帮助成员国应对快速变化的环境。国际监管框架必须与快速发展变化的金融科技格局保持同步以防范化解新的风险，同时发挥金融科技的潜能。

---

① 参见 IMF：《财政监测报告》，2019 年 4 月。

（五）减贫的巨大成就

贫困是一场无声无息却时时存在的危机，它阻碍了社会经济发展，也是引发社会不安与冲突的重要原因之一。几十年来，全球诸多国家为减贫不断努力，取得了巨大成就。这是近几十年来的第五个重大变化。

在 2000 年 9 月召开的联合国千年首脑会议上，世界各国领导人就消除贫穷、饥饿、疾病等一系列改善人类福祉的主张，制定了千年发展目标（Millennium Development Goals, MDGs）。作为千年发展目标的拓展和延续，2015 年，联合国再次提出可持续发展目标（Sustainable Development Goals, SDGs），涵盖 17 个方面，包括消除贫困、饥饿，取得全面性别平等，发展清洁能源，改善医疗服务和基础教育等，旨在从 2015 年到 2030 年间解决社会、经济和环境三个维度的发展问题，让世界走上可持续发展道路。

联合国报告显示，生活在极端贫困中的人数从 1990 年的 19 亿降至 2015 年的 8.36 亿，其中大多数进展于 2000 年后取得。1981 年，约有 44% 的世界人口生活在每天 1.9 美元的国际贫困线以下，这一比例在 1990 年为 35%，2017 年降到 9.2%。[①] 中国在过去四十多年里取得了巨大减贫成就，绘就了一幅波澜壮阔的历史画卷。中国政府不断加大对贫困人口的投入和支持力度，特别注重提升贫困人口教育水平、改善农村卫生医疗设施并确保农村经济市场化等。以世界银行每人每天生活费不低于 1.9 美元的贫困标准来衡量，改革开放 40 多年来，中国有 8 亿多人脱贫，占同期全球减贫人口总数的 70% 以上[②]，提前 10 年实现联合国 2030 年可持续发展目标中的减贫目标，树立了全球减贫新典范。

然而，2020 年新冠肺炎疫情则有可能逆转几十年来在消除贫困方面取得的进展。世界银行在最近一份报告中指出[③]，仅在 2020 年一年里，新冠肺炎

---

① 参见世界银行：Poverty and Shared Prosperity, 2020。

② 参见中国政府网：http://www.gov.cn/xinwen/2020-12/28/content_5573897.htm。

③ 参见世界银行：Poverty and Shared Prosperity，2020；联合国大学世界发展经济学研究所：Estimates of the Impact of COVID-19 on Global Poverty, *WIDER Working Paper*, 2020/43， https://www.wider.unu.edu/publication/estimates-impact-covid-19-global-poverty。

疫情就有可能让1亿人重新退回到极端贫困中去，这是自1990年以来的30年间，全球整体贫困人数首次出现增长。在中东和北非地区，由于区域局势的动荡，在2015年至2018年期间，绝对贫困人口比例翻了一番，从3.8%上升至7.2%。在这种情况下，世界银行预计，到2030年将绝对贫困人口比例降到3%的目标有可能无法实现。由此可见，全球减贫依然任重道远。

二、全球经济面临的重大挑战

经济高速发展的历程从来都是不平坦的。从20世纪70年代的布雷顿森林体系结束到2020年的新冠肺炎疫情，从20世纪90年代末的亚洲金融危机到2008年全球金融危机，全球经济经历了多次局部和大规模的经济金融危机。近20年来，劳动生产率增速放缓、全球经济长期停滞的风险升高，一些国家内部收入不平有所上升。未来的就业和劳动力市场会呈现什么变化？新兴和发展中国家如何跨越“中等收入陷阱”？全球经济如何在面对高债务、气候变化、医疗卫生等一系列挑战的同时，实现可持续、包容和绿色增长？在地缘政治风险和不确定性日益加剧的情况下，经济全球化将何去何从？这些问题是全球各国共同面临的重大挑战。

（一）全球经济金融危机频发的原因和应对

自1945年IMF成立以来，全球经济摆脱了“二战”前的混乱状态，进入了蓬勃发展的时期。然而，在这繁荣的背后，全球经济也经历了多次危机，包括20世纪70年代由石油危机引发的发达国家经济衰退，20世纪80年代拉丁美洲国家债务危机，20世纪90年代末的亚洲金融危机，2008年的全球金融危机和2020年由新冠肺炎疫情引发的全球经济衰退。

为什么全球经济金融危机会如此频发？其根本原因在哪里？国际社会，包括IMF，应如何加强协调和采取必要的措施来减少频发的危机及其危害？作为国际货币金融体系的重要支柱，IMF一直试图找出这些危机频发的根源和对策。本书随后的章节将会从不同的角度对这些问题进行比较详细的分析。比如在第五章，我们会详细地介绍近几十年全球经济金融危机和国际货币体系的关联。我们会谈到，20世纪40年代建立的各国货币盯住美元、美元盯住黄金的布雷顿森林体系有效地维护了全球货币金融市场的稳定，给全球经济发展赢得了宝贵的三十年。1973 年该体系崩溃后，在“后布雷顿森林体系”中，市场的影响力大大加强，国际储备货币朝多元化发展，多种汇率制度并存。该体系反映了市场力量的变化，但也伴随着经济金融危机的频发。IMF 认识到，当今的国际货币体系缺乏有效的全球调整机制来解决国际经济失衡问题，缺乏补充全球流动性的机制和充足的国际储备资产，也缺乏有效的危机应对机制。是不是危机的频发就应该是常态？如何促进全球政策合作和协调？如何提供充足的国际储备资产，完善全球金融安全网进而减少危机的频发和冲击？这些问题有待于进一步探讨，也是国际经济社会面临的一个重大挑战。

（二）全球经济长期停滞和“滞胀”的风险

21 世纪初，全球经济整体步入了相对平静的时光，被西方称为宏观经济“大稳定”（Great Moderation）的时代。美国 20 世纪 90 年代兴建的信息高速公路为这一宏观经济的大稳定提供了助力。在这一时期，信息产业迅速发展，互联网走向世界，为后来全球价值链的深化和金融网络的全球互联奠定了基础。在“大稳定”期间，产出波动减缓，通货膨胀率温和且平稳，金融风险下降，金融创新盛行，全球经济一片欣欣向荣。然而，繁荣景象的背后，房地产泡沫开始发酵，埋下了 2008 年美国次级房贷危机和由此引发的全球金融危机的伏笔。

2008 年，华尔街老店雷曼兄弟宣布破产清算，掀开了这场金融风暴的序幕。风暴最严重的时刻，全球金融体系几乎冻结，银行间的互相拆借也几乎停顿。这场金融危机爆发后，全球经济在很长时间内处于“低增长、高失业、高负债”状态。发达经济体从 2008 年到 2017 年的十年间平均年增长 1.3%，此前的 1998 年到 2007 年的十年间平均年增长为 2.8%。危机期间，许多欧洲国家失业率高达两位数，美国失业率也一度高达 10%。

2008 年全球金融危机发生以来至 2020 年新冠肺炎疫情发生之前，包括美国、日本和欧元区在内的世界主要发达经济体恢复缓慢，长期低速增长。与此同时，这些国家的通货膨胀率也远低于其央行的目标水平。在货币政策极度宽松和实际利率大幅下降的情况下，[①] 经济低增长和低通胀并存的现象引发了学术界和政策制定者的热烈讨论和关注。

难道这种宏观经济的低迷现象是传统的短期商业周期的表现？或是更严重的长期问题？美国哈佛大学教授、前美国财政部长劳伦斯·萨默斯认为，美国和西方主要经济体的增长可能陷入长期停滞（Secular Stagnation）。[②] 简单地说，在考虑诸多因素以后，私人投资和消费需求不能完全消化私人储蓄，这可能意味着需求不足。事实上，在这 20 年间，尽管政府债务大幅增加，一些发达国家的实际利率仍然为负。也就是说，储蓄高企和需求低迷导致利率走低。靠常规政策和市场自身力量可能将无法实现充分就业和经济稳定增长，实际利率为负的现象可能要维持很长时间，而持续的低利率反过来会推高资产价格，形成泡沫，威胁金融体系的稳定。

另一种观点认为，2008 年全球金融危机后的经济疲弱增长反映了债务超级周期的“后危机阶段”。在这一阶段，经济处于去杠杆阶段，收紧的金融监管也使得借贷更加困难。与长期停滞不同，债务超级周期不会永远存在，随着经济复苏，信贷和实际利率都可能上升。因此，这种现象不一定就意味着全球主要发达经济体会陷入长期停滞的局面。[③]

不同观点到底孰是孰非，有待进一步研究讨论。但明确的是，充分了解 2008 年全球金融危机后为什么会出现低利率、低通胀和低增长并存的现象，并且这种现象会不会长期延续，对我们了解今后全球经济发展趋势、制定经济政策仍然重要，值得认真思考和研究。

在 2020 年新冠肺炎疫情爆发期间，各主要经济体采取了大规模的财政和货币政策支持，以尽快减少失业并恢复经济增长。在政策支持和疫苗接种的

---

① 以美国 5 年期政府债券实际利率为例，其 20 世纪 80—90 年代约为 10%，2008 年全球金融危机之前约为 2%，2020 年再次降到 0% 上下。

② 参见 Summers, Lawrence, “Rethinking Secular Stagnation After Seventeen Months,” in *Progress and Confusion — The State of Macroeconomic Policy*, The MIT Press, 2016。

③ 参见 Rogoff, Kenneth, “Debt Supercycle, Not Secular Stagnation,” in *Progress and Confusion — The State of Macroeconomic Policy,* The MIT Press, 2016。

带动下，2021 年美国和一些其他发达经济体增长恢复迅速而强劲。2022 年以来，物价上升成为一种全球现象。2022 年 6 月，美国消费者物价指数（CPI）同比攀升 9.1%，创 40 年以来的新高，11 月下降到 7.1%；欧元区的通胀率在 10 月高达 10.6%，创该区域成立以来最高水平，11 月降为 10%。引发通胀上升的原因很多，在需求端，比如疫情爆发后支持性的宏观经济政策一方面为经济复苏铺平了道路，另一方面也促进了社会总需求的反弹。同时，在供给端，全球供应对需求增长反应滞后，特别是疫情造成部分地区工厂无法开工、全球产能不足、运输不畅，导致供应短缺，产业链受到严重干扰。此外，一些发达国家劳动力的短缺也引发了交货延误、港口堵塞、运输成本上升和关键生产投入短缺等一系列问题，使得供应链断裂问题进一步凸显。俄乌冲突进一步加大了全球通胀压力。通胀威胁着全球经济的方方面面，但给中低收入水平的普通民众带来的负担尤为沉重。在许多国家，通胀成为人们核心关切的问题，如果通胀居高不下，可能会动摇市场的通胀预期，增加控制通胀的难度。

从短期来看，鉴于诸多不确定性，全球经济下行风险陡增，也引发了许多市场观察者对全球经济和通胀走向的关切和讨论。有人认为，美国要将通胀率降到其 2% 的目标区间附近，需要大幅提高利率，这有可能会导致经济增长下滑，甚至出现经济衰退。

那么，美国、欧元区和全球经济会不会发生衰退？全球经济会不会出现所谓的“滞胀”，即高物价和低增长并存的局面？从长期来看，世界经济能否克服“长期停滞”的现象？这些问题有待认真观察和分析，需要足够的时间来检验，才能找到比较明确的答案。

（三）劳动生产率的低迷增长

从长远来看，劳动生产率是经济持续增长的源泉。劳动生产率衡量的是依靠技术更新和资本使用效率提高带来的经济增长，而不是依靠劳动力或是生产资本数量增加带来的增长。IMF 研究发现，劳动生产率增速在 2008 年危机之前已经开始放缓，危机发生后更是进一步下降。从 2008 年开始，发达经济体的劳动生产率增长非常低，甚至出现负增长。劳动生产率的下降在新兴市场尤为明显，从危机前 2.5% 的年增长率下降到近几年的 0.7%；而发达经济体的劳动生产率也从危机前的 1% 下降到 0.2%，其中一些年份甚至出现负增长。换言之，劳动生产率不仅没有提高，反而有所下降。

劳动生产率提高对于提高生产力，改善人们的生活水平至关重要。尤其从长远看，生产率提高是人们收入水平持续上升的最重要来源。即使劳动力没有增长，依靠更高的效率，我们也可以创造出更多的商品，同时释放一些资源用于其他新产品的研发和服务，从而创造就业机会。历史上数次工业革命就是这样一个过程的缩影。因而，提高生产率、创新发展、寻找新增长点，不仅是发达国家的问题，也是许多新兴市场国家面临的重大挑战。

在 2000—2008 年间，中国 GDP 平均增长 10% 左右。具体来看，其中一半以上来自资本投资，4% 左右来自劳动生产率的贡献。2008 年以后，GDP 平均年增长率约 8% 左右，大部分来自资本投资，劳动生产率的贡献有所下降。① 展望未来，中国持续的高质量增长需要劳动生产率增长的支撑，不能完全靠投资的数量，还要看质量，更重要的是要依靠投资的质量，靠科技的进步和效率的提高。

如何推动劳动生产率持续提高取决于新知识的传播和新技术的开发与应用。技术进步是提高生产率的关键驱动因素。促进全球经济增长和各国共享的增长，技术和知识的跨境传播是核心所在。全球化使各国能够更容易地获得和分享知识与技术。其次，全球化能增强国际竞争，包括新兴市场企业崛起带来的竞争，这使企业有更强的创新动力和采用国外技术的积极性。技术的跨境传播对新兴市场的积极影响尤为显著。

为什么近年来劳动生产率增速在下降？这是一种新趋势，还是 2008 年全球金融危机后的周期性现象？有人认为近年来技术进步的放缓导致了劳动生产率增速的下降，人类最能改善生活水平的五个重大发明，如电力和内燃机等已经出现，像这样的发明只能发生一次，因而劳动生产率和生活水平的快

① 参见 IMF Regional Economic Outlook: Asia and Pacific, “Stabilizing and Outperforming Other Regions,” April 2015。

速提高也不能重来。[①] 但也有人认为，以电脑、互联网、数字技术、大数据和人工智能为代表的第三次和第四次工业革命方兴未艾，随着这些技术的广泛应用，劳动生产率也有可能会出现新的跃升。究竟孰对孰错，还有待进一步观察。

最近几年，人工智能、可再生能源、5G 等技术均取得新的重大突破，这些新技术向基础网络与数字化生产的扩散也在不断推进。未来新能源技术可能超过传统化石燃料成为全球能源消费的第一大来源。2019 年已被称为 5G 商用元年，大规模商用正在实现，而 2020 年新冠肺炎疫情冲击则对医疗网络与交通网络的技术扩散形成强力推动，AI 战“疫”、新能源汽车都是在疫情中领跑的明星产业。在新冠肺炎疫情期间，技术的重要性和远程工作的潜力得到充分发挥，也证实了科技发展的重要性。从这一角度来看，也许当下全球正处于历史上新技术扩散、使用最快的时间段，为未来劳动生产率的提升带来了新的动力。

（四）债务负担与“免费午餐”

2008 年全球金融危机前，多数主要发达经济体的公共债务都低于 GDP 的 60%，即所谓的“安全线”。在危机发生后，为了恢复经济增长，许多国家采取了扩张性的财政政策，再加上经济增长缓慢，政府税收降低，许多发达国家的债务迅速上升，接近或超过 GDP 的 100%。

2020 年新冠肺炎疫情使数十个国家陷入财政危机和更沉重的债务负担。据 IMF 数据显示，2020 年底，几乎所有发达经济体的公共债务都超越了历史最高水平，大约一半的低收入国家已经陷入高债务困境，许多新兴市场国家也面临高债务风险。随着公司债务和违约率的上升，潜在的破产风险也随之上升。可以预见，在后疫情阶段，解决沉重的债务负担将是诸多发达经济体、新兴市场经济体和低收入国家共同面临的重大挑战。

二十国集团（G20）于 2020 年 4 月宣布对 73 个低收入和中低收入国家“暂

---

① 参见 Gordon, Robert J., *The Rise and Fall of American Growth — The U.S. Standard of Living Since the Civil War,* The Princeton University Press, 2016。

缓最贫困国家债务偿付倡议”，此后该倡议又延期至 2021 年中期。这些债务范围限于 G20 成员政府及其政策性银行贷款，虽然暂停债务偿还可以立即减轻借贷国家的公共财政负担，但他们最终还是必须偿还债务。如何更加全面和有效地降低债务负担？如何鼓励私营部门债权人分担负担，更好地加入债务减免的框架中来？

在 2008 年全球金融危机之后出现的低增长、低利率和高债务并存的情况下，有人提出了“现代货币理论”，认为政策制定者不应对债务负担过度担忧，即使财政赤字高一些、财政支出大一些，只要使用得当，就不会给后代带来过度的债务负担。这又是怎么一回事呢？

追溯到 2008 年全球金融危机后，面对低迷的经济增长，发达国家央行纷纷降低政策利率并实施了大规模的资产购买计划，在一定程度上有力地支持了经济复苏，但也导致这些央行的资产负债表迅速膨胀，政策利率趋近零下限，市场利率处于历史低位，甚至出现负利率的情况。低利率和经济增长疲软的并存使一些人对经济表现感到不解，并导致了一些新观点的出现。比如一些观点认为，在低通胀和低利率环境下，特别是在实际利率低于经济增长率的情况下，“免费午餐”可能存在。也就是说，在实际利率低于实际 GDP 增长率的情况下，政府可以实现以近乎为零的成本融资，扩大支出、增加赤字，比如通过印钞扩张央行资产负债表，这些手段将通过刺激经济增长带来回报，而不造成其他经济成本和过度债务负担。这一观点引起了广泛的关注和争论。①

天下真有免费的午餐吗？低利率环境给债务展期和债务管理提供了一定的空间，但这并不意味着货币政策能无限制地支持赤字财政而不给经济带来不良后果。20 世纪 70 年代供给学派拉弗曲线提出的税收激励效应，主要描述的是在当时公司税收负担极高的情况下，从理论上讲，减税可以通过刺激经济增长、扩大税基增加政府收入。然而事实证明，在过去半个世纪里，大多

① 参见 Blanchard, Olivier, “Public Debt and Low Interest Rates,” *The American Economic Review*, 109（4）, pp. 1197-1220; Furman, Jason, and Larry Summers, “A Reconsideration of Fiscal Policy in the Era of Low Interest Rates,” Brookings Institution, November 30, 2020。

数政府的持续财政赤字是债务占 GDP 比率急剧上升的主要原因。也就是说，基于现实中的各种因素，财政扩张并未带来政府收入的增加，反而大大提高了政府债务水平。

回到政府可以发行多少债务的基本问题，政府不仅需要支付利息，还必须有偿还本金的能力。有观点认为政府不需要偿还债务，只要发行新债务来偿还到期债务就可以了。这里有一个重要的前提，即新债务的投资者需要确信政府当前和未来的税收将足以偿还其累积的债务，才会购买其新发行的债券。而许多国家，包括很多新兴市场若受到外部冲击，或者经济基本面减弱等不利因素影响，市场对其持债能力信心减弱，可能触发“债务悬崖”的风险，从而引发偿债困难，甚至违约。①

世界经济发展史上有很多例证表明，政府不能简单地通过印钞来为政府支出提供资金或支付到期债务。这种方法会导致通货膨胀加剧甚至恶性通胀，严重影响经济稳定和增长。依靠央行融资的政府赤字政策也可能会导致汇率动荡，比如因高通货膨胀引发长期利率上升、风险溢价飙升、国际资本外逃，从而引发汇率崩溃、实际工资降低，经济和生活水平倒退。

全球经验也表明，那些高债务，尤其是外债比例较高的新兴市场和发展中经济体，最易受到国际融资条件变动的影响。一旦国际资本流动逆转，这些国家可能面临国际收支困难，再进一步可能会引发银行系统风险和更大范围的经济隐患，甚至演变为经济或金融危机。

在 2008 年全球金融危机以后的十年间，美、欧、英、日央行总资产增加了约 7 倍，从 2008 年占 GDP 不足 5% 上升至 2017 年的近 40%。在 2020 年新冠肺炎疫情期间，各发达经济体的央行又采取了大规模的宽松货币政策，使利率保持在历史低位。但长时间刺激性政策的可持续性问题和随之而来的经济脆弱性问题不容忽视。因此，一国的政策选择应谨慎平衡速度和力度，以免给融资环境和国际资本流动带来过大的波动，从而影响宏观经济稳定。

---

① 参见 Rajan, Raghuram G., “How Much Debt Is Too Much?” *Project Syndicate*, November 30, 2020。

（五）收入不平等居高不下

从全球整体角度看，收入不平等在过去三十年间显著下降。这一下降反映了在全球化和技术进步的帮助下，新兴市场和发展中国家与发达经济体之间的收入差距在逐步减小。然而，有些国家的不平等状况有所缓解，但另一些国家，特别是发达经济体，收入不平等状况却大大加剧。①

如今，全球总人口中收入最高的 1% 的人群拥有全世界一半左右的财富。在主要发达经济体，收入最顶层 10% 的人群在过去二十年中收入增长了约 40%，而底层 10% 的人群收入增长幅度甚微。从 1981 年到 2015 年，发达国家中个人收入最高所得税税率平均从 62% 降至 35%，高收入群体实质上获得了更多的税收减免。② 如上所述，2020 年新冠肺炎疫情有可能逆转几十年来在消除贫困方面取得的进展，从而使得收入不平等问题进一步恶化。

影响收入不平等的原因有很多。从全球视角看，科技进步、经济全球化和人口老龄化等都有可能影响收入分配。日新月异的科技进步拉大了拥有科学技能和没有科学技能劳动者之间的收入鸿沟。研究发现，西欧和美国的技术进步引发中产阶级空洞，工作出现两极分化现象。③ 经济全球化使众多劳动者获益，但也导致部分劳动者失去工作、收入降低。当然，特定国家的因素，如与经济发展相关的国内政策、金融一体化、再分配性财政政策以及劳动力和产品市场的自由化程度等也会影响收入不平等的发展趋势。④

从劳动力市场角度来看，当工资增速低于经济增速时，劳动力的收入比重就会下降。由于资本往往集中于少数高收入人群，劳动力收入比重下降则会加剧收入不平等。在 20 世纪 80 年代之前的几十年中，许多国家的劳动力收入在国民收入中的比重基本稳定，但此后该比重却一直在下降，到 2008 年全球金融危机前夕已降至 50 年以来的最低水平，此后也没有显著回升。⑤

---

① 参见 IMF：《财政监测报告》，2017。

② 参见 IMF 博客：https://www.imf.org/external/chinese/np/blog/2017/101117bc.pdf。

③ 参见 Goos and Manning, 2007。

④ 参见 IMF：《财政监测报告》，2017。

⑤ 参见 IMF：《世界经济展望》，2017 年 4 月，第 3 章。

在全球经济层面上，在新冠肺炎疫情期间，由于疫苗接种的不均衡，全球经济出现了两极化。在一些主要发达经济体经济迅速复苏的同时，众多发展中国家经济复苏滞后。如果未来一些新兴市场和发展中国家人均 GDP 增长慢于发达经济体，那么这些国家与发达经济体之间的收入差距将会拉大。据 IMF 分析，相较 2020 年新冠肺炎疫情爆发前的预测，2020—2025 年全球累计产出将损失 28 万亿美元，许多新兴市场和发展中国家的经济规模要到 2022 年甚至更长时间之后才能回到这次疫情前的水平。这意味着这些国家的收入水平下降，提高平均生活水平的进程会出现倒退。IMF 也警告说，2021 年必须密切关注低收入国家与发达经济体之间收入差距的进一步拉大，这是国际社会面临的紧迫任务之一。[①]

众所周知，收入严重不平等不仅无益于可持续增长，更可能削弱社会凝聚力，影响经济长期稳定发展。如果收入不平等加剧，会造成普通大众的需求萎缩，同时引发政治和社会后果。如果全球化的红利未被广泛分享，就有可能出现保护主义和经济孤立主义。一旦保护主义抬头，又会对贸易、资本、劳工流动和经济增长造成负面影响。

改善收入不平等的状况不可能一蹴而就，也没有药到病除的灵丹妙药。基于过去的经验，除财政政策、收入分配政策、养老金等制度外，加强教育和培训项目是克服收入不平等有力的措施。这是一个长期的问题，需有长期的目标和措施，也需要持之以恒的努力。

（六）人口结构的变化

展望未来，诸多国家人口老龄化[②]将对经济长期增速带来严重的负面影响。

---

① 参见 Reuters Interview with IMF Managing Director Georgieva. February 5, 2021, "IMF Chief Warns of 'Lost Generation' if Low-Income Countries Don't Get More Help," https://www.reuters.com/article/imf-economy-int/imf-chief-warns-of-lost-generation-if-low-income-countries-dont-get-more-help-idUSKBN2A52KB。

② 人口老龄化是指人口生育率降低和人均寿命延长导致的总人口中老龄人口比例增加。根据 1956 年联合国《人口老龄化及其社会经济后果》确定的划分标准，当一个国家或地区 65 岁及以上老年人口数量占总人口比例超过 7% 时，则意味着这个国家或地区进入老龄化。1982 年维也纳老龄问题世界大会确定，60 岁及以上老年人口占总人口比例超过 10%，意味着这个国家或地区进入严重老龄化。

预计到 2040 年，在中等收入国家和高收入国家，65 岁以上人口占总人口的比例将分别达到约 14% 和 25%，[①] 老龄人口比例上升。人口老龄化不利于生产率提高，而且大大增加了对财政支出、公共资源和医疗卫生等的需求，使得贫困人口难以改善生活水平。社会保障体系是否能承担越来越多的老龄人口需要的交通、社会参与和健康服务等一系列需求是很多政府面临的重大挑战。此外，老龄人口收入减少，也是收入不平等加剧的重要因素。

如果一国国民收入在老龄化到来之前能够达到较高水平，那么高国民收入将有助于化解人口老龄化的压力。然而，一些国家在其劳动力数量达到人口最高峰时，人均收入远远低于发达国家在相应阶段时达到的收入水平，出现"未富先老"的局面。以 2008 年美国工作年龄人口达到最高峰时的人均收入水平为基准，2013 年，当泰国工作年龄人口达最高峰时，其人均收入水平只有美国的三分之一；越南工作年龄人口达最高峰时，其人均收入水平只有美国的十分之一。[②] 其他许多新兴市场和发展中国家也面临同样的问题。因而，人口老龄化带来的压力，不仅是发达国家需要应对的当务之急，也是许多新兴市场和发展中国家面临的重大挑战。

然而，另一些新兴市场和发展中国家则面临人口高速增长。预计未来几十年，非洲许多国家、印度、印度尼西亚、巴基斯坦等将成为全球人口增长最快的地区。到 2050 年，撒哈拉以南非洲国家人口预计将翻倍，由 2019 年的 10.6 亿增至 21.2 亿，将占全球的近四分之一。[③] 预计印度人口在不久的将来超过中国，成为全球人口最多的国家。人口增加意味着未来有更充足的劳动力和更广阔的消费市场，也将对未来世界政治和经济格局带来不可忽视的影响。

不过，这些人口红利是否能够真正完全释放仍然未知。以撒哈拉以南非

① 参见 The United Nations, Department of Economic and Social Affairs, Population Division(2019), and World Population Prospects 2019, Online Edition. Rev. 1。

② 参见 IMF Regional Economic Outlook: Asia Pacific, May 2017: "Preparing for Choppy Seas."

③ 参见"World Population Prospects 2019"，https://www.dx2025.com/wp-content/uploads/2019/11/un-world-population-data-outlook-report-2019-bilingual.pdf。

洲为例，其人口占全球的七分之一，但 GDP 仅占全球的 1.4%。非洲青年人口虽然众多，但是失业率高达 60%。未来不断增长的人口，意味着更多、更迫切的就业需求。如果农业无法相应地增加产量，可能引发粮食危机，这些都是非洲人口激增带来的潜在风险与挑战。在全球经济高度互联的今天，这些国家如何化解人口激增带来的压力，并利用这一趋势释放人口红利，是影响全球经济和国际社会的重要课题。

（七）科技发展对未来就业和劳动力市场的影响

数字技术快速发展也给未来就业和劳动力市场带来新的挑战。进入数字革命时代以来，各种新技术和创造层出不穷，给未来发展带来了广阔的前景，但也给经济转型管理带来很大挑战。

自动驾驶汽车正在形成，机器人和自动化正在各个行业普及，手机银行、网络金融发展迅速，人工智能和量子计算技术促进了科学研究活动。这些变化正深刻地影响并改变着全球经济，特别是劳动力市场和就业的种类和性质。我们无从知晓未来，但我们已经观察到，数字时代给高技能工人带来了好处，也给一些低技能工种带来了被迫退出市场的压力。据牛津大学研究推测，在不远的将来，银行信贷员有 98% 的可能性将会被电脑取代；接待员工作有 96% 的可能性会被自动服务程序取代；我们有 92% 的可能性不再需要零售推销员；我们有 89% 的可能性将不再乘坐由司机驾驶的出租车，等等[①]。

世界经济论坛调查显示，新技术将大幅改变当前工作的性质和所需的技能。在受调查企业中，大约 43%的企业表示有裁员计划，41%的企业计划要扩大对承包商的使用，也有 34%的企业需要招收具有新技能的员工队伍。[②]分析思维、创造力和灵活性将成为最受欢迎的技能之一，包括分析和解决问题的能力、自我管理技能等。随着经济和就业市场的发展，护理经济、内容制作（例如社交媒体管理）、绿色经济、数字经济等领域将会产生较大的工

① 参见 Frey, Carl Benedikt, and Michael Osborne, 2013, “The Future of Employment: How Susceptible Are Jobs to Computerization?” Oxford University Working paper。

② 参见 World Economic Forum, “The Future of Jobs Report 2020”。

作需求。

当然，这些只是推测，能否实现还不得而知。然而，从手工作坊到四大发明；从蒸汽机的使用到电力的普及；历史生动地表明，人类前进的步伐从未停止，一次次的技术创新和生产革命重塑并催生了新的行业，提高了生产率和人民生活水平。然而，如今这样重大的经济转型趋势会对未来发展和就业带来什么样的冲击也需受到重视。此外，如何分享科学进步给人类带来的好处，特别是对低收入国家而言，也愈发重要。

2020 年的新冠肺炎疫情则进一步促进了我们工作和生活方式的改变。远程工作在未来可能会更加普遍。调查显示，欧洲因新冠肺炎疫情而封锁期间，有约 50%的员工远程工作，而在这 50%的员工中，只有 10%的员工希望今后重返办公室。疫情期间，人们对使用电子商务越来越习惯，一般零售购物逐渐被电子商务取代。特别是一些专业化的服务业，比如医生、律师、会计师等，都被证明可以通过科技远程来实现。门诊医生可以通过网络接待病人，处理一些比较简单的病例。随着科技的进步，服务业的全球化可能进一步发展。许多企业也在采取措施帮助员工适应新的工作环境，对其核心技能进行再培训，提高技能，为未来的劳动力进行投资。

（八）气候变化和医疗卫生的重大挑战

全球变暖极大地危害自然生态系统平衡，威胁人类生存。科学研究显示，近年来全球变暖，南北两极冰面消融，海平面上升，目前这一趋势仍在持续。2019 年，欧洲冬季气温创下历史新高，北美地区异常寒冷，澳大利亚则发生了严重的热浪。太平洋厄尔尼诺现象使得海水温度偏高，热带地区受到的影响尤其严重。全球温度的升高也可能导致更频繁、更大范围的森林火灾。极端天气频发直接导致经济生命损失，百姓流离失所，气候变化则更大范围地影响人类与自然生存条件，甚至带来了致命的严重后果。

近些年自然灾害的频发也和环境污染以及温室气体排放不无关系。研究发现，如果不采取强有力的措施控制温室气体排放，21 世纪末全球气温将可能升高 2~5 摄氏度。为使气温保持在科学家认定的安全水平，我们需要在 21 世纪中叶前将全球净碳排放量削减至零。因此，对绿色项目清洁能源等方面的投资可能大幅提高。

解决这一问题需要国际合作，帮助各国向低碳经济转型。为应对气候变化，197 个国家于 2015 年 12 月 12 日在巴黎召开的缔约方会议第二十一届会议上通过了《巴黎协定》，旨在大幅减少全球温室气体排放，将 21 世纪全球气温升幅限制在 2℃以内，同时寻求将气温升幅进一步限制在 1.5 摄氏度以内的措施。《巴黎协定》为未来几十年的全球努力指明了方向，是全球气候治理进程的重要里程碑，奠定了国际社会 2020 年后加强应对气候变化行动与国际合作的制度基础。中国也主动顺应全球绿色低碳发展潮流，积极布局碳中和，向联合国提交强化应对气候变化行动，明确贡献目标：力争 2030 年前实现碳达峰，并争取在 2060 年前实现碳中和，为实现应对气候变化作出更大的努力和贡献。

气候变化和新冠肺炎疫情有很多相似之处。两者都是人类的悲剧，并带来了巨大的经济灾难。2020 年新冠病毒肆虐全球，是人类社会进入现代化世纪以来最严重的医疗卫生危机，也引发了一轮自 20 世纪 30 年代大萧条以来最严重的经济衰退。这次疫情展示了加强医疗卫生行业发展的重要性和紧迫性。这次疫情后，环保行业的投入也将快速增加。研究发现，空气污染较严重的地区，新冠感染病例和住院率通常更高。

2020 年的新冠肺炎疫情危机终将随着疫苗的研发成功和各国的努力应对而逐步走向结束。然而，和气候变化一起，两场危机给全世界最脆弱的民众和社区带来了严重的破坏性影响，并深刻影响了那些准备不足的国家。因而，应对气候变化带来的影响和不断改善卫生环境将会是一项长期的挑战，需要国际社会持之以恒的努力。气候、环境和医疗卫生事业也许是不同的行业，但又息息相关，只有将这方方面面的问题统筹考虑，我们才能找到持久的改善方案。

（九）“中等收入陷阱”和通往持续增长之路

“中等收入陷阱”通常是说一个国家的人均收入达到中等水平后，劳动力成本上升，竞争力下降，经济增长停滞不前的现象。“中等收入陷阱”与劳动生产率下降直接相关。统计显示，绝大多数发展中国家都经历了所谓“中等收入陷阱”，诸如一些亚洲和拉美国家在 20 世纪 70 年代就进入了中等收入国家行列，但在之后数十年里却一直停滞在这个阶段。1970 年时，韩国和中国台湾人均收入低于马来西亚，然而之后的四十年里，韩国和中国台湾劳动生产率平均每年增长近 2%，而马来西亚的全要素生产率年平均增长低于 1%。① 韩国和中国台湾脱离了“中等收入陷阱”，进入高收入行列，而马来西亚仍停留在中等收入国家行列。这也就是为什么我们在上面提到提高劳动生产率如此重要。

一般来说，从低收入到中等收入国家这一阶段可以通过学习和引进国外技术来提高劳动生产率，并将低成本的农业劳动力从农业部门引入制造业中。然而，随着收入水平提高、工资上涨、竞争力降低，中等收入国家需要寻找新的增长源，持续提高生产率，保持和提升国际竞争力。其关键是技术创新和人力资源的培养和推进，在这方面，政府适当的政策引导和支持是必要的，同时也要发挥市场的力量和作用。

尽管近年来许多新兴市场和发展中国家发展很快，他们都面临严峻的跨越“中等收入陷阱”的挑战。如何跨越 “中等收入陷阱” 并实现可持续高质量增长？基于世界经济发展的经验和教训，以下五个方面值得关注和重视：

第一，稳定的宏观经济环境是高质量增长的前提。高质量增长是个长期目标，达到这个目标需要稳定的宏观经济环境，需要政府采取合适的财政、货币、金融等政策组合，防范国内金融市场过度动荡，并保持国际收支基本稳定；通过推进结构性改革、优化资源配置、提高机构效率等促进经济转型和持续增长。有限的财政资源应该用在最需要的地方，或将公共支出用在最能促进提高经济潜在增长和包容性的领域。比如，投资、改善教育可以提高增长潜力，加强社会保障体系可以提高经济增长的包容性。

第二，坚持对外开放是高质量增长的必要条件。贸易交流使世界受益。研究发现，在国际贸易快速发展的几十年间，无论是绝对数量还是占全球人

① 参见 Cherif, Reda, and Fuad Hasanov, “The Leap of the Tiger: How Malaysia Can Escape the Middle-Income Trap,” IMF Working Paper, 2015。

口的百分比，脱贫人口都超过人类历史上的任何其他时期。贸易自由化也将有助于促进市场竞争、公司研发动力和前沿技术的溢出效应，带来显著的生产率增长。当然，对外开放不仅仅限于贸易，也包括金融、投资和人文交流。多方位对外开放带来的益处将会更大，影响更深远。

第三，转变发展动力，提高生产率是高质量增长的核心。许多新兴市场和发展中国家，包括中国，从技术学习型增长转变到全面依靠技术进步、提高劳动生产率的技术领先性增长，仍大有可为。展望未来，要保持高质量增长，不能只依靠投资的数量，更要依靠生产效率的提高。

实现可持续高质量增长要求不断学习、不断积累知识和人力资本。在这方面，政府可以通过进一步健全市场经济体制、完善法制法规，倡导竞争，加强现代化市场监管职能。要保持技术和创新的持久活力和领先地位，不仅需要公共投入，也需要不断增加私营部门研发投入，还需要政府对研发商业化、对高技能人才敞开大门的支持。除了提高教育水平和普及面，政府应考虑如何加强教育与就业的紧密联系，减少劳动力流动障碍并促进职业再培训。

第四，完善金融体系，发展服务业是高质量增长的桥梁。健全的金融体系需要完善金融市场信息披露制度，提高金融产品和金融市场的透明度，将场外交易市场逐步纳入金融监管的体系内。在这一方面，许多新兴市场和发展中国家都比较滞后，金融市场还有很大丰富金融投资产品的空间，规范金融市场行为，疏通投资者与需要融资的优良企业之间的融资渠道，特别是中小微企业，让金融市场充分发挥其金融媒介作用。

近年来，加密资产和区块链在内的金融新技术的广泛应用大大加快了金融交易速度并降低了交易成本，给未来发展带来了广阔的前景，同时也带来了新的金融稳定风险以及对金融监管的挑战。如何对这一新领域进行有效、合理的监管，还需摸着石头过河，监管过严过松都不行。在这一方面，政府和相关监管机构应根据经济发展过程中出现的各种新思路和新需求，因时制宜地完善政策框架。

服务业的发展通常需要较多劳动力投入，因此发展服务业不仅有助于可持续增长，也有利于创造就业机会、提高生活水平。从全球来看，服务业占

GDP 比重约为三分之二。一些发达国家的服务业占 GDP 比重近 80%。有些新兴市场和发展中国家，包括中国，近几年来服务业发展很快，已经超过 GDP 的一半，但是从国际经验来看，还有较大的发展空间和增长潜力。

第五，推进普惠、包容、绿色增长，增进人民福祉是高质量增长的最终目的。实现可持续、普惠、绿色的高质量增长需要在发展中加强环境保护，让人们共享经济发展的成果。同时，在人口老龄化问题日益明显时，完善社会保障安全网对于全面增进人民福祉、实现普惠的高质量增长十分重要。

（十）经济全球化将何去何从？

近年来，经济全球化的利与弊引起了政策制定者和学术界的热烈讨论。大家对全球化的益处有比较一致的看法，但对其负面影响和如何应对的看法则有很大的分歧。有人认为，经济全球化减少了主要发达经济体的就业机会，加剧了这些国家的收入不平等；也有人认为经济全球化压低了物价，可能损害一些竞争力较弱的国家的国际贸易发展，或者增加了环境成本等。

特别是在贸易方面，有些人认为贸易失衡的不断加剧导致了一些行业付出高昂的结构调整代价，包括经济转型和结构性失业带来的摩擦和阵痛，并将原因归结于贸易体系的不完善、贸易惯例的不公平和关税的不合理等。在经济增长疲弱的背景下，这些负面情绪逐渐引发了一些保护主义政策，贸易壁垒增加，导致国际自由贸易进程受阻。

其一，贸易失衡是由不公平交易引起的吗？IMF 的研究显示，过去二十年间，双边贸易平衡的大部分变化都受宏观经济因素影响，比如财政政策、信贷周期、汇率政策等。1995 年至 2015 年间，宏观经济因素分别导致了中美贸易差额变化的 95% 和美德贸易差额变化的五分之一。① 相比之下，关税变化对双边贸易平衡的影响程度较轻。然而，关税变化的作用不容低估，其大幅度持续变化可能对国际分工和生产率产生重大影响，甚至冲击贸易、生产和就业。

其二，关税是解决贸易失衡的良策吗？IMF 的研究发现，双边关税的下

---

① 参见 IMF：《世界经济展望》，2019 年 4 月，第 4 章。

降有助于进出口总额的增长，但对进出口差额的影响较小。关税增加不仅会损害直接相关经济体的产出、就业和生产率，对价值链上下游的其他国家也会产生影响。长期来看，随着关税变化，私营部门将调整国内外投资和生产结构，进而改变国际生产组织结构。

其三，经济政策上该如何考虑？解决贸易失衡的方法绝非开征关税，而是分析贸易失衡的根源并对症下药。对于贸易平衡的分析应侧重于宏观经济角度。比如，逆差增大是源于私人部门投资过热，还是过于扩张的财政政策？这种变化是周期性还是结构性的？如果信贷过热，那么适度紧缩的货币政策则是应对之策。如果财政政策过于扩张，则应调整财政收支。同时应避免顺周期财政政策，导致贸易的持续失衡。资本品生产部门的创新也至关重要。鼓励研发、创业、技术转让的政策以及对教育和公共基础设施的持续投资都有助于支持创新。

从多边层面上削减关税和其他非关税壁垒（例如进口配额），继续促进自由和公平贸易，有助于改善经济及增长潜力。据 IMF 估计，资本品关税每降低 1 个百分点，投资会增加 0.4 个百分点。以新兴市场和发展中国家为例，两者资本品的平均关税分别为 4% 和 8%，与发达经济体的接近于零关税相比，仍有降低空间。当前服务业在全球 GDP 和就业增长中的贡献率约占三分之二，服务业壁垒也会阻碍贸易和劳动生产率的增长，而全球服务贸易协定的总体水准滞后于服务业在全球经济增长中的重要作用，这方面的国际努力也亟须加强。

从制度层面修复和改革全球贸易体系势在必行。如今，生效的区域贸易协定从 1995 年的约 54 个增加了近 4 倍。区域贸易协定的发展虽然推动了区域经济融合，但也使得全球贸易规则复杂化、碎片化。区域贸易协定成员国覆盖范围有限，经济体之间的贸易额不及全球贸易总额的一半，哪怕是前瞻性最强的区域贸易协定也难以解决当前贸易体系中的重大挑战，而服务贸易、电子商务、跨境投资等重大议题都需要在更大范围内开展多边政策对话，这也离不开 WTO 的透明化和争端解决机制。改革全球贸易制度、完善基于规则的多边贸易框架，需要各国政策协同努力，释放贸易自由化的红利。与科技进步一样，贸易自由化可能引发经济结构调整，使部分群体承受比较高的经济调整成本。因此，实施职业再培训和求职协助的政策，完善社会保障安全网，有利于确保更广泛的群体共享贸易的益处。

2020 年新冠肺炎疫情和 2022 年俄乌冲突给世界经济带来了巨大的冲击。全球供应链所遭遇的困难和在战争期间所采取的经济制裁措施使许多观察者对经济全球化的前景产生了疑虑和担忧。在 2022 年 4 月召开的 IMF 和世界银行春季会议上，一些政策制定者在接受媒体采访时强调全球化给世界各国经济带来的益处。特别对新兴市场与发展中国家来说，过去三十年是经济发展和减贫的黄金期。因而，这些国家积极呼吁国际社会继续加强合作，推进全球经济的持续发展，防止全球经济、国际贸易和国际支付体系的碎片化。IMF 总裁克里斯塔利娜·格奥尔基耶娃也在不同场合强调，当今的世界是一个多元化的世界，随着新兴市场和发展中国家的崛起，全球经济更加紧密相连。因此，促进全球经济稳定发展、造福全人类，离不开国际社会和各国的共同努力和紧密合作。在当前形势下，防止全球经济碎片化和加强国际合作尤其重要。

（十一）国际经济治理改革的迫切性

多极化日益明显的全球经济需要一个更加完善的国际经济协调和治理体系，包括有效的全球协调和调整机制、充足和多元化的国际储备资产，以及能充分反映新兴市场和发展中国家话语权的平台。面临不断变化的国际经济格局，及时有效地改善这些方面将有益于全球经济，也有利于各个国家。

在引领全球经济持续发展的道路上，G20 和 IMF 等合作平台和国际组织仍然任重道远。G20 不仅是最重要的国际经济合作平台，也是全球经济政策的战略指导者和帮助经济复苏增长的重要驱动力。① 在 2008 年全球金融危机发生不久后，G20 发挥了非常重要的作用，但在随后的若干年中，其作用的

---

① 2008 年，二十国集团（G20）开始召开领导人峰会，议题是合作应对金融危机，防止全球金融体系崩溃。随着二十国集团架构日渐成熟，并且为了反映新兴国家的重要性，G20 成员的领导人于 2009 年宣布该组织将取代八国集团成为全球经济合作的主要论坛。如今 G20 的 GDP 总量占全球 90%，贸易额占全球 80%，人口占世界总人口的近三分之二。

发挥受到一些限制。G20 的局限性表现在它只代表全球最重要的经济体，而没有代表所有国家。它缺乏贯彻和实施政策的机制，也缺乏一个固定的秘书部以协助政策的制定和推行。为了改善其功能和作用，G20 于 2018 年专门成立了一个名人小组，为它提供关于如何改革国际金融体系与治理的分析和建议。[①] 然而，这个名人小组提出建议的落实情况却不尽如人意。2021 年，G20 又成立了另一个名人小组，研究和分析如何为防止和应对未来的卫生和其他大规模疫情做好准备。这些分析与政策建议能否得到国际社会的认同和推行，也有待观察。[②]

作为国际货币金融体系核心机构的 IMF 担负着艰巨的使命。生于危机、长于危机的 IMF，是全球危机的“救火队”。自成立以来的近八十年中，它和其成员国一起站在应对全球挑战的第一线。为应对 2008 年全球金融危机和 2020 年的新冠肺炎疫情，以 IMF 为代表的国际金融机构以空前的速度和规模向成员国提供融资帮助，并向低收入国家提供债务减免和各种政策建议。

然而，IMF 自身也面临诸多挑战，需要不断地推进多项改革，包括需要建立更加完善的经济监测和调整框架和信贷工具，以降低经济失衡程度和预防经济金融危机的频发；通过不断完善的国际货币体系、债务协调机制、资本流动管理框架减少国际经济的动荡和不确定性；确保“弹药库”资金充裕，为受危机影响的成员国及时提供信贷，帮助降低危机带来的负面影响，尽快恢复经济增长。更重要的是，IMF 也必须不断地改革自身的治理结构，让新兴市场和发展中国家拥有更大的话语权。

* * * * * * *

以上五个重大变化和十一大挑战概括了近年来全球经济中出现的重大发

① 参见 G20 Eminent Persons Group on Global Financial Governance,“Making the Global Financial Systems Work for All”, 2018。

② In January 2021, the G20 established a High-Level Independent Panel（HLIP）as a means to identify solutions to financing the global commons for pandemic preparedness and response. See https://www.g20.org/the-g20-works-on-financing-preparedness-and-response-to-future-health-challenges.html。

展趋势和亟须关注、有待解决的经济政策挑战。面对经纬万端、风云变幻的全球经济，我们不仅需要了解当下，更需高瞻远瞩、纵观大局、把握未来。

以往的经济金融危机给我们提供了很多经验和教训。其中最重要的一点是，国际合作是克服危机的唯一和最有效的途径。全球挑战需要全球应对。但如今我们面临的国际环境远比近几十年来出现的危机更加复杂，特别是伴随这种风险的加剧，加之"去全球化"和"碎片化"的兴起，使得寻找和达成全球应对方案愈发困难。面对困难与挑战，加强国际社会交流与合作，就显得越来越重要。建设一个稳定、更有韧性和包容性的全球经济需要所有国家勠力同心。

作为国际经济体系中的重要国际机构之一，IMF是如何参与并应对这些挑战的？如何在国际经济金融舞台上发挥自己应有的作用？如何携手国际经济社会为其成员国乃至全球经济出谋划策、化解危机，进而促进全球经济持续和高质量的发展？本书的不同章节将会对这些问题做详细的介绍。

第二章

生在危机，长在危机①

一段历史给我们带来的，不仅是反思，也可能在悄无声息间揭开一场未知交响乐的序曲。

21 世纪初，由于美国和欧元区许多国家的信息技术行业和房地产业快速发展，众多发达和发展中国家经济呈现一片前所未有的欣欣向荣景象。然而，繁荣外表下悄悄酝酿着一场金融风暴。2008 年，世界经济被卷入了一场破坏力极强的全球金融危机，经济发展减速，2 亿劳动力失业，政府债台高筑，以致在十多年后，其对全球经济带来的负面影响仍没有完全消失。2020 年，又出现了新冠肺炎疫情大流行，给全球经济造成自 20 世纪 30 年代大萧条以来最严重的冲击。

在和这些全球危机的较量中，国际货币基金组织扮演了一个重要的角色，成为一个家喻户晓的应对全球危机的“救火队”。IMF 给危机中国家提供的信贷支持极大地协助它们渡过难关。IMF 的迅速反应帮助受援国占据了应对危机的先机。伴随信贷支持的经济政策监测、改革措施和技术援助，也因地制宜地瞄准危机中的关键性问题，帮助相关国家把经济重新推回增长正轨。在 2011 年欧洲金融危机中，希腊的危机程度和状况尤为复杂，确保其经济稳定在当时甚至会影响整个欧元区的前途。如果希腊挺不过去要退出欧元区，

① 本章作者是刘菲、蒋旭峰和林建海。

将对欧元区乃至整个欧盟和全球经济带来不可估量的影响。IMF、欧盟委员会和欧洲中央银行，在救助希腊的过程中组成了“三驾马车”，其紧密合作更是开辟了一个国际合作的新典范，避免了灾难性的后果。在应对2020年新冠肺炎疫情危机中，IMF迅速出手，为广大的低收入国家提供大规模的资金援助，有力地帮助他们购买疫苗和增加政府卫生开支，并提供其他诸多方面的支持。

那么，IMF是在什么情况下建立的？在全球经济金融危机的风风雨雨中，它又是怎样走过来并不断发展壮大的？展望未来，IMF在哪些方面需要继续改革，才能与时俱进，更好地服务于国际经济社会？本章将就这些问题向读者做一简要介绍。下章将具体介绍IMF的宗旨、主要职能和治理结构及演变。

一、 危机中诞生

对于全球经济与金融危机，IMF从不陌生——它诞生于危机，成长于危机。1944年，第二次世界大战的硝烟尚未散去，当时世界上的一些主要国家就已经开始讨论如何重建世界金融秩序，促进经济贸易增长。当年7月，44个国家在美国新罕布什尔州布雷顿森林召开的国际会议上，正式提出了建立国际货币基金组织和国际复兴银行（即现在的世界银行）的构想，并达成了一致的看法。

是什么促使这些国家需要如此急迫地建立这样的多边国际组织呢？我们先简单回顾一下历史。

第一次世界大战期间，许多国家停止银行券兑换黄金并禁止黄金输出，同时出现严重的通货膨胀。各国汇价剧烈波动，国际货币体系的稳定性已不复存在，金币本位制宣告结束。1919年在巴黎签订的《凡尔赛条约》给“一战”的战败国，主要是德国，规定了高额的战争赔款，其数目之巨，远远超过德国当时的经济偿还能力。战后的德国经济非常脆弱，只支付了条约规定的赔偿金额中的一小部分，但已给德国经济造成了极大负担，并导致了恶性通货膨胀。1922年，德国最高的货币面值是5万马克；1923年，货币面值高达100万亿马克，当时有人形容德国马克已贬值到可以直接当柴火使用。

到了20世纪30年代，经历了“一战”后短暂的经济恢复，当时的主要经济大国又陷入了大萧条的泥潭。英国和法国试图以货币贬值来维护出口和经济发展，然而其结果只能是国际间的货币竞争性贬值。20 世纪 30 年代的大萧条进一步加剧了“一战”后经济混乱的状况，并埋下了第二次世界大战的伏笔。两次世界大战期间的这一段混乱的经济局面使得当时的经济学家和政策制定者们进行了深刻的反思，并开始探索一个更完善的国际经济秩序。

1941 年“珍珠港事件”后美国加入“二战”，当时的美国财政部长委任财长特别助理哈里·怀特（Harry White）准备了一个战后重建国际经济秩序的计划。怀特提出了“国际稳定基金”的构想，即由各成员国共同出资设立基金，在成员国有资金需求时，按各自的出资份额，从该基金中借入所需外汇，以促进货币的自由汇兑，稳定外汇市场，使国际经济及贸易得到发展。

无独有偶，在大西洋的另一侧，著名经济学家约翰·凯恩斯（John Keynes）提出了设立一个国际性的多边清算机构，叫作“国际清算同盟”。这个计划主张以英国和美国为中心，使用多边清算，并创设一种世界货币班柯（Bancor）作为支付工具，而该世界货币的分配份额按照“二战”前三年的进出口贸易平均值计算。当时的英国是国际贸易大国，这种计算方法可以说是为了延续英镑的国际地位。此计划也侧重维护英国的金融地位，并争取与美国分享国际金融领导权。

与凯恩斯不同，怀特主张建立一个广泛的多边性国际机构（国际稳定基金），同时也将设立以美元为核心的“双挂钩”机制。一方面他认为多国参与有助于实现这个宏大的构想，另一方面也希望这样可以增强美元的影响力。经历了“二战”的英国经济军事实力严重衰退，国库消耗殆尽，而美国的实力迅速上升，因而怀特的主张得以实现，最终一个多边国际货币金融体系的构想在布雷顿森林会议上正式通过。

战争催化了对建立一个国际货币体系的政治支持。即使是在美国和英国的国会和议会，要通过这样一个影响深远的提议也远非易事。在 1945 年美国众议院的一场听证会上，怀特被问及，如果国会不能通过布雷顿森林提议，会有什么后果。他答道：“就像对‘一战’后那些不支持反战争国际组织的人，历史将以同样的、残酷而直接的方式向那些不支持提议的人们展示，这项提议不被通过的后果”。[①] 因此，可以说“二战”为布雷顿森林体系的建立提供了良机和催化剂，而历史经验也帮助完善了布雷顿森林体系的设计。

如今的 IMF 执行董事会议厅仍摆放着凯恩斯和怀特这两位构建 IMF 的主要参与者和创始人的半身铜像。

于是，国际货币基金组织的宗旨明确包括“促进国际贸易的扩大和平衡发展”“避免竞争性通货贬值”，并帮助成员国“纠正国际收支失调”。其六大宗旨具体内容如下：

第一，通过设置一常设机构就国际货币问题进行磋商与协作，从而促进国际货币领域的合作。

第二，促进国际贸易的扩大和平衡发展，从而有助于提高和保持高水平的就业和实际收入以及各成员国生产性资源的开发，并以此作为经济政策的首要目标。

第三，促进汇率的稳定，保持成员国之间有秩序的汇兑安排，避免竞争性通货贬值。

第四，协助在成员国之间建立经常性交易的多边支付体系，取消阻碍国际贸易发展的外汇限制。

第五，在具有充分保障的前提下，向成员国提供暂时性资金，以增强其信心，使其能有机会在无须采取有损本国和国际繁荣的措施的情况下，纠正国际收支失调。

第六，根据上述宗旨，缩短成员国国际收支失衡的时间，减轻失衡的程度。

事实上，战争对于 IMF 成立的另一重大影响是，它给予美国相当大的发言权。当时英国和法国处在战后恢复阶段，还在依靠美国的经济援助。而苏联当时则处在一个政治相对孤立和经济相对分离的状态。1947 年 3 月 1 日，IMF 开始正式运作。当时 IMF 总份额约 77 亿美元，其中美国拥有 32% 的投票权，英国 15.1%，中国 6.6%，法国 6.3%。[②]

① 参见美国众议院银行和货币委员会的证词，引自 Gardner, 1980, p. 141。

② 参见 IMF, Annual Report, 1947。

IMF 成立的最初目的是维护一个以固定但可调整的汇率为基础的体系。美元面值盯住黄金，而其他货币面值则盯住美元。经历了初期的稳定与繁荣后，布雷顿森林体系的缺陷开始逐渐凸现。20 世纪 60 年代美国成为主要国际收支逆差国，而德国和日本则是主要的国际收支盈余国。国际市场从战后的美元荒进入美元潮。美国逆差是全球流动性的源泉，但各国央行保险库里堆积的美元也渐渐动摇了人们对美国能否维持美元与黄金比价的信心。因此，国际社会决定在 IMF 支持下创造一种新的国际储备资产。1969 年，IMF 创设了特别提款权（Special Drawing Rights, SDR），作为补充成员国官方储备的国际储备资产（将在第四章做详细介绍）。

SDR 不是货币，是一种国际储备资产，也是 IMF 和其他一些国际组织的记账单位。SDR 的持有国可以通过成员国之间的自愿交换安排，或是通过 IMF 的指定安排，用持有的 SDR 换取国际上可自由使用的货币，也就是俗称的硬通货。然而，这项史无前例的创举并没能挽救布雷顿森林体系。1971 年，美国宣布停止美元直接兑换黄金，布雷顿森林体系随之解体。

国际货币基金组织为之建立的初衷已经改变，它还有存在的意义吗？

其实，当时 IMF 的职员也曾非常担心它的前途。然而，IMF 没有就此退出历史舞台。其严谨、全面的经济监测与分析能力，以及为成员国提供资金援助的功能，帮助它渡过了这一次生死存亡的考验。在接下来一次次经济金融危机的磨炼中，IMF 更是不断成长和壮大。

二、危机中成长

这需要从 IMF 的三大基本职能说起（在下章中将会做更具体介绍）。

其一，经济监督。每一个加入 IMF 的国家都必须承诺履行其经济和金融政策接受国际社会监督的义务。IMF 不仅要监督国际货币体系，还要监督 190 个成员国的经济和金融政策，考察成员国的国内政策是否促进本国经济稳定，并就所需的政策调整提出建议。如果成员国的政策促进了国内稳定，但却影响了全球稳定，IMF 也会建议采取其他措施。

其二，信贷。即使最好的经济政策也无法完全避免危机。当成员国发生融资困难或陷入危机时，IMF 可以提供资金援助，支持成员国经济政策调整和改革，缓解对国内和全球经济的不利影响，帮助其恢复稳定和增长。IMF 的融资工具还能帮助稳定市场信心，进而防范危机的发生。伴随资金援助会有若干信贷条件，也就是为了纠正受援国宏观经济问题、促进恢复经济增长的一些具体可实施的政策措施。

其三，技术援助（也称能力建设）。为帮助成员国加强设计和实施稳健的经济政策的能力，IMF 提供相关方面的培训，比如财政、货币和汇率政策，金融系统的监督，统计体系和其他结构性改革。

因而，有人将 IMF 描述成“家庭医生”，为其成员国和全球经济把脉问诊、对症下药；也是“健身教练”，为其成员国和国际货币金融体系提供高质量的培训项目和技术援助；更是世界经济的“救火队”，哪里发生经济金融危机“火灾”，哪里就会有 IMF 的身影，帮助“灭火”，重建家园。

国际经济与金融市场从不缺少危机。因此对 IMF 经济政策的咨询和资金需求从未停止过。20 世纪 80 年代初，拉丁美洲陷入债务危机。与之前债务危机不同的是，此次危机涉及一大批不同背景的债权方，若没有一个国际性调解人，债务纠纷将难以解决。当时的 IMF 总裁在签署对拉丁美洲的信贷项目时，明确要求私人银行承诺承担其应负的责任。这一所谓的“协调信贷”策略，后来逐渐演变成为在解决国际债务危机中的一个通常做法。

从 1977 年到 1983 年，IMF 信贷总额从 130 亿 SDR 猛增到 250 亿 SDR。① 更重要的是，随着信贷增长，IMF 对贷款条件、信贷项目设计、融资工具等不断地进行改革和创新。从 20 世纪 70 年代创立的长期信贷工具，到 20 世纪 80 年代成立的减贫发展基金，再到 20 世纪 90 年代对重债穷国的债务减免倡议，IMF 顺应全球经济发展，在改革创新这条路上不停地探索前进。

随着柏林墙的倒塌和苏联的解体，从 1989 年到 1991 年短短三年间，IMF 增加了 30 个成员国。帮助这些国家稳定经济、顺利渡过难关，IMF 责无旁贷，其员工和业务范围也大幅增加。

---

① 参见 IMF Annual Report, 1983。

紧随其后的1997年亚洲金融危机，又一次把IMF推向了风口浪尖。这场危机对IMF有两个重大影响。当时泰国、印度尼西亚和韩国的银行等金融机构的资产负债表出现了严重的币种和期限错配，使得金融冲击传递到实体生产部门，使得这些国家经济受到重创。而那时IMF的政策分析还主要停留在对外部门和汇率制度上，因此在这次危机的预警和应对上行动滞后。也有人认为IMF是受当时所谓的“华盛顿共识”的影响①，片面强调资本账户开放的益处，而忽视了其带来的风险和危害。面临危机，IMF开的药方过度依赖紧缩财政政策、提高政策利率，以稳定汇率和改善国际收支，没有重视这些政策调整对经济增长和失业带来的负面影响。

IMF信贷条件广受诟病是亚洲金融危机对IMF的第二个重大影响。1997年韩国金融危机被人们戏称为“IMF危机”。那段时间在韩国提起IMF，就好像说“我被解雇了”。这一定程度上反映了当时IMF信贷条件设计得不完全合理。面对这些严厉的批评，1999年，IMF员工发表了自我批评报告，承认能够并且应该为国际经济金融稳定做出更充分、更多的考虑。在接下来的十余年里，针对这些问题，IMF大刀阔斧地修改了信贷条件，拓宽了经济模型、分析和政策建议，建立了专门从事分析和研究金融市场动态的部门，大量引入金融资产负债方面的信息，为成员国提供政策建议，并和其他有关国际组织一起，为维护全球金融体系的稳定而努力。

亚洲金融危机如同暴风骤雨般来得急去得快，接受IMF援助几个月后，韩国经济已恢复平稳，此后走上强势增长道路，东南亚其他几个国家也从危

① 1989年，陷于债务危机的拉美国家急需进行国内经济改革。曾任美国国际经济研究所经济学家的约翰·威廉姆森执笔写了《华盛顿共识》，系统地概括了美国财政部和位于美国华盛顿的国际经济金融机构（IMF、世界银行）政策建议中的共同主题。这些主题被认为对拉美国家从20世纪80年代的经济金融危机中复苏至关重要。这些主题包括实行紧缩政策防止通货膨胀、削减公共福利开支、推行金融和贸易自由化、实行统一的灵活汇率制度、取消对外资自由流动的各种障碍、对国有企业实施私有化、取消政府对企业的管制等在内的十条主要政策措施。由于这些机构的总部在华盛顿，加之当时的研讨会议也在华盛顿召开，因此，这些政策建议被称作《华盛顿共识》（Washington Consensus）。后来，这些建议备受争议，一些批评家认为这些不充分考虑不同国情的政策建议在某些情况下会引发经济不稳定，甚至导致经济衰退。

机中快速恢复。有了这次危机教训，这些国家采用了更加灵活的汇率，降低了外部脆弱性，同时全面改革金融部门监管，解决了私营部门债务积压问题，并发展了国内资本市场。与此同时，这些国家开始大量增加外汇储备，具备了更强大的风险抵御能力。此外，东盟 +3（东盟成员国加中国、日本和韩国）还建立了清迈协议并和其他多边组织开展密切合作，加强了全球金融安全网。①

尽管在随后的一两年里，还陆续出现过俄罗斯和阿根廷危机，但是全球经济整体步入了相对平静的时光，经济稳定增长，通货膨胀波澜不惊，被西方称为宏观经济“大稳定”（Great Moderation）的时代。在 1999 年至 2007 年间，全球经济年平均增长高达 4.4%，亚洲新兴市场和发展中国家（包括中国）GDP 年增长高达约 8%。同时，全球通胀保持在 4% 左右。②“大稳定”期间，伴随着经济产出波动减缓、金融风险下降、金融创新盛行，全球经济金融一片欣欣向荣。然而，一片繁荣景象的背后，房地产泡沫开始酝酿，埋下了美国次级房贷危机和全球金融危机的伏笔。

实现高增长和低通胀是 IMF 经济政策的主要目标。然而，对 IMF 来说，平静的国际环境却带来与过去截然不同的另一场危机。“大稳定”期间，IMF 的贷款总额跌落到几十年以来的最低点。在这样的国际经济环境下，许多政策制定者、市场分析人士和学术界纷纷对 IMF 存在的必要性和意义提出疑问，认为 IMF 已失去功能，用在它身上的资源可能就是一种浪费。也有人指出，鉴于许多国家大量增加外汇储备，即便出现经济危机，也不一定用得着 IMF 的贷款援助。

随着对成员国信贷的下降，2006 年，IMF 内部的财政收入不够应对其支出。如同许多成员国经常面临的问题一样，IMF 必须考虑如何增加收入和减少开

---

① 2000 年 5 月，第九届东盟 10 国与中日韩财长在泰国清迈共同签署了建立区域性货币互换网络的协议，即《清迈协议》（Chiang Mai Initiative），扩大了东盟货币互换协议的数量与金额，并建立了中日韩与东盟国家的双边互换协议。《清迈协议》成立于 1997 年亚洲金融危机后，旨在通过建立一个区域融资安排来补充现有的国际金融安全网，避免美元流动性不足或货币投机活动带来的金融危险和冲击。

② 参见 IMF《世界经济展望》数据库。

支。在收入方面，与过去依靠贷款收入不同，IMF 出售了所持有的部分黄金，将利润部分建立基金用于投资，其部分收益用来补充财务收入。在缩减开支方面，IMF 采取减员措施，目标是将年度开支缩减 1 亿美元，相当于当时年度开支的 15% 左右和裁掉 400 位员工。2008 年初，IMF 执行董事会（以下简称执董会）批准新的收入模式，并通过中期财政预算，在 3 年内缩减 1 亿美元的开支。减员分两步进行，第一步自愿离职，如果目标还没有达到，则考虑强行离职。接下来的几个月中，占总员工人数 20% 的 500 个左右员工同意自愿离职，其中包括 24% 左右的富有经验的高层管理人员。

IMF 有史以来的第一次裁员对员工带来了巨大的影响，打击了他们的工作热情和积极性。正如救火队一样，如果说在没有发生火灾的情况下，认为救火队只是一种摆设，其开支是一种浪费，那么一旦发生火灾，又该如何应对呢？正在此时，2008 年全球金融危机呼啸而至，IMF 不得不放弃冻结招员的决定，到 2009 年初，又重新招聘了 100 多位经济学家，包括金融行业专家。到 2012 年，员工总人数达 3000 人，高于 2006—2008 年减员前的水平。多年后，IMF 独立评估办公室认为，当年的减员计划影响了 2008 年 IMF 应对全球金融危机的能力。

三、应对全球危机

“二战”后长达半个世纪的和平发展，虽有起落，但发达经济体和发展中国家的经济体制和政策制定变得越来越成熟。21 世纪初，全球经济繁荣发展，在一片叫好声中，人们仿佛忘记了什么叫金融危机，带有错觉地认为高增长、高就业、低利率、易借贷的好日子将会无止境地延续下去。

2008 年 9 月 15 日，美国四大投资银行之一雷曼兄弟的倒闭震撼了全球金融市场，揭开了 2008 全球金融危机的序幕，也彻底消除了人们对 IMF 是否还有意义的疑问。2009 年 8 月，IMF 分配了 2500 亿美元特别提款权，为成员国和全球经济注入流动性，为危机中国家提供大量信贷支持，并通过经济监督，为全球经济复苏出谋划策。

2013 年 12 月 13 日是一个平凡又值得回忆的日子。这一天，IMF 执董会完成对爱尔兰最后一次信贷项目审查并发放最后一笔贷款，并宣布，在爱尔兰政府的努力下，IMF 和欧盟信贷支持的经济改革项目胜利完成，爱尔兰财政状况明显改善，并已经成功走出了金融危机的深渊。IMF 全体董事和总裁，前所未有地在这个庄严肃穆的董事会议厅里，为爱尔兰经济的复苏、为那些夜以继日为之而努力的所有职员热烈鼓掌。

回首 2010 年 11 月中旬，深陷危机泥潭的爱尔兰政府向 IMF 提出贷款请求，IMF 随即派出工作人员团队实地考察，11 月底达成工作层面的信贷协议。2010 年 12 月 16 日，IMF 执董会批准了为期三年的中期贷款安排，以支持爱尔兰政府的经济调整和财政稳定计划。贷款额达 195 亿 SDR（约 301 亿美元）。[①] 在接下来的三年中，IMF 十余人的经济学家队伍奔赴实地考察、项目跟踪十几次。每次都可能持续两三个星期。项目正式结束后，IMF 还设计了一段时间的较密切的经济监测，以协助爱尔兰经济调整的顺利过渡。

这并不是特别时期的特别措施，只是 IMF 经济学家们工作的一个缩影。他们战斗在一个看不见硝烟的战场上，为每一个需要帮助的成员国渡过危机和恢复发展献计献策、不遗余力。

在 2020 年 1 月的全球经济展望的更新中，IMF 还为如何提高全球经济增长而发愁。当时预计 2020 年全球增长上升至 3.3%，2021 年 3.4%。IMF 当时认为世界经济趋于稳定，但还没有从 2008 年全球金融危机中完全恢复过来，增长乏力。

但是让 IMF 没有料到的是几个月后，由于新冠肺炎疫情的冲击，其对全球经济增长的预测不得不进行重要调整。在 2020 年 4 月的《世界经济展望》中，IMF 将当时的情况归纳为 “大隔离”（Great Lockdown），预计 2020 年全球经济负增长 3%。在 6 月份的更新中，IMF 将新冠肺炎疫情描绘为“从未见过的危机”（crisis like no other），预计全球经济负增长 4.9%。在 10 月的报告里，IMF 表明全球经济面临的情况是“漫长和困难的复升”（long and difficult ascent），预计全球经济负增长 4.4%。

---

① 参见 IMF 新闻发布稿：“基金组织执行董事会批准对爱尔兰的 225 亿欧元中期安排”，https:// www.imf.org/en/News/Articles/2015/09/14/01/49/pr10496。

面对这场前所未有的新冠肺炎疫情危机，IMF 快速行动，从 2020 年 3 月下旬到 9 月中旬的短短半年间，IMF 执董会召开了上百次会议，研究对策，快速向数十个成员国提供近 1000 亿美元的信贷支持，帮助这些国家渡过难关。此外，2021 年 8 月，IMF 又分配了 6500 亿美元的特别提款权，以增加成员国的外汇储备，为应对这次危机提供了有力的支持。

四、 经久不衰的源泉

如今，IMF 不论是从贷款总额，还是从经济监督层面，或是从技术援助的总量来看，都是 20 世纪 70 年代布雷顿森林体系解体时规模的若干倍。基于最前沿的经济理论指导和严谨的模型和数据分析，IMF 对全球经济的分析和预测总会引起全球的广泛关注。1944 年布雷顿森林会议的成就，不仅是统一了国际货币体系，也建立了一个能较好地适应时代变化和不断改革创新的 IMF。现剑桥大学皇后学院院长穆罕默德–埃里安（Mohamed El–Erian）坦言："如果 IMF 当前不存在，那么也会有强大的呼声要求建立这样的组织。假如没有 IMF，那么世界将没有最后的贷款人，一些国家将被危机击溃，危机还会传染冲击到其他国家。市场人士也将看不到 IMF 提供的数据、信息和独立分析，看不到 IMF 提供的国别报告、地区报告和《世界经济展望》等旗舰报告。"①是什么成就了 IMF 的生生不息，经久不衰？其中的因素很多，简单地可以归结为以下四个方面：

首先，对其机构治理和职能的定期检查和改进是 IMF 的基本原则。《IMF 协定》规定，至少每五年，或根据需要可提前，进行份额总检查。迄今为止，IMF 已经进行了十五次份额总检查。为了顺应新兴市场和发展中国家在国际经济舞台地位的提高这一变化，自 2008 年全球金融危机以来，IMF 加快了份额改革步伐，提高了新兴市场和发展中国家在 IMF 的话语权，使得主要新兴市场国家，包括中国，跨入 IMF 十个最大股东国的行列。

---

① 参见 El-Erian, Mohamed A., "The IMF Can （and Must） Disrupt Itself," *Finance and Development*, June 2019, pp. 24-26。

《IMF协定》也规定了对于特别提款权的篮子构成需要定期检查。2015年11月30日，经过IMF执董会严格审议，人民币被认定为国际“可自由使用货币”，并于2016年10月1日起，加入美元、欧元、日元和英镑，组成特别提款权货币篮子。人民币的加入使该篮子更加多元化、更能代表全球主要货币，从而有助于提高SDR的稳定性和作为储备资产的吸引力。这是国际金融发展史上的里程碑，是对中国30多年经济改革、高速发展的认可，也是人民币国际化的重要一步。

2022年5月，IMF对SDR的估值审查再次确定篮子货币组合的合理性，提高了人民币在SDR篮子中的权重，也表明人民币国际化在不断推进。对中国来说，这是一个重要的认可，也是一份责任，更是人民币持续国际化的动力。但是与美元和欧元相比，人民币要成为更重要的国际储备货币，仍有很大距离，未来可期，但任重道远。

从内部运行来说，IMF也有一套比较完善的内部审查制度。每一项政策的制定或改革，都需经过好几轮不同部门的交叉审查，综合多方面意见，最后提交执董会讨论审批。执董会则是IMF最高级别的常驻决策机构，由24名执行董事组成。他们代表190个成员国对全球经济和各个国家的宏观经济政策进行磋商，并对融资计划、贷款发放和其他管理事宜进行商讨表决。执行董事会每年平均召开300多个会议，签发近三千份会议文件。多方面的利益相关者从不同角度对IMF各项政策进行审议，确保相关政策的有效、公正与透明。

第二个重要方面是IMF有一支高素质和实干的员工队伍。IMF需要来自世界各地的专业人才。这些人拥有深厚、扎实的经济学或其他学科功底，也拥有流利、熟练的英文（甚至其他语言）的写作和表达能力。他们不仅是严谨的经济学、金融、法律等方面专家，更是脚踏实地的地球村人。IMF的工作通常都要求高度的责任感，因为其一切的分析与决策，往往归结到为某一国家、一个地区乃至全球提出政策建议，解决经济问题并促进长期发展，为全球经济发展与社会进步起到直接作用。

IMF面向全球招聘各类经济、金融和法律等方面的人才。他们大多拥有博士学位。有的是应届博士毕业生，有的则有在中央银行、财政部或其他行业的丰富从业经验。他们各有所长，有研究型学者、宏观经济学家、财政货币政策专家、金融业专家等。同时IMF也会考虑到人才招聘的地域性分布，不仅从北美、欧洲这些传统高等教育发达地区招聘，近年来也加强从新兴市场和发展中国家，包括中国、非洲、拉丁美洲等地区招聘职员的力度。中国职员人数大幅上升，从20世纪90年代初的不足10人上升到2020年的180位左右。

这样一个机构需要一个富有经验和高瞻远瞩的管理者来掌舵。总裁既是IMF工作人员的首脑，也是执董会的主席。总裁需要有深邃的战略眼光，能为一支高质量和多样化的团队提供指引，需要领导全球机构的管理能力和外交技巧，并能够与国际社会和成员国密切合作，在重大的政策和创新方面建立共识，推动IMF前进。总裁也需要拥有客观、公正和国际多边合作的精神，同时也有优秀的沟通能力。因而，IMF过去的总裁大多是由成员国的财政部长或央行行长出任。他们既有丰富的政府工作经验，常常也有在私营部门工作的经历。

第三个重要方面是IMF拥有一套独特的和全面的宏观经济分析框架和方法，这是其确保经济监测质量的核心。在IMF的宏观经济分析框架中，一个国家的经济可以被分为四个部分：实体经济（供应与需求）、财政政策、货币与金融政策、对外经济（包括国际收支和国际债务）。每个国家的宏观状况是不断变化的，各个经济变量互相关联、互相影响、各个产业环环相扣。一个变量的变动可能会引发其他一系列的变化，影响整个经济的方方面面。这种分析方法也使IMF对成员国和全球经济有比较全面的判断和见解。近年来，尤其是2008年全球金融危机凸显了金融银行业的重要作用，IMF经济学家加强了对金融体系的分析。同时，现代经济体金融、贸易、劳动力等的开放度越来越大，一个国家的经济问题可以通过多个渠道影响其他国家，甚至带来全球性的溢出效用。于是，IMF迅速发展出新的经济监测方法，对全球溢出效应、外部账户平衡、全球价值链、跨境资金流动等开展了多方面的研究。这些研究使IMF在国际货币体系中焕发出新的活力和创造力。

第四个重要方面是IMF拥有改革创新和与时俱进的意愿和能力。这一点在上文已经提到，不管是在宏观经济监督的范围、框架和分析方法，或是信贷工具改善方面，IMF 力争积极听取国际社会和成员国的批评和建议，不断提高自身的能力。在经济研究方法上，IMF 也不断改进，采用前沿的分析方法，对新的事物、新的领域不断探索。比如 1997 年亚洲金融危机后，金融稳定性分析越来越全面和透彻。21 世纪以来，金融科技、数字货币、收入不平等、气候变化引发的经济问题等也得到 IMF 越来越多的关注。在信贷资源上，通过份额改革、各种借款安排等大幅提高 IMF 的信贷能力，并为帮助低收入国家、推动其经济增长，通过独立的减贫与增长信托基金向低收入国家提供低息甚至无息贷款，并通过控灾和减灾信托基金为重债穷国提供债务减免。IMF 还通过引入新的信贷工具，如短期流动性额度，调整已有信贷工具以不断适应新的需求。除此之外，IMF 的技术援助和能力建设等项目，致力于帮助成员国不断提高、完善、增强其自身的经济分析监督能力。

* * * * * * *

近八十年的风风雨雨磨砺出一个逐渐成熟的 IMF。如今，IMF 已发展到有 190 个成员国，职员近 3000 人。不管是从职能、治理结构角度，或是从组织透明度和职员多样化角度，都取得了长足的进步。特别是它的经济监督范围从最初的国际收支状况，扩大到各成员国的货币、财政、金融、经济结构性改革政策和近年来新出现的许多课题。IMF 的信贷工具更加多样化，为各国量身定制的信贷条件也更加灵活。

然而，IMF 在诸多重要方面仍有很大的改善余地，包括其治理结构和新兴市场经济体话语权、国际货币体系的改革和如何促进特别提款权的作用、全球金融安全网的完善和如何确保自身充足的信贷资源、IMF 总裁选举的广泛性和代表性以及职员的多元化。这些方面与 IMF 如何致力于减少频频发生的全球金融危机和更有效地应对金融危机紧密相关。只有在这些方面取得进一步的显著改善，IMF 才能真正成为洞悉全球经济、化解全球危机的中流砥柱，才能真正有效地服务于国际社会和所有成员国。达到这些目标不可能一蹴而就，而是需要 IMF 和其成员国持之以恒的共同努力。

第三章
IMF 的职能与治理①

如果著名经济学家、IMF 创始人之一的凯恩斯来 IMF 参观访问，他也许会惊讶地发现，近八十年过去了，世界经济发生了翻天覆地的变化，IMF 在全球经济金融体系中仍然在发挥重要的作用。他或许会想，IMF 经历了这么多风风雨雨之后，其职能与治理发生了哪些重大变化？如果在当今的世界经济版图里重建 IMF，那其职能与治理又该如何规划？凯恩斯能否预见未来八十年间的这些变化不得而知，但他当年与其他创始人所追求的多边主义与国际合作的精神在当前依然适用。要使 IMF 在当今的国际局势下继续发挥其应有的作用，IMF 必须顺势而为，不断改革前行。

本章将主要介绍 IMF 的宗旨、主要职能、治理结构及演变、IMF 的份额和话语权、执董会的议事和决策规则、加强透明化与责任机制等内容，着重阐述自 IMF 成立以来这些方面的演变，同时也将探讨 IMF 治理改革方面所面临的挑战。

一、IMF 的宗旨和职能

（一）IMF 的宗旨

如上章所述，IMF 是全球货币金融体系的核心机构，也是全球金融安全

① 本章作者是蒋旭峰、刘菲和林建海。

网的中心。IMF 诞生于布雷顿森林会议，总部设在美国华盛顿，至今已经走过近八十年的风风雨雨，在 20 世纪 80 年代拉美债务危机、1997 年亚洲金融危机、2008 年全球金融危机和欧债危机、2020 年全球新冠肺炎疫情的救助中发挥了重要作用。

尽管参与 1944 年布雷顿森林会议的 IMF 创立者并不能完全预见国际货币金融体系在日后的变化，这些创立者设立 IMF 的初衷依旧成立，那就是让人类不再重蹈战争和货币竞争性贬值等覆辙，促进各国在货币、贸易等诸多领域的合作。

IMF 目前拥有 190 个成员国，每年要与成员国进行年度经济磋商，由 24 位执行董事组成的、代表所有成员国的执董会，每年要召开超过 300 个正式和非正式会议。仅在 2020 年新冠肺炎疫情发生后的一年间，IMF 就给超过数十个成员国提供了各类贷款援助。如果离开了有效的治理和运行机制，IMF 是很难高效地运转并完成如此多艰巨任务的。

在上章里，我们已经提到 IMF 的六大宗旨，包括“避免竞争性通货贬值”“促进国际贸易的扩大和平衡发展”，并帮助成员国“纠正国际收支失调”。这些宗旨在应对全球经济金融危机等时期显得尤为关键，凸显了 IMF 为全球提供的公共产品具有系统重要性，也反映了缔造者们建立 IMF 的初衷。

（二）IMF 的主要职能

IMF 肩负三大基本职能，包括经济监督、信贷和技术援助（也称能力建设）。从 IMF 的职能和宗旨的关系来看，三大基本职能其实是 IMF 宗旨所蕴含的题中之义，也是 IMF 宗旨所赋予的机构职责。例如，促进国际货币领域的合作和促进国际贸易发展，自然离不开全球经济监督；保持成员国之间有序的汇兑安排、避免竞争性货币贬值，自然需要 IMF 开展双边经济监督；帮助成员国纠正国际收支失调，也需要 IMF 扮演提供信贷的角色，来帮助成员国应对国际收支失衡、解决经济结构性失衡。从另一个角度来看，在不同历史时期，IMF 有效地执行这三大基本职能，使其能够提供时代最需要的国际公共产品，维护成员国及其民众的利益，从而有效地履行作为一个国际组织的使命。这三大基本职能具体如下：

1. 经济监督

每一个加入 IMF 的成员国都必须承诺，履行其经济和金融政策接受国际社会监督的义务。IMF 不仅会持续监督各地区和国际经济金融体系的运转，也要监督 190 个成员国的经济和金融政策，考察成员国的国内政策是否有利于本国的经济稳定和增长，关注可能的效应，并就所需的政策调整提出建议。根据经济监督的对象来划分，IMF 的经济监督至少包括双边经济监督、区域经济监督、全球经济监督（本书的后续章节会就这些方面做更详细的介绍）。

（1）双边经济监督

根据《IMF 协定》的第四条款，IMF 成员国有义务与 IMF 和其他成员国合作，以保证有序的汇兑安排，促进形成一个稳定的汇率制度。在第四条款的框架下展开的双边监督俗称“第四条款磋商”。第四条款磋商是 IMF 对成员国经济进行双边监督的重要工具，通常以 12 个月为周期，IMF 会和成员国政府进行经济磋商，了解各个成员国的宏观经济和金融发展状况，进行评估并提供政策建议。在 2020 财政年度，IMF 一共在 129 个成员国开展了第四条款磋商。

除了第四条款磋商以外，IMF 双边监督的形式还包括各国金融部门评估规划。

（2）区域经济监督

在双边经济监督和全球经济监督之外，IMF 还会结合不同区域的经济特征、政策热点、面临的主要风险等内容，进行区域经济监督。IMF 不同地区部门发布的区域经济展望报告就是区域经济监督的重要载体，是广受各界关注的区域性旗舰报告。截至目前，IMF 的五个地区部门都有各自的经济展望报告，分别是《亚洲与太平洋地区经济展望》《欧洲地区经济展望》《中亚与中东地区经济展望》《撒哈拉以南非洲地区经济展望》《西半球地区经济展望》，分别在 IMF 和世界银行春季会议或秋季年会期间发布。

（3）全球经济监督

在全球各大国际组织中，IMF 承担着一项独特的职责，那就是对全球的经济金融形势进行监督并提供政策建议，《世界经济展望报告》《全球金融稳定报告》《财政监测报告》等旗舰报告广受全球政策制定者、学术界、金融市场和媒体界关注。这些旗舰报告会对全球经济现状和增长前景做出预测，同时还会对当前金融市场的潜在风险、全球财政和债务状况进行全面的分析，并提出政策建议。

2. 信贷

IMF 的信贷资源是全球金融安全网的重要组成部分，也是应对全球经济金融危机和帮助成员国克服国际收支困难的重要保障。全球金融安全网至少可以从四个层面来理解：各成员国的外汇储备；中央银行之间的双边货币互换安排，如美联储和多家央行之间的货币互换安排；区域性融资协议，如《清迈协议》等；IMF 的可贷资源。当成员国发生融资困难或陷入危机时，IMF 可以提供资金援助，帮助成员国进行经济金融政策调整和改革，限制对国内和全球经济的不利影响，进而帮助成员国恢复经济稳定和增长。IMF 的融资工具还能帮助稳定金融市场信心，进而防范危机的发生。

IMF 作为全球危机“救火队”的“准世界中央银行”，其信贷支持往往在危机来临时对成员国提供重要的支持作用，并对成员国获得市场及其他多边和双边融资发挥“催化剂”功能。在 IMF 成立以来的近八十年间，IMF 的信贷工具箱在“质”与“量”两个方面都发生了诸多变化（见第十八章）。

在“质”的方面，IMF 的信贷项目并非一成不变，而是伴随着国际经济金融体系的变化而演进。IMF 执董会每隔几年会进行全面审议，商讨是否调整现有的信贷工具种类，是否增设新的信贷种类，从而更好地帮助成员国。在布雷顿森林体系的固定汇率制结束后的 20 世纪 70 年代石油危机、20 世纪 80 年代的拉美债务危机、1997 年亚洲金融危机和 2008 年全球金融危机之后，IMF 的信贷工具箱都进行了大幅调整。在 2020 年新冠肺炎疫情肆虐全球之际，IMF 执董会在 2020 年 4 月批准设立短期流动性额度这一新的信贷工具。

在“量”的方面，和成立之初相比，如今 IMF 的可贷资源和信贷规模已有了长足进展。如果把份额、常备多边借款安排、双边借款安排这三个“弹药库”的可贷资源都算上，IMF 目前拥有约 1 万亿美元的可贷资源。仅从 2020 年初新冠肺炎疫情爆发至 2021 年 IMF 和世界银行春季会议召开的约一年时间内，IMF 就给 86 个成员国提供了 126 次各类信贷支持，信贷总金额高达 1100 亿美元，平均每笔信贷援助的规模超过 8.7 亿美元。如果把时间拉回到 IMF 设立之初，法国和荷兰面临“二战”后的经济复苏压力，1947 年，法国获得 IMF 成立以来发放的第一笔 5000 万美元借款，荷兰 1947 年也取得 IMF 的第二笔贷款（600 万美元和 150 万英镑），这与当前 IMF 给成员国的信贷规模相去甚远。

3. 技术援助（能力建设）

除了监督和贷款之外，IMF 还扮演着成员国的“智力顾问”。由于一直从事宏观经济金融研究、贷款项目设计等工作，IMF 在宏观经济金融、财政政策、债务管理和货币政策等方面积累了大量的专业人才和知识储备。如果成员国提出申请，IMF 会提供相关技术援助，帮助成员国加强实施稳健经济政策的能力。技术援助的主要形式包括向成员国派出专家队伍直接援助、安排咨询顾问、提供培训课程等，主要技术援助的领域包括财政和税收政策、货币和汇率政策、统计体系、金融监管和法律框架等。

在 2020 财年，IMF 用 7 种不同的语言，一共开设 383 项课程，给成员国 15542 人次的官员进行培训，派出咨询顾问出差多达 2838 次；投入技术援助和培训的经费高达 3.05 亿美元，约占 IMF 该财年总运营经费的三分之一。

近年来，来自发展伙伴的外部资金援助对于 IMF 开展大量的技术援助发挥了重要作用。IMF 在总部设有 IMF 学院，财政事务部等 IMF 职能部门也会经常参与各种技术援助；IMF 还在全球设有十余家区域技术援助中心，例如太平洋技术援助中心主要针对太平洋岛国提供技术援助，还有在中国的中国与 IMF 联合能力建设中心。从 2020 年新冠肺炎疫情发生到 2021 年 4 月，IMF 借助因特网远程沟通等方式，给超过 160 个成员国提供了各类政策建议和技术援助，帮助成员国解决一系列紧迫需求，包括国库现金管理、金融监管、网络安全和经济治理等议题。

二、IMF 的治理结构及演变

IMF 的治理结构是保证多边主义有效运行的基石，也是确保 IMF 能高效履行其职能的屏障，从而帮助 IMF 践行其宗旨并维护成员国的利益。自成立以来，IMF 的治理结构和有效性也在不断改进。

（一）主要治理结构

自 IMF 成立以来，IMF 治理结构的三大支柱——全体理事会、执行董事会（简称执董会）和管理层一直延续至今。部长级委员会在决策指导建议方面发挥了日益重要的作用。总裁的遴选也在不断改进，公开、透明和择优的特征日渐明显。

在 IMF 的治理结构中，可以把理事会、执董会和管理层视为三个基石。简而言之，理事会代表 IMF 最高政治决策的机构，理事会将主要日常决策授权给了执董会；总裁作为执董会的主席和 IMF 职员的最高领导，确保 IMF 的贷款审批、对成员国和全球经济监督等大量日常决策得以实施。从另一个角度来理解，总裁通过 IMF 职员的协助，在执董会的指导下，具体实施理事会的决定和战略蓝图。

1. 理事会

理事会是 IMF 的最高权力机构。可以这样理解，理事会拥有两类权力，一类是显性的权力，另一类是隐性的权力。所谓显性的权力，就是保留给理事会来行使的一些重要权力，包括批准增加 IMF 份额、接受新成员国和取缔成员国资格、分配特别提款权（SDR）、修订《IMF 协定》和《IMF 附则和规章》等。理事会还会选举执行董事（简称执董），决定执董会的人数规模，并决定执董和副执董的报酬等。对于和 IMF 日常运营相关的众多决策，理事会将其大部分权力授予常驻 IMF 总部的执董会。《IMF 协定》规定："除本协定直接赋予理事会的权力外，理事会可将其权力委托执行董事会行使。"另一方面，理事会还拥有隐性的权力，这是因为《IMF 协定》也规定："本协定下的一切权力，凡未直接授予理事会、执行董事会或总裁的，均属于理事会。"理事会还会就《IMF 协定》相关问题做出解释和最终裁决。

IMF 理事会由每个成员国的一名理事和一名副理事组成，IMF 的秘书长兼任理事会秘书长。理事由成员国任命，通常是财政部长或中央银行行长。理事一职通常无固定任期，每位理事和副理事应任职到另有新的任命为止。当然，由于理事会的人数较多，每年仅在 IMF 和世界银行年会之际开会一次，再加上理事和副理事并非常驻 IMF 总部，使得理事会较难对 IMF 的日常决策提供具体指导意见，这也是国际货币与金融委员会等部长级委员会设立的重要原因，即提供高效的政策讨论平台。在非开会期间，理事会可以通过邮件、电子邮件、传真和IMF的安全网上投票系统，来进行远程投票。例如，从2002年开始，理事会例行选举执行董事就通过邮件方式进行。

2. 执董会

执董会是IMF常驻决策机构，负责开展IMF的日常业务，并行使《IMF协定》所授予的权力。执董会讨论IMF各方面的工作并做出决策，从IMF对成员国经济状况开展的第四条款磋商和对成员国的信贷项目，到与全球经济有关的各类政策问题。执董会通常根据协商一致原则做出决定，但有时也进行正式投票。

IMF理事会可以根据总投票权85%以上的多数，来决定执董会席位的增减。从IMF成立以来，执董会的执董席位从1946年的12个增加到1964年的20个；1978年沙特获得单独执董席位，执董席位数增至21个；1980年，中国恢复在IMF的席位并能够指派执董，IMF的执董席位增至22个。1992年，IMF执董会的席位进一步从22个增加到24个，因为瑞士和俄罗斯在1992年成为IMF的成员国。目前IMF执董会的席位数仍是24个。执董的选举每两年举行一次。2016年1月26日，执董会改革修订案生效之后，从2016年定期选举开始，24位执董都由选举产生（见专栏3.1）。

从执董扮演的身份来看，可以说他们头戴两顶“帽子”。他们一方面需要代表所在国或是所在选区多个成员国的利益，需要头戴成员国代表的“帽子”。另一方面，他们需要扮演类似一家跨国企业董事的角色，要对IMF大量专业性的日常事务发挥议事和决策的职能，确保用同样的标准来对待所有成员国的诉求；因此，他们也头戴IMF官员的“帽子”。这两重身份有时候是互有补益的，有时候也可能存在潜在冲突，需要执董们妥善处理。这与成员派往联合国或世界贸易组织任大使的做法大不相同。总体看来，这种安排有利于协商、合作并在较短时间内达成决议，这也是IMF高效运转的原因之一。

从功能上来说，执董会事实上扮演着IMF的立法和行政机构的双重功能。具体而言，执董会发挥的主要作用包括这样四个方面：第一，执董会对管理层和职员的工作进行监督，执董会做出的决定又会对IMF未来的决策有重要影响，扮演着类似“立法机构”的角色。第二，对使用 IMF 资金（贷款项目）进行审批。第三，对理事会和部长级委员会的战略决定提供顾问建议，对涉及 IMF 政策的重大议题进行商讨。第四，决定 IMF 的预算、员工薪酬等其他运营和财务事项。后三项作用体现了“行政机构”的角色。当然，也有观察人士认为，IMF 的执董们过多地承担了 IMF 日常事务的审议决定，每年审阅的文件总量要超过 8 万多页，占用了太多的时间，执董会应当把更多时间聚焦在战略性的决定，而非 IMF 的日常事务。

专栏 3.1 IMF 执行董事会（执董会）

执董会是 IMF 的常驻决策机构，通过行使 IMF 理事会授予的权力来开展 IMF 的日常业务。执董办公室通常还设置一至两位副执董、几位高级顾问、顾问以及其他工作人员。执董会是一个独立的机构，执董会工作人员并非 IMF 的职员，而是负责 IMF 日常运营的官员。执董会预算虽然是 IMF 总运营预算的一部分，但执董会预算的决定和执行都与 IMF 日常运营预算相分离。

执董常驻美国华盛顿的 IMF 总部办公，并应根据 IMF 业务的需要经常举行会议。这一设置的理念可以追溯到布雷顿森林体系建立早期美国和英国等国对于执董会的不同构想。1946 年 3 月，IMF 理事会首次会议在美国佐治亚州的萨凡纳举行，会议期间探讨的一个重要议题就是关于 IMF 执董会是否常驻总部等治理结构，史称“萨凡纳辩论”。美国财政部长弗雷德·文森和参与布雷顿森林体系构建的美国财政部官员哈里·怀特认为，执董会应当常驻 IMF 总部，执董们都要参与重大战略决策和日常决策。参与布雷顿森林体系构建的英国经济学家凯恩斯则倾向于执董们不常驻 IMF 总部，有必要时再赴 IMF 总部开会，执董们只决定重大战略决策，日常决策交给管理层和职员。①IMF 执董会当前的设置主要反映了美国的设计理念。

---

① 参见 Horsefield, Keith J., *The International Monetary Fund, 1945-1965, Volume Ⅰ: The Chronicles*, IMF, Washington, D.C., 1969, pp. 130-135。

IMF执董会的会议分为正式会议和非正式会议，总裁是执董会的主席，执董会上会对涉及IMF日常运营的贷款、经济监督和发展战略进行讨论并做出决定。近年来，每年召开的执董会会议数量通常在300次以上。执董们可以在会议召开前发表书面声明来表达自身的政策立场。非正式会议通常是给执董们提供就重要政策议题进行协商的平台。在正式会议上，执董会通常在执董们一致同意的基础上通过决策，很少以正式投票来进行决策。

此外，执董会目前还设有程序委员会、道德委员会、评估委员会、行政事务委员会、与世界银行及其他国际组织联络委员会、员工退休金委员会等常设委员会以及一些临时委员会，来商议涉及执董会和IMF日常工作的重要事项。这些委员会都由执董会成员构成，委员会由执董或者IMF总裁分别担任主席。

为了进一步完善IMF工作的透明度和有效性，并加强执董会对管理层的监督，2000年，IMF执董会提议设置IMF独立评估办公室（Independent Evaluation Office，IEO）；独立评估办公室在2001年开始正式运作，保持独立运行，负责人会与执董会协商并沟通，但并不向IMF管理层汇报和负责。

影响深远的2010年份额和治理改革在2016年生效，该改革方案对IMF执董会也有重要影响。根据该改革方案，IMF的份额翻倍并把超过6%的份额转移至富有活力的新兴市场和发展中国家，四个重要新兴市场国家（中国、印度、俄罗斯和巴西）都位居IMF十大股东国之列；同时，执董会将首次全部由选举的执董组成，不再采用任命执董的形式（此前五个份额最大的成员国可以任命执董），超过七个成员国的多国选区可以任命第二名副执董，欧洲发达国家承诺减少其在执董会中的两个席位。

3. 管理层

IMF的管理层目前由一名总裁、一位第一副总裁和三位副总裁组成。IMF的管理层也经历了一个逐渐扩大的过程，以提升管理层的多元化程度。1994年，

IMF 的副总裁数量从一位增加到三位（含第一副总裁）。[①] 自从 2011 年以来，IMF 管理层扩大为一位第一副总裁和三位副总裁。IMF 的理事和执董可以提名 IMF 任何成员国的公民担任总裁职位。总裁由执董会任命，任期五年，可以连任。执董会可以通过多数票方式选出总裁，但过去一直是按协商一致原则任命总裁。第一副总裁和三位副总裁由总裁任命，属于 IMF 职员的一部分。

管理层对于 IMF 的日常运转发挥着枢纽作用。总裁既是 IMF 执董会主席，也是 IMF 职员的最高领导。从对内运营的角度，如果把 IMF 理解成一个跨国企业，IMF 的理事近似于享有最高权力、非常驻总部的董事；IMF 的执董类似常驻的董事；而 IMF 总裁的身份既是召集日常董事会的"执行董事长"，又是负责日常机构运营的"总经理"。从对外交往的角度来看，总裁是 IMF 与成员国交往和在媒体发声的最重要"名片"；总裁通常参加 G20、G7 等各种重要国际会议和论坛，代表 IMF 阐述对全球经济金融态势的最新看法。和 IMF 执董身兼两个身份一样，IMF 总裁身兼执董会主席、职员最高领导的双重身份有利于领导和协调工作，也是 IMF 高效运转的重要保障。

管理层和理事会、执董会之间存在着合作与制衡的关系，执董会选举 IMF 总裁并监督其工作、审查其决定，总裁在执董会的监督下负责 IMF 工作人员的组织、任命和辞退。总裁又会主持执董参加的日常执董会（见图 3.1）。如果执董会投票出现 50% 对 50% 的僵局，总裁可以投票来确定讨论事项的结果。当然，在现实中，因为执董的投票权是基于混合变量来计算的份额公式，所以不太可能出现正好 50% 对 50% 的执董会投票僵局。

从另一个角度来看，总裁和职员事实上拥有 IMF 大量日常事项的提议权，这些涉及 IMF 贷款、日常运营等方面的决定由职员和总裁提出，并在执董会议上讨论通过，IMF 职员准备的分析报告为这些决定提供技术支持，这些报告由管理层批准并在会前提交执董会审阅。执董们则拥有这些事项的决策权，但在大多数情况下，都会支持职员的工作报告和管理层的建议。

---

① 参见 IMF Annual Report, 1994;Van Houtven, Leo, Govemnance of the IMF: Decision Making, Instiutional Oversight, Transparency, and Accountability,IMF Pamphlet Series No.53,August 2002,p.16。

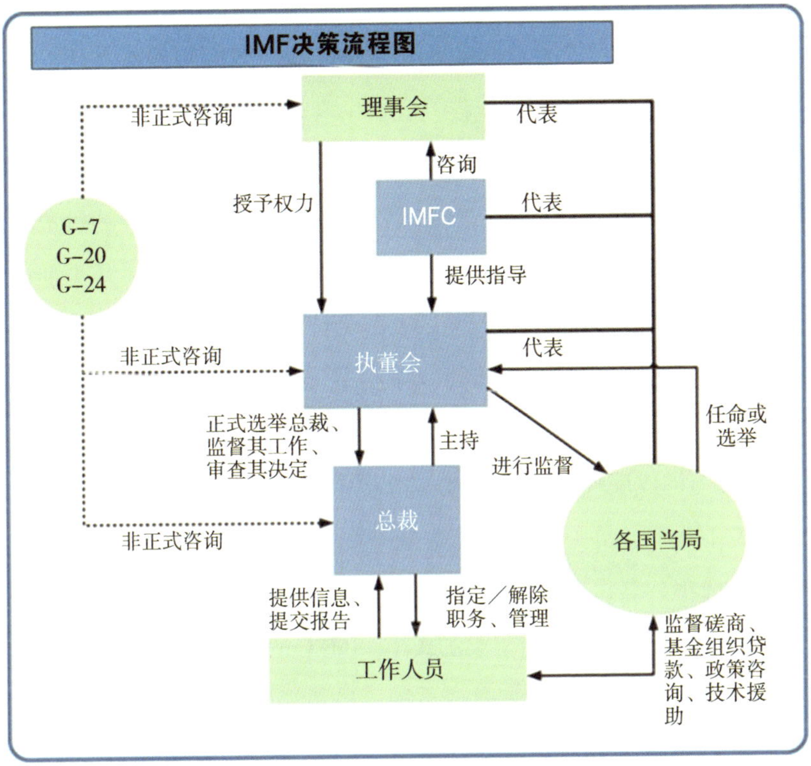

图 3.1 IMF 决策流程图

资料来源：IMF 官网。

（二）部长级委员会

除了理事会、执董会和管理层这三个 IMF 治理的支柱之外，国际货币与金融委员会（International Monetary and Financial Committee, IMFC）和发展委员会（Development Committee）是两个主要的部长级委员会，它们向理事会提供政策建议。近年来，部长级委员会在 IMF 的治理中也发挥了日益重要的作用。

1. 国际货币与金融委员会

在布雷顿森林体系固定汇率制结束的 20 世纪 70 年代初，IMF 理事会在 1972 年的年会上提议设立二十人委员会，来商讨国际货币体系改革。二十人委员会由二十名成员组成，和当年的 IMF 执董会席位数相同。相较于 IMF 理事会更大规模的参会规模，二十人委员会更利于开展小范围的高效讨论。

二十人委员会只是短暂地存在了两年，在 1974 年退出历史舞台。二十人委员会的一项改革提议是建立小规模、具有决策权的部长级委员会。对于新的部长级委员会应当具有多大职权，成员国有着不同看法。在酝酿过程中，IMF 先行设立了扮演政策咨询功能的“临时委员会”（Interim Committee）。临时委员会的设置和二十人委员会相近，席位数也反映了 IMF 的执董席位和选区分布，1976 年在牙买加金斯敦举行的临时委员会会议为《牙买加协定》的签署奠定了基础，临时委员会的一些提议对于《IMF 协定》第二修正案的通过、多轮份额总检查等重大议题都发挥了重要作用。

IMFC 成立于 1999 年，由 1974 年 10 月成立的临时委员会演变而来。IMFC 的规模与构成反映了执董会的规模与构成情况。目前 IMFC 由 24 位成员组成，代表 190 个成员国，他们通常是中央银行行长或财政部长，也是成员国的理事。选举一名执董的每组国家任命一名 IMFC 成员。IMFC 发挥着 IMF 理事会与执董会、管理层之间桥梁的作用。IMFC 的工作遵循协商一致的原则，包括主席的选举。IMFC 主席来自成员国，虽然尚未针对 IMFC 主席任期限制出台正式规定，但自 2007 年以来，IMFC 主席的任期一般是三年。[①] IMF 的秘书长兼任 IMFC 的秘书长。

IMFC 每年会在 IMF 与世界银行春季会议和年会之际举行两次会议。在工作流程上，针对每次会议，IMF 总裁会在秘书长等职员的协助下，准备一份 IMFC 议程草案。该草案经执董会讨论、由 IMFC 主席批准，并在 IMFC 会议上正式通过。从 2012 年 10 月开始，IMF 总裁会在 IMFC 会议上提交“全球政策议程”（Global Policy Agenda, GPA）供审阅。[②]GPA 概述当前全球经济形势、

---

① 参见 IMF, “A Guide To Committees, Groups, and Clubs,” February 16, 2021. An exceptional case was that, on March 22, 2011, the IMFC selected Mr. Tharman Shanmugaratnam, Deputy Prime Minister and Minister of Finance of Singapore, as its Chairman for a three-year term, but on December 18, 2013, extended his term by one year to March 22, 2015. The IMFC stated that “The members of the IMFC view Minister Tharman’s strong leadership as valuable in the Committee’s deliberations, and continuity of his leadership in the year ahead as particularly helpful in ensuring that all members’ views are taken into account, including with respect to significant ongoing reforms.” See IMF Press Release No. 13/525。

② 参见 IMF, “Managing Director’s Global Policy Agenda,” October 13, 2012。

政策重点和 IMF 的工作报告。IMFC 在每年两次的会后会发布公报，这份公报不仅成为外界观察 IMF 未来工作重点和方向的窗口，也成为对 IMF 未来半年工作有指引性的文件，这份公报的精神会转化为执董会未来半年至一年的工作计划。每隔半年，IMFC 会提供新的战略性方向，总裁是执董会工作计划的牵头人并会视情况进行适当调整，执董则会对工作计划的落实情况进行监督。在下一次的全球政策议程中，IMF 的工作重点又会视情况动态变化而调整，并寻求 IMFC 成员的指导意见，并在新一期的工作计划中进一步落实，形成一个良性的循环反馈。

IMFC 同时设立了副手会。副手会通常会在 IMFC 正式会议前举行筹备工作会，进一步提高 IMFC 工作的效率。IMFC 会就国际货币和金融体系的监督与管理向 IMF 理事会提供建议。IMFC 采取协商一致的原则，不进行正式投票。虽然 IMFC 名义上没有正式的决策权，但在实践中，它已演变为给 IMF 的工作和政策提供战略方向的关键机制。

2. 发展委员会

发展委员会成立于 1974 年 10 月，正式名称是世界银行和 IMF 理事会关于向发展中国家转移实际资源的部长级联合委员会。发展委员会就重要的发展问题、促进发展中国家经济发展所需的资金问题向 IMF 和世界银行理事会提供咨询，尤其是关注最不发达国家的发展问题。

发展委员会有 25 位成员（通常是财政部或发展部部长）代表 IMF 和世界银行的所有成员国。同 IMFC 一样，发展委员会一般也是每年举行两次会议。虽然发展委员会是 IMF 和世界银行的联合委员会，但是近年来，发展委员会聚焦的议题更多是与世界银行有关，而 IMFC 更多聚焦与 IMF 相关的议题。

（三）总裁遴选

总裁在 IMF 的日常运行中发挥着枢纽作用，因而总裁遴选的重要性不言而喻。近年来，总裁遴选的规则化逐渐形成，新任总裁通过逐步改进的公开、透明和择优的程序选出。

根据《IMF 协定》第十二条的规定，由执董会来遴选总裁，总裁不得由 IMF 理事或执董兼任。IMF 现任总裁是来自保加利亚的克里斯塔利娜·格奥尔基耶娃，从 2019 年 10 月任职至今。根据《IMF 附则和规章》，总裁的合同任期为五年，可以连任，第二个任期可以是五年或更短的时间。截至目前，担任 IMF 总裁时间最长的是米歇尔·康德苏，他的任职时间长达 13 年（见表 3.1）。

近十余年来，IMF 总裁的遴选程序也在逐渐改进。针对外界对于 IMF 总裁遴选透明化不足、机制性不强的质疑，IMF 在 2007 年的总裁遴选中，推出了正式的遴选流程。[①] 在 2011 年总裁遴选中，执董会采取公开、透明和择优的程序选出下一位总裁。在 2016 年和 2019 年的总裁遴选中，执董会也采用了相同的程序。这也是体现 IMF 治理改革取得进步的一个方面。

表 3.1　IMF 各届总裁及任职时间表

姓名	国籍	任职时间
卡米尔·格特（Camille Gutt）	比利时	1946 年 5 月 6 日至 1951 年 5 月 5 日
伊瓦尔·鲁斯（Ivar Rooth）	瑞典	1951 年 8 月 3 日至 1956 年 10 月 3 日
皮尔·雅克伯森（Per Jacobsson）	瑞典	1956 年 11 月 21 日至 1963 年 5 月 5 日
皮埃尔 - 保罗·施威泽（Pierre-Paul Schweitzer）	法国	1963 年 9 月 1 日至 1973 年 8 月 31 日
约翰内斯·维特文（H. Johannes Witteveen）	荷兰	1973 年 9 月 1 日至 1978 年 6 月 16 日
雅克·德拉罗西埃（Jacques de Larosière）	法国	1978 年 6 月 17 日至 1987 年 1 月 15 日
米歇尔·康德苏（Michel Camdessus）	法国	1987 年 1 月 16 日至 2000 年 2 月 14 日
霍斯特·科勒（Horst Köhler）	德国	2000 年 5 月 1 日至 2004 年 3 月 4 日
罗德里戈·拉托（Rodrigo de Rato）	西班牙	2004 年 6 月 7 日至 2007 年 10 月 31 日

① 参见 IMF Press Release, "IMF Executive Board Moves Ahead With Process of Selecting the Fund's Next Managing Director," July 12, 2007。

续表

姓名	国籍	任职时间
多米尼克·斯特劳斯-卡恩（Dominique Strauss-Kahn）	法国	2007 年 11 月 1 日至 2011 年 5 月 18 日
克里斯蒂娜·拉加德（Christine Lagarde）	法国	2011 年 7 月 5 日至 2019 年 9 月 12 日
克里斯塔利娜·格奥尔基耶娃（Kristalina Georgieva）	保加利亚	2019 年 10 月 1 日至今

资料来源：IMF 官网。

从公开、透明的角度来看，遴选 IMF 总裁的提名过程具有广泛性，选择新任总裁由 IMF 执董会负责，执董会要公布详细的时间表和选人标准，在提名期内，IMF 所有成员国的理事和执董都可以提名 IMF 所有成员国的人选。而 2007 年之前，只有执董可提名总裁候选人。所有的总裁候选人提名将告知 IMF 秘书长，在提名期间，秘书长将对提名保密；秘书长将征得候选人本人的同意，在提名期结束后把同意接受提名的候选人告知执董会。执董会力争在候选人对执董会披露后一到两周内完成下一轮入围人选的决定过程。下一轮入围人选不得超过三人。如果候选人超过三人，执董会将通过选举程序确定三个最后候选人，在得出三个入围人选之前，对所有提名保密，确定了三个最后候选人后方可向外公布。如果候选人少于四位，执董会将与所有候选人在美国华盛顿进行会晤。之后执董会将开会讨论候选人的优势，决定总裁人选。[①] 总裁的任职合同也会在 IMF 官网上向外公布。

从择优的角度来看，IMF 总裁人选要具备全面的领导能力，总裁人选应当具有卓越的经济决策经验、专业背景和外交能力，能够驾驭和管理 IMF 这样的大型国际机构，能够为 IMF 来自各国的优秀员工提供战略指导。此外，IMF 总裁人选应当了解 IMF 多样化的成员国所面临的政策挑战，应当坚定推动多边合作，在涉及成员国利益的重大议题上与执董会通力合作、达成共识。

① 参见 IMF, "Frequently Asked Questions on Managing Director (MD) Selection," September 5, 2019。

总裁人选应当能够推进 IMF 的各项战略目标，能够保持客观和公正，同时还应当具备出色的沟通和协调能力。

（四）IMF 职员

来自全球各地、背景不一、各具专长的职员是 IMF 生命力的重要来源。目前，IMF 有来自 150 个成员国的大约 3000 名工作人员， 此外还有数百名合同制的员工、24 个执董办公室和独立评估办公室（IEO）的工作人员等。随着 IMF 在国际经济金融体系内发挥的作用日益显著，IMF 的职员人数总体也在逐渐增加。

在 IMF 的职员中，经济学家占比超过半壁江山，其中尤以宏观经济学家居多。近年来，金融和财政等领域的专家人数也在增多。这些经济学家主要分布在亚洲与太平洋部、非洲部、欧洲部、中东与中亚部及西半球部这五个地区部门，以及战略、政策与审查部、财政事务部、研究部、货币与资本市场部等职能部门。除了经济学家以外，IMF 还拥有来自不同国家的法律、技术、人力资源和其他领域的专业人才。近期以来，IMF 也加大力度招聘与气候变化相关的专家，以充实这方面的研究人才资源。以经济学家为例，其职业发展路径通常为经济学家、高级经济学家、副处长、处长、部助理主任、副主任和主任等职务。

为了提升人才的竞争力和适应力，IMF 设置了全面、不断更新的内部员工培训计划，培训涉及 IMF 的分析框架、财政金融等专业领域、不同的分析工具等诸多课程。IMF 招聘的职员也尽量兼顾地域、性别等平衡，IMF 还设置了女性在管理岗位中任职所占比例和员工人数代表性不足地区的招聘计划等多元化目标，尽力实现 IMF 员工地域和教育背景等的多元化。

专栏 3.2　IMF 和世界银行春季会议和秋季年会

自 1946 年开始，IMF 和世界银行两家机构每年都会举行年会，年会通常在每年 10 月召开。根据惯例，通常每隔三年，年会选择在美国之外的成员国召开，例如 2018 年年会在印度尼西亚的巴厘岛举办；另外两届年会在两家机构总部所在地美国华盛顿举办。伴随 1974 年临时委员会的成立以及临时委员会在 1999 年转型为 IMFC，部长级委员会的磋商也从年会期间的一年一次变为春秋两季各一次，春季会议也逐渐成为常态化的正式会议。回顾国际经济和金融发展史，很多重大事件都发生在 IMF 和世界银行春季会议和年会（以下简称“春会和年会”）期间。在过去十多年间，春会和年会至少发生了如下几个重要的变化：

首先，会议的主题逐渐从程序性向政策性过渡。IMF 成立的前几十年中，年会中有很大一部分议程为程序性事务，比如各国理事口头发表声明、对决议进行投票等。如今，随着新通信技术的发展，很多决议在会前就可以进行投票，声明也可以用书面形式发表，这样理事们不用在会议室里待很长时间，就可完成这些程序类事项。早年间，这些程序类日程会占用长达三天时间，如今几个小时的一次性会议就解决了。这样一来，理事们和部长们可以将更多注意力放在讨论对全球经济至关重要的最新政策性议题上。

第二，春会和年会的规模和定位也在发生重大改变。如今，每届春会和年会参会者超过一万人，逐渐从内部会议转变为一个汇聚全球官、产、学、媒体、民间组织等各界的重要政策磋商沟通平台。全球很难有其他活动能吸引不同界别的如此多精英同时出席，给全球与会者提供了宝贵的双边和多边磋商平台。有鉴于此，有人借用流经美国华盛顿特区的主要河流波多马克河的名称，将春会和年会称为“波多马克河畔的达沃斯”。

第三，在春会和年会的定位逐渐转型的同时，会议的形式和内容近年来也有了很大改进且日趋多样化，大量的论坛和学术讲座活动不断推陈出新。之前，会议设置往往以内部会议为主，如今，各种新颖的形式不断出现，例如会议期间会设置多个由重要决策者、知名学者和商界人士参加的论坛，央行行长或财政部长出席的“部长和行长论坛”（Governor’s Talk），IMF 职员和参会来宾分享最新研究成果的“分析角”（Analytical Corner）等。对于参加会议的各界人士，这些活动给予他们各种发声的平台，并提供了各种重要的资讯。

三、 份额和话语权

（一）份额简介

份额是理解 IMF 运作的核心概念。当一国加入 IMF 时，它会分配到一个初始份额，该份额大致体现该成员国在全球经济中的规模和地位。份额以 IMF 的记账单位 SDR 来计值。成员国在加入 IMF 时必须全额缴纳份额，份额的四分之一是用美元等 IMF 广泛接受的货币或 SDR 缴纳，称为“储备档”；“储备档”在 1978 年之前称为“黄金档”，因为当时份额的四分之一也可以用黄金来缴纳，份额的其他四分之三可用本国货币缴纳。成员国获得“储备档”的贷款通常是不设置贷款条件的，要获得更大规模的贷款，就需要满足贷款条件并获得 IMF 执董会的批准。

IMF 是通过公式来决定份额分配的。1944 年，IMF 设立之初的份额公式包括 1940 年的国民收入、1943 年 7 月 1 日的黄金与美元外汇储备余额、1934—1938 年间的平均进出口额、1934—1938 年间出口的最大变动量等变量。[①] 此后，份额公式中的变量和权重经历了多次变革，份额计算公式变得逐渐透明。

现行 IMF 的份额公式是四个变量的加权平均值，即 GDP（权重为 50%）、开放度（30%）、经济波动性（15%）以及国际储备（5%）。这里的 GDP 是通过基于市场汇率计算的 GDP（权重为 60%）和基于购买力平价计算的 GDP（权重为 40%）的混合变量计算的。份额决定的公式里还包括一个“压缩因子”（compression factor），用来缩小成员国计算份额的离散程度，从而有利于规模较小的成员国。

（二）份额的作用

IMF 是一个以份额为基础的国际机构，这是经常见诸报端的一个说法。这可以从份额的三大作用（认缴 IMF 可贷资金、资金使用权和成员国投票权）

---

① 参见 Horsefield, Keith J., The International Monetary Fund,1945- 1965,Volume II:Analysis, IMF, Washington, D.C.,1969,p.351; 葛华勇主编：《国际货币基金组织导读》，中国金融出版社，2002，第 38—39 页。

的角度来加以理解。

首先，成员国的份额决定了其向 IMF 出资的最高限额。来自成员国的份额是 IMF 可贷资金三个来源的“第一道防线”，也是最重要的组成部分。IMF 目前拥有 4770 亿 SDR（约 6500 亿美元）的份额。[①] 除了份额之外，IMF 还有来自部分成员国的常备多边借款安排和双边借款安排这两道防线，共同组成 IMF 约 1 万亿美元的可贷资金“弹药库”。[②]

值得一提的是，以份额为基础的可贷资金体现了 IMF 最初的设计理念。在 IMF 的早期构建者当中，英国主要谈判代表凯恩斯希望以透支原则建立国际清算联盟，地位相当于一家全球超主权央行，并发行超主权货币，发挥全球最终贷款人职能。后来建立的 IMF 更接近于美国主要谈判代表怀特提出的方案，不是以透支原则设立，而是以成员国认缴份额为基础、规模相对更小的国际稳定基金，其实质是成员国通过对国际稳定基金的有限授信来实施危机互助，类似于成员国按不同比例共同出资来建立一个全球信用合作社。

其次，份额关系到成员国可从 IMF 获得贷款的限额。IMF 的各种信贷工具是设有金额上限的，信贷工具每年的上限和总借款上限同成员国的份额挂钩。换而言之，份额高的成员国也能从 IMF 获得更多的可贷资金。份额也决定了成员国获得 SDR 分配的数量。换而言之，SDR 分配与份额的规模大小成正比关系，份额越大，分配到的 SDR 也越多。

第三，成员国的份额决定了成员国的投票权，成员国在 IMF 的话语权大小自然和其投票权紧密相关。IMF 的投票权在 IMF 的运行中非常关键。IMF 多数和贷款等日常业务和政策讨论有关的正式会议都需要做出决定。通常而言，IMF 执董会是根据协商一致原则做出决定，但有时也会进行正式投票。

这种议事机制体现了 IMF 决策兼顾公平和效率的特点。在其他国际组织中，决策机制有所不同。例如，联合国大会采用一国一票的机制，但安理会的五大常任理事中的任何一个都有一票否决权。在 WTO，重大决策需要所有

① 参见 IMF Factsheet, “IMF Quotas,” October 2017。

② 参见蒋旭峰：“透析 IMF 全球危机救助工具箱”，《中国金融》2020 年第 11 期，第 91—92 页。

成员协商一致同意，[1] WTO 是以成员为中心的机构，成员给 WTO 总干事的授权有限；WTO 也没有常驻总部的执董会这类小规模的议事决策机构。这种决策方式的优点是最终通过的重大决策容易得到所有成员的执行，但同时也会影响决策效率，毕竟任何一个经济体投出一张反对票，都会使得重大改革搁浅。

IMF 成员的投票权和份额紧密相关，IMF 每个成员国的总投票权等于其基本票（所有成员国平均分配）加上基于其份额的投票权。在 2011 年之前，每个成员国会得到 250 张基本票；在 2008 年的份额改革于 2011 年生效后，基本票固定为占总投票权的 5.502%，基本票数几乎是 2008 年改革实施之前基本票数的三倍，以维护经济体量较小成员国的利益。这样一来，总投票权的 5.502% 会在所有成员国之间平均分配，所得平均票数为每个成员国的基本票，这体现了各成员国一律平等，有助于增加经济体量较小国家的投票权；类似于在美国国会参议院，不论人口大州、小州，一律设置两名参议员，保证人口小州的发言权。另一方面，以份额为基础的可变票数是按份额每 10 万 SDR 分配一票，这体现了经济体量较大国家的话语权；类似于在美国国会众议院，来自一个州的众议员席位数是和该州的人口数目多少挂钩的，人口大州纽约州的众议员人数要远多于人口小州缅因州的众议员人数。

（三）份额总检查

IMF 通常每隔约五年会对份额进行一次检查，但历史上也有时间相隔很短的份额总检查，如第六次份额总检查（1976 年）和第七次份额总检查（1978 年）间隔只有两年。份额的任何变更，需经 IMF 成员国超过 85% 的多数票通过。2010 年 IMF 完成了第十四次份额总检查，IMF 的份额翻倍至 4770 亿 SDR（以 2021 年底汇率计，约为 6678 亿美元），这项改革在 2016 年 1 月生效。IMF 的第十五次份额总检查并未就增加份额通过建议，第十六次份额总检查正在进行中，计划在 2023 年 12 月中旬之前完成。

简而言之，份额总检查主要解决两个问题：第一，审查份额是否需要增加，

---

① 参见 WTO，“Understanding the WTO: Whose WTO Is It Anyway?”

也即总量的问题，涉及蛋糕是否增大，毕竟份额涉及 IMF 可贷资源是否充裕；IMF 在对份额检查进行评估时，会考虑成员国的国际收支需要和 IMF 自身应对这些需要的能力。例如，最近的两次份额总检查后的增资，第十一次份额总检查（1998 年）和第十四次份额总检查（2010 年）分别发生在亚洲金融危机和全球金融危机之后。第二，审查增资在成员国之间的分配，即公平性的问题，也即蛋糕如何分配的问题。

在讨论份额总检查时，并不能将份额和治理改革简单画等号。但是，份额总检查可以增加一些成员国的份额权重，以反映其在世界经济中相对地位的变化，另外一些国家的份额权重就要相应减少，这就会与份额和治理改革有关。份额的多少代表了成员国投票权的大小，因此涉及各个成员国的切身利益。因而，每一次份额总检查和改革都要经过多轮讨论和谈判，并取得成员国的批准，是一个很漫长的过程，这也是为什么推动份额改革如此艰难。

除了份额总检查进行普遍增资外，IMF 还有特别增资这一渠道，但是特别增资并不经常使用，最近的一个例子是 2008 年的改革批准为 54 个成员国进行特别增资，增加份额向新兴经济体的倾斜，以体现这些国家在全球经济中地位的上升。表 3.2 列举了 IMF 成立以来历次份额总检查的增资进展。

表 3.2 IMF 历次份额总检查增资时间表

份额总检查轮次	决议通过日期	总增资幅度
第一次	未增资	---
第二次	未增资	---
1958/59 年，五年期之外的份额检查	1959 年 2 月和 4 月	60.7%
第三次	未增资	---
第四次	1965 年 3 月	30.7%
第五次	1970 年 2 月	35.4%
第六次	1976 年 3 月	33.6%
第七次	1978 年 12 月	50.9%

续表

份额总检查轮次	决议通过日期	总增资幅度
第八次	1983 年 3 月	47.5%
第九次	1990 年 6 月	50%
第十次	未增资	---
第十一次	1998 年 1 月	45%
第十二次	未增资	---
第十三次	未增资	---
第十四次	2010 年 12 月	100%
第十五次	未增资	---
第十六次	在进行中	

资料来源：IMF Factsheet, “IMF Quotas,” October 2017。

（四）份额和治理改革进展

近十几年来，伴随新兴经济体在全球经济中的重要性不断提升，就 IMF 的份额及治理改革的呼声日渐强烈。IMF 治理改革和份额改革是息息相关的，份额的变化也决定投票权的大小。最近几次比较重要的改革包括 2006 年、2008 年和 2010 年的份额和治理改革。

在 2006 年的新加坡年会期间，IMF 理事会批准了改革方案，方案的一个重要组成部分是特别增加中国、韩国、墨西哥和土耳其的份额，以提高这些代表性显著不足国家的份额，从而更好地反映这些成员国在全球经济中地位的上升。改革方案还包括给那些选区国家较多的成员国（如代表撒哈拉以南非洲的选区）增加人力资源，增选第二名副执董，以更好地应对繁重的工作压力[①]，并为其选区成员国服务。

作为对新加坡年会改革方案的延续，2008 年 IMF 进一步推出重大的份额改革计划，并于 2011 年得到成员国 85%以上投票权的批准生效。这一改革计

① 参见 IMF Press Release, “IMF Board of Governors Approves Quota and Related Governance Reforms,” September 18, 2006。

划的主要内容包括份额公式调整、增加代表性不足的成员国份额、提高低收入国家的发言权等。[①] IMF 现行的份额计算公式就是 2008 年改革的成果。新公式变得相对简洁和透明，也使得一些变量得以更新；根据购买力平价计算的 GDP 能帮助代表权不足的新兴经济体提高份额。这次改革，加上 2006 年的份额特别调整和新的第二轮特别份额增加，累计为富有活力的新兴经济体增加了 11.5% 的份额。为了强化改革的目标，美国、德国、意大利、日本等发达国家同意放弃其有资格增加的部分份额。此外，所有成员国的基本票数增加到原来的三倍，这也是 IMF 成立以来首次增加成员国的基本票投票权，有利于保障经济体量较小成员国的利益。非洲选区执董办公室可以增设第二位副执董，将进一步加强代表非洲选区的两个执董办公室的能力，提高低收入国家的发言权。

仅仅两年之后，IMF 在 2010 年进一步采取重大举措，推动份额和治理改革，以增强 IMF 的治理有效性。2010 年的改革可以从份额和治理两方面来理解：一方面，份额分配比例显著调整，超过 6% 的份额转移到有活力的新兴市场和发展中国家，包括中国、印度、俄罗斯和巴西在内的金砖国家的投票权都跻身 IMF 的前十位，中国成为 IMF 第三大股东国。另一方面，通过对《IMF 协定》的修订，执董会的有效性和民主性有所提高，以促成一个更具代表性、全部由选举产生的执董会。执董会改革完成后，欧洲国家承诺将让出两个席位，以提高新兴市场和发展中国家在执董会的代表性。这一改革也结束了长达 70 余年的“指定董事”的做法，24 名执行董事完全由选区成员国选举产生。[②]

由于美国国会一直未能批准改革方案，2010 年的份额和治理改革方案直到 2016 年才生效。尽管如此，2010 年份额和治理改革的重要意义不容忽视。随着国际经济形势的变化，提高新兴市场和发展中国家的话语权有着深远影响。对中国来说意义更加重大，此次改革使中国跃居 IMF 第三大股东国，大

① 参见 IMF Survey, “Directors Back Reforms to Overhaul IMF Quotas and Voice,” March 28, 2008。

② 参见林建海，刘菲：“IMF 2010 年份额与治理改革方案生效，提高新兴市场经济话语权”，《经济参考报》，2016 年 1 月 29 日。

幅提高了中国在IMF的话语权，增强了中国在国际经济金融事务中的影响力。当然，更大的话语权也意味着更大的责任，意味着中国在推进国际合作、促进共识上需要发挥更大的作用，同时肩负着继续改善国际货币金融体系治理的重担。

四、 执董会的议事和决策规则

如前所述，在顶层设计上，理事会、执董会、管理层构成了 IMF 治理框架的三个支柱。在工作要务的规划和执行上，总裁的“全球政策议程”通过执董会的工作计划进行落实。在日常工作中，总裁作为 IMF 执董会的主席，会视 IMF 业务需要而召集执董会会议来进行商议和决策。IMF 大量的贷款、经济监督和技术援助等工作都需要执董会批准。在决策形成机制上，IMF 执董会通常根据协商一致原则作出决定，但有时也会进行正式投票，前文对份额和投票权的阐述就同投票决策有关。

值得强调的是，IMF 执董会常见的决策是根据“协商一致”（consensus）原则，根据《IMF 附则和规章》的 C-10 条款，会议主席（主持会议的总裁或副总裁）“通常应确定会议的总体理解，而无须正式投票”。所谓的“总体理解”是指执董们的大致共同看法，如果这一事项需要付诸表决，那么能够得到通过。当然，无须正式投票的做法使得执董会的会议变得比较有效而且氛围友好。围绕这一决策机制，并为了提升决策效率，IMF 自成立以来已经形成了一整套与会议、公文有关的议事和决策规则。

（一）执董会会议的安排

执董会的会议可以分为正式会议和非正式会议。近年来，每年执董会要召开 300 多次正式和非正式会议。此外，执董会还设有多个专门的委员会（见专栏 3.1），这些委员会也会视工作需要召开会议。IMF 秘书部设有专门的执董会工作会议小组，协调总裁及副总裁办公室、执董办和 IMF 职员的日程，来安排各项会议的时间。

除了在执董会会议室召开的会议，为了减轻工作压力，对于执董们共识明显、批准时分歧很小的会议，例如改革进展良好的借款国的贷款定期审批会议，IMF 还设有无须召开会议而通过决议的方式（on a lapse-of-time basis）。如果某位执董认为有必要召开会议，则可以提议召集执董会会议。

（二）执董会会议的公文体系及会议流程

对于执董、副执董以及他们办公室工作人员而言，在每个工作日参加几个会议是工作的常态。IMF 也形成了一套独特的会前、会中和会后的公文体系和会议流程，包括会前声明、会前员工书面答问、会中的主席总结和会后的正式会议记录等。这一套公文体系和会议流程有助于大幅提高会议效率。

在执董会的各类会议中，最主要的是正式的执董会会议。对于正式会议而言，执董们会基于员工提交的报告发表意见。以 IMF 每年对上百个成员国进行的第四条款磋商而言，一份第四条款磋商报告的出炉至少要经历相关国别团队的行前准备、实地访问、正式磋商、员工报告初稿撰写、IMF 各个部门审核、管理层审阅及批准后，再提交给执董会在会前进行审议等流程。成员国当局的意见会在报告中的“当局意见”部分得以表达。员工报告构成执董会讨论的基础。在正式的执董会会议前三个工作日，代表该国的执董要发表书面声明，阐述当局对该磋商的看法和该国最新经济金融政策与发展动态。在正式的执董会会议前两个工作日，其他 23 位执董可以发表书面声明，阐明对该磋商的看法和建议。[①] IMF 秘书部会根据这些声明整理出总结性资料，以进一步提升会议讨论效率。在会议的前一个工作日，该国别团队还会就执董声明中提出的专业技术性问题提交员工书面答问，这也可以减少正式会议上就技术性问题进行冗长的讨论。在会中，主持会议的总裁、副总裁担任会议主席，IMF 秘书长、副秘书长或其高级顾问协助主持会议，有序地安排执董和职员之间的发言和讨论。

正式执董会会议后，IMF 秘书部会整理出会议实录，以供会议存档和研究使用。这是观察 IMF 决策的重要窗口，根据当前惯例，IMF 大部分的第四条款磋商职员报告在会后公开发表，执董会的会议实录通常会在三年后向公

① 参见 IMF, “Executive Board Documents Collection,” July 28, 2017。

众披露，IMF 贷款项目审批的会议实录通常会在五年后向公众披露。[①]

（三）执董会的决策

一年要召开 300 多个会议的执董会就像一辆高速运转的列车，总裁是驾驶员，职员是技术师和服务人员，24 个执董如同列车的监督员。要保证列车高效、准点地运行，有效的决策机制必不可少。自成立以来，IMF 已经形成了一套有效的执董会决策机制，除了上文所述的公文和会议流程之外，执董会的投票机制、“沉默规定”（rule of silence）和“主席总结”（Chair's Summing-up）都是重要组成部分，从而帮助会议主席达到无须正式投票而能够确定会议总体意见的目标，使得执董会会议不仅能在坦率和友善的气氛下进行讨论，而且可以一天高效地召开数个会议并确保重大事项的推进。

1. 投票机制

前文已经介绍了 IMF 投票权和份额的关系。在 IMF 执董会的决策中，根据协商事项的性质不同，设置了不同的投票门槛。比如《IMF 协定》等文件明文规定了通过不同事项需要的投票权比例。以和 SDR 相关的投票规则为例，涉及 SDR 分配，需要总投票权的 85% 以上通过；涉及 SDR 利率的决定，需要总投票权的 70% 以上通过；涉及 SDR 具体定值操作细节等日常运行事项，只需要总投票权的 50% 以上即可通过。

IMF 的多数决定都以 50% 以上简单多数投票权通过，但是随着《IMF 协定》修正案的增加，需要特殊多数投票权通过的情形也在增加；最初的《IMF 协定》规定了 9 类情形需要特殊多数通过，随着创立 SDR 的 1969 年《IMF 协定》第一修正案通过，这一数字增加到 21 类；伴随 1978 年《IMF 协定》第二修正案通过，这一数字增加到 50 类以上；与此同时，特殊多数的投票比例简化到只有两类，即需要 85% 投票权通过或 70% 投票权通过，而不再设置其他投票权通过的情形。[②]

---

① 参见 IMF, “Selected Decisions and Selected Documents of the IMF, Fortieth Issue - Review of the Fund's Transparency Policy-Archives Policy,” April 30, 2019。

② 参见 Van Houtven, Leo, *Governance of the IMF: Decision Making, Institutional Oversight, Transparency, and Accountability*, IMF Pamphlet Series No. 53, August 2002, p.73。

截至2022年11月，IMF投票权前三位的成员国是美国、日本和中国。在IMF投票权最大的美国拥有16.5%的投票权；拥有第二大投票权的日本占总投票权的6.14%；拥有第三大投票权的中国占总投票权的6.08%。同时，也要客观地看到，经济体量规模较小的经济体的投票权很小，例如各自代表非洲22个和23个成员国的两位执董的投票权仅分别为3.02%和1.62%。

明确的投票权机制，而非一国一票的决策机制，其实反而能够降低投票的概率并减少冗长的发言。例如，对于一个需要对成员国贷款项目做出决策的执董会，如果执董们都在会前发表了声明并体现了自己的主张，仅有占少数投票权的执董反对，那么其他执董也得到明确信息，如果不出现很多执董在会上改变立场的意外，假定在执董会上付诸投票，也会以大多数的支持获得通过，因而无须进行投票，也无须进行冗长的辩论。

2. "沉默规定"

"沉默规定"是IMF执董会正式会议上的惯例。简而言之，对成员国的第四条款和其他磋商以及贷款项目讨论，如果执董不明确发表书面或口头反对，就代表他们同意职员的建议主张。协助主持会议的秘书长或其他秘书部高级官员会帮助会议主席共同运用"沉默规定"，来判断执董们的共识。如此一来，"沉默规定"机制能够大大提升会议的讨论效率。

3. 主席总结文件

主席总结文件从20世纪70年代晚期开始，逐渐成为惯例①，如今已经成为IMF正式执董会会议的重要组成部分。主席总结会概述执董们对员工报告、会议讨论的意见，可以记录执董们一致的集体意见，同时保留关于一些议题的关键立场差别，是一个求同存异、推进决策的重要文件，包括占少数的意见都能在其中得到表达。IMF秘书部负责将这些意见全面、完整、平衡地在主席总结文件中体现出来。因此，主席总结文件在会议进行过程中几易其稿是常有的事，遇到重大政策和争议激烈的议题，秘书部也会建议总裁

① 参见Van Houtven, Leo, *Governance of the IMF: Decision Making, Institutional Oversight, Transparency, and Accountability*, IMF Pamphlet Series No. 53, August 2002, p. 29。

做短暂休会，从而有时间将执董们的观点充分反映到主席总结文件中来。这如同驾驶高速运转的列车，需要快速、准确和高效地处置随时发生的状况。

主席总结文件的重要性在于该总结对于 IMF 内部运作具有很强的指导意义，因为这份文件反映了执董们的共识。涉及 IMF 政策讨论的会议，经常以总结文件的形式给出执董们的共识与不同观点。主席总结文件会为下一步工作打下基础，在以后的相关议题中，会常常提及和引用主席总结文件。有关第四条磋商的执董会会议便是以主席总结文件得出决议的。第四条款磋商的主席总结文件也会对外发布，在会后发布的新闻稿和文件中，这份文件被称为“执董会评估”。

主席总结文件的用语有严格规范，关于“数量词”（qualifiers）的使用就是一个典型例证，不同数量词的使用既能全面准确反映执董们的意见，又能够提升决策效率。具体而言，主席总结文件中所使用的数量词如表 3.3 所述。①

表 3.3 IMF 主席总结文件所使用数量词

英文数量词	中文翻译	表述所指的执董人数（共 24 位执董）
A few	少数	2~4
Some	几位	5~6
A number of	一些	6~9
Many	许多	10~15
Most	大多数	15 或更多
Directors	执董们	如果投票，完全可以达到规定的多数票，所有或几乎所有执董能够接受该多数意见
Significant minority of the Board or, in exceptional cases, required majority or a majority of the Board.	“执董会显著少数”，或在个别情况下，“执董会必要多数”或“执董会多数”	表示具有必要的投票权效力，尤其在使用非 50% 简单多数的特殊多数通过机制时

资料来源：IMF 官网。

① 参见 IMF, “Qualifiers Used in Summings Up of Executive Board Meetings,” July 28, 2017。

从主席总结文件的数量词也可以看出，IMF 执董会的会议不是务虚性质的，而是一个达成共识的具体过程。通过对外公布的主席总结文件，外界也可以看出会议讨论的激烈程度和执董们的不同政策主张，少数意见也会平衡、全面地得以表达。以 2020 年 9 月 IMF 执董会对于 IMF 独立评估办公室（IEO）的“IMF 资本流动建议”评估报告的审议会为例。这是一个重要但容易有分歧的政策议题，1997 年亚洲金融危机爆发后，特别是 2008 年全球金融危机以来，IMF 也开始调整对跨境资本流动管理的看法。对于资本流动管理，不同执董也存在不同看法，从会后公布的仅有两页半的主席总结文件来看，[①] 数量词使用多达 14 次，包括 5 个“许多”、2 个“一些”、6 个“几位”、1 个“少数”。例如，关于存在交集的资本流动管理措施和宏观审慎措施如何使用这一政策热点，主席总结文件中的一句话里就有三个数量词“几位”：“……几位执董对再次审议持开放态度，几位执董认为重点在于确定政策效果而非分类界定，另有几位执董不支持放宽这几类政策之间界定的区别。”[②] 与此同时，主席总结文件对于 IMF 这辆高速行驶的列车而言，可以帮助管理层、执董会和职员更好地准备下一次相关会议的材料和发言，保证下一次会议的列车能够顺利“进站”。

五、 透明化与责任机制

在过去二三十年间，IMF 日渐重视透明化和责任机制，并将其视为增进公众对 IMF 了解、提升其政策建议有效性的重要渠道。IMF 加强透明化政策和公共关系政策，还设立了独立评估办公室，就是明显的例证。

（一）透明化政策和公共关系政策

IMF 的透明化政策经历了一个逐渐加深、不断改进的过程。在 IMF 设立

① 参见 IMF, “The Chair’s Summing Up Independent Evaluation Office — IMF Advice on Capital Flows Executive Board Meeting 20/93 September 18, 2020,” September 30, 2020。

② 资本流动管理措施（Capital Flow Measures, CFMs）是旨在限制资本流动的措施。宏观审慎措施（Macroprudential Measures, MPMs）是应对系统性风险的审慎政策，着眼于重点金融机构，强调政策的宏观性、逆周期性和跨部门性。

以来的约前半个世纪，透明化政策并非 IMF 的政策要务，IMF 更多地将自己视为一个专业的技术性机构和一个给成员国央行、财政部等机构提供坦诚政策建议的顾问机构。在 20 世纪 90 年代之前，除了年报、法律文件和政策性报告之外，IMF 公开发布的资料很少，有一些外部人士会用“神秘”等措辞来形容 IMF。如今，IMF 将透明化视为推进全球经济金融稳定的重要支持，将自己置于外部监督之下，不断增加透明化和对外沟通，从而加强问责制，提高其政策和治理的有效性。

在过去十余年间，IMF 的透明化政策经历了多个里程碑事件。2009 年提出了“透明化原则”，除非有特别和重要原因，IMF 会努力及时地发布文件和信息；从 2012 年开始，公众可以从网络上查询 IMF 档案库；2013 年，执董会审议透明化政策，并公布了新的透明化政策指导意见，对于国别文件，除非成员国官方反对公布文件或要求更多时间考虑，该文件将在执董会会议后迅速公布；对于 IMF 借款国的工作人员报告通常都会发表。因此，IMF 的透明化政策也取得了明显成果，在 2018 年，所有成员国都发布执董会关于该国宏观经济和金融状况讨论的新闻稿，95% 的成员国同意发布涉及该国的国别报告。①

IMF 成立早期设有一个媒体办公室，但是对外关系部直到 20 世纪 80 年代早期才正式建立，目前已经更名为信息交流部，并成为 IMF 的一个重要职能部门（详见第二十一章）。如今，IMF 与媒体界、政策界和学术界等界别的交流不仅频繁，而且形成了春季会议和年会期间的许多品牌活动，很多大型论坛会邀请知名媒体人来担任主持。如今，IMF 每年通过邮件和电话等形式收到的信息问询多达大约 2.8 万次，信息交流部负责回答这些问询。每个月，IMF 官方网站浏览量可达大约 600 万次，下载的报告数量达到 31.9 万次之多。②

（二）独立评估办公室的设立和职责

尽管 IMF 员工会对其自身工作进行评估，但从 20 世纪 90 年代开始，就有呼声建立一个独立的评估机构，就 IMF 的工作进行独立评估。2000 年，执

① 参见 IMF, “Transparency at the IMF,” March 17, 2021。

② 参见 IMF, “Transparency at the IMF,” March 17, 2021。

董会提议设立独立评估办公室，在 2001 年开始正式运作。独立评估办公室主任由执董会任命，与执董会协商并沟通，但并不向 IMF 管理层负责，从而进一步加强执董会对 IMF 的监督。

独立评估办公室的预算独立于 IMF 各部门的运营预算，其主要职责包括三项：首先，协助 IMF 执董会对 IMF 进行机构监管，从而保证问责制的落实；其次，通过从过去的工作经验中学习，改善 IMF 的学习文化；最后，通过提升透明化以及公众对 IMF 工作的了解，加强 IMF 的外部信誉。

自成立以来，独立评估办公室每年都会选择与 IMF 工作紧密相关的课题进行评估研究，包括 IMF 对资本流动的建议评估、对非传统货币政策的建议评估、IMF 在金融危机前的政策建议评估等，很多评估报告涉及的议题不仅重要，而且一些评估报告的内容也是坦率尖锐的。IMF 还会向 IMFC 提交工作进展报告，并把工作计划、年报、新闻稿和评估报告等在其官网上对外公布。为了确保独立评估办公室的评估意见不会流于空泛，在其评估报告提交执董会讨论之际，IMF 管理层也要发表对评估报告的看法；执董会讨论后，IMF 管理层还要提交落实意见的计划。独立评估办公室从一个侧面说明，IMF 为了提升自身治理和决策有效性，不仅会听取多方意见，而且还会做出对管理层和职员进行制衡约束的组织架构变革。

六、 IMF 治理回顾与展望

回顾 IMF 成立以来的治理结构，可以发现，虽然包括理事会、执董会和管理层三个支柱的主要治理框架基本保持不变，但在过去的近八十年中，外部环境和成员国的需求在动态演化，IMF 的治理框架也在不断变化，包括独立评估办公室的设立。下面简要列举了几个主要变化和挑战：

第一，随着成员国规模的扩大，理事会、执董会、管理层和职员的规模也相应扩大，治理和管理的挑战也随之增加。

1945 年 12 月，29 个成员国签署《IMF 协定》，IMF 正式成立；20 世纪五六十年代，非洲民族独立运动风起云涌，众多非洲国家获得独立，IMF 的成员国也日益增多；在 20 世纪 90 年代东欧剧变之后，IMF 的成员国大幅增加。

随着安道尔在2020年加入，IMF的成员国更是扩大到190个。伴随成员国数量的扩大，理事会的规模和IMF执董会的席位也随之增加。与此同时，IMF的管理层规模也在相应增加，职员人数也在逐渐增多，以便能够为更多的成员国提供服务。仅仅在1991年至1994年之间，IMF的工作人员人数就增加了将近两成，由于东欧剧变和成员国的增加，从1991年来自104个成员国的1763名工作人员，增至1994年来自114个成员国的2090名工作人员，目前IMF的工作人员约有3000人。

IMF成员国和职员规模的增加，使得IMF的多元化程度日益提高，但与此同时也带来了提高管理效率上的挑战。对于执董们而言，随着成员国和贷款项目的增加，他们需要审阅各类文件的事务性工作日益增多，同时进行战略性思考和指导的时间则会相应减少。无独有偶，英格兰央行前行长默文·金就建议，要使IMF执董会减少在微观管理上花费的大量时间，从而将更多的精力用于监督管理层实现IMF的使命。① 尽管IMF执董的席位也在增加，但是一些执董所负责的选区国家数目也在增加，这使得同一位执董需要在复杂决策上反映不同成员国的多种声音，决策的难度也随着增加。

第二，部长级委员会给IMF提供的咨询意见和决策参与度在逐渐增加。

部长级委员会的决策参与度提升最明显的例子就是IMFC。尽管1974年临时委员会建立，但是一直有呼声要进一步加强临时委员会的作用，因此IMFC在1999年成立并取代临时委员会，成为一个常设的部长级委员会。尽管IMFC不具有正式的决策权，但是成为给IMF工作和政策提供战略方向指引的机制，给IMF理事会提供政策顾问建议。

IMFC的成员构成反映了IMF目前24个执董选区的构成，通常为财政部长和央行行长。IMFC具有小规模、高规格和广泛代表性的特征。IMFC每年在IMF春季会议和秋季年会期间各开会一次，一年两次的开会频率使得部长们可以围绕国际经济金融领域的大事进行及时商议。除了正式会议，IMFC成

---

① 参见King, Mervyn, "Reform of the International Monetary Fund," Speech at the Indian Council for Research on International Economic Relations (ICRIER) in New Delhi, Indian, February 20, 2006。

员还可以通过其他形式进行深入的互动和交流。

尽管 IMFC 的设置与其前身临时委员会有很多相似之处，观察人士认为两者之间还是有一些重要区别，使得 IMFC 这一部长级委员会的决策参与度逐渐提升。第一，由于 IMFC 主席的积极调动，加上 IMFC 灵活多样的交流方式等，重要经济体的财经官员的参与热情比较高。第二，与临时委员会相比，IMFC 的日程和工作落实更加系统化，IMFC 建议和 IMF 执董会工作计划的关系更加紧密。第三，IMFC 虽然名义上是顾问机构，事实上有相当大的政策建议权。第四，随着 IMF 透明化程度的增加，IMFC 的相关声明和文件也更多地为外界所知晓，这也使得 IMFC 成员国可以更好地发挥政策影响力。

除了 IMFC 之外，G20、G7、G24 等多边政策协商平台也是成员国的部长们通过各种渠道参与和影响 IMF 的决策。当然，也有观察人士认为，各种多边机制的设立在一定程度上也反映了 IMFC 面临的挑战：一方面，IMFC 目前反映 24 个执董会席位的构成依旧人数较多，在一定程度上影响其议事和决策效率；另一方面，IMFC 的权力格局还未能充分反映当前全球经济格局的变化。①伴随着新兴经济体在全球经济体系中所扮演的角色日益重要，IMF 深化治理改革仍有很大的改进空间。

第三，IMF 的份额和治理改革在不断反映全球经济格局的变化，但改革的空间仍然很大。

新兴经济体影响力的崛起是近几十年来的重要趋势，IMF 的份额和治理改革也体现了对这一趋势的反映。如今，中国、印度、俄罗斯和巴西都位列 IMF 投票权前十，就是一个明显例证。但是，也应当客观看到，很多新兴经济体的投票权依然低于其在全球经济中的地位和影响力，IMF 仍存在很大的治理改革空间。

IMF 的总裁遴选较之数十年前变得更加公开和透明，但是自从 IMF 和世界银行建立以来，IMF 总裁由欧洲人担任、世界银行行长由美国人担任的惯

① 参见 Lamdany,Ruben and Lconardo Martinez-Diaz(eds.), Suudies of IMF Govemance: A Compendium, Independent Evaluation Ofice of IMF,2009,p.9。

例依旧延续。此外，改革执董会、增加基本票以保障低收入国家投票等改革内容涉及修订《IMF 协定》，也就需要 85% 以上的投票权批准，美国单个投票权超过 15% 或是几个联合起来投票权超过 15% 的大国都能阻止改革的推进，2010 年的份额和治理改革因为美国国会迟迟没有批准，直到 2016 年才生效，就是一个典型例子。由于 2010 年的份额和治理改革获批延期，第十五次份额总检查的进程也被迫推迟，最终没有取得增资。

近年来，观察人士和关心 IMF 治理改革的专家学者也提出了很多关于治理改革的建议。例如，由南非前财长特雷弗·曼纽尔领衔、成员包括 IMF 前总裁米歇尔·康德苏和美国前财长鲁宾等专家的名人组在 2009 年发表关于 IMF 的改革倡议，包括份额调整要更好地反映世界经济的现状和体现新兴经济体的影响力，取消任命执董的形式，欧洲国家减少执董席位，遴选总裁要采取公开、透明和择优的方式，IMF 重大决策的投票权门槛从 85% 下降至 70%~75% 等。①

要客观看到，这些倡议中的很多项已经付诸实施，但是改变重大决策的投票权门槛等倡议的实施面临较大的挑战，IMF 在投票权等多方面的治理改革依旧任重道远。赋予新兴市场和发展中国家与其经济地位相称的话语权，不仅是增强 IMF 合法性和有效性的关键，也对全球经济金融治理结构的变革、提高这些国家在重大国际经济事务中的代表性有着深远意义。作为一个全球性机构，合理有效的治理结构是保证 IMF 与世界经济发展潮流一致的基石。

* * * * * * *

本章详细地介绍了 IMF 的宗旨、主要职能与治理结构，分析了 IMF 成员国份额和话语权的演变，也梳理了 IMF 议事、决策规则和责任机制等内容。回顾 IMF 成立以来的治理结构及其他变化，可以发现，在过去的近八十年中，随着全球经济格局的变化，IMF 的治理结构和主要职能也在不断地变化以适应全球经济和成员国发展的需要。IMF 相对独特的议事和决策规则有效地确

---

① 参见 Manuel, Trevor, et al., *Committee on IMF Governance Reform: Final Report*, March 24, 2009。

保了其在重大国际经济事务中，特别是在应对全球经济金融危机中，发挥了应有的作用。

然而，在一些重要方面，特别是在赋予新兴市场和发展中国家更大话语权等领域，IMF 的治理仍有很大改进的空间，依然任重道远。IMF 必须顺势而为，不断改革前行。因此，全面地了解 IMF 近八十年来走过的历程，将会更好地促进全球经济金融治理的变革和加强 IMF 的合法性、有效性。尽管国际经济格局变化万千，但 IMF 所追求的多边主义与国际合作的精神在当前不仅依然适用，而且愈发重要。

第四章

特别提款权（SDR）和人民币入篮[1]

2021 年 6 月 25 日，IMF 执董会举行了 6500 亿美元特别提款权（Special Drawing Rights, SDR）分配会议。在这次重要的执董会议召开的前一天，《纽约时报》刊发题为“IMF 在新冠肺炎疫情期间提出方案帮助贫穷国家”的文章。[2]在新冠肺炎疫情全球肆虐的当前，《纽约时报》高度肯定此轮 SDR 分配的意义，强调该分配可以帮助贫穷国家增加流动性、获得疫苗和减缓债务压力。这是 IMF 历史上第四轮也是最大规模的 SDR 普遍分配，这轮分配在 2021 年 8 月 23 日正式生效。

鉴于很多读者对 SDR 并非完全了解，《纽约时报》的文章里还简要提及了 SDR 基于 IMF 成员国的份额进行分配等运作机制。无独有偶，2021 年 4 月，美国财政部也在其官网刊登文章，该文用问答体的形式，详细介绍了 SDR 对于 IMF 成员国补充官方储备、缓解债务压力、减缓新冠肺炎疫情冲击和促进全球经济复苏的意义。[3]

---

① 本章作者是蒋旭峰、刘菲和林建海。

② 参见 The New York Times, “IMF Presents Plan to Help Poor Countries During Pandemic,” June 24, 2021。

③ 参见 U.S. Treasury Department Fact Sheet, “How An Allocation of International Monetary Fund Special Drawing Rights Will Support Low-Income Countries, the Global Economy, and the United States,” April 2021。

那么，什么是SDR？它在全球经济金融危机中发挥着什么样的作用？人民币加入SDR篮子的意义何在？SDR能成为超主权货币吗？

本章将主要介绍SDR的由来和运作机制，包括SDR创设的背景、分配、利率、交易、定值和在IMF日常运营中的作用，并讨论成员国主权货币加入SDR篮子的审查与标准、人民币加入该篮子及其意义、SDR的未来等内容。

一、SDR创设的背景和特征

“二战”后建立了以“双挂钩”为核心的布雷顿森林体系，也即黄金与美元挂钩，其他货币与美元挂钩，官方市场维持35美元等于1盎司黄金的比价。这一体系对于纠偏“二战”前各国货币竞相贬值、以邻为壑的局面发挥了积极作用，对于促进全球贸易复苏、经济稳定发挥了重要作用。但是，经历了初期的稳定与繁荣，一些国家手中增加的美元也渐渐动摇了人们对美国维持美元与黄金比价的信心。这种以美元和黄金为基础的金汇兑本位制本身存在“特里芬难题”（Triffin, 1960），即在布雷顿森林体系下，美国对外经常账户与美元币值稳定之间存在矛盾；如果美国减少其国际收支逆差，那么国际清偿力的供应就会不足；如果美国的国际收支逆差持续增加，那么人们对于美元作为国际清偿力的信心就会动摇。从20世纪60年代开始，布雷顿森林体系面临的各种压力开始显现，包括1967年英镑危机等事件，美国持有的黄金在全球黄金总储备中的比重也不断下降。

在此背景下，在20世纪60年代，西方主要工业大国频繁召开国际会议，商讨并采取了各种解决危机之道。例如，1961年，美国联合英国等国设立伦敦黄金总库，干预伦敦黄金市场的价格，但是伦敦黄金总库于1968年3月被迫关闭，开始实施“黄金双价制”。1962年，IMF与十国集团共同设立借款总安排，来防范或解决国际经济金融危机。与此同时，从20世纪60年代后期开始，美国国内也采取对资本流出更严格的监管等一系列举措，力图改善美国的国际收支状况以减少黄金外流。

与此同时，关于设立新的国际储备资产的谈判与其他国际货币体系改革的谈判相互交织，SDR这种新的国际储备资产也逐渐登上历史舞台。20世纪

60年代，各国提出了多种关于新国际储备资产的方案，包括只针对少数工业国家或面向所有IMF成员国的不同提议，也包括在IMF框架之内或之外设立新储备资产的不同设想。带有普惠性质、在IMF框架内创设新储备资产的方案逐渐占据上风，国际社会决定在IMF的支持下创造一种新的国际储备资产，也就是SDR，用以补充成员国的官方外汇储备。

1967年9月，在巴西里约热内卢召开的年会期间，IMF理事会原则通过《IMF基于SDR的大纲》，提出在IMF的框架下设立补充储备资产，授权执行董事会修改《IMF协定》。[①] 该大纲提出设立特别提款权账户、面向愿意加入该账户的成员国的普遍性分配方案、分配基本期、基于成员国在IMF份额进行SDR分配、利率和定值等蓝图构想。1969年7月28日，经成员国批准，设立SDR的《IMF协定》第一修正案正式生效。

因此，SDR在1969年得以正式创立，是一种用于补充成员国官方储备的国际储备资产。从创设的意义来看，SDR是人类历史上第一个通过国际合作创设的储备资产。从创设的初衷来看，SDR创设于布雷顿森林体系晚期，扮演着类似黄金的储备资产功能。SDR创立之初，布雷顿森林体系面临风雨飘摇的压力，国际货币体系面临的主要问题是“特里芬难题”，难题的另一面是黄金储量的不足和对国际货币体系的信心下降，SDR以一种“准黄金”的面目出现，是国际信用管理本位的进一步发展，给布雷顿森林体系的“双挂钩”机制增强信心。但也有观察人士认为，SDR来得太晚、规模太小，未能阻止布雷顿森林体系“双挂钩”机制在20世纪70年代初的瓦解（Solomon, 1982）。但是，在历史长河中，SDR展现出了韧性，在后布雷顿森林体系中继续发挥重要作用。经济学家巴里·艾肯格林和杰弗里·法兰科认为，布雷顿森林体系机构的生命力体现在其适应力上，SDR也具有相同的特点。[②]

---

① 参见IMF,“Outline of a Facility Based on Special Drawing Rights in the Fund,” September 29, 1967。

② 参见Eichengreen, Barry,and Jeffiey Frankel, “The SDR, Reserve Curencies,and the Future of the Intemational Monetary System,” in Mussa, Michael,James Boughton, and Peter Isard(eds.), The Future of the SDR —In Light of Changes in the International Financial System, Washington, D.C:IMF, March 1996:p.337。

有人把 SDR 称作“纸黄金”，但如果从 IMF 的内部运营角度来看，SDR 既不是纸，也不是黄金，而是通过《IMF 协定》第一修正案创设的一种记账单位和给成员国的无审批条件的流动性。所谓无审批条件，是与 IMF 带有贷款条件的贷款工具进行的比较。SDR 虽然没有实际的货币形式，但通过 IMF 的安排，或其成员国之间的自愿交换安排，在补充外汇储备、稳定国际金融秩序上发挥着重要作用。

简而言之，SDR 不是对 IMF 的债权，而是对 IMF 成员国可自由使用货币的潜在求偿权，SDR 可以与这些货币进行兑换。从这个角度而言，SDR 事实上扮演着一种换取可自由使用货币并帮助 IMF 成员国应对危机的“通道货币”，也扮演着支持 IMF 运转的“运营货币”。

与一般信贷不同，成员国使用 SDR 不用偿还本金，但要支付利息。如果成员国持有的 SDR 数额小于累计分配给它的数额（也就是说成员国用掉了部分或全部 SDR），就需要为差额部分向 IMF 支付利息。反之，如果成员国持有的 SDR 数额高于累计分配到的数额（即购入了新的 SDR），就会获取利息收入。如果成员国既没有使用分配到的 SDR，也没有购入新的 SDR，其净利息收入或支出为零。因此，有些人认为 SDR 是不带任何成本、凭空而来的国际储备资产。这种看法是不准确的，世界上本就没有所谓的“免费午餐”。

持有和使用 SDR 会分别获得和支付利息仅是其特征之一，SDR 需要换取可自由使用货币之后才能发挥其主要功能，这一点下文将有详细介绍。

二、SDR 在 IMF 日常运营中的作用

当成员国加入 IMF 时，会获得一个同其在世界经济中的地位大致相当的份额，成员国缴纳的份额会成为 IMF 普通资金账户（General Resources Account, GRA）的资金来源。IMF 成员国在成为 GRA 账户成员的同时，也可以选择加入 SDR 部门。截至 2021 年底，包括最新加入 IMF 的安道尔（2020 年加入）在内，IMF 的 190 个成员国都是 SDR 部门的成员国，在 SDR 部门开立账户。因为加入 SDR 部门是 IMF 成员国的自愿选择，目前所有 IMF 成员国都是 SDR 部门成员，也是证明 SDR 生命力的一个指标。SDR 在 IMF 日

常运营中的作用和特征可以简要地概括为对 IMF 运营的基础性作用和用途的广泛性。

（一）对 IMF 运营的基础性作用

SDR 对 IMF 运营的基础性作用至少可以从影响贷款、提高 IMF 在国际金融体系中的地位等角度来理解。首先，SDR 利率是 IMF 贷款利率体系的基础，因而对 IMF 贷款业务扮演着类似伦敦银行同业拆放利率（LIBOR）的基石作用。IMF 的三个核心职能是监督、贷款和技术援助（或称能力建设），而 GRA 账户又是 IMF 贷款业务的主体。GRA 的年贷款手续费率是按 SDR 利率加上一个差幅来决定，当前的 GRA 账户年贷款手续费率是 SDR 利率加上 100 个基点。[①]从这个角度来看，SDR 的利率将直接决定 IMF 贷款利率的高低，对有借款需求的成员国会有直接影响。

其次，SDR 对于 IMF 的地位提升发挥了重要作用。SDR 作为历史上第一个通过合作构建的国际储备资产，成为每一次国际货币金融体系改革中避不开的话题，使得很多相关改革方案将 IMF 和 SDR 视为理想平台，这也进一步巩固了 IMF 在国际货币金融体系中的地位。在 2008 年全球金融危机和 2020 年新冠肺炎疫情发生后两次分配 SDR，也增强了 IMF 解决全球经济金融危机的话语权和作用。

（二）用途的广泛性

如同 IMF 的毛细血管一样，SDR 渗透到 IMF 运营的方方面面。从货币的基本功能角度来看，一方面，SDR 不仅是 IMF 内部的记账单位，也是国际清算银行、非洲开发银行和阿拉伯货币基金组织等机构的记账单位。[②]另一方面，SDR 在 IMF 内部和成员国的官方部门之间扮演着一定的流通及支付手段和贮藏手段，例如 SDR 可以用于成员国向 IMF 缴纳份额中需要以储备货币缴纳的部分；SDR 也可以用于拨付和偿还贷款、利息和捐赠等；此外，SDR 还

---

① 参见 IMF, IMF Financial Operations 2018, April 2018, p.28。

② 参见 IMF, Users' Guide to the SDR: A Manual of Transactions and Operations in SDRs, June 1995, p.3。

能用于支付 IMF 贷款有关的多种运营类相关费用。SDR 在创立之初，国际金融市场的发达程度与如今不可同日而语，SDR 当年只用于即期交易；为了适应国际金融市场的发展，IMF 执董会在 1978 年至 1980 年期间批准了一系列决定，允许 SDR 用于远期交易、质押和互换等操作。

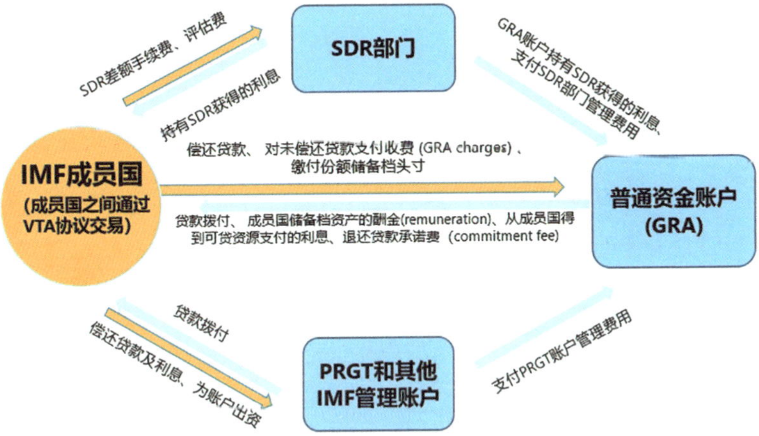

图 4.1　SDR 在成员国及 IMF 内部运转示意图

资料来源：IMF, Users' Guide to the SDR: A Manual of Transactions and Operations in SDRs, June 1995; IMF, IMF Financial Operations 2018, April 2018; 作者整理。

为了更好地理解 SDR 同 IMF 日常运营之间的关系，我们把 IMF 的贷款和运营业务做如下简要梳理。IMF 的信贷大致可以分为两类：一类是 GRA 账户按非优惠利率提供的贷款，另一类是“减贫与增长基金”（Poverty Reduction and Growth Trust, PRGT）等账户以优惠条件向低收入国家提供的贷款（将会在下面章节里详细介绍）。以 GRA 账户为例，IMF 成员国在 GRA 账户的贷款获批后，需要支付贷款承诺费；当成员国开始正式使用贷款后，IMF 将归还贷款承诺费。IMF 的贷款是分档计算的，“储备档”的资金使用基本上无贷款条件，而“高信用档”的贷款需要满足各种相应的贷款条件。IMF 成员国需要对未偿还贷款支付费用，收费费率包括基本费率和大额（高档级）贷款的附加费率。SDR 部门每年会根据 SDR 分配额向成员国收取评估费，用于 SDR 账户的运营。上述利息、评估费等费用都可以用 SDR 支付。SDR 在 IMF

内部的作用可以用 SDR 在成员国及 IMF 内部运转示意图（见图 4.1）进行描述。

此外，虽然 SDR 分配只针对 IMF 加入 SDR 部门的成员国，而非分配给 IMF 自身，但事实上，IMF 的 GRA 账户也持有较大规模“回流”的 SDR。截至 2022 年 1 月底，在累计分配的约 6607 亿 SDR 中，成员国持有 6323 亿 SDR，IMF 的 GRA 账户持有 259 亿 SDR，指定持有方一共持有 25 亿 SDR。[①] GRA 账户持有较多 SDR 的现实，也说明了 SDR 账户的独立性是相对的，并非和 GRA 账户完全没有关联。

三、SDR 的分配、利率、交易和定值

（一）SDR 的分配

SDR 的创造是通过“分配”来实现的。根据《IMF 协定》第十八条款，SDR 分配和撤销“力求满足全球范围内补充现有储备资产的长期性需求，从而促使 IMF 宗旨的实现，并避免发生世界性的经济停滞和萧条以及需求过度和通货膨胀。”在 2021 年 6 月 IMF 执董会正式讨论第四轮 SDR 普遍分配之前，IMF 员工测算，非储备货币发行国的发展中国家和新兴经济体在未来五年内的长期储备资产需求高达 8000 亿美元至 1.3 万亿美元。[②]

SDR 的创造过程和央行发行信用货币的过程相似，是一种账面上可以创造出来的储备资产。在程序上，只要 IMF 总裁提出在一个 SDR 分配基本期内的分配动议，经过执董会同意，提交给理事会批准并得到超过 85% 投票权的成员国同意，就可进行 SDR 分配或撤销，目前还未出现过 SDR 撤销的先例。SDR 的第一个分配基本期为期三年（1970—1972 年），第二个分配基本期为期五年（1973—1977 年），第三个分配基本期为期四年（1978—1981 年），从第四个分配基本期（1982—1986 年）开始至今，每个分配基本期都是为期五年。在不晚于一个 SDR 分配基本期结束前的六个月，IMF 总裁需要告知理

① 参见 IMF, Quarterly Report On IMF Finances For the Quarter Ended January 31, 2022, p.21。

② 参见 IMF, “Proposal for a General Allocation of Special Drawing Rights,” IMF Policy Paper, June 25, 2021, pp. 9-10。

事会下一个分配基本期内SDR分配和撤销的初步建议，例如第十一个SDR分配基本期在2021年12月31日结束，第十二个SDR分配基本期在2022年1月1日开始，那么IMF总裁需要在2021年6月底前，告知理事会第十二个SDR分配基本期内的SDR分配或撤销的提议，这一提议可以根据国际经济金融形势的变化而在日后做出调整。

当然，也有人认为SDR分配也许会引发财政纪律松弛、道德风险增加、通胀上升等可能性，这也是一些人士质疑SDR分配的关切点（Boughton，2001；蒋旭峰，2018）。总体而言，SDR的分配具有“指向性”、按成员国在IMF份额进行分配的“比例性”、普遍分配与特别分配相结合等特征。

1.分配的“指向性”

SDR的“分配”和“持有”是两个不同的概念。与分配得到SDR不一样，能持有SDR的并非仅有IMF成员国，上文已说明IMF的GRA账户会通过日常运营持有SDR，指定持有方也可以通过交易获取SDR。

指定持有方通常是区域货币联盟的央行和国际开发组织等金融机构，指定持有方只能通过交易机制来获得SDR。1974年1月，国际清算银行成为第一家非IMF成员国的指定持有方。目前共有15家SDR指定持有方，包括4家央行（欧洲央行、中非国家中央银行、西非国家中央银行、东加勒比中央银行），3家国际金融机构（国际清算银行、拉丁美洲储备基金、阿拉伯货币基金组织），以及8家国际开发机构（非洲开发银行、非洲开发基金、亚洲开发银行、国际复兴与开发银行、国际开发协会、伊斯兰开发银行、北欧投资银行、国际农业发展基金）。[①] 从历史演变来看，SDR的指定持有方是一个由IMF执董会批准逐渐增多的过程，也体现SDR得到广泛认可的现实。

2.分配的“比例性”

SDR的分配是按照成员国在IMF的份额进行分配的。由于发达国家占据IMF份额的半壁江山以上，因而SDR分配从数量上来看，得到最多新增SDR

① 参见IMF，“Questions and Answers on Special Drawing Rights，” March 16，2021。

的是发达国家。一些发达国家当前是主要储备货币发行国，一般来说没有迫切补充外汇储备的需要。如果把 IMF 所有新兴市场和发展中经济体的份额汇总，也只有 42% 左右，其中低收入国家所分配到的比例仅占 3% 左右。因此，有人质疑 SDR 这一发行机制的合理性。笔者认为，要平衡、全面地看待 SDR 的分配机制，离不开从 SDR 创设的历史背景和目的等角度客观分析。

首先，SDR 现行方案本来就是 IMF 成员国之间在 20 世纪 60 年代互相协商后的方案，肯定会涉及妥协和让步。20 世纪 60 年代主导谈判的十国集团各国对于创设储备资产来补充流动性是有共识的，但对于用什么方式、创设何种储备资产则有不同看法。在 20 世纪 60 年代布雷顿森林体系晚期的历史背景下，按照 IMF 份额向所有加入 SDR 部门的成员国按比例分配的机制，兼顾了解决当时主要挑战的效率性和惠及所有 IMF 成员国的公平性。由于涉及 SDR 的很多重大议题都是成员国商议和妥协的结果，当时担任十国集团副手会主席的联邦德国联邦银行理事奥托曼·埃明格尔有感而发，认为 SDR 就像一匹斑马，你可以把它看成是有白条纹的黑色动物，也可以看成是有黑条纹的白色动物。①

其次，分配得到的 SDR 对于成员国是否有帮助，会因为立场不同而见仁见智。站在不急需外汇储备的发达国家的立场上，认为新增 SDR 分配只是“醉后添杯”。对于急需外汇储备的国家而言，新增的 SDR 分配可能是“渴时甘露”。IMF 原官方历史学家詹姆斯·鲍顿认为，对于可以从国际市场轻易得到融资的国家而言，SDR 的价值似乎并不显著，但对于缺乏市场融资通道、融资成本昂贵或不确定的国家而言，SDR 就有很大的价值。② 在 2020 年新冠肺炎疫情期间，很多低收入和发展中国家面临出口需求下滑、国际收支恶化、外部融资需求增加、债务压力增大和缺乏足够的疫苗等多重压力，因而 SDR 分配具有“雪中送炭”的作用。

---

① 参见 Solomon, Robert, “The History of the SDR,” in Musa, Michael, James Boughton, and Peter Isard (eds.), The Future of the SDR — In Light of Changes in the International Financial System: Proceedings of a Seminar Held in Washington, D. C. March 18-19, 1996, Washington, D.C.:IMF, 1996, p.34。

② 参见 Boughton, James, “Evolution of the SDR: Paper Gold or Paper Tiger?” October 2001。

3. 普遍分配和特别分配相结合的机制

SDR 的分配可以分为“普遍分配”和“特别分配”两类。顾名思义，普遍分配是向 SDR 部门的所有成员国分配 SDR，而特别分配则是针对部分成员国分配 SDR。在 2021 年之前，SDR 共计有三轮普遍分配和一次特别分配。2021 年生效的 6500 亿美元 SDR 分配是历史上第四轮普遍分配。

第一轮 SDR 普遍分配是在 1969 年设立之初的 1970—1972 年，达 93 亿 SDR。第二轮 SDR 普遍分配是在 1979—1981 年，达 121 亿 SDR。第三轮 SDR 普遍分配是在全球金融危机发生后的 2009 年，分配了当时史无前例的 2500 亿美元，约合 1612 亿 SDR。2021 年 8 月生效的第四轮普遍分配高达 6500 亿美元，约合 4565 亿 SDR。

除了普遍分配之外，SDR 还有特别分配这一机制。迄今为止，IMF 只进行过一次 SDR 特别分配，分配给 1981 年以后加入 IMF 的成员国，这些成员国在加入 IMF 时还没获得过 SDR 分配。1997 年 9 月，IMF 执董会同意《IMF 协定》第四修正案的提议，进行一次 SDR 特别分配，总计 215 亿 SDR。这次 SDR 特别分配旨在纠正 IMF 中超过五分之一的会员国从未得到 SDR 分配的局面，使所有成员国都能在平等的基础上参与 SDR 事务。但是，进行 SDR 特别分配需要修改《IMF 协定》，修正案需要得到 IMF 五分之三的会员国投票（占总投票权 85% 以上）通过，才能最终生效。该修正案直到 2009 年美国国会批准后才得以生效。这样，将普遍分配和特别分配的所有 SDR 分配加总，IMF 共分配了约 6607 亿 SDR（按 2022 年 1 月底市场汇率计算，相当于 9200 亿美元左右）。

（二）SDR 的利率

历史上，SDR 的利率多次进行调整，大体上呈现两个趋势：首先，SDR 利率调整的周期越来越频繁，从 1974 年的每半年进行调整，过渡到 1976 年的按季度调整，再到 1983 年以来至今的按每周进行调整；其次，SDR 利率与市场利率的接轨更趋紧密。

1969 年生效的《IMF 协定》第一修正案创设了 SDR，最初 IMF 执董会把

SDR 利率定在了 1.5%，这个利率从 1970 年初延续至 1974 年 6 月底。[①] 1974 年 7 月 1 日，IMF 在对 SDR 的定值标准进行调整的同时，也对其利率进行了调整，SDR 利率从 1.5% 调高到 5%，SDR 利率每半年调整一次，由货币篮子中所占比例前五大的美国、西德、英国、日本和法国的短期金融工具市场利率的加权平均数来决定，SDR 利率大约等于这种加权平均利率的一半。

1975 年 7 月 8 日，SDR 利率在 1975 年余下的时间内从 5% 下调至 3.75%。1976 年 1 月 1 日，SDR 利率从 3.75% 降至 3.5%，也是最后一次按半年期调整 SDR 利率。

从 1976 年 7 月 1 日开始，SDR 采用更灵活的利息决定机制，利率每个季度一设定，参考 60% 的市场综合利率，四舍五入到 0.25%。从 1979 年 1 月 1 日开始，SDR 利率更加市场化，参考市场综合利率的比重从 60% 提升到 80%。到了 1981 年 5 月 1 日，SDR 利率完全由篮子货币的市场综合利率决定，也即取消了对篮子货币的加权利率的折价，这一做法也沿用至今。从 1983 年 8 月 1 日，为进一步增进 SDR 的吸引力，SDR 的利率由每个季度改为每周确定。IMF 会在每周五计算下周的 SDR 利率，每周日会在 IMF 官网公布。[②]

在人民币 2016 年 10 月 1 日正式成为 SDR 篮子货币后，SDR 的 5 种篮子货币的代表性利率分别是 3 个月期美国国债的市场收益率、欧洲央行公布的 AA 级及以上的欧元区中央政府债券 3 个月即期利率、3 个月期中国国债基准收益率、3 个月期日本国债贴现票据利率和 3 个月期英国国债市场收益率。如 2021 年 1 月 1 日这周的 SDR 利率，是篮子货币的价值、篮子货币兑 SDR 汇率和篮子货币代表性利率的乘积的加总值，并保留小数点后三位（见表 4.1）；如果乘积的加总值小于 0.05，则选取 SDR 利率下限 0.050% 计息。在 SDR 篮子货币利率不断走低并出现代表性利率为负的背景下，2014 年 10 月，IMF 执董会决定给 SDR 利率设定下限 0.05%。[③]

① 参见 Boughton, James, “Evolution of the SDR: Paper Gold or Paper Tiger?” October 2001。

② 参见 IMF,Users'Guide to the SDR:A Manual of Transactions and Operations in SDRs,June 1995,p.38。

③ 参见 IMF, “Recent Fall in the SDR Interest Rate — Implications and Proposed Amendments to Rule T-1,” IMF Policy Paper, October 31, 2014, pp. 3-4。

表 4.1 SDR 利率的计算过程（2021 年 1 月 1 日）

篮子货币	篮子货币的价值（A）	篮子货币兑SDR 汇率（B）	篮子货币代表性利率（C）	（A）×（B）（×C）
人民币	1.0174	0.106345	2.473900	0.2677
欧元	0.38671	0.845737	-0.643113	-0.2103
日元	11.900	0.0066991	-0.103000	-0.0082
英镑	0.085946	0.942428	-0.067662	-0.0055
美元	0.58252	0.693625	0.090000	0.0364
SDR 利率下限	0.050（%）			
SDR 利率	0.080（%）			

资料来源：IMF 官网。

（三）SDR 的交易

SDR 发挥稳定国际金融秩序、补充外汇储备的作用，离不开必要的交易机制。为了确保 SDR 账户成员国得到可自由兑换的货币，IMF 设立了“自愿交易”（voluntary trading arrangements）和“指定交易”（designation mechanism）两种 SDR 交易机制。《IMF 协定》第十九条款对 SDR 的交易方式和条件等进行了规定。

自愿交易是目前的常设交易机制。在自愿交易机制下，IMF 扮演的角色类似于 SDR 市场的平台提供方，进行居中协调。一个成员国或指定持有方在征得另一参加方同意后，在交易币种和利率等约定条件下，使用 SDR 换取另一参加方的等值可自由使用货币。自从 1987 年 9 月以来，自愿交易保证了成员国自愿购买和售出 SDR 的顺畅进行。截至 2022 年 2 月底，共有 38 个自愿交易安排，参与方包括美国、法国、英国、德国、日本等发达国家，也包括中国、墨西哥、巴西等重要新兴经济体，自愿交易安排的购入总规模达到 2420 亿 SDR。①

① 参见 IMF, “Proposal to Establish a Resilience and Sustainability Trust,” IMF Policy Paper, April 2022, pp. 55-56。

当自愿交易机制不能满足成员国得到可自由兑换货币的需求时，IMF 可以启动指定交易机制，目前这是一种 SDR 交易的备用机制。在 1987 年之前，成员国是通过指定交易机制进行供需撮合的；IMF 执董会每个季度会制订指定交易计划，包括交易参与方和交易上限。在这一机制下，IMF 的作用更接近于 SDR 市场上的做市商。通常而言，国际收支状况较差的成员国将卖出 SDR、换回可自由兑换货币，IMF 会指定国际收支状况较好的成员国购入成员国售出的 SDR。由此可见，指定交易是成员国相互合作、共克时艰的一种体现。同时，指定交易规定了成员国的“接受上限”，除非 IMF 和指定交易参与方同意，指定交易买方因为购入 SDR 而累计持有的 SDR 不能超过其 SDR 分配额的 300%。① 自愿交易的市场可购总规模与指定交易的“接受上限”类似乘坐飞机时座位上方的头顶空间限制，对于 SDR 的使用和改革也是有影响的。

（四）SDR 的定值

在创设之初，每 SDR 的定值等于 1 美元，也即等于 1 美元的含金量（1/35 盎司黄金），相当于 0.888671 克纯金。在 1971 年 12 月《史密森尼协定》签订后，美元价格相对于黄金贬值，但是 SDR 仍然保持着最初的名义含金量。布雷顿森林体系的“双挂钩”机制在 1973 年结束，IMF 二十人委员会在 1974 年 4 月决定，不再通过名义含金量来给 SDR 定值，从 1974 年 7 月开始，SDR 开始由一篮子主要货币来进行定值。② 理解 SDR 定值，至少需要了解两方面的内容：一是 SDR 定值的具体计算方法，二是 SDR 篮子货币的选择标准。

1. SDR 定值的计算方法

关于 SDR 定值的具体计算方法，在篮子货币的权重确定后，再根据《IMF 附则和规章》O–1 条款规定的五种货币在 SDR 篮子中的价值（例如，欧元在 SDR 篮子中的价值是 0.38671），可以得到 SDR 的定值过程（见表 4.2）。人民币和日元的兑美元汇率采用直接标价法，其等值美元数 = 篮子货币的价

① 参见 IMF, IMF Financial Operations 2018, April 2018, p.105。

② 参见 Boughton, James, “Evolution of the SDR: Paper Gold or Paper Tiger?” October 2001。

值 ÷ 兑美元汇率；欧元和英镑的兑美元汇率采用间接标价法，其等值美元数 = 篮子货币的价值 × 兑美元汇率；以 2020 年 12 月 23 日的数据为例，SDR 兑美元汇率保留 6 位有效数字得到 1.44027。IMF 每天会根据篮子货币兑美元的汇率变动，计算 SDR 的美元价值，在 IMF 官网上公布。

表 4.2　SDR 定值的计算（2020 年 12 月 23 日数据）

篮子货币	篮子货币的价值	兑美元汇率	等值美元数
人民币	1.0174	6.52425	0.155941
欧元	0.38671	1.21905	0.471419
日元	11.900	103.43500	0.115048
英镑	0.085946	1.34200	0.115340
美元	0.58252	1.00000	0.582520
加总值	1SDR=1.440268（≈1.44027）美元		

资料来源：IMF 官网。

2. SDR 篮子货币的选择标准

SDR 篮子货币的选择标准决定了货币篮子的数量和权重，在历史上经历了多次调整。选择标准的变迁体现了三个主要特征：一是货币篮子权重的调整能反映主要经济体在全球贸易、金融体系中影响力的变化；二是篮子货币的选择总体上由繁入简；三是选择标准从单纯地关注出口值的单标准（1981 年以前）过渡到出口标准加上“可自由使用货币”的双标准，选择标准更加全面。

1974 年 7 月 1 日，IMF 调整 SDR 的定值标准，SDR 的定值和黄金脱钩，IMF 定值篮子由 1968 年至 1972 年间 16 个年均货物和服务出口值占全球比重超过 1% 的成员国货币构成，这 16 种货币为美元、西德马克、法国法郎、日元、英镑、意大利里拉、加拿大元、荷兰盾、比利时法郎、瑞典克朗、澳大利亚元、西班牙比塞塔、挪威克朗、丹麦克朗、南非兰特、奥地利先令。[①]

这其实是以出口值来选择篮子货币的单标准，这种标准虽然简单，但也会带来一些操作上的挑战，如果排名靠后的经济体的贸易额发生微小变动，就会导致 SDR 篮子货币的改变。IMF 前首席经济学家雅克・波拉克认为，SDR 篮子货币进行调整简化的另一个重要原因在于方便计算 SDR 定值和利率，因为当年一些较小经济体并没有高频的市场利率数据。[②] 此外，篮子货币的数量太多，不利于市场接受 SDR，很多中小经济体的货币在金融市场上的作用有限。由篮子货币组成的 SDR，在外汇风险管控上也是一把双刃剑，既可能带来更稳定的计值优势，可以对冲单种货币贬值压力；也可能带来外汇管理的挑战，对于持有 SDR 的成员国而言，如果篮子货币的种类过多，意味着对冲多种篮子货币汇率风险的操作也会变得更加繁琐。

在这样的背景下，IMF 执董会在 1980 年 9 月决定，从 1981 年 1 月 1 日起，SDR 篮子货币从 16 种精简到 5 种[③]，币种和权重分别为美元（42%）、西德马克（19%）、日元（13%）、法国法郎（13%）、英镑（13%）。这五种货币的发行国是当时公认的经济五大国，五种货币在国际外汇储备中所占比重和在国际外汇市场交易量中所占比重也都靠前，因而 SDR 篮子货币调整的思路也在朝着出口标准加上“可自由使用货币”的双标准过渡。这种思路一直沿用至今，兼顾了 SDR 篮子货币的代表性和稳定性。

IMF 执董会通常每五年进行一次 SDR 篮子估值审查，审查范围包括货币构成、衡量标准、货币权重和组成 SDR 利率篮子的金融工具等。此后，经历各轮分配基本期的审议，SDR 篮子货币的种类没有变化，但是货币权重有些微调。1986 年 1 月 1 日，SDR 的 5 种篮子货币保持不变，但权重进行微调，

---

① 参见 Mussa, Michael, James Boughton, and Peter Isard(eds.), The Future of the SDR—In Light of Changes in the International Financial System: Proceedings of a Seminar Held in Washington, D. C. March 18-19,1996,Washington,D.C.:IMF,1996,p.430。

② 参见 Polak, Jacques, “The SDR as a Basket of Currencies,” IMF Economic Review, Volume 26, 1979, p.637。

③ 参见 Boughton, James, “Evolution of the SDR: Paper Gold or Paper Tiger?” October 2001。

分别为：美元（42%），西德马克（19%），日元从13%上升至15%，法国法郎和英镑各从13%下降至12%。到了1991年1月1日，SDR的5种篮子货币保持不变，但是权重再次进行调整，美元从42%降至40%，两德统一后的德国马克从19%升至21%，日元从15%升至17%，法国法郎和英镑的权重各从12%降至11%。再到1996年1月1日，SDR的5种篮子货币保持不变，但是权重再次进行调整，美元从40%降至39%，德国马克21%维持不变，日元从17%升至18%，法国法郎和英镑的权重各维持在11%不变。

2001年1月1日，在欧元面世之后，SDR的篮子货币从5种调整为4种，欧元加入，权重也进行了相应调整，美元的权重从39%升至45%，欧元的权重为29%（此前，德国马克的权重为21%，法国法郎的权重为11%），日元的权重从18%降至15%，英镑的权重维持在11%。

2016年10月1日，SDR新货币篮子正式生效，人民币正式加入SDR货币篮子，5种篮子货币的权重分别为美元41.73%、欧元30.93%、人民币10.92%、日元8.33%、英镑8.09%。这也是自欧元诞生后首次在SDR货币篮子中纳入新货币。

2011年5月，时任中国央行副行长的易纲提出了“影子SDR”的概念，包括两种可能方案：第一种是金砖四国（巴西、俄罗斯、印度、中国）货币加入SDR，即SDR篮子货币由4种增至8种；第二种是金砖四国+南非+沙特的货币加入SDR，使得SDR篮子货币由4种变成10种；模拟测算显示，加入金砖四国货币之后，与现行SDR相比，“影子SDR”将更具稳定性、代表性和可使用性。①

四、人民币加入SDR篮子及其意义

2015年11月30日，经过IMF执董会严格审议，人民币被认定为国际“可自由使用货币”，并从2016年10月1日起，加入美元、欧元、日元和英镑，组成SDR货币篮子。人民币加入SDR货币篮子是人民币国际化的重要一步，也经历了较长的IMF审查和获批过程。

---

① 参见易纲：“SDR改革设想”，《新世纪周刊》，2011年第30期，第82—83页。

（一）人民币“入篮”的过程

前文已经介绍，一种货币被纳入 SDR 货币篮子主要要满足两方面的标准。第一，“出口标准”，也是门槛标准，由过去五年内货物和服务出口值最大的成员国或货币联盟发行的货币，旨在确保有资格纳入 SDR 篮子的货币是由在全球经济中发挥核心作用的成员国或货币联盟发行的。第二，“可自由使用货币”标准，以体现金融交易对 SDR 篮子估值的重要性。根据《IMF 协定》，可自由使用的概念是指该国货币在国际交易支付中被广泛使用，并在主要外汇市场中被广泛交易。这个概念不同于该货币是否自由浮动或完全可兑换。某种货币可以被广泛使用和广泛交易，即使其受到一些资本账户的限制而不完全可兑换；另一方面，某种完全可兑换的货币未必被广泛使用和广泛交易。

在人民币加入 SDR 货币篮子之前，上一次 IMF 执董会审查是在 2010 年，当时人民币已达出口标准，但没有达到可自由使用标准，因而与纳入 SDR 篮子失之交臂。因此，2015 年的审查重点关注对人民币作为可自由使用货币的评估。这个标准主要有四大量化指标：该货币在外汇储备中的份额、以该货币计价的国际债务证券、国际银行负债、外汇市场的成交量。鉴于人民币在国际金融市场交易的增速非常快，IMF 也参考了一些额外指标，比如贸易融资、跨境支付、国际债券发行量等。

2015 年 3 月，IMF 时任总裁拉加德女士的中国行，可以说是拉开了这项重要工作的帷幕。在此次访问中，双方对人民币国际化和 SDR 等议题展开讨论，而拉加德也表示人民币入篮只是时间问题。

从 2015 年 6 月份开始，IMF 执董会就开始了对人民币进入 SDR 货币篮子的讨论。在 SDR 篮子这件事上，从各种非正式董事会议到最终的正式会议，IMF 执董会对各种量化标准和工作人员的技术评估做了严格的审查，大到工作人员的整体评估，小到公式计算、数据收集等，都提出了很多既有针对性又中肯的问题和建议。然而，人民币是否可以被确定为一个可自由使用的货币并被纳入 SDR 货币篮子，虽然 IMF 有一系列的量化标准，但由于没有预先设定的阈值，最终的决定还是取决于执董会的判断。

由于人民币在国际金融市场交易中的起点较低，但增速较快，加上一些关键数据披露不足，因此关于人民币国际使用的数据有时不能及时完全地反映在一些通用的国际数据库里。因此，对人民币加入SDR货币篮子审查所做的准备工作尤其详尽。

为了公允、准确地评估人民币是否达到入篮标准，IMF总裁设立了若干特别工作小组，直接由她负责，每星期定期开会讨论。这些小组成员跨越IMF的诸多部门，进行了大量繁重而细致的准备工作。他们不仅和中国相关部门对话了解第一手的市场发展资料，直接联系其他国际金融机构和中心，而且向成员国发出问卷调查以补充官方外汇储备中的人民币储备数量。这些信息都是衡量可自由使用货币的关键。在IMF总裁的领导下，这些工作小组进行了充分独立的评估，目的是让数据说话，基于严格的分析做出有理有据的判断；同时，也加强了和执董们的广泛沟通，了解成员国在国际市场上对人民币进行使用操作时遇到的问题、对人民币国际化进程的看法、对中国政策的建议等，然后有针对性地逐一进行解决。

中国的诸多大力改革措施也至关重要，例如批准外国金融机构通过中国银行间债券市场发行人民币债券、推进利率市场化等。这些措施进一步加强了宏观金融稳定，同时促进了人民币的国际使用。在推进改革上，中国展示了坚定决心，在国际社会上获得了高度赞扬。随着人民币在国际上的使用越来越多而且推进了多项重大改革，人民币纳入SDR也得到了成员国的广泛支持。

（二）人民币“入篮”的意义

2015年11月30日，IMF执董会召开会议，同意改变SDR篮子的货币构成，决定将人民币纳入SDR货币篮子，这一决定在一段过渡期后于2016年10月1日起生效。IMF时任总裁拉加德在执董会结束后表示：“执董会关于将人民币纳入SDR货币篮子的决定，是中国经济融入全球金融体系的一个重要里程碑。它是对中国过去多年来在改革其货币和金融体系方面取得的成就的认可。中国在这一领域的持续推进和深化，将推动建立一个更加充满活力的国际货币和金融体系。”

IMF认定人民币可自由使用，这反映了中国在全球贸易中的作用不断扩大，人民币的国际使用和交易显著增加；这认可了中国货币、外汇和金融体系改革的进展，也认可了中国在开放和改善金融市场基础设施方面取得的成就。人民币加入 SDR 货币篮子将提高人民币作为国际储备资产的吸引力，有助于增加国际社会对人民币计价资产的信心，而国际投资经理在资产管理组合中也可能会增加对人民币资产的关注，从而巩固和进一步推进人民币的国际化进程，有助于增强中国和全球经济。人民币加入 SDR 货币篮子也得到了国际媒体的广泛关注，如《经济学人》杂志在 2016 年就专门刊文报道，认为此举意味着 IMF 对中国金融体系的认可，也会增强其他央行增持人民币作为储备货币的势头。[①]

另一方面，人民币“入篮”使得 SDR 货币篮子更加多元化，使 SDR 货币篮子能在更大程度上代表全球贸易和金融体系中使用的货币，从而有助于提高 SDR 的稳定性和作为储备资产的吸引力。因此，这是中国、IMF 和全球货币体系的共赢。

当然，投资者在考虑持有某种货币资产时，不仅要看货币发行国本身经济稳健发展程度，也和这种货币资产的流动性和市场交易深度有关。将人民币纳入 SDR 货币篮子意味着 IMF 承认人民币和中国金融市场满足这些条件。然而要使众多投资者达成共识，中国在经济政策框架、机构治理、法治建设以及政策透明度等方面还需更上一个台阶。在维持经济稳定增长的同时，能够完善市场化的汇率机制、深化金融改革、提高货币政策的透明度、促进货币自由跨境使用，将是各国央行和机构投资者增持人民币作为储备货币的主要影响因素。从这个角度来看，人民币加入 SDR 货币篮子，也是中国深化金融改革、IMF 继续完善国际货币体系的新起点。

2022 年 5 月，IMF 完成了五年一次的 SDR 定值审查，决定维持现有 SDR 篮子货币构成不变，即仍由美元、欧元、人民币、日元和英镑构成，并将人民币权重由 10.92% 上调至 12.28%，将美元权重由 41.73% 上调至 43.38%，其他三种货币的权重，即欧元（29.31%）、日元（7.59%）和英镑（7.44%）各有小幅下降。人民币权重仍保持第三位。新的 SDR 篮子货币在 2022 年 8 月 1 日正式生效，并于 2027 年开展下一次 SDR 定值审查。

---

① 参见 The Economist, “The Yuan in the SDR — from Base to Gold,” October 8, 2016。

五、SDR 的使用与未来

本章开篇处引用的《纽约时报》文章也谈及，发达国家可以更好地用手中的 SDR 来帮助低收入国家，这是讨论 SDR 时常见的一个问题，也即如何将已发行的 SDR 用于帮助其他国家或其他用途，可以称为 SDR 的“循环使用”。另一方面，关于将 SDR 打造成“超主权货币”、推进国际货币体系改革的呼声也经常见诸报端。下文从这两个角度对 SDR 的使用与未来进行一些探讨。

（一）SDR 能否“循环使用”？

在 2021 年新一轮的 6500 亿美元 SDR 普遍分配生效后，关于 SDR 循环使用的呼声日渐增多，主要集中在让发达国家和国际收支状况较好的国家拿出不用的 SDR 来帮助中低收入国家。可能的使用途径包括扩大 SDR 对 PRGT 的支持，设立新的“复苏及可持续基金”（Resilience and Sustainability Trust, RST）以支持相关成员国实现经济可持续发展及应对气候变化等目的，扩大 SDR 在其他国际金融机构的使用等。

为了更好地理解这些提议的可操作性，我们将这些提议所涉及的主要环节用河流的上中下游做一个类比，然后分别就各种可能的路径进行简要分析。因为 SDR 涉及纷繁复杂和互相关联的规则制度，新的提议若要奏效，需要有效运用这些规则制度给予的空间，或是通过有针对性的改革来调整这些规则制度，但是不能脱离这些规则制度，因为 IMF 一些规章制度的重大变化需要占份额 85% 以上的成员国通过，并非能够轻易实现。

如果要将 SDR 进行循环使用，首先要看到，SDR 的“上游”是 IMF 进行的 SDR 分配，这是成员国通过集体决策来创造国际储备资产，上文已做了较详尽的介绍。SDR 分配决议生效后，全球分配的 SDR 存量将会增加。

SDR 的“中游”是指 SDR 在“上游”分配后到达各个成员国，每个成员国都有各自国内与 SDR 相关的不同规则制度。在很多国家，新分配的 SDR 会计入央行的资产负债表，SDR 能起到帮助成员国加强资产负债表、增加外汇储备的作用。在美国、英国等国家，SDR 首先会计入财政部下辖机构的资产负债表，而非首先计入央行的资产负债表。例如，新分配给美国的 SDR 会计入美国财政部管辖的美国外汇稳定基金（Exchange Stabilization Fund），如果美国外汇稳定基金持有的外汇不足以应付干预汇市的需求，1968 年的《美国特别提款权法》允许美国外汇稳定基金把持有的 SDR 和美联储置换美元，以增加美国外汇稳定基金持有的美元流动性，这一操作叫向美联储发行 SDR 凭证， SDR 凭证将出现在美联储的资产负债表上。[①] 英国分配到的 SDR 是计入英国财政部下辖的外汇平衡账户（Exchange Equalization Account），和美国的机构设置相近。

不论是央行还是财政部等官方机构，即便它们有意愿拿出富余的 SDR 来帮助其他国家，它们都担负外汇储备保值增值的责任，投资风格也往往是稳健型的，如果要大规模地使用 SDR，至少要克服如下几重挑战：

第一，如果是 SDR 捐赠类的使用，例如捐赠 SDR 给其他国家，而没有补偿机制的话，对于捐赠国而言，就会出现外汇储备的账面净损失。此外，成员国在 IMF 持有的 SDR（资产）会得到利息，但同时成员国使用掉的 SDR（负债）也要按同样的利率付费，如果捐赠国持有的 SDR 少于分配得到的 SDR，这就意味着捐赠方还需要自掏腰包来承担使用 SDR 的利息费用，这在现实中往往不可行，即便成员国有这样的意愿，“中游”成员国富余的 SDR 也很难流到“下游”供其他国家使用，除非“中游”成员国不仅要心甘情愿地捐赠出自己分配到的 SDR，还愿意永久地自行承担 SDR 利息支出。

第二，如果大规模使用 SDR 给 IMF 某一些专门的基金账户注资，如上所述，从会计的角度来看，使用分配到的 SDR 是有成本的，假如使用 SDR 获得的收益不能大于动用 SDR 需要缴纳的利息支出，那么也就出现了投资损失。同时，放贷出去的 SDR 也需要 IMF 提供相应的储备保险金，以确保 SDR 贷款的安全性。因为 SDR 是一种国际储备资产，成员国期待通过 SDR 进行的投资是具有高流动性的，而且投资风险是可控的。

第三，成员国在使用 SDR 时，还需要考虑到 SDR 被取消、补充头寸（reconstitution）的要求恢复等可能性，因为这会给 SDR 的投资带来展期风险。虽然目前还未出现过 SDR 被取消的情况，但在理论上，这种可能性不能排除，

---

① 参见 U.S. Department of the Treasury, “Audit of the Exchange Stabilization Fund’s Financial Statements for Fiscal Years 2019 and 2018,” December 6, 2019。

因为IMF理事会有权进行SDR分配创造，也有权对分配的SDR进行取消。此外，SDR设立之初就有补充头寸的要求，从1969年SDR设立到1979年1月前，成员国SDR账户在连续五年间的平均持有额不能低于所分配SDR额的30%，类似于“信用卡”使用不能超过一定额度，成员国大量使用SDR使得持有比例低于这一门槛后，要补充其SDR账户内过低的余额，称为补充头寸。在1979年1月之后，这一比例要求降低至15%，直到1981年取消。因此，假如未来补充头寸的要求恢复，这也是另一种理论上存在并需要应对的风险。

第四，大规模使用SDR还面临着各成员国国内的各种制度和法规限制。在美国、英国等国家，由于分配到的SDR不是首先计入央行的资产负债表，还存在着财政部与央行之间的政策协调。在许多其他国家，特别是欧洲国家，向其他国家捐赠或提供分配得到的SDR，需要通过法律程序，包括国会或议会的审查批准。

为帮助IMF成员国缓解债务压力、购买疫苗、应对气候变化等目标设立的各类基金账户属于SDR使用的“下游”。从财务的角度来看，可以把林林总总的提议大致分为两类。一类是捐赠型的基金账户，一些国家将不急需的SDR捐赠出来放入这些基金账户，然后通过这些基金，将SDR捐给有需要的国家。但鉴于上文提及的各种现实约束，这类提议的可操作性不强。例如设立英国外汇平衡账户的法规就没有给捐赠SDR预留多少可操作空间，除非这种捐赠可以同政府的外部援助类预算相协调。[①] 另一类大体属于贷款型基金账户的提议，SDR的循环使用通过一些基金账户的贷款活动进行运转，这些基金账户的运营目标具有公益性质，对需要的国家提供债务减免、购买疫苗、投资基础设施、气候变化融资等方面的帮助。但同样因为上述的现实约束，在财务运作上，这些基金账户需要实现财务平衡。同时，还必须设立能提供储备保险金的相应账户。

在关于贷款型基金的讨论中，经常提及的一个建议是将成员国富余的

---

① 参见Andrews, David, “Can Special Drawing Rights Be Recycled to Where They Are Needed at No Budgetary Cost?” The Center for Global Development（CGD）Note, April 2021。

SDR 转入 IMF 的 PRGT。这是 IMF 提供的优惠贷款账户，SDR 其实已经在支持 PRGT 的运转，也是 SDR“循环使用”的成功例子。他山之石，可以攻玉。为了更好地理解 SDR 用于贷款型基金的可操作性，下文将简要介绍 PRGT 的运作机制和将大规模 SDR 转入 PRGT 需要克服的挑战。

PRGT 的受益对象是符合条件的低收入 IMF 成员国。截至 2021 年 7 月，共有 69 个成员国符合条件。IMF 通过中期信贷、备用信贷和快速信贷等信贷工具，根据这些成员国的国际收支和国内经济挑战的具体情况，有针对性地提供融资帮助。PRGT 主要由三部分组成，包括“信贷账户”（Loan Account）、“补贴账户”（Subsidy Account）和“储备账户”（Reserve Account），各个账户形成一个有机整体。

对于“信贷账户”，资金的来源是从成员国募集，出资的形式可以是贷款协议或者票据购买等，成员国可以用可自由使用货币或者 SDR 进行出资，如法国、意大利、日本、韩国和英国选用了 SDR 出资，巴西和加拿大等国选择了以美元出资，比利时、丹麦和荷兰等国选择了用欧元出资。出资国还可以选择是否允许提前取回出资（encashment）的协定。[①] 在 2020 年新冠肺炎疫情发生前，PRGT 预计的年均贷款规模约在 13 亿 SDR，而新冠肺炎疫情发生后，低收入国家的贷款需求显著上升。IMF 从 2020 年春启动 PRGT 的快速融资，截至 2021 年 3 月，已经募集资金约 240 亿美元，其中约三分之二是出资国以使用 SDR 的方式注资的。[②]

目前，IMF 的优惠贷款不从低收入国家收取利息，“补贴账户”就要发挥融资利息补贴的功能。由于持有 SDR 会得到利息、使用 SDR 需要支付利息的特征，向 PRGT 出资的国家如果使用 SDR，如果 PRGT 不向这些出资国支付利息，那么这些国家的央行或财政部将自行承担使用 SDR 的利息损失，这将是很多出资国难以承担的。PRGT 会以 SDR 利率向出资方支付利息，这其

① 参见 IMF, “Update on the Financing of the Fund’s Concessional Assistance and Debt Relief to Low Income Member Countries,” IMF Policy Paper, April 2018, pp. 13-16。

② 参见 IMF, “Questions and Answers on Special Drawing Rights,” March 16, 2021。

实是 PRGT 承担了利息补贴，这种补贴就来自 PRTG 的补贴账户。补贴账户的资金来源主要包括 IMF 过往出售黄金的收益、IMF 投资等内部收入以及成员国赠款等外部收入。如果出资国使用新分配的 SDR 对 PRGT 的贷款账户进行大规模增资，那么 PRGT 补贴账户将承担巨大压力。为了缓解这种压力，解决之道包括减少或取消 PRGT 向 GRA 账户缴纳的管理费、增加投资收入、出售黄金等内部渠道，或是募集成员国赠款等外部渠道。如果再次出售黄金，需要 IMF 成员国 85% 以上的投票权批准，而且需要经历成员国国内批准的冗长程序，而解决新冠肺炎疫情带来的低收入国家经济和债务压力是当务之急。

尽管向 IMF 欠款逾期不还的情形很少，但是贷款总有信用风险，PRGT“储备账户”就是起到应对信贷风险的功能，此外，PRGT 还需面对出资国提前取回出资的可能性。目前，储备账户的资金规模约有 40 亿美元，来自 IMF 过往出售黄金的收益、IMF 投资收入等途径。如果 PRGT 储备账户（分子）保持不变，PRGT 的贷款规模（分母）显著上升，那么储备账户的拨备覆盖率就会下降，也将引发出资国对贷款安全的担忧。在过去很长时间内，储备账户的拨备覆盖率基本上保持在 40% 左右，由于现在向低收入国家的信贷急剧上升，该拨备覆盖率也在下降。至于多大的拨备覆盖率才能满足出资国的要求，是出资国和 IMF 需要讨论和同意的问题。同时，如果要增加储备账户资金来满足拨备覆盖率，资金来源的挑战也将是很严峻的。

因而，如果通过最新的 SDR 分配来为 PRGT 出资，PRGT 就会面临利息补贴和储备账户是否有足够资金的挑战，这些方方面面都需要综合考虑。当然，在低收入国家面临经济困难和债务压力的情况下，IMF 是否应该向它们提供超大额度的优惠贷款，这样做是否合适，会不会为这些国家带来未来更大的债务压力，也是值得考虑的。

2022 年 4 月，IMF 执董会批准设立 RST 基金，来推动 SDR 的循环使用，帮助中低收入国家实现经济可持续发展，并应对气候变化、疫情防控等中长期的结构性挑战。根据 IMF 公布的 RST 基金设计方案，可以看出 RST 基金的设计参考了 PRGT 和 IMF 其他贷款工具运作的历史经验，体现了如下几个考量因素。第一，鉴于使用 SDR 计息等特征，RST 基金没有按照捐赠型基金进行设计，而是按照类似 PRGT 的贷款型基金模式进行设计。第二，对于一个 IMF 贷款型基金的设计，就要考虑 RST 基金是否像 PRGT 那样提供无息贷款；RST 基金将面向 IMF 的中低收入成员国提供计息贷款，低收入国家得到的贷款利息更加优惠；RST 基金不像 PRGT 那样提供无息贷款，否则就涉及 PRGT 和 RST 基金是否会产生竞争关系，而且 RST 基金启动所需要的大量利息补贴从何而来也将是一大挑战。第三，作为新的贷款型基金账户， RST 基金也考虑到了它和 IMF 现存贷款工具之间的协调，如果 RST 基金的贷款条件过于宽松，将引发道德风险；如果条件过于严苛，或许会影响成员国申请贷款的积极性。RST 基金的贷款申请条件至少包括三项：第一，该成员国具备满足 RST 基金目标的一系列高质量改革举措；第二，该成员国同期在执行 IMF 的“高信用档”标准贷款项目①；第三，该成员国具有可持续性的债务水平和偿还 IMF 贷款的能力②。

根据 IMF 其他贷款工具的常见特征，设置新的贷款工具要考虑吸引力和风险控制之间的平衡，至少要妥善设计申请对象、贷款利率、贷款期限、贷款申请上限等几个要素，才能确保新的贷款工具可以获得成功。例如，如果一个低收入国家可以申请 PRGT 账户下设的中期贷款，这种贷款是无息贷款、贷款偿还期为 10 年，那么 RST 基金提供的计息贷款要在某些方面更具有吸引力，例如贷款偿还期可能要比 10 年更长，一个国家才有足够动力来申请 RST 基金的贷款。如果 RST 基金的贷款申请对象范围过于狭窄或者 RST 基金的规模太小，都会影响 RST 基金的运营。根据 IMF 公布的信息，143 个成员国都满足 RST 基金贷款的申请资格，RST 基金最初预计筹集的资金约为 500 亿美元，RST 基金贷款的偿还期最长为 20 年，贷款宽限期为 10.5 年。本章的分析也表明，SDR 的性质是一种国际储备资产，这意味着持有 SDR 的官方部门预计这种储备资产不会遭受计值损失。RST 基金是一种新的贷款型基金账户，在为中低

① IMF“储备档”的资金使用基本无贷款条件。IMF“高信用档”标准贷款 (upper credit tranche, UCT) 涉及一套与贷款方案有关的条件，旨在确保 IMF 的资金有助于实现贷款项目的规划目标，并确保成员国归还 IMF 贷款的能力具有充分保障。

② 参见 IMF, “Proposal To Establish A Resilience and Sustainability Trust,”IMF Policy Paper, April2022, p.2。

收入国家提供信贷时没有利息补贴的问题，但稳健的账务和政策风控机制对于 RST 基金的长期稳健运营依然至关重要。鉴于此，RST 基金主要由三部分构成：第一部分是由成员国自愿出资设立的贷款账户（Loan Account），该账户将接收出资国的资金并贷给有需要的成员国；第二部分是储蓄账户（Deposit Account），出资国对储备账户的出资额至少为贷款账户出资额的 20%，该账户通过投资高质量、高流动性的资产来创造投资收入，为 RST 基金积累长期储备；第三部分是储备账户（Reserve Account），出资国对储备账户的出资额至少为贷款账户出资额的 2%，该账户是 RST 基金应对信用风险和流动性风险的主要途径。

此外，前文已经介绍，SDR 还有 15 家指定持有方，其中多家指定持有方是国际金融机构，让 SDR 通过这些国际机构的贷款来帮助低收入国家也是一种思路，但这种设想也需要克服一些挑战：不同国际机构对于确定一个成员国是否满足贷款条件有各自的规则流程，不同国际机构对于贷款项目的侧重领域也会有各自的考量；扩大 SDR 在其他国际机构的使用，就涉及 IMF 与其他国际金融机构的妥善协调。此外，对中低收入国家贷款大幅上升也可能引发道德风险，需要避免成员国在得到大量 SDR 后减缓必要的经济改革步伐。

综上所述，围绕 SDR 的分配和使用有一套完善的规则，加强 SDR 的循环使用是有空间的，也极具重要性，但需要充分理解 SDR 的运行规则并有针对性地设计改革方案，也需要得到 IMF 成员国的支持和配合。

（二）SDR 能否成为“超主权货币”？

构建超主权货币是国际货币体系改革的一个重要倡议。早在 20 世纪 40 年代，凯恩斯就提议设立国际清算联盟并发行超主权货币班柯（Bancor）。SDR 代表着一个构建超主权货币既有的可能平台，《IMF 协定》第二修正案也提出要把 SDR 打造成全球主要储备资产。但是，SDR 当前在国际货币体系中的作用，离这一目标还有很远的距离。因此，各界也对把 SDR 打造成超主权货币寄予厚望。中国人民银行原行长周小川（2009 年）指出，SDR 具有超主权储备货币的特征和潜力，应当着力推动 SDR 的分配，SDR 的使用范围需要拓宽，从而真正满足各国对储备货币的要求。

超主权货币背后至少有两层含义：第一，这种货币是由非主权机构发行，货币发行摆脱一国国内经济状况和利益的束缚；第二，这种货币是一种普遍使用的国际货币。SDR 作为全球第一个通过合作创设的国际储备资产，满足第一层含义。在第二层含义上，从货币的三个基本职能角度来看，SDR 离国际货币还有很大的距离，SDR 要想成为超主权货币，还需付出艰巨的努力和达成国际共识。货币国际化是一种货币在国内功能的跨境延伸。在这里，我们区分私人部门及公共部门的不同使用领域，对担任国际货币的币种，从价值尺度、流通及支付手段、贮藏手段这三种基本职能的角度进行简单梳理，并简要列举了一些使用场景，如外汇交易、外汇储备等。这三种货币的基本职能大致对应计价货币、结算货币和储备货币的地位（见表 4.3）。

表 4.3 国际货币的基本职能

使用部门	基本职能		
	价值尺度（计价货币）	流通及支付手段（结算货币）	贮藏手段（储备货币）
私营部门	贸易、大宗商品、金融交易计价	贷款、外汇交易、贸易结算	在投资、债券等领域替代其他货币
公共部门	货币锚	外汇市场干预	外汇储备

资料来源：Kenen（1983）；Frankel（2012）；Cohen（2015）；Ito and McCauley（2019）；作者整理。

2018 年 3 月，IMF 执董会就 SDR 的地位进行过讨论。IMF 员工为这次执董会准备的报告指出，国际货币体系具有很强的韧性，但也存在缺陷，包括国际收支调整机制、成员国大量的外汇储备积累等。SDR 的作用可以分为官方储备 SDR（O–SDR）、市场 SDR（M–SDR）、记账 SDR（U–SDR）。市场 SDR 和记账 SDR 具有储备资产多元化的特征，可以降低借贷人和投资者的资产负债表波动幅度，对于促进国际货币体系的稳定可以发挥一定的作用；官方储备 SDR 可以为国际收支调整提供缓冲，并减少预防性的外汇储备积累，如果《IMF 协定》关于 SDR 的相关规定能做修改的话，那么官方储备 SDR 还将为国际货币体系的稳定运行发挥更大的作用。①

SDR是在金汇兑制的布雷顿森林体系遇到挑战的20世纪60年代后期创立，其初衷是补充黄金和储备资产不足。在金汇兑制度下的黄金主要是在官方领域的场景下使用，SDR也是主要着眼于在公共部门的使用，而非大规模用于私营部门。和黄金一样，在私营部门使用的不足也成了SDR的天然短板。到了私营部门在国际货币体系中作用日益重要的后布雷顿森林体系时代，SDR功能上的这一短板依旧存在。SDR在私营部门承担计价、结算和储备货币的功能薄弱，与居主导地位的美元和欧元等有很大的距离。货币不同功能之间有着互相强化的网络效应，这对于强势国际货币的主导地位会有一定的固化作用。

20世纪70年代和80年代初，以SDR计价的金融产品市场一度得到发展，部分商业银行接受以SDR计价的存款和发行SDR计价的债券等。1975年到1981年之间，全球共有13次官方机构发行的SDR债券，总计达5.63亿SDR。② 但不能忽视的是，当时的历史背景是美元处于相对弱势，美国遭遇高通胀的冲击，美元利息超高且汇率动荡多变，给金融市场带来很大的不确定性。在这种情况下，很多美元持有者出于资产保值的目标，纷纷选择持有SDR。随着美元走强、欧洲货币单位在1979年问世，私人SDR市场逐渐萎缩。近年来，SDR债券市场有些回暖，世界银行、渣打银行等在中国银行间市场成功发行了SDR债券③，有些国际机构和商业银行也表示了发行SDR债券的意愿或兴趣。不过，要客观看到，SDR要在私人部门发挥重要作用，仍需付出艰巨的努力来进行市场培育。

在公共部门维度，前文已经介绍，SDR发挥着一定的计价货币功能，在IMF等官方机构担任计价货币的功能，还有博茨瓦纳、叙利亚、利比亚等国

---

① 参见IMF, "Considerations on the Role of the SDR," IMF Policy Paper, March 6, 2018, pp. 1-2。

② 参见Boughton, James, "Evolution of the SDR: Paper Gold or Paper Tiger?" October 2001。

③ 参见中国人民银行国际司：《人民币加入SDR之路》2017年版，中国金融出版社，第30—31页。

将 SDR 货币篮子作为唯一的货币锚或是货币参考篮子的一部分。[①] 另一方面，SDR 在 IMF 内部和成员国的官方部门之间承担着流通及支付手段和贮藏手段。然而，在公共部门，SDR 要成为强大的超主权货币，在 SDR 供给机制和扩展需求领域两个方面都有很长的路要走。

供给机制也就是 SDR 作为货币的分配创造机制。一方面，作为超主权货币，其供给应当能够根据世界经济形势的变化自动调节，而 SDR 的分配创造目前是由 IMF 成员国批准的行政决定来控制。对此，未来可以探索如何加强 SDR 分配与全球经济金融状况相联系的机制，例如设立 SDR 分配常态化的发行规则。同时，由于 SDR 是一种对成员国无条件的信用支持，SDR 的发行规则还需规避道德风险。诺贝尔经济学家获得者约瑟夫·斯蒂格利茨（2020）提议要加大 SDR 的作用，改革 SDR 发行规模时间不规律的现状，改为定期发行，同时发达国家可以将 SDR 捐赠或者循环使用于贷款等途径，帮助发展中国家。另一方面，作为世界性的货币，也有观察人士认为，不是急需 SDR 的发达国家获得了新增 SDR 的多数，而很多面临经济困难的低收入国家只得到了新增 SDR 的很少部分，这种发行机制需要改革。前文已经介绍，SDR 的现存发行机制是历史的产物，改变现行重大规则需要 IMF 的 85% 以上投票权批准，例如设立向低收入国家提供更多 SDR 的特别发行机制有很高的门槛，但是向低收入国家提供更多支持可以通过 SDR 的合理循环使用来实现的。IMF 在 2022 年设立的 RST 基金就是这方面的成果。

在扩大 SDR 作为超主权货币的需求方面，也即扩大 SDR 的使用，例如推动在国际贸易、大宗商品定价、企业记账等领域中使用 SDR 计价，从而减少因使用主权储备货币计价而造成的资产价格波动和相关风险。从国际金融历史来看，货币国际化主要是市场选择的结果，如果要使 SDR 在私营部门发挥更大的作用，离不开加深 SDR 计价产品的市场深度，同时需要完善市场基础设施建设，并在市场交易中促进 SDR 计价产品流动性的提高和债券收益率的形成，从而吸

---

① 参见 IMF,Annual Report on Exchange Arrangements and Exchange Restrictions 2019, August 2020,p.11。

引更多的机构和投资者的参与。在这一方面，历史上曾经多次有过提议和讨论设立 SDR 替代账户，通过发行以 SDR 标价的债务凭证，换取成员国暂时不用的外汇储备，该账户再用这些外汇储备投资国际金融市场，促进 SDR 定价的金融产品的发展。这种思路如果能得以实施，将能促进储备资产的多元化，极大地提升 SDR 的使用，使得 SDR 朝着超主权货币的方向发展。但是，替代账户也有实施的巨大挑战，该账户所投资的一些币种在中长期内可能会对 SDR 贬值，因而投资面临汇率风险、利率风险等多重挑战，由谁来承担改革成本和风险管控是关键，该账户的设计、投资策略和风险防范措施都是改革实施的保障。

* * * * * * *

SDR 诞生于 20 世纪 60 年代末的危机时期，也在 2008 年全球金融危机和 2020 年新冠肺炎疫情等危机中为全球经济复苏发挥了重要作用。作为第一种通过国际合作创设的国际储备资产，SDR 的诞生、使用和演化都具有重要的历史意义，展现了全球各国间的合作意愿，对于扩大 SDR 使用的各种倡议也反映了对国际货币体系改革的呼声。各种倡议的实施需要立足于对 SDR 现行规则的充分理解和运用，逐渐培育 SDR 扩大使用的市场基础，并通过有效的改革措施来拓展 SDR 的使用途径。

每次国际经济金融危机也给国际货币体系改革提供了契机，SDR 一定会继续成为未来国际货币体系改革中的重要话题。至于 SDR 能否成为超主权货币，这不仅仅是一个技术性问题，更需要 IMF 成员国和国际社会的共识。在当今时代，要达成这样一种共识，并建立一套完整的相关机制来确保 SDR 作为超主权货币的完善功能和有效运转，依然任重道远。

第五章
国际货币体系的前世与未来①

2008 年全球金融危机的爆发再次凸显了以美元为主要储备货币的国际货币体系的内在缺陷，也引发了国际社会对国际货币体系现状和未来的热烈讨论。在 2011 年法国戛纳 G20 峰会上，如何改革国际货币体系被提上了议事日程，包括如何对全球经济和金融体系进行监督，如何加强全球金融安全网和最后贷款人的机制，以及如何改善国际货币体系的治理机制等。2020 年新冠肺炎疫情发生后，IMF 在 2021 年进行了历史上最大规模的特别提款权分配，关于国际货币体系改革的讨论又频繁见诸报端。

在过去的十多年中，国际经济社会，特别是 IMF，在推进国际货币体系改革中取得了哪些进展？在全球经济日益多元化的进程中，我们该如何思考当前国际货币体系中以主权货币作为储备货币的难题？是否存在完美无缺的国际货币体系？在可预见的未来，SDR 能否成为超主权货币？我们该如何未雨绸缪，推动国际货币体系改革，促进世界经济的稳定增长？

国际货币体系是一个宏大的主题，限于篇幅，本章主要从国际货币体系的主要构成要素（尤其是流动性提供机制），包括从国际储备货币的视角出发，梳理国际货币体系的主要演进历程及其反映的一些共同规律，希望帮助读者更好地了解历史和洞悉未来，更全面地理解当今国际货币体系的利与弊和发展趋势。

---

① 本章作者是蒋旭峰、刘菲和林建海。

一、 国际货币体系的前世今生

什么是国际货币体系？简单地说，国际货币体系是国际间贸易和金融交易所依赖的一整套汇率和国际支付体系，以及与其相关的规则、措施和组织形式等的统称。由于国际贸易的存在，各国自然会存在国际收支顺差和逆差，因此就需要对国际收支不平衡进行清偿，更好地促进国际经济贸易活动的持续发展。

有鉴于此，美国经济学家巴里·艾肯格林认为，国际货币体系是将各国经济联系在一起的“黏合剂”，从而促进外汇市场保持稳定有序，消除国际收支障碍，并提供国际信贷支持。[①] 罗伯特·所罗门是参加 20 世纪 60 年代创设 SDR 等国际货币体系改革谈判的美国主要官员之一，这位前美联储经济学家形象地打比方说，国际货币体系就像城市里的“红绿灯”，在国际货币体系运转顺畅的时候，大家都认为是理所当然的，当它运转出现问题并冲击到民众的生活时，大家才意识到它的存在。运转良好的国际货币体系可以促进贸易投资活动，也可以根据形势变化顺畅地进行调整；运转糟糕的国际货币体系不仅会冲击贸易投资活动，也会阻碍各国经济进行必要的调整，从而遭受具有破坏力的冲击。[②]

对国际货币体系进行讨论，必然会涉及国际货币体系的构成要素。不同学者对此的看法不尽相同，但主要包括四个要素，即流动性提供机制（由黄金、法币、大宗商品等担任本位货币）、汇率机制、国际收支调节机制、国际金融事务的监督协商合作机制（Saccomanni, 2000; Crockett, 2010; Obstfeld, 2011）。由于流动性提供机制（本位货币制度）涉及国际清偿力的来源问题，因而备受关注。在布雷顿森林体系危机初现的 20 世纪 60 年代，罗伯特·特里芬、罗伯特·蒙代尔等 32 名知名经济学家组成了“贝拉乔小组”（Bellagio Group）[③]，共同研讨国际货币体系的改革之路，他们从国际货币体系的基本

---

① 参见 Eichengreen, Barry, *Globalizing Capital*, Princeton: Princeton University Press, October 1996, p. 3。

② 参见 Solomon, Robert, *The International Monetary System, 1945-1981*, New York: Harper & Row, 1982, pp. 1-7。

③ 该小组因为开会的一个地点是意大利北部小城贝拉乔而得名。

构成要素入手，认为国际货币体系面临三个基本问题，包括储备资产是否充足带来的流动性问题、对主要储备资产的信心问题和国际收支调整机制不对称问题（Thorn, 1965; Connell, 2011）。在他们指出的三个基本问题中，前两个都和流动性提供机制有关。

国际货币体系伴随着世界经济的发展而不断演变。从19世纪70年代到现在的约150年中，从流动性提供机制的角度出发，国际货币体系大体上经历了金本位制、布雷顿森林体系、后布雷顿森林体系三个阶段。尽管这是三个特征不同的货币体系，但也反映了一些共同规律，可以带给我们一些有益的启示。如同罗伯特·所罗门使用的“红绿灯”比喻一样，稳健运行的国际货币体系是各方追求的目标。近几十年来，在后布雷顿森林体系之下，重大的国际经济、金融和债务危机频发，包括20世纪80年代的拉美债务危机、1997年亚洲金融危机、2008年全球金融危机等。这些危机说明，国际货币体系的运行会直接影响到全球经济发展和人们的生活，危机也往往与国际货币体系的特征息息相关，也彰显了改革国际货币体系的重要意义。

（一）金本位制

金本位制是以黄金为本位货币的一种制度。在该体系下，黄金确定货币所代表的价值，各国货币具有法定的含金量，并按照法定的含金量来确定彼此间的比价。在历史上，出现过金币本位制（古典金本位制）、金块本位制、金汇兑本位制三种主要形式的金本位制。金块本位制、金汇兑本位制可以理解为弱化的金本位制。

英国于1821年正式启用古典金本位制，但在1870年普法战争之前[①]，全球采用金本位制的工业化国家还是少数。由于英国的“世界工厂”地位，不仅英镑成为全球关键储备货币，英国的金本位制也对其他国家产生重要的影响。从19世纪70年代到第一次世界大战之前，英、美、法、德等大国均实行古典金本位制。在古典金本位制之下，黄金扮演着价值尺度、流通及支付

① 相关历史背景可以参见 Wiegand, Johannes, “Destabilizing the Global Monetary System: Germany’s Adoption of the Gold Standard in the Early 1870s,” IMF Working Paper WP/19/32, February 2019。

手段、贮藏手段等货币的三个基本职能，充当世界货币。在古典金本位制下，黄金自由输入输出，各国的国际储备主要是黄金。根据经济学家彼得·林德的统计，在“一战”爆发前的1913年，全球的黄金总储备价值为49亿美元，占全球总储备的约四分之三，而外汇储备总额为16亿美元，占全球总储备的约四分之一。[①] 黄金发挥自动调节货币供求和国际收支的作用，也称“休谟机制”（The Hume Mechanism, or Price–Specie–Flow Mechanism）。古典金本位时期是全球经济和贸易一个相对平稳发展的时期。

第一次世界大战爆发后，巨额军费开支导致了参战国公共财政急剧恶化，为筹措军费，许多国家不得不大量发行纸币，禁止黄金自由输出，并暂时放弃了金本位制。“一战”后的1922年，34个国家的代表齐聚在意大利老城热那亚（Genoa），召开国际经济与金融会议，商讨如何解决“一战”后的重大经济政治问题。在“一战”期间，由于战争物资订单，大量黄金从欧洲流向美国，美国经济大为受益。美联储在1913年成立，20世纪初，以纽约为代表的美国资本市场迅速发展，美元在国际货币体系中的作用也开始变得日渐重要。

为了促进全球经济贸易复苏并节约黄金的使用，从热那亚会议到1931年间，主要工业国维持着弱化的金本位制，包括金块本位制和金汇兑本位制，本国货币与黄金挂钩，或通过另一种同黄金挂钩的货币与黄金间接挂钩。一方面，英、美、法这几个大国实施金块本位制，本国居民可以用本币或外汇向中央银行要求兑换金块，但是兑换黄金要求达到一定的最低数量；例如，英国1925年颁布的《金本位法》规定，兑换黄金的最低数量为400盎司。换而言之，在实施金块本位制的国家，有限制的金块兑换代替了自由的金币兑换，英镑、美元、法郎成为可直接兑换黄金的国际储备货币。另一方面，外围国家则普遍使用金汇兑本位制，这些国家的本币与这几个大国的汇率维持固定比价，这些国家的居民不可用本币或外汇向本国央行兑换黄金，而外汇可以用于向英、美、法等大国央行要求兑换金块。此时，布雷顿森林体系金汇兑

① 参见 Lindert, Peter, *Key Currencies and Gold 1900-1913*, Princeton Studies in International Finance No. 24, New Jersey: Princeton University, 1969, pp. 22-25。当时的外汇储备主要是英镑、法郎和德国马克。

制的雏形其实已经初见端倪，只不过当时美元尚未成为唯一和黄金挂钩的国际货币，英镑和法郎都具有相当大的影响力。总体而言，在实施金块本位制和金汇兑本位制的弱化金本位制时期，可以看出它与古典金本位制之间有一个显著差别，即货币和黄金之间的自由兑换已被有限兑换所取代。

然而，短暂实行的金块本位制和金汇兑本位制并不能从根本上解决国际货币体系的困境。金本位制运行的基础是参与国要共同遵守金本位制的“游戏规则”，包括允许黄金自由输入输出并维护本国货币的黄金平价，实质上是一种各参与方的共同承诺。例如，在金本位制下，如果一国出现贸易逆差和黄金外流，市场会预期该国央行会采取紧缩货币政策来减少货币供应量，从而减少国内投资消费需求并降低物价，提高本国出口的竞争力，从而恢复国际贸易平衡，加速消除外部失衡，使汇率朝着有利于维护黄金平价的方向变动。但是，如果该国政策当局更重视短期的经济内部平衡目标，担心紧缩性货币政策会导致国内经济萎缩、就业下降，就可能采取反向的扩张货币政策，导致金本位的自动调节机制失效。然而，金本位制也存在很多缺陷，比如其极大地限制了货币政策和信用对商业与贸易发展的推动作用，以及黄金出口国所拥有的内在特权等。加上 1929 年经济大萧条的冲击，英国率先在 1931 年退出金本位制，丹麦、芬兰、瑞典等国也在 1931 年纷纷脱离金本位制[①]，美国也在 1933 年退出了金本位制，很多国家先后对黄金实行管制，各国都以本国经济目标为重，避免外部经济约束。

汇率的不稳定给国际贸易和投资活动带来了冲击，一些国家希望重建金本位制。1933 年 6 月，伦敦世界经济会议召开，66 个国家参会，希望通过国际协调行动来应对经济大萧条。当时仍然坚守金本位制的法国、意大利等国极力要求恢复金本位制，然而面对大萧条的冲击，美国罗斯福政府认为降低美元对黄金的比价（美元贬值）可以提高国内工农业产品价格，帮助美国经济尽快复苏，因此反对恢复金本位制的主张。世界进入以邻为壑的贸易和汇

① 参见 Eichengreen, Barry, and Jeffrey Sachs, “Exchange Rates and Economic Recovery in the 1930s,” Journal of Economic History,Vol.45, No.4, December 1985, p.928。

率竞争时代，这也进一步加剧了大萧条的冲击。在金本位制时期，全球并未形成各国协商共同构建的国际金融组织，也没有建立起有效的危机救助机制。在无法建立统一的国际货币协议的背景下，为了减少汇率波动，世界形成了以英、美、法三个大国为中心的货币集团——英镑集团、美元集团、法郎集团（也称黄金集团）。在三大集团内部，外围货币与英镑、美元和法郎这些主导货币实行固定汇率；集团成员国对外则实行竞争性贬值。

随着逐渐摆脱大萧条危机的冲击，美国也开始努力推动稳定汇率、促进国际贸易的合作。1936 年，仍在坚守金本位的法国也被迫宣布法郎贬值，同年美、英、法三国签订了《三方协定》。三国商定，为了减少汇率波动，从 1936 年 10 月开始，黄金价格将围绕 35 美元一盎司黄金的兑换比浮动，避免竞争性贬值。尽管《三方协定》没有强制的法律约束力，但这一国际协调行动对于国际货币体系也具有重要意义：一方面提升了美元的地位，以美元作为名义锚的国际货币体系的雏形显现；另一方面也对稳定汇率发挥了作用，使得法郎等货币的贬值幅度减小。①

回顾历史，从积极的角度看，金本位制，尤其是古典金本位制，是一种比较稳定的货币制度，对当时的经济发展起到了积极作用。在金本位制时代，货币政策稳定和金融稳定具有相同的锚，那就是固定的黄金兑换比价，黄金产量成为一国货币当局自身行为的外部约束（Crockett, 2001）。例如，英镑和黄金的比价在很长时期内都保持高度稳定，这也帮助英国捍卫了自身的全球经济领导地位。

但是，金本位制也存在明显的缺陷，可以给我们带来一些启示。首先，在该制度下，流动性依赖于黄金供给，但在现实中，黄金产量的增长可能远远无法满足世界经济贸易增长的需求，具有通缩倾向。在危机来临时，具有通缩倾向的金本位制会使借贷者、金融中介机构的财务状况恶化，加重经济衰退和银行业危机（Bernanke and James, 1990）。第二，时至今日，黄金价格

① 参见 Eichengreen, Barry, *Golden Fetters: The Gold Standard and the Great Depression, 1919-1939*, The Oxford University Press, February 1996, Chapter 12。

的波动性甚至大于一些主权法币，其交易特性更接近于一种具有避险性质的大宗商品，这样就失去了作为一个稳定货币锚的职能。第三，金本位制下的汇率平价限制了各国当局的政策操作空间，而且给投机者提供了汇率投机的机会（Hamilton, 1988）。有研究指出，一些国家脱离金本位制较早，当局获得了更大的政策操作空间，这些国家摆脱大萧条的时间也早于固守金本位制的国家，而法国、比利时、荷兰这些固守金本位制的国家到了大萧条结束后的 1935 年，工业产出还没有恢复到 1929 年的水平。[①] 第四，各国经济和贸易的发展状况不尽相同，尤其是面对危机时，一些国家出于维护国内经济和就业增长的目标，未必会遵守“金本位的游戏规则”，因此并不能确保全球汇率稳定。从 19 世纪 70 年代到“二战”前，国际社会缺乏一个强有力的国际金融事务监督协商合作机制，并未建立类似 IMF 这样负责全球汇率和金融稳定的国际机构，来监督金本位的自动调节机制得以顺利运转，也没有通过国际机构来给陷入危机的国家提供援助的机制。

（二）布雷顿森林体系

第二次世界大战尚未结束，由美国牵头，同盟国开始商讨战后国际经济金融秩序的重建，以纠正“二战”前各国以邻为壑的货币及贸易政策，助推经济复苏和稳定国际贸易。1944 年 7 月，在美国新罕布什尔州的布雷顿森林小镇华盛顿山酒店召开会议，44 个国家派出代表团参加，史称布雷顿森林会议，这次会议奠定了 IMF 等布雷顿森林体系机构的设立和运作框架。

布雷顿森林体系的核心是通过货币汇兑和相关安排，构建一个固定但可调整的汇率制度，以确保汇兑稳定，进而促进国际贸易、经济发展和就业恢复，美元扮演本位货币。从积极的角度来看，布雷顿森林体系建立了历史上第一个有序安排、成员国共同遵守的国际货币体系。[②] 该体系的主要内容是：

---

① 参见 Eichengreen, Barry, and Jeffrey Sachs, “Exchange Rates and Economic Recovery in the 1930s,” Journal of Economic History, Vol.45, No.4, December 1985, p.936。

② 参见 Crockett, Andrew, “What Have We Learned in the Past 50 Years about the International Financial Architecture,” Address at Symposium to Mark the 50th Anniversary of the Reserve Bank of Australia, February 9, 2010。

（1）建立“双挂钩”机制，即美元与黄金挂钩，其他货币与美元挂钩，各国确认35美元一盎司的黄金官价，每一美元的含金量为0.888671克黄金；各国货币按黄金量与美元建立平价关系。（2）实施可调整的盯住汇率制，各国货币兑美元汇率在 ± 1% 的幅度内浮动[①]，如波动幅度超过规定范围，政府有义务进行市场干预，在成员国的国际收支发生根本性失衡时，才能改变货币平价。（3）鉴于“二战”前没有设立国际金融协商和救助机制的历史教训，各国在“二战”后建立IMF，以维护国际货币体系的稳定，避免货币竞争性贬值，并在必要时向国际收支出现困难的国家提供帮助，并通过多边和双边经济政策监督和协调，促进经济发展。

从这些主要内容可以看出，布雷顿森林体系的核心内容与美、英、法三国签订的《三方协定》有一定的延续性，是金汇兑制的延续。在布雷顿森林体系会议期间担任怀特的助手、美国学者雷蒙德·米凯什也认为，“怀特方案”体现了《三方协定》的一些元素。[②]然而，从流动性提供机制角度来看，在布雷顿森林体系下，和黄金建立直接联系的国际储备货币只有美元，而没有英镑和法郎了。下文将回顾布雷顿森林体系的诞生、该体系构建者怀特的一些“感悟”以及该体系的内在缺陷。

1. 布雷顿森林体系的诞生

1941年至1943年间，美国和英国分别提出战后国际金融合作方案，两个方案的主要起草者是美国助理财政部长哈里·怀特和英国财政部顾问、著名经济学家约翰·凯恩斯，后人因此将其分别称为“怀特方案”和“凯恩斯方案”，两个方案都经历多次修改。[③]后来建立的布雷顿森林体系基于这两个方案，但

---

① 大体上，从IMF设立之初至1971年8月美国尼克松总统宣布“新经济政策”之前，各国货币对美元或黄金的汇率一般只能在平价 ±1% 的幅度内波动，各国有义务保持汇率稳定；成员国只有在国际收支出现根本性失衡并与IMF进行磋商后，方可改变汇率平价。1971年12月，史密森尼协定签订后，这一波动幅度提高至 ±2.25%。

② 参见 Mikesell, Raymond, The Bretton Woods Debates:AMemoir, Princeton Essays in International Finance No. 192, March 1994, p.2。

③ 参见 Horsefield, Keith, *The International Monetary Fund, 1945-1965: Twenty Years of International Monetary Cooperation, Volume 3, Document*, Washington, D. C.: IMF, January 1969, pp. 3-96。

以“怀特方案”为主。值得一提的是，1940年夏季，德国高层开始谋划“二战”“胜利”后的经济金融方案，1940年7月，经济部长沃尔特·冯克提出了“欧洲经济新秩序蓝图”，也即“冯克计划”，提议建立一个欧洲清算同盟，帮助维持汇率稳定，英国政府让凯恩斯提出与之相抗衡的计划（James, 2012）。

支撑一国货币地位的主要是由经济规模、成熟的金融市场、外交实力、军事实力等指标构成的综合国力。在“一战”前，英国强大的综合国力支撑着英镑的国际地位。到了布雷顿森林会议召开前，美国拥有全球最强大的工业生产能力，也拥有全球四分之三的黄金储备。[①] 英国虽然是战胜国，但在“二战”中元气大伤，经济实力、黄金储备等指标都大不如美国，“二战”期间美国通过“租借法案”向英国等国提供了援助[②]，这也使得英国的话语权低于美国，使得美国可以对二战后的国际经济金融秩序的规划发挥主导作用。布雷顿森林会议地址选择在美国，也体现了美国当时具有的谈判优势。但是，借助全球广泛的经济联系，英国仍是世界贸易强国，凯恩斯方案的出发点是希望借助英国作为贸易大国的优势，延续英镑的强势地位。美国则需要强化美元地位，削弱英镑的影响力。

“凯恩斯方案”和“怀特方案”包含很多内容，下文仅从流动性提供机制、汇率机制、国际收支调节机制、国际金融事务的监督协商合作机制这四个角度做简要梳理。

在流动性提供机制方面，“凯恩斯方案”提出设立国际清算同盟，地位相当于一家全球超主权央行，发挥全球最终贷款人的职能，并发行超主权货币班柯（Bancor）。班柯作为国际间支付清算货币，不用于私营部门。本位制度安排是用班柯逐渐取代黄金的地位，班柯以黄金标价，成员国加入国际清算同盟的份额用黄金支付，而借款通过班柯获得。凯恩斯希望战后建立的新国际货币体系不受制于黄金开采的数量，也不取决于一国的黄金储量和

---

① 参见 Ghizoni, Sandra, “Nixon Ends Convertibility of US Dollars to Gold and Announces Wage/Price Controls,” U.S. Federal Reserve History Essay, August 1971。

② 1941 年至 1945 年期间，美国通过租借法案（Lend-Lease Act），给英国、法国等同盟国提供了大量粮食、军事物资等援助，为同盟国赢得二战胜利发挥了重要作用。

货币政策的变动，而取决于世界贸易结算的现实需要。在这一体系下，流动性提供具有无障碍扩大和减少的能力，从而能同时抵抗通货膨胀和通货紧缩的压力，这一思路与他在早年《论货币改革》等著述中的观点一脉相承（Keynes,1924）。

在汇率机制方面，实施以班柯为锚的固定汇率制度。各成员国的货币与班柯挂钩，国际收支出现非临时性失衡时，可以进行必要调整，避免固定汇率制过于僵化。究其实质，凯恩斯想要建立以班柯为本位、汇率可调节的固定汇率制度。

在国际收支调节机制方面，顺差国和逆差国均负有调节国际收支的义务，也即对称调整机制。不论是顺差国还是逆差国，国际清算同盟董事会都有权建议对国际收支失衡的国家实施经济惩罚。超过成员国份额25%的逆差或顺差要征收1%的罚金，超过成员国份额50%的逆差或顺差要征收2%的罚金。[①]这是要使任何成员国都不能长期处于国际收支逆差或顺差状态。

在国际金融事务的监督协商合作机制方面，各成员国共同出资设立国际清算同盟，主要权力由英美两国共同分享，在伦敦和纽约分设总部。国际清算同盟以"透支原则"建立，降低黄金在国际结算中的地位，旨在给成员国提供更多贷款，会员国在国际清算同盟的份额，按照"二战"前三年贸易总额平均值的75%来计算，约为380亿美元。[②]这样一来，黄金储备大幅下降的英国可以借助贸易优势，在国际清算同盟的份额分配上获益更多。国际清算同盟的份额应每五年进行审议，随着世界贸易额的增长而调整。国际清算同盟同时提供国际危机救助机制，国际清算同盟成员国出现暂时性国际收支逆差时，可以按照其在国际清算同盟中的份额，向国际清算同盟申请透支。

对于"怀特方案"，在流动性提供机制方面，延续《三方协定》下美元

① 参见 Horsefield, Keith, The International Monetary Fund, 1945-1965:Twenty Years of International Monetary Cooperation, Volume 3, Document, Washington,D.C.:IMF,January 1969, p. 23。

② 参见 Boughton, James, "Why White, Not Keynes? Inventing the Post-War International Monetary System," IMF Working Paper WP/02/52,March 2002,p.16。

的中心地位，黄金退出流通，黄金与美元挂钩，一盎司黄金等于 35 美元；其他货币与美元挂钩，不规定含金量，只规定与美元的比价，即“双挂钩”机制。这是一种事实上的美元本位体系，“双挂钩”机制的安排使美元的地位进一步巩固。张宇燕（2018）认为，“双挂钩”机制是布雷顿森林体系的核心，它的形成是典型的国际政治博弈。① 可以认为，布雷顿森林体系具有金汇兑制和信用管理本位制度的综合特征：一方面，美元处在等同于黄金的特殊地位，具有金汇兑制的特点；另一方面，该体系引入了信用本位，国际货币供给突破了黄金的束缚，用美元的信用来保证较少的黄金储备不会被挤兑，IMF 成员国让渡了自己的一些利益，特别是在决定汇率方面的主权，以换取作为 IMF 成员国在取得贷款等方面的收益（孙杰，2021）。

在汇率机制方面，“双挂钩”机制其实是一种接近固定汇率机制的汇率安排，但在国际收支出现根本性失衡时，在与 IMF 进行磋商后，可以进行必要的调整。在这一制度下，各国汇率都要确立一个平价，平价以美元或黄金来表示。这一制度暗含的政策含义是，各国对国际收支和经济失衡的调整，主要途径不是通过改变汇率平价来进行，而主要是通过国内的需求管理来实现。

值得一提的是，“双挂钩”机制的内核层是美元对黄金平价，外围层是其他货币对美元的平价。事实上，其他国家大幅改变其货币兑美元汇率需要得到 IMF 和美国政策当局同意，执行着可微弱调整的固定汇率制；而美元的黄金平价改变则需要得到国会批准，美国实际上在执行着近乎完全的固定汇率制，这使得整个制度缺乏面对危机时的调整灵活性，成员国有时不得不采取有损于内部平衡的经济政策或贸易管制措施，来达到经济外部平衡。这一设计缺陷在 20 世纪 40 年代美元没有贬值压力的时代看似不重要，但到了 20 世纪 60 年代美元有贬值压力时，就变得较为突出。此外，布雷顿森林体系还有一个内在的不稳定性，即它是一个黄金价格低估的固定汇率制，每盎司黄金等于 35 美元是 1934 年美国《黄金储备法》做出的规定，也是 1936 年美、英、法《三方协定》中的规定。鉴于“二战”后通胀严重，布雷顿森林体系还采

① 参见张宇燕：“汇率不仅是经济问题，也是国际政治问题”，新华网思客，2018 年 8 月 29 日。

取这样的黄金－美元平价，事实上打造了一种黄金价格低估的固定汇率制，带有通缩倾向。法国等国曾提议用提高金价作为解决布雷顿森林体系困境的途径，但美国担心金价一旦出现第一次上调，第二次金价上调就会接踵而至，整个“双挂钩”机制就会崩塌。

在国际收支调节机制方面，主张不对称的国际收支调整机制，事实上顺差国无强制调整义务。这种不对称的国际收支调整机制搭配接近固定汇率制的体系，事实上造成的结果就是，一些政策当局会把汇率贬值视为承认经济政策失败的表现。因此一些国家会把汇率调整视为最后的调整手段，而仍然采用或明或暗的贸易壁垒，造成资源扭曲，并且以牺牲经济增长的代价来实现国际收支平衡。由于这种不对称的国际收支调整机制，逆差国最终可能在干预外汇市场时耗尽外汇储备，而顺差国则可以无限地累积外汇储备，不具有迫切进行国际收支调整的压力。

在国际金融事务的监督协商合作机制方面，设想中的国际稳定基金，即日后的IMF，不是定位于一家全球央行，而是一家维护全球金融稳定、促进贸易和投资增长的国际机构。国际稳定基金的总部设在份额最大的成员国，其执行董事常驻总部办公，而非在各国首都办公。

国际稳定基金是一家以成员国认缴份额为基础的机构，其实质是一种成员国对国际稳定基金的有限授信。各成员国以黄金和外汇认缴份额，份额决定各国在国际稳定基金中的投票权和贷款额度。国际稳定基金将创建国际危机救助机制，通过短期信贷的方式帮助成员国解决短期国际收支失衡。怀特构想的国际稳定基金的规模总份额约为50亿美元，比凯恩斯希望的要小。凯恩斯后来提议将国际稳定基金的总份额增至120亿美元，并建议国际稳定基金总份额根据全球贸易总额的增长每年自动增加，美方在布雷顿森林会议妥协的总份额为88亿美元，每五年就份额进行一次总检查。[①] 通常五年进行一

① 参见 Boughton, James, “Why White, Not Keynes? Inventing the Post-War International Monetary System,” IMF Working Paper, WP/02/52, pp. 16-17。IMF 正式设立时的份额低于88亿美元，因为苏联等一些国家后来决定不加入IMF。

次的份额总检查直到现在依然是IMF的惯例。

此外，怀特提议设立尤尼塔（Unitas），作为国际稳定基金的记账单位。在怀特的设想中，尤尼塔的价格和黄金挂钩，但尤尼塔主要发挥的是货币的计价功能，而非交易媒介和价值储藏功能。凯恩斯在自己的班柯方案遭到否决后，转而劝说怀特，让他把尤尼塔打造成一个真正的国际货币，国际稳定基金的成员国的贷款不是提取本国货币，而是提取尤尼塔，而尤尼塔又可以兑换成任何国家货币；怀特否决了这个提议。[①] 怀特后来又在谈判过程中要求删除尤尼塔的提议，理由是美国国会不可能接受一个虚假的货币单位，美元不可能以一种美国无法控制的国际货币单位计价。[②]

尽管1944年布雷顿森林会议上有大量的纵横捭阖和细节商洽，但会议最终决定设立IMF，基本上是对“怀特方案”的确认，部分吸收了“凯恩斯方案”的内容。英美方案的差别也体现了凯恩斯和怀特对于黄金地位的不同态度。凯恩斯当时反对回归金本位制，认为“金本位已是野蛮的残留”，和金本位相比，可以有“更加科学的本位货币制”。[③] 美国当时的主要关切是要削弱英镑的地位，使美元地位迅速增强，因而在“怀特方案”的设计中，黄金成为增强美元地位的推手。在美国财政部的内部讨论中，怀特一贯主张设立一种稳定的货币制度，政府有一定的调节灵活性，但要将美元与黄金紧密挂钩，让黄金扮演信用锚的作用。[④] 因而，美国在建立布雷顿森林体系的方案也没有采取直接取消金汇兑制、直接迈入美元作为国际清偿力唯一来源的路径。

历史无法假设。相比怀特的尤尼塔设想，凯恩斯的班柯可以算是功能更强大的超主权货币。在当年，凯恩斯提出其设想的动机或许是要尽可能地维护英国的利益、拖延美元霸权的快速确立，或许是为了推进全球经济的复苏，或是两者兼

① 参见 Mikesell, Raymond, *The Bretton Woods Debates: A Memoir*, Princeton Essays in International Finance No. 192, March 1994, pp. 15-16。

② 参见中国人民银行国际司：《人民币加入SDR之路》2017年版，中国金融出版社，第4页。

③ 参见 Keynes, John Maynard, *A Tract on Monetary Reform*, 1924, pp. 164-172。

④ 参见 Boughton, James, “Harry Dexter White and the International Monetary Fund,” *IMF Finance & Development*, September 1998。

有。但是，如果布雷顿森林会议采取了凯恩斯方案，也许我们今天面临的局面就不一样了。然而，历史总归是历史，超主权货币的设想虽然美好，但在现实中付诸实施则有难度。在 20 世纪 40 年代美国综合实力如日中天的年代，班柯或其他超主权货币的方案根本不会在谈判中获得通过并付诸实施；凯恩斯提出的班柯只是美好的愿景，美国自己提出的尤尼塔也没有付诸实施。即使凯恩斯的班柯方案得到采纳，它能否真正发挥超主权货币的作用、能否延续至今，也不得而知。

第一，发行班柯的国际清算同盟并没有军事联盟和财政联盟的支撑，国际清算同盟应该很难真正充分扮演世界央行的角色。第二，班柯的成功要取决于其他规则的制定和调整，也取决于国际社会经济政策的协调。班柯依然是一种“官方”的国际清偿力来源，国际货币体系处在动态变化之中，班柯该如何应对未来私人资本市场的迅速发展、大国央行间的货币互换等可能出现的新趋势，都是一个挑战。第三，需要客观看到，随着英国的综合国力、黄金储备等指标的变化，凯恩斯本人对于国际货币体系的看法也在变化，班柯的主张背后也有政治经济学的用意，而非仅仅只是一个经济金融学的主张。凯恩斯 20 世纪 40 年代反对怀特提出的美元 - 黄金挂钩的金汇兑制，但凯恩斯自己在 1913 年的专著《印度的货币与金融》中，却强调英镑 - 黄金挂钩、印度卢比盯住英镑的金汇兑制对于印度具有重要性[①]，只不过在那个“双挂钩”机制中，主导货币是英镑，不是美元。在“二战”后，英国的工业生产能力受到重创，而美国是当时的世界工厂并主张自由贸易，希望打破英国的“帝国特惠制”[②]；未来英镑区的一些英镑外汇储备势必会转化为美元外汇储备，采用凯恩斯方案，就能在这一转化过程中，减少英国的实际黄金流失，而只是在国际清算同盟的成员国顺差、逆差账户上进行余额调整。第四，班柯的核心理念之一是顺差国要尽快使用掉贸易顺差，否则将对其处以罚金，从而用这种对称调整的机制来促进

---

① 参见 Keynes, John Maynard, *Indian Currency and Finance*, London: Macmillan Co. Limited, 1913, Chapter II。

② “帝国特惠制”（Imperial Preference）是指英国与英联邦其他成员国之间相互提供贸易优惠的关税制度，1932 年在渥太华帝国经济会议上确立。“二战”后，英国的殖民地相继独立，“帝国特惠制”改称“英联邦特惠制”。

世界经济的外部均衡。该理念的一个初衷是要限制“二战”后的顺差大国美国，而在现实中，顺差国未必会为了全球经济的外部均衡而完全放弃预防性的外汇储备积累，因此国际清算同盟运营的可持续性也是存疑的。

虽然英美方案在上面介绍的四个维度存在区别，但也有一些共性，这也是各国借鉴历史经验教训后的反思：一是世界经济要建立在合作的基础之上，避免“一战”后各国以邻为壑、货币竞争性贬值的经济金融政策，布雷顿森林体系是国际货币合作的成功案例。二是要建立国际机构来促进国际经济贸易繁荣，布雷顿森林体系建立了 IMF 和世界银行，为国际金融事务的监督协商合作机制提供了重要平台；IMF 应运而生，弥补了没有一家专门的国际机构来司职维护国际货币体系稳定的空白。三是国际资本流动要能成为推动贸易发展的动力，而非变成具有破坏力的力量；在布雷顿森林体系下，各国允许进行资本管制来保障实现国内经济目标。

2. 怀特的“感悟”

作为布雷顿森林体系的奠基人之一，凯恩斯起初推荐怀特担任 IMF 第一任总裁，但当时怀特深陷苏联间谍的嫌疑，美国同意欧洲人担任 IMF 总裁，美国人担任世界银行行长。在随后的近八十年里，一直沿用了这一没有明文规定的安排。怀特从 1946 年开始担任美国驻 IMF 第一任执行董事，1947 年 6 月卸任，后担任 IMF 执董会名誉顾问，1948 年 8 月因病辞世。

1948 年，距离布雷顿森林会议召开仅仅过了四年，国际形势已发生了翻天覆地的变化。参加布雷顿森林会议谈判的苏联没有加入 IMF，以美国为首的西方阵营和以苏联为首的社会主义阵营对抗日趋严重。1946 年至 1948 年，美国和很多国家经历了“二战”后的高通胀。在 1946 年 9 月的 IMF 和世界银行第一届年会上，IMF 理事会批准了法国、伊朗和巴拉圭三国提高份额的申请。[①] 法国和荷兰面临严重的黄金储备下滑和经济复苏压力，于 1947 年获得 IMF 成立以来发放的第一笔和第二笔借款。这些事件都使得怀特意识到，在现实中，他当年设想的小规模国际稳定基金面临“火药库”不足的问题，如

① 参见 IMF Annual Report 1947, pp. 20-31。

果要让 IMF 发挥更大作用，IMF 的“火药库”需要夯实。

怀特在去世前，给墨西哥政府担任顾问。1948 年 10 月，代表拉美的墨西哥执行董事提交给 IMF 执董会一份方案，提出了怀特对于修改《IMF 协定》的主张。这个主张与他 20 世纪 40 年代早期的观点相比，发生了相当大的变化，尤其是提出了设立被称为“贸易黄金”的新国际支付手段。[①] 若要实施怀特的改革主张，需要修改《IMF 协定》，因而这一提案仅仅以礼节性质来纪念怀特的贡献，没有在 IMF 执董会正式讨论。这一方案也只是怀特去世前留下的初稿，中间也有不尽完善的地方。尽管如此，1948 年的怀特方案体现了怀特新的“感悟”，透露了他根据国际经济金融形势最新变化来改革国际货币体系的意愿，对于理解布雷顿森林体系的演化仍有一定的参考意义。怀特认为，IMF 作为国际危机救助机构的可贷资金规模太小，“我们不能期待一个小孩去做大人的事情”，现在要做的事已经变成了“巨人”的规模，而 IMF 相对而言就变成了一个“小孩”。

怀特建议 IMF 发行一种被称为“贸易黄金”的新国际支付手段，来弥补 IMF 可贷资源的不足，由 IMF 来发行新的国际偿付手段，“贸易黄金”的分配主要面向需要储备资产的国家，预计在贸易黄金创设后的五年内，每年能增加国际贸易额 40 亿至 80 亿美元。在分配初期，“贸易黄金”可以在除了美国等少数国家以外的国家使用；在六年或更短的时间内，“贸易黄金”可以在全球所有国家使用。

总而言之，在 IMF 刚开始运营不久，怀特已经意识到了如果美元作为一国法币的同时作为主要国际储备货币，会造成国际流动性不足的局面，其实是间接地提出了未来会出现的“特里芬两难”，也是对布雷顿森林体系设计机制缺陷的反思。由 IMF 发行国际储备资产、扩大 IMF 的可贷资金规模等理念，其实也是对数年前“凯恩斯方案”中相关建议的肯定。当然，在回顾布雷顿森林体系时，不应忽视布雷顿森林会议是在“二战”期间召开的历史背景，

① 参见 White, Harry, “Proposal for an Amendment to the IMF Charter to Increase the Level of World Trade,” October 14, 1948, Executive Board Document No. 347。

很多国家参会的代表都是“二战”中的流亡政府。[①] 在这种背景下召开的布雷顿森林会议，战后重建、稳定汇率、重振经济增长自然是当务之急，在“二战”期间谈判达成的布雷顿森林体系方案，难免会有一些缺陷。怀特的“感悟”也体现了布雷顿森林体系构建者们开明的心态，一个国际货币体系若能根据世界经济金融形势的变化做出及时调整，是提升其生命力的保障。

3. 布雷顿森林体系的内在缺陷和解体

从维护汇率稳定、避免汇率竞争性贬值和促进国际贸易的角度来看，布雷顿森林体系发挥了重要作用。1950 年至 1970 年期间，英镑、法郎等主要货币的贬值次数很少，美元尽管遭受了巨大压力，但是维持了美元对黄金价格的稳定。这一时期也见证了国际贸易的迅速增长，国际贸易成为推动全球化的重要动力。世界贸易组织的数据显示，在 1870 年，商品出口总额占当年全球 GDP 的比例是 4.6%，到“一战”爆发前的 1913 年上升至 7.9%，两次世界大战之后到 1950 年降至 5.5%，1973 年升至 10.5%，到了 1998 年更是升至 17.2%。[②] IMF 前第一副总裁斯坦利・费雪认为，布雷顿森林体系设立的重要目标是促进全球货物和服务贸易复苏，如果从这个角度来看，这个体系是成功的。然而，也应当客观看到，布雷顿森林体系存在严重的内在缺陷，这方面的讨论有很多，本文仅从“不可能三角”（也称“三元悖论”）的角度来做简要分析，布雷顿森林体系最终的解体并不令人意外。

“不可能三角”或“三元悖论”是政策讨论时经常提及的概念，它指任何国家面对资本自由流动、独立货币政策和固定汇率三个政策选项，不可能三者兼得，三者只能选其二。从布雷顿森林协议签署直到 1958 年欧洲主要发达国家实现经常账户可兑换之前，各国皆实施较严格的资本管制，各国要守的是独立货币政策和固定汇率这两角，放弃资本自由流动这一角。在 20 世纪 50 年代，随着欧洲经济的复苏，以伦敦为中心的欧洲美元市场初步形成，欧

① 参见 Mikesell, Raymond, The Bretton Woods Debates: A Memoir, Princeton Essays in Interational Finance No.192, March 1994,p.3。

② 参见 World Trade Organization, World Trade Report 2013,p.47。

洲美元市场的规模从 1959 年的 15 亿美元猛增到 1970 年末的 460 亿美元。[①] 全球金融市场不断发展，金融产品也在不断创新，绕开资本管制的渠道越来越多。到了 20 世纪 70 年代，伴随着两次石油危机，很多发达国家的私人信贷市场的发展速度更加迅猛。商业银行深度介入了国际清偿力的创造。这样一来，三角之间的冲突日益加剧，各国不愿意完全放弃独立货币政策，不愿让本国货币供应量或通胀水平跟随国际资本流动而大幅波动。在这样的背景下，各国倾向于守住“不可能三角”里的独立货币政策和资本自由流动，而牺牲固定汇率则成为一种必然。

由于布雷顿森林体系的汇率安排，除了美国以外的国家事实上实行固定但可微弱调整的汇率制度，美国实行近乎完全的固定汇率制，美元对黄金平价一旦贬值，势必将造成整个体系的崩塌。到了 20 世纪 60 年代，布雷顿森林体系面临的压力日益增大。从 1955 年到 1965 年间，美国所持有的黄金大幅下降。到 1965 年，尽管美国的官方黄金储备仍然占到全球总量的三分之一，但是其他国家所持有的美元外汇储备已经超过了当年美国所持有的所有官方黄金储备。[②] 换而言之，如果 1965 年其他国家要求把所持有的美元兑换为黄金的话，那么美国耗尽所有黄金储备都不够满足这种兑换。到了 1968 年，美国在全球黄金储备中所占的份额已经从 1957 年的 62% 下降至 28%。[③]

面对布雷顿森林体系遭遇的压力，以美国为首的国家采取了多重挽救举措，主要目标是在不打破体系的现状下来挽救该体系。美国展开了一系列穿梭外交，希望通过国际协调行动，来应对布雷顿森林体系面临的压力。例如，美国联合其他七个工业国在 1961 年设立伦敦黄金总库，力图稳定黄金官价。IMF 在 1962 年设立借款总安排，其初衷就是为了应对可能会出现的英镑贬值等压力。1969 年，IMF 还创设了 SDR，来补充成员国的官方储备资产。然而，

---

① 参见 James,Harold,International Monetary Cooperation Since Bretton Woods, New York: Oxford University Press,January 1996, p.180。

② 参见 Kenen, Peter, International Economics, 1967,p.84。

③ 参见 Ocampo, Jose, “A Brief History of the International Monctary System Since Bretton Woods,” UNU-WIDER Working Paper 97/2016, 2016, p.8。

这些举措无法代替美国国际收支的根本性调整，也不能解决“不可能三角”难题，布雷顿森林体系的解体只是时间问题。

（三）后布雷顿森林体系

从 20 世纪 70 年代初期布雷顿森林体系解体到现在，有人称之为牙买加体系，在这里为了方便讨论起见，我们称之为“后布雷顿森林体系”。该体系的核心内容是黄金非货币化，黄金与货币脱钩，黄金不再是各国货币的平价基础；国际储备货币多元化，美元仍然是最主要的储备货币，欧元、日元、英镑和人民币也成为重要的储备货币；汇率安排多元化，国际收支调节机制也呈现多样化。该体系最显著的特征是市场影响力大大加强，尤其是在汇率机制和流动性创造方面。如果说布雷顿森林体系是政府主导的国际货币体系，那么后布雷顿森林体系则是向以市场为主导的国际货币体系转变。由于各国可以自行选择汇率制度，因而有人将后布雷顿森林体系称为无规则的体系。

换言之，如果我们把布雷顿森林体系理解为一种“计划体系”，人为制定和调整汇率政策，同时也人为地维持计划下的相关安排，那么后布雷顿森林体系则可以理解为一种“市场体系”，即主要由市场力量来确定各国货币的币值，汇率波动基本上由市场供求关系来决定。要在“二战”后恢复全球经济复苏和贸易发展，“计划体系”发挥了重要的稳定器作用。然而，随着全球经济的恢复和金融市场的迅速发展，“计划体系”跟不上时代的发展步伐和需要，在没有重大改革的情况下，其最终结束也是市场发展的必然结果。

与布雷顿森林体系相比，后布雷顿森林体系表现出了较强的灵活性和适应性，提高了各国宏观经济政策的主动性，在推动世界经济持续发展方面发挥了积极作用。20 世纪 70 年代以来，国际经济和贸易得到飞速发展，国际金融市场也发生了天翻地覆的变化，这些发展与后布雷顿森林体系的灵活性是分不开的。

但是，在后布雷顿森林体系下，各种经济、金融、债务危机频发，这些危机的出现并非偶然现象，而是由后布雷顿森林体系的特征决定的必然性。意大利两位前财长托马索·派多－亚夏欧帕（Tommaso Padoa-Schioppa）和法布里兹·萨科曼尼（Fabrizio Saccomanni）（1994，2000）认为，历史上有些阶段的国际货币体系是倾向于稳定的，如古典金本位制阶段，而有些历史阶段的国际货币体系是倾向于不稳定的，如两次世界大战之间和后布雷顿森林体系阶段。

大规模的跨国资本流动具有高波动性，投资人总想追逐收益最大化和风险最小化，这就意味着他们在不停审视自己的投资组合，导致资本在各国和各个市场间频繁移动。不同储备货币之间的质量（汇率、利率）稍有差异，可能就会立即导致大规模的资金转移，如同现代版的劣币驱逐良币“格雷欣法则”。[①] 私人资本无须对一个国家的宏观经济和金融稳定负责，而是以短期利益最大化等财务目标为行动出发点，这是导致金融、经济危机频发的一个重要诱因。危机频发也凸显了 IMF 等国际协调和危机救助机制的复杂性和重要性。

（四）待解的难题

回顾历史，并不存在一种完美的本位货币安排和国际货币体系，只能说当时的国际货币体系相对适应国际间主要国家的经济实力对比，也提供一种利大于弊的解决办法。“无体系”的国际货币体系在日新月异的国际金融环境下，也越来越成为国际金融市场动荡的根源之一。从汇率机制角度来看，虽然布雷顿森林体系结束之后，美元已经不是作为全球汇率体系的名义锚，但美元依旧是很多国家货币政策框架下的“事实锚”；尤其是对于无独立法定货币的国家、采取货币局制度的经济体、采取传统盯住安排的国家，美元的影响仍然深远。总体而言，经过布雷顿森林体系到后布雷顿森林体系的过渡，美元作为顶级货币的影响力没有明显削弱，美国制定经济政策要考虑的外部平衡制约因素却大为减少。因此，仅从美国的角度出发，美元摆脱了黄金的桎梏，也无需因为要维持国际货币体系稳定而履行过多责任。

然而，布雷顿森林体系的内在矛盾和缺陷依然存在，即美元作为主权货币又作为全球最重要的储备货币，其国内经济政策目标与各国对国际储备货币的要求经常产生矛盾，无法同时兼顾国内外的不同目标。不过，后布雷顿森林体系的运行并不依靠主要储备货币发行国存在国际收支逆差，而需要主要储备货币发行国通过国债进行融资，而如果主要储备货币发行国的财政赤

① 参见姜波克：“国际货币体系的两个重要问题”，《世界经济文汇》，1987 年第 4 期，第 29 页。

字过高，又会侵蚀到储备货币的价值，影响到市场对储备货币的信心。换而言之，理论上广义的“特里芬难题”依然存在，即储备货币发行国很难在为世界提供流动性的同时确保币值的稳定，只是在后布雷顿森林体系之下，“特里芬难题”体现出更明显的“国债和财政属性”。同时，在后布雷顿森林体系下，相关的新难题也不断出现，特别是金融危机的频繁发生、持续不断的经常账户失衡和汇率失调、剧烈波动的资本流动等，都给全球经济持续稳定发展，特别是对新兴市场和发展中国家，带来严重影响。

二、 改革国际货币体系的重点与难度

（一）IMF 的视角

2008 年全球金融危机发生后的十余年里，作为国际货币体系重要支柱的 IMF，举行了多次讨论，试图找出金融危机频发的根源和对策。在这些讨论中，IMF 认识到当今的国际货币体系缺乏有效的全球调整机制来解决国际经济失衡问题，缺乏充足的全球流动性以有效地应对系统性金融危机，也缺乏充足的国际储备资产。IMF 还专门就 SDR 召开执董会和研讨会，分析和研究如何在国际货币体系中让 SDR 发挥更大的作用。

关于如何促进更有效的全球经济调整，IMF 认为关键是要加强全球政策合作和协调。近年来，IMF 积极参与 G20 的相互评估和制定指导准则，对重要系统性经济体发布了《溢出效应报告》和《对外部门报告》，并加强了对全球和各国经济政策跨境影响的监督和研究。在资本流动方面，IMF 也加强了对政策驱动、货币政策和审慎宏观政策的研究。在布雷顿森林体系结束后，IMF 传统上认为不应采用资本管制措施，但近年来通过多轮讨论和分析，认为在适当情况下可以使用跨境资本流动管理的举措。为此，执董会通过了一套关于管理资本流动的建议和做法。本书之后的章节（见第十五章）还会对这些方面的举措详细地进行描述和讨论。

如上章所述，IMF 向面临实际或潜在国际收支困难的成员国提供贷款，补充其流动性。这也是 IMF 在稳定国际货币体系、解决国际经济失衡、应对系统性金融危机方面的重要工作之一。目前，IMF 具备约 1 万亿美元的贷款

能力，这对其履行使命、帮助成员国克服危机的信心至关重要。为提高救助效率和贷款适用性，IMF 也不断改进贷款工具，包括增设针对国家中短期流动性需要的短期流动性额度、灵活信贷额度等（见第十八章）。

为避免全球流动性危机以及应对系统性金融危机，IMF 也致力于不断加强全球金融安全网。全球金融安全网主要包括各国的外汇储备、央行间的双边货币互换安排、区域融资协议、IMF 可贷资金等。全球金融安全网至少有三个主要目的，包括为预防危机提供一种保险机制，为已发生的危机提供短期融资，也为各国实施稳健的宏观经济政策提供激励机制。自 1997 年亚洲金融危机以来，大部分新兴市场国家大幅增加了外汇储备，从 2000 年的 2 万亿美元增加到 2020 年的 12 万亿美元。2007 年时，央行间的双边货币互换安排、区域融资协议、IMF 可贷资金共约为 0.5 万亿美元，到 2014 年增至近 4 万亿美元；但是与成员国的外汇储备相比，这些官方安排的规模依然较小。

这里有三点值得注意：第一，自 2008 年全球金融危机以来，各国对增强金融安全网、防范风险的重视度大大提高，全球金融安全网在各国的共同努力下显著增强。第二，现有的全球金融安全网对成员国外汇储备的依赖还是很重。这也从一个侧面说明，全球金融安全网的其他组成部分，包括双边货币互换安排、区域融资协议、IMF 可贷资金都需要进一步加强。第三，现有国际货币体系在提供流动性、支持宏观政策调整、促进国际政策协调合作等方面，起到了积极作用，但也存在严重缺陷。比如，全球金融安全网还没有覆盖所有新兴市场和发展中国家，央行双边货币互换安排仅局限于部分经济体之间，区域融资协议能否在危机期间迅速向其成员国提供足够的资金援助也有待观察和验证。

（二）SDR 的作用和局限性

上章已经介绍，SDR 是 IMF 在 1969 年创造的一种国际储备资产，用以补充成员国的官方储备，也是 IMF 和其他一些国际组织的记账单位。但 SDR 没有实际的货币形式，持有国可以通过 IMF 的安排，或其成员国之间的自愿交换安排，换取国际上可自由使用的货币。在成员国之间，SDR 也用以进行一些国际支付，因此起到稳定国际金融秩序、补充外汇储备的作用。从流动性提供机制来看，SDR 是以一种“准黄金”的面目出现，是国际信用管理本位的进一步发展，最初目的是给布雷顿森林体系的“双挂钩”机制增强信心。

2008 年全球金融危机发生后，关于 SDR 的讨论再次升温。SDR 能否有潜力挑起作为超主权货币的重担和发挥相应的作用？国际社会应如何改革才能使 SDR 真正成为超主权货币？在这些讨论中，有人建议增加 SDR 的功能，也有人建议 IMF 定期、稳定地增加 SDR 供应量，并修改 IMF 关于 SDR 分配的法律规定，还有人建议鼓励私营部门在贸易和金融活动中更多地使用 SDR。在 2021 年，IMF 分配了 6500 亿美元的 SDR，如何使存量的 SDR 通过“循环”使用而更好地帮助中低收入国家，也是 IMF 和成员国需要不断探索的领域。

围绕上述议题，IMF 执董会已经进行了多次讨论，并在某些领域取得了一些进展，但要使 SDR 成为超主权国际货币，还有很大的难度。如上章所述，这是关系到全球经济格局和未来发展方向的课题，更是与各成员国，特别是储备货币发行国的利益息息相关的问题。所以，在当前情况下，要取得国际社会的认同，并建立有关法规和操作框架，使 SDR 成为全球金融市场广泛接受的主要国际货币，是难以一蹴而就的。

三、 国际货币体系的未来

随着新兴市场和发展中国家经济总量的不断增加，全球经济更趋多元化。近几十年来，国际贸易网络变得更加广泛，全球价值链飞速发展，跨境资本流动大幅增长，经济互联性也大幅加强。这些变化对国际货币体系的未来发展也提出了新的要求。近期以来，世界经济和贸易的“去全球化”和“碎片化”日趋严重。在这种情况下，围绕本章提及的国际货币体系的四个主要构成要素，改善国际货币体系的运转必须从多方位来努力，包括确保充足的全球流动性、促进储备资产多元化、扩大 SDR 的使用、建立有效的全球经济失衡调整机制、增强全球金融安全网、推进 IMF 份额和治理改革等。这是一项极具挑战性的长期工作，需要世界各国的共同努力。

在谈及储备资产多元化时，学界经常会提及新储备货币的兴起，在后布雷顿森林体系没有“黄金锚”的背景下，新储备货币能够约束主导货币国的财政、货币政策纪律。欧元、人民币等货币作为国际储备货币的广泛使用，会缓解全球安全资产短缺的局面，使得当前的国际货币体系变得更加安全和有效（Farhi, 2019）。新储备货币的兴起也是一国货币成长壮大为国际货币的过程。学者本杰明·科恩（2015）指出了一国货币成为国际货币的收益和成本。科恩认为，国际货币主要会带来五种收益和三种成本。在收益方面，第一，它能帮助货币发行国的企业减少汇率风险，降低交易成本。第二，国际货币可以给发行国带来铸币税。第三，国际货币可以加大发行国的宏观政策灵活度。第四，国际货币给发行国提供了政治杠杆，这种杠杆既可以是奖赏型的，如给别国提供经济援助，也可以是惩罚性的，例如对使用该货币的国家进行制裁。第五，国际货币还能带来国际声誉和更高的国际地位。在成本方面，科恩认为，第一，对于国际货币的需求会造成货币升值的压力，本国制造商的竞争力会受到冲击。第二，国际货币发行国需要保持本国货币计价的金融资产的竞争力，这会给制定国内经济政策带来外部约束。第三，国际货币发行国也面临维持国际货币体系稳定的责任。

从国际金融发展史来看，货币国际化主要是市场选择的结果，而非政府人为推动的结果（Frankel, 2012；余永定、张明、张斌，2013）。虽然适时适当的政策推动能扮演一定的助推作用，但是市场自发力量、历史惯性往往是一种货币成功国际化并取得国际储备货币地位的重要驱动力。

美元之所以取代英镑成为顶级货币，除了本章介绍的1936年《三方协议》、1944年布雷顿森林会议等机制性安排进行助推，主要还是市场自发力量的推动。在人们选择不同的储备货币背后，其实有“看不见的手”在起作用（Rey, 2001）。两次世界大战之后，美国取代了欧洲生产商在市场上占据主导地位，很多以英镑计价的贸易改为以美元计价，对美元资产的需求也随之而来。“二战”之后，蓬勃发展的全球金融市场也为美元的使用提供了广阔的空间。此外，美国金融市场的高速发展和美联储的较高信誉也推动了美元的广泛使用。目前美元仍是国际货币体系中最广泛使用的储备货币，占据全球官方外汇储备的约六成，也是国际贸易结算的主要货币。在可预见的未来，美元仍将继续发挥其主要国际储备货币的作用。从相反的角度来观察，从20世纪80年代中后期开始，日本逐渐陷入了长期经济停滞，日本实体经济的困难也影响了日元国际化的进程（Takagi, 2015）。

回顾历史，新储备货币的崛起往往需要一个很长的进程，尽管美国的经济规模在 19 世纪末就已经超越英国，但美元直到“二战”以后才成为最主要的国际储备货币。在这一现象背后，历史惯性起到了重要作用，包括贸易计价货币的选择、网络效应等因素。一个贸易大国的本国货币未必会成为主要贸易结算货币，因为贸易商倾向于选择融资成本低、使用便利的货币进行结算。此外，结算货币还存在网络效应，贸易商会考虑第三方对货币的需求，第三方对该货币的接受程度越高，贸易商对该货币的接受度也会越高。因此，对于选择外汇储备币种而言，贸易计价结算份额、而非贸易份额才具有决定性作用，而且一个国家在进口贸易中使用美元作为计价货币越多，该国银行体系也会越倾向于选择用美元计价的资产（Gopinath and Stein, 2018）。因此，结算货币的主导地位一旦形成，就存在自我强化的倾向。英国凭借英镑区和“帝国特惠制”使用英镑的历史惯性，帮助英镑延缓了顶级货币衰落的速度。

在 2020 年新冠肺炎疫情和 2022 年俄乌冲突发生之后，全球经济复苏的不确定性和地缘政治风险上升，各国也更加关注外汇储备的安全性，各界对于国际货币体系改革也展开了讨论。这些讨论涉及多方面的非正式建议，包括回归金本位制、扩大 SDR 的功能和使用、加快储备资产多元化建设、更广泛地使用数字货币等。这些建议主要涉及本章谈及的流动性提供机制维度，本章和本书的其他章节也探讨了相关建议的可操作性和挑战。

可以预见，在不远的未来，美元将会继续担任全球主要储备货币，欧元、人民币、英镑和日元等储备货币将继续并存，也许会有其他重要新兴市场国家的货币加入储备货币这一行列。随着中国经济持续增长，伴随其金融体系改革的不断推进和金融基础设施的完善，人民币将在国际贸易结算和国际金融市场中得到更广泛的使用。但是，新兴经济体要推动本国货币国际化，离不开完善本国资本市场、坚持高水平的对外开放等努力。另一方面，金融科技，包括央行数字货币的快速发展，也将为国际储备货币的多元化提供更广阔的发展空间。

* * * * * * *

以史为鉴，远观未来。通过本章的介绍，我们大致可以总结出如下一些结论：

第一，人类的经济生活是一个不断演变和进步的过程。就国际货币体系而言，在近百年来，这是一个不断探索货币“锚”的进程，黄金在很长时期内提供了直接或间接的信用背书。但是，由于黄金具有产量受限等缺陷，世界逐渐进入信用本位货币时代，综合国力突出的大国可以提供货币的信用锚，布雷顿森林体系就是金汇兑本位制与信用管理本位制度的综合体，用美元的信用来保障全球流动性的供给突破黄金产量的约束，SDR 的出现也是信用管理本位的进一步发展。

第二，不存在一种完美无缺的国际货币体系。不论是由黄金、美元或其他储备资产来担当全球流动性的主要来源，都会面临各自的挑战，或许是金本位制下的通缩倾向，或许是布雷顿森林体系下的汇率调节机制缺乏弹性，或许是后布雷顿森林体系下的金融、经济、债务危机轮回出现。

第三，现实的世界经济金融形势瞬息万变，有些形势变化并非国际货币体系构建者所能充分预见到的。布雷顿森林体系在 20 世纪 60 年代遭受“不可能三角”的冲击，布雷顿森林体系的主要构建者怀特在去世前就在反思如何改进自己一手打造的体系。因此，在构建一个国际货币体系时，预留一定的灵活性并根据世界经济金融形势的变化进行动态调整，是很有必要的，也是十分重要的。

第四，对于各国而言，一方面，同时实现经济的内部和外部平衡并非易事；另一方面，各国为了全球的经济繁荣，开展国际合作、避免“二战”前以邻为壑的经济政策非常必要。金本位制需要各国遵守共同的“游戏规则”方可持续，布雷顿森林体系也需要各国合作来共同维持“双挂钩”机制。与此同时，为了应对可能的危机，构建强有力的国际协调和危机救助机制非常必要，这也是历史带给我们的经验启示。在当今“去全球化”和“碎片化”日益严重的情况下，加深国际间的交流和沟通显得更为迫切和重要。全球挑战需要全球应对。这是时代的要求，也是我们能留给后代一个和平稳定、持久繁荣世界的唯一正确途径。

第六章

国际经济治理的演变与前景①

纵观近几十年来世界经济的发展与变化，我们会惊奇地发现，似乎每隔十年左右，全球经济金融危机就会发生一次。从 20 世纪 70 年代两次石油危机引发的经济衰退，到 20 世纪 80 年代的拉美债务危机，再到 1997 年亚洲金融危机，然后跨越到 21 世纪 2008 年的全球金融危机和 2020 年新冠肺炎疫情引发的经济衰退，全球经济金融危机的发生似乎是不可避免的轮回。

如本书前几章所介绍和分析的，这些全球经济金融危机都发生在 20 世纪 70 年代初期布雷顿森林体系崩溃之后，这引起了诸多学者和政策制定者的热烈讨论和关注。特别是 2008 年全球金融危机再次凸显以美元为主要储备货币的后布雷顿森林体系（笔者称之为“无规则”的体系）存在缺陷。本书的第五章详细地介绍了这些危机与国际货币体系的关联。那么，在这种“无规则”的状况下，国际经济治理是如何开展的？有哪些主要国际机构参与、制定和推行国际经济治理的规则？在当今日新月异的全球经济变化中，特别是在新兴市场和发展中国家经济实力兴起、科技数字与气候变化带来全新挑战的大趋势下，国际经济治理又将如何改进，从而更好地维护全球经济的稳定发展并造福全人类？

鉴于这些问题的复杂性，一个简短的章节很难面面俱到地详尽分析。笔

① 本章作者是刘菲、蒋旭峰和林建海。

者希望本章的介绍和解读能够抛砖引玉，引导大家对当今的国际经济治理进行更深入的思考。

一、国际经济治理的演变

国际经济治理是指各国通过签署协定等方式形成特定的制度、规则和机制，对全球经济、贸易和金融活动进行监督和管理，以维护全球经济秩序稳定和公平，进而推动全球经济的发展和繁荣。国际经济治理的演变和国际经济金融体系的演化紧密相关。第二次世界大战后的近三十年间，布雷顿森林体系曾是国际经济治理的轴心。如第五章所介绍的，其核心是通过货币汇兑和相关安排，构建一个固定但可调整的汇率制度，以确保汇兑稳定，进而促进国际贸易、经济发展和就业增长。该体系通过建立“双挂钩”机制，即美元与黄金挂钩，其他货币与美元挂钩，实现可调整的盯住汇率制。同时，该体系建立了 IMF，旨在维护国际货币体系稳定，避免竞争性贬值，并在必要时向出现国际收支困难的国家提供资金支持，并通过多边和双边经济政策监督和协调，来促进全球经济发展。

从维护汇率稳定、避免汇率竞争性贬值和促进国际贸易的角度来看，布雷顿森林体系发挥了积极的作用。1950 年至 1970 年期间，主要国际储备货币基本保持稳定，德国马克等主要货币的贬值非常少见，美元尽管遭受了巨大压力，但也维持了对黄金价格的稳定。这一段时期也见证了国际贸易的迅速增长，国际贸易成为推动全球化的重要动力。因而，后来众多学者和政策制定者认为，布雷顿森林体系在维护“二战”后国际金融秩序稳定和促进国际贸易迅速发展方面，无疑是成功的。

半个世纪前的 1971 年 8 月 15 日，美国总统理查德·尼克松宣布关上“黄金窗口”，暂停了美元和官方黄金的可兑换，动摇了以固定汇率为基础的布雷顿森林体系，史称“尼克松冲击”。黄金与货币逐渐脱钩，不再是各国币值的平价基础。1976 年牙买加会议之后，各国汇率安排也开始多元化，国际收支调节机制也变得多样化。此后，尽管国际储备逐渐多元化，美元仍然是最主要的储备货币。近几十年来，欧元、日元、英镑和人民币也逐渐成为重要的国际储备货币。

如果说布雷顿森林体系是政府主导的国际货币体系，而后布雷顿森林体系则是向市场主导的国际货币体系转变。由于各国可以自由选择汇率制度，因而有人将后布雷顿森林体系称为“无规则”的体系。换言之，如果我们把布雷顿森林体系理解为一种“计划体系”，人为制定和调整汇率政策，同时也人为地维持计划下的相关安排，那么后布雷顿森林体系则可以理解为一种“市场体系”，即主要由市场力量来确定各国货币的币值，汇率波动基本上由市场供求关系来决定，但是在主要储备货币汇率发生剧烈波动时，相关政府也会采取干预措施以降低汇率的波动强度。该体系最显著的特征是市场的影响力大大加强，尤其是在汇率机制和国际流动性创造方面。与布雷顿森林体系相比，后布雷顿森林体系表现出了较强的灵活性和适应性。从 20 世纪 70 年代以来，世界经济和国际贸易得到飞速发展，国际资本流动和金融市场也发生了天翻地覆的变化，这些发展与后布雷顿森林体系的灵活性是密不可分的。

另一方面，在日新月异的国际经济金融环境下，后布雷顿森林体系作为一种“无规则”的体系，也越来越成为国际金融市场动荡的根源之一。从汇率机制角度来看，布雷顿森林体系结束之后，美元虽然已经不是作为全球汇率体系的名义锚，但依旧是很多国家货币政策框架下的“事实锚”。尤其是对于无独立法定货币的国家，采取货币局制度的经济体，或者采取某种固定汇率制、盯住美元或者一篮子货币的国家，美元仍然发挥着重大而深远的影响。总体而言，经过布雷顿森林体系到后布雷顿森林体系的过渡，美元作为顶级货币的影响力没有明显削弱。

因此，布雷顿森林体系遗留下来的内在矛盾和缺陷依然存在。也就是说，美元作为主权货币又作为全球最重要的储备货币，其国内货币政策目标与各国对储备货币的要求经常产生矛盾，无法同时兼顾经济的内部和外部平衡，即“特里芬难题”依然存在。同时，在后布雷顿森林体系下，金融危机频繁发生、经常账户失衡、汇率失调、国际资本流动激烈波动等问题给全球经济持续发展带来了严重影响。

在此背景下，大力完善加强国际经济金融治理，是各国政策制定者面临的一项迫在眉睫且艰巨的任务。

二、国际机构的职能与作用

在国际经济金融体系演变的进程中，IMF 等重要机构的作用也在不断演进。IMF 越来越多地扮演了金融危机救助者的角色，也强化了作为成员国智力顾问、技术援助（也称能力建设）提供者等重要职能。除 IMF 以外，诸多的国际机构和区域性金融机构通过与 IMF 合作以及其他渠道，在国际经济治理中也发挥了不同且重要的作用。

值得一提的是，IMF 在与这些国际组织合作时秉持四个基本原则。首先，共同促进成员国宏观经济和全球经济的稳定增长。第二，根据各自优势与使命，各司其职。IMF 在宏观经济政策设计与执行、宏观经济数据收集与分析、维护金融市场与稳定、汇率政策等领域里占主导地位，在具有宏观重要性但并非 IMF 专长的领域，IMF 会吸收和借鉴其他国际组织的经验。第三，和其他国际组织的合作必须符合 IMF 内部的法律框架及管理规定。第四，IMF 对于贷款条件的设置拥有完全决定权，对借款国的贷款条件设置完全自主地做出决定，并独立地监督贷款的使用。

除此之外，IMF 还与成员国的国会或议会、智库、学术机构、公民社会组织、媒体等有着各种交流与合作。近年来，IMF 和世界银行春季会议和秋季年会吸引了各界人士参加。一个典型例子就是与公民社会组织的关系，早年的 IMF 和世行春季会议和年会并不会邀请公民社会组织参加，如今这些会议不仅邀请这些组织参加，而且还专门设立了与春季会议和秋季年会平行进行的公民社会政策论坛，加强与这些组织的沟通。IMF 的管理层通过新闻发布会、论坛讨论、接受采访等形式与媒体进行频繁的良性互动。在 IMF 的双周例行新闻发布会上，IMF 的新闻发言人会向外界介绍 IMF 管理层访问成员国的行程、IMF 的重要政策动态，并回答媒体的提问。

下文简要介绍全球主要多边和区域性机构的职能和作用，以及它们在工作中如何与 IMF 协调与合作。

（一）多边国际机构

1. 世界银行（World Bank）

世界银行和 IMF 一样，都是布雷顿森林体系的核心机构。世界银行的最初使命是帮助在“二战”中遭受重创的国家进行经济重建。如今，它主要致力于帮助成员国消除贫困、促进全球的共同发展。世界银行集团由五个机构组成，分别是国际复兴开发银行、国际开发协会、国际金融公司、多边投资担保机构和国际投资争端解决中心。当大家在谈及世界银行时，主要是指国际复兴开发银行和国际开发协会，但也常常在非正式场合中把世界银行作为世界银行集团的简称。

世界银行集团通过向发展中国家提供低息、无息贷款和赠款来帮助这些国家进行项目建设，克服贫困和改善民生。其工作涉及多方面的发展领域，比如，为了创造可持续的经济增长，需要开发人力资本，进而需要对优质教育、就业和技能等方面进行人力资本投资。为了消除极端贫困，需要在交通、水电、医疗等各方面投资并促进发展。同时，为了促进发展中国家的私营经济发展，世界银行集团旗下的国际金融公司侧重调动私营部门投资，提供咨询服务，而多边投资担保机构则主要提供政治风险担保。

从设立之初，世界银行与 IMF 既有紧密的合作，又有不同的职能侧重和分工。一个国家要加入世界银行，必须要先成为 IMF 成员国。作为姊妹机构，世界银行总部也设在美国华盛顿，与 IMF 总部仅一街之隔。IMF 工作的重点在于宏观经济、货币财政和金融稳定等方面，而世界银行工作的侧重点在发展、减贫、结构性改革等方面。两家机构经常进行研究合作，管理层和工作人员之间也常常进行工作交流和政策沟通。例如，两家机构对一些成员国的债务可持续性、金融部门稳定评估等议题需要共同分析并提出政策建议。但是，两家机构在具体贷款方面不会彼此干涉，而是会根据各自执董会和管理层的意见，独立做出贷款决定。

2. 世界贸易组织（World Trade Organization, WTO）

“二战”后，各国反思贸易保护主义对全球经济带来的巨大负面影响，并认识到促进开放和自由的国际贸易体系极具重要性。为重振全球经济，促进国际贸易的平稳发展，制定一套通行的国际贸易政策成为战后各国所面临的重要任务。

1995 年 1 月 1 日，世界贸易组织正式开始运作。秉承其前身，即于 1947 年 10 月 30 日签订的关税与贸易总协定（General Agreement on Tariffs and Trade, GATT）的宗旨，WTO 通过相关的互惠互利协议，大幅度地削减关税和其他贸易障碍，取消国际贸易中的歧视待遇等做法，为扩大世界资源的充分利用、发展商品生产与交换、确保经济持续增长做出贡献。2001 年 12 月 11 日，中国正式加入 WTO。

WTO 的目标是建立一个完整的包括货物、服务、与贸易有关的投资及知识产权等在内的更具活力、更持久的多边贸易体系。它是贸易体制的组织基础和法律基础，是众多贸易协定的管理者、各成员贸易立法的监督者，以及为贸易提供解决争端和进行谈判的场所。当今全球的贸易往来主要也发生在 WTO 成员之间。

从关贸总协定到 WTO，二者在促进国际贸易繁荣发展、经济增长、减少贫困上做出了重大贡献。早在 WTO 成立之前，IMF 与其前身关贸总协定在贸易和汇率议题上就有很多合作。贸易与汇率议题，包括共同推动全球自由贸易、减少贸易壁垒、促进国际贸易也是 IMF 设立的宗旨之一。如今，IMF 是 WTO 正式会议的观察员，WTO 也是 IMF 会议的观察员。IMF 对成员国的国际收支分析也会对 WTO 的贸易政策评估有重要影响。近年来，IMF 与 WTO 也开展了重要的共同研究，例如 IMF、WTO 和世界银行这三家全球经济组织在 2018 年共同发布了《重振贸易和可持续增长报告》。[①] 该报告强调，贸易政策旨在促进更广泛、更持久的开放。尤其是在经济贸易形势日新月异的今天，全球比以往任何时候都更需要一套现代化的全球贸易规则、政策和准则。重振贸易一体化应成为促进经济增长的全球政策议程的重要组成部分。

3. 联合国

联合国成立于第二次世界大战结束后的 1945 年，旨在取代当时的国际联

① 参见 IMF, WTO, World Bank, “Reinvigorating Trade and Inclusive Growth,” September 30, 2018。

盟，防止战争的发生，为各成员国提供一个多边对话平台。多年来，除了致力于促进国际安全、实现持久世界和平等方面的国际合作，联合国在促进全球经济发展、社会进步等方面也发挥了重要作用。2015 年，联合国启动了可持续发展议程，寻求一个可持续发展模式，为减少贫困和改善世界各国人民的生活提供最佳的途径。近年来，气候变化导致极地冰盖融化，全球海平面上升，灾难性天气事件更加频繁。面对气候变化的影响，没有哪个国家能够独善其身。因此，有力地应对气候变化问题，建设更可持续的全球经济，推动国际社会共同努力，拥有 193 个会员国的联合国责无旁贷。

IMF 在行政、治理和财务管理方面独立于联合国。IMF 设有驻联合国特派代表，是联合国大会等会议的观察员。联合国同时也是 IMF 理事会等会议的观察员。在税收、统计数据、气候变化等双方共同关心的领域，IMF 和联合国有很多合作，也会共同出席相关的国际活动。近年来，IMF 也在致力于推进联合国可持续发展目标。

4. 经济合作与发展组织（经合组织，Organisation for Economic Cooperation and Development, OECD）

经合组织成立于 1961 年，总部设在巴黎，现有 38 个成员国。经合组织旨在促进成员国经济和社会发展，推动世界经济增长。它帮助成员国政府制定和协调有关政策，以提高各成员国的生活水准，鼓励和协调成员国为援助发展中国家做出努力，帮助发展中国家改善经济状况并缓解贫困，促进全球经济的共同发展。与 IMF 和世界银行不同，经合组织并不提供资金援助，它在政策和分析的基础上，提供一个思考和讨论政策议题的场所并达成协议，以帮助各成员国制定经济政策。IMF 与经合组织在资本流动和国际税收政策等方面有着紧密的合作关系。

5. 国际清算银行（Bank for International Settlements，BIS）

国际清算银行成立于 1930 年，是世界上最早成立的国际金融组织。国际清算银行创办的初衷是为了处理第一次世界大战后德国的赔偿支付及有关清算等业务问题。1930 年 1 月 20 日，以摩根银行为首的一些美国银行（纽约花旗银行、芝加哥花旗银行等）和英国、法国、意大利、德国、比利时、日本等国的中央银行在荷兰海牙会议上签订国际协议，成立国际清算银行。英、法、意、德、比、日六国政府与瑞士政府达成协议，由瑞士承诺向国际清算银行颁发建行特许证。

第二次世界大战后，国际清算银行成为经合组织成员国之间的结算机构，该行的宗旨也逐渐转变为促进各国中央银行之间的合作，为国际金融业务提供便利，并接受委托或作为代理人办理国际清算业务等。国际清算银行不是政府间的金融决策机构，亦非发展援助机构，目前由 60 个国家和地区的中央银行或金融管理当局组成，总部位于瑞士巴塞尔，另有两个办事处分别位于中国香港和墨西哥城。

为了改善跨国银行监管，1975 年 2 月，国际清算银行下的常设监督机构“巴塞尔银行监管委员会”召开首次会议，亦称“巴塞尔委员会”。该委员会主要致力于改善国际银行业监管，减少国际监管中的漏洞，促进世界各监管机构交换信息和意见。为了强化国际银行系统的稳定性、减少国际银行间的不公平竞争、降低银行系统信用风险和市场风险，该委员会于 1988 年公布了著名的“巴塞尔协议”，提出了统一的风险加权式资本衡量标准。此后，该委员会又多次发布资本协议的补充及修正协议，不断对银行体系加以完善，逐步将结算风险和市场风险等纳入资本衡量系统。如今，由巴塞尔委员会制定的“巴塞尔协议”实际上已被几乎所有拥有国际性银行的国家所采用，成为全球范围内银行资本和风险监管的标准。

由于职能上紧密相关，国际清算银行和 IMF 在货币政策和金融稳定方面的合作也非常紧密。除了政策研究、经济分析等技术层面的交流，两个机构也共同推进技术援助，帮助各国加强金融监管机构的专业知识和技能，尤其是在制定和推行金融改革与应对金融危机等方面。近年来，双方在金融技术、央行数字货币等前沿议题上也不断探讨和推进。

6. 金融稳定理事会 (Financial Stability Board, FSB)

1999 年 4 月，为加强全球金融监管方面的信息交流与合作，维护全球金融体系的稳定，G7 设立了金融稳定论坛（Financial Stability Forum）。在 2009 年 4 月的 G20 伦敦峰会上，与会各国领导人一致认为，随着新兴市场国家对全球经济增长与金融稳定的影响日益显著，金融稳定论坛应接纳重要新兴经济体，如中国、巴西、印度等，同时决定设立金融稳定理事会作为全球性的金融监管机构。2009 年 6 月 26 日至 27 日，金融稳定理事会在瑞士巴塞尔举行首次全体会议，翌日正式开始运作。金融稳定理事会致力于维护金融稳定，保持金融业的开放性和透明度，协调制定国际金融监管标准。

在 2008 年全球金融危机之后，为防止系统性金融风险扰乱金融服务并损害实体经济，许多国家引入了宏观审慎政策等旨在限制系统性风险的框架和工具。从全球角度来看，虽然各国已经拥有了一些使用宏观审慎政策的经验，但是宏观审慎政策的运用时间尚短、经验有限。为促进各国对宏观审慎政策的理解和使用，2016 年，应 G20 要求，金融稳定理事会、IMF 和国际清算银行共同发布了关于宏观审慎政策工具和框架的进展报告，总结 2008 年全球金融危机以来制定和实施宏观审慎政策的国际经验，并提交给 G20 领导人杭州峰会讨论。

值得一提的是，2008 年全球金融危机后，由 IMF 牵头的“早期预警演习”（Early Warning Exercise）正是由 FSB 与 IMF 合作进行的。该演习从全球经济金融的宏观视角出发，针对巨大风险和脆弱性但发生的可能性较小的情景，进行深入分析，为成员国政策制定者提前发出预警信号。IMF 侧重中长期范围内的经济、宏观金融和主权债务风险问题，而 FSB 则侧重近期金融体系监管和监督方面的问题，双方取长补短，共同为全球经济金融稳定工作添砖加瓦。

7. 国际劳工组织 (International Labor Organization, ILO)

国际劳工组织成立于 1919 年，总部在瑞士日内瓦，是最早成立的国际机构之一。其宗旨是促进充分就业和提高生活水平，促进劳资双方合作，扩大社会保障措施，改善劳动条件，保护工人生活与健康。其主要活动包括从事国际劳工立法、制订公约和建议书，提供援助和技术合作等。IMF 在推进劳动力市场改革、促进就业和解决收入不平等问题上与国际劳工组织合作紧密。

（二）多边对话与合作平台

1. 二十四国集团 (G24)

1971 年，诸多发展中国家决定联合起来，成立一个工作组，为发展中国家在国际金融议题上发声。G24 由此设立，其正式名称是二十四国集团关于国际货币和发展事务的政府间工作组。1972 年，G24 创始会议开幕，二十四国集团正式进入国际经济治理舞台。

G24 的主要职责是协调新兴市场和发展中国家在国际货币和发展筹资问题上的立场，确保这些国家的利益在布雷顿森林体系机构（IMF 和世界银行）中得到充分体现。G24 的成员来自亚洲、非洲、中东和拉美等地区，如今其成员国虽然已经超过 24 个，但仍沿用了 G24 的名称。中国是 G24 的观察国。

G24 办公室设置在 IMF 总部，IMF 为其提供一些秘书处服务，但 G24 不是 IMF 的一个机构。G24 的部长们每年在 IMF 和世界银行的春季会议和秋季年会期间举行两次会议，之前还会举行副手会等预备会议。近年来，G24 部长级会议的时间都安排在 IMF 国际货币与金融委员会 (International Monetary and Financial Committee, IMFC) 全体大会之前，希望其政策主张能对 IMFC 会议有所助益。G24 的部长级会议公报除了反映发展中国家的主张，也经常提及在 IMF 份额和治理改革、SDR、IMF 贷款工具改革、发展援助等方面的内容，并在推动 IMF 支持发展中国家发展等方面做出了积极贡献。

由于 G24 成员国非常多元化，包括新兴市场、石油生产国、重债国等不同类型的国家，这虽然给 G24 带来了更多活力，但也在一定程度上影响了 G24 协调立场的效率。① 1999 年 G20 的设立进一步对 G24 产生了重要影响。G20 不仅包括全球主要发达经济体，也包含了 G24 中六个主要新兴市场经济体成员和观察国(阿根廷、巴西、中国、印度、墨西哥、南非)。现在 G20 已成为全球主要经济政策讨论与协调平台，而 G24 也逐渐转变为没有参加 G20 的低收入和发展中国家的政策发声平台。②

2. 七国集团 (G7)

G7 成立于 20 世纪 70 年代中期，从五国集团（G5）演变而来。在 1973

① 参见 Van Houtven, Leo, Governance of the IMF:Decision Making, Institutional Oversight, Transparency, and Accountability, IMF Pamphlet Series No.53, August 2002, p.38。

② 参见 Boughton, James, “A Brief History of the G-24,” G-24 Pamphlet, January 2019。

年第一次石油危机爆发后，美国、法国、西德、英国和日本五国创立了非正式的政策磋商平台，来协调五国的经济政策。由于最早开会的地点是在美国白宫图书馆，所以五国集团最初也称为“图书馆小组”。随着意大利和加拿大分别在 1975 年和 1976 年加入，G5 逐渐被 G7 取代，成为主要工业国家的首脑会晤和政策协调的平台。其每年召开的首脑峰会通常商讨国际社会面临的主要政治和经济问题，有时会就某一议题达成一致。比如 2021 年 6 月，G7 就税务征收方案达成协议，包括同意协调税率，将跨国公司的最低征收税率设置在 15% 等。此前，由于各个主要国家的税率不一，为很多跨国公司在各地避税带来便利。此方案的通过，可以使 G7 相关国家之间避免由于吸引投资而引发“税率战争”，进而增加各国政府的税收收入。

另外，G7 在 1978 年《IMF 协定》第二修正案的通过、多轮份额总检查等 IMF 改革方面都发挥过重要作用。尽管 IMF 总裁会受邀参加 G7 会议，G7 也会在国际经济金融议题上听取 IMF 的意见和分析，但 G7 是一个独立运转的发达经济体之间的政策协商平台。自成立以来，G7 每年举办国家元首的峰会。1987 年以来，G7 财长和央行行长至少每半年举行一次会议，来评估世界经济动态。通常而言，G7 财长和央行行长会议于 IMF 和世界银行春季会议和秋季年会之前召开，尽管 G7 成员国的立场并不一定会完全一致，但他们的共同声明对 IMF 和世界银行春季会议和秋季年会中的相关政策讨论有着重要的影响作用。

3. 二十国集团 (G20)

随着新兴市场经济体在世界经济中的分量逐渐增加，从 20 世纪 90 年代后期开始，特别是经历了 1997 年亚洲金融危机之后，G7 也逐渐意识到，商讨国际政经大事，需要将其他重要新兴市场经济体纳入对话。G7 在 1999 年倡议成立 G20。G20 由中国、阿根廷、澳大利亚、巴西、加拿大、法国、德国、印度、印度尼西亚、意大利、日本、韩国、墨西哥、俄罗斯、沙特阿拉伯、南非、土耳其、英国、美国以及欧盟等 20 方组成。无独有偶，G20 和 IMF 的国际货币与金融委员会都成立于 1999 年，G7 在 1999 年 6 月的德国科隆峰会声明中不仅欢迎该委员会的建立，同时表示要建立一个具有系统性重要经济体之间的非正式对话平台。[①] 这个囊括了主要系统性重要经济体的非正式对话平台就是 G20。

G20 初期运行机制为财长和央行行长会议机制。2008 年全球金融危机发生后，G20 开始举行领导人峰会，并于当年 11 月在美国华盛顿举行了首次峰会。中国于 2016 年 9 月在杭州举办 G20 领导人第十一次峰会。G20 主席采取年度轮换制，前任、现任和候任主席国组成“三驾马车”，共同参与和制定当年 G20 峰会的议程。G20 成员涵盖面广，成员国兼顾了全球主要发达经济体和发展中国家，人口约占全球的三分之二，国土面积占全球的五分之三，GDP 约占全球的九成，贸易额占全球的四分之三左右。

G20 与 IMF 有着紧密的合作。在管理层面上，IMF 总裁参加 G20 的部长级会议和领导人峰会，G20 的多数财长和央行行长也是 IMF 国际货币与金融委员会的成员，G20 和该委员会如果有必要的话还会举行联合会议。在技术层面上，对于宏观经济、财政政策、债务等诸多重要议题，G20 都离不开 IMF 的技术支撑、分析和研究。

G20 代表了全球主要发达和发展中国家，因此也成为商议当前全球重大经济金融热点问题的重要平台。G20 每年的主席国都会轮替，主席国对于 G20 的议程有很大的设置主导权，这也使得 G20 成员有很高的参与热情。相比于 G20，IMF 覆盖了 190 个成员国，代表性更强一些。因而，在许多与 IMF 紧密相关的国际经济金融问题上，许多不属于 G20 的中小成员经常要求这些问题必须要经过 IMF 讨论、协商和通过。

（三）区域金融机构和融资安排

1. 区域金融机构 (Regional Financial Institutions)

区域金融机构包括亚洲开发银行、非洲开发银行、泛美开发银行、欧洲复兴开发银行、欧洲投资银行、亚洲基础设施投资银行和新开发银行等。

值得一提的是，为促进亚洲区域建设互联互通和合作，支持区域基础设施建设，在中国政府的倡议和推动下，亚洲基础设施投资银行（Asian

① 参见 G-7, “G-7 Statement,” Cologne, Germany, June 18, 1999。

Infrastructure Investment Bank，AIIB，简称亚投行）成功设立。2015 年 12 月 25 日，《亚洲基础设施投资银行协定》达到法定生效条件，亚投行正式成立，总部设在北京，成员国遍布世界各地。

亚投行的主要宗旨在于通过基础设施及其他生产性领域的投资，改善基础设施互联互通，促进亚洲经济可持续发展并共同创造财富；与其他多边和双边开发机构紧密合作，推进区域合作和伙伴关系，应对发展挑战。①

2. 区域融资安排（Regional Financing Arrangements，RFA）

正如 G20 和 IMF 国际货币与金融委员会在公报中经常提及的，要增强以 IMF 为核心的全球金融安全网，而区域融资安排正是全球金融安全网的一部分。它与其他国际金融机构资源和外汇储备等一起，为防范和应对金融危机提供保险机制和融资渠道。

目前比较重要的区域融资安排包括阿拉伯货币基金、清迈倡议多边化协议、欧亚稳定与发展基金会、欧洲稳定机制和拉丁美洲储备基金等。虽然具体职能各不相同，区域融资安排往往通过贷款等安排，为相关区域内的经济体提供融资，并利用相关知识和专业技能，为成员国提供风险评估、政策建议和技术援助。

在这些领域，IMF 和区域融资安排也有多年的合作经验。尤其是在 2020 年新冠肺炎疫情引发全球经济衰退之后，IMF 总裁和地区性融资安排负责人共同强调加强合作，保持紧密对话，以确保及时的信息交流，发挥彼此的优势来帮助成员国有效地应对危机，为它们提供克服新冠肺炎疫情所需的支持。②

三、国际经济治理的前景

展望未来，如何改进和完善全球经济治理，从而更好地维护世界经济秩序的稳定和公平，是摆在国际社会面前的重要课题。鉴于近几十年来的经验教训和当今面临的挑战，以下几个方面的课题值得深入研究和探讨。

---

① 参见《亚洲基础设施投资银行协定》。

② 参见 IMF Press Release，"Joint IMF-RFAs Press Release on the 5th High-level RFA Dialogue," October 13, 2020。

（一）推进国际货币体系的有效改革

如第五章所分析的，国际货币体系的改革涉及诸多复杂内容，比如国际储备货币、全球汇率调整机制和全球金融安全网建设等。这不仅是国际社会层面上的改革，它也涉及成员国的政治和经济利益，因此虽然推进国际货币体系改革势在必行，却也将是一项长期和艰巨的任务。

2008 年全球金融危机发生后的十余年里，作为国际货币体系重要支柱的 IMF 组织了多次政策商讨，试图找出金融危机频发的根源和对策。IMF 认为加强全球政策合作和协调是防范危机的关键举措之一。为避免全球流动性危机以及应对系统性金融危机，IMF 也致力于不断加强全球金融安全网。正如第四章中所讨论的，2008 年全球金融危机发生后，关于 SDR 的讨论再次升温。SDR 能否有潜力担当起作为超主权货币的重任和发挥相应的作用？国际社会应推进什么改革才能使 SDR 真正成为超主权货币？在这些讨论中，有人建议增加 SDR 的功能，也有人建议 IMF 定期、稳定地增加 SDR 供应量，并修改 IMF 关于 SDR 分配的法律规定，还有人建议鼓励私营部门在贸易和金融活动中更多地使用 SDR。但要使 SDR 成为超主权货币，仍任重道远。在当前情况下，要取得国际社会的认同，并建立有关法规和操作框架，使 SDR 成为被全球金融市场广泛接受的主要国际货币，难以一蹴而就。

目前美元仍是国际货币体系中使用最广泛的储备货币。随着新兴市场和发展中国家的经济总量不断增加，全球经济更趋多元化。在世界经济的巨变中，在美元可能继续担任全球主要储备货币的同时，欧元、人民币、英镑和日元等储备货币将继续并存，也许会有其他主要新兴市场国家的货币加入储备货币这一行列。随着中国经济持续增长，伴随其金融体系改革的不断推进和金融基础设施的完善，人民币有望在国际贸易结算和国际金融市场中得到更广泛的使用。另一方面，金融科技，包括央行数字货币的快速发展，也将会为国际储备货币的多元化提供更广阔的发展空间。

（二）继续提高新兴市场和发展中国家的话语权

近十几年来，伴随新兴市场和发展中国家在全球经济中的重要性不断提升，它们对提高其在国际经济舞台上话语权的呼声也日渐加强。IMF 和世界银行作为重要的布雷顿森林体系机构，它们的治理改革也体现了这一趋势。如今，中国、印度、俄罗斯和巴西都位列 IMF 投票权前十。但也有很多新兴经济体，包括中国在内，在 IMF 的投票权依然低于其在全球经济中的地位和影响力，反映了 IMF 的治理仍存在很大的改善空间。

近年来，许多观察人士和关注 IMF 治理改革的专家学者也提出了很多建议。这些建议包括：进一步调整 IMF 份额，以便更好地反映世界经济变化和新兴市场经济体不断上升的影响力；取消 IMF 执行董事的任命形式，由选举方式取代（作为 2010 年份额与治理改革的一部分，此项改革措施已经到位）；减少欧洲两个执行董事席位，将其让给新兴市场经济体；采取更加公开、透明和择优的方式来遴选 IMF 总裁；降低 IMF 重大决策的投票权门槛（从 85% 下降至 70%~75%）；等等。

上述倡议中的一部分已经付诸实施或取得进展，但在另一些方面进展有限。赋予新兴市场和发展中国家与其经济地位相称的话语权，不仅会增强 IMF 合法性和有效性，也对完善全球经济金融治理结构有着深远意义。IMF 作为一个全球性机构，也在紧跟世界经济发展潮流，不断调整、改善其治理结构。

（三）改革国际贸易体系

国际贸易合作在过去七十多年里推动世界经济实现了前所未有的增长和繁荣。全球价值链迅速拓宽并深化，促进了国际分工和知识技术的跨界传播，提高了生产率，也创造了就业机会和经济增长。

然而，这些变化也对国际贸易体系未来的发展提出了新的要求。近年来全球经济增长疲弱、双边贸易失衡的上升逐渐引发一些内顾型政策，导致贸易壁垒增加，国际自由贸易进程受阻，也凸显了推进贸易体系治理改革的重要性和紧迫性。虽然区域贸易协定的蓬勃发展推动了区域经济融合，但也使得全球贸易规则更加复杂化和碎片化。区域贸易协定成员国覆盖范围有限，哪怕是前瞻性最强的区域贸易协定也难以解决当前全球贸易体系面临的重大挑战。同时，服务贸易、电子商务、跨境投资等重大议题都需要在全球范围内开展政策对话，这也离不开 WTO 的透明化并健全争端解决机制。因此，从制度层面修复和改革全球贸易体系势在必行。

改革全球贸易制度、完善基于规则的贸易框架，需要各国政策制定者共同努力。由于各国经济发展水平和贸易比较优势不同，它们对 WTO 改革提出的方案有各自的偏好和侧重。总体来说，改革方案主要涉及三大方面：改进争端解决机制；加强世贸组织治理，包括常设机构和委员会的工作，提高 WTO 监督功能和透明度等；完善贸易规则，包括对国有企业和技术转让的政策以及针对电子商务的贸易规则等。① 与科技进步一样，贸易自由化可能引发经济结构调整，使部分群体承受比较高的经济调整成本。因此，实施职业再培训和求职协助的政策，完善社会安全保障网，有利于确保更广泛的群体共享贸易带来的好处。

（四）提高 G20 的有效性

自 2008 年全球金融危机以来，G20 发挥了举足轻重的作用。通过 2009 年峰会，G20 促成了各国推出强有力的财政刺激措施，也就 IMF 份额增资、SDR 第三轮普遍分配、加强金融监管等举措达成多项重要共识，为克服危机带来的严重影响做出了积极贡献。2020 年 4 月，面对全球新冠肺炎疫情，G20 通过了“暂缓最贫困国家债务偿付倡议”，此后多次延长债务期限，也提出了后续债务处理的框架。许多人认为，G20 在推动国际经济政策协调方面发挥了重要作用，特别在危机期间，这种作用显得尤为重要。不过，也有人认为，G20 在非危机期间的表现还不尽如人意，仍有很大的改善空间。因此，如何继续有效地发挥 G20 在政策对话方面的积极作用，并且使之真正成为一个有效的协调机制，也是全球经济治理面临的挑战之一。

与 IMF 和世界银行等国际机构相比，G20 机制的优势主要在于每年一度的领导人峰会。通过这一机制，G20 不仅将全球主要发达和新兴市场经济体国家汇聚在一起，同时能够聚集重要国际机构，对全球经济、金融和贸易面临的挑战和发展提出分析和建议。然而，G20 成员有限，不像 IMF 那样覆盖

---

① 参见陆燕：“WTO 改革：进展、前景及中国应对”，《国际商务财会》，2019 年第 10 期。

190 个成员国。因此，众多中小国家希望通过像 IMF 这样的平台来表达他们的观点和立场。其次，与 IMF 不同，G20 不是基于国际协定的国际组织，而是一个非正式的政策磋商平台，成员国没有法律义务来贯彻 G20 的政策建议。另外，G20 没有固定的秘书处，无常设机构，容易使其政策建议和实施缺乏连续性和持续性。

在这种情况下，希望加强 G20 作用的国际呼声逐渐变强。2017 年 4 月，鉴于全球经济金融治理改革的重要性和各方认知的不同，在 G20 财政部长和央行行长的倡议下，成立了全球金融治理名人小组，着重分析如何改革国际金融框架和治理。围绕经济发展、金融和全球治理三大议题，该小组提出了 22 条建议。① 例如，关于 G20 的职能与作用，该小组认为，G20 现在的议题过于繁复和重叠，缺乏具有战略性的思路和重点，建议大幅缩减 G20 议题的覆盖面，专注具有战略意义的全球性议题，并充分发挥其他国际机构的作用。但是，许多建议迄今还没有得到落实和实施。

（五）深化与区域性金融机构的合作

区域性金融机构的成立和融资合作是全球金融治理的一个重要层面，是对全球经济金融机制的补充。迄今为止，许多区域融资安排还没有启用，其有效性还有待验证。在深化与区域性金融机构的合作方面，IMF 也在不断努力和推进。

2017 年 7 月，作为加强全球金融安全网工作的一部分，IMF 执董会正式讨论关于《区域融资安排与 IMF 之间的合作》的报告。该报告指出，鉴于各个区域融资安排的治理结构、能力大小、工作范围有所不同，当前的区域融资安排都在以各自的方式向其成员提供不同程度的帮助。加强 IMF 与区域金融机构之间的合作可以互惠互利，有助于更好地结合区域知识和 IMF 的全球经验和视角，设计并实施更完善的贷款方案以预防和应对危机的发生，并帮助双方在应对大规模危机时能有效地调动资金资源。另外，双方的紧密合作

---

① 参见 G20 Eminent Persons Group, “Making the Global Financial System Work for All,” Report of the G20 Eminent Persons Group on Global Financial Governance, October 2018。

对于提高成员的中长期发展能力也极为重要。鉴于此，该报告也从能力建设、经济监督、贷款这三大职能出发提出了一个合作框架，并以此框架为指导，通过发挥各自优势，不断促进和深化合作。

（六）新挑战和新机遇

21 世纪经济全球化不断演进，但国家间、区域间的发展不均衡仍然存在。2008 年全球金融危机后，新兴市场和发展中国家普遍实现了较快增长。新兴市场国家，尤其是中国，更是成为全球经济增长的引擎，并在全球经济治理中发挥越来越重要的作用。为了促进亚洲区域建设互联互通和合作、支持区域基础设施建设，在中国的倡议和推动下，2015 年 12 月 25 日，亚洲基础设施投资银行正式成立。亚投行的成立有助于从亚洲域内及域外动员更多的资金，缓解亚洲和其他地区经济体面临的融资瓶颈，与现有多边开发银行形成互补，推进这些地区实现持续稳定增长。亚投行的成立和运行对于完善国际经济治理体系有着重要的意义。

然而，全球经济治理还面临诸多新挑战。21 世纪以来，气候变化、疫情防控、数字科技等问题给全球治理带来新的挑战。为应对这些挑战，许多有识人士纷纷提出不同倡议。例如，在应对气候变化方面，有人建议，虽然目前许多主要经济体都宣布了碳中和目标，但为协调推进各国目标的落实并推动更多国家制定相关碳中和目标及计划，国际社会可考虑建立专业的碳排放气候应对国际组织。这个组织可以在发展程度不同的国家之间架起沟通合作的桥梁，统筹考虑多种发展情况与模式，在推动解决气候变化问题的同时兼顾各国的发展利益。

又如，鉴于 2020 年新冠肺炎疫情带来的教训和卫生议题的重要性，有人建议国际社会建立一个全球性疫情防范和融资机构，为应对重大疫情和大流行病提供国际协调和资源保障。2021 年 7 月，G20 高级别独立小组围绕大流行病防范和应对全球公共资源筹资问题向 G20 财长和央行行长提交了正式报告。该专家小组呼吁 G20 和国际社会迅速采取行动，弥补目前国际社会在新冠肺炎疫情应对措施方面的不足，并强调对流行病防范的持续投资和融资支持。①

随着数字技术的快速发展，也有人倡议国际社会建立一个全球数据机构。数字技术在推动全球经济发展的同时，也带来了诸多挑战，其中之一是关于数据跨境流动的问题。受国家安全、地缘政治、隐私保护等复杂因素影响，各国在推动“数据自由流动”还是加强“数据本地化”方面尚缺乏共识，数据管理方面也缺乏规范和标准。因此，一个全球性的数据组织可以通过信息共享互相学习，在数字经济相对发展比较快的经济体中就数据跨境流动问题形成共识，帮助规范数据管理、推广技术使用，并为全球数据安全和充分利用提供参考标准和指导。

简言之，世界经济日新月异，变化万千。在这种情况下，新挑战层出不穷，需要国际社会紧密合作，及时有效地应对各种新的情况和要求。

四、中国与全球经济治理②

自 1978 年改革开放以来，中国经济不断发展壮大，更加深入地融入全球经济和全球经济治理。标志性的成果包括 1980 年中国恢复在 IMF 和世界银行的席位；2001 年加入 WTO；2015 年发起并成立亚投行；2016 年人民币加入 SDR 货币篮子，国际储备货币地位获得确认；近年来积极参与 G20 议程，并开始在一些领域发挥引领作用；等等。中国深入参与全球经济治理，不仅为自身发展创造良好的外部环境，也为全球经济治理发挥了大国应有的担当作为。

（一）从零参与到多方位的转变

在 1978 年改革开放之前，中国几乎没有参加任何经济领域的国际组织。如今，在全球层面上，中国是 IMF、世界银行、WTO、G20 等重要国际组织或协调机制的成员，全面参与国际经济金融政策协调和治理。中国还积极参加国际清算银行、金融稳定理事会、巴塞尔银行监管委员会等国际金融监管

① 参见“G20 High Level Independent Panel (HLIP) on Financing the Global Commons for Pandemic Preparedness and Response website”，https://pandemic-financing.org/。

② 本节部分内容选自朱隽：“积极参与全球经济金融治理”，《中国金融》，2018 年，第 23 期。

标准制订机构的相关工作。

在区域层面上，中国分别在 1985 年和 1986 年加入非洲开发银行和亚洲开发银行（亚行），开启了与区域性多边开发银行合作的历程。中国还与巴西、俄罗斯、印度、南非共同创建了金砖国家合作机制，创办了金砖新开发银行，建立了金砖国家应急储备安排。中国还参与东盟与中日韩（10+3）合作机制、倡导创立清迈倡议多边化协议，加强区域金融合作。

在多边开发机构层面上，中国已实现对主要多边开发银行体系的全覆盖，加深与非洲开发银行、亚行、泛美开发银行、加勒比开发银行、西非开发银行以及东南非贸易与开发银行等区域和次区域开发银行之间的合作，支持全球发展和减贫事业。2013 年 10 月，中国还倡议筹建亚投行，为现有国际经济治理体系提供了有益补充。

（二）从单向朝多方面合作的转变

改革开放之初，中国面临经济建设的重要任务，但资金匮乏、技术落后。世界银行和亚行为中国提供了急需的资金和智力支持，推动了中国的基础设施建设和减贫工作。

1981 年，世界银行向中国提供了第一笔 2 亿美元的贷款，支持中国高校更换落后的教学科研设备。1987 年，亚行向中国提供第一笔 1 亿美元的贷款。20 世纪 90 年代，亚行对中国年均贷款审批额约 9 亿美元，中国年均利用世界银行贷款的规模超过 30 亿美元，支持了一大批关系国计民生行业的重点项目。这两家银行不仅是中国引进外资的主要渠道，同时也带来了先进的管理理念和规范的运作机制。

中国还开创性地与多边开发银行开展联合融资，与国际金融公司、泛美开发银行、非洲开发银行和欧洲复兴开发银行设立联合融资基金，投资当地教育、医疗、供水供电和基础设施建设等项目。多边开发银行对所在地区十分了解，还享有优先债权人地位，开展联合融资既满足了所在地区的资金需求，又提高了中国对外投资的安全性和收益性，实现了互利共赢。

此外，中国还与非洲开发银行、加勒比开发银行和西非开发银行建立了双边技术合作基金，资助咨询专家将中国的先进技术和经验介绍到非洲和加勒比地区。中国也积极回馈世界银行和亚行，向亚洲发展基金和国际开发协会提供资金，支持亚洲基础设施建设和全球减贫工作。

（三）从学习到主动参与和引领转变

改革开放之初，中国主要处于一个了解国际规则的过程，在参与上往往以学习跟随为主。进入 21 世纪以来，中国更加积极、深入地参与全球治理，进而引领创新。

1. 推动国际货币体系改革

国际货币体系改革一直是中国大力推动的一项议题，在推动健全国际金融组织的治理，包括 IMF 和世界银行份额改革等方面，中国做了很多积极贡献。

2008 年全球金融危机爆发后，国际社会对于危机产生的根源展开反思和辩论。当时有观点认为，全球失衡和高储蓄导致了危机。如本书第五章所介绍的，2009 年 G20 伦敦峰会前夕，中国人民银行原行长周小川刊发《关于改革国际货币体系的思考》等系列文章，指出以主权货币作为国际储备货币体系的内在缺陷一直未得到解决，推动国际储备货币向着币值稳定、供应有序、总量可调的方向完善，才能从根本上维护全球经济金融稳定。该文引发了国际社会的热烈讨论和巨大反响，相关议题开始纳入 G20 峰会议程。2010 年，中国人民银行参加了国际货币体系改革“名人小组”讨论，就改革 SDR 提出全面设想，提出了完善现行 SDR 分配机制并以 SDR 为基础发行国际货币单位的建议。2011 年，法国担任 G20 主席国后，各方就建立更加稳定和强劲的国际货币体系展开了深入讨论，并设立后来被称为国际金融架构工作组的工作机制。当年 3 月，中国与法国在南京联合举办了“G20 国际货币体系高级别研讨会”，时任法国总统萨科齐出席。由于欧债危机爆发，国际社会的注意力随之转移，G20 国际金融架构工作组也在 2014 年中断。

2016 年，中国担任 G20 主席国后，再次将国际金融架构列为重要议题，并在各国的支持下重启了工作组机制，邀请同样重视国际货币体系改革的法国和韩国担任工作组主席。当年 3 月，中国与法国在巴黎联合举办了“从南京到巴黎：国际金融架构高级别研讨会”。2016 年 G20 领导人杭州峰会审议通过了一系列具体成果，G20 各国支持研究扩大 SDR 的作用，同意更多地使用 SDR 并发展 SDR 债券市场；支持完善以 IMF 为核心的全球金融安全网，加强 IMF 与区域金融安全网之间的有效合作。

2. 人民币加入 SDR 篮子

2008 年国际金融危机后，中国扩大金融市场双向开放，推动人民币在跨境贸易和投资中的使用，人民币国际化程度快速提升，为人民币加入 SDR 奠定了基础。如第四章所介绍的，2015 年适逢 IMF 对 SDR 货币篮子进行五年一次的审查，中国及时做出了推动人民币加入 SDR 的重要部署。2015 年，人民银行与 IMF 通力合作，实施了一系列改革措施，解决了人民币“入篮”的各项政策性和技术性障碍，最终 IMF 在 2015 年 10 月宣布，将人民币纳入 SDR 货币篮子。2016 年 10 月 1 日，人民币正式加入 SDR，国际储备货币地位获得确认。这不仅是人民币国际化的里程碑，也成为中国参与全球治理的里程碑。

2016 年，中国担任 G20 主席国期间，积极引导各方讨论扩大 SDR 的使用，推动 IMF 完成了关于扩大 SDR 作用的专题研究报告，并带头付诸实施，同时以美元和 SDR 发布了外汇储备数据、国际收支和国际投资头寸数据。与此同时，中国人民银行还积极培育 SDR 市场的发展，2016 年 8 月和 10 月，世界银行和渣打银行分别在中国成功发行了 SDR 债券。2016 年的一系列举措是 G20 第一次对增强 SDR 的作用进行如此系统而深入的讨论，并付诸实际行动。中国在整个过程中发挥了重要的领导力，为推动完善国际货币体系作出了积极的贡献。

3. 将绿色金融引入全球议程

中国在“十三五”规划中提出了创新、协调、绿色、开放、共享的发展理念。2016 年，中国将绿色金融第一次引入 G20 议程。当年，中国人民银行了解到英格兰银行和联合国环境署对于绿色金融有着浓厚兴趣，随即邀请英格兰银行共同担任 G20 绿色金融研究小组的联合主席，并请联合国环境署作为秘书处提供智力支持。通过近一年的努力，小组形成了 G20 历史上第一份绿色金融综合研究报告，提出了发展绿色金融的一系列政策建议。2016 年中国卸任 G20 主席国之后，国际上对绿色金融的关注一直持续，中国也继续发挥着重要作用。

（四）中国参与全球经济治理的展望

如第一章所介绍的，全球经济的巨大变化给国际经济治理带来了新的挑战。中国经济体量大、潜力高，在全球制造业价值链、贸易链上处于枢纽地位。因此，完善现有国际经济秩序和国际体系、维护开放型的世界经济符合中国利益，也与促进全球经济共同繁荣这一目标吻合。因此，继续维护G20作为全球核心政策协调平台的地位，通过IMF、世界银行等国际机构深层次地参与全球经济治理，对中国发挥大国作用非常重要。

另外，中国积极参与WTO的治理改革也十分重要。以WTO为代表的多边贸易体系对于促进全球贸易增长发挥了基础性作用。然而，随着服务贸易、数字经济、跨境投资等新型贸易模式兴起，技术转让等新问题涌现，各国逐渐转向诉诸更灵活、更高要求的双边及多边自贸协定。国际贸易体系的演变势必对各国产生深远影响，中国作为贸易大国，积极参与贸易体系改革意义重大。

随着中国经济实力的增长，中国在国际事务中的参与度不断加深，在很多经济金融议题方面发挥了一定的引领作用。特别是随着中国经济体量的不断增大和对外经贸金融联系的加深，中国政策正在对其他国家产生越来越广泛的影响。因此，中国在未来制定政策时，应在充分考虑本国国情的基础上适当关注溢出效应，预留出国际协调空间，发挥更主动和积极的作用。

此外，目前中国在国际组织中的工作人员还相对较少，高级别的管理人员更少。因此，要大力度拓宽、完善国际公务员人才培养的教育体系，完善相关国际组织管理法规，为国际组织在中国设立总部或分部并实现良好运作发展提供支持环境。中国的智库、高校、基金和论坛平台也应主动与本领域知名权威国际组织保持密切对话与合作，要有能力在与国际组织与其他机构对话中以数据、事实为基础，有理、有节地表达自己的观点，也要集思广益、博采众长。

* * * * * * *

21世纪以来，日新月异的科技进步为全球经济发展带来了巨大变化，新兴市场和发展中国家的崛起，信息技术与金融科技的飞速发展不仅极大地促进了资本、人才、商品、技术、信息的全球传播，也在改变和影响着全球经济、金融和贸易格局。近年来，气候变化、网络安全、数据共享等问题日趋复杂，国际经济治理格局面临来自经济、社会、文化、环境的多领域和多维度的挑战。2008 年全球金融危机后，贸易保护主义和逆全球化思潮抬头并加剧，给世界经济带来新的不确定性。

这些挑战更加凸显加强国际经济治理的重要性。如何提高新兴市场和发展中国家的话语权、加强国际合作并改善国际经济治理，从而促进经济持续稳定发展和社会进步，不仅需要国际社会运筹帷幄，更需要各国通力合作。全球性挑战需要全球化的解决方案，这是各国实现可持续、绿色和包容性增长的重要保障。

第二部分

IMF 的全球经济监督职责与作用

第七章
IMF 的监督职责与特征[①]

在上两章，我们详细地介绍了国际货币体系和国际经济治理的历史背景、现状和展望。那么，IMF 又是如何履行其职责并维护国际货币体系稳定运行的呢？

众所周知，经济监督、贷款和技术援助（也称能力建设）是 IMF 的三大核心职责。其中，经济监督是一项内容广泛而丰富的工作，涵盖了 IMF 对国际货币体系的运转和各成员国经济金融政策予以监督和评估的整个过程。通过监督工作，IMF 分析成员国以及全球经济中潜在的问题和风险，提出适当的政策建议，从而帮助国际货币体系实现其根本目标，即促进货物、服务和资本在各国间的交换和流通，并以此来维护和支持各国和全球经济的稳健增长。

简单地说，IMF 的监督工作包含两个方面：（1）“双边监督”，即对每个成员国的经济金融政策和运行进行评估和提出建议；（2）“多边监督”，即对全球经济、区域经济或具有某些相同特征的一组国家开展评估和提出建议。通过将双边监督和多边监督结合起来，IMF 旨在对“溢出效应”（即一国的经济政策如何影响其他国家）做出全面和一致的分析。就形式而言，IMF 的监督工作覆盖了各成员国、区域及全球经济。IMF 的 190 个成员国，不论

① 本章作者是丁鼎。

其经济体量的大小还是对世界经济影响的强弱，都需要接受 IMF 的监督。

经济金融政策是国家主权的重要组成部分。当一个国家制定和执行这些政策时，其首要目标通常是为了维护本国经济的稳定发展。那么，IMF 有什么权力来监督成员国和全球经济政策与运行？换言之，IMF 监督工作的法律依据是什么？ IMF 又是如何有效地开展和推进这方面的工作的？

围绕这些问题，本章向读者介绍 IMF 在成员国、不同区域和全球层面上如何履行其双边和多边监督的职能，并通过这项工作促进成员国经济的稳定和持续增长，从而维护国际货币体系的健康运行。本章将主要介绍 IMF 监督工作的依据与原则，以及对成员国的双边监督、区域经济监督和全球层面的多边监督等内容。

一、IMF 监督工作的依据与原则

（一）IMF 监督工作的法律依据

IMF 监督工作的依据首先来自其对各成员国义务的界定。《IMF 协定》第四条款“关于汇兑安排的义务”第 1 款有如下内容：

第 1 款 成员国的一般义务

鉴于国际货币制度的根本宗旨是提供一个促进国与国之间货物、服务和资本的交换以及保持经济健康增长的框架，且主要目标之一是确保金融和经济稳定所必要的有序基础条件得以持续发展，因此，各成员国应承诺与 IMF 和其他成员国合作，以保证有序的汇兑安排，并促进形成一个稳定的汇率制度。具体而言，

各成员国应：

（i）努力使各自的经济和金融政策实现在保持合理价格稳定的情况下促进有序经济增长这个目标，同时适当顾及自身国情；

（ii）努力创造有序的经济和金融条件以及不致经常造成动荡的货币制度，以此促进稳定；

（iii）避免操纵汇率或国际货币制度来阻碍国际收支的有效调整或取得对其他成员国不公平的竞争优势；以及

（iv）实行同本款各项保证相一致的汇兑政策。

以上成员国义务的定义体现了重要一点，那就是一个有效的国际货币体系必须建立在各国经济稳定的基础之上。当一个成员国出现经济危机时，不仅其贸易伙伴国和外国投资者的利益会受到损害，其溢出效应也可能使该国所在的地区乃至全球经济金融秩序受到冲击，进而影响到国际货币体系的正常运转。如果该国需要从IMF贷款来赢得政策调整的空间，那么在一段时间内，IMF能为其他成员国提供的资金援助就会相应减少，也会对全球金融体系的稳定带来不利的影响。所以，IMF成员国在制定和执行各自的经济金融政策时，有义务确保这些政策与IMF的宗旨（促进国际金融稳定和货币合作）是一致的，而IMF的监督工作也就是为了确保各成员国有效地履行这些义务。因为该项工作是由《IMF协定》的第四条款界定，并且是建立在IMF与成员国磋商的基础之上的，所以IMF的"双边监督"工作通常也被称为"第四条款磋商"。

具体来说，《IMF协定》第四条款"关于汇兑安排的义务"的第3款有如下说明：

第3款 对汇兑安排的监督

（a）IMF应监督国际货币制度，以保证其有效实施，并监督各成员国是否履行了本条第1款规定的义务。

（b）为了履行上述（a）项规定的职能，IMF应对各成员国的汇率政策进行严格的监督，并制定出具体原则，以就汇率政策向各成员国提供指导。各成员国应向IMF提供监督所必需的资料，并且在IMF提出要求时，应就本国的汇率政策问题与IMF进行磋商。IMF制定的原则应符合各成员国维持本国货币对其他成员国货币比价而采用的合作安排，并符合成员国根据IMF的宗旨和本条第1款规定选择的其他形式的汇兑安排。这些原则应尊重各成员国国内的社会和政治政策，在执行这些原则时，IMF应当对各成员国的国情给予应有的关注。

（二）IMF监督工作的原则

那么，IMF的监督工作又有哪些原则呢？2015年发布的《IMF监督工作指导说明》强调了 IMF 的双边和多边监督工作需要遵循以下原则（IMF，2015a）：

1. 合作（collaboration）：IMF 的监督工作建立在与成员国政府和其他机构紧密磋商的基础之上。为了维护这种合作关系，监督工作需要特别关注成员国对本国和世界经济的分析和见解，并在监督工作中参考其他国际机构在相关问题上做出的分析与研究。

2. 坦诚（candor）：IMF 工作人员在与成员国政府磋商和在监督报告中要坦诚地披露问题，包括对风险的分析。

3. 公平（evenhandedness）：无论国家大小和经济发展水平的高低，IMF 对成员国的监督应该做到公平，同时要兼顾各国的具体情况。

4. 实用（practicality）：IMF 监督提出的政策建议应该切合成员国的实际情况及其执行能力。

5. 前瞻性（forward-looking）：IMF 的监督分析和政策建议需要建立在对未来经济走势的切实预测之上，并包含对当前以及中期的各项政策目标和应急计划的建议。

6. 多边性（multilateral perspective）：在合适的情况下，监督工作需要分析成员国潜在和真实的溢出效应，并从其他国家的经验中汲取应对风险的办法。

7. 选择性（selectivity）：监督工作需要建立在风险分析之上，并深入研究最重要、风险性最高的问题，同时吸收 IMF 各部门及其他机构对相关问题所做的分析与研究。

8. 时效性（timeliness）：为了保证监督报告在 IMF 执董会讨论和发布的时效性，应该尽量减少第四条款磋商访问与执董会讨论之间的时间间隔。

为了应对不断变化的全球经济和不同时期国际货币体系面临的挑战，每隔三年到五年，IMF 还会系统全面地检查其监督工作并提出具体的调整措施。比如，为了应对国际间收支不平衡的逐渐扩大，IMF 在 2008 年通过了一项新的双边监督框架《2007 年监督决定》。该决定引入了外部稳定的概念，敦促成员国避免出于特定目的而操纵汇率，或采取任何会导致外部不稳定的汇率政策。值得注意的是，虽然该决定为监督成员国的汇率政策提供了指导，但并没有给成员国增加新的义务（IMF，2008）。然而，正如下面章节所介绍的，《2007 年监督决定》也存在许多缺陷，特别是没有清晰指明如何界定汇率根本性失衡这一提法（有关这方面的分析，见第十一章）。

2008 年全球金融危机爆发后，IMF 在 2011 年的《三年监督审查》中，结合各国在危机中的经验教训，重点对成员国的相互关联性、风险、金融稳定和外部稳定等方面的监督工作进行审查并提出了调整建议。在此基础上，于 2012 年通过了《双边和多边监督决定》，也称为《2012 年综合监督决定》。该决定为 IMF 在单个经济体的评估和对全球稳定的评估之间建立了概念上的联系，从而填补了《2007 年监督决定》在这方面的缺失。为了把国家层面的监督与全球经济监督更好地整合到一起，《2012 年综合监督决定》要求把第四条款磋商同时作为双边监督和多边监督的工具，使得 IMF 可以对成员国，特别是对全球经济有重要影响力的经济大国，进行更为全面、综合、一致性的“溢出效应”分析。该决定同时首次界定了多边监督的范围和形式，为多边磋商铺设制度框架，从而填补了多边监督工作上的一些重要缺陷。出于对双边和多边磋商评估可能带来的矛盾，该决定特别指出，当成员国的某项政策是为了促进自身经济稳定的时候，IMF 不能以更好支持国际货币体系的有效运作为理由，要求该成员国改变此政策。与《2007 年监督决定》一样，《2012 年综合监督决定》并未扩展或改变成员国义务（IMF，2013）。

针对 2008 年全球金融危机之后高度互联的全球经济，2014 年的《三年监督审查》进一步提出，IMF 的监督工作需要整合并深化风险与溢出效应分析，制定更有针对性和专业性更强的政策建议，并通过加深对成员国观点的理解以及提供更公平的评估，来加强 IMF 对成员国经济政策的影响。2014 年，监督审查还建议进一步加强 IMF 在就业与经济增长方面的分析与研究工作。同年 12 月，根据《三年监督审查》提出的建议，时任 IMF 总裁拉加德发布了加强监督工作的行动计划，列出了重点领域的具体改革建议。鉴于监督改革需要一定时间来推进，IMF 执董会也同意将监督审查的周期从三年改为五年（IMF，2015b）。

IMF 新一轮的《全面监督审查》于 2021 年 5 月完成。这是自 2014 年的《三年监督审查》以来，对 IMF 监督工作开展的又一次全面审查。该次审查侧重于重新调整监督工作重点并重新设计 IMF 在各成员国开展工作的方式，以增强成员国对 IMF 的信任，提高 IMF 工作对成员国的影响力，从而做好准备应对未来十年的全球经济和金融环境。

二、对成员国的“双边监督”

IMF 的双边监督主要是在国家层面上进行的，其核心就是上文提到的“第四条款磋商”。该磋商是 IMF 与每一个成员国之间的双向经济政策对话与讨论，通常是每年度举行一次。整个过程历时几个月，并由 IMF 专门负责该成员国的工作小组牵头。在磋商启动时，IMF 各部门和管理层会对该国经济政策和监督重点进行内部审议。在达成 IMF 内部一致意见并由管理层同意之后，IMF 工作小组安排访问该国，与该国政府部门和其他机构（如议会、商业代表、工会和民间组织等）举行会谈，以帮助 IMF 对该国的经济政策和走向做出全面和准确的评估。访问结束后，IMF 工作人员会向执董会提交一份报告，并由执董会对该报告进行讨论和审批。在大多数情况下，经成员国同意，执董会的评估将以新闻稿的形式发布，IMF 工作人员报告也会同时发布。本书第十四章将会对第四条款磋商的过程做更具体的介绍。

在维持经济稳定增长的主旨下，第四条款磋商涉及成员国的财政、金融、货币、汇率和结构性等一系列重要经济政策，并重点关注成员国的经济金融风险、溢出性和脆弱性。IMF 在 2015 年发布的《IMF 监督工作指导说明》中特别指出，第四条款磋商报告需要包含以下内容（IMF，2015a）：

（一）风险与溢出性

“双边监督”工作的一个重点是分析成员国经济稳定增长所面临的风险以及产生的溢出效应。此项工作包含主要风险及其发生的可能性和风险之间的相关性，分析风险对本国及外部经济稳定的影响和传导机制，并提出降低和应对风险的政策建议。风险的来源既可能是本国经济本身脆弱性的累积、政策的失误或社会矛盾的激化，也可能是全球或地区性的外部风险对本国经济带来的冲击。

由于各国经济高度相连，当风险在某一国或地区发生时，其他国家不可避免地会受到或多或少的影响，所以 IMF 对风险的监督和对溢出性的分析是紧密相关的。这就要求 IMF 在开展此项工作时，不仅要分析外部风险对本国经济稳定的影响，也要分析本国经济发展和政策变化对其他国家产生的影响（“溢出效应”），还要分析此后对本国产生的影响（“溢回效应”）。

比如，在 2008 年全球金融危机以及 2020 年新冠肺炎疫情爆发后，美联储实施了包括量化宽松在内的非常规货币政策。通过为市场提供美元流动性，这些政策为刺激美国经济、在危机中维护全球金融稳定都起到了重要的作用；但是当美国本国经济复苏之后，美联储也会逐步减少对这些政策的使用并使其货币政策逐步回归正常化。尽管这个过程是针对美国国内经济发展走势的，但因为美国以及美元在全球经济中的主导性作用，它不可避免地会带来全球金融和货币条件的收紧，并给其他国家带来冲击，新兴市场国家遭受的冲击尤其明显。因而，在这一时期内，与新兴市场国家进行第四条款磋商时，IMF 侧重讨论美联储货币政策正常化带来的外部风险。与此同时，当 IMF 与美国政府进行第四条款磋商时，不仅仅对美联储货币政策的溢出效应进行认真讨论，也要密切关注溢回效应。

为了确保一致性和公平性，IMF 负责各个国家的工作小组会按照统一的框架来进行风险与溢出性分析。该框架要求分析成员国所面临的国家、地区和全球层面上的经济、金融和地缘政治风险，确定各种风险实现的可能性，分析这些风险对本国经济的影响和该国需要采取的应对措施。IMF 定期对区域与全球层面的风险予以更新，使得各个国家的工作小组可以使用一致的风险分析框架。

具体而言，IMF 采用哪些方法来进行风险与溢出性分析呢？长期以来，IMF 积累了大量量化分析的模型和相关经验。有的模型是基于对历史数据的跨国分析，有的模型依赖于微观的资产负债表数据，还有的模型专门针对国家或经济金融机构之间的网络化互联。针对不同的风险和溢出性，IMF 工作小组采取不同的模型进行相关分析。IMF 每年还会定期发布多边监督旗舰报告，包括《世界经济展望》《全球金融稳定报告》《财政监测报告》《对外部门报告》以及五个地区部门撰写的《地区经济展望》报告。IMF 也会对目前最重要的全球和地区性风险进行详细深入的研究，以供各个国家的工作小组在进行成员国第四条款磋商时参考。

（二）“双边监督”涉及的主要经济政策

1. 财政政策

对绝大多数国家来说，财政政策是用来管理宏观经济的重要工具之一。特别是对采取固定汇率政策、加入货币联盟（currency union）或没有央行的国家来说，财政政策几乎就是当局用来管理宏观经济唯一有效的短期手段。它囊括了税收、支出、债务管理、财务风险、年度预算与执行、财政机构管理等多个方面，同时也与货币政策、结构性改革政策等其他经济政策紧密相连。

由于其重要性和复杂性，财政政策一直都是 IMF 监督工作的重点。双边监督的重中之重，就是分析在当前以及预期的经济周期下，一个国家的财政政策是否合理。如果采取过于宽松的财政政策，虽然短期内对宏观经济有刺激作用，但会减少财政政策空间并增大债务风险。相反，如果采取过于紧缩的财政政策，虽然短期内对削减公共债务有一定帮助，但对宏观经济带来的紧缩效用可能会影响到中长期的经济增长，反而不利于对公共债务的合理削减。

如果一国的财政政策需要调整，那么具体的调整措施也会是 IMF 监督工作关注的重点，比如应该使用税收还是支出工具，是调整经常性支出还是资本性支出，是采取固定的调整幅度还是让调整幅度取决于经济增长的变化。财政政策与其他经济政策有紧密联系，这也决定了 IMF 的监督分析要在维护宏观经济稳定目标的同时兼顾全局。比如，如果一个国家的货币政策空间已经非常有限，但同时又需要刺激增长走出经济困境，那么在很多情形下，财政政策就需要承担更多的责任，但其带来的财政风险也可能会随之加大。

公共债务可能是财政政策中对经济稳定影响最直接的重要因素。在世界各国经济发展的历程中，已经多次出现过公共债务累积导致经济金融危机爆发的情况。当一国政府无力偿还债务时，金融市场会对其丧失主权信用迅速做出反应，从而导致国家借贷成本激增，汇率大幅波动，同时给本国的金融机构和私人部门带来冲击。接下来不可避免的财政收缩调整又会给经济增长带来进一步的负面影响。所以，为了确保各成员国对其公共债务风险有一个准确的认识，第四条款磋商的一个重要组成部分就是债务可持续性分析。本书的第十六章将对 IMF 的债务可持续性分析框架做具体的介绍。

2. 宏观金融政策和货币政策

过去二十年间，世界经济发展的一个显著特征是金融与宏观经济的联系变得日益紧密。由于越来越多的经济活动需要金融市场和机构作为中介，而金融系统又有其自身运作的行为和规律，金融系统对宏观经济的重要性和复杂性也在不断增强。在绝大多数发达国家和新兴市场国家，银行的信贷周期、资本市场的发展变化、房地产市场的高低起伏，都可能对一国宏观经济的走势产生重大影响。系统性的金融风险也很有可能在短期内转化为全方位的经济金融风险，比如 2008 年由美国的次贷危机引发的全球金融危机。

金融与宏观经济的联系越来越紧密，也要求世界各国在政策研究与制定上要与时俱进。传统的以金融机构监管为主旨的金融稳定政策和以稳定通货膨胀为目标的货币政策已经不能完全满足新时期维护金融宏观稳定、应对系统性风险的要求。在 2008 年全球金融危机至 2020 年这一期间，主要发达国家出现通货膨胀率持续走低、政策利率接近于零、货币传导机制发生变化的局面，这些因素也给货币政策的制定带来了新的挑战。

这些变化决定了 IMF 在监督工作中需要着重探讨金融与宏观经济的联系以及潜在的系统性风险。一些常见的问题包括：一国的经济周期和金融周期处于什么样的发展阶段？金融市场条件的走势和对国民经济各部门的影响是什么？金融系统有哪些会对宏观经济造成冲击的潜在风险（比如银行系统内不良资产的累积、资产价格的泡沫化、房地产市场过热）？另一方面，宏观经济的脆弱性会引发金融系统风险吗（比如经济增长突然放缓引发信贷质量恶化）？有哪些外来冲击可能会造成系统性的宏观金融风险？成员国政府应该采取哪些措施来抑制系统性风险的爆发？

货币政策对宏观金融稳定也有着非常重要的作用。IMF 监督工作对成员国货币政策的分析通常从该国宏观经济走势入手，并结合当前的政策空间、货币政策的传导机制，以及货币政策与其他宏观政策（特别是财政政策）和金融稳定政策的关联。由于各国货币政策框架不同，IMF 的监督工作需要对成员国的实际情况有深入的了解，才能提出有的放矢的政策建议。

比如，面对 2008 年全球金融危机，中国政府于 2008 年底推出了“四万亿”的经济刺激计划。在此后的一段时期，非金融部门总债务对 GDP 的占比由 2008 年的 135% 迅速增长到 2016 年的约 235%，同时经济增长保持高速的态势。在世界经济史上，大规模的信贷扩张多数以经济崩溃结束，国际社会对中国的状况极为关注。为了更好地了解信贷扩张背后的原因，笔者当时所在的 IMF 中国工作小组做了大量的研究，指出中国的信贷扩张部分反映了国内金融市场和房地产市场在 2008 年之前的滞后发展，而且中国政府出台了包括宏观审慎政策在内的一系列措施，对信贷过热起到了一定的抑制作用。但与此同时，如果中国的经济增长模式一味追求速度而忽视质量的话，信贷扩张将会造成系统性风险的累积和加剧，一旦爆发，将会对中国经济和全球经济产生巨大的负面影响。在此分析基础上，IMF 的第四条款磋商与中方进行了建设性的讨论和交流，并提出了一系列让信贷扩张减速的建议（Chen and Kang, 2017; Ding et al., 2018）。

3. 国际收支政策

一国的国际收支情况会给国际货币体系的运转带来最直接的影响。IMF 成立的初衷，就是为了维护各国之间汇率的稳定。尽管这个宗旨伴随着世界经济的演变发生了变化，但各国的国际收支稳定仍然是国际货币体系有效运转的前提条件，也是 IMF 监督工作的重点之一。

IMF 对成员国国际收支情况的监督主要包含以下四个方面的内容：

（1）实际汇率。和对外经常项目一样，一定范围内的实际汇率波动是正常的。但是，超出了正常范围的实际汇率波动则可能体现了一国经济的失衡或不合理的汇率政策。如果某成员国为了刺激出口而人为降低本国汇率，虽然短期内会对出口有一些帮助，但这种做法阻碍了国际收支的有效调整，并且违背了 IMF 成员国的义务。值得一提的是，IMF 在分析一国的汇率政策时常常会使用该国的实际有效汇率。与名义汇率和双边汇率相比，实际有效汇率剔除了通货膨胀的因素，并且是该国与所有主要贸易伙伴国双边汇率的加权平均，所以更能准确反映一国货币在国际经济金融体系中的相对价值。

（2）资本流动。资本流动是国际货币体系的重要组成部分。外部资本流入可以为一国提供经济发展的必要资金，帮助提高经济运转效率，促使本国金融机构增强竞争力。然而，外部资本的特性决定了其对风险有较强的敏感性，特别是针对汇率的风险。这些风险如果与资本流入国本身的脆弱性叠加，就有可能在经济环境恶化的情况下造成全面危机的爆发。1997 年亚洲金融危机就是一个典型的例子。在该危机爆发之前，外资大量涌入，造成韩国、泰国、印度尼西亚和马来西亚等亚洲国家的金融资产和房地产价格虚高，而这些国家当时又缺乏一个灵活的汇率机制来对国际收支进行自动调节。当资产价格泡沫开始破裂时，外资迅速逃离，使得国际收支失衡立刻转化为全面经济金融危机。汇率暴跌、资产质量的恶化、以本国货币计价的债务激增等因素导致金融机构大量倒闭，使得面对实体经济的信贷迅速紧缩，并导致宏观经济恶化与金融条件收紧两者互相作用并造成恶性循环。很多受到危机影响的国家不得不执行严厉的财政紧缩政策，需要依靠 IMF 资金援助才赢得政策调整的喘息之机。亚洲金融危机的爆发加深了世界各国对资本流动所蕴藏的风险的认识，也促使 IMF 在监督工作中对这一问题进行更深入的研究和评估（关于资本流动与管理，见第十五章）。

（3）外汇储备和外汇市场干预。除了少数储备货币发行国以外，IMF 的其他成员国都需要一定的外汇储备来应对国际收支的波动。外汇储备的合理水平取决于各国的汇率政策体系、经常项目和资本项目的状况、政策调整的空间。同时，虽然用于应对外汇市场短期冲击的干预行为是合理的，但通过外汇市场干预来控制一国的汇率则违反了 IMF 成员国的义务。这些都是 IMF 监督工作要涉及的问题。

（4）外部资产负债表。一国的外部资产负债表通常包含了对外资产负债的详细信息，包括货币种类、期限和债权人的构成等。这些信息对评估该国的国际收支潜在风险，以及可能产生的溢出效应，有非常重要的作用。

IMF 在双边监督中对各国国际收支状况的评估，加上后文提到的在多边监督框架下的《对外部门报告》，共同构成了 IMF 对成员国国际收支平衡的全面、一致的分析和评估。

4. 结构性政策

除了以上提到的宏观政策问题，IMF 监督也会关注成员国经济的结构性问题，特别是对宏观经济稳定有较大影响的政策，如增长、就业、国有企业改革、机构治理和基础设施建设等。2020 年新冠肺炎疫情又将医疗卫生事业建设的必要性提升到了一个新高度。近年来世界经济的发展还表明，一些表面上与经济发展关系不大的结构性或社会性问题，比如性别不平等和环境污染，如果不加以遏制，最终也会对一国经济产生影响并可能冲击到经济稳定。就很多小型经济体而言，全球气候变暖和自然灾害对经济的影响就是一个迫在眉睫的挑战。为了应对这一挑战，这些国家需要建立更充足的政策空间，巩固基础设施建设，并争取更多国际社会的援助。同时，这些国家的经济体量和实力有限，又限制了它们在短期内开展结构性改革的能力。因为各国国情不同，IMF 的监督工作需要在结构性改革上提出针对各国国情的具体建议，并结合对宏观经济和政策空间的判断，来具体分析结构性改革的轻重缓急和可能的溢出效应。

5. 反洗钱和打击恐怖主义融资

洗钱和恐怖主义融资会对一国的经济和金融稳定构成严重威胁，同时为暴力和非法行为提供资助。在过去近二十年的时间里，推进“反洗钱和打击恐怖主义融资”措施（Anti-Money Laundering/Combating the Financing of Terrorism, AML/CFT）成为 IMF 监督工作的重要组成部分，其中包括分析和政策咨询、根据 AML/CFT 标准进行国别评估、加强相关的制度建设和执行能力建设（IMF，2017）。

6. 用于监督工作的数据

IMF 的监督工作是建立在全面、及时和准确的数据基础之上的。根据《IMF 协定》第八条款“成员国的一般义务”第五款，各成员国必须提供 IMF 认为其开展工作所需的信息和数据，包括各项主要的宏观经济和对外账户信息。在此基础上，IMF 第四条款磋商要求评估成员国提供的数据是否符合监督工作的需要，并提出相应的改进措施。一般而言，IMF 第四条款磋商的工作人员报告会提供多项数据图表，包括宏观经济发展（经济各部门的增长、就业、通货膨胀等）、财政信息（财政收入、支出、公共债务等）、货币信息（中央银行对货币政策的管理和各种货币政策的使用等）、对外项目信息（经常项目、资本金融项目、外汇储备等）和金融系统信息（包括各项金融稳定指数）等。

7. 其他监督工作

与第四条款磋商并列为 IMF 双边监督工作的另一项重要工作是“金融部门评估规划”（Financial Sector Assessment Program, FSAP）。通常每隔五年，IMF 会给对全球金融系统具有系统重要性的成员国或辖区开展评估，并在自愿基础上对其他成员国的金融部门开展评估。金融部门评估规划会深入分析金融部门的风险和韧性，评估金融部门的政策框架和安全网，进而提出一系列政策建议，以防范金融不稳定和风险。这项工作对维护全球金融稳定至关重要，也是 IMF 对国际货币金融体系的贡献之一。本书第十四章将对 FSAP 做更详细的介绍。

当然，第四条款磋商和金融部门评估规划并非 IMF 监督工作的唯一内容。实际上，IMF 的所有成员国都可以随时就其感兴趣的议题与 IMF 探讨并寻求建议。IMF 自身较强大的研究能力、多年来积累的政策和跨国经验、与其他国际组织和各国政策研究机构建立起来的良好合作关系使其能为各成员国提供“一站式”和全天候的服务。这种服务对那些自身政策研究能力有限的中小国家尤为重要。即使对那些本身有充足研究能力并对本国经济有着良好判断的成员国，IMF 也可以为它们提供跨国经验以及对外部风险的评估，特别是通过其多边监督工作来实现这一目标。

三、区域经济监督

IMF 的多边监督工作涉及分析全球和地区经济走势，也会评估成员国政策对全球经济的溢出效应。在区域层面上，IMF 的五个地区部门每年都会发布《地区经济展望》报告，对各自地区一段时间内经济金融发展进行综述，并重点讨论在本区域内有代表性的政策问题。与第四条款磋商相比，这些区域性研究报告提供了一个不同的视角，并为各国政策制定者带来值得借鉴的区域经验。

以IMF西半球部为例，该部门囊括了整个美洲大陆的30余个国家，既包括美国和加拿大这些发达国家，又有中南美洲大大小小的新兴市场国家（如墨西哥、巴西、阿根廷等），还有加勒比地区的十几个小国。加勒比地区又可以进一步划分为以旅游业为主的国家和资源商品出口国。虽然这些国家大小不一，国情迥异，但在某些领域会有相同的特征和共同关心的问题，值得IMF通过多边监督来帮助它们分析评估。比如，以旅游业为主的加勒比诸国就面临着一系列共同的挑战，包括经济结构单一、对外部冲击（特别是自然灾害）的韧性不足，以及多年以来低增长和高失业率的发展趋势。与此同时，这些国家之间的相似性又决定了政策协调可以帮助它们达到规模经济，以更好地共同应对风险（Al-Hassan et al., 2020）。通过对这些区域性问题加以深入分析，IMF可以更好地为成员国提供切实有效的政策建议，有利于成员国之间分享它们的经验和教训。本书第十二章将就IMF区域经济展望分析与报告做更详细的介绍。

四、全球层面的“多边监督”

很多观察人士认为，在众多的国际机构中，IMF所提供的对全球经济金融形势的分析应该是最具有权威性的。特别是IMF从多边监督的角度对全球经济金融体系风险和溢出效应的分析，是各成员国根据国际形势来制定和调整本国经济金融政策时不可或缺的重要信息。

IMF在全球层面上开展多边监督的一个重要形式就是其三大旗舰报告，包括《世界经济展望》《全球金融稳定报告》和《财政监测报告》。这些完整报告一年公布两次，其间又更新两次。

1.《世界经济展望》就全球经济及增长前景提供详细分析，讨论全球金融动荡的宏观经济影响和潜在的全球溢出效应等问题，尤其会关注美国、中国、欧元区等具有全球系统重要性的大型经济体的经济、财政和货币政策造成的上述影响。本书第八章将对此有更详细的介绍。

2.《全球金融稳定报告》提供对全球金融市场和前景的最新评估，并着重指出可能给金融市场稳定带来风险的失衡和脆弱性。本书第九章将对此有更详细的介绍。

3.《财政监测报告》提供最新的短期财政分析和中期财政预测，并评估公共财政的发展情况。本书第十章将对此有更详细的介绍。

2008 年全球金融危机爆发后，IMF 加强了与其他国际组织和论坛平台的合作，并通过其多边监督，引领国际社会在全球经济稳定方面的工作。其中，IMF 与 G20 的合作尤为重要。IMF 作为特约代表，在 G20 会议中发挥了重要作用，特别是由 IMF 负责撰写的 G20 监督报告，为每年 G20 峰会提供经济分析和政策建议。

应 G20 要求，IMF 还和金融稳定理事会（FSB）共同开展定期的“早期预警演习”（Early Warning Exercise，EWE）。该项目着重考虑对全球经济有高度影响但发生概率较低的风险，同时探讨处理这些风险的对策。因为金融稳定理事会在国际金融市场监督上的特有经验和优势，IMF 与其紧密合作，确保了 EWE 能够全面系统地评估全球性的潜在风险，特别是来自金融市场的风险。在分析中使用的模型和量化工具以及金融市场信息也确保了 EWE 分析的时效性。因为 EWE 研究的重点是低概率的尾部风险，它也为 IMF 的其他监督工作提供了有益的补充。为了避免对金融市场不必要的影响，EWE 的结果不公开发布，而是在 IMF 的春季会议和秋季年会上主要由财政部长和央行行长组成的国际货币与金融委员会内部予以讨论。

自 2012 年以来，IMF 开始发布年度《对外部门报告》（External Sector Report）。该报告对占世界经济总量 90% 以上的各大经济体的国际收支和汇率情况进行一致分析，并讨论应对国际收支失衡的调整措施。结合 IMF 在双边监督范畴下对各国的对外部门评估，此报告确保了国家层面的评估与在全球统一框架下评估的一致性，即某些国家的经常项目顺差对应的是其他国家的经常项目逆差。这样的分析有助于各成员国对全球范畴下的平衡有一个清晰的认识，并能及时调整本国政策来避免对外收支失衡的累积。究其最终目的，还是为了维护国际货币体系的健康运转。本书第十一章将会对外部经济平衡分析和政策建议的具体做法进行更详细的介绍。

除了以上这些定期发布的多边监督报告之外，IMF 还积极开展了多项对成员国有广泛借鉴意义的主题研究。以2020年为例，IMF 以员工讨论报告（staff discussion notes）的形式发布了多项主题研究，包括金融与收入不平等、建筑行业对信贷扩张的影响、如何用财政政策支持女性就业、非洲大陆自由贸易区的可行性、主导货币对外部调整的作用、网络风险和金融稳定等。针对一些国家在一定时期内面临的相似的宏观政策问题，IMF 还发布了国家群组报告（cluster reports），比如 2016 年东盟五国的货币政策研究报告和 2017 年的拉丁美洲贸易一体化报告。虽然这些研究的主题不同，针对的国家群组也有差异，但主旨都是为了分析潜在风险、促进全球经济的稳健增长。

* * * * * * *

本章详细介绍了 IMF 在国家、地区和全球层面上的双边和多边监督工作。通过双边和多边监督，IMF 能够对各个层面上的系统性经济金融风险做出全面、一致且及时的分析和评估，从而维护全球金融的稳定发展和国际货币体系的运转。如图 7.1 所示，IMF 的各项监督工作是有机结合在一起的。一方面，各种多边监督报告对全球性风险和溢出效应进行分析，并为国家层面的第四条款磋商提供了重要的参考信息；另一方面，多边监督也需要建立在双边监督对成员各国经济的深入了解之上。IMF 各部门和各个国别工作小组会共享信息、共同参与各项分析，从而确保了双边和多边监督的有机结合。

在 IMF 近八十年的发展历程中，其监督工作始终是服务国际货币体系和成员国的重要途径，也是 IMF 大部分员工日常工作的最重要一环。外界普遍认为，近八十年经验的累积，使得 IMF 始终处于全球经济金融研究的领先地位，并为维护国际货币金融体系的稳定发挥了独一无二的作用。有人给了一个形象的比喻，IMF 像各个成员国的家庭医生，每年的监督磋商工作就是各国的年度健康检查。成员国也可以随时向 IMF 这个家庭医生咨询自身经济健康出现的问题或者预防未来风险的措施。只要各成员国的经济保持健康，国与国之间的交流就可以顺畅进行，全球经济就能稳定运转。在本书接下来的章节里，我们将具体介绍 IMF 这个“家庭医生”对各项病症开出的药方，以及它是如何和各个成员国一起维护国际社会大家庭的发展和繁荣。

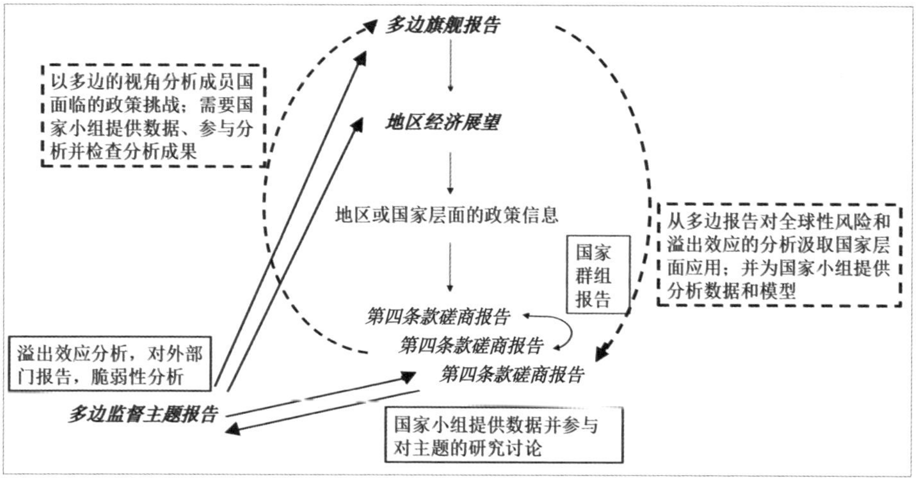

图 7.1　IMF 监督工作的主要成分

资料来源：IMF（2015b）。

第八章 世界经济分析与预测①

如上章所述，IMF 三大核心职责之一是对全球经济和 190 个成员国的宏观经济发展及前景进行监督和分析。这一工作对识别和预防经济金融风险、开展补救性政策调整和促进全球经济稳定发展至关重要。IMF 的经济监督工作由两大部分构成，即监测全球经济金融形势的"多边监督"和针对单个成员国经济进行的"双边监督"。在接下来的五章里，我们将从不同角度来介绍 IMF 如何对全球经济金融进行"多边监督"。

本章将着重介绍 IMF 的《世界经济展望》（World Economic Outlook，简称 WEO）报告。这是多边监督工作中的关键一环，是综合众多经济学家对全球经济发展趋势监测分析结果的重要宏观经济报告。那么 IMF 是如何开展这项工作的？其覆盖范围和研究方法又有哪些？为什么大家说 IMF 的《世界经济展望》是分析、研究和预测世界经济发展动态的晴雨表？IMF 这方面的工作与报告和其他国际机构有何不同？这些问题将是本章介绍的重点。

一、《世界经济展望》的由来

《世界经济展望》由 IMF 研究部主导，和货币与资本市场部发布的《全

① 本章作者是张帆。

球金融稳定报告》[①]、财政事务部发布的《财政监测报告》[②]共同构成 IMF 全球经济监测工作的三大旗舰报告，是 IMF 多边监督工作的重要组成部分（见图 8.1）。作为宏观经济报告，《世界经济展望》对近期和中期全球经济发展形势进行详细分析和展望，指出具有紧迫政策意义的问题，并分析一些主要经济体的经济发展和宏观政策带来的全球溢出效应。

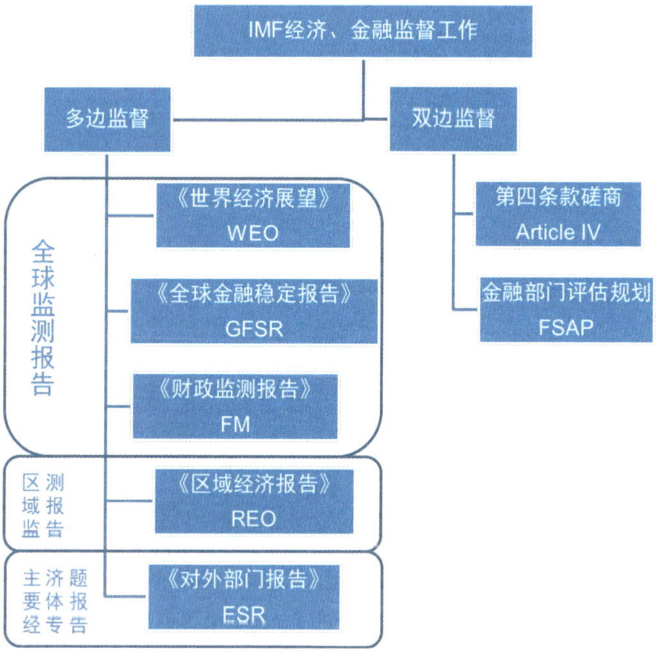

图 8.1　IMF 经济和金融监督工作

资料来源：作者整理。

《世界经济展望》的历史可以追溯到 1969 年，最初是以 IMF 执董会非正式内部讨论的形式出现。随后，由于第一次石油危机对国际收支体系造成巨

① 《全球金融稳定报告》（Global Financial Stability Report，GFSR）对全球资本市场和成员国金融形势予以分析和评估，讨论与研究对金融稳定产生潜在风险的金融失衡及脆弱性问题（见第九章）。

② 《财政监测报告》（Fiscal Monitor）对各国的中期财政状况予以分析与预测，并评估各国的公共财政状况（见第十章）。

大影响，从1973年开始，《世界经济展望》得到了更广泛的重视。随后几年中，该报告从内部非正式讨论转变为执董会和临时委员会（国际货币与金融委员会的前身）的日常议程，从20世纪70年代末开始，《世界经济展望》成为IMF一项宏观经济预测和政策分析的重要工作。自1980年起，IMF以《世界经济展望：IMF工作人员的调查报告》和《国际资本市场：最新发展和短期前景》为题①，以一年一度的频率公开发布对世界经济形势和金融市场的预测与评估报告。在《世界经济展望》公开发布的最初几年，即20世纪80年代早期，不少发达国家正经历自“二战”以来最严重的经济衰退、高通胀和高失业率等挑战。为了更及时地反映世界经济形势和政策的变化，IMF于1984年首次增加了秋季“更新”，并在五年后将其升级为完整的“报告”。至此，《世界经济展望》的发布周期正式定为半年度，分别在IMF与世界银行春季会议和秋季年会上发布。② 作为“春会”和“年会”的重要组成部分，该报告的发布广受关注。③

进入21世纪以来，为了适应明显加快的世界经济发展节奏，使IMF的监督工作更具时效性并加强与公众的沟通，从2007年7月开始，《世界经济展望》在半年刊的基础上，对主要经济体和世界经济发展形势增加两次简略的“更新”，发布时间分别在每年1月和7月前后。与此同时，IMF还同步发布对每个成员国主要经济指标的短期和中期预测。上述一年两次完整的“报告”和两次“更新”共同确定了《世界经济展望》以季度为单位的分析和预测周期。其中，对全球、区域及各成员国的经济增长预测最受瞩目，被各国政府、金融市场、媒体、学术界和研究机构广泛引用，成为预测世界经济走势的晴雨表。

独立性是《世界经济展望》的重要特征之一。自1980年第一次对外公布以来，就确定以“IMF工作人员”的报告形式，而是不以IMF执董会的名义发布。目的是保证报告的分析与预测不受政治干扰，该传统保留至今。

---

① 《国际资本市场》报告和《新兴市场金融》报告于2001年合并为《全球金融稳定报告》。

② 除2001年在12月的9/11特刊外。

③ IMF春季会议通常于每年4月举办，秋季年会通常于10月举办。

《世界经济展望》的结构与选题也随着时代的发展与时俱进。自1980年对外公布以来，报告的关注点严格遵循IMF所肩负的维护国际货币体系稳定的职责，重点围绕全球贸易、国际收支、汇率和债务等影响外部平衡的经济问题展开，兼顾成员国的发展与增长等议题。进入20世纪90年代，随着越来越多成员国采用浮动汇率制，IMF的监督范围也开始从外部平衡向内部平衡倾斜。因此，《世界经济展望》在研究分析全球贸易和汇率问题之外，也越来越多地关注财政、货币和结构性经济政策问题。21世纪开始至今，该项工作将焦点更多地集中于全球经济稳定，特别是可持续的稳定增长，同时也涵盖更广阔的选题范围，如增加就业、提升生产率、稳定通胀和气候变化等中长期议题。

下文按照《世界经济展望》的基本结构顺序，依次介绍该报告各部分所覆盖的内容，并结合具体案例，从选题原则、研究方法与分析工具、宏观预测三个角度，展示其在IMF“多边监督”职责中所发挥的作用。

二、《世界经济展望》的基本结构和内容

《世界经济展望》报告以总揽全球经济形势和宏观政策为目标，以具有全球影响力的结构性和系统性议题为核心内容，并辅以丰富翔实的统计数据作为分析的支撑。依照上述逻辑，报告通常分为三大部分：

第一部分讨论并分析“全球经济前景和政策”，覆盖全球近期经济形势和相关政策变化，简要介绍全球主要经济体和地区的经济增长情况。

第二部分为“专题研究”，通常用两个到三个章节，对具有全球重要影响的结构性和系统性议题进行深入探讨。

第三部分为“统计附录”和“WEO数据库”，其中“统计附录”详细地介绍在第一部分讨论的外部环境假设的具体数字和相关统计基础。“WEO数据库”则包含了IMF对所有成员国和区域的经济预测数据，该数据库不仅涵盖了国民经济的主要指标，也包含相关财政变量、货币政策、债务、国际收支、汇率、劳动力市场等预测，并对报告结论提供补充和支撑。

由于每年两次的《世界经济展望》“更新”旨在提供对主要经济体和世界经济当前形势的分析和加强信息沟通，故通常只包含“全球经济前景和政策”

和“WEO 数据库”两部分，省略了“专题研究”和详细的“统计附录”。近年来，1 月份的更新在达沃斯世界经济论坛年会上发布，而 7 月份的更新则在 IMF 华盛顿总部发布。

（一）第一部分：全球经济前景和政策

《世界经济展望》是 IMF 履行世界经济金融监督职责的一个具体体现，而报告的第一部分“全球经济前景和政策”则直接反映了 IMF 对全球近期经济形势和相关政策变化的基本分析与评估。它是 IMF 对全球经济发展趋势与政策变化的宏观概括，同时对威胁经济稳定的风险因素发出预警。同在这一部分中讨论的还有 IMF 对全球经济增长的预测及其假设条件，其中既包含与宏观经济相关的货币、财政和贸易等政策的假设，也包含与当前经济形势紧密相关的其他趋势发展，如大宗商品特别是能源价格的走势等。

作为整个报告中提纲挈领的部分，“全球经济前景和政策”在概括全球经济形势时所采用的角度及分析方法在一定程度上反映了 IMF“多边监督”职责的关注重点。2020 年新冠肺炎疫情引发的经济危机是 2008 年全球金融危机后世界面临的最为严重的危机。我们以新冠肺炎疫情为例，介绍 2020 年 10 月发布的《世界经济展望》报告如何就该冲击对未来一段时间内世界经济可能产生的影响进行分析。

1. 影响预测的重要因素及假设条件

IMF 的每一次预测都是在认为最可能出现的“政策调整和对经济前景有重要影响的因素”假设条件下进行的。例如，在 2020 年 10 月报告的第一部分中，由于新冠肺炎疫情的肆虐，IMF 结合各国政府宣布的实际政策措施，预计各成员国政府整体上提供了约 6 万亿美元的直接财政支持，同时预估当时的整体宽松货币政策将维持较长时间。根据能源价格的变动和期货市场的形势，结合对能源供需及未来全球复苏时间的估计，IMF 认为 2020 年平均原油价格将徘徊在每桶 41 美元左右，并将在 2021 年恢复至平均每桶 43.8 美元左右。此外，从全球范围来看，在新冠疫苗得到大范围的普及使用前，疫情导致的社交疏离将至少持续到 2021 年。综上所述，《世界经济展望》分析认为，在这些因素的影响下，2020 年的疫情将会对各国的增长潜力带来长期“创伤效应”。结合各国经济形势、政策支持力度及疫情发展等实际情况，《世界经济展望》阐述了对全球增长的基线预测，并给出相应的通胀、贸易、经济周期和增长潜力等重要经济指标。

2. 全球增长的基线预测

IMF 对预测的每一次修正，通常是在前次预测的基础之上做出调整，并同时公布导致修正的具体因素。仍以 2020 年 10 月报告为例，IMF 预计 2020 年全球衰退幅度将从 6 月“更新”中的 5.2% 缩窄至 4.4%，这 0.8 个百分点的经济增速上调主要来自两个互相抵消的因素：一是二季度大部分国家的衰退幅度小于预期，二是时间长于预期的持续社交疏离和不断推迟的复工复产。此外，因为假设全球范围的社交疏离将持续到 2021 年底，并且有些国家可能面临疫情的二次反弹，10 月报告中对“2021 年全球增长”的预测也从 6 月“更新”中的 5.4% 下调至 5.2%。根据成员国之间经济的共性和联系紧密程度等因素，我们也可以从“国家发展程度”的角度来对增长预测进行再分析。由于大部分发达国家 2020 年二季度的实际衰退小于预期，所以发达经济体在 2020 年的整体上调幅度相对较大；除中国外的新兴市场和发展中经济体被下调，则是因为当时疫情相对蔓延得更广泛，影响了受疫情冲击较大的旅游产业和外部融资。从中期角度来看，供给侧增长潜力受到持续的 “创伤”，主要由部分企业的破产、低迷的劳动参与率及资源有效分配障碍引起。

3. 预测的不确定性

IMF 的基线预测是基于假设前提下经济学家们认为最可能发生的情况而构建，既不是平均值，也不是中位数。当然，伴随着这些预测和假设，还有相应的不确定性（或称“风险”），包括围绕着假设的不确定性和影响经济稳定的重要事件风险等。上述风险可分为两类，即对基线预测的主要“上行风险”和“下行风险”。同样以 2020 年 10 月报告的第一部分为例，针对前述各假设，分析认为主要上行风险包括：（1）衰退程度低于预期；（2）新冠病毒的治疗方法与疫苗的研发和推广；（3）财政支持政策可能会比预期持续更久；（4）生产率的快速提升。另一方面，下行风险可能包括：（1）疫情不断反复；（2）各国政府过早撤销政策支持；（3）融资条件快速紧缩；（4）

流动性再次短缺和破产频发；（5）其他社会不稳定因素，包括紧张的地缘政治局势、贸易与科技政策摩擦等；（6）气候变化问题加剧。

4. 应对这些风险的政策

在政策建议方面，《世界经济展望》主要关注总揽性的全球性政策建议，而极少针对某个国家的具体情况提出政策建议，此类建议属 IMF 双边监督中的“第四条款磋商”范围。政策建议围绕全球经济中短期稳定和可持续发展为核心展开。如 2020 年 10 月的报告建议成员国政府在短期内应优先保证医疗系统得到足够资源，在此基础上尽量减小经济损失。该报告还呼吁国际社会在夯实医疗系统和为资源有限的发展中国家和低收入国家提供支持等方面加强多边合作。在国家层面上，报告强调成员国政府应为抗疫和危机应对而增加的额外财政开支提供保障。对于疫情仍然快速蔓延的国家，政策应以尽力减小经济损失为目标；对已处于复工复产中的国家，政策应为经济复苏提供持续的支持。此外，该报告还从中长期角度讨论了政策制定的方向。例如，在国家层面上，借此机会更快速地推进低碳经济转型以建立可持续的发展方式，促进人力资本的积累和改善社会平等，同时注意因疫情而加重的主权和企业债务的脆弱性，适时推进债务重整。而在国际层面上，报告则建议各国政府努力在多边机制下协调贸易纠纷，并加强对科技和气候等问题的关注，以保证全球经济复苏的可持续性。

5. 替代情景

如果这些风险发生，全球经济又会怎样？分析可能的“替代情景”并考虑相应的政策应对也是《世界经济展望》的重要组成部分。2020 年 10 月的报告应用了 IMF 的“G20 模型”[①] 来分析可能的替代情景。G20 模型（Andrle et al., 2015）是灵活的全球模型系统（Flexible System of Global Models, FSGM）中针对 G20 国家的一个子模块，是专门为分析世界宏观经济而构建的结构性模型，涵盖了货币政策及溢出效应、家庭部门、企业部门和政府部门之间的主要经济关系，是 IMF 报告中经常使用的一个分析工具。[②]

① 参见 2020 年 10 月报告第 1 章专栏 1。

② 如 2016 年 10 月报告第 4 章对中国经济转型的溢出效应的分析。

在10月报告中，G20模型分析了两种替代情景（见图8.2）。在“下行情景”中，模型假设了各种可能性，包括疫情比预想的更难控制、经济损失在2020年下半年比基线稍微扩大、2021年抗疫各方面进展仍不顺利、特效药和疫苗的研制滞后、社交疏离难以有效维持等。这些假设将导致2020年全球增长比基线预测低0.75%，并在2021年降至低于基线近3%。由于财政空间的掣肘，新兴市场经济体将比发达经济体受到更大的负面影响。

“G20模型”是IMF研究部为了更有效地进行政策分析而开发的一个覆盖G20国家的半结构模型。与动态随机一般均衡模型（DSGE）相比，该类模型能够覆盖更多的经济体。在权衡计算成本和模拟的复杂度的同时，将消费、投资、生产率、贸易关联、劳动力供给、通胀等微观变量纳入考量，同时兼顾经济体之间的差异化详见 Andrle et al.， 2015。

在2020年10月报告中，“G20模型”分析了两种替代情景。以“下行情景”为例，模型假设疫情比预想的更难控制，经济损失在2020年下半年较基线稍微扩大；甚至在2021年中，“抗疫”的各方面进展均不顺利，如滞后的特效药和疫苗的研制、社交疏离难以有效维持等。

资料来源：《世界经济展望》2020年10月报告，第1章，“情景专栏1. 替代性的情景”。

情景图. 抗击新冠疫情的其他情景变化
（与基线的偏离）

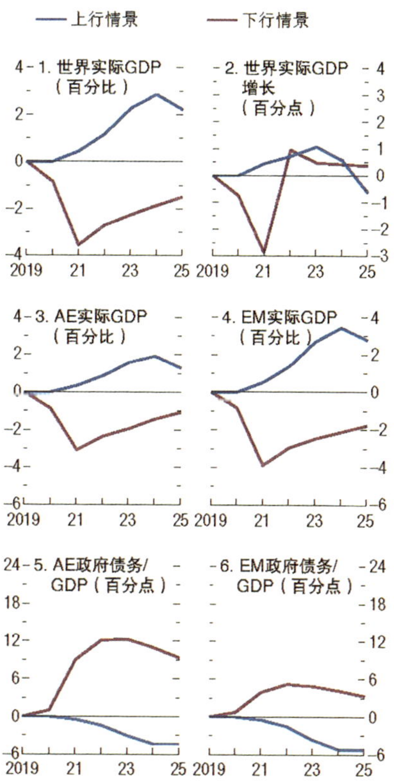

资料来源：IMF，二十国集团模型模拟。
注释：AE=发达经济体；EM=新兴市场经济体。

图8.2　抗击新冠肺炎疫情的两种替代情景

相反，假使实际情况发展好于基线假设，如药物和疫苗的研制和推广速度超过预期，则有助于快速降低死亡率并恢复公众信心，所有国家都将从中受益。在这种情况下，“上行情景”可能更接近现实，那么 2021 年的增长将高于基线预测大约 0.5%，直至在 2023 年高于基线 1%。在上行情景中，虽然所有经济体都将受惠于经济活动的快速恢复，但新兴经济体将受惠更多，这是因为基线情景中假设了新兴经济体受到的冲击相对更大。

（二）第二部分：专题研究

《世界经济展望》第二部分为专题研究，一般通过两个到三个章节，选择有全球影响的、具有系统性和结构性的政策议题进行深入分析和探讨。

从过往的“专题研究”中不难发现，《世界经济展望》的选题紧扣 IMF 的核心职能，围绕可能影响国际货币体系稳定和全球可持续性发展的关键课题展开讨论。同时，第一部分“全球经济前景和政策”中描述的“威胁全球中近期前景稳定的风险因素”也是专题研究的关注焦点。以 2020 年为例，若论全球经济稳定面临的最大风险，新冠肺炎疫情首当其冲。因此，2020 年 10 月的报告第 2 章着重分析各成员国的“大封锁”对疫情控制和经济活动带来的影响。气候问题作为在中长期将深刻影响人类经济活动的另一重要因素，也被列为专题并深入分析（2020 年 10 月报告第 3 章）。

回顾近年的报告，随着 2015 年全球贸易的减速和中国经济增长速度放缓，专题研究分别讨论了全球贸易减速的原因和应对方法（2016 年 10 月报告第 2 章）、中国经济转型对世界的溢出效应（同期第 4 章）等对全球经济发展具有系统性影响的课题。专题研究中当然也不乏对结构性改革等传统经济增长问题的讨论，例如劳动力市场发展（2018 年 4 月，2017 年 10 月）、跨境资本流动（2020 年 4 月，2016 年 4 月）、融资条件改善（2020 年 4 月，2019 年 4 月，2018 年 10 月）、货币政策面临的挑战（2020 年 4 月，2016 年 10 月）、增长要素配置（2018 年 4 月，2016 年 4 月）等。

与偏向宏观经济形势报告的第一部分相比，“专题研究”采用了接近学术论文的形式和研究方法，即结合实证研究来论证观点。但与学术论文相比，《世界经济展望》在选题方面还是偏重政策视角，而且研究方法更为多样化。考虑到 IMF 的监督职责和《世界经济展望》的作用，其中的原因不难理解。

下文将由此出发，分别阐述“专题研究”独特的选题角度和研究方法。

1. 选题侧重政策视角

作为以促进全球货币合作和促进金融稳定的国际组织，IMF 在经济与货币政策方面的研究主要是为其各项核心职能服务的。同样，“专题研究”的选题也偏重政策问题，尤其注重由研究得出的政策建议是否具备现实性、全面性与可行性。“专题研究”与 IMF 其他研究报告一样，通常会尽力避免用片面或单一的角度来讨论问题。通过研究给出的政策建议，虽然将“解决”和“改善”作为重心，但并不会止步于此。在给出政策建议的同时，也会提示政策可能带来的副作用，并根据各国不同发展阶段和经济结构特点等实际情况，分析政策效果，指导政策配合，并提出国际间协作等多方面建议，旨在统筹解决问题并相对平稳地实现政策过渡。

以 2020 年 10 月报告第 3 章“缓解气候变化——增长和分配策略”为例，该报告提出了两个核心政策问题：（1）在对全球增长、就业和再分配最有利的情况下，哪种政策组合能在 2050 年实现碳中和？（2）有序合理的气候政策是否可以帮助修复新冠肺炎疫情对经济带来的冲击？

为了回答这两个问题，“专题研究”首先回顾了过去 25 年间在多个国家实行的减排政策，特别是能源方面的减排政策，并审视了其在从“高排放”经济向“低碳”经济转型中发挥的作用和对总体经济活动的影响。在这一期间，总体上看来，更严格的排放标准贡献了全球大约 30% 的新增清洁能源技术创新和大约 55% 的新增可再生发电量。同时，从政策选项看，研发补贴、碳排放交易、排放限额和上网电价等政策工具对清洁能源的创新具有明显激励作用，上网电价和碳排放交易对可再生发电项目的投资也有明显促进作用。从就业角度来看，向“低碳化”转型的过程对碳密集行业造成了失业冲击。虽然可再生发电行业可能提供比传统发电行业更多的就业机会，但综合来看，这种就业方面的影响可能很难达到完全替代的效果，其净效应并不显著，甚至可能为负。该研究在进行上述分析的过程中，考虑了包含多种气候政策工具在内的政策选项，并立足于经济发展，从创新、投资和增长，特别是从就业角度分析了减排政策带来的冲击。与此类似的政策研究课题在《世界经济展望》中十分常见，既关注政策制定，又兼顾宏观经济全局，体现了 IMF 在政策分析中所采用的独特视角。

2. 研究方法博采众长

在研究方法方面，“专题研究”部分与学术论文比较接近，即以实证分析方法为主。与学术论文不同的是，在同一个研究课题中，往往会综合运用多种实证分析方法。这样做有三方面原因：（1）实证方法通常用于解决带有一定目标性的问题，但单一模型大都存在一定的技术局限性。为了避免这种技术上的局限性，“专题研究”一般不会完全依赖某单一模型，而是博采众长。（2）从某种程度上说，出于前文提到过的“政策全面性”考虑，很少有某一个模型能兼顾所有考量因素，但政策设计却需要尽可能全面地考虑所有政策影响因素。因此，多种实证方法的综合运用与政策研究的目标更为匹配。（3）考虑到研究课题的重要性和现实性，以及 IMF 作为国际机构所必备的中立性和独立性，在讨论全球性政策问题中，需要尽可能地采用多角度、多种方法和多方论证。因此，从读者的角度来看，“专题研究”所采用的研究方法，更像是各类相关实证分析方法的一种有机结合。

通常而言，“专题研究”的正文部分会适当省略实证分析的具体技术步骤及论证过程，这些内容会较完整地在章节附录或刊尾的统计附录中展示，也有可能以工作论文的形式进行补充。

2020 年 10 月报告中的“专题研究”就是一个综合运用多种实证方法的实例。在该报告第 3 章中，IMF 经济学家从保持经济增长的角度，综合应用宏观经济模型，设计了 2050 年实现碳中和目标所需的减排政策。该研究应用学术界广为使用的 G-Cubed 全球宏观模型（McKibbin and Wilcoxen 1999, 2013；Liu et al., 2020），模拟了减排政策对与化石燃料燃烧有关的碳排放及对宏观经济的短期、中期和长期影响，同时也使用了“综合评估模型”（Hassler et al., 2020）来模拟长期的气候变化及因此减少的损失。在通常情况下，大多数学术论文不会同时运用多个模型来分析单一问题。但由于应对气候变化的内生科技发展可能会对碳定价和经济结构向低碳模式的转型起到放大作用，为避免 G-Cubed 模型在分析（内生变化）中存在的局限性，因此同时引入“综合评估模型”来体现减排科技发展的作用。不仅如此，该报告还从收入再分配角度，针对减排政策给家庭收入和消费造成的影响进行建模，分析了政策的再分配效应，也包括如何通过合理的“碳收入”再分配政策来减小对最脆弱家庭的影响以提高政策的包容性等问题。这种综合分析，是一般学术论文所不要求的。同样的思路在其他专题研究中也有体现，此处不再赘述。关于上述研究的其他细节，在其后发布的政策文件（Dabla-Norris et al., 2021）中进行了更详尽的阐述，并由此构成了IMF完整的“政策建议体系”，《世界经济展望》在IMF整个多边监督体系中所发挥的作用由此可见一斑。

（三）第三部分：统计附录和预测数据库

《世界经济展望》的最后一部分通常为统计附录。报告前两部分中所讨论的假设和数据标准、某些国家的特别备注、国家及地区分类等各种数据定义、归类和计算方法等内容，都会在这一部分详尽地展示，以供阅读者参考。

伴随每年两次的《世界经济展望》及两次更新同时发布的，还有四次全球预测数据，即“世界经济展望数据库”。该数据库包含了各成员国和经济体的各种宏观经济及金融数据，覆盖了GDP、通胀、就业、进出口、汇率、利率、财政和金融等数据在内的主要国民经济指标。

（四）《世界经济展望》预测的形成过程

《世界经济展望》预测的形成是一个迭代过程，是“由上至下”和“自下而上”两个互相收敛的方法的结合（见图8.3）。但无论从哪个角度出发，均需遵循逻辑上的合理与一致性。

1. “由上至下”的指引

IMF的预测工作以季度为周期。每次修正或更新预测之前，IMF研究部会分数次、向各地区部门的国家团队提出“外部环境假设”建议，内容一般覆盖全球最主要的经济体（如G20国家）的经济形势变化和对基线有重要影响的因素。全球假设一般分两轮到三轮推进，其中第一轮是初步建议，在得到地区部门国家团队结合最新数据给出的反馈后，研究部将对第一轮建议进行修正，再给更多国家团队分发第二轮全球假设。

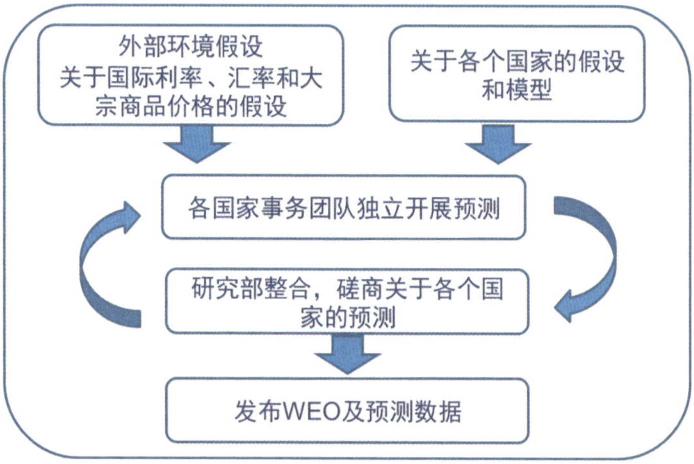

图 8.3 《世界经济展望》预测的形成过程

资料来源：作者整理。

外部环境假设主要为具有全球性影响的重要因素。从冲击来源的角度来说，这类全球性影响因素对大部分经济体而言都属于外生因素。这样做的目的，是尽量使所有地区部门的国家团队在预测周期开始时，站在同一个信息平台上。“具有全球性影响的因素”包括美国、欧盟、中国和日本等最主要经济体的最新宏观发展形势。除此之外，还包含能源、金属、原材料和粮食等大宗商品价格的最新变化，主要有非美元储备货币的汇率变化，以及例如伦敦银行同业拆放利率（LIBOR）这类国际金融市场的基准利率等金融市场因素。对于非经济因素，通常会把对当前经济发展有重要干扰作用的非经济活动纳入假设。例如，2020 年全球应对新冠肺炎危机时，研究部统计了各国采取的不同程度的“封城”和社交疏离措施对经济活动可能产生的影响，并在全球范围统一假设了疫苗研发和生产的进程。

除了提出假设条件之外，对属于 G20 的主要经济体，研究部在每轮预测开始前，通过 Global Projection Model（见 Blagrave et al., 2013; Carabenciov et al., 2013）和 G20 Model 等模型，对主要经济体的重要宏观变量进行预测，以尽力保证外部逻辑一致性，并与相关地区部门的国家团队进行讨论，尽可能地提供合理的指引。

与此同时，IMF研究部还将对全球整体的贸易账户、经常账户和资本账户收支等关乎全球平衡的变量进行核算，以尽可能地保证预测过程中的全球一致性。举例说明，全球所有国家的出口之和应等于进口之和，假如预测中二者出现明显差异，那么就意味着某些国家的相关预测变量存在不一致的情况，此时就需要研究部进行协调或修正。又如一个国家的出口与其主要贸易伙伴的需求偏离大于一定范围时，也需要相应地修正。当然，某些可预见的特殊情况则需另行讨论。

上述检查结论将会同外部环境假设一起，提供给各地区部门的国家团队作为参考。最终形成的外部环境假设将出现在每期《世界经济展望》的“第1章”和“统计附录”中，这既是模型分析的重要基础，也是整个报告不可或缺的部分。

2.“自下而上”的整合

IMF研究部在预测工作中担任着协调和统领全局的职责，因而需从“自上而下”的视角，向各地区部门的国家团队提出外部环境假设建议并进行修正。对于各地区部门的国家团队来说，需要预测的主要宏观经济数据，包括实际和名义GDP、价格指数、人口和劳动力、货币、汇率、公共财政、国际贸易、国际收支及内外债务等变量，故从“自下而上”的角度对实际数据进行分析，更容易翔实地反映一国的经济形势。

IMF预测分析的范围不仅限于上述可观测的变量，也会同时估计具有重要政策意义但不可观测的经济变量，如潜在产出和产出缺口等，而对这些变量的估计通常需要借助模型来完成。IMF常用的估计潜在产出的模型包括多元过滤模型（2015年4月；2018年10月；Blagrave et al., 2015）等。这种模型曾被应用到美国和欧元区（Alichi et al., 2015）、中美洲诸国（Beaton et al., 2019）及结合各国实际的衍生版本（如韩国，Hansen et al., 2019）。

在“自下而上”的整合过程中，各经济变量之间的合理性是通过统计关系和理论关系来确定的。预测时，各宏观经济指标之间的短期关系需要符合被广泛接受的实证经验，而中长期关系原则上应与经济学理论吻合。例如从经验角度来分析，公共消费和投资与财政预算高度相关，私人消费和居民收入之间亦有紧密关联。对大多数发达和新兴经济体而言，货物进口量一般和内需或投资呈现高度相关性，而出口则与贸易伙伴国的内需关系紧密。若预测过程中出现明显与经验、理论和统计关系相悖的结果，除非存在特殊原因，例如新政策、突发事件等因素的干扰，需要对模型重新审视并进行修正，从而确保预测的合理性。

实际工作经验表明，虽然中长期内经济学理论所总结的规律普遍有效，但在短期内，经济极易受各种因素干扰而产生波动。例如，奥肯定律（Okun's Law）所描述的失业率与经济产出之间的关系在短期内未必显著，当预测对象出现经济衰退时，失业率可能会立即上升，但当经济复苏时，劳动力市场的恢复则有可能滞后。例如 2008 年全球金融危机后，韩国的 GDP 在 2010 年出现大幅反弹，但同期失业率却仍然在攀升（Hansen et al., 2019），其原因主要是中国 2009 年实施财政刺激的溢出效应带动了韩国出口，部分促使了韩国经济的快速反弹，而其国内需求并未出现根本性好转。因此，对 2010 年韩国经济的分析不能简单使用奥肯定律，而需要根据实际情况具体分析。同理，对美联储等央行利率的预测原则上应符合泰勒法则（Taylor rule），财政收支需遵循债务可持续性，（实际）汇率的波动受国际收支和外债可持续性影响等。这些理论在实际预测工作中应用时，必须兼顾各经济体在预测期内的实际情况，才能够保证预测的合理性。

最后，由于全球的溢出效应会通过多种渠道得以体现，因此将“外部环境假设”整合到具体某国的分析工作中也是“自下而上”的一部分。比较直观的例子比如国际贸易中的一致性，即本国出口应与主要贸易伙伴国的需求存在对应关系，但该贸易伙伴国的宏观政策变化对被预测国的溢出效应是较难直接判断的，这就需要借助模型来进行分析。IMF 各地区部门国家团队都广泛应用模型来辅助研究，常用的模型如“全球综合货币和财政模型”（Global Integrated Monetary and Fiscal Model，GIMF）（Kumhof et al., 2010; Anderson et al., 2013）等。

三、《世界经济展望》与《全球金融稳定报告》和《财政监测报告》的关系

《世界经济展望》《全球金融稳定报告》和《财政监测报告》共同构成了 IMF 全球经济金融监督工作的三大旗舰报告，是多边监督工作的重要组成部分。这三个报告之间互相影响、相辅相成。《世界经济展望》主要关注宏观经济，分析总结近中期全球经济发展的内外部失衡问题。《全球金融稳定报告》则在此基础上，研究因经济失衡可能产生的金融后果。《财政监测报告》在全球深陷金融危机的2009年诞生，它基于《世界经济展望》的宏观预测和《全球金融稳定报告》对金融环境的分析，评估当前全球的财政状况及可持续性，预测财政政策变化的影响。三大旗舰报告之间存在一定的关联性，例如经济的增长和衰退会导致金融环境的变化与货币和财政政策的反应，而金融市场的动荡既会导致实体经济发展的失衡，也会导致财政状况发生改变而影响债务可持续性；反之，财政刺激会使经济增长加速，但因各国对债务的承受能力不同，对金融市场的影响也会因不同情况而异。

四、《世界经济展望》与其他国际机构报告的异同

对世界经济形势进行周期性的预测是许多国际机构的重要工作内容之一。由于各机构的职责、定位、成员国的构成和数量等方面存在差异，报告的侧重点和使用的方法有较大区别。IMF 的《世界经济展望》与其他国际机构的经济预测报告的差异正来源于此。

在国际机构众多全球性经济预测报告中，除了 IMF 的《世界经济展望》，世界银行的《全球经济展望》和经济合作与发展组织（经合组织）的《经济展望》也具有较广泛的影响力。下面以这两份报告为例，介绍 IMF《世界经济展望》与它们的差异。

首先，IMF 作为以促进全球经济和国际货币金融体系稳定为一项主要职责的国际机构，该职责决定了《世界经济展望》的重心是提示和防范风险。如上所述，在选题方面，IMF 的《世界经济展望》主要侧重全球经济，特别是主要经济体的系统性风险、经济周期和增长潜力等结构性问题，其最终目

的是促进全球经济的持续稳定增长。世界银行的主要职责为消除贫困、促进发展。因此，世界银行的《全球经济展望》在选题上更关注发展中国家和低收入国家消除贫困和基本发展等问题。经合组织的《经济展望》侧重关注政策方面的最新发展和挑战，并对其成员国和中国等关键伙伴国的最新经济形势进行跟踪预测，① 这反映了经合组织主要通过经济政策来促进平等、包容的经济发展的核心职责。

其次，成员国构成的巨大差异也使 IMF 的《世界经济展望》在众多世界性经济报告中体现出其独特性。IMF 现有 190 个成员国，涵盖了联合国成员中 193 个主权国家中的绝大部分，其中既有发达国家，也有新兴市场国家和低收入国家，可以说涵盖了各种类型的经济体。IMF 对每个成员国都安排了专门的国家团队，负责监督各成员国的经济形势，《世界经济展望》的全球预测，就是以这种自下而上的监督为基础，逐步构建起来的。世界银行现有 189 个成员国，虽然覆盖面上与 IMF 基本重合，但因其主要关注贫困与发展问题，世界银行的《全球经济展望》相应侧重减贫与促进发展问题，而全球经济、金融和贸易等问题不是其关注核心。经合组织现有 38 个成员国，按购买力平价计算，约占世界 GDP 的 50% 左右，成员均为市场经济国家，其《经济展望》的研究重点就毋庸赘言了。虽然中国是经合组织的关键伙伴国之一②，并于 2015 年正式加入经合组织发展中心，但尚不是经合组织的成员国。因此，经合组织的《经济展望》涵盖中国主要是考虑到其在全球经济中的重要地位。

最后，IMF 的《世界经济展望》的结构侧重使其在监测全球经济系统性风险方面具有较突出的参考价值。如上所述，《世界经济展望》由三部分构成，分别为全球经济前景和预测、专题研究、统计附录及 WEO 数据库，主题聚焦具有全球经济系统性影响的问题，既不单独关注某个国家的问题，也不

① 在 IMF 的监督框架下，这种针对成员国的具体的分析体现在“双边监督”框架下。

② 同为经合组织关键伙伴国而非成员国的主要新兴市场经济体还有巴西、印度、印度尼西亚和南非。

会过多偏重区域性预测。[①] 世界银行的《全球经济展望》虽然包含全球经济形势的一般性介绍，但其侧重点仍在新兴市场和发展中国家的经济发展情况，专题研究也更关注人类发展问题，而非经济的系统性问题。经合组织的《经济展望》的主线则更为清晰，一般分为对总体宏观经济形势的评估、对宏观和结构性政策的重点讨论、对各成员国和关键伙伴国经济形势的简要分析。

除上述研究视角上的总括性区别之外，在统计标准和发布周期方面，IMF《世界经济展望》亦与同类报告有所区别。

以 CDP 为例，IMF 和经合组织的全球 GDP 增长率均以“购买力平价”为权重，而世界银行的全球 GDP 增长则以“市场汇率”折算的不变价计算。[②] 这个统计标准差异可能会造成较大的影响：即使在 IMF 与世界银行对某些国家的经济增长预测相同的情况下，对同期的全球或区域增长的预测也可能会有一定差异。这是因为对于发展中国家来说，汇率波动和价格变动对整合后的全球或区域增长率影响截然不同。IMF 之所以选择以购买力平价为权重，是因为购买力平价相对于市场汇率比较稳定，通常被认为是衡量全社会整体福祉的更好方法。[③] 统计标准的差异对结果的影响由此可见一斑。

从发布周期来看，IMF《世界经济展望》的发布时间与 IMF 与世界银行春季会议和秋季年会同期，一般安排在每年的 4 月和 10 月，旨在为参会者和社会各界提供全面而及时的全球经济形势评估，并在每年的 1 月和 7 月发布简短的更新。世界银行的《全球经济展望》则在每年的 1 月和 6 月发布。经合组织的《经济展望》一般于每年的 5 月和 11 月发布，同时在 3 月和 9 月发布相对简要的中期报告。

综上所述，与其他国际机构的类似报告相比，IMF《世界经济展望》几乎

---

① 区域问题会由各地区部门的“地区经济展望”报告覆盖，而在国家层面会有双边的“第四条款磋商”来进行全面的讨论。

② 如 2020 年 6 月报告，全球和区域的 GDP 整合的权重以 2010 年的不变价通过市场汇率换算得到。

③ 关于购买力平价和市场汇率的简要比较，可参考：https://www.imf.org/external/pubs/ft/fandd/2007/03/basics.htm。

覆盖了全球所有国家，由于其对全球经济面临的系统性和结构性问题的深入而严谨的讨论，加上对世界经济预测的全面性和权威性，因而得到国际社会的广泛关注，成为全球经济分析和预测的标志性报告。

* * * * * * *

追本溯源，作为 IMF 全球经济金融监督工作的三大旗舰报告之一，《世界经济展望》的目标是为 IMF 的多边监督工作服务，监测并防范具有全球性、系统性和结构性影响的宏观经济风险，协助 IMF 更好地履行其促进国际货币体系稳定和成员国经济持续增长的重要职责。《世界经济展望》的研究课题和分析方法亦是围绕这个核心职责而构建，并且在实践中不断修正和改善。在这个循环往复的过程中，《世界经济展望》既是阶段性的总结，也是未来工作的起点。世界经济形势瞬息万变，《世界经济展望》唯有与时俱进，才能更好地为 IMF 成员国提供及时、准确、全面的分析和政策建议，也能不断提升其生命力。

附录 8.1　IMF 如何在新冠肺炎疫情中预测经济活动

2020 年初新冠病毒的快速扩散，使得全球经济活动进入了史无前例的停摆期，不仅影响一国国内的经济活动和外需，也因其对国际供应链的影响，引发全球大面积的供给端冲击。这些变化给 2020 年的经济活动预测工作带来巨大困难。

具体而言，主要难点有以下三方面：

1. 没有类似的历史经验可供参考。比如，过去虽然爆发了相似的公共卫生事件，但并没有造成大规模经济停摆。从冲击的表现形式来看，新冠肺炎疫情在短时间内造成的巨大生命损失类似地震这类自然灾害，但也有两处不同：第一，自然灾害带来的固定资产损失巨大，灾后恢复相对缓慢，而新冠肺炎疫情短期内并未直接导致固定资产损失；从理论上说，一旦解除封锁，当地经济活动会快速恢复。第二，自然灾害造成的损失通常局限于受灾地区，而新冠肺炎疫情导致的经济停摆几乎是全国性，乃至全球性的，即使部分地区解除封锁，跨区域的产业链全面恢复仍会因复工复产进度参差不齐而进展缓慢。

2. 较难用数理模型进行精确的定量分析。常见的基于统计的数理模型面对此类尾部风险时往往显得束手无策，并且时间上也不允许重新构建能够专注于尾部风险的新模型。另外，历史统计数据波动有限，基于历史数据的模型基本无法定量地反映巨大冲击造成的非线性影响。

3. 季度数据的滞后性。很多国家统计数据都有一定滞后期，通常晚于IMF春季《世界经济展望》要求的截止日期，使得预测模型缺乏校准基础。

为了对冲击带来的影响进行大致估计，IMF经济学家改用供给侧替代需求侧构建分析框架。与一贯原则相符，IMF一般不会只依赖单一方法预测，而是尽量通过多种方法进行交叉验证。本轮预测采用的方法之一，是为第二、三产业的相应部门描绘一条比较合理的、以日或周为单位的复工率曲线，从而能够得到一季度经济活动的大致范围。例如，疫情期间大部分制造业生产完全停滞，但随着复工复产的推进，其恢复速度也相对较快；而在服务业中，网络服务量反而因"居家令"而增加，甚至超过正常年份，餐饮和旅游则由于社交疏离政策及消费者信心低迷的影响，复工率可能长期保持在较低的水平。

预测中采用的方法之二，是通过工作日核算对从复工率角度得到的结果进行交叉验证，通过计算损失的工作日，从总供给角度核算总产出的下降。

预测中采用的方法之三，是同时使用常规和非常规数据，包括间接常规数据如贸易伙伴国的进出口量等，来校正前两种方法得到的结果。非常规数据，包括日均耗煤量、交通拥堵指数等，虽然这些大数据不能作为反映经济活跃度的精确指标，但在如此巨大的冲击和快速变化的疫情面前，全局性与实时性更为重要。

附录 8.2　近年来《世界经济展望》专题章节题目

2020 年 10 月

第 2 章：The Great Lockdown: Dissecting the Economic Effects

第 3 章：Mitigating Climate Change–Growth and Distribution Friendly Strategies

2020 年 4 月

第 2 章：Countering Future Recessions in Advanced Economies: Cyclical Policies in an Era of Low Rates and High Debt

第 3 章：Dampening Global Financial Shocks in Emerging Markets: Can Macroprudential Regulations Help?

第 4 章：The Macroeconomic Effects of Global Migration

2019 年 10 月

第 2 章：Closer Together or Further Apart? Within Country Regional Disparities and Adjustment in Advanced Economies

第 3 章：Reigniting Growth in Low Income and Emerging Market Economies: What Role Can Structural Reforms Play?

第 4 章：The Drivers of Bilateral Trade and the Spillovers from Tariffs

2019 年 4 月

第 2 章：The Rise of Corporate Market Power and Its Macroeconomic Effects

第 3 章：The Price of Capital Goods: a Driver of Investment Under Threat

2018 年 10 月

第 2 章：The Global Recovery 10 years After the 2008 Financial Meltdown

第 3 章：Challenges for Monetary Policy in Emerging Markets as Global Financial Conditions Normalize

2018 年 4 月

第 2 章：Labor Force Participation in Advanced Economies: Drivers and Prospects

第 3 章：Manufacturing Jobs: Implications for Productivity and Inequality

第 4 章：Is Productivity Growth Shared in a Globalized Economy?

2017 年 10 月

第 2 章：Recent Wage Dynamics in Advanced Economies: Drivers and Implications

第 3 章：The Effects of Weather Shocks on Economic Activity: How Can Low-Income Countries Cope?

第 4 章：Cross Border Impacts of Fiscal Policy: Still Relevant?

2017 年 4 月

第 2 章：Roads Less Traveled: Growth in Emerging Market and Developing Economies in a Complicated External Environment

第 3 章：Understanding the Downward Trend in Labor Income Shares

2016 年 10 月

第 2 章：Global Trade: What's Behind the Slowdown?

第 3 章：Global Disinflation in an Era of Constrained Monetary Policy

第 4 章：Spillovers from China's Transition and from Migration

2016 年 4 月

第 2 章：Understanding the Slowdown in Capital Flows to Emerging Markets

第 3 章：Time for Supply-Side Boost? Macroeconomic Effects of Labor and Product Market Reforms in Advanced Economies

第九章
全球金融稳定评估与监督[①]

如果说《世界经济展望》是 IMF 分析与监督全球宏观经济的旗舰与标杆，那么《全球金融稳定报告》（Global Financial Stability Report，GFSR）则是多边监督的后起之秀。与《世界经济展望》较长的发展历程不同，对全球金融稳定的评估与监督工作是近二十年来新发展起来的。然而，随着全球金融市场的快速发展并鉴于其与经济的紧密关联性和复杂性，IMF 对全球金融动态与政策的研究已成为其多边监督工作的重要一环。同时，每年两度发布的《全球金融稳定报告》也成为 IMF 的旗舰报告之一，受到全球政策制定者、金融市场人士、学术界和媒体的广泛关注和重视。

为什么这方面的工作是在近二十年来才发展起来？IMF 如何开展并推进这方面的工作？其研究动机与监督重点又是什么？面对复杂多变的国际金融市场，《全球金融稳定报告》采用了哪些研究方法以确保其分析和评估的严谨性和权威性？在 2020 年新冠肺炎疫情危机发生后，IMF 关注哪些与国际金融市场相关的重点问题？本章将详细解答上述问题。

一、全球金融稳定分析和监督的来由

经历了 20 世纪 90 年代中期拉美国家金融危机和 1997 年亚洲金融危机之

① 本章作者是徐绎之。

后，许多国家的中央银行与金融监管部门开始意识到金融体系的稳健发展对宏观经济稳定的重要性。自那时起，IMF 开始越来越多地关注成员国的货币金融政策与金融脆弱性，其货币与资本市场部应运而生，IMF 对其成员国的金融部门评估规划（Financial Sector Assessment Program，又称 FSAP）也从那时诞生。然而，在对全球金融系统稳定前沿话题的量化研究与理论积累上，当时的 IMF 仍处于最初探索阶段。从 2002 年 3 月起，货币与资本市场部定期发布的《全球金融稳定报告》逐渐填补了 IMF 在全球金融稳定分析监测方面的空白。与此同时，IMF 也通过 FSAP 大力加强了对成员国金融系统的监测（见第十四章）。这些调整反映了 IMF 深刻认识到金融稳定对于确保经济稳健发展的重要性。

在这份半年期的《全球金融稳定报告》中，IMF 的经济学家和金融专家团队会对当前金融市场的融资环境、金融系统的潜在风险和金融资产的估值进行全面评估。在分析角度方面，每一期的报告不仅包括短期金融市场动态的时事性章节，也会收纳对中长期金融脆弱性进行分析的研究性章节。时事性章节通常会逐一阐述宏观经济中各个部门的近期金融风险（见图 9.1），并给出相应的政策建议。研究性章节则涵盖面较广，研究内容包括传统金融学研究经常关注的话题（如银行与其他金融市场稳定性、实体公司与家庭部门债务违约风险、央行的传统与非传统货币政策等），也越来越多地探讨一些时下热门的金融政策话题，如气候变化与股价估值、公司融资环境与环保表现等。

不同于各国中央银行推出的侧重于本国经济的金融稳定报告，[①] IMF 的《全球金融稳定报告》在定位上更具全局性，倾向于对全球性和区域性金融稳定问题的研究和评估，也关注全球主要经济体的金融风险及货币与金融政策对于新兴市场国家金融系统的溢出效应。这其中不乏许多关于中国金融体系在发展进程中面临风险挑战的研究和中国在全球金融大环境中扮演角色的探讨，

① 如欧洲央行的《金融稳定评论》（Financial Stability Review）、日本央行的《金融系统报告》（Financial System Report）、英格兰银行的《金融稳定报告》（Financial Stability Report）等。

以及从 IMF 角度给出的评价与政策建议。在 IMF 内部与各成员国间，《全球金融稳定报告》和每年 IMF 春季会议和秋季年会期间定期发布的《世界经济展望》和《财政监测报告》一同构成了 IMF 全球宏观经济金融分析的三大核心报告，并在全球范围被广泛阅读、报道和引用。

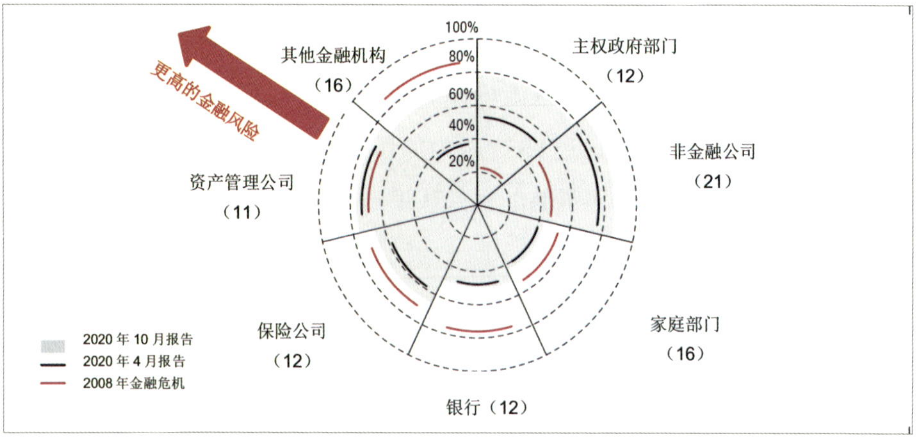

图 9.1　重要经济体 2020 年各部门风险变化趋势图

资料来源：2020 年 10 月报告第 1 章。

注：此图展示了 13 个发达经济体和 7 个新兴市场经济体的宏观经济中各部门风险变化趋势。括号中的数字代表由这 20 个经济体组成的样本在 2020 年 4 月至 10 月之间相应部门的金融风险上升的经济体个数。圆环内灰色区域代表 2020 年 4 月至 10 月之间相应部门风险上升的经济体占 20 个经济体的比例，黑线和红线分别代表这一比例在 2019 年 10 月至 2020 年 4 月之间和 2008 年全球金融危机时的水平。

2008 年全球金融危机之后，《全球金融稳定报告》不断改进、与时俱进，为了更准确、更系统化地分析评估全球最新金融风险，运用了前沿的金融风险评估和分析模型。这些创新的金融模型不仅丰富了该报告对诸多相关话题的研究方法，更为 IMF 的双边监督工作提供了多维度的分析工具。比如，不同于传统经济预测只对平均经济增长走势做出展望，《全球金融稳定报告》提出了“在险增长模型”（Growth-at-Risk Model），研究金融环境的变化对实体经济增长率分布区间的影响，展示了未来经济增长趋势预测的概率分布，从而使得各个成员国能够更好地了解本国经济下行的风险。又比如，该报告的“信贷风险分配指数”（Risk of Credit Allocation Indicator）将实体经济内的信贷数量与信贷风险的匹配结合成一个周期性指标，帮助国际国内金融监管和政策研究部门更有效地监控、了解信贷在金融市场中的周期性不合理分配。除此之外，报告还运用了多种资产定价模型来研究金融资产价格波动中的各类异常现象。研究这些异常现象不仅有助于市场参与者更好地了解市场是否出现风险定价偏差，也为监管机构揭示了金融市场中可能出现的过度风险。

二、《全球金融稳定报告》的主题

前事不忘，后事之师。刚创刊时的若干期《全球金融稳定报告》不仅包含了对当时市场动态的分析，还通过研究性章节总结了新兴市场国家在 1997 年亚洲金融危机中的经验教训。在这之后的 20 余年间，全球金融市场先后经历了数次区域性危机、2008 年全球金融危机、持续数年的欧债危机以及由 2020 年新冠肺炎疫情带来的市场大动荡等。现今的《全球金融稳定报告》已不再局限于金融危机“记录者”的角色，而更多地承担了站在风暴中心的“吹哨人”角色。在这一变革中，报告在选题和内容上紧跟时事，并逐渐地添加了预测潜在风险与脆弱性的调查。这种发展与转变大致体现在了新兴市场国家金融脆弱性、全球各经济体的融资环境、金融系统的潜在风险、金融资产错误估值这四大经常涉及的重要主题之中。这一节将对这四大主题进行逐一阐述。

（一）新兴市场国家金融脆弱性

早在 20 世纪 90 年代末的亚洲金融风暴时，新兴市场国家金融系统的脆弱性问题就受到了 IMF 的极大关注。由于许多新兴市场国家金融市场发展还不成熟，并具有较高的投资风险，这些国家的金融资本高度依赖由境外金融投资机构发放的、以全球主要流通货币计价的贷款。这种金融发展模式也使得新兴市场国家的金融市场和资本账户易受境内外宏观金融因素变化的冲击，甚至可能引发金融危机。为了帮助新兴市场国家更好了解这一问题并提出相应的政策应对，2002—2004 年，《全球金融稳定报告》分析了本土股票市场、债券市场、衍生品市场、相对应的本土机构投资者对于维持国家金融资本体系稳定的重要作用。[①]

然而，随着许多新兴市场国家金融体系的发展，新的脆弱性也随之浮现，包括过热的公司债务、主权债务、居民信贷和组合投资等方面。[②] 对于这些在近十余年间出现的新问题，《全球金融稳定报告》也逐一提出了政策层面的建议。比如，通过对一份包含数十个新兴市场国家样本进行的研究，IMF发现在对小股东保护程度较高、管理制度更完善的国家，股票价格波动风险更小，公司账目状况更加稳健。[③] 这一发现展示了对投资人权益保护和完善公司管理制度对于新兴市场国家金融稳定的重要性。此外，由于许多国有企业债务包含政府的"隐性担保"并对政府财政预算造成过重的负担，2019年10月第4章针对国有企业债务在新兴市场公司债务中的高比重提出了一系列政策建议。这些建议包括需要更加明确的商业计划与金融目标、与商业计划相挂钩的隐性政府担保、更有效率的政府和社会资本合作以及更透明的国有企业监管。

（二）全球各经济体的融资环境

融资环境通常指在金融市场融资的难易程度。准确衡量融资环境的宽松程度，关乎金融刺激政策与宏观审慎政策对于金融稳定的有效性。为了更好地量化这一重要指标，《全球金融稳定报告》将一系列金融市场变量转化为一个周期性指数。[④] 自2017年10月起，每一期的报告都会发布针对各个主要国家的"金融融资条件指数"。这个指数对数十个主要发达国家和新兴市场国家的金融环境进行分析，通过"主要成分分析"（Principal Component

① 参见2002年6月报告第4章（本土化股票市场），2002年9月报告第4章（债券市场），2002年12月报告第4章和2003年3月报告第4章（衍生品市场）以及2004年4月报告第4章（本土机构投资者）。

② 参见2005年4月报告第4章，2005年9月报告第4章，2015年10月报告第3章（公司债务），2006年4月报告第3章（主权债务），2006年9月报告第2章（居民信贷）和2020年4月报告第3章（组合投资）。

③ 参见2016年10月报告第3章。

④ 参见2017年10月报告第3章。

Analysis），将一系列金融变量投影至一个单一变量。[1] 这一用于监控各国金融融资环境的指数具有极其明显的周期性，被各国央行广泛采纳使用。如图 9.2 所示，发达国家与部分新兴市场国家经济体在几次金融危机中（如 2008 年全球金融危机、2011—2012 年欧债危机、2020 年新冠肺炎疫情引发的经济危机）都经历了金融融资条件的骤然收紧。之后，IMF 研究团队还发现了该指数与经济增长下行风险、房价下行风险、信贷市场过度风险都有着紧密联系。[2] 因此，基于该指数波动做出的中长期宏观金融风险的预测能够有效地帮助政策制定者预判金融市场脆弱性，并及时制定和推行有助于控制中长期金融风险的宏观审慎政策。

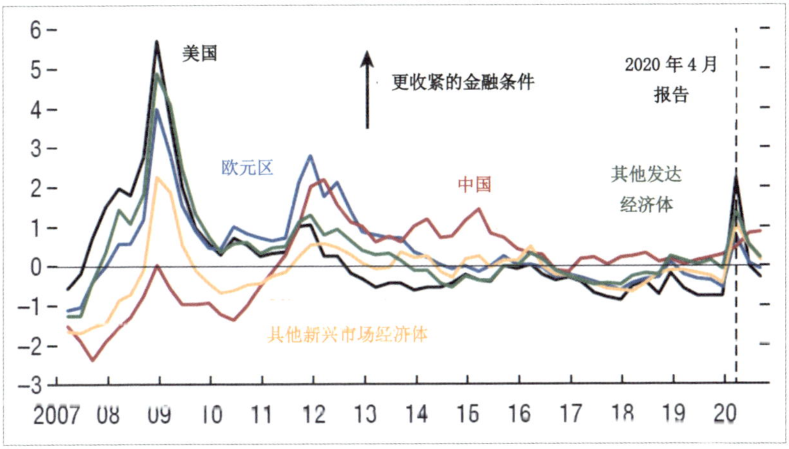

图 9.2　金融融资条件指数

资料来源：2020 年 10 月报告第 1 章。

注：图中纵坐标数值单位为各国金融融资条件指数相对于本国长年平均值的标准差。指数越高代表金融融资条件状况越收紧。

① 这些金融变量包括了公司债利差、长短期国债利差、银行间同业利差、主权债券与美债利差、长期国债利率变化率、股市与楼市价格回报率、股市回报波动率、金融市场占比变化率和信贷增长率。在稳健性检验中，其他金融变量也会被加入估计模型。

② 参见 2017 年 10 月报告第 3 章（金融融资条件指数与经济增长下行风险），2019 年 4 月报告第 3 章（金融融资条件指数与房价下行风险），2018 年 4 月报告第 3 章（信贷市场风险错配与经济增长下行风险）。

除了“金融融资条件指数”外，《全球金融稳定报告》还对一些结构性的融资风险课题进行深入分析，例如非美资跨国银行在美元融资中的脆弱性。[①] 在全球的跨境美元贷款中，非美资跨国银行占据了超过半数的份额。然而，不同于以稳定、低利息的储蓄存款作为主要获取美元资金渠道的美资银行，非美资银行大多通过不稳定的短期融资市场或成本高昂的货币交易衍生品来为它们的美元放贷进行融资。[②] 因此，非美资银行在美元融资中的结构脆弱性会放大因美元融资不确定性或成本升高所带来的不利影响，甚至产生外溢效应，波及银行所在国以及相关债务国的金融稳定。

为了研究这种美元融资脆弱性，IMF 研究团队构造了三个衡量非美资银行美元融资脆弱性的指标：“跨货币资金缺口比例”（Cross-Currency Funding Gap Ratio）、“美元流动性覆盖率”（U.S. Dollar Liquidity Coverage Ratio）和“美元稳定资金率”（U.S. Dollar Stable Funding Ratio）。[③] 通过对比这三个指标在十多个主要国家的历史变化，《全球金融稳定报告》发现非美资银行的美元流动性覆盖率和美元稳定资金率在 2008 年全球金融危机之后随着银行业监管的收紧得到了有效的提高。然而，全球非美资银行的跨货币资金缺口在欧债危机之后急速恶化。更令人担忧的是，在 2012 年之后，这一指标持续恶化的国家所体现的金融系统稳定性变得愈发容易受美元融资成本波动的影响。这些研究发现在 2020 年 3 月全球金融市场震荡时，得到再次确认（Barajas, Deghi, Fendoglu, and Xu, 2020）。

那么，除了完善监管机制来降低银行美元融资脆弱性，各国央行在美元短缺时还能做些什么？《全球金融稳定报告》指出，与美联储对接的央行货

---

① 参见 2019 年 10 月报告第 5 章。

② 如回购协议（Repurchase Agreement）和商业票据（Commercial Paper）市场以及货币汇率交叉互换协议（Cross Currency Swap）。

③ 其中，跨货币资金缺口比例是银行美元资产与负债之差占美元资产的比例，这一比例越高，美元融资脆弱性越大。美元流动性覆盖率和稳定资金率分别是银行的优质流动性资产（如现金与主要发达国家政府债券）占净流出现金的比例和稳定融资金额占信贷金额的比例。后两者在发达国家与部分新兴市场国家已经得到了很好的监管控制（详见 2019 年 10 月报告第 5 章附录）。

币互换协议（Currency Swap Lines）以及充足的央行外汇储备都能够有效缓解由于美元融资脆弱性而导致的金融系统压力。[①] 值得一提的是，伴随着“一带一路”等一系列境外项目的发展，中国的银行系统也在不断地发展海外美元借贷业务。在此背景下，如何保证银行体系美元融资的稳定性，也是中国监管机构需要研究的课题。

（三）金融系统的潜在风险

2008 年全球金融危机为各国的金融监管者敲响了警钟。在这之后的十余年里，摆在政策制定者面前的一大课题便是如何设计有效的宏观审慎政策，同时不至于阻碍金融市场深化。在这一背景下，《全球金融稳定报告》对金融市场的潜在风险进行了研究，提出了监管政策方面的诸多建议。在近十年的报告中，也加强了对非银行金融机构（又称影子银行）与低利率环境所构成的潜在金融风险的研究。

2008 年全球金融危机的爆发使得非银行金融机构开始进入人们的视野。2000 年之后，发达经济体对金融系统的逐渐松绑促进了影子银行的蓬勃发展。这些影子银行以证券经纪交易公司、保险公司和基金公司为主，通过资产证券化的商业模式向市场提供金融衍生品交易服务。[②] 虽然影子银行的发展加速了金融创新，也提高了资本在金融系统中流通的效率，但随之而来的却是因对道德风险与尾部风险认识的不足导致影子银行风险累积。因此，2008 年之后，各国监管机构出台了一系列的监管措施以制约影子银行的过度冒险投机行为。

然而，影子银行在金融系统中的过度风险是否已经完全得到改善？2014 年 10 月报告第 2 章发现，广义的影子银行在 2008 年之后仍然在发达经济体

---

① 美联储的央行货币互换协议是美联储与发达国家央行以及少数新兴市场国家央行建立的货币互换机制。该机制的目的就是稳定美元流通在国际间的稳定性，避免不必要的短缺以及市场恐慌。在 2008 年最初建立时，央行互换协议成员只包括了除美联储以外的欧洲央行、瑞士央行、日本央行和英国央行。2020 年新冠肺炎疫情之后，这一协议已经覆盖了十余个国家的中央银行。

② 影子银行在资产证券化过程中提供的服务包括了资产分割重组（tranching）、证券发行、保险担保和风险对冲等（Pozsar, Adrian, Ashcraft, and Boesky，2012）。

和新兴市场国家持续发展。该章报告提出，金融监管机构应当更加关注不同类型金融机构甚至不同国家间的“监管套利”（Regulatory Arbitrage）风险。在此之后的几期报告中，IMF研究团队对影子银行中的不同机构（如2015年4月报告第3章的基金管理公司、2016年4月报告第3章的保险公司、2019年10月报告第3章的机构投资者）在2008年全球金融危机之后面临的挑战与风险进行了详细探讨。

伴随着近十年来发达国家的数轮量化宽松政策，低利率甚至是负利率环境对金融稳定的影响开始广受关注。毫无疑问，主要发达经济体央行的长期低利率政策以及非传统的宽松货币政策有效缓解了短期的金融压力与经济下行风险，同时保证了金融市场流动性的充足与资产价值的稳定。《全球金融稳定报告》对宽松货币政策与宽松金融环境的研究重点不仅局限于短期内的积极效果，更包含了中长期内金融系统所表现出的脆弱性。比如，在发达国家的低利率环境下，银行系统面临前所未有的中长期低盈利压力。该报告在2020年初预测，2025年之前，G7工业国的银行系统利润可能无法弥补股权成本。① 在这一背景下，越来越多的迹象表明，捉襟见肘的银行业已经开始逐渐降低放贷标准以追逐更高的收益。与此同时，信贷风险已经通过衍生品的形式（如担保债务凭证，Collateralized Loan Obligations），逐渐从传统银行业转移到金融系统的其他部门（如基金公司与保险公司）。因此，金融监督机构的当务之急不仅是如何降低银行的运营成本，更应该通过宏观审慎政策对潜在的银行或非银行机构投资者冒险行为加强防范。

此外，宽松的金融环境对于房地产市场也有着不利的中长期后果。随着信贷风险的攀升，过于宽松的金融环境不仅加剧了各个国家间房价波动的同步性，也增大了中长期的房价下行风险。② 因此，采取合适且及时的宏观审慎政策对于缓解房地产市场中长期下行风险发挥着重要作用。

---

① 参见2020年4月报告第4章。

② 参见2018年4月报告第3章和2019年4月报告第2章。

（四）金融资产错误估值

金融资产定价一直是学术界、金融监管机构和市场参与者面对的最具技术挑战性的课题之一。错误估计金融产品价值的后果便是资产泡沫膨胀与破灭，甚至可能引发一连串的系统性连锁反应。2014 年 4 月报告第 3 章用两种定价模型验证了市场投资者对于个别银行“大而不倒”的非理性预期真实存在。①② 该章认为，这种非理性预期导致了金融系统中“道德风险”的出现，使得体量较大的银行对于“风险价格”（Price of Risk）的评估出现偏差从而加剧了这些大银行在信贷市场的投机冒险行为。因此，完善对那些具有较高系统性风险的金融机构的监管十分重要。正如上一节所提到的，低利率环境鼓励了市场中的过度逐利行为，以至于各种金融资产中出现了普遍的价格虚高现象。针对这一现象，2019 年 10 月报告第 1 章对长期低利率情况下的股票、期权和公司债等诸多金融资产的合理价值与实际价格进行分析。结果发现，发达国家在新冠肺炎疫情危机之前普遍存在资产价格高估，这一发现印证了长期宽松货币政策下机构投资者过度追逐收益的现象。

然而，资产价值数据中也会出现一些主要定价因素未被合理计价的现象。比如，2020 年 4 月报告提出了一个新颖的错误估值现象：一些与气候恶化风险相关的因素在股票价值中未被正确计价。换言之，对于气候恶化风险敏感度不同的投资组没有体现出显著的风险溢价差异，这反映出市场对未来气候恶化的经济影响仍然认识不足。

综上所述，这一系列通过资产定价模型发现的价值错配揭示了中长期潜在的资产价值泡沫，这些研究结果有助于金融监管机构了解、掌握并有效地监控金融系统中的不合理定价现象和其他一些潜在风险。

---

① 这两种模型分别是基于银行自身信用违约互换协议（CDS）利差的 Contingent Claims Analysis 和基于银行信用评级的 Rating-Based Approach。

② “大而不倒”（Too-Big-To-Fail）指金融机构由于体量过大而具有巨大的系统性风险，以至于政府必须在这些金融机构出现风险时立即出面纾困。这些机构往往能够以更低的利息发放更多的债券，对应的股票回报率在正常时期也相对较低。这些特征皆是市场参与者对大银行“大而不倒”的预期所致。

三、创新的金融研究方法

（一）在险增长模型

“在险增长模型”对经济增长预测的传统方法进行了改良。在这一模型里，我们不仅仅关注宏观金融因素对经济增长率的平均回馈作用，而且要更全面地考虑这一回馈作用的概率分布的周期性变化。换言之，在分析经济增长的脆弱性时，简单地使用平均回馈作用进行预测将会造成以偏概全的不准确判断，并掩盖经济下行的风险。而采用回馈作用的尾部区间固定分位值进行预测则更能帮助揭示未来金融状况变坏时将出现的经济增长下调幅度。基于不同分位的估计值，我们可以对短期内经济增长率的分布区间进行预测。利用这一方法，2020 年 4 月新冠肺炎疫情后发布的第 1 期报告便在第 1 章中展示了短期内经济增长的脆弱性正在大幅提高（见专栏 9.1）。

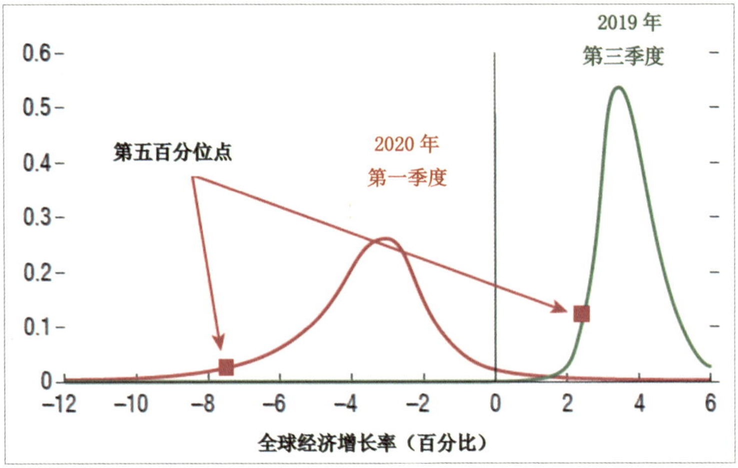

图 9.3 新冠肺炎疫情前后全球经济短期增长率概率分布（2020 年第一季度对比 2019 年第三季度）

资料来源：2020 年 4 月报告第 1 章。

注：绿线代表基于 2019 年第三季度条件变量而做出的 Growth-at-Risk 预测分布，红线代表基于 2020 年第一季度做出的预测分布。

专栏 9.1　“在险增长模型”

在2017年10月报告的第3章中开始被应用。在如下所示的实证模型里，经济增长率取决于一系列的条件变量：

$$y_t^{\tau} = \alpha^{\tau} + \beta^{\tau} FCI_t + \gamma^{\tau} X_t + +\varepsilon_t^{\tau}$$

其中，y_t 代表某国在 t 季度的实际增长率，FCI_t 代表该季度的金融融资条件指数，X_t 则是一系列的条件变量（包括通胀率、信贷增长率和代表信贷过热的虚拟变量等）。不同于传统的线性回归（OLS）模型，在险增长模型使用了分位数回归（Quantile Regression）的方法，从而揭示了FCI和其他条件变量对于实际增长率的回馈作用分布区间第 τ 个分位的弹性估计值 β^{τ} 和 γ^{τ}。

通过这一方法，研究者可以预测未来1年期经济增长率概率分布状况。如图9.3，IMF研究团队构造了根据2019年第三季度和2020年第一季度的宏观金融条件所预测的短期经济增长下行概率分布。根据中位数回馈作用而做出的经济增长预测从2019年第三季度的3.5%下降至2020年第一季度的–3%。而根据第五百分位尾部回馈作用做出的增长预测在同时期内由2%骤降至–8%。由此可见，通过在险增长模型所做出的经济下行预测要比简单通过反馈作用平均值或是中位值做出的预测在风险增大时更及时体现出经济增长脆弱性的严重程度。

在险增长模型不仅可以用来预测短期内的经济增长下行风险，也同样适用于中长期的预测。在2017年10月报告的第3章中，IMF团队发现，宽松的融资环境虽然预示着短期内的低利差和低波动等良性回馈作用，但由于中长期债务的持续增长以及放贷标准持续下降，经济增长的下行概率分布开始显著增大。通过在险增长模型构造的未来下行风险期限结构（Growth–at–Risk Term Structure），我们可以更清楚地看到，旨在暂时提高短期融资条件的一系列货币与金融政策有可能会以牺牲中长期经济稳定作为代价。因此，短期政策与中长期稳定互相协调非常重要，这种思路在之后的《全球金融稳定报告》

中都有所反映。比如，2018 年 4 月报告第 2 章发现，信贷市场的过度风险承担行为与中长期经济下行风险高度相关，而 2019 年 4 月报告第 2 章则提出宽松的金融融资条件显著提高了中长期内房价的下行风险。

（二）信贷风险分配指数

对金融监管机构而言，能否准确衡量金融机构的风险承担程度对于制定有效的监管措施至关重要。在过去的文献中，经济学家发现信贷总量或增长率可以作为早期预警指标来预测金融危机或经济衰退。[①] 然而，这种基于信贷数量的预测指标忽略了信贷质量也存在周期性变化的事实。信贷风险分配指数弥补了信贷周期研究中的这一缺失部分。通过微观数据，《全球金融稳定报告》的相关章节构建了用于了解信贷增速在不相同公司之间风险分布状况的周期性衡量指标（见专栏 9.2）。用这一新的指数，监管机构可以判断整体经济中的信贷增长是否由风险较高的实体公司拉动，并以此作为一个更强调信贷质量变化的早期预警信号。

专栏 9.2　构造信贷风险分配指数

2018 年 4 月报告的第 2 章借鉴了 Greenwood and Hanson（2013）中的 ISS Credit Quality 指数，发现发达国家与新兴市场国家的信贷风险都有周期性波动现象。构造这一指数的具体公式如下：

$$ISS_t = \frac{\sum_{i\in High} EDF_{i,t}}{N_t^{High}} - \frac{\sum_{i\in Low} EDF_{i,t}}{N_t^{Low}}$$

其中，$\{High, Low\}$ 分别代表在 t 年时债务变化相对于公司自身资产数额比例最高和最低的 N 家公司的集合，$EDF_{i,t}$ 则是每家公司在 t 年的预期

① 比如 Jorda, Schularick, and Taylor（2013）发现信贷增速可以用于预测经济衰退的严重程度和金融危机发生的可能性；Mian, Sufi, and Verner（2017）发现家庭债务的高低和中长期内经济衰退密切相关。

违约率（Expected Default Frequency）[1]。简言之，这一指数代表了债务比重增速最快和下降最快的N家公司在一段时间之内的平均违约风险之差。当ISS指数上升时，代表经济体内的信贷扩张极有可能主要流向了高风险的公司债务人，这也预示着中长期内债务违约的风险将会攀升。正因如此，准确估计ISS指数可以为金融监管单位提供理想的危机预判指标，也为金融政策决策者制定推行宏观审慎政策的合适时机提供参考。

除此之外，将以上公式中代表公司违约风险的预期违约率替换为衡量公司盈利能力的资本回报率（Return on Asset）或股本回报率（Return on Equity），就可以构建出一个关于总体信贷中利润分配的指数。信贷利润分配指数越低代表更多新增信贷流向低利率企业。

根据信贷风险分配指数，2018年4月报告的第2章发现，当融资条件宽松时，信贷风险呈上升趋势，这将加大中长期内经济衰退的可能性。而当融资条件收紧时，信贷风险也随之下降。如图9.4所示，在中美两国各自进入相对低经济增长率阶段前的若干年里，基于借款公司杠杆率和预期违约率所构建的信贷风险分配指数都表明了新增信贷已经越来越多地流向了信贷风险较高的公司。

在这一期的报告中，IMF团队基于中国的公司数据研究了各类型公司信贷周期问题，并深入地分析风险与利润在中国公司信贷增长中的分配状况。分析显示，过去十年间，中国的新增信贷更多地流入了高风险的企业和利润率较低的行业。在继续深入研究这一现象背后的原因时，研究团队将中国的国有企业和民营企业进行细分，探索这两类企业各自的信贷利润分配指数变化。值得一提的是，2011年以来的近十年间，国有企业的信贷利润分配不合理现象出现上升趋势，即很多新增信贷流入了国有企业中无法产出足够利润的“僵尸企业”，这也是政策决策和金融监管机构需要关注的重要政策课题。

（三）资产定价模型（Asset Valuations Models）

---

① 在ISS指数里，EDF可以被其他代表公司信贷风险或盈利能力的指标替代，比如用于监控信贷风险的杠杆率、违约概率（Probability to Default）和贝塔系数（Beta）。

根据章节主题与研究对象的不同，《全球金融稳定报告》使用过若干种金融资产定价模型。比如，2019 年 10 月报告第 1 章和 2020 年 10 月报告第 1 章所使用过的股息贴现模型（Dividend Discount Model），2020 年 4 月报告第 5 章和 2020 年 10 月报告第 3 章运用过的 Fama-French 三因子模型。这些模型最后都可用于估计实际资产价格与合理价值之间的偏离。

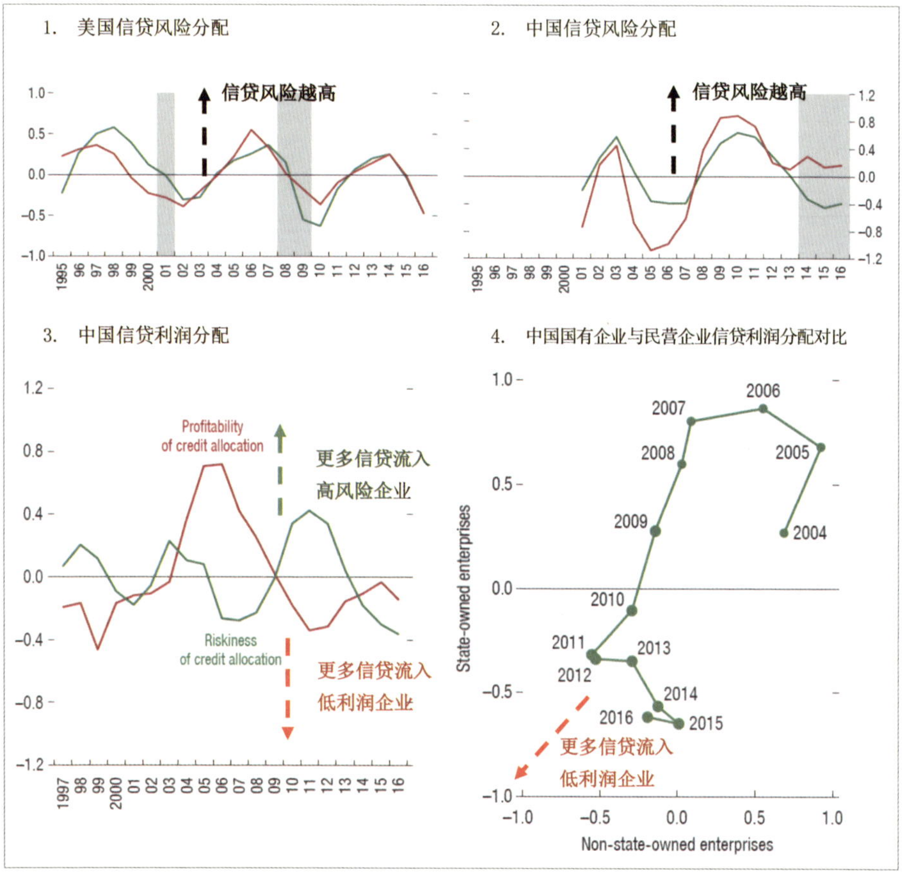

图 9.4 中美两国信贷风险分配周期波动曲线对比和中国信贷利润分配周期波动曲线

资料来源：2018 年 4 月报告第 2 章。

注：图 9.4 的前两张图中，绿线和红线分别代表基于借款公司杠杆率和预期违约率（Expected Default Frequency）所构建的信贷风险分配指数，灰色柱状区间代表经济增速在最近 20 年里最低的 3 年。第 4 张图对比了 2004 年之后中国国有企业（竖轴）和民营企业（横轴）的信贷利润分配指数。

2019 年 10 月报告第 1 章研究了 2019 年下半年贸易摩擦不确定性升高对全球资产价格的影响。为了研究这一话题，这一章使用了多种定价模型来估算各类金融资产的合理价值，其中包括适用于股票市场的股息贴现模型等。这一模型的基本原理就是通过未来股息的贴现现值来估测股票的合理期望价值（见专栏 9.3）。

专栏 9.3 股息贴现模型

在这个模型里，决定股票合理价值的三大主要因素是：公司未来预期收益、股票风险溢价和期限溢价。[①] 这三大因素分别代表了公司自身的收入状况（全体上市公司未来 12 个月或 18 个月的每股收益加权平均）、市场对公司未来风险的预期（未来 12 个月或 18 个月每股收益标准差的加权平均），以及市场的总体利率环境（长期 10 年或 30 年与短期 3 个月国债的利率差）。通过如下回归公式，人们可以得到股票价格与这三大因素之间的线性关系：

$$P_t = \beta_0 + \beta_1 Earnings_t + \beta_2 Risk\ Premium_t + \beta_3 Term\ Premium_t + \varepsilon_t$$

之后，再用这一线性关系系数进行样本内预测，便可得到各支股票或是股票指数的合理期望价值。这其中，公司未来收入状况越好、风险溢价越低，并且总体利率越低的情况下，股价估值就相应越高。

在对五个发达经济体和三个主要新兴市场国家的股票指数合理价值与实际价格进行比较之后，2019 年 10 月报告第 1 章发现美国和日本在 2019 年后半段出现了股票市场价格大幅溢价，而欧洲与三个主要新兴市场国家的股票市场溢价相对温和。这其中，美国与日本的股票溢价皆是因为贸易摩擦导致的公司预期收益骤降，并进一步对合理价值产生不利影响。而以中国为代表的新兴市场国家出现的低溢价现象则是由于投资人对于市场的前景不明确而

① 具体公式推导过程参见 2019 年 10 月报告第 1 章网页附录：https://www.imf.org/-/media/Files/Publications/GFSR/2019/October/English/onlineannex11.ashx。

抑制了实际股票价格的上涨。

2020 年新冠肺炎疫情爆发之后，全球各大央行不约而同地推行了刺激性的纾困救市方案与极其宽松的货币政策。随之而来的就是金融市场与实体经济脱钩的“虚假繁荣”，金融市场的高歌猛进与疲软的实体经济形成反差。为探究导致这一异常现象的原因，《全球金融稳定报告》分析了股息贴现模型中决定股票价格的三大因素（即公司未来预期收益、股票风险溢价和期限溢价）的作用。2020 年下半年的报告发现，在新冠肺炎疫情发生之后，不断恶化的未来收益预期对股市产生了负面作用。然而，得益于有力的纾困救市措施和极宽松的货币政策，股票风险溢价与期限溢价被有效压缩，帮助股市在 2020 年第二季度之后快速反弹。

气候变化伴随着愈来愈频繁的自然灾害对实体经济产生了强烈的负面冲击。同时，由于实体经济与金融体系的紧密联系，自然灾害也对金融稳定造成了威胁。那么，股价之间的价值差异是否准确反映了气候变化对经济的长期不利影响？在 2020 年 4 月报告第 5 章中，多种股票定价模型被用来研究股票市场投资人是否充分考虑气候变化对于股票价值的影响。这一章估算了过去 20 年里 27 个主要经济体内对气温变化敏感的股票投资组合相对于其他股票组合的非合理回报率。① 如果股票投资者对气温变化所带来的未来风险足够重视，越敏感于气温变化的公司理论上将附带越高的风险溢价，并伴随产生越高的非合理回报率。然而，《全球金融稳定报告》发现，在过去的 20 年里，气温变化因素在这 27 个主要经济体股市价值中均没有得到充分的显示。这种对于气候恶化因素的忽视在自然灾害来临时将有可能给股票市场带来严重的冲击。

四、新冠肺炎疫情危机下的金融稳定话题及展望

2020 年新冠肺炎疫情危机波及全球金融稳定。当年的《全球金融稳定报

① 非合理回报率是通过 Fama-French 三因子模型将股票回报率回归于市场回报率、低资产公司与高资产公司投资组合回报之差和低股价净值比（Book-to-Market Ratio）与高股价净值比投资组合汇报之差，从而取得的无法用三因子解释的回归残差。

告》迅速调整研究主题，深入分析金融市场中由于疫情而变得最脆弱的环节。2020 年 4 月的报告聚焦讨论新冠肺炎疫情危机在第一时间对市场的流动性和债务偿付能力带来的冲击。研究指出，如果一国的金融市场在疫情爆发之前就存在较高脆弱性或风险，如风险过高的高收益债券与贷款市场、资本流入过热的新兴市场国家金融市场、盈利能力过低的发达国家银行业等，那么新冠肺炎疫情危机则会加剧对金融市场的冲击。这一期报告也强调了各国政府及时、精准的纾困救市措施和中央银行一揽子非传统宽松货币政策对舒缓短期市场压力和帮助信贷恢复的重要性。

随着疫情的发展和对经济影响的深入，2020 年 10 月的报告则更侧重于在和新冠肺炎疫情危机进行持久对抗的过程中，合理适度的纾困措施在维持金融体系长期稳健以及帮助恢复生产方面所扮演的重要角色。这期报告提出了一个重要政策指导：各国政府应当在政策制定上努力平衡短期与中长期金融目标之间的相互约束关系。也就是说，在短期内，宽松的货币与金融政策虽然能降低金融市场出现危机的可能性，却加大了中长期经济再次下行的风险。围绕这一主题，这期报告的几个研究性章节从不同角度进行分析，并提出了金融政策层面的政策建议。第 2 章以新兴市场国家金融稳定为主要研究对象，发现许多国家央行在危机之后的资产购买操作在短期内有效降低了政府公债利率，保证了汇率稳定，并缓解了市场压力。针对新冠肺炎疫情危机后公司资金流动性短缺和银行资本金比例下降这两个重要问题，报告也给出了相应的政策建议，呼吁各国政府在危机之后逐步降低市场纾困干预时，应当尽量避免操之过急而出现市场压力再次升高。在降低银行系统性风险方面，虽然诸多“监管宽容”措施（Regulatory Forbearance）有效地缓解了银行信贷违约以及资本金不足的压力，但许多与国际认可的银行监管措施不相符的应急调整（如过低的资本金比例要求、冻结账目资产风险分类调整、暂停计提贷款损失准备金等）都对中长期的银行业稳定构成了潜在的威胁。

针对疫情背景下短期与中长期政策平衡的话题，IMF 强调，如果长期低利率政策已成为新常态，那么各国央行的最优货币政策不仅需要保证传统货币政策目标（即稳定的就业率与通胀率），也应当兼顾控制中长期内由于过于宽松的货币政策所带来的内生性宏观金融风险（Endogenous Macro-Financial Risk）。因此，2021 年 4 月的报告提出及时、目标明确的宏观审慎政策工具可以有效配合宽松的货币政策对市场进行干预并降低中长期的下行风险。这期报告的第 2 章与第 3 章分别用实证方法证明了在疫情恢复期间，宏观审慎政策对于缓解非金融部门过高债务水平、商业地产价值偏离过大和随之而来的金融脆弱性，都起着极大作用。然而，由于宏观审慎政策的作用常常带有滞后性，报告强调了提前部署宏观审慎政策工具的重要性。

放眼后新冠肺炎疫情时代，《全球金融稳定报告》已经在积极思考其他关于金融市场稳定的重要课题。比如，非金融企业部门与家庭部门在过去十年中过高的债务水平无论对实体经济还是金融系统都已成为隐患。探索如何设计宏观审慎政策以限制过高的债务水平对中长期金融稳定和经济持续发展至关重要。

此外，伴随环保话题越来越多地受到世界各国政府与民间团体的重视，《全球金融稳定报告》的研究性章节也开始更多关注环保政策与金融稳定的联系。2020 年 10 月的报告发现，金融条件的收紧常常伴随着企业在环保措施方面的停滞。2021 年 4 月报告则以金融系统中的资产管理公司作为载体，研究大众环保意识的骤然提高如何影响资产管理公司的流动性稳定程度。随着 IMF 的金融部门评估规划已经开始将各个国家的环保减排措施计入金融系统压力测试，《全球金融稳定报告》也将对全球的金融系统与非金融企业在实现环保目标进程中的可持续性与风险进行综合研究。

最后，金融科技和虚拟货币是最近几年开始被热议的全球金融稳定话题，也是 IMF 研究日程的重要组成部分。在金融稳定层面，金融科技公司对金融市场的系统性风险以及虚拟货币对央行货币政策的影响都将是未来研究的重要课题。

* * * * * * *

在过去的十年间，IMF 越来越重视与其他多边金融组织（如国家清算银行和金融稳定理事会）的合作交流。这种合作使得各个多边组织能够共享在监测系统性风险、设计金融政策、执行监管措施等领域的实践经验与研究成果。其中，由金融稳定理事会牵头组织的金融脆弱性分析常务委员会定期对近期内的金融稳定议题进行探讨研究。《全球金融稳定报告》作为IMF在金融稳定与脆弱性研究方面的旗舰期刊，也责无旁贷地分享最前沿的金融稳定研究成果。展望未来，相信这项工作将会在国际金融稳定、多边合作等议题上发挥越来越重要的作用，为各国政策制定者和金融监管者提供及时、全面的金融预警分析和政策应对建议。

第十章
宏观财政分析与监测[1]

从 20 世纪 80 年代拉美国家债务危机，到 2008 年全球金融危机，直至 2020 年的新冠肺炎疫情危机，全球各国的财政状况和政策空间始终是政策制定者最关心的核心宏观政策之一。从政策应对和财政空间到债务负担和经济增长等，IMF 的一项重要工作就是分析和监测各国财政发展，评估政策风险，并提出恰当的财政政策建议和应对危机方案。

财政政策在促进宏观经济稳定、可持续增长和提高增长的包容性等方面发挥着极为重要的作用。各国政府都力求实现公平有效的税收制度和高效的公共支出，并对公共部门资源进行透明科学的管理。IMF 一直是全球财政政策分析和管理专业知识的主要来源之一。IMF 的《财政监测报告》从多边角度和全球视野，对各国财政政策做出深度的分析和监测，这也是 IMF 对成员国和全球经济政策监督和建议不可或缺的重要组成部分。作为 IMF 三大旗舰刊物之一，《财政监测报告》一直受到全球政策制定者、学术界和媒体的高度重视。

IMF 的财政监测从何时开始？它又是如何就财政问题进行分析和监测的？财政监测和研究的重点有哪些？在 2020 年新冠肺炎疫情危机爆发后，IMF 又是如何分析各国财政状况并提出应对危机的政策建议？本章将着重阐述这些问题。

① 本章作者是李彬、刘菲、蒋旭峰和林建海。

一、IMF 财政分析和监测的历史

在 IMF 成立之初，其宗旨就包括“促进国际贸易的扩大和平衡发展”“避免竞争性通货贬值”，并帮助成员国“纠正国际收支失调”。自布雷顿森林体系解体以来，IMF 的作用也在逐步发生变化。在过去的几十年里，IMF 的一项重要工作就是致力于帮助重债国整顿财政，重建财政空间，并通过贷款项目帮助成员国实现这一目标。因此，对于了解 IMF 运营的观察者而言，有这么一个经常提及的说法，IMF 关心的“主要是财政”，英文就是“It's Mostly Fiscal”，把三个单词的第一个英文字母缩写合在一起，刚好就是 IMF。尽管这是一个关于 IMF 履行其经济监督职能并不全面的说法，但它形象地体现了财政政策在成员国管理经济和应对金融危机中发挥的重要作用，同时也反映了 IMF 在这个领域内进行分析和监督的权威性和悠久历史。

20 世纪 80 年代，IMF 就开始参与许多成员国的债务危机应对和管理。20 世纪 70 年代石油危机冲击全球经济，石油价格飙升，迫使许多石油进口国向商业银行借款。商业银行从石油出口国获得存款，并将这些资源转借给石油进口国和其他发展中国家。当 1979 年发达经济体为控制通货膨胀开始加息引发利率飙升时，发展中国家贷款的浮动利率也随之陡增，偿债负担大幅上升。与此同时，货币政策紧缩和利率上升引发了严重的经济衰退。因此，面对石油危机的冲击，一些发展中国家采取了扩张性的财政政策，通过大规模借贷来应对危机，维持经济稳定。然而，这些举措加重了这些国家的债务负担，一些国家出现偿债困难。当 1982 年墨西哥爆发债务危机时，IMF 迅速反应，不仅从全球范围内协调应对措施，也积极促进与商业银行的合作，从而快速平息了最初的恐慌，大幅减缓了对全球经济的冲击。

2008 年全球金融危机爆发后不久，欧洲主权债务危机就接踵而至。危机前，一些欧洲国家的债务就已经开始快速增长，在经济泡沫没有破裂、经济增长仍然保持较高增速的情况下，债务风险通常可以通过借新还旧、不断展期得以化解。然而，一旦经济泡沫破裂，并通过金融市场传递到实体部门，引发贷款抵押物贬值、贷款违约、经济衰退、财政赤字恶化等连锁效应，则会给一国经济带来巨大的冲击，并可能通过金融渠道外溢影响到其他国家。市场投资者对欧洲遭受债务危机的国家失去信心，国际主权债务的溢价也大幅飙升。在这个背景下，IMF 和欧洲央行、欧盟一起对塞浦路斯、希腊、爱尔兰等国提供了紧急资金援助，并帮助它们实施宏观经济政策和改革举措，以帮助这些国家渡过难关。

从一次次的危机应对中，IMF 和成员国深悉财政和债务危机可能带来的严重危害。这种危害不仅严重影响本国经济发展和人民生活，还可能波及全球经济和金融市场，甚至引发更大范围的经济金融危机。IMF 在财政政策方面的双边和多边分析和监督，为防范危机发生和减缓危机的冲击发挥了积极的作用。

二、《财政监测报告》的由来

如上所述，IMF 的财政监测在经济分析评估中发挥着举足轻重的作用，也融入 IMF 的日常工作之中。2008 年全球金融危机席卷全球，造成了巨大的全球产出下降和就业损失。为防止经济进一步恶化，各国纷纷采取了相应的财政和货币政策刺激措施，以提振国内消费需求、稳定就业和保障金融市场稳定运行。然而，这些刺激政策给许多经济体留下了更大的财政挑战。一方面，危机中的经济损失导致产出下降，大幅度影响了政府的财政收入；另一方面，政府为了促进经济增长而加大了支出，危机后如果不进行一定的财政调整，则很可能会引发财政和债务的不可持续性问题。随着经济的复苏，各国政府迫切需要进行财政政策调整，以解决危机导致的高财政赤字和高债务问题，IMF 的全球财政监测就肩负起史无前例的新挑战。

为此，IMF 于 2009 年出台了《财政监测报告》，对全球公共财政最新情况提供系统详尽的研究和分析，为促进全球公共财政政策协调和改善建言献策。具体而言，在短期内，《财政监测报告》着重分析在不破坏经济复苏的前提下，如何逐步退出与危机相关的刺激政策；在中期内，《财政监测报告》关注各国如何在不削弱经济增长前景的情况下，逐步改善财政赤字，增强市场对长期财政的信心。从此，《财政监测报告》连同《世界经济展望》和《全球金融稳定报告》，成为 IMF 对世界经济、金融和财政状况进行分析的三大旗舰刊物，每年于 IMF 春季会议和秋季年会期间同步发布，在全球范围内得到广泛阅读、报道和引用。

《财政监测报告》由 IMF 财政事务部主要负责编写。IMF 经济学家和财政专家团队会对当前全球各国财政状况、财政领域的潜在风险和政策应对等进行全面透彻的分析。通常每一期的报告会包括近期各国财政状况的时事章节，也会收录对中长期财政相关课题进行深度分析的专题研究。时事章节通常就政府财政状况、中期财政展望、债务风险等进行分析和研究，并给出相应的政策建议。专题研究则涵盖面较广，研究内容既包括传统宏观财政研究经常关注的话题（如债务稳定性、财政支出的有效性、相关政策的财政影响等），也包括数字化、气候变化等前沿政策话题。

与其他两大旗舰报告《世界经济展望》和《全球金融稳定报告》相似，在进行分析预测时，《财政监测报告》也会结合 IMF 地区国家团队对单个国家的财政分析和预测。各国政府的财政预算的着眼点是对本国经济的预测和财政政策的制定及实施，而 IMF 的《财政监测报告》则更具全球视野、深度和广度。一方面 IMF 关注全球各个经济体的财政状况变化，另一方面更倾向于对全球性和区域性风险进行研究，也会评估重要经济体对新兴市场国家和中低收入国家的溢出效应。在政策建议上，《财政监测报告》也会因地制宜，对症下药，其中不乏许多关于中国财政发展的评估和风险挑战的研究，以及从全球宏观风险角度给出的评价和政策建议。

三、《财政监测报告》的基本结构

如上节所述，《财政监测报告》一般分为时事章节和一个到两个专题研究章节。时事章节通常会覆盖近期全球发达经济体、新兴市场和中等收入国家、低收入发展中国家的相关财政形势和政策变化，也会介绍全球主要经济体和地区的财政发展趋势和风险。这种讨论会呼应《世界经济展望》和《全球金融稳定报告》，全面地展示全球宏观财政发展的最新指标，同时侧重财政问题对宏观经济影响的分析。

时事章节的前一部分是“近期财政发展和前景”，对全球近期财政形势和相关变化进行全面分析与评估，并讨论财政风险和政策应对。时事章节通常会介绍全球和主要经济体的财政赤字和公共债务变化，以揭示其主要变化趋势、推动因素和风险等。报告也对全球财政赤字和债务水平进行预测，其中既包含与宏观经济状况、货币和其他结构性政策的联动，也包含与财政紧密相关的大宗商品价格，特别是能源价格对一些经济体的财政影响等。此外，报告对财政收入和支出政策进行细致的分析，包括对政府债券收益率和公共与私人投资的影响等。时事章节不仅对全球财政发展趋势和政策变化进行概述，也会对可能威胁财政可持续性的风险发出预警。

时事章节的后一部分是“各经济体的财政政策”，会根据每个国家不同的经济发展阶段和财政结构，提出有针对性的政策建议，以便有效和及时地帮助各个成员国。国别案例研究可以提供具体的参考意见，包括财政政策在促进经济发展中应该做什么和不应该做什么，如何尽量减少债务拖累等。同时，这一部分也会分析财政政策的溢出效应，包括财政政策和其他政策的联动。

《财政监测报告》的第二部分为专题研究章节，通常包括多个组成部分，深入探讨公共财政领域里具有重要影响的和受关注的问题。从第一期《财政监测报告》至今，已经覆盖了公共财政领域 20 多个课题的分析，比如社会支出、财政刺激政策、财政补贴、财政可持续性和风险管理、政府与私人债务、发展创新和研究投资、大宗商品和能源问题、国有企业改革、新兴市场研究、财政管理、劳动力就业、金融与财政的联动、社会不平等的财政调节等。

《财政监测报告》的第三部分为“统计附录”和“公共财政数据库”，其中“统计附录”详细介绍在第一部分讨论的外部环境假设的具体数值、相关的财政统计定义和范畴。通常而言，财政数据包含了 IMF 对所有成员国和区域的预测数据，涵盖了主要宏观财政指标汇总和预测，包括财政赤字变量、债务水平、政府收入和支出、净债务水平等，同时，数据库也会提供结构性的财政指标，或中长期的财政变量变化，包括退休金、医疗、政府融资需求水平等中长期预测，从而对报告的分析结论提供补充和支撑。分析预测时的假设，也会结合 IMF 地区国家团队对不同国家的财政现状和走势的分析和预测，并与《世界经济展望》和《全球金融稳定报告》的主旨保持一致。

四、IMF 在新冠肺炎疫情危机中对财政政策的分析和建议

2020 年初新冠肺炎疫情袭来时，全球增长前景疲软，但采取扩张性的财政政策以支持公共卫生支出的必要性也快速上升。针对新冠肺炎疫情，2020 年 4 月期的《财政监测报告》分析了各国财政政策如何在挽救生命和缓解疫情引发的经济衰退中发挥积极作用。

该期报告分析了疫情对产出和公共财政可能产生的巨大影响，建议各国政府迅速实施应对措施，强调挽救生命是当务之急。为此，IMF 强调，各国政府除了需要充分满足检测和治疗方面的财政支出，更需要开展全球协调，包括通过赠款、优惠融资和开发低成本的疫苗，向医疗卫生能力有限的低收入国家提供支持。该报告认为，挽救生命必须要求保持社交距离，这是在国内和全球范围采取的集体保护行动的一个重要部分，而这一做法将会降低产出，减少税收收入，给经济带来严重的负面影响。因此，各国的财政措施不仅要规模足够大，还要及时、有针对性地来应对新冠肺炎疫情带来的冲击。该报告认为，疫情对公共财政的影响非常不确定，不仅取决于疫情的持续时间，也取决于经济能否迅速复苏以及危机是否会对经济产生长期影响。在这种情况下，财政政策的透明度对于管理财政风险至关重要。

随着新冠肺炎疫情的加剧，截至 2020 年 9 月，很多政府推出了空前的财政支持措施，总规模达到 11.7 万亿美元，接近全球 GDP 的 12%。在这些财政举措中，一部分是增加财政支出，包括临时性减税；另一部分是流动性支持，包括贷款、担保和公共部门注资等。各国政府的强力措施不仅挽救了生命和为弱势群体提供了支持，还减轻了经济活动受到的负面影响。但这场危机对公共财政的影响仍然十分巨大。2020 年，各国政府的财政赤字占 GDP 的比率预计平均同比上升约 9 个百分点，全球公共债务规模将接近 GDP 的 100%，创历史新高。

2020 年 10 月期的《财政监测报告》分析了世界各国的公共财政状况和各国应对疫情危机的财政政策的规模、范围和有效性，并提供了一个总体的财政战略路线图，以促进经济的强劲复苏。该报告指出，由于财政政策空间有限，各国需要严格评估财政支持措施的成本、收益和风险。过去的经验表明，一

国若能推出有效的公共卫生政策并迅速遏制疫情扩散，就能更早、更安全地重启经济，恢复信心并推动经济复苏。在政府财政举措中，定向现金转移支付对贫困人口至关重要。同样，失业救济金也会为失业群体提供必要的支持。

值得一提的是，该报告还提出各国政府在疫情不同阶段应采取的财政政策路线图。该路线图指明，在疫情严重爆发阶段，当一国实施大范围防疫封锁措施时，其政府应调整财政政策，采取一切手段确保民众生命安全，并为民生提供保障。随着防疫封锁逐步放松和更有效的防疫措施出台，政府应避免过快取消这些基本保障措施，并应继续提升社保体系的能力，使相关福利惠及弱势群体。当健康风险降低、经济复苏可期时，政府应对财政支持措施做出调整，推动后疫情时代的经济结构性转型。当疫情得到控制时，各国政府需要促进经济复苏并应对危机遗留下来的诸多问题，包括高债务、高失业率、不平等和贫困问题加剧等。财政刺激措施的范围应有多大，财政调整的适当节奏应如何把握，这些问题都应当因地制宜，尤其是取决于一国经济衰退的程度、失业的规模以及获取融资的难易程度。对拥有财政空间且受危机长期影响的国家，应推出公共投资等刺激措施。

该报告强调，后疫情时代的财政政策特别要关注解决贫困和不平等问题，以确保社会安定和经济可持续增长。这些政策的重点应是提高抵御未来疫情和其他冲击的能力，这包括出台政策以提高人们获得基本物资与服务的保障。当疫情结束后，减少温室气体排放仍将是一项长期重点挑战。为此，需要制定政策来提高碳价，并促进对低碳技术的投资。

2021 年 4 月期《财政监测报告》十分关注全球疫苗接种的进展情况，指出各国接种速度大不相同，许多人难以获得接种机会，急需在全球范围内尽快实现疫苗接种。疫苗接种后，就业和经济活动将大幅改善，从而增加财政税收收入，节省财政支出。因此，疫苗接种的收益远大于其成本。在全球疫情得到控制前，各国财政政策必须保持灵活性，持续为医疗体系、家庭、可持续经营的企业和经济复苏提供支持。在这种情况下，各国财政支持应继续避免严重的经济衰退和失业。但是，这些支持措施和财政收入的下降使政府赤字和债务达到了前所未有的水平。2020 年，发达经济体的平均总体财政赤字占 GDP 的比率高达 11.7%，新兴市场经济体和低收入发展中国家也分别达到 9.8% 和 5.5%。各国进一步扩大财政支出的能力出现了分化。发达经济体和若干新兴市场经济体的财政赤字增加，但是财政支出增长和收入下降的幅度基本持平；但是，在许多新兴市场经济体和大多数低收入发展中国家出现经济衰退并导致财政收入骤降，继续扩大支出的空间逐渐缩小。

考虑到复苏的不确定性和不平衡性，各国需根据其能力量身定制相关财政政策并提高措施的针对性，以便在危机期间持续提供财政支持。拥有财政空间的国家可同步推动绿色公共投资，以此促进全球增长。另外，政策制定者需要争取政策平衡：一方面需要抑制不断增长的巨额公共和私人债务带来的风险；另一方面需要防止过早退出财政支持，减缓对经济复苏的冲击。可信的中期财政框架对于实现这种平衡至关重要，根据复苏的速度设定一个重建财政缓冲的路径，并完善中期财政框架、提高财政透明度和财政管理框架，对于实现这种平衡、提高政策有效性至关重要。

截至 2021 年 10 月，德尔塔毒株的出现使新冠肺炎疫情变得更加复杂，财政政策依然是应对疫情冲击的关键所在。在许多发达经济体，财政政策继续保持宽松并正在转变，更多通过绿色转型、数字变革和其他长期投资来拉动经济的复苏和增长。

2021 年 10 月期《财政监测报告》分析指出，在新兴市场和低收入发展中国家，疫苗供应不足拖累了经济增长。利率上升和政府收入下降制约了低收入发展中国家提供财政支持和偿还债务的能力。总体而言，尽管预计 2021 年财政赤字占 GDP 的比率平均可能下降约 2 个百分点，赤字规模依然远高于疫情前水平，发达经济体尤为如此。新兴市场和低收入发展中国家的财政支持力度不及发达经济体，预计经济产出和税收收入难以恢复至危机前，削减赤字将主要通过减少财政支出来实现。据估计，相比疫情前趋势，本次危机在 2021 年已使 6500 万至 7500 万民众陷入贫困。政府的巨大融资需求也是脆弱性的来源，新兴市场和低收入发展中国家的融资环境对全球利率较为敏感，面临的挑战十分严峻。

因此，该报告认为财政政策需要灵活应对这些挑战，促进全球经济实现变革，使其更加高效、包容、绿色，有更强的能力抵御未来的卫生或其他危机。同时，各国必须确保财政透明度和问责制，规划重建财政缓冲的中期路径，并推进实现“可持续发展目标”的相关进展。实现这些目标须采取如下措施：

（1）为确保各国平等地获取疫苗、治疗疗法和防护用品，国际合作至关重要。2021 年 IMF 的特别提款权（SDR）普遍分配增加了全球流动性，同时，国际社会也为低收入发展中国家提供了宝贵的资金支持。然而，国际社会还需要通过赠款、贷款和 G20“债务处置共同框架”等倡议开展更多工作。

（2）在许多国家，政府应增加对优质实体资本和教育医疗服务的公共投资，提高财政转移支付的针对性，重点关注劳动者再培训和劳动力资源的重新配置，并完善社会保障体系。

（3）各国必须根据经济复苏的周期和速度来调整财政政策，同时实现财政政策和货币政策的协调配合。如果私人需求回升快于预期，政府应收紧财政政策，因为这会减少利率突然上升的风险，避免损害经济复苏。

（4）鉴于获取低成本借款的难度不断加大，各国政府应提升其财政政策的公信力，并提高财政支出的效率。

为了加强《财政监测报告》的分析和政策建议，每期的报告还提供专题研究。在 2020 年 4 月期的专题研究中，IMF 工作人员建立了一个名为“IDEAS”的框架来研究如何重振经济增长。该框架强调投资未来的重要性，包括投资医疗体系、基础设施、低碳技术、教育和研究等有助于促进未来生产增长的领域，并采取精心规划的财政政策和财政自动稳定机制，包括改善税收的累进性、完善失业救济金等社会安全网等。

在过去十多年中，资本积累速度的减慢导致了经济增速放缓。很多发达经济体基础设施老旧，更新和改进这些基础设施至关重要。新兴市场和发展中经济体也需要继续推进对基础设施和其他可持续发展的投资。所有国家都需要为应对气候变化进行投资。按当前价格计算，全球范围内这些额外的投资需求在未来二十年中可能会超过 20 万亿美元。对于具有财政空间的发达经济体，开展有效投资项目十分重要，由此产生的资产价值很有可能远远超过增加的负债水平。财政空间有限的经济体则要考虑调整财政收入和支出的方向，增加对医疗体系、基础设施和民众的投资。在新兴市场和发展中经济体，高企的债务水平和利息支出需要政府采取谨慎的融资政策。对于低收入发展中国家，提升税收收入和改进投资管理至关重要。

2020 年 10 月期的专题研究深度分析了公共投资在促进经济复苏中的作用。在这次疫情危机之前，公共投资与 GDP 之比已经在下降，而基础设施的增长也未能满足需求。在利率已接近有效下限的发达经济体和部分新兴经济体，扩大高质量的公共投资可以对就业和经济活动产生巨大影响，吸引私人投资和吸收过多的私人储蓄，同时又不会导致融资成本上升。对于许多低收入国家和一些新兴市场经济体，政策制定者需要保障公共投资，使其满足维护民众生命安全、保障民生所需，并提高投资的效率。基于跨国数据和 40 万家企业样本的实证测算表明，在经济不确定性比较高的时期，公共投资可以对 GDP 增长和就业产生巨大的影响。据估算，在发达和新兴市场经济体，公共投资增加 GDP 的 1% 将直接创造 700 万个就业机会；如果考虑对宏观经济的间接影响，将总共创造 2000 万至 3300 万个就业机会。

新冠肺炎疫情加剧了不平等和贫困问题，包括在医疗卫生、优质教育和数字基础设施等方面的机会不平等问题。日益突出的不平等问题强调了社会保障体系和政策支持的重要性。政府需要致力于缩小人们在获得高质量公共服务方面的差距，为每个人提供公平的发展机会。对大多数国家来说，它们需要调动更多的财政收入，改善所提供的服务，促进包容性增长。

鉴于此，2021 年 4 月期的专题研究进一步探讨不平等问题如何放大了新冠肺炎疫情的影响，以及危机反过来又如何加剧了这些不平等问题。医疗卫生服务条件较好的国家死亡率较低，更贫穷国家的感染病例更多。新冠肺炎疫情对劳动力市场的一些影响也将长期存在，对教育的影响更是如此。前所未有的大规模停课使教育蒙受了巨大损失：发达经济体平均教育损失达到四分之一学年，而新兴市场和发展中经济体平均损失高达到二分之一学年。其中，遭受损失最严重的要数较为贫困且受教育程度较低家庭的儿童。此外，2021 年，新兴市场和发展中经济体的净入学率可能会下降 1 个百分点，即有约 600 万儿童辍学。

基于严谨深入的专题分析，2021 年 4 月期的《财政监测报告》指出，在出台疫情和危机应对措施时，各国政策应综合考虑以下几个方面：

（1）加大对教育、卫生和儿童早期发展的投资并提高投资的质量。例如，增加教育支出可以缩小贫困家庭儿童和富裕家庭儿童的入学率差距。此外，还应消除各种效率低下的现象。就新兴市场和低收入发展中国家而言，一国在医疗卫生领域的支出效率与表现最好国家的差距在 8% 至 11% 之间，而在教育领域的支出效率差距在 25% 至 50% 不等。

（2）加强社会保障体系，使其扩大并覆盖最脆弱家庭。为了实现这一目标，除了提供更多资源以外，还可以将支出重新分配给最行之有效的项目，以及加强对受益人的识别和交付。

（3）征收必要的财政收入。发达经济体可以提高所得税的累进性，并更多倚重继承税、赠与税和房产税。新兴市场和发展中经济体应当重点提升征税能力，以便为社会支出筹集更多资金。

（4）提高财政政策透明度。对大多数国家来说，最好是尽早在中期财政框架内实施这些改革措施。加强公共财政管理、提高透明度以及强化问责制，尤其是在疫情应对措施中做到这一点，将增强人们对政府的信任。

（5）为面临特别严峻挑战的较低收入国家提供支持。对新兴市场经济体和低收入发展中国家来说，它们需要 3 万亿美元才能在 2030 年前实现“可持续发展目标”。国际社会需要为其提供支持来帮助推动改革工作，且当务之急是提供它们负担得起的疫苗。

提高政府的应对危机的能力，增强公众信任和提升社会凝聚力是关键之一。2021 年 10 月期的专题研究着重分析了各国政府应如何加强公共财政的公信力。该专题指出，如果一国做出财政可持续的承诺，并为此引入可靠的财政框架和相关规则制度，可以提高财政公信力和财政前景的可预见性，进而促进私人投资和宏观经济稳定。财政框架应力争实现三个主要目标：实现财政可持续、促进经济稳定、确保财政规则的实施。若一国致力于遵守财政纪律并就政策重点开展清晰沟通，同时维持较高的财政透明度，则能够降低其借款成本。总体而言，强有力的财政框架能够明显增强公共财政的公信力。

五、IMF 财政分析和监测的未来关注重点

在后疫情阶段，IMF 财政政策分析和监测的重点将会是哪些？笔者认为，除分析和监测传统性的财政政策课题之外，IMF 将会侧重关注以下几个方面的问题。

（一）债务高企与应对

2020 年的新冠肺炎疫情危机使很多国家经济陷入深度衰退，并使全球债务规模激增至 226 万亿美元。根据 IMF 全球债务数据库的最新数据，全球债务在 2020 年上升了 28 个百分点，已达到全球 GDP 的 256%，2020 年的全球债务年度增幅为“二战”以来之最，政府债务增量占到了全球债务增量的一半有余，全球公共债务占 GDP 的比例跃升至创纪录的 99%，非金融企业和家庭的私人债务也创新高。在这场危机爆发之前，全球债务水平已处高位，各国政府必须在债务处于历史高位、新冠病毒不断变异和通胀上升中寻找应对之策。

在所有的经济体中，发达经济体的债务增长尤其显著，其公共债务占 GDP 的比重从全球金融危机前 2007 年的 70% 左右上升至 2020 年的 124%，而同一时期私人债务从 GDP 的 164% 上升至 178%。目前，公共债务占全球债务总额近 40%，是自 20 世纪 60 年代中期以来的最高位。自 2007 年以来，公共债务的累积在很大程度上源于各国政府面临的两大经济危机，首先是 2008 年全球金融危机，然后是 2020 年的新冠肺炎疫情危机。

在各经济体中，债务状况存在显著差异。在 2020 年新增的 28 万亿美元债务中，发达经济体和中国占到了 90% 以上。由于低利率、央行大量购买政府债券和发达的金融市场，这些国家能够在疫情期间扩大公共和私人债务。但大多数发展中经济体处于融资鸿沟的另一侧，它们的融资渠道有限，借款利率往往较高。

2020 年，发达经济体公共债务占 GDP 的比例上升了 19 个百分点，与 2008 年和 2009 年全球金融危机期间两年的增幅相当，增幅快于私人债务的增速。这些数据反映了两场危机的不同性质——在应对新冠肺炎疫情危机期间，为帮助保护民众生命安全和生活生计，各国政府和央行支持私人部门进一步

借款；而在全球金融危机期间，主要挑战则在于遏制私人部门过度杠杆化带来的危害。

应对高企的债务是许多成员国面临的一个艰难政策选择。出于保护民众生命、保障就业并避免企业破产潮的需要，大幅增加债务是合理的。然而，债务激增放大了脆弱性，在融资环境收紧时尤为如此。大多数情况下，高债务水平限制了政府支持经济复苏和私人部门在中长期进行投资的能力。在债务高企和通胀上升的环境下，如何找到财政政策和货币政策的正确组合来应对债务是大多数国家面临的紧迫问题。目前，发达经济体央行正将货币政策的关注重点转向不断上升的通胀率和通胀预期。虽然在某些情况下，通胀和名义 GDP 的增加有助于降低债务比率，但这不可能支持债务水平的长期大幅下降。随着各国央行加息以防止通胀持续高企，借贷成本也会随之上升。随着利率上升，债务可持续性问题可能会进一步加剧。特别是如果全球利率上升速度快于经济增速，风险就会增大。融资环境大幅收紧将增加高负债政府、家庭和企业的压力。

因此，在未来的若干年中，如何解决高企的债务将是各国政府和国际社会面临的重大挑战，也是 IMF 关注的重点。

（二）气候变化与应对

近年来，应对气候变化对经济带来的影响成为 IMF 十分重视的问题。特别是在财政政策分析、建议和碳定价方面，IMF 进行了深入的分析和研究，这方面的工作在后疫情阶段将会继续推进。

当前，将全球变暖控制在 1.5 摄氏度至 2 摄氏度的机会窗口正在迅速关闭。IMF 的一项最新分析显示，如果全球政策维持不变，若想实现 2 摄氏度的控温目标，那么国际社会需要在 2030 年将碳排放量较基线水平降低 30%；若想实现 1.5 摄氏度的控温目标，则需要在 2030 年将全球碳排放量较基线水平降低 55%。

为了实现上述减排目标，IMF 认为各国需消除它们在目标和政策两方面存在的重大差距。在全球减排目标方面，有 135 个国家（占全球温室气体排放量的 3/4 以上）已经承诺，将到 21 世纪中叶实现净零目标，但在短期目标上的承诺还不够。即便各方兑现了关于2030年的现有承诺，也只能达到控温目标所需减排量的三分之一到二分之二。在政策方面，即便全球各国做出上述减排承诺，仍需制定相关的政策来实施减排。比如，IMF认为碳定价，即对燃料碳含量或其碳排放收费，可以发挥重要作用。它不仅可以直接影响碳排放量，也可以通过价格信号，使私人投资转向低碳技术和高能效领域。IMF研究显示，实现2摄氏度以内的控温目标需要在2030年将全球的碳定价提升至每吨75美元以上。

IMF分析认为减排的成本是可控的。为实现2摄氏度以内的控温目标，全球减排工作的成本将在GDP的0.2%至1.2%，其中最大一部分负担将由较富裕国家承担。同时，减少化石燃料使用的有关成本可能被国内的环境效益所抵消，比如受空气等环境污染造成的死亡和伤病人数下降或者极端天气频率降低等带来的正效应。为实现这些减排目标，国际社会加大对新兴市场和发展中经济体的外部资金支持力度极其重要。此外，为了扩大吸引私人融资，各国应明确公共部门在减缓气候变化上的目标，并通过价格信号为清洁技术创造公平的竞争环境。

为此，IMF工作人员提议碳定价改革，根据各国不同的经济发展水平确定不同的碳价下限安排。在国内层面上，开展碳定价改革可迅速启动碳减排，也可以支持长期经济发展目标。比如，来自碳定价的收入可用于减少劳动税或增加公共投资，从而帮助提振经济。同时，碳定价改革可促进公平并有利于较贫困的群体。如果使用碳定价收入来巩固社会保障体系和提高个人所得税起征点，那么该政策在总体上将对最贫困群体有利。碳定价收入也可用于卫生教育和绿色公共投资，加快采用清洁技术基础设施，如智能电网和电动汽车充电站等。清洁能源领域的公共和私人投资结合在一起，能释放出巨大的增长效应；低碳产业的劳动密集程度也往往高于化石燃料行业，这将有助于促进就业。

IMF这方面的工作刚刚开始，如何分析各国财政政策在应对气候变化中的重要作用将是一项持续进行的工作。可以预见在不远的未来，IMF将会有更多这方面的分析研究和政策建议。

（三）不平等问题与应对

近年来，许多国家都面临不同程度的不平等程度上升。在任何经济体中，一定程度的不平等是难以避免的，但不平等程度过高可能侵蚀社会凝聚力，导致两极分化，并最终影响经济增长。应对不平等问题不仅是许多国家面临的一项长期挑战，也是 IMF 在财政政策分析和监测方面长期关注的重点。

在应对不平等的政策考量中，经济增长和收入再分配财政政策十分重要。在许多国家，经济增长使很多家庭生活水平得到了改善，但在经济增长的包容程度上，各国却存在着显著差异。各国经验和实证分析表明，经济增长与不平等下降之间并不存在着取舍关系。不同时期各经济体在不平等方面的差异，在很大程度可归因于收入再分配财政政策的差异。再分配财政政策的涉及面很广，包括税收和转移支付工具、如何更好地针对弱势群体开展公共支出、如何建立和健全民众福利制度等方面。IMF 的研究发现，在发达经济体，直接税和转移支付使收入不平等程度平均降低了三分之一；这其中约有四分之三是通过转移支付来实现的。在发展中经济体，通常税收和支出规模较小且累进性较低，因而财政再分配的作用相对有限。

另外，在教育和健康医疗方面增大投资有助于在中长期内降低收入不平等程度，这对于解决持续存在的代际贫困问题、性别和地域上的不平等问题，最终促进可持续和包容性的经济增长都极为重要。

* * * * * * *

全球经济从来不缺乏各种挑战和问题。尤其是自 2008 年全球金融危机以来，各国在复苏之路上崎岖前行，2020 年新冠肺炎疫情又给全球各国增添了新的挑战。在维护宏观经济稳定、促进就业与增长、持续改善民生等方面，财政政策可以发挥重要作用。IMF《财政监测报告》担负着监测全球各国财政状况，分析重点热点财政问题，提出因地、因时制宜的财政政策建议，协助 IMF 更好地履行其促进国际货币体系稳定、推动成员国经济持续增长这一重要职责。放眼未来，《财政监测报告》的研究课题将随着全球热点经济问题的演变而不断演进，其分析方法也将不断提高和改善，以便于更高效地为变化中的世界经济提供更全面、更深入的分析和政策建议。

第十一章
外部经济平衡分析与政策建议①

作为一个维护国际货币体系稳定的国际机构，IMF 的一项主要职责就是维护全球经济的平衡发展。由于成员国不同的汇率政策、汇率水平和对外部门平衡的程度，全球经济平衡也在不断变化之中。因此，对成员国的汇率和国际收支进行分析和监督成为 IMF 工作的重中之重。

在 IMF 从 1945 年成立至今的近八十年里，世界经济发生了翻天覆地的变化。IMF 不仅亲身经历了多次带有时代印记的经济金融危机，也见证了国际贸易和资本市场不断发展深化带来的机遇和挑战，而汇率政策、汇率水平和对外部门的不断变化也是题中应有之义。在这个过程中，为更好地维护全球经济平稳发展，IMF 也在不断改革和完善其对成员国汇率和有关政策的分析和监督。这一章介绍的就是 IMF 在这方面所做的工作和努力。

一、IMF 对汇率政策监督的演变

IMF 对汇率政策的监督并非一成不变，而是随着时间和特定事件的发生而更新（见图 11.1）。在 1945 年成立时，IMF 的一个主要职能是维持“二战”后以布雷顿森林体系为基石的国际货币体系。正如在第五章中分析的那样，在布雷顿森林体系下，IMF 成员国的货币跟美元挂钩，而美国政府保证其他

① 本章作者是陆茵秋。

国家可以用所持有的美元按固定比价兑换黄金。在这种以黄金为基础、美元为中心的可调整的固定汇率体系下，当某一成员国的国际收支出现暂时失衡和流动性不足时，IMF 可以为该国提供资金支持。但是，由于汇率是固定的，IMF 不需要对各国的汇率政策进行监管，只是在成员国由于国际收支失衡而需要调整本国货币与美元的兑换比价时，IMF 会与该国讨论磋商。如果 IMF 认为该国调整汇率有利于纠正其对外部门失衡，则会决定是否同意该成员国调整本币与美元的兑换比价。

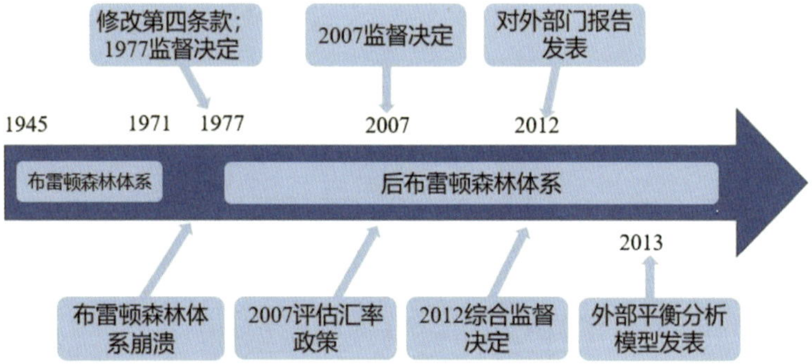

图 11.1　IMF 汇率政策监督时间轴

资料来源：作者整理和 Manhart（2011）。

这种固定汇率体系于 20 世纪 70 年代初发生改变。由于美国经济衰退和美元危机，1971 年 8 月 15 日，尼克松总统宣布关闭黄金兑换窗口，终止向外国央行承兑黄金的义务，美元和黄金脱钩，史称“尼克松冲击”，布雷顿森林体系开始解体。随着布雷顿森林体系的瓦解，许多国家开始采取有管理的浮动汇率制，[①] IMF 在汇率政策方面的职责也随之发生改变。1977 年，IMF 通过对《IMF 协定》第四条款的修改，明确提出了成员国在汇兑安排上的义务（第一款），“各成员国应承诺与 IMF 和其他成员国合作，以保证有序的汇兑安排，并促进形成一个稳定的汇率制度”。成员国需要接受 IMF 对汇兑安排的监督，同时，“IMF

① 有管理的浮动汇率制是指一国货币当局按照本国经济利益的需要，不时地干预外汇市场，以使本国货币汇率变动有利于本国经济发展的汇率制度。

应监督国际货币制度，以保证其有效实施，并监督各成员国是否履行了本条款第一款规定的义务”“IMF 应对各成员国的汇率政策进行严格的监督，并制定出具体原则，向成员国提供汇率政策方面的指导”。

同年，IMF 对汇率政策的监督决定（简称《1977 年监督决定》）将上述《IMF 协定》的修改贯彻到具体监督工作中来。限于当时的局限性，尤其是布雷顿森林体系瓦解后国际货币体系和金融市场的走向并不明朗，这项决定主要是要求成员国避免操纵汇率来阻碍国际收支的调整或取得不公平的竞争优势，从而避免短期汇率和货币制度的变动过于动荡。但是，该决定并没有解释什么是“操纵汇率”和“不公平的竞争优势”。在实际操作中，对这两者进行界定并不容易，毕竟当时各成员国对汇率的干预都普遍存在（Manhart, 2011）。

鉴于汇率政策对维护国际货币体系稳定的重要性，再加上新问题和新挑战伴随全球经济和金融市场的快速发展而不断产生，IMF 一直在加强对成员国汇率政策的分析和监督。2006 年至 2007 年间，IMF 对该监督决定做了全面评审，指出《1977 年监督决定》不够完善，对成员国实施的对本国国际收支有影响的国内政策（如货币政策和财政政策）重视不够，而且没有关注过去三十年来与汇率政策紧密相关的因素，如持续高估汇率水平、由国内政策不平衡所导致的资本账户的脆弱性等（IMF, 2006；IMF, 2007a）。IMF 独立评估办公室也就 IMF 对成员国汇率政策监督的有效性进行了评估，其发表的 2007 评估结果和建议指出，IMF 在履行汇率监督职责方面的有效性不够，《1977 年监督决定》不够清晰，IMF 自身和成员国之间缺乏关于汇率监督的明确规则，对工作人员如何进行汇率监管的具体操作也缺乏明确指导，对如何评估汇率制度和汇率水平的规定过于笼统（IEO, 2007）。

基于上述评估，再加上多年来对自身监督职责的思考和探索，IMF 在 2007 年提出了新的《2007 年监督决定》，强调在与成员国双边监督中汇率问题的重要性，明确了对汇率操纵和不公平竞争优势的定义，并且提出一项新的指导原则，即成员国“应避免出于国内原因而采取会导致外部不稳定的汇率政策，其中包括汇率根本性失衡”（IMF, 2007b）。[①]

在 IMF 执董会的讨论中，一些国家，特别是新兴市场与发展中国家，对这项决定表达了反对或保留意见，最主要的原因是对汇率根本性失衡的提法持不同看法。该决定通过后，在执行方面遇到很大阻力，造成了若干国家的双边监督难以完成，其中也包括中国 2007 年和 2008 年的第四条款磋商。中国人民银行在 2007 年 6 月的声明中指出，对 IMF 通过的《2007 年监督决定》持保留态度，认为此决定未能充分反映发展中国家的意见。[②] 由于在此问题上的争议和对双边监督带来的阻力，IMF 于 2009 年取消了“汇率根本性失衡”这一提法。也有专家认为，IMF 在对外部失衡的研究中由于过分强调汇率问题而忽略了资本和金融账户的风险，也忽视了一些国内经济和金融政策对外部平衡的影响。还有专家认为，IMF 对一国政策的外溢效应，比如对一些大国政策对所在区域和全球金融系统的影响所做的分析和建议不够，也未能将多边监督与双边监督相结合（IEO, 2017）。

2011 年，IMF 开展了三年一次的监督审查，并对《2007 年监督决定》进行评估（IMF, 2011），在总结这些审查的经验之后决定再进行一次改革。IMF 在 2012 年推出了《2012 年综合监督决定》，提出对汇率政策的分析要更广泛，不仅仅局限于汇率水平，还要考虑到对国际收支产生影响的一系列其他因素，如经常账户、资本流动、汇率、外汇储备水平和外部资产和负债差额等（见图 11.2）。在考虑成员国外部经济平衡的同时，也要考虑其内部平衡及相关因素，而且不能仅考虑双边监督，还要考虑多边监督等问题（IMF, 2012）。

随着《2012 年综合监督决定》的实施，IMF 于同年推出了具有实验性的《对外部门报告》（External Sector Report，ESR），用以取代在 2007 年推出但运行效果不佳的多边监督机制。2013 年，IMF 推出了外部平衡分析模型（External Balance Assessment，EBA），为《对外部门报告》提供数据模型支持。该模

① 汇率的“根本性失衡”指的是实际有效汇率没有达到均衡水平，即没有达到使得扣除产出缺口影响下的经常账户余额与均衡的经常账户余额一致的水平。

② 参见中国人民银行：“对 IMF 通过的双边监督决定持保留态度”，2007 年 6 月 20 日。

型通过对汇率问题进行扩展分析，在多边一致性的基础上考察外部平衡。本章接下来主要围绕《对外部门报告》和外部平衡分析模型这两方面展开分析和讨论。

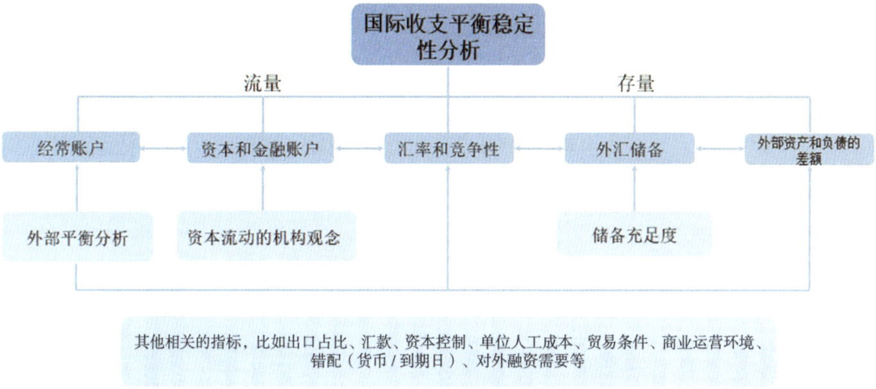

图 11.2　国际收支平衡稳定性分析的框架

资料来源：IMF（2015）。

二、《对外部门报告》的研究方法和主要内容

在 21 世纪初，IMF 就已经意识到，解决全球外部不平衡需要有多边经济政策的协调。随着中国 2001 年加入世界贸易组织，其经常账户顺差扩大，这种政策协调的紧迫性也随之增加。中国的经常账户余额占国民生产总值的比重从 2001 年的 1.3% 上升到 2007 年的 10%，而美国等一些其他国家的经常账户则呈现持续扩大的逆差，导致全球外部不平衡加剧。这种不平衡在 2008 年全球金融危机前达到顶点（见图 11.3）。从全球经常账户的概念上来看，经常账户逆差国的逆差总和应该等于顺差国的顺差总和。因而，分析全球外部不平衡的问题，不能只强调经常账户的顺差影响，也要考虑逆差的影响，而更重要的是应该将逆差国和顺差国的经济政策放在一起进行多边考虑，才能更有效地观察和解决全球经济的不平衡问题。于是在 2006 年到 2007 年间，IMF 启动了一个新的多边协调机制，鼓励在全球经济中具有系统重要性的经

济体就经济政策进行交流沟通。第一批参加交流的经济体包括中国、欧元区、日本、沙特阿拉伯和美国，其目的是进行政策讨论和协调，以减少全球经济不平衡。这个交流的结果在 2007 年的部长级会议上进行了讨论。不过最后因为成员国反响不强烈，这个多边协调机制也随着 2008 年全球金融危机到来而搁置。

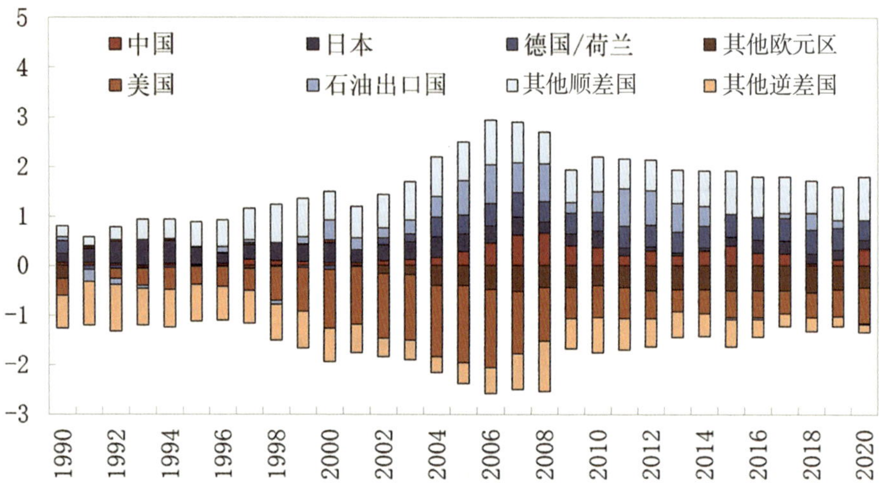

图 11.3　经常账户余额占全球 GDP 百分比（1990—2020 年）

资料来源：IMF，《世界经济展望》。

石油出口国包括：阿尔及利亚、阿塞拜疆、伊朗、哈萨克斯坦、科威特、尼日利亚、阿曼、卡塔尔、俄罗斯、沙特阿拉伯、阿拉伯联合酋长国、委内瑞拉。

2012 年，为了促进在外部政策上的多边一致性，IMF 推出了《对外部门报告》试行版。这个试行报告采用外部平衡分析模型，加强了对全球外部不平衡的分析，对外部门失衡程度、汇率和其他政策进行深层次分析和讨论。该报告兼顾了双边和多边的视角，探寻全球外部不平衡的原因，并且对具有系统重要性的经济体进行了深入分析。

全球经常账户余额的变化，也就是顺差国的贸易顺差和逆差国的贸易逆差大小的变化，是一个主要分析点。总体而言，因为经常账户代表的是一国储蓄和投资的关系，其经常账户有一定余额是正常的。顺差代表一国的储蓄大于投资，超过投资需求的额外储蓄会通过国际资本市场流入储蓄不足、经常账户有逆差的国家。此外，一个国家是否有顺差或逆差，以及顺差和逆差的幅度大小与人口结构等国情有关，也跟其经济发展阶段和所处的周期有关。比如人口老年化的国家因为储蓄减少，经常账户容易出现逆差。再比如，如果一国的经济处于下行周期，总需求不足，导致进口需求减少，经常账户逆差可能会缩小或者扩大顺差。然而，当顺差或逆差的大小幅度超过一定的范围，这种以顺差或逆差表现出来的外部失衡就容易引发一国经济和金融的脆弱性。比如，一国经济发展过热可能导致经常账户逆差的扩大，对应的就是需要大量外部资金的流入来支撑经常账户的逆差，而当外部资金一旦收紧，该国经济就有可能会被迫进行调整，出现经济阵痛，甚至导致危机。再比如一国经常账户顺差长期过大可能反映的是该国过于依赖以出口为导向的经济发展模式。系统重要性经济体的外部失衡会通过贸易和金融渠道影响到其他国家，甚至波及全球经济和金融市场。

2012 年试行的《对外部门报告》提出了这样几个要点：（1）全球外部不平衡强化了一国国内繁荣和萧条的周期，比如来自其他国家的资本使得该国经济脆弱性增加，经济泡沫越吹越大，而破裂后带来的衰退也会更持久；（2）泡沫崩溃后，溢出效应主要通过国际金融系统传导，但贸易渠道的传导也很重要；（3）尽管全球外部不平衡在 2008 年全球金融危机后有所下降，但不平衡仍然持续；（4）造成外部不平衡的一个原因是经常账户顺差国的外汇储备增加和对资本账户的限制，以及实际汇率低于均衡水平，另一个原因则是发达经济体实行宽松的货币政策，通过资本流动的方式给许多其他国家的政策造成了复杂局面。

尽管一些成员国认为外部平衡分析模型还不够全面与成熟、有待改善，但是总体而言，2012 年的试行报告赢得了比较广泛的认可。于是在完成了三年三期的试行版本后，《对外部门报告》于 2015 年成为常规性报告，成稿后在 IMF 执董会进行非正式讨论，一年发表一次。随着该报告的重要性得到成员国认同，从 2017 年起，和《世界经济展望》《全球金融稳定报告》和《财政监测报告》等旗舰报告一样，执董会开始对该报告进行正式讨论。

《对外部门报告》通常分为三大部分。第一部分是概述性章节，阐述全球外部不平衡的趋势，包括各主要经济体（如经常项目顺差国、逆差国）在这种不平衡中所扮演的角色，并讨论外部不平衡带来的风险、减少不平衡所需的政策和对今后外部不平衡的展望。第二部分是研究性的专题，分析与全球外部不平衡动态和调整机制有关的内容，有些专题自成一章，有的专题则是以专栏或附录形式进行介绍。第三部分是根据《2012 年综合监督决定》提出的分析框架（见图 11.2）对 30 个有系统重要性的经济体分别进行分析。这些言简意赅的分析会对这些国家对外部门的强弱给出定性。总体定性一共分为七类："基本一致""适度强劲""强劲""相当强劲""适度弱""弱""相当弱"（见专栏 11.1）。如何得出这七个强弱定性将会在下面的章节进行介绍。

专栏 11.1　评估对外部门是否平衡的一些基本概念

对一个经济体的对外部门是否平衡的评估需要考虑一系列影响国际收支的因素，包括经常账户、资本流动政策、汇率、储备水平、外部资产和负债的差额，但主要的分析模型是对经常账户和影响经常账户的实际有效汇率的分析。

"标准经常账户余额"是根据一国基本面和适当的经济政策得出的经常账户余额。

"经常账户缺口"是一国实际经常账户余额跟标准经常账户余额之间的差异。如果缺口为正（负），说明实际经常账户比标准经常账户高（低）了。

"标准实际有效汇率"是根据一国经济基本面和适当的经济政策得出的实际有效汇率值。

"实际有效汇率缺口"是一国当下的实际有效汇率跟标准实际有效汇率的差异。如果缺口为正（负），说明实际有效汇率高估（低估）了。

当经常账户缺口（实际有效汇率缺口）接近零时，可以判断一国的对外部门保持基本一致，即外部平衡。

当经常账户缺口为正（负），或实际有效汇率低估（高估），可以判断一国的对外部门强劲（弱）。根据强劲和弱的程度可以分为适度强劲（弱），强劲（弱）和相当强劲（相当弱）。这些情况下的经济体可以统称为存在外部不平衡。具体的边界值划分见表 11.1。

多边一致性指的是一些经济体的经常账户的正缺口跟其他经济体的负缺口相匹配；同样，一些经济体的实际有效汇率的负缺口跟其他经济体的正缺口相匹配。

《对外部门报告》是 IMF 众多经济学家共同努力的成果。基于全球外部不平衡的重要性、多边与双边监督双管齐下的原则，IMF 每年都要成立一个由各地区部门和一些功能性部门组成的《对外部门报告》工作小组。该小组的主要任务是讨论与对外部门有关的议题并撰写报告。在这一过程中，这个小组会从大方向上对每期报告的主要议题进行讨论、把关和审核。IMF 的首席经济学家担任报告撰写的总指导，由研究部门执笔撰写第一部分和第二部分的内容，第三部分则由地区部门负责撰写。IMF 的战略、政策与审查部也参与整个过程，扮演审核者的角色。在报告的撰写过程中，IMF 管理层往往会在敲定结构大纲、撰写初稿等关键阶段，就报告的主要内容和基调听取工作小组的报告，并提出建议和指导意见，如有需要，也会帮助解决有争议的事项。当和 30 个有系统重要性的经济体相关的初稿成型后，该工作小组会召集负责每个经济体的工作人员开会讨论，对初稿提出修改意见和建议，解决争议并争取达成一致意见。

从整体角度来看，对外报告要求多边一致性，因为从理论上来看，全球经常账户的总和应该是零，即对外部门强劲的经济体的顺差加总跟对外部门走弱的经济体的逆差加总要一致。

从 2013 年到 2021 年的《对外部门报告》可见，就很多经济体而言，总体评价定性的分类随时间变化并不明显（见图 11.4）。例如，对外部门在 2012 年（即 2013 年的报告）被评估为“强劲”的经济体在 2020 年也被评估为“强劲”（如德国、新加坡、荷兰和马来西亚等），对外部门在 2012 年被评估为“弱”的经济体在 2020 年也被评估为“弱”（如英国、加拿大等）。但是，有些经济体在 2012 年被定性为“强劲”，2020 年的评估是“一致的”

（如中国、日本和瑞士等）。对中国来说，从 2012 年到 2017 年，IMF 对其对外部门的定性是“适度强劲”，但随着中国贸易顺差的减少，对中国对外部门的定性从 2018 年起变成“基本一致”，这说明中国的外部状况同由经济基本面和适当政策决定的标准相比保持基本一致。

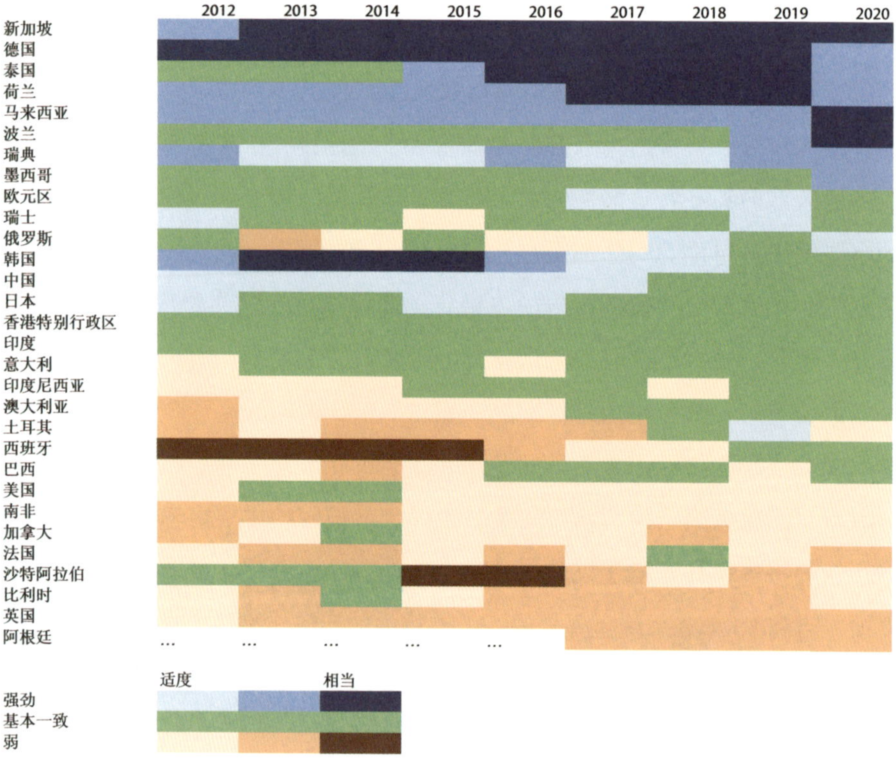

图 11.4　对系统性经济体外部门的评估定性（2012—2020 年）

资料来源：各期《对外部门报告》。

如前所述，《对外部门报告》的第二部分是根据全球外部不平衡的热点问题或是 IMF 最新研究成果推出的一些专题研究，比如 2019 年有一章是关于汇率对外部调节的作用。在一般情况下，汇率的变动会带来贸易商品相对价格的变化，并影响商品的需求和供应，从而影响一国的出口量和进口量。例如，一国汇率贬值会导致出口商品在国际市场中价格下降，进口商品价格上升，从而使出口量增加、进口量减少，这也是汇率在调节外部平衡中起到的作用。

而 2019 年的这一章则指出，在贸易计价货币以一个主要储备货币（如美元）为主的情况下，在短期内，其贸易量对汇率变动产生反应的敏感度可能会下降。这是因为当该国货币贬值后，由于出口商品是以美元计价，对购买方来说，商品价格并没有随着出口国货币的贬值而降低，因而需求量的增加并不明显。这一章也指出，当全球产品价值链在贸易中的比重增加，汇率变动对贸易量的影响会变小。这是由于当一国融入全球产品价值链时，它出口的产品中会包括进口的中间产品。当该国的货币贬值时，进口的中间产品价格以本币计价就会提高，增加了生产成本，从而抵消了一部分由该国货币贬值带来的价格竞争力。由于中国在国际经济中的重要性在持续增加，《对外部门报告》中也有不少和中国相关的专题讨论。比如在 2019 年的报告中，就设置了专题来分析中国经常账户顺差减少的原因。在 2020 年的报告中，由于中美贸易局势趋于紧张，也有章节专门分析和评估中美贸易紧张局势与资产价格的走势。

2020 年的报告中专门探讨了外部压力事件和国际投资头寸之间的关系。外部压力事件包括债务违约、重组或从 IMF 获取贷款。国际投资头寸指的是一国的外部资产和负债的差额，这是个存量的概念，有别于经常账户和资本账户等大家比较熟悉的流量概念，当然，一国外部资产和负债的存量是由资本账户的流量产生的。撰写这个专题的原因是 IMF 认识到，仅研究流量并不能全面地评估一个国家对外部门的脆弱性，要做到全面评估必须要研究一国的外部资产和负债，特别是负债的存量与构成。通过对 73 个经济体面对外部压力时的表现，得出的结论是，某些国际投资头寸的组成部分会影响抗压能力，比如外债由外币组成的国家抗压能力就相对较弱，而外汇储备则会提高抗压能力。对债权国而言，在国际金融压力大的情况下，手中持有的资产会遭受更大的估值损失，因此也不是持有的资产越多越好。

由于 2020 年新冠肺炎疫情对全球经济造成很大的冲击，2020 年的《对外部门报告》着重分析新冠肺炎疫情对全球不平衡的影响。该报告指出，2020 年经常账户的顺差和逆差会稍微缩小，但具有很大的不确定性。从短期来看，各国政府需要继续提供救助以促进经济复苏；从中期来看，许多国家的经济政策仍需继续改革。对于 2019 年经常账户赤字过大的国家，需要调整财政政策以避免债务危机；对于经常账户顺差过大的国家，政府需要进行改革来鼓励投资，减少过多的私人储蓄；对于有财政空间的国家，财政政策应以促进经济增长为主，强调公共投资，这可以使经济更具活力，同时减少经常账户的顺差。这期报告中还有不少与新冠肺炎疫情有关的专题内容，比如新冠肺炎疫情中的贸易和经济活动、资本流动突然停滞的原因、新兴市场和发展中国家汇率的波动、新冠肺炎疫情二次爆发对贸易和经常账户余额的影响。

《对外部门报告》的推出得到了成员国的认可，但也产生了一些争议（IEO，2017）。有人认为，外部平衡分析模型技术层面上存在的一些问题影响了《对外部门报告》的可信度。比如 IMF 的评估定性不够一致，特别是有时会在模型结果中加入 IMF 工作小组的判断来调整最后的定性，有时却不加判断因素。也有人认为《对外部门报告》不够坦诚，影响力也不够，难以促使成员国做出政策调整来改变外部的不平衡。针对这些争议和批评，对外部门报告的撰写者也一直在努力提高透明度和一致性。比如从 2017 年开始，《对外部门报告》就提供了详细信息来表明 IMF 工作小组是如何得出一个国家外部情况的基本面以及对外部门状况的分析，包括他们的判断依据和政策调整的大小。

三、外部平衡分析模型

对外部门报告中用来分析一个经济体的对外部门强弱的主要工具就是一个标准化的外部平衡数量分析模型。IMF 从 2013 年开始使用这个模型来对成员国的对外部门进行多边一致性的分析，不仅在对外部门报告中使用，也在对单个经济体第四条款磋商中分析外部平衡时使用。这个标准化模型取代了之前使用的汇率分析模型。与之前的模型相比，新模型的一个主要优势是加入了政策变量，以便更好地理解当前实施的政策对外部不平衡的影响，便于 IMF 工作小组根据评估结果提出相应的政策建议来减少外部不平衡。

外部平衡分析模型共有三部分，分别是对经常账户的分析、对实际有效汇率的分析和对外部持续性的分析。外部平衡分析模型对 49 个发达和新兴经济体进行分析，排除了一些比较特殊的经济体，如一些产油国（如沙特阿拉伯）

和一些全球金融中心但经济规模较小的经济体（如香港特别行政区和新加坡）。这三个方面分析中，对经常账户的分析最为重要，通常情况下也是判断的主要依据。所以，在这一节里，我们主要介绍这方面的分析（见图 11.5）。

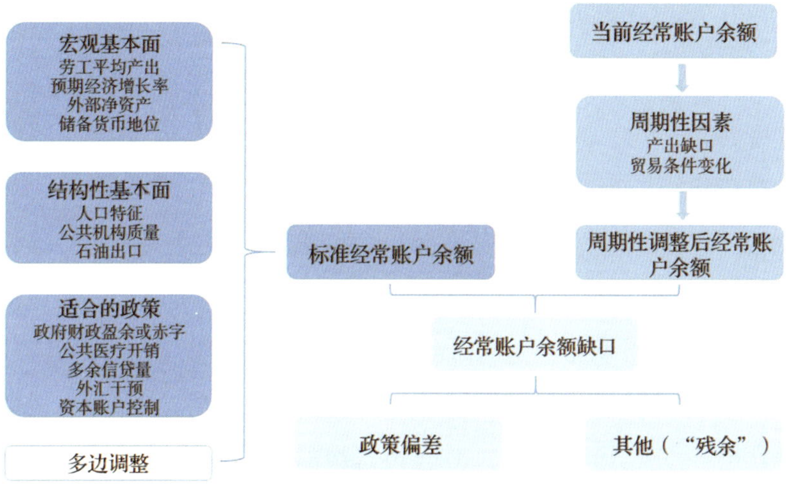

图 11.5　外部平衡分析模型中经常账户评估流程

资料来源：Cubeddu et al.,（2019）。

我们用一个例子来说明经常账户外部平衡分析模型的基本思路和所用到的政策变量。假设世界上只有两个经济体，一个有逆差，另一个有顺差。逆差国实行的是过于宽松的财政政策和货币政策，导致进口高于出口，造成逆差。顺差国的财政政策和货币政策都比较恰当，不过有可能在其他方面的政策有偏差。研究政策不平衡的第一步是计算出两国经过调整周期性因素后的经常账户余额。模型中包括两个周期性因素：产出缺口（当前国民生产总值与潜在国民生产总值的缺口）和贸易条件的变化（比如出口产品价格增长快于进口价格增长，代表贸易条件改善）。例子中的逆差国的经济增长可能快于潜在增长率，导致进口增长过度；顺差国情况则反之。除去这些周期性因素，调整后两国的经常账户余额都会变化，但是不平衡还可能存在。

第二步是考虑政策的影响。有两种情况：在第一种情况下，政策的偏差都源自逆差国，逆差产生的原因是过度的财政赤字和宽松的货币政策。这里涉及外部平衡分析模型中的两个政策变量，即政府财政余额（盈余或赤字）和多余信贷量。如果逆差国收紧了财政和货币政策，不平衡程度就会降低。在第二种情况下，逆差国调整了过度宽松的财政和货币政策，但顺差国却可能采取对资本流动进行限制或通过积累外汇储备来避免汇率升值等措施来抵消逆差国的调整带来的经常账户变动。另外，结构性政策，比如对资本流动的限制、外汇储备量的变化、社会保障体系的改善也会影响经常账户余额。① 在模型中共有五个政策变量的实际值与适合值之间的差距，决定了不平衡的政策偏差。

除了经济政策变量外，外部平衡分析模型也涉及之前提到的一国的经济基本面。模型中用到的基本面有两种：一种是宏观经济基本面，另一种是经济结构性基本面。宏观经济基本面包括：（1）劳工平均产出（平均生产率）。通常平均产出越高，经常账户余额也越高；（2）预期经济增长率。经济前景越好，就越容易吸引资本流入；（3）外部净资产。资产越多，收益越高，收益作为经常账户的一个组成部分，经常账户也就水涨船高；（4）储备货币地位。其他国家对储备货币的需求使得资本会流入储备货币国来支持储备国的逆差，比如法国前财长瓦莱里·吉斯卡尔·德斯坦在20世纪60年代指责美元拥有“过度特权”。经济结构性基本面包括：（1）人口特征。如人口构成中工作年龄人口比重高的经济体储蓄水平会较高，容易出现顺差；（2）公共机构质量。质量较高的经济体比较容易吸引外资来支持逆差；（3）石油出口。石油出口国储蓄高，也就容易有顺差。这些基本面也决定了即使每个国家的政策都比较合理，它们的经常账户余额也会不一样。不过在一个多边一致的理想模型下，所有国家经常账户的余额加起来应该为零。

如在专栏11.1中提到的，根据一国经济基本面和适当的经济政策得出的经常账户称为“标准经常账户余额”。如果经过周期调整后该国的实际经常账户余额和这个标准余额相等，那表明该国不存在外部不平衡的问题。一国

① 在外部平衡模型中社会保障体系用公共医疗支出来表示，理论依据是过低的公共医疗开销会增强居民的储蓄意愿并导致顺差。

实际经常账户余额跟标准余额的差异称作"经常账户缺口"。缺口越大，就表明外部不平衡越突出。根据模型的设计，缺口是政策偏差导致的。影响外部平衡的政策要远远多于之前提到的五个方面，但是由于数据的局限性或因果关系不确定，把影响外部平衡的所有政策变量都纳入模型是不现实的，而那些没有被模型纳入的政策变量可能会导致模型结果中出现余值。得出经常账户缺口后，根据贸易对汇率的弹性，可以分析出实际汇率缺口。一般说来，经常账户缺口越大，实际汇率的缺口也就越大。如果经常账户的缺口是正值，那就说明实际汇率偏低了，可以通过汇率升值来调节进出口量以减少经常账户的缺口。相应地，如果经常账户缺口为负值，那就说明实际汇率偏高了，通过汇率贬值可以增加出口、减少进口，从而减少经常账户的缺口。从经常账户余额缺口的大小就可以得出对一国经常账户以及外部平衡的评估定性。IMF 一共有七个分类（见表 11.1），可以看出在 2020 年许多 G20 经济体的外部平衡处于"基本一致"的状态（见表 11.2）。

表 11.1 外部平衡评估定性分类

经常账户缺口	评估定性分类	汇率缺口（弹性为-0.2）	汇率缺口（弹性为-0.5）
>4%	……相当强劲。	<-20%	<-8%
[2%, 4%]	……强劲。	[-20%, -10%]	[-8%, -4%]
[1%, 2%]	……适度强劲。	[-10%, -5%]	[-4%, -2%]
[-1%, 1%]	外部状况跟由基本面和适当政策决定的标准相比基本一致。	[-5%, 5%]	[-2%, 2%]
[-1%, -2%]	……适度弱。	[5%, 10%]	[2%, 4%]
[-2%, -4%]	……弱。	[10%, 20%]	[4%, 8%]
<4%	……相当弱。	>20%	>8%

资料来源：作者整理和 IMF, 2016。

在推出外部平衡分析模型后，IMF 又在 2014 年推出"外部平衡分析轻模型"（IMF, 2016）。该模型覆盖更多的成员国，填补了外部分析模型中国家覆盖面不够广的空白。这个模型的基本框架和理论模型跟外部平衡模型相似，但因为样本中包括了更多的发展中国家，模型的变量也做了一些改变。比如因为这些国家中有不少是依靠外部援助和在外打工人员寄回的汇款，所以在模型中加了援助和汇款这些变量。

表 11.2 G20 经济体的对外部门的评估定性（2020）

相当强劲	
强劲	德国、墨西哥
适度强劲	俄罗斯
基本一致	韩国、中国、日本、印度、意大利、澳大利亚、印度尼西亚、巴西
适度弱	美国、南非、加拿大、沙特阿拉伯、土耳其
弱	英国、阿根廷、法国
相当弱	

资料来源：2021 年对外部门报告。

注：不包括欧盟，因为欧盟没有一个统一的中央银行。

外部平衡分析模型在 2013 年推出后，也根据反馈做过若干次修改。2015 年，计量模型的样本时间跨度从 2005—2010 年扩展到 2005—2013 年。另外，在模型中加入了人口特征对经常账户的非线性影响。在 2018 年，IMF 又做了一次更为全面的改动，进一步将样本时间扩展到 2016 年，改进了对人口特征、国际投资头寸、公共机构质量等基本面变量的计算，也改进了对汇率干预和超额信贷等政策变量的计算，并且开发了一些辅助性工具来研究经济结构和贸易政策在解释经常账户不平衡中所发挥的作用（Cubeddu et al., 2019）。外部平衡分析轻模型也根据外部平衡模型的改动做了一些调整，澄清了援助和汇款的作用，增加了自然灾害、军事冲突等对发展中国家经常账户有重要影响的变量，并且推出了一个针对能源出口国的外部平衡进行评估的模型（IMF, 2019）。

* * * * * * *

IMF 在其近八十年的历程中对维护全球经济平稳发展、成员国汇率政策监督的改革和完善做出了诸多努力。IMF 这方面的研究与分析，从原来的双边监督进展到双边和多边监督双管齐下，从监督汇率水平扩展到监督国际收支，从分析影响外部平衡的外部政策拓展到分析影响外部平衡的国内政策，并从定性分析扩展到用模型进行定量分析。

由于汇率政策本身具有较高的敏感性，IMF 对该政策的监督难免也会引发一些争论。这也促使 IMF 在监督的过程中力求变得更透明、一致、公平，并对模型不断改进。在完善汇率政策监督、促进全球经济平衡的过程中，IMF 还有很多工作要做，而国际金融市场和资本流动的变迁无疑也会给 IMF 和成员国带来新的未知和挑战。

第十二章
区域经济监督与分析[①]

IMF的190个成员国遍布全球五大洲，经济发展情况差异很大，面临的问题和挑战也各不相同。虽然IMF有《世界经济展望》这样的全球性经济监督分析报告，但它主要讨论全球经济和若干主要经济体的发展状况，对各个区域的具体经济情况有所提及但未深入探讨。鉴于全球各区域经济发展情况的差异性，深入分析有关区域的经济状况并单独撰写分析报告十分必要。另一方面，由于全球化和区域一体化进程的不断推进，在同一个区域内的国家也面临越来越多的共同问题，因此需要从整个区域而不是单个国家的视角来了解和审视这些问题，共同寻求解决方案。

IMF的五大区域经济展望报告覆盖了不同地区与其成员国经济发展和政策的变化和展望。这些报告是IMF"多边监督"的重要组成部分，也是IMF《世界经济展望》的延伸和补充，为各个地区的经济发展和政策实施提供具有针对性和时效性的分析和研究。因此，这些区域经济展望报告获得了成员国政策制定者、研究机构和其他方面的关注和重视。本章将详细介绍这些区域经济展望报告的由来、其分析和研究的方法及覆盖的内容。

---

① 本章作者是方向明。

一、“多边监督”机制的重要组成部分

结合一个地区的国家特征、经济结构和地缘格局等特点，IMF 区域经济展望报告是一份具有针对性、时效性和前瞻性的报告，也是与成员国“双边监督”和全球经济展望分析相关联的核心纽带。近年来，这份报告也引起了各界的高度关注和重视，发展成 IMF 区域性经济分析的重要报告。

2003 年 6 月，IMF 发表了第一份区域经济展望报告，即《撒哈拉以南非洲地区经济展望》，随后其他地区部门也纷纷推出各自的分析报告。到目前为止，IMF 下属的五个地区部门都有各自的经济展望报告，分别是《亚洲与太平洋地区经济展望》《欧洲地区经济展望》《中东与中亚地区经济展望》《撒哈拉以南非洲地区经济展望》《西半球地区经济展望》。这些报告主要探讨该地区成员国近期的经济发展与前景、影响经济表现的政策变化及面临的挑战和政策制定者所需考虑的政策调整等。目前，《撒哈拉以南非洲地区经济展望》在每年 IMF 和世界银行春季会议和秋季年会期间各出版一期完整的报告，而《亚洲与太平洋地区经济展望》《欧洲地区经济展望》《中东与中亚地区经济展望》《西半球地区经济展望》通常仅在每年秋季年会期间出版一期完整的报告。随着各个地区经济发展形势的变化，区域经济展望报告的内容与形式也在不断调整和更新。

（一）区域经济展望报告的主要内容

从报告的结构上来看，区域经济展望报告一般包含三个部分。第一部分概述该地区的经济形势和政策建议，主要包括近期经济形势、发展前景及面临的风险、影响近期经济表现的主要因素，以及促进未来经济发展所需的政策组合及实施风险。第二部分是专题研究，通常占两章到三章的篇幅。这些专题研究针对近期的热点问题，或者是对近期内影响该地区经济最为重要的政策议题，进行深入分析与探讨。第三部分为统计附录，提供该地区有关国家的详细经济数据，包括经济增长、通货膨胀、经常账户余额等重要经济变量。

1. 多样的选题方式

区域经济展望报告中的第二部分专题研究的选题尤为重要，通常会选取

与当下政策热点关系最紧密的课题，并在经过严格的筛选之后，于出版前6个月至12个月之内选定。这些研究议题的筛选过程在IMF各个部门也不尽相同，各具特色。议题可以由部门的地区研究处先向部门提交选题，然后由部门最终研究决定；或者由部门高层先与地区研究处共同讨论，定下议题的大致方向，然后由地区研究处上交一份选题报告，再从中选取最后的议题。

例如，在非洲部，原先这些议题是由部门高层讨论决定的，后来他们决定将这个选择权交给整个部门的职员。先由部门职员提交自己感兴趣的议题，然后在全部门公开举行一个选题会，议题提交者简要阐述各自议题的由来、研究的方法和意义等。然后，由参与者投票，得票最高的两个议题，将成为下一期地区经济展望报告的专题研究的主题。在定下议题之后，各部门组建一个团队来共同研究这些议题，并撰写有关章节。

2. 丰富的数据来源

区域经济展望报告中的数据来源十分丰富。第一类是由国际组织提供的数据，比如宏观经济数据主要来自IMF自身，社会发展类数据来自世界银行，详细的进出口贸易数据来自联合国，医疗卫生类数据来自世界卫生组织，教育支出类数据来自联合国教科文组织，劳动力市场类数据来自世界劳工组织等。第二类是由其他国际机构或区域性组织提供的数据，比如经济合作与发展组织和欧盟统计局等。第三类来自商业机构的数据，比如彭博和路透社等。第四类是来自专业性的数据库，比如乌普萨拉地理定位事件数据库提供冲突的数据，全球恐怖主义数据库提供恐怖主义袭击的数据。

近年来大数据的兴起也在一定程度上补充了传统统计方法所无法提供的高频和大范围的数据。因此，IMF的经济报告中也越来越多地使用大数据进行分析研究。比如在2020年的区域经济展望报告中，IMF使用了谷歌的移动数据、英国牛津大学防疫政策严格指数、约翰霍普金斯大学的新冠肺炎确诊病例数来分析疫情带来的影响。2019年4月，《撒哈拉以南非洲地区经济展望》的第二章还使用卫星记录的夜晚灯光数据来替代实际经济活动以分析冲突的局部影响和溢出效应。[①]

3. 综合性的研究方法

IMF 区域经济展望报告中的研究方法以实证研究为主，在对同一个课题进行研究时，往往会运用多种实证分析方法。比如，2019 年 4 月《撒哈拉以南非洲地区经济展望》中的第二章《冲突的经济影响》就充分展示了如何综合运用多种实证方法对一个专题进行深入的研究。具体而言，该章主要采用了以下几种研究方法。

（1）回归分析：该研究方法采用标准的影响经济增长的回归模型，在控制了影响经济增长的其他决定因素后，估算出冲突对经济增长的平均影响。鉴于冲突对经济的影响可能是非线性的，该研究根据冲突的强度将其分为四档，结果发现，低强度的冲突对经济影响甚微，而较为激烈的冲突事件可能会对经济带来较大的冲击。

（2）脉冲反应：为了探究冲突对经济的动态影响，该专题还用本地投影法估算冲突在不同时间段对经济的影响。研究发现，冲突对经济产生的影响不会很快消散，通常在冲突事件发生后至少持续五年。高强度的冲突事件发生后，可能会在第一年中使经济增长下降约 5%，在第五年时可导致产出比在没有发生冲突的情况下减少 7.5%。

（3）合成控制：该研究不仅量化了冲突对经济的短期影响，还探究了冲突对产出的长期影响。该研究选取了撒哈拉以南非洲地区的十起重大冲突事件，对每个冲突事件构建一个虚拟的合成控制组（使用非冲突国家的加权平均）作为参照。合成控制组的经济特征与冲突国家在冲突开始前的特征类似，然后比较在冲突发生后，未受冲突影响的合成控制组的经济表现与发生冲突的国家的经济表现，以说明损失的程度。合成控制法得出的结果显示，冲突发生五年之后，合成控制组的人均 GDP 平均增长 12%，而在遭受冲突事件的国家，

① 越来越多的文献显示，夜晚灯光活动是实际 GDP 的一个较好的替代指标（Henderson Storeygard and Weil，2012）。夜晚灯光活动具有独立性，以此衡量实际经济活动，不太容易出现系统性衡量误差。对于冲突案例而言，由于经济活动的数据往往无法获得或不可靠，夜晚灯光活动是一个相当实用的替代变量。

人均 GDP 下滑 10%。

除了实证研究的方法外，有些区域经济展望报告也采用模型来研究未发生的经济事件并估算其影响。比如 2019 年 10 月《西半球地区经济展望》的第五章采用“灵活的全球模型系统”来量化中国和美国经济增长放缓对拉美国家的溢出效应。

4. 对区域内国家的群组分析

由于各地区内不同国家的经济发展水平差异较大，区域经济展望报告在描述和研究本地区经济状况和政策时，通常会将区域内的国家按照其经济发展水平分为不同的群组，以便于对他们的经济发展状况做出更为精确的概述，并提出更有针对性的政策建议。这些国家分类的演变也反映出了该地区经济增长的多样性。以《亚洲与太平洋地区经济展望》为例。在早期的报告中，亚洲国家被分为两大类：发达亚洲经济体和新兴亚洲经济体。在之后的报告中，由于各经济体的发展速度不同，又将亚洲国家的分类进行了调整。在最近几年的报告中，把亚洲经济体主要分为三类：（1）发达亚洲经济体；（2）新兴和发展中亚洲经济体；（3）太平洋 15 个岛国。在《欧洲地区经济展望》报告中，大致有两种分类方法：一是按照经济发展水平分为两类国家，即发达的欧洲国家和发展中的欧洲国家；二是按照国家与欧盟的关系划分为欧盟国家和非欧盟国家。在近期的《中东与中亚地区经济展望》中，主要按照地理位置将该地区分为两个次地区：（1）中东、北非、阿富汗和巴基斯坦，并进而细分为石油进口国和出口国；（2）高加索和中亚地区。由于撒哈拉以南非洲地区是世界大宗商品出口的重要区域，《撒哈拉以南非洲地区经济展望》依据资源密集度将国家分为三类：石油出口国、其他资源密集型国家及非资源密集型国家。《西半球地区经济展望》则按照地理位置和经济特征，将西半球国家分为五类：（1）北美国家；（2）南美国家；（3）中美洲、巴拿马及多美尼加共和国；（4）加勒比旅游业为主的国家；（5）加勒比大宗商品出口国。

二、精彩纷呈的区域经济展望报告

IMF 五大区域经济展望报告每年都会结合本地区经济发展的状况与特征，

对当前重大经济和热点问题做出分析和研究。以下就按照英文首字母的顺序，简要介绍这五大区域经济展望报告的发展历程、核心内容及主要专题研究。

（一）《亚洲与太平洋地区经济展望》

随着亚洲与太平洋地区（尤其是中国）经济的不断发展，《亚洲与太平洋地区经济展望》报告于 2005 年 9 月首次发表。之后，越来越多的国际性和区域性研究机构，如亚洲开发银行、中日韩宏观经济研究办公室、各大金融机构和智库也加大了对该地区的研究力度，并相继发表了越来越多的地区性研究报告。鉴于此，IMF 决定简化《亚洲与太平洋地区经济展望》报告。自 2019 年起，由原先的春秋季两期完整的报告，简化为只在 IMF 秋季年会时发表一期完整报告。

1. 亚洲与太平洋地区活力多元、引领全球增长

《亚洲与太平洋地区经济展望》报告的第一章内容会以当时最为重要的全球或区域经济事件为背景，展开具体的分析与论述，比如 2008 年全球金融危机和 2020 年新冠肺炎疫情危机。2008 年全球金融危机是继 20 世纪 90 年代末亚洲金融危机之后，该地区面临的第一个重大挑战。从理论上看，亚洲受到的冲击应该不大，因为它不仅在地理位置上远离危机中心，而且也没有沉溺于导致发达经济体银行系统出现严重问题的财务做法，很少参与高风险的抵押贷款，对美国次级抵押贷款的敞口也有限。此外，危机前该地区宏观经济比较稳健，有能力抵御来自全球金融系统的冲击。而事实上，此次危机对亚洲的影响甚至比其他地区更迅速，程度也更大。这是为什么呢？2009 年 5 月的《亚洲与太平洋地区经济展望》第一章指出，这一现象背后的原因是亚洲与全球经济的高度一体化。此外，许多亚洲经济体依赖于技术先进的制造业出口，而在危机期间，对此类产品的需求一落千丈。同时，在危机前的十多年里，亚洲与世界其他地区的金融联系加深，因此深受全球杠杆率下降的影响。报告认为，展望未来，亚洲应该考虑调整经济的增长模式，从出口驱动转向国内需求驱动的经济发展模式，以恢复危机前的增长率。

2008 年全球金融危机之后的十几年间，亚洲一直是全球经济最具活力的地区，引领着全球的经济增长。但是，2020 年新冠肺炎疫情的爆发也给该地

区经济带来了严重的影响。2020 年 10 月的《亚洲与太平洋地区经济展望》报告第一章指出，继 2020 年第二季度全球经济急剧萎缩后，许多亚洲国家解除了全国性封锁，采取了更具针对性的防控措施，经济也开始逐步复苏。就地区层面来看，亚洲地区的增长前景好于世界其他地区，主要是由于该地区的发达经济体和一些大型新兴市场经济体（如中国、印度、马来西亚和泰国）的增长表现好于预期。不过，即使在 2021 年实现预期中的强劲增长，疫情造成的产出损失也将非常严重，而且各经济体产出损失的差异巨大，复苏速度也不相同。比较当前的预测和疫情前的预测，中国和日本在 2020—2022 年间累计的产出损失接近零，而菲律宾的产出损失超过 20 个百分点，东帝汶则高达 30 个百分点。对于太平洋岛国和亚洲地区的其他低收入国家而言，这种分化尤为严重。在这些国家，人们的生命和生计更多地依赖国际援助。根据近期的研究以及各国的经历，这种显著差异主要由四个原因造成：（1）各国公共卫生状况不同，例如防疫措施的有效性以及疾病带来的生命损失；（2）各国政策支持的规模和有效性不同；（3）各国的经济结构不同，包括对旅游业和接触密集型服务行业的依赖程度；（4）其他结构性因素，比如非正式经济的比重，也会加剧封锁措施的经济影响并阻碍复苏进程。[①]

2. 经济转型与“未富先老”：何以确保持续增长？

中国经济的高速发展模式一直受到全球的关注，为了实现长期的可持续发展，中国经济正在进行转型。中国的转型对其自身和全球经济有哪些影响？一些亚洲国家的人口老龄化问题日益严重，这将对未来的经济增长产生不利的影响，各国政府应该如何应对？亚洲增长一直保持较高的速度，但未来增长将面临多种挑战，各国又该采取何种政策措施予以克服？《亚洲与太平洋地区经济展望》报告也探讨了这些重要问题。

第一，关于中国经济转型带来的影响。在中长期内，尽管中国为实现更

① 参见 Ostry, Jonathan D., Davide Furcer, and Anthony C.K.Tan, “Divergent Recoveries in Asia,” IMF Blog, February 23, 2021, https://www.imf.org/zh/Blogs/Articles/2021/02/23/blog-divergent-recoveries-in-asia。

可持续增长而进行的经济转型对中国和全球经济都至关重要，短期内仍可能产生各种溢出效应。2016 年 5 月《亚洲与太平洋地区经济展望》报告的第二章分析了中国经济再平衡对亚洲地区经济体和金融市场的潜在溢出效应。报告认为，总体而言，亚洲地区对中国经济的敏感度大幅上升，中国对本地区市场（尤其是股票和外汇市场）产生的金融溢出效应自 2008 年全球金融危机以来也在不断扩大，特别是与中国贸易联系较强的经济体所受的影响更大。

第二，对人口老龄化和“未富先老”的分析。2017 年 5 月《亚洲与太平洋地区经济展望》报告第二章重点讨论了亚洲面临的人口变化所带来的挑战，即亚洲部分地区可能存在“未富先老”的问题。与欧美情况相比，亚洲地区的人口老龄化速度尤为明显，日本、韩国、泰国和其他一些经济体已经失去了人口红利的优势。对该地区许多国家来说，若按照目前发展趋势，当这些国家在其老龄化周期达到与发达经济体相似的峰值时，其人均收入（以美国为基准）将远低于大多数发达经济体的人均收入水平。在老龄化较严重的亚洲国家，老龄化对未来增长的不利影响将尤为严峻。为应对人口变化带来的挑战，各国亟待推出旨在保护弱势老年人、提高劳动力参与率（特别是妇女和老年人的参与率），以及提升潜在增长率的相关政策。同时，各国政府需要推进结构性改革，优先推出劳动力市场和养老金体系改革并提高生产率，以实现中长期的持续增长，并需要特别关注维持债务的可持续性问题。

第三，亚洲未来经济增长所面临的挑战。过去半个世纪，亚洲取得了引人瞩目的经济成就：数亿人口摆脱贫穷，一批经济体迈入了中等收入乃至发达经济体的行列。虽然亚洲人均收入总体上仍落后于美国和欧洲，但从增长的角度来看，该地区显然处于全球经济增长的前列，对世界经济增长的贡献率达到 60% 以上。2018 年 10 月《亚洲与太平洋地区经济展望》报告指出，除中短期风险之外，亚洲的长期增长前景也面临重大挑战。挑战之一表现在贸易方面。如果关税螺旋式上升和各经济体越来越趋于封闭，那么全球增长将遭受重大打击，而亚洲则首当其冲。如上文所介绍，虽然印度、印度尼西亚和菲律宾等一些国家仍然拥有年轻的人口，劳动力不断增加，但对许多国家而言，人口老龄化仍是另一项重大的长期挑战。此外，与其他地区一样，生产率增长放缓也是亚洲面临的另一个关键性挑战。其主要原因包括研发投资的削减，贸易开放度的降低以及外国投资的减少。最后，亚洲引领着数字化发展的潮流，数字化将会彻底改变全球经济乃至全球社会的发展，同时也可能会带来严重的混乱和错位。面对这些重要挑战，该地区需要改变其经济增长的模式，并提高经济增长的多元化。该报告给出的主要政策建议包括加强宏观政策、进一步开放贸易和投资、改善生产率增长的前景以及把握数字经济带来的机遇。

（二）《欧洲地区经济展望》

第一期《欧洲地区经济展望》报告发表于 2007 年 11 月，随后其内容和形式也几经调整和修改。该报告原先覆盖了整个欧洲，包括西欧和东欧。鉴于欧洲央行已经有了许多关于欧元区国家的分析报告，而欧洲发展中国家的崛起引发了越来越多的关注和重视，因此，从 2013 年 4 月开始，《欧洲地区经济展望》报告集中关注中欧、东欧和东南欧的发展中国家的经济发展与前景。直到 2017 年，随着国际经济形势日趋复杂，该报告重新将欧洲发达经济体纳入其分析范围。

1. 危机带来的冲击

2008 年全球金融危机爆发后，随着全球需求和市场信心的崩塌，欧洲经济陷入了严重衰退。由于强大的区域性金融和贸易纽带，发达和发展中欧洲国家之间的经济活动同步性也日益增强。因此，这场危机导致的经济衰退也遍布欧洲各国。而金融市场和实体经济之间进一步的恶性循环关系，也是影响该地区经济复苏的一个重大因素。

2009 年，欧洲经历了“二战”后最严重的经济萎缩，实际 GDP 下降了 4.6%。由于各国经济结构和基础不同，欧洲国家的经济复苏之路从 2010 年开始日益分化。2010 年初，希腊由于财政赤字、债务过高和流动性枯竭，爆发了主权债务危机，并引发全球金融市场对其他几个欧元国家主权债务偿还能力的担忧。此后不久，葡萄牙、意大利和西班牙等国也纷纷陷入主权债务困境，爆发了欧元区史上最严峻的金融危机。其中，希腊、葡萄牙和爱尔兰分别向 IMF 申请紧急贷款援助。IMF 在 2012 年 4 月公布的《世界经济展望》中指出，如不采取强有力的政策措施，饱受债务危机煎熬的欧元区将有可能面临崩溃，从而引发一场足以同20世纪30年代大萧条类似的全球经济大衰退。此外，还有一些欧洲国家由于私人债务高筑、资产价格破裂、信贷增长低迷等问题，经济复苏缓慢。在整个欧洲地区，只有少数国家，如德国、瑞典和瑞士得益于自身的比较优势，经济复苏比较强劲。

2020年新冠肺炎疫情给欧洲地区再次带来了严重的社会和经济冲击。与亚洲与太平洋地区相比，欧洲因疫情造成的感染人数和死亡人数更多，总体经济损失也更严重，因此推出的财政刺激政策规模也更大。2020年10月的《欧洲地区经济展望》报告第一章分析指出，政府推出的各项政策支持，对缓解疫情所造成的各种社会和经济影响起到了关键性的作用。该报告称，2020年春季期间早期的封锁措施，以及供应链断裂和低迷的需求，给经济活动造成了前所未有的冲击。根据环比折年率的计算方法，2020年，欧洲地区第二季度的GDP环比下降了40%。面对这一冲击，欧洲各国都采用了大规模的财政刺激，以支持受到疫情冲击的家庭与企业，并用“工作保留计划”保住了5400万个工作岗位。欧洲央行也实施了一系列宽松货币政策，并提供流动性支持，以防止金融市场的动荡和混乱。同时，欧盟决定临时放松对各成员国的预算约束，以支持各国应对疫情挑战，更快地恢复国内经济。该报告还指出，随着经济复苏和疫苗的推广，政策支持应该逐渐转移到民众和公共物品上，以促进结构性改革，将资源从密集接触型的产业转移到其他行业。同时，为了保证疫情过后经济的持续恢复与增长，各国政府需要解决的长期问题，包括生产率的增长低速、不平等现象的上升、向低碳经济的转型。

2. 重启经济的挑战

新冠肺炎疫情封锁之后应该采用怎样的顺序和步骤重启经济？欧洲国家在第一波疫情之后重启的经验教训是什么？在遭受疫情重创的欧洲，经济活动大幅下滑，非金融性公司的流动性和无力偿还的风险引发了大家的密切关注和重视。究竟这些风险有多大，政府的政策支持在多大程度上能够减缓这些风险？在欧盟的新成员国中，该如何解释快速上涨的工资水平和持续低迷的通胀之间的脱钩现象？《欧洲地区经济展望》报告探讨了这些热门议题。

第一，关于经济重启的问题。2020 年 10 月的《欧洲地区经济展望》报告第二章总结了在第一波疫情爆发中的一些初步经验教训。在 2020 年初，欧洲是全球遭受疫情冲击最为严重的区域之一。欧洲各国纷纷采取严厉的封锁政策，以减缓病毒的传播速度，减轻对不堪重负的医疗体系的压力。随着第一波病毒传播慢慢褪去，大多数欧洲国家开始逐步重启经济，但各国计划取消限制的时间、次序和步伐各不相同，反映了它们处在疫情的不同阶段以及本国的偏好。例如，丹麦和挪威比较早就开始重新开放低年级学校和服务业。西班牙放开了对制造业和建筑业的限制，并在采取安全措施的情况下放松了对一些包括零售业在内的小企业的限制。德国也取消了对零售商店的限制，并逐步重新开放学校，但这种放宽限制的措施伴有中断机制，必要时可以再次收紧。意大利重新开放了制造业和建筑业以及部分小型商店。法国在区别对待不同地区的基础上，允许小学、商店和工业重新开放。瑞典则采取了独特的方式，决定不全面封锁经济活动。研究发现，重启措施可以导致经济活动增加和人员流动性加强，但代价就是病毒的感染率也随之上升。虽然这一取舍并不如人意，但是重启的经验让人发现了一些新的现象。其一，重启之后的感染导致的死亡率要比之前低。产生这一现象的原因有很多，或许是因为重启之后受感染的人群转移到低风险的人群中（比如年轻人），又或者是由于季节性的原因，以及更好的治疗方式等。其二，如果一个国家在感染率还未明显下降之时就重启经济，或者在较短时间内就快速重启所有的行业，那么新感染率的上升就会更快。[①]

第二，公司的流动性和偿还能力。病毒的扩散、限制活动的措施以及各种不确定性导致 2020 年上半年经济活动大幅削减。欧洲在这场疫情中首当其冲，其非金融性公司的流动性和偿还能力也引发担忧，特别是许多欧洲公司的财务状况在疫情之前就相对脆弱。因此，2020 年 10 月的《欧洲地区经济展望》报告的第三章对这一问题进行了分析研究。报告发现，尽管经济活动急剧下

① 参见 Rhee, Changyong, and Poul M. Thomsen, “Emerging from the Great Lockdown in Asia and Europe,” IMF Blog, May 12, 2021, https://blogs.imf.org/2020/05/12/emerging-from-the-great-lockdown-in-asia-and-europe。

滑，但大规模的公司破产情况并未发生，这些都归功于两个紧密联系的因素。其一，史无前例的政策支持。这些政策支持从各种渠道帮助公司解决流动性问题，包括通过宽松的货币政策提供流动性支持，提高银行的借款能力，减少公司的工资支出，保护就业并对公司提供补贴。一些国家还暂时修改了破产法案，延迟针对资不抵债的公司的法律诉讼。其二，得益于政策的大力支持，公司的财务状况依旧有韧性。许多公司通过发行公司债券或者向银行借款解决流动性问题。因此，在许多欧洲国家，在2020年3月到4月间，流向非金融性公司的银行贷款量呈两位数增长，公司债券发行量也大幅增加。政策支持究竟在多大程度上减少了公司的流动性不足和无力偿付的风险？在通过对几百万个公司的资产负债表和收入数据的研究后，报告发现保留工作的政策和负债担保等措施，都有助于帮助公司解决流动性需求，特别是在欧洲的发达经济体。但这些政策对减少无力偿还的风险效果有限，尤其是对那些中小型企业而言。

第三，工资与通胀的关系。疫情中所采用的大规模财政和货币刺激，以及由于疫情造成的供应短缺，使得人们对通货膨胀的担忧日益上升。但在此前的很长一段时间内，欧洲央行宽松的货币政策并未造成普遍的通胀，工资的上涨与通胀之间的关联也日益减弱。鉴于此，2019年10月的《欧洲地区经济展望》第二章对工资与通胀的关系进行了分析与探讨。欧洲的劳动力市场从2013年开始复苏，就业增长强劲，在许多国家失业率已经下降到2008年全球金融危机前的水平。但是名义工资的增长在许多国家仍然比较缓慢。随着劳动力市场的增强，这一趋势在一些国家，尤其是欧盟新成员国，开始逆转。公共部门工资以及最低工资上涨，从2017年第一季度开始，欧盟新成员国家的名义工资平均涨幅为8%，在其他国家则只上涨了2%。然而，这两类国家的核心通胀率都低于2%。在欧洲国家，劳动力成本在商业成本中的比重平均达到50%左右，但是名义工资的上涨并未导致通胀压力，两者之间的明显脱钩令人感到疑惑。工资上涨的压力是否最终会传导到通胀中，从而迫使欧洲央行改变宽松的政策立场？《欧洲地区经济展望》研究发现，历史上工资增长确实是决定通胀高低的一个重要因素。但是，在通胀率或通胀预期比较低，同时公司利润率较高且面临激烈竞争时，从工资上涨到通胀的传导机制有可能会被严重削弱。因此，在当时的情况下，工资上涨对通胀的影响可能会比较弱。

（三）《中东与中亚地区经济展望》

《中东与中亚地区经济展望》报告的第一期发表于2005年9月。中东与中亚地区国家的多样化程度较高，在地理位置上横跨中亚、中东和北非三大区域，在收入水平上包括从低收入到高收入不同发展水平的国家，在经济结构上可大致分为石油出口国和进口国。鉴于该地区经济发展的多样性，报告依据地区经济形势的变化，及时调整内容和出版周期。由于2014年下半年开始大宗商品价格大幅下跌，对该地区的石油出口国造成了极大冲击，也提高了对该地区经济形势及政策应对的研究需求。因此，IMF在2015年1月增加了一期更新报告，及时反映当时的经济和石油市场状况。

1. 石油与俄罗斯：该地区发展的关键词

2014年底的石油价格暴跌给该地区经济带来了极大的影响。在2015年1月，IMF中东与中亚部特意发表了一期更新报告，题为“学会与低迷需求中的廉价石油共存”。该报告指出，大规模持续性的石油价格下跌，以及欧元区、中国、日本和俄罗斯的经济增长低于预期，深刻地改变了中东与中亚地区的经济发展前景。对石油出口国而言，低迷的油价削弱了他们的财政和经常账户余额，但是充足的外汇储备和可用融资使得这些国家不需要大幅削减财政开支，有助于缓解短期的经济阵痛。对石油进口国来说，虽然石油价格的下跌减少了进口金额，但是疲软的外部需求抵消了这一正面影响。尤其是俄罗斯经济增长的大幅放缓和卢布的贬值给高加索和中亚地区的经济蒙上一层阴影，因为俄罗斯与该地区通过贸易、外来汇款和外国直接投资建立了紧密的经济联系。

当大部分石油出口国还在从2014年的石油价格冲击中缓慢复苏之际，在2020年初，又同时遭受了新冠肺炎疫情和油价暴跌这两大冲击。2020年4月《中东与中亚地区经济展望》第一章指出，一方面新冠肺炎疫情严重影响大众健康，另一方面由其引发的供需冲击，加上国际原油价格暴跌，对该地区的经济造成了严重冲击。自2020年初到4月之间，国际原油价格下跌了50%以上，各主要发达经济体采取的防控疫情的措施导致对外需求锐减，全球经济放缓，该地区企业深受影响，尤其是那些创造大量就业机会的零售、制造业以及中小企业遭受重创。同时，该地区各国政府采取的严格防控措施也导致旅游、酒店和零售业受到冲击。此外，急剧收紧的全球金融环境令该地区经济形势雪上加霜，而经济基本面比较脆弱和遭受冲突影响的国家受到的冲击更为严重。面对这场危机，该地区各国迅速采取了一系列应对措施，包括保护生命健康、遏制疫情蔓延以及向遭受重创的行业提供有针对性的政策支持。

2. 疫情之下突显结构性问题：金融科技带来新的活力

2020年新冠肺炎疫情的爆发突显了该地区长期存在的结构性问题，疫情留下的经济伤痕可能会对该地区的经济增长造成长期且深远的影响。政策制定者该如何应对？而该地区本就脆弱的财政体制也亟须加强，该从何下手？与这些旧问题形成鲜明对比的是新兴的金融科技产业正在该地区悄然发展壮大，但其发展状况和前景如何？《中东与中亚地区经济展望》对这些问题进行了深入的分析。

第一，关于新冠肺炎疫情带来的经济创伤。2020年10月《中东与中亚地区经济展望》第二章指出，新冠肺炎疫情有可能会对该地区造成一个比以往经济衰退都更深远和更持续的经济影响，因为全球疫情的一些特性正好加剧了该地区长期的一系列结构性缺陷，具体体现在以下几个方面。

（1）低经济多元化：石油出口国的经济结构不够多元化，大型能源公司仍在经济中占主导地位。

（2）对旅游业和外来汇款的高度依赖性：对于石油进口国，旅游业和外来汇款在一些经济体的GDP比重高达10%以上，如突尼斯、约旦和黎巴嫩等。

（3）高失业率：在疫情爆发前，该地区的结构性失业率在过去十年间就已高达9%，特别是年轻人的失业率在半数国家中超过20%。

（4）非正式部门的高占比：非正式部门可以简单理解为地下经济或影子经济等。非正式部门在该地区经济中的比重较高，特别是在高加索和中亚国家甚至高达GDP的40%。非正式部门往往集中于服务业，这意味着在疫情期间，很多工作无法在家进行。由于不处于政府的监督管理范围内，政府推出的财政支持措施也往往难以覆盖非正式部门的经济活动。

（5）缺乏充足的社会保障：该地区许多国家的社会保障体系以财政补贴为主，有针对性的财政支持政策未得到广泛使用。这个地区还有一些经济非常脆弱和受到局部冲突影响的国家，疫情可能会使得这些国家遭受人道主义灾难，特别是阿富汗、利比亚、叙利亚、索马利亚和也门等。

《中东与中亚地区经济展望》认为，在上述情况下，该地区实际 GDP 增长可能在未来十年之内仍会低于新冠肺炎疫情危机前的水平。随着疫情的进一步发展，各国政策制定者应该在保障民众生命安全、使经济创伤带来的长期影响最小化、促进经济复苏之间寻求适当的政策平衡。

第二，该地区许多国家的财政体制亟须加强。薄弱的财政体制是该地区一个重要的结构性问题。特别在 2008 年全球金融危机后，中东与中亚地区的财政状况大幅恶化。低增长、低油价、不断增加的支出需求使得财政政策缓冲空间不断缩小，公共债务持续攀升，许多国家都面临如何在降低财政风险的同时促进包容性经济增长的挑战。但由于财政制度薄弱，导致部分国家出现赤字和债务水平上升。2019 年 10 月的《中东与中亚地区经济展望》第五章指出，进一步改善财政体制，包括采纳灵活的财政规则和引入监测和执行机制，能使该地区公共债务占 GDP 比重的每年累积增速大约平均放缓 4%。提高透明度和建立可信的中期财政框架也有助于降低政府支出的顺周期性，这尤其适用于该地区的石油出口国。

第三，金融科技的发展与前景。2017 年 10 月的《中东与中亚地区经济展望》第五章对该地区的金融科技状况进行了深入的探讨。报告发现，虽然起步较晚，但随着越来越多的银行和公司都打算采用金融科技的技术，金融科技在该地区已经出现了强劲的发展势头。金融科技可以帮助解决重大的经济挑战，如提高金融普惠度和包容性经济增长，增强经济多元化，以及为中小型企业提供融资渠道等。金融科技还可以降低跨境支付成本，通过电子支付提高政府部门效率并增强监管部门对金融市场的监督和风险控制，以促进金融体系的稳定性。报告指出，为了解锁金融科技带来的潜在作用，该地区的成员国需要进行一系列的配套改革，比如加强监管和对消费者的保护、提高网络安全、改善经营环境和扩大通信信息类基础设施的建设。

（四）《撒哈拉以南非洲地区经济展望》

IMF 非洲部是第一个发表区域经济展望报告的部门。第一期的《撒哈拉以南非洲地区经济展望》在 2003 年 6 月发表，之后一直每年出版两期完整的报告。

1. 全球危机带来的威胁

2008 年全球金融危机对非洲国家的影响主要是通过对大宗商品的需求降低、出口价格下降、境外汇款的减少等渠道来体现。同时，由于全球金融信贷条件的收紧和风险偏好的下降，造成了资本外流、对非洲地区直接投资下降以及贸易金融成本上升。2009 年 4 月的《撒哈拉以南非洲地区经济展望》第一章指出，经济增长放缓导致信贷风险和坏账上升，削弱了金融机构和企业的资产负债状况。但总体而言，该地区与国际金融市场的融合度比较低，受到全球金融危机的影响也相对有限。在那场危机之后，得益于中国经济的快速发展，该地区大宗商品的出口大幅增加，经济也迅速复苏和增长。与此同时，各项社会发展指标，包括教育、医疗和基建等都取得了长足的发展。直到 2014 年，该地区的增速开始放缓，这主要是由于 2014 年底大宗商品价格的下跌，给该地区的石油出口国，包括最大的经济体尼日利亚造成了重创，从而拖累了整个地区的增长速度。

与 2008 年全球金融危机相比，2020 年的新冠肺炎疫情所引发的卫生和经济危机给该地区带来了更大的挑战。2020 年 6 月的《撒哈拉以南非洲地区经济展望》更新版和 10 月的《撒哈拉以南非洲地区经济展望》第一章对疫情给该地区带来的社会和经济影响进行了全面的分析。报告指出，这场疫情使得数年来得之不易的经济发展成果倒退，数百万人的生活与生计受到严重影响。该地区 2020 年实际人均 GDP 下降 5.3%，几乎退回到 2013 年的水平。考虑到新冠肺炎疫情的未来走势以及该地区卫生体系的发展程度等因素，经济前景仍面临重大下行风险。除这些风险外，非洲国家能否获得外部融资也存在很大的不确定性。总体而言，该地区的前景将受到以下因素的影响：外部融资的可得性、实施大刀阔斧的改革来提高经济韧性（包括调动财政收入、数字化及改善透明度和治理）的可能性、提升中长期经济增长和为大批新求职者创造就业机会的必要性，以及朝着可持续发展的目标取得进展的重要性。

2. 冲突、资本流动与区域贸易一体化

在撒哈拉以南非洲地区，自 21 世纪初以来，虽然各种冲突的发生频率和激烈程度均呈下降趋势，但近年来暴力又有所抬头。这些冲突给经济增长带来了哪些直接或者间接的影响？过去几十年，撒哈拉以南非洲的金融环境发生了深刻的变化。随着金融账户限制的逐步放开以及非官方资本流入的急剧增长，该地区与全球金融体系的联系更加密切。这些资本流动背后的主要驱动因素是什么？会给该地区的经济带来怎样的影响？2018 年，非洲联盟成员国签署了《非洲大陆自由贸易协定》，朝着促进区域贸易和经济一体化迈出了重要一步。然而，该协议能否改变非洲的经济格局？《撒哈拉以南非洲地区经济展望》对这些议题进行了深入的研究和分析。

第一，冲突带来的巨大代价和严峻挑战。虽然该地区近年来的冲突强度低于 20 世纪 90 年代，但冲突仍然频繁发生，在 2017 年仍约有 30% 的国家受到冲突的影响。此外，冲突的性质也逐渐发生了变化，过往的冲突以内战或国家间战争形式为主，而当今大多数冲突发生在非政府武装集团和恐怖组织等非国家的行为者之间，包括以平民为目标的恐怖主义袭击。2019 年 4 月《撒哈拉以南非洲地区经济展望》第二章指出，冲突不但造成人员伤亡、经济增长大幅下降，还给各国的公共财政造成了重大压力，使得政府的财政收入下降和军费开支增加，并减少对经济发展和社会保障的财政支出，进一步加剧了冲突的经济和社会成本。为了防止冲突的发生，各国应该促进具有包容性的经济发展和加强制度建设，以提高社会凝聚力。对于处在冲突中的国家，重点是要保护社会和经济发展的支出，以减少人力资源和物质资本的损失。鉴于冲突国所面临的财政压力，保障支出可能是一项艰巨的任务，但来自国际社会的人道主义和资金援助可以发挥积极的作用。

第二，资本流动与前景。2008 年全球金融危机爆发时，该地区的资本流动规模还比较小。但自 2008 年以来，非官方跨境资本流入急剧增加。按照占

GDP的比重来计算，近年来撒哈拉以南非洲地区的净资本流入高于新兴市场经济体的净资本流入。2018年10月《撒哈拉以南非洲地区经济展望》的第二章指出，这些跨境资本流入的增长大部分来自非居民资本的流入，尤其是证券投资的流入。该章的实证分析表明，全球因素（特别是美元利率、全球风险回避情绪和大宗商品价格）是促进资本流入撒哈拉以南非洲地区的重要驱动力量，而稳定的国内宏观经济基本面也有助于减轻资本流动的不稳定性。分析还表明，资本流动对各国经济的影响取决于资本流入的类型。总体来说，证券投资往往更容易推动信贷增长和造成经济过热，进而增加金融危机的风险。相比之下，外国直接投资更能带动国内投资，为经济增长提供支持。因此，各国政策制定者应谨慎行事，确保有效利用流入的外资，以促进生产率的提高和经济的可持续增长。

第三，非洲区域贸易一体化的进展与前景。《非洲大陆自由贸易协定》旨在取消对多数商品的进口税，放开关键服务项目的贸易，消除非关税贸易壁垒，并最终建立一个劳动力和资本自由流动的非洲单一市场。非洲自由贸易区的建立可以促进非洲各国之间贸易往来，对该地区的经济发展将会产生积极的影响。如果各国能够消除非关税壁垒，解决包括基础设施、物流成本以及贸易便利化等方面的障碍，将从贸易一体化中获益。2019年4月《撒哈拉以南非洲地区经济展望》第三章分析表明，除少数例外情况，平均而言，削减关税造成的财政收入损失可能比较有限。此外，随着贸易一体化的加深，收入不平等会暂时增加。为了确保区域贸易一体化的益处得到广泛分享，各国政策制定者应关注一体化可能带来的挑战。对于欠发达和以农业为基础的国家，在实施自由贸易政策的同时，应实行旨在提高农业生产力和竞争力的结构性改革。政府还应当促进劳动力和资本在各部门之间的重新配置，并加强社会保障，以减轻贸易一体化过程中对最弱势群体的暂时不利影响。

（五）《西半球地区经济展望》

第一期《西半球地区经济展望》在2006年4月出版。在内容上，报告主要关注拉美和加勒比国家的经济发展状况，而对北美国家（美国和加拿大）的论述相对较少。

1. 危机的冲击和考验

2008 年全球金融危机也是对拉美和加勒比地区国家的一场重大考验。2009 年 5 月的《西半球地区经济展望》第一章指出，拉美和加勒比国家都受到了外需下降的影响，有些国家还因为大宗商品的出口价格大跌，遭受了贸易条件恶化的损失。令人欣慰的是，在过去十年间，这个区域的国家强化了政策框架，降低了公共财政和金融体系的风险，提高了汇率的灵活性，从而增强了应对外来冲击的能力。正因为这些准备，该地区的许多国家能够主动采取积极的宏观政策以提高产出和就业来应对这次危机。这一情况与以往的危机形成了鲜明的对比，在过去，该地区的国家往往被迫采取防御性的措施，以避免危机螺旋式的发展。

2020 年的新冠肺炎疫情危机使拉美和加勒比地区经历了一系列更为严峻的考验。2020 年 10 月《西半球地区经济展望》第一章指出，虽然该地区人口仅占全球人口的 8.2%，但截至 2020 年 9 月，感染人数却占全世界的 28%，死亡人数占全世界的 34%。疫情、封锁及外界的冲击导致拉美五国（巴西、智利、哥伦比亚、墨西哥和秘鲁）在 2020 年第二季度经历了历史上最严重的一次经济衰退，而高频的月份数据显示更多的国家也经历着相似的经济萎缩。虽然疫情继续在拉美和加勒比地区蔓延，随着封锁政策的放宽、大规模的政策支持和全球经济的回暖，该地区的经济活动也从 2020 年 5 月开始缓慢恢复。但经济复苏前景不明朗，尤其是疫情演变的不确定性，给经济发展的前景带来很大风险。阻止病毒的蔓延和解决公共卫生危机依然是政策应对的重中之重。在那些封锁政策继续影响经济活动的国家，政策的重点需要放在保证公司有足够的流动性，保护就业和收入，并建立一个中期的财政调整计划以确保债务的可持续性。在那些已经解封的国家，政策的重心应该放在支持经济复苏和结构改革方面。

在新冠肺炎疫情中，拉美地区的劳动力市场遭受了怎样的冲击？各国财政政策应该如何应对？作为一个与中美两国有着密切经济联系的区域，中美两国的贸易紧张局势以及经济增长放缓会对该地区产生怎样的影响？《西半球地区经济展望》对这些问题进行了深入分析与探讨。

2. 劳动力市场和财政支持

第一，疫情对劳动力市场的冲击。受到疫情的影响，经济活动下滑，整个拉美地区的就业率大幅下降，甚至比其他发达国家和新兴经济体更为严重。拉美五国在 2020 年 1 月到 5 月之间经历了历史上最严重的就业下降，总就业人数下降了 30%。2020 年 10 月《西半球地区经济展望》第三章指出，这一现象与该地区的劳动力市场的结构性特征息息相关。在拉美地区，相当一部分就业者所在的行业无法远程办公，该地区从事接触密集型工作的人数也高过其他地区，因而这些行业受到封锁和社交距离等政策的影响尤为明显。而且，由于从事接触密集型工作的多数为女性和非正式行业的工人，女性的就业人数下降最为严重，尤其是在巴西、哥伦比亚和秘鲁。此外，受教育程度较低的工人的失业率也比其他人群更严重。疫情对不同人群的影响突显了其对收入分配的影响，因为受教育程度较低和从事非正规就业在穷人中更为普遍，而他们在疫情中的收入损失也更为严重。

第二，疫情中的财政应对政策。拉美地区的财政政策在疫情的不同阶段都受到严峻考验，包括从疫情初期的应对措施到后期支持经济的复苏。在疫情爆发初期，该地区许多国家宣布了一揽子财政支持政策，包括提高公共卫生支出和帮助企业和家庭渡过难关的“紧急生命线”救助措施。这些紧急措施包括减税和延迟交税、给受疫情冲击严重的家庭提供直接补助、放宽失业救济的条件以及提供工资补助和贷款保证等。2020 年 10 月《西半球地区经济展望》第四章表明，所有措施加在一起，其平均规模达到 GDP 的 8%，可以帮助减轻疫情导致的经济衰退。随着经济的重启，政府可以逐渐退出这些紧急救助措施。然而，由于疫情的发展趋势尚未明朗，缩减紧急救助这一过程需要因地制宜，防止操之过急。在这一阶段，在那些有财政空间的国家，应该采用财政刺激政策以支持经济复苏，但需要承诺在中期实行财政调整。一些制度性的保证，比如财政规则、中期财政的可持续性框架等可以提高这些承诺的可信性。

3. 中美经济放缓的溢出效应

历史上，拉美地区与美国之间有着密切的经济联系，近几十年间，拉美与中国的经济纽带越来越紧密。中国和美国经济增长放缓和两国之间激化的贸易和技术矛盾给其他地区，包括拉美地区，带来了严重的溢出效应。拉美地区商品出口在 2018 年强劲增长后，由于出口商品的量价齐跌，其出口增长在 2019 年上半年大幅放缓，而对中国和美国出口商品的减少是导致这一趋势的重要原因。2019 年 10 月《西半球地区经济展望》的研究发现，与中美之间有更密切的贸易和金融纽带的国家对中美两国的经济减速更为敏感。通过模拟中美增长减速的分析发现，如果中国的经济增长暂时下降 1%，智利和秘鲁这两个与中国经济联系最为紧密的国家的增长率将下降 0.2% 至 0.3%。同样，如果美国增长有相同程度的下滑，那么哥斯达黎加和墨西哥的增长将下降 0.5%。此外，如果中美的经济增长放缓导致新兴国家的金融条件收紧，对拉美地区负面的溢出效应可能会更大。

三、区域经济展望报告的重要性和影响力

IMF 区域经济展望报告是研究相关地区经济发展最为重要的报告之一。在每年的 IMF 春季会议和秋季年会之际，各区域经济展望报告的发布也备受成员国政府、研究机构和媒体的关注。这些研究报告在区域内的重要性和影响力主要体现在以下几个方面：

首先，区域经济展望报告为相关地区成员国的经济监督提供了跨国经验和政策指导。在 IMF 的双边经济监督工作中，成员国往往密切关注邻国的经济发展状况，特别是与自身经济现况相似的国家的经济表现和政策实施情况。在这一背景下，区域经济展望报告提供了一个比较全面的跨国经济发展分析与比较。比如，同为东盟的重要新兴市场国家，马来西亚、泰国和印度尼西亚往往会相互关注对方的经济发展形势，《亚洲与太平洋地区经济展望》首章中的地区经济和政策概况为其提供了及时和详细的分析。再如，近几年撒哈拉以南非洲国家频频遭受自然灾害，如严重旱灾、洪水及蝗灾等。许多受灾国在双边会谈之时，常常问及气候变化对整个地区的影响和应对措施。2020 年 4 月的《撒哈拉以南非洲地区经济展望》中的第二章《适应气候变化》就为各国在双边会谈中提供了许多数据、分析和政策建议。

其次，区域经济展望发布会和研讨会扩大了这些报告在本地区乃至全球的影响力，也有助于IMF更加深入了解该地区所面临的重大经济问题。IMF各地区部门除了在总部召开报告发布会外，还常常到相关地区的重要城市举行发布会，介绍报告的主要内容与研究成果，而发布会通常会受到当地新闻媒体的密切关注和大幅报道。除了大规模的区域发布会之外，IMF还会到该地区的主要高校或者投资机构举办研讨会，就报告的内容以及关心的区域性问题，与学者和投资者进行交流和探讨。这些在区域内举办的会议，不但扩大了报告在当地的影响力，也有助于报告的作者更为深入地了解该地区所面临的问题，更好地为下一期报告做准备。同时，越来越多的IMF地区部门利用IMF和世界银行春季会议和秋季年会中的研究交流平台来宣传报告中专题研究的章节，以通俗的语言面向大众展示研究成果。此外，为了方便该地区读者阅读报告，各地区经济展望报告都会被翻译成该地区其他几种常用的语言。比如，《亚洲与太平洋地区经济展望》被翻译成中文和日语，《欧洲地区经济展望》被翻译成西班牙语、法语和俄语，《中东与中亚地区经济展望》被翻译成阿拉伯语、法语和俄语，《撒哈拉以南非洲地区》被翻译成法语、葡萄牙语和中文，《西半球地区》被翻译成西班牙语和葡萄牙语。

第三，多元化的宣传方式促进了更广泛的传播，创造了更大的影响力。随着社交平台的兴起和新媒体的流行，IMF也在最近几年为区域报告的宣传制定了数字化媒体的宣传战略，通过更多的方式，在多个社交平台上宣传区域经济展望报告。IMF在官网、优兔、脸书和推特等平台发布短视频，介绍报告的主要内容，并在IMF和世界银行春季会议和秋季年会期间，举行线上直播报告和新闻发布会，方便不能到场的观众在线观看。除了英文视频之外，有些部门还会用该地区的其他主要语种录制视频。比如，中东与中亚部会同时录制一个阿拉伯语的简介视频，非洲部会录制法语、葡萄牙语和中文的视频。播客和推文也是近年来广泛使用的宣传措施。专题研究章节的作者有时还会录制一个播客，就该研究主要的结论和政策方式以问答的方式与听众交流。IMF的信息交流部也将最能反映报告核心内容的图表和内容摘要发表在推特上。

早些时候，区域经济展望报告的读者主要是政府官员、投资者和媒体工作者，阅读的方式也是以纸质报告为主。得益于社交媒体的宣传战略，越来越多的该地区民众，能够通过不同的渠道了解区域经济展望报告，与报告相关的视频和推文的点击率显著上升。以 2019 年 10 月的《撒哈拉以南非洲地区经济展望》为例，该报告的相关视频的点击率从 2019 年 4 月期的 44 万上升到将近 73 万，新闻发布会视频点击率也达到 4.5 万余次，这些都反映出报告在该地区的传播和影响力正在加强。

* * * * * * *

IMF 区域经济展望报告是其多边监测的重要组成部分，是《世界经济展望》的延伸和补充，是对各地区经济发展和政策实施具有针对性和时效性的分析。此外，随着世界经济的联动性不断加强，区域经济一体化在全球范围内以不同的形式逐步发展，各地区面临的共同问题也日益增多，区域经济展望报告也为此类问题提供了深度的分析和研究，为区域性问题的解决提供了一定的依据和建议。借助于电子媒体的推广和应用，越来越多的读者能够在第一时间获知区域经济展望报告的主要内容，这些报告在各地区的影响力也在进一步扩大。展望未来，IMF 区域经济展望报告将以更加多样和灵活的方式，为不同地区的政策制定者、学者和广大民众，提供多维度和深层次的分析研究，在越来越多的区域合作议题上扮演重要角色。

位于美国新罕布什尔州的布雷顿森林会议会址

44 个国家代表于 1944 年 7 月 1 日至 22 日参加布雷顿森林会议

英国政府代表、著名经济学家凯恩斯（左）和美国政府代表怀特（右）在 1946 年召开的首届 IMF 理事会期间交流

布雷顿森林体系的主要创始人——怀特（左）和凯恩斯（右）

1946 年 5 月 6 日召开的首次 IMF 执行董事会会议

2019 年 10 月，参加在美国华盛顿召开的 IMF 理事会的理事合影

IMF 执行董事会会议

IMF 总裁格奥尔基耶娃访问非洲

IMF 现任总裁格奥尔基耶娃（左）和前任总裁拉加德（右）

在 IMF 和世界银行 2019 年春季会议期间召开的布雷顿森林体系成立 75 周年研讨会

2018 年 10 月，参加在印度尼西亚巴厘岛召开的 IMF 理事会的理事合影

2017 年 IMF 和世界银行年会开幕大会

国际货币与金融委员会 (IMFC) 会议

位于美国首都华盛顿的 IMF 总部

IMF 执行董事会会议厅

第三部分

IMF 的双边国别经济监督功能

第十三章
IMF 的国别宏观经济分析框架[①]

IMF 身负维护全球经济、金融稳定的使命，对于危机中的成员国来说，IMF 无疑扮演着“消防队”的角色。众所周知，作为“消防员”的 IMF 经济学家和专家队伍通常由毕业于全球高校的专业人才构成。尽管拥有高等学历和出众的教育背景，但他们在 IMF 开始职业生涯后，仍需不断接受培训和继续学习，包括通过 IMF 为其员工设置的系统培训体系。这些内部培训将经济学理论与工作实践相结合，使他们迅速成长为具备分析实际经济问题能力的经济学家，参与对成员国及全球经济分析和监督的各项工作。

无独有偶，在过去二三十年中，IMF 也成为全球各大银行和其他金融机构的中国区首席经济学家的“摇篮”。[②] 许多金融机构的中国经济分析团队中的主要研究人员曾供职于 IMF。他们吸取了 IMF 宏观经济分析框架的有关内容和在 IMF 工作的经验，将之与中国经济特点结合，提供了广泛且严谨的分析，为中国宏观经济分析预测做出了积极的贡献。

在 IMF 的众多培训课程中，许多人公认的最具有实用价值和分析技巧意义的课程之一就是“金融规划与政策”（也称宏观经济分析框架）。这个框

① 本章作者是李向明。

② 参见伍戈：“对国际货币基金组织宏观经济分析框架的思考”，《国际经济评论》，2009 年，第 11—12 页。

架覆盖宏观经济分析的主要理论和具体方法，以一个国家的历史数据为基础，详细分析该国宏观经济的发展状况、面临的问题和具体政策。

除对经济的分析、研究和预测外，IMF 的宏观经济分析框架也为其双边监督，特别是第四条款磋商（见第十四章）提供了系统化的思维框架。在这个框架下，IMF 经济学家们可以高屋建瓴地从全局视角进行宏观经济分析，从而避免了局限于单一经济部门或经济政策、忽视其内在联系的缺陷。换而言之，在该分析框架下，经济是一个不断变化、相互影响的系统，一个经济变量的改变可能会“牵一发而动全身”。基于这个前提，解决大多数经济问题时，都必须综合考虑政策组合的互动作用。这也是 IMF 宏观经济分析、研究和预测方法中较为突出的特点之一。

那么，IMF 宏观经济分析框架包含哪些主要内容，又有何特点？它又是如何分析宏观经济各部门之间的关联性？IMF 近年来为何多次指出金融脆弱性和结构性改革的重要性，其对宏观经济稳定和政策有效性又有哪些影响？本章将围绕这些问题详细地进行介绍和分析。[①]

一、宏观经济分析框架的主要内容

IMF 重视宏观经济分析的指导思想源于《IMF 协定》。《IMF 协定》第一条就开宗明义地指出，IMF 的宗旨是“促进国际货币领域的合作；促进国际贸易的扩大和平衡发展，从而提高和保持高水平的就业和实际收入以及各成员国生产性资源的开发，并以此作为经济政策的首要目标。”自 1945 年成立以来，IMF 始终以促进经济稳定与增长为最终目标，为提升成员国民众的福祉而努力，而促进国际货币合作和国际贸易增长是实现这一目标的重要手段。对各成员国来说，实现外部和内部经济平衡是宏观经济稳定发展的先决条件，这也是 IMF 政策分析和建议的核心。

基于一套完整的宏观经济分析方法和数据库系统，IMF 的研究成果体现

① IMF 也在思考在现有的基础上建立“综合政策框架”（Integrated Policy Framework），以更好地为成员国提供政策建议以应对国际资本剧烈波动带来的冲击。

在第四条款磋商报告和众多出版物中。归纳起来，IMF 的分析框架将整个宏观经济分成四个部门：实体经济部门、对外部门、货币与金融部门及财政部门。通俗地讲，实体经济部门主要指实体经济生产、投资、消费等活动；对外部门主要指国际收支平衡、进出口、国际资金流动等；货币与金融部门包括中央银行、商业银行、金融体系和市场动态；财政部门指中央政府财政或包括地方财政在内的广义政府财政状况和政策制定。

宏观经济是一个不断变化且各变量相互影响的系统，一个变量的变动可能引发其他一系列变量的变动。可以举个简单的统计例子来做说明，实体经济部门生产了一架飞机用于出口，首先，这架飞机增加了国内生产总值（GDP），也增加了出口（计入国际收支平衡表的经常账户项目下）；其次，该业务涉及的税收将体现在财政收入项目下；最后，所获得的外汇收入会进入商业银行的资产负债表中，并最终影响到中央银行的资产负债表。看似简单的经济生产和交易行为，同时影响了实体经济、对外、财政、货币与金融四大部门，这一方面体现了宏观经济系统的复杂性，另一方面也验证了分析复杂变量时，框架思维的必要性和重要性。

在宏观经济的四部门框架内，IMF 的分析方法有三个组成部分：统计账目、理论模型、宏观经济政策的分析与制定。

统计账目主要涵盖经济变量及其相互关联变量。从国民收入账户的统计恒等式开始，它将 GDP 与其他经济变量，如国民收入、消费、投资、出口、进口、外国收入、经常账户余额等联系起来。统计关系显示了各经济部门之间的紧密联系，直接揭示了支出、收入和融资之间的关系。这一关系对决定货币政策和财政政策的松紧、维持金融稳定等方面非常重要。超出收入的私人部门支出需要通过借贷来融资，如果私人和政府的支出超过国民收入，国际收支中的经常账户就会出现赤字；赤字意味着国际收支失衡，需要通过减少该国在国外的净资产来融资，反映在国际收支账户中，会体现在资本流入的增加或外汇储备的减少。另一方面，银行系统（中央银行或其他存款机构）持有的国外净资产或国内信贷的变化都可能影响到广义货币供应量。当货币增长超过经济的需求时，通胀压力就会上升。

在开放条件下的宏观经济中，同时实现经济的内部和外部平衡是一国政策当局的理想目标。IMF 宏观经济框架基本上是以凯恩斯理论为基础，并基于蒙代尔－弗莱明的分析模型。在 20 世纪 60 年代，曾供职于 IMF 的两位知名经济学家（罗伯特·蒙代尔和马库斯·弗莱明）对政策当局在不同的汇率制度安排下使用货币政策或财政政策来实现内外平衡的效果进行了探讨和研究，建立了开放经济中的“IS–LM 模型”，也称为蒙代尔－弗莱明模型（IS–LM–BP 模型）。蒙代尔－弗莱明模型在 IMF 的工作中应用广泛，侧重于短期总需求管理，与 IMF 帮助成员国恢复国际收支平衡、缩短国际收支失衡的持续时间，减轻国际收支失衡程度的使命相符。一般来说，短期内的总供给变化相对较小，因此控制国内总需求是减少国际收支经常账户赤字的关键。紧缩的财政政策会直接导致总需求下降，货币政策则可以通过提高利率来抑制总需求。此外，总需求的变化还取决于国内与国外商品的相对价格，即实际汇率水平。在其他条件不变的情况下，国内价格上涨会导致实际汇率升值，对经常项目收支造成负面影响，反之亦然。

IMF 的宏观经济分析框架也会充分考虑货币政策、汇率制度和资本流动对经济活动的影响。近年来，鉴于金融部门在宏观经济稳定中的重要作用，IMF 的宏观经济分析框架也将金融稳定的分析和评估纳入其中。IMF 提出的政策通常会强调货币和财政政策的组合需要与结构性改革相互配合，才能实现内外经济的可持续性平衡。结构性改革旨在通过消除资源配置的障碍来促进经济增长。除了与货币、汇率、财政、国际贸易政策等直接相关的改革外，近年来 IMF 的结构性改革也逐步延伸到供给侧政策（如产品和劳动力市场、国有企业改革等）以及金融部门稳定性、收入和性别不平等、社保体系、机构治理、气候变化等方面。

二、宏观经济分析框架的具体方法

如前所述，一国宏观经济可划分四个部分，即实体经济部门（国民账户）、对外部门（国际收支）、财政部门和货币与金融部门。IMF 宏观经济分析框架正是基于四个部门之间的相互关系而构建的。下面将分别介绍各部门模型及其主要经济变量。

对于实体经济部门，国民收入从支出法来看，有以下主要变量和恒等式：

$Y = C + I +（X - M）$

$NX = X - M$

$S = Y + Yf + TRf - C$

$CAB = Y + Yf + TRf -（C + I）= NX + Yf + TRf = S - I$

Y	国内生产总值（GDP）	NX	净出口 = X-M
C	消费	Yf	来自国外净要素的收入
I	投资	TRf	净外部转移，包括官方赠款
X	出口	CAB	对外经常账户余额
M	进口	S	储蓄

在建模时，通常使用实际 GDP，按不变价格（选定基准年的价格）衡量。对外经常账户余额等于储蓄和投资的差额，当一个国家的投资超过其储蓄时，就需要通过融资来补充资金缺口。这些统计恒等式可以按各种方式排列，以便于分析不同问题和政策选择。

从国际收支角度来说，一个国家的国际收支不仅记录了商品和服务交易，也记录了该国居民（包括家庭、企业和政府）与外国居民（包括国际金融机构）的金融交易。交易价值通常以主要国际储备货币进行记录。

$$CAB = X - M + Yf + TRf = -CFA = -FI - \Delta Res$$

如果从对外储蓄的角度来看，在上面公式中，对外经常账户余额（CAB）等于净资本和金融账户变动额（FI）加上外汇储备变动额（ΔRes）的总和。也就意味着，除非有净资本和金融账户流入，否则经常账户赤字将需动用外汇储备来融资。

财政部门的交易分为“收入”和“支出”两大类。年度财政余额是一个流量，通过利率和汇率与公共债务（存量）相关联，共同反映财政收支情况。财政赤字不仅会导致债务积累，还将导致未来利息支出的增加。此外，当债务中部分或全部为外债时，利息支付与汇率挂钩。当本币贬值时，以本币计量的外债存量和利息就会上升。这也解释了为什么汇率贬值时，外债水平较高的新兴市场和发展中经济体的债务负担会变重，财政状况恶化，经济脆弱性上升。

货币部门包括中央银行和所有吸收存款的商业银行的资产负债表。中央银行资产负债情况将影响基础货币供应量，而商业银行的资产负债表不仅影响市场贷款供应量，也会影响金融稳定和货币政策的有效传导。广义货币供应量的大小则受整个银行系统（中央银行或其他金融机构）的影响。银行对政府部门或私营部门的信贷增加将造成广义货币供应量的增长。如果广义货币增长超过了私营部门的需求，通胀压力就会上升。

如前所述，货币、财政和国际收支通过利率和汇率联系起来，影响包括外债利息在内的政府利息支出，进而影响财政状况和财政政策的制定。统计关系还显示，任何部门的赤字都必须通过该部门或其他部门的储蓄来融资。在整个经济层面上，超额支出只能通过动用本国资产或他国的储蓄来融资。

三、宏观经济分析的主要模型

在宏观经济分析框架下，以各经济变量之间的统计关系为基础构建理论模型，即可进一步对总供给、总需求等关键变量和政策选择进行系统化分析。

（一）总供给

商品和服务的产出（GDP）需要生产要素的投入。基于柯布—道格拉斯生产函数，生产要素投入分资本（K）和劳动力（L）两大类：前者包括机械、建筑、基础设施、土地以及原材料或加工材料等；后者为全体就业劳动力，资本和劳动力的使用效率可以用全要素生产率（Total Factor Productivity，TFP）来衡量。

一国内部经济平衡是指在无通胀压力且充分就业的前提下，产出处于或接近均衡的状态。若需求旺盛，使得 GDP（总产出）超出自然失业率对应的潜在 GDP 时，就需要提高工资水平以吸引更多的工人参与生产，从而导致物价上涨并影响通胀预期。

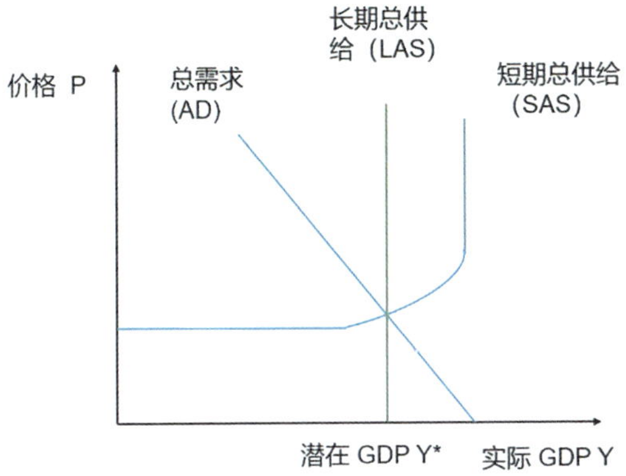

图 13.1 总供给和总需求

图 13.1 是一个简化的供需曲线。可以观察到，短期总供给曲线（SAS）向上倾斜，并分三个不同的阶段：（1）当产出水平低、资源没有得到充分利用时，短期总供给曲线是水平的，资源（如劳动力）的供给对价格非常敏感，企业可以在不增加投入和提高产品价格的情况下增加产量；（2）在闲置资源减少的情况下，短期总供给曲线向上倾斜，资源（特别是劳动力）的供给随着价格的上涨而增加，资源价格的上涨滞后于产出价格的上涨；（3）当资源得到充分利用时，资源（如劳动力）的供给对价格不再敏感，总产出也不再对价格敏感，短期总供给曲线变得垂直。

一般来说，长期总供给曲线在以下两种情况下会向左移：（1）投入价格上涨（如油价上涨）；（2）发生破坏生产力的灾害。反之，当结构性改革改善了商业环境时，生产力上升，总供给也将增加，长期总供给曲线右移。

（二）总需求

总需求曲线（AD）因为三个效应向下倾斜：（1）财富效应：收入和储蓄的购买力在价格上涨时下降，也称“庇古效应”；（2）利率效应：物价上涨提高对货币或信贷的需求，引起利率上升，利率上升会导致投资下降，也称“凯恩斯效应”；（3）国外价格效应：国内价格上涨使国内产品比国外产品更昂贵，导致对国内产品的总需求下跌，也称“蒙代尔–弗莱明汇率效应”。

总需求也可能受其组成因素的影响而变化。例如，在扩张的财政政策和货币政策下，政府支出的增加、利率的降低都能够刺激消费和企业投资，从而使总需求增加，反之亦然。类似地，实际汇率变化也将通过影响净出口而最终导致总需求变化。同时，对未来收入的良好预期也可能会导致总需求的上升，而私人债务的增加或消费者信心的下降则会降低总需求。总需求也受净出口的影响，随本币升值而下降，随来自国外净收入的增加而上升。

总需求分析的重要性在于，它与通货膨胀关系密切。从总需求和总供给曲线的关系可知，当经济处于或接近均衡状态时，总需求的增加、劳动力或能源等投入价格上涨等因素都有可能导致通胀压力。相反地，技术进步或营商环境的改善则能够提高劳动生产率，使总供给增加、价格降低。

（三）货币政策框架

货币政策框架是指中央银行货币政策决策的制度安排。在其职权范围内，央行为了实现货币政策目标，主要针对包括政策利率、汇率和货币供应量等在内的操作指标和中介指标进行货币政策操作。货币政策框架通常由三个部分组成，包括政策目标、工具、与公众的沟通策略。鉴于金融市场对新信息的高度敏感性，该框架也可以引导市场对政策的预期，从而避免因政策冲击造成的金融市场动荡和经济波动。

中央银行在制定政策框架时，首先要考虑的是货币政策目标，包括货币增长和通胀目标、汇率安排等。由于国际金融市场之间通过资本流动而形成的传导性和利率平价法则的作用，[①] 当今世界各国之间货币政策的关联性比以往更加紧密。

为简单分析起见，下面分别以固定汇率和浮动汇率制度为例，介绍两类货币政策框架。

固定汇率制度包括第一次世界大战前的金本位制、布雷顿森林体系

① 当资本充分流动时，在两国利率存在差异的情况下，资金会从低利率国流向高利率国以获得利润；投资者可选择在国内或国外投资，直到预期回报相同时，国内外市场达到平衡。

（1945—1973 年）、货币发行局制度（如保加利亚）和货币联盟（如欧元区和西非货币联盟）等汇率制度安排。固定汇率通过“一价定律”（也称为绝对购买力平价论），稳定通货膨胀预期，促进经济交易活动（见专栏 13.1）。依据“三元悖论”，一国政策当局在货币政策独立性、汇率稳定和资本充分流动之间不能三者皆选，最多只能确保其中的两个目标而放弃第三个目标。因此，在资本充分流动的背景下，采取固定汇率制度的国家通常没有完全独立的货币政策。在这种情况下，这些国家需要通过灵活的价格和工资机制来缓冲内部（如自然灾害）和外部冲击（如贸易条件恶化）对经济带来的影响。值得注意的是，固定汇率会对私营和公共部门举借外债带来一定便利性，但也会增加金融脆弱性，这将在下文讨论。

专栏 13.1 一价定律和实际汇率

“一价定律”（The Law of One Price）指出，当贸易开放且交易费用为零时，同样的物品无论在世界何地销售，其价格换算成同一货币时应该相同，这是市场参与者套利的结果。一价定律又称“绝对购买力平价论”。

$$P \times c = P^*$$

其中 P 和 P* 分别为国内和国外价格，e 为汇率。不过，等式中表达的绝对购买力平价论在现实中很少成立。

相对购买力平价指出两国通胀率之间的差异将推动名义汇率的变化，因为通胀会降低一国货币的实际购买力。

$$\Delta e = \pi^* - \pi$$

Δ 代表变化，π 和 π* 分别为国内和国外通胀率。然而，在相对较短的时间内，实际情况往往与等式的预测有偏差。

实际汇率衡量可以一个国家商品的相对成本：

$$q = P\,e / P^*$$

q 的增加代表升值，表明该国产品成本的上升，或竞争力削弱。

浮动汇率制可以缓冲内部和外部冲击造成的经济波动，并且在该制度下，一国的货币政策能够保持其独立性。不过，由于央行储备货币及广义货币与国内信贷（包括对政府信贷）直接相关，财政政策也会对货币政策产生重要影响。比如，为巨额财政赤字融资会影响货币政策的独立性，此情形被称为“财政政策主导”，这种情况尤其常见于央行缺乏足够独立性的国家。

浮动汇率制度下的货币框架大致可分为三类：

第一，锚定货币供应量以实现货币供应目标。在这种框架下，长期物价水平由货币供应量决定，通胀因商品量有限而货币供给过高引起〔基于定量理论，（Friedman，1956）〕。当货币流通速度（货币需求）稳定时，此框架操作相对简单有效。但当货币流通速度或货币乘数不稳定时，其效率不高而可能导致利率波动。从实践经验来看，自 2008 年全球金融危机至 2020 年新冠肺炎疫情之前，货币总量与通胀的关系较弱。

第二，目标通胀制。央行通过货币政策工具使市场的通胀预期与预先宣布的目标保持一致。由于通胀目标较容易被公众理解，这个框架显得更加透明，对于公众沟通来说更为便利。新西兰、智利、英国、捷克等众多国家都采用了这一框架。但该框架也存在缺陷，如过度强调价格稳定可能与就业等其他目标相悖。另外，通胀目标框架的有效实施要求一个比较完善的货币政策传导机制，而数据表明，很多新兴市场和发展中国家的货币政策传导机制尚待完善，从央行的政策利率传导至银行各种短期、长期、拆借利率的渠道还需要进一步加强。

第三，综合目标制。基于相对丰富的货币政策经验、相对独立的中央银行和比较完善的货币银行体系，一些发达经济体选择这种框架，以追求经济稳定增长和低通胀。在这个框架下，央行没有预先公布正式通胀目标，而是综合稳定通胀和低失业双目标对货币政策进行权衡。

（四）商品、货币、金融及外部市场的相互联系

IS–LM 模型在商品市场均衡的基础上引入货币市场均衡，蒙代尔 – 弗莱明模型又将封闭经济下的 IS–LM 模型扩展到开放经济（Melvin and Norrbin，2013），增加了国际收支（BP）曲线（见图 13.2），也即 IS–LM–BP 模型，从而在商品和货币市场均衡的基础上引入了外汇市场均衡。

在蒙代尔－弗莱明模型下，当货币需求等于货币供给时，LM 曲线描绘了利率和产出的关系。保持货币供应量不变，更高的利率需要更高的 GDP 使市场达到平衡，因此 LM 曲线向上倾斜。

IS 曲线描述了商品市场达到均衡时的利率和产出的关系，当实际利率下降时，产出增加，因此 IS 曲线向下倾斜。

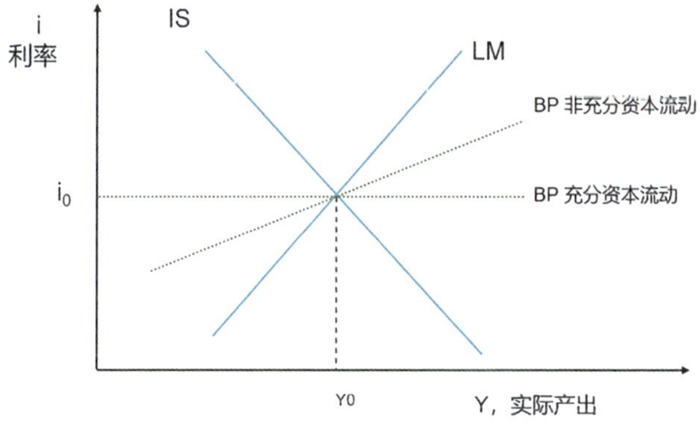

图 13.2　国际收支曲线

国际收支（BP）曲线代表国际收支平衡时产出和利率的组合，国内利率通过利率平价定律影响资本和金融账户。经常账户余额与产出（需要进口材料）和实际汇率呈负相关。国内利率的上升会吸引国际资本流入，需要扩大产出和增加经常账户赤字来平衡资本账户，因此 BP 曲线向上倾斜。此外，曲线的斜率随着资本流动对利差的敏感性，即当资本流动性对利率变动的弹性增加，会逐渐变平。汇率贬值使 BP 曲线向右移，因为改善的经常账户需要更高的产出水平或更低的利率来平衡支付。

在 IS、LM 和 BP 曲线的交点，经济达到短期均衡，但它并不一定与内部平衡和外部平衡一致。这是因为在短期均衡时，虽然该国的经常账户赤字能够得到融资，但在没有贸易和支付限制的情况下，这个短期均衡不一定可以保证资本流动能为经常账户的头寸持续融资。值得一提的是，可持续的经常账户头寸不一定要为零，但需要与可持续的国际净投资头寸和外债保持一致。如果经常账户赤字过度依赖短期资本流入，经济脆弱性可能会增加。

虽然 IS-LM-BP 模型提供了一个清晰简洁的分析框架，但与所有其他模型一样，它依赖简化的经济变量假设，因此也有很多局限性。例如，财政扩张的影响可能因融资方式或国情而不同。如当财政扩张不通过国内举债，而通过创造货币或外国融资时，利率短期内的上升效应将会小于模型所示。又如，该模型也不反映私营部门对经济和物价的预期，而在实际中，当人们预期当期的财政赤字将导致未来税率上升时，就可能增加储蓄；这样，财政扩张政策的效果就会被部分抵消。相反，当债务水平较高时，通过加强对政府可持续管理的信心，风险溢价及利率可能降低，财政紧缩反而可能产生一定的扩张性效应。另外，在该模型下，汇率贬值会导致财政扩张；然而当政府、银行、企业或家庭面临外汇风险时，汇率贬值将增加偿债负担，部分抵消财政扩张的效应。上述情况在简化的 IS-LM-BP 模型中都无法反映出来，这类资产负债表效应将在下面章节中讨论。

（五）固定汇率与浮动汇率制度下宏观政策的有效性

如前所述，财政和货币政策对管理总需求的有效性取决于汇率制度和资本流动。图 13.3 总结了在固定汇率和灵活汇率制度下货币和财政政策的有效性，显示了在不同汇率制度下，根据资本流动性的高低，在不同情形下财政政策和货币政策的有效性的强弱。

		汇率制度	
	资本流动性	固定的	灵活的
财政政策	高	非常有效	不太有效
	低	不太有效	非常有效
货币政策	高	无效	非常有效
	低	无效	有效

图 13.3　财政和货币政策的有效性

1. 财政政策

如图13.2所示，在固定汇率和资本充分流动时，BP曲线是平的，因为国内利率等于国外利率，货币政策失去效用。在此情况下，政府支出的增加会产生很强的扩张效应。例如，债务融资的财政扩张将使IS曲线向右移，提高利率和产出。本国较高的利率吸引国际资本流入，为保持汇率不变，央行需购进外币并积累外汇储备，导致货币供应量扩大和LM曲线右移，产生新的均衡点。在固定汇率但资本流动性低的情况下，BP曲线相对陡峭，政府支出对产出的影响将低于前一种情况。财政扩张也将导致利率和产出增加，但当流动性足够低时，资本流入可能低于经常账户赤字增加所需融资，这时央行将需要出售外汇储备并收缩货币供应量（LM曲线左移）。

在浮动汇率和资本充分流动的情况下，财政政策不如资本流动性低时有效。在资本流动性高时，财政扩张引起的利率上升（IS曲线右移）将吸引国际资本流入，且流量可能大于经常账户赤字增加的幅度，从而引起本币升值。汇率升值将抑制出口，抵消部分需求增长，使IS曲线向左移，降低了财政政策的有效性。相比之下，当资本流动性比较低时，相应的资本流入有可能少到不足以抵消经常账户余额的下降。在这种情况下，汇率将会贬值，并使IS曲线进一步右移，从而加剧财政扩张初始影响的程度。

2. 货币政策

在固定汇率和资本充分流动下，货币政策不影响产出。在浮动汇率下，货币扩张使LM曲线右移，导致收入、进口和经常账户赤字增加，汇率贬值，IS曲线右移。达到新均衡时，产出更高，汇率贬值。由于BP曲线越平坦，资本流动性越高，LM曲线初始右移导致的国际收支不平衡也越高，贬值效应越强，IS曲线移动的幅度也越大。因此，灵活的汇率和资本流动增强了货币政策的有效性。

在固定汇率制度下，汇率可以是一个政策变量。然而，频繁的汇率调整将会破坏固定利率制度的可信度。在完全浮动的汇率制度下，汇率是一个内生变量，将自动调整以实现国际收支平衡；贬值使BP曲线和IS曲线向右移，刺激出口并增加经常账户余额和央行外汇储备，从而扩大货币供应量并使LM曲线向右移。在新的均衡下，产出更高，经常账户有所改善。

（六）宏观经济的内部和外部平衡

一国的内外收支均取决于实际需求和实际汇率水平，后者受经济状况和宏观经济政策的影响。图 13.4 又称斯旺图，简要地描述了宏观经济的内部和外部平衡与实际汇率（q）和实际内需（y）的关系。斯旺图是由澳大利亚经济学家特雷弗·斯旺引入国际经济分析之中的。在该图中，外部平衡线向下倾斜，因为当其他条件不变时，实际汇率上升（本币升值）将增加对外需求、减少对国内产品需求。在这条平衡线的右上方，国内需求高于均衡水平，经常账户恶化，国际收支余额低于外部平衡所需水平。在外部平衡线的左下方，经常账户有盈余。此外，内部平衡线向上倾斜，因为实际汇率升值将导致外部需求减少，并需要更高的国内需求来维持充分就业。在内部平衡线的下方，国内实际支出相对于充分就业而言过高，存在通胀压力。

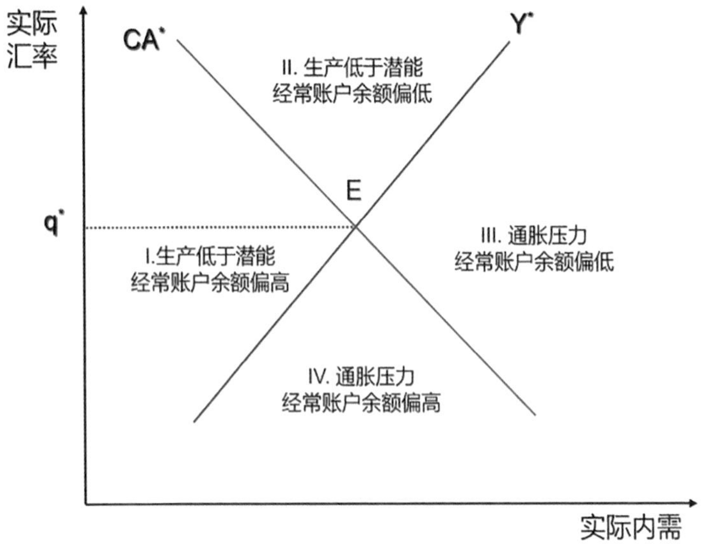

图 13.4　内部和外部的平衡

均衡实际汇率（q*）对应内部和外部平衡，它会随经济基本要素的变化而变化，包括技术进步引起的生产率提高、贸易条件变化、进口关税增减、政府支出和人口发展等。

财政和货币政策可以帮助一国实现内部和外部平衡。当产出低于潜能（见图 13.4 中的 I 和 II 象限），货币、财政和汇率政策可用以刺激内需。相反，在产出高于潜能时，这些政策可抑制内需（见图 13.4 中的 III 和 IV 象限）。

然而，政策组合需要根据实际存在的不平衡和政策背景进行调整。例如，当伴随通胀压力的经常项目逆差较大，而汇率固定，即货币政策无效时，则需要紧缩财政。这时，与紧缩政策相关的价格下降将有助于降低实际汇率，引起支出转向国内商品。但是在经济出现负产出缺口时，减少需求的政策在改善外部平衡的同时会加剧内部失衡。这时降低实际汇率的政策，包括汇率贬值等举措将更合适。这种策略不仅可改善经常账户，而且也会刺激产出。

政策的有效性也取决于汇率政策制度和资本流动性。例如，在一个汇率灵活且资本流动性有限的国家，如果经济过热，财政紧缩可能会有效地导致总需求下降，从而降低产出、进口和经常账户赤字。随之而来的国内利率下降也会促使资本外流，产生贬值压力，会部分抵消财政政策的影响。此时收紧货币政策来应对财政紧缩带来的利率下降将有助于抑制资本外流，加强财政政策的影响。在这种情况下，财政和货币政策的配合有助于内部和外部的平衡。

四、金融部门分析框架

1997 年亚洲金融危机和 2008 年全球金融危机凸显了金融部门在宏观经济稳定中的重要性。如本书第九章所介绍，IMF 通过 1999 年与世界银行联合推出的金融部门评估规划和 2002 年推出的《全球金融稳定报告》及双边和多边监督，大大加强了对金融部门的分析和监督。本节将重点介绍 IMF 对宏观金融的分析。

（一）宏观金融分析要点

金融系统在现代经济中发挥着重要的中介作用。它包括吸收存款和发放贷款的传统银行服务、投资银行业务和金融科技服务等。有效的金融系统有助于提高资金分配效率并促进经济增长。

金融部门在发挥中介作用的同时，也有可能传递甚至放大宏观经济中的脆弱性，进而引发金融危机。2008 年全球金融危机显示了金融冲击在全球金融机构和市场之间、金融和实体部门（包括家庭和企业部门）之间蔓延的巨大影响。然而，金融问题极为复杂，它不仅与经济发展水平紧密相关，金融体系、机构制度和对外开放程度等因素都在一定程度上增加了金融问题的复杂性。因此，政府对金融部门实施有效监管，包括微观和宏观审慎监管两方面，是非常必要的。微观审慎监管着眼于个体金融机构的经营情况，重点关注个体金融机构对风险的抵御能力。宏观审慎措施侧重于整个金融体系的稳健性。由于金融部门的复杂性和高度相关性，个体金融机构的行为有可能会引发金融系统的整体风险，因而宏观审慎监管主要通过强化金融机构资产负债表、防止过度冒险、降低信贷集中度和关联性导致的风险等方式来增强金融体系的稳健性。在实际操作中，宏观审慎工具包括逆周期准备金、资本和流动性缓冲、贷款与资产价值比率限制、债务与收入比率和外汇敞口限额等。

（二）宏观金融分析和评估

作为IMF基线宏观经济预测、风险评估和政策建议的一个有机组成部分，对宏观金融关联性的评估主要涉及以下几个方面：

（1）金融体系与实体经济的关联，特别是信贷与经济增长的关联。信贷与GDP占比的变化不仅是影响经济增长的指标之一，也是预测未来金融动荡的重要指标。在经济表现良好时，人们常常会低估未来风险且高估资产价值，从而导致金融机构过度冒险，引发信贷增长过快，进而造成金融不稳定。除信贷占比外，资金流动性比率、杠杆率和收益率曲线等其他指标也常用于金融风险的评估。

（2）金融体系的深化和包容性与经济发展的关联。金融通过促进投资和平滑消费来促进经济增长。低收入人群可以从基本的支付、储蓄和保险服务中受益。特别是小型和新企业受信息不对称和缺乏抵押品的限制比较大，金融体系的完善和发展可以帮助这些企业获得融资，促进创新、就业和经济增长。同时，政府也需要将金融体系的新发展纳入监管体系，以防范信贷过度扩张或金融工具过于复杂而带来新的风险。

（3）金融体系与外部经济、财政和货币政策的关联。这些经济变量都与金融体系有密切的关联，需深入分析与评估。比如，外部资本流入增加了金融系统可贷资金，货币政策可通过利率影响金融部门，货币政策的紧缩有助于抑制金融失衡的加剧，而长期的低利率或负利率会限制商业银行的盈利能力，同时鼓励冒险行为。反过来，金融体系的不稳定也会导致市场失灵从而阻碍货币政策的有效传导。

（三）资产负债表分析法

自 1997 年亚洲金融危机和 2008 年全球金融危机以来，分析金融脆弱性变得越来越重要（见专栏 13.2）。这两次危机都凸显了金融脆弱性累积的危害，特别是对短期债务和外部融资的严重依赖会使金融体系，乃至一个国家的宏观经济容易受到严重的外部冲击。在许多情况下，当债权人对该国偿债能力失去信心时，极有可能出现资本外逃、恐慌性抛售证券或突然停止到期债务的再融资等，从而引发更大范围的金融危机。随着资产价格下跌、汇率贬值和借款利率上升，实体经济的资产负债表可能会不断恶化甚至资不抵债。因此，资产负债表分析法注重对资产负债存量的分析和监控，旨在监测并降低风险的积累，防止金融危机的发生。

与前述基于流量的宏观经济分析不同，资产负债表分析法检查在某个时间点资产和负债存量。这种方法的侧重点是资产负债表中可能出现的四种错配，即资产和负债期限错配、资产和负债计价货币错配、资本结构错配和偿付能力错配（资产价值低于负债价值）。

上述错配问题之间存在相互关联和影响，而且往往会通过国内金融系统从一个经济部门蔓延到其他经济部门，故而有必要从微观与宏观两个层面对这些问题进行跟踪和分析。在微观层面上，跟踪和分析经济部门间的相互关联可用来监测各经济部门和国家资产负债的情况。在宏观层面上，需将政府部门和中央银行、私人金融部门和非金融部门（公司和家庭）的债权和负债放入同一个体系内进行分析，以便检查各经济部门之间的一致性，并揭示其他微观层面上无法显示的问题。

资产负债表的脆弱性也常常反映在宏观经济指标上。例如，持续的经常账户赤字、高外债和实际汇率失调可能意味着外部失衡；企业利息覆盖率、外币计价的企业和家庭债务与 GDP 占比、非投资级债务证券占未偿债务证券总存量比等指标的大幅变动则隐含并预示债务风险的累计；住宅房地产市场和股票市场价格的快速上涨可能表明家庭、企业和银行部门存在资产泡沫等。

这些问题从不同角度反映了金融系统中存在的问题，需要引起监管部门和政策制定者的关注。

如今，资产负债表分析法的各项指标已普遍用于 IMF 的双边和多边监督工作中，包括 IMF 内部的脆弱性评估和全球“早期预警演习”。脆弱性评估侧重单个成员国的脆弱性，旨在为跨国比较提供衡量标准；“早期预警演习”则对全球经济的低概率但有强影响的风险进行预测和评估。这两项系统性分析为多边监督提供参考，在 IMF 发布的《世界经济展望》《全球金融稳定报告》《财政监测》和《区域经济展望》等报告中都有涉及，也广泛用于与成员国的第四条款磋商中。

专栏 13.2 资产负债表的脆弱性——1997 年亚洲金融危机中的泰国

1987—1995 年间，泰国经济年平均增长率接近 10%，吸引了大量的短期资本流入，银行贷款也迅速扩张并推动投资和资产价格上涨（Fisher，1998）。

经历了一段强劲的经济增长之后，1997 年，泰国资产负债风险悄无声息地上升到非常高的水平。1996 年底，尽管政府财政状况还比较良好，但资产负债表的脆弱性已经开始凸显。尽管泰国政府的短期外债数量不大，但私营部门的短期外债总额已高达 470 亿美元（商业银行约 290 亿美元，非银行部门近 190 亿美元）。与此同时，银行系统仅有约 360 亿美元的流动资产（中央银行约 340 亿美元的远期和掉期净资产以及商业银行约 26 亿美元）。结果，该国的短期外债与流动资产之间存在超过 100 亿美元的缺口（Allen et al.,2002；Fischer 1998）。商业银行通过将境外借入的资金以外币转贷给企业和个人，以期不留货币错配敞口，但当境内实体无法偿还这些贷款时，此方法则无法对冲此风险。

当 1996 年经济增长放缓时，泰国金融系统的脆弱性开始变得更加明显，并在亚洲诸国中首先陷入金融危机。最先出现的问题是银行贷款助推的房地产行业泡沫破裂，房地产企业开始拖欠还款并导致银行资产质量恶化（Lauridsen，1998）。这一现象动摇了投资者的信心，资本开始外逃。

1991—1996 年间，私人资本流入与 GDP 的占比平均为 11.5%，1997 年则变为 -10.9%（Rajan and Siregar，2002）。然而，由于央行耗尽了外汇储备，1997 年一年之中汇率就下跌了约 20%。在 1998 年初危机最严重时，泰铢币值只有危机前的一半，进一步增加了私人部门的债务，银行资产恶化程度加剧。银行和货币的双重危机使信贷骤然收缩，经济增长急剧放缓。1998 年，泰国经济负增长率超 10%，失业率升至 8.5%，不良贷款率高达 46%。

泰国危机很快蔓延到金融系统同样脆弱的其他亚洲国家。泰铢贬值给其他国家的货币带来巨大压力，而泰国的危机也使投资者开始重视亚洲其他地区的投资风险。与其他亚洲国家相比，印度尼西亚和韩国的私人部门也存在类似情况，由于存在大量的国外融资，积累了大量短期债务，在这场危机中受到的冲击也更加严重（Fisher，1998；Corsetti，1999）。

五、结构性改革的分析和建议

结构性改革对经济的有效运行、政策制定和实施、提高长期增长潜力至关重要。除前几节介绍的短期宏观经济政策之外，IMF 还会就结构性改革向各成员国提供政策分析和建议。这些改革通常涉及法律、制度、能力建设、生产要素、劳动力市场等诸多方面，因此也需要在较长时间里才能产生显著的经济效果。

结构性改革对提高资源配置效率和增强宏观经济政策有效性十分重要。这些改革措施可以改善、纠正资源错配和长期积累的经济失衡。例如，某些保护非贸易部门的经济政策和制度安排会抑制市场竞争和阻碍贸易部门的发展，并由此导致国际收支的不平衡和不可持续。结构性改革有助于提高市场运行效率，可以通过对劳动力、市场和制度等方面的优化，提升经济增长潜力，并通过溢出效应影响区域甚至全球经济的稳定与增长。

近年来，为更好地帮助成员国实现稳定、持续的经济增长，IMF 不断拓宽结构性改革的覆盖范围和分析深度。自 20 世纪 80 年代以来，结构性改革逐渐被纳入 IMF 的贷款救助计划中。除了与货币市场、外汇市场、财政体系和国际贸易直接相关的改革外，结构性改革的范围已扩大到供给侧政策（包括产品和劳动力市场）、金融系统稳定性（包括公司治理）、收入平等、社会保障、财政治理框架以及近期的气候变化等诸多方面。

结构性改革常常需要克服政治阻力。鉴于结构性问题的复杂性，改革的次序也需要仔细斟酌。例如，资本管制的开放需要一个强健的金融体系，需要有足够的韧性来承受和应对资本流动造成的冲击。结构性改革的困难源于其负面影响往往比较集中而又容易被放大和误解，而改革的成效却常常需要较长的时间才能显现出来。

IMF 支持的结构性改革采取因地制宜的原则，以实现经济的可持续增长为目标，采取符合成员国的具体情况的改革措施。以下简要介绍结构性改革的类型。

（一）财政结构性改革

财政结构性改革旨在建立完善的中期财政框架并提高公共财政的可持续性，主要包括以下方面：

（1）税制改革。包括税收政策和税收管理，目的是提高征收效率、扩大税基和增加财政收入等。

（2）公共支出和财政管理改革。主要包括提高公共财政的可持续性，在维护公平的同时提高财政预算使用效率、提高政府支出的透明度。具体改革措施包括公共财政管理、公共部门的工资和就业、财政补贴、公共部门投资和社会保障等。

（二）货币、汇率和金融部门的结构性改革

货币、汇率和金融部门的结构性改革主要包括以下内容：

（1）中央银行治理改革。这项改革旨在强化中央银行制定和实施货币与汇率政策方面的自主权、完善央行的会计和审计制度、对政府的直接信贷和其他准财政活动进行规范化、改善中央银行的独立性和公信力、增强与公众沟通的效率及政策透明度等。

（2）货币和外汇市场及相关工具的改革。包括从直接工具（如利率上下限管制）转向以市场机制为基础的货币和外汇管理工具。利率不仅影响短期

需求、国际收支和通胀，对储蓄、投资和供给均会产生影响。在高通胀的情况下，存款利率上限将会导致存款下降及信贷资金减少，使中小企业面临信贷不足的问题。相反，过低的利率则容易扰乱市场基准投资利率，间接鼓励资金低效利用。此外，利率改革也常与其他金融部门的改革并行。中央银行应有的放矢地使用市场工具，完善货币和汇率市场，取消经常账户交易限制，同时避免货币政策与外汇率政策之间的不一致性。

（3）支付系统改革。根据巴塞尔金融市场基础设施相关原则，发展并完善支付清算和结算系统及其与证券和外汇市场的连接。随着金融科技创新和数字货币技术的快速发展，监管框架也需要及时调整以适应零售支付，并针对网络安全、反洗钱和打击资助恐怖主义等问题进行改革。

（4）公共债务管理与资本市场改革。完善破产、清算、资产证券化框架和相关法规，完善国内债券市场。这些措施也有助于疏通货币政策传导渠道。

（5）金融部门改革。金融系统监管的改革对增强金融稳定、效率和韧性至关重要。改革不仅涉及改善各种形式的金融抑制问题，如行政干预信贷分配、利率管制、准入限制、外汇管制以及国际资本流动等方面的限制，也包括如何更加高效地引导资源有效配置，并利用新科技提高金融包容性，提高风险管理并降低融资成本。这类改革也有助于改善货币政策传导效率。

（三）贸易部门的结构性改革

贸易部门的改革包括从基于数量的管制向基于价格制度的转变、与其他经济政策保持一致性，这有助于提高贸易制度的透明度和可预测性，并减少贸易壁垒。贸易制度的透明度是指降低贸易监管的复杂性。

（四）供给侧改革

供给侧改革有助于改善资源配置，提高经济韧性，并促进经济持续增长。其主要内容包括：

（1）价格管制改革。对能源和食品等商品的价格管制属于直接或间接财政补贴的一部分，这类价格管制虽然有利于保护弱势群体，但针对性不强。此类改革通常需要与财政补贴和社会保障等其他改革同时进行。

（2）国有企业改革。通常来说，国家对市场的管控效率往往有限，且可能出现垄断、抑制竞争、经营亏损及由此导致的财政恶化等现象。国企改革有利于促进国内市场的规范化和经济的多元化，并有助于降低财政收支的波动性和风险。

（3）产业多样化。在产业集中度较高的国家，提高产业多样化能提高经济抵御外部冲击的能力。相关措施包括适当的汇率制度和灵活的市场价格调节机制等，从市场渠道来促进产业多样化。

（4）劳动力和产品市场改革。包括改善商业环境、工资水平、失业保险等改革以提高劳动力市场灵活性和劳动参与率，并降低失业率等，产品市场改革包括消除行业壁垒以促进良性竞争、加强产权保护及完善相关法律措施等。

（5）包容性增长和性别平等。研究表明，相对公平的社会有助于促进可持续经济增长。包容性增长和性别平等不仅是社会问题，也具有重要的经济意义。在世界范围内，高收入群体占有社会总收入和财富的绝大部分，其趋势仍在上升。通过改革确保公众在医疗、卫生、教育等方面获得公共资源有助于缩小收入差距。鼓励女性参与劳动不仅可以增加劳动参与率，同时也能为企业补充人才。改善教育和培训、增加儿童日托、减少家庭收入的边际税率等措施，都有助于促进劳动力性别平衡。

（6）气候变化。这个问题在近年来受到国际社会的极大关注，它不仅关系到经济增长，也会影响财政、金融和国际收支的稳定性。研究显示，平均气温相对较高的国家受到气候变化带来的外部冲击尤为严重。这对于那些收入偏低且发展相对落后的小型经济体影响更为深重。IMF 正在将具有宏观经济影响的气候政策纳入可持续宏观财政框架中。

（7）机构治理改革。为促进可持续的和包容性的经济增长，机构治理改革也是重要的一环。改革主要包括：提高财政支出使用效率；消除因腐败造成的不确定性；改善公共服务水平，缩小公共服务分配的差距，特别是医疗和教育资源的差距；提高政府公信力和决策机制的透明度等。

* * * * * * *

IMF 的宏观经济分析框架十分强调系统化、关联性的思维方式。对 IMF

从事宏观经济的工作人员来说，他们必须要有系统性的思维视角，充分考虑到复杂经济体中方方面面的问题和影响，特别要关注经济动态、变化和关联性，并要剥茧抽丝，从纷繁芜杂的表象分析中发现问题的根源并对症下药。

与此同时，IMF 的宏观经济分析框架也在不断改进。例如 IMF 对资本管制的看法在 1997 年亚洲金融危机后就有很大的变化（见第十五章）。同时，IMF 也强调结构性改革的重要性，包括近期的气候变化和数字科技的快速发展。正因如此，IMF 的宏观分析框架才能与时俱进，始终保持活力，并在经济分析与监督、危机防范中充分发挥作用。

第十四章

成员国经济和金融政策磋商与评估①

关注财经新闻的人也许会发现，每年总有一段时间中国的媒体都会大幅报道 IMF 工作人员访问中国，进行 IMF“第四条款磋商”，并对中国经济的走势做出分析和预测。那么，什么是 IMF 第四条款磋商？简单而言，这是 IMF 对其成员国的年度双边经济监督。通俗点说，就是 IMF 对成员国经济状况的年度“体检”，也是 IMF 全球经济监测的重要组成部分。

这个成员国的年度经济“体检”有什么意义？“体检表”又包括哪些组成部分？IMF 如何进行磋商访问？这些访问的目的和工作重点又有哪些？此外，近年来，随着金融市场的迅速发展，对金融稳定和风险的评估也成为 IMF 双边监督工作的重要组成部分。IMF 又是如何开展这方面评估工作的呢？

本书第八章至第十章全面地介绍了 IMF 多边监督的主要内容和特征，第十三章介绍了 IMF 独特的国别宏观经济分析框架和方法。本章将介绍 IMF 工作小组是如何以该框架为轴心，与成员国进行第四条款磋商和金融部门评估工作，包括这项工作的目标、准备流程、报告撰写和审阅过程等内容。

① 本章作者是柳雪和徐腾腾。

一、成员国年度经济“体检”

（一）年度磋商的目的和原则

IMF 对成员国的年度双边经济监督被称为第四条款磋商。如第七章所介绍的，根据《IMF 协定》第四条款，IMF 必须定期对各成员国的经济发展和政策进行评估，其工作范围包括分析和评估成员国的经济发展和政策走向，识别潜在的稳定性风险，并提出适当的政策建议，以维护经济和金融稳定，并促进各成员国及全球经济增长。IMF 双边监督的形式包括第四条款磋商和金融部门评估。履行第四条款磋商是所有成员国的义务，而金融部门评估则根据成员国的金融系统的重要性而定。同样根据第四条款，成员国有义务与 IMF 和其他成员国合作，以确保有序的汇率安排。这也是为什么 IMF 对成员国的年度经济磋商称为第四条款磋商。

第四条款磋商是 IMF 监督成员国和全球经济发展的重要工具，也是 IMF 分析和预测成员国与全球经济增长、及时识别风险的主要途径。同时，第四条款磋商也是 IMF 为各成员国提供经济政策建议的关键渠道。在这个框架下，负责具体成员国的 IMF 工作小组对该国经济进行实时跟踪了解，并定期更新对该国经济的全面评估。IMF 工作小组对一国宏观经济发展与政策、对外经济部门等方面进行详细分析，并将其研究与评估结果发表在每年一度的 IMF 工作人员报告中，也就是第四条款磋商工作人员报告。这些分析和预测也反映在《世界经济展望》《全球金融稳定报告》《财政监测报告》等 IMF 的旗舰刊物中，共同汇聚成这些全球广受关注的经济分析和预测（见第八章、第九章和第十章）。

IMF 国别工作小组的第四条款磋商工作人员报告力求做到独立和公正，让数据和分析结果说话，为政策制定者、市场参与者等提供一个近距离观察该国经济发展和相关政策的重要窗口。对发展中和低收入国家来说，第四条款磋商工作人员报告也是外界了解该国经济发展和政策的重要渠道之一。对许多发达国家和新兴市场经济体来说，虽然已有许多官方和非官方机构发表其对这些国家的经济发展和政策的分析报告，但鉴于 IMF 工作人员报告的独立性和全面性，仍然得到成员国、金融机构、社会团体和学术界的广泛关注和重视。

为确保与成员国双边监督工作的质量，IMF 工作小组在开展第四条款磋商工作中会遵循以下几项基本原则：

（1）公平性。公平对待各成员国是 IMF 一项重要的工作原则。为确保公平性，在对各国进行经济分析和提供政策建议时，其工作小组需要遵循同一个分析框架（见第十三章的介绍和分析）。通常情况下，在一些重大的全球经济问题上，IMF 会有内部的统一指导框架。比如在 2020 年新冠肺炎疫情爆发之后，许多成员国政府对商业银行借款者提供暂停偿还贷款帮助，这项政策虽然减轻了借款者的流动性负担，但却对银行的盈利、资本充足率有负面影响。在 IMF 工作人员如何评估这些政策和在政策的实施期间需要注意哪些事项等方面，IMF 都会提供一些总体指导意见。

（2）独立性。作为独立的国际机构，IMF 要求其工作人员对各个成员国的经济情况进行独立的评估并提出政策建议。只有当工作人员报告最终提交 IMF 执董会时，相关国家的政府部门才能见到此报告。在这个时候，相关国家政府部门提出的修改意见也只有在与事实不符、数据错误、描述不清等有限的情况下才会被考虑和接纳。

（3）透明性。[①] IMF 的透明性方针主要体现在对文件和信息披露的及时性和全面性。在大多数情况下，成员国的第四条款磋商工作人员报告都会对外发布。但如果该国政府不愿对外发布，IMF 也会尊重其对有关信息及文件的披露意愿。

（4）可行性和连续性。IMF 的政策建议也会考虑到成员国采纳和执行这些建议的可行性和连续性。比如一国的公共债务总量高企、风险和脆弱性大幅升高、财政负担过重而需要进行财政整顿时，IMF 通常会根据实际情况和该国实际政策执行能力，建议一个中期的目标和调整路径，以帮助该国平稳地实现降低债务的目标。

① 参见 2020 年 3 月的《IMF 透明性报告》。

（5）全面性但又适应国情。① 在第四条款磋商期间，IMF 工作小组所关注的政策重点既要具备广度，又必须充分考虑该成员国当时的具体情况。比如在全球油价大跌时，在对依赖石油出口的成员国进行第四条款磋商时，磋商主题可能会着重考虑油价下跌给该国财政和国际收支带来的影响。

一般情况下，IMF 工作小组由负责该国的经济学家组成，但也会视各国的具体情况邀请其他部门专家加入。比如在与成员国讨论国有企业改革的可行性政策期间，IMF 工作小组也会邀请国企改革专家参加相关会议，以提供智力支持。

IMF 工作小组的成员数量与成员国经济的复杂性和对全球经济的影响程度相关。在通常情况下，IMF 工作小组往往由五六名成员组成。如果经济情况复杂，工作小组人数可能更多一些。比如中国作为世界第二大经济体，经济情况相对复杂，对全球经济的影响程度较大，在 2020 年 IMF 第四条款磋商访问的团队中，共有来自亚太部、财政事务部、货币与资本市场部、研究部、战略、政策与审查部的十多位成员。

专栏 14.1　成员国第四条款年度磋商整体流程

（1）第四条款磋商访问前准备（一般为六至九个月）

IMF 工作小组通常需要提前六到九个月为一国的第四条款磋商访问做准备。首先，该小组会用三个月左右的时间去了解和分析该国一年来的经济发展情况、潜在风险和需要重点关注的政策问题。在此期间，小组还会参考世界经济发展局势以及 IMF 其他部门的一些相关研究报告，以帮助确定该轮磋商的主要议题。

通常在第三个月至第六个月之间，工作小组对该国进行一次为期一周左右的工作人员访问，以了解最新经济发展情况，并交流第四条款磋商访问时的讨论主题。

在工作人员访问后的三个月左右的时间里，访问小组需要为之后的第

① 参见 2004 年《IMF 监督执行情况和 1977 年监督决定的两年期审查》。

四条款磋商访问做准备。小组成员根据之前确定的主题进行深度分析和研究，并同其他部门讨论分析结果和政策建议。

（2）第四条款磋商访问（一般为两周至三周）

在第四条款磋商访问期间，IMF 工作小组通常会访问该国的中央政府所在地，并与财政部、中央银行和其他政府部门进行磋商会谈。通常来说，讨论重点包括货币、财政、汇率等政策，也会讨论具有宏观重要性的结构性政策和改革议题。

在通常情况下，工作小组也会安排访问国会或议会、企业与金融机构、学术界、工会和民间社会团体。在访问结束前，工作小组会向成员国政府和相关部门提供总结报告以及对该国经济发展和政策的评估和建议。

（3）第四条款磋商工作人员报告

在第四条款磋商访问后，工作小组根据访问期间获取的信息，更新访问前的分析，并撰写《第四条款磋商工作人员报告》。该报告包括工作小组对该国经济进行的全面评估和政策建议，也会包括该国政府对 IMF 工作小组分析和政策建议的反馈。

根据 IMF 透明性政策的要求，通常在访问结束的两个月内，第四条款磋商工作人员报告会被送交给 IMF 的各个部门和管理层审核，之后再提交给执董会讨论和通过。在成员国不反对的情况下，工作人员报告、执董会的观点和执董会后的新闻发布稿会发表在 IMF 官方网站上。

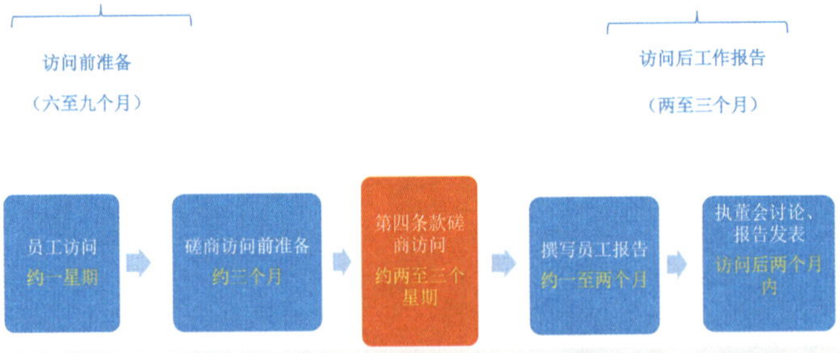

（二）双边经济监督主题的确定

IMF 对成员国的经济监督是一个持续进行的过程，在第四条款的框架下，

IMF工作小组通常要对成员国每年进行一次全面、深度的双边磋商（见专栏14.1）。[①] 在此期间，工作小组会对该国进行实地访问。通常IMF工作人员会首先进行一次较为短暂的访问，类似“全面体检”之前的“预备体检”，以获取第一手最新数据和分析，并为之后的全面磋商打下基础。在访问期间，IMF工作人员同成员国政府相关部门交流双方最关注的经济问题，讨论最新政策发展情况，并分享工作人员对该国经济形势的初步分析和评估。在这一过程中，工作人员会认真听取成员国政府部门的反馈，也会调整第四条款磋商的主题内容。

在第四条款磋商周期启动之初，工作小组会在总部举行一系列讨论会，来制订该轮磋商所需要重点关注的问题，这相当于确定“体检表”上的主要体检项目。通常而言，工作小组关注的重点体现在如下几个方面：

（1）宏观经济状况。工作小组需要对成员国的各项宏观经济指标进行分析和预测（关于IMF宏观经济分析框架和方法，见第十三章），并以此作为评估该国政策的基础。

（2）政策评估分析。工作小组会就财政、货币、汇率等宏观经济政策提出分析和建议，比如对该国汇率是否存在严重高估或低估的情况做出分析。

（3）金融系统风险。在2008年全球金融危机后，IMF也开始越来越关注金融系统风险，包括银行以及非银行金融机构的财务经营状况和潜在风险，相关评估也会在第四条款磋商工作人员报告中体现。

（4）资本流动风险。近年来，对大规模但不稳定的国际资本流动所产生的风险和脆弱性的评估，尤其是其对发展中经济体的影响，已成为IMF双边和多边监督的重要部分（关于资本流动及管理，见第十五章）。

（5）债务可持续性。在许多成员国，居高不下的债务负担也是第四条款磋商的重点（有关债务可持续性分析的框架，见第十六章）。

（6）除此之外，一国经济结构带来的影响也是IMF关注的重点。比如在一些国家从计划经济向市场经济的转轨中，国有企业的股权架构调整、中央

① 在某些情况下，成员国双边磋商的周期可延长至24个月。

政府和地方政府的税务以及财政支出改革，对该国的生产率、就业、民众生活水平都有极大的影响。此外，IMF 也会与世界银行合作，在制定、实施和评估国际认可的标准和规范方面发挥重要作用，例如中央银行的独立性、金融部门的监管以及政策的透明度和问责制。近年来，气候变化、收入和性别不平等议题也逐渐被纳入第四条款磋商的分析和研究中。

由于各国的经济结构和发展水平存在巨大差异，第四条款磋商对各国的侧重点也不尽相同。例如 2019 年 IMF 对中国的第四条款磋商，除了对近一年来经济发展的评估和对经济前景的预测等内容外，还重点讨论了有关中国从“高速度”转向“高质量”增长的策略，也探讨了中国与美国的贸易冲突对中国经济的影响等问题。在同年对日本的第四条款磋商中，则侧重讨论日本人口老龄化和经济低增长带来的长期影响。

第四条款磋商的讨论主题也会因时而异。例如，在 2020 年新冠肺炎疫情期间，第四条款磋商都将新冠肺炎疫情对各国经济造成的影响和政策应对作为中心议题。同年，IMF 也对各国新冠肺炎疫情的发展情况、疫情对经济的影响、相关应对政策进行了大量的分析。这些分析为当年以及之后的第四条款磋商提供了分析和数据支持。

尽可能全面收集与讨论主题相关的数据和信息，并进行系统的分析和评估，也是 IMF 工作小组的重要任务之一。需要收集的数据主要包括以下两大类别：

（1）最新经济指标。包括与宏观经济相关的数据（如生产、消费、投资、价格、信贷、财政、对外部门指标等）。

（2）最新经济政策。包括货币政策（如利率、存款准备金率）、财政政策（税收、支出和政府债务等）、金融监管、对外贸易和投资、对宏观经济有影响的结构性政策（如开放金融市场、市场准入政策和劳动力市场改革等）。

对很多成员国来说，以上两类数据信息通常可以通过公开渠道获取，如各国的季度 GDP、月度的通胀率等通常由各国的统计部门在官方网站上公布。IMF 工作小组也经常通过一些第三方的数据平台来收集各国的最新数据，如 Haver Analytics、彭博社、中国经济数据库（CEIC）等。如果成员国的公开经济数据不全面，以致不能满足对该国经济进行有效的分析和评估，工作小组则会向该国政府相关部门提出补充数据要求。

（三）第四条款磋商访问和工作人员报告

在第四条款磋商访问之前的几个月里，工作小组会对磋商所确定的主题进行深入分析和研究，同时还要开展 IMF 面向所有成员国的一些常规分析。这些分析包括公共债务和对外债务可持续性、汇率水平与经济基本面的一致性、该国对往年第四条款磋商主要政策建议的落实情况、风险评估等。这些分析通常需要使用 IMF 制定的分析模型（例如，第十六章详细介绍了 IMF 的债务可持续分析框架）。这些分析与研究为即将展开的第四条款磋商访问奠定基础，这相当于体检医生为体检做好准备工作。

第四条款磋商的会议日程安排也需要认真考虑。通常来说，会议安排需要体现全面性（确保涵盖本次磋商所确定的所有主题）、多样性（尽量安排不同部门和机构参会，以获取更全面的信息和听取各方面的分析和建议）、紧凑性（绝大多数会议将在两周内完成）。在政府层面上，IMF 工作小组主要同中央银行和财政部进行讨论和交流。基于磋商所需讨论的话题，工作小组也会与其他有关政府部门和机构会谈，包括商务部、劳工部、统计部门等。除了与政府部门的交流外，工作小组通常还与其他机构，包括企业界、金融机构、社会团体等讨论相关问题。

在第四条款磋商访问期间，首日的会议通常是与成员国中央银行、财政部或其他政府高层举行礼节性见面会。在见面会中，双方对该国经济形势以及政策进行初步交流，同时 IMF 工作小组会介绍这次磋商访问的主题。之后的会议按照已经制定的日程展开。第四条款磋商访问通常以与有关政府部门的总结会结束。除央行行长和财政部长外，工作小组还可能与该国领导人，包括主管经济工作的总理或副总理会面，沟通这次访问的要点，并听取成员国政府的观点和立场。在总结会议的一两天前，工作小组通常会向相关政府部门递交一份对这次访问情况的情况简报，包括工作小组对该国经济的评估和政策建议，并听取有关政府部门对该报告的意见。因此，总结会议是 IMF 获取该国政府政策制定者反馈的重要渠道。在访问结束时，工作小组通常也会举行媒体见面会并发布新闻稿。

磋商访问结束后，工作小组就会紧锣密鼓地开始撰写第四条款磋商工作人员报告。该报告通常需要在一个月内完成并送交 IMF 其他部门审阅，类似于让其他医生对体检报告进行审阅并提出意见。在报告中，工作小组按照之前确定的磋商主题对该国经济进行分项讨论。报告涵盖对各个主题的分析和政策建议、IMF 内部对各国所规定的常规分析、成员国政府的反馈意见等。

在各个部门审阅完成后，该报告再提交给 IMF 管理层审批。通常在磋商访问结束后两个月左右，该报告将呈送给 IMF 执董会审阅讨论。各位执行董事，包括代表该国政府的执行董事，将其对该报告的意见和评论以书面形式提交给执董会、IMF 管理层及工作人员，并在日后举行的执董会上口头阐述其观点并进行讨论。如上所述，为确保 IMF 工作的透明性，在该国没有提出反对意见的情况下，该报告与执董会的评估意见，一同于会后发表在 IMF 的官方网站上。

为了保证工作小组的独立性，执行董事以及该国政府对工作人员报告提出的修改意见只有在下述有限情况下，才可能被采纳。这些情况包括报告中的“事实错误”“市场高敏感度”“政策执行细节”“内容含糊”等类别。在这些方面，“事实错误”的内容比较容易甄别，比如一个国家的全年通胀率是 1%，但报告中写成了 0.5%。在这种情况下，该报告的数据需要修改，但其他可以修改的情况就需要更全面的分析和考虑。如“市场高敏感度”需要证明该内容确实涉及非公开信息，其发表会造成市场大幅度波动等。

二、与时俱进的双边经济磋商

IMF 对各国经济监督的一项重要原则是要不断适应国际货币体系和各国经济发展的变化。换而言之，IMF“体检表”上的体检项目也在动态变化。因此，自从 IMF 成立，其双边监督从最初仅仅关注财政、货币和汇率政策扩展到更多的领域 。这些新的领域包括债务可持续性、金融脆弱性、影响宏观经济的结构性政策、性别和收入不平等、气候变化等。近年来，IMF 与成员国的双边监督也变得更加透明。例如，近年来，所有 IMF 成员国都同意在第四条款磋商工作人员访问期间发布工作小组对该国经济和金融评估的新闻稿，并且有95%以上的成员国同意发表第四条款磋商工作人员报告。[①]

正如在第七章中所介绍的，IMF定期对其双边和多边经济监督工作进行全面审查，以更好地适应全球经济的变化并不断提高监督的质量和时效性。在2014年《三年监督审查报告》中，IMF强调了对成员国经济监督需保持“适应性”和“选择性”，并确定了以下2014—2019年的五个监督重点。

（1）风险和溢出效应：融合IMF双边和多边监督，在第四条款磋商中增加对替代情景的分析，并加强使用国家资产负债表分析。

（2）宏观金融监督：将宏观金融分析作为第四条款磋商的重要组成部分，并加强有关宏观审慎政策的分析和建议。

（3）结构性政策建议：识别与宏观经济相关的结构性问题和对宏观经济的影响，这些结构性问题除了需要有宏观经济相关性以外，还需得到成员国的足够关注。

（4）政策建议的一致性和专业性：政策建议应基于IMF的跨国政策经验，加强在监督工作中能力建设的融合，并加强与其他国际组织在特定领域的合作。

（5）以成员国为中心的工作方针：加强与成员国的互动，扩大对过去第四条款磋商政策建议执行情况的跟踪分析。

在2018年的中期监督评估中，IMF总结了2014年《三年监督审查报告》的实施进展。该评估指出，IMF的监督工作在2014年至2017年期间较好地反映了全球经济形势和变化，但也指出了需要进一步改进的领域，包括更加注重溢出效应分析，进一步利用跨国政策经验，以及更好地将能力建设纳入监督流程中。

2021年，IMF完成了最新一轮的全面监督审查，着眼于发展中的全球经济格局，提出了四个监督重点：（1）应对风险和不确定性；（2）预防和减轻溢出效应；（3）促进经济的可持续性；（4）采用更统一的方法来提供政策建议。审查旨在加强IMF监督工作，使其更及时、更具主题性和更有针对性。这四个

① 参见2020年3月的《IMF透明性报告》。

监督重点也将帮助 IMF 更有效地与成员国进行经济分析互动和政策磋商，以帮助成员国更好地应对全球经济金融格局不断变化带来的新挑战。①

在 2020 年至 2021 年的新冠肺炎疫情期间，第四条款磋商面临高度的不确定性和远程办公环境的挑战。为此，IMF 专门对疫情期间的监督工作提供指导意见，旨在增加远程办公的针对性和有效性。在此期间，几乎所有成员国都完成了年度第四条款磋商工作。

三、金融部门评估规划

1997 年亚洲金融危机深刻表明，一个国家的金融稳健与否对经济的稳定发展有着紧密和深远的影响。1999 年，IMF 和世界银行联合启动了“金融部门评估规划”（Financial Sector Assessment Program, FSAP），对成员国的金融部门和金融系统进行深度分析和评估。这项工作主要包括两个部分：“金融系统稳定评估”（Financial System Stability Assessment, FSSA, 由 IMF 负责）和“金融发展评估”（由世界银行负责）。② 新兴市场和发展中国家的评估由 IMF 和世界银行共同负责，而对发达经济体的评估则由 IMF 单独负责。可以说，这是将 IMF 和世界银行对成员国的“体检”范围扩大到了金融领域。自启动以来，逾 140 个成员国至少完成了一次全面评估。IMF 和世界银行在 2011 年和 2017 年分别完成了对中国的两次评估。

（一）金融部门评估规划的主要内容

金融系统稳定评估包括三项重要内容：第一，审查银行和其他金融部门的稳健性和风险，进行压力测试，分析包括金融机构之间和跨境的关联度在内的系统性风险。第二，对银行、保险和金融市场监管的质量按照公认的国际标准进行评级，评估系统性风险的监管质量。第三，评估监管机构、政策制订者和金融安全网对危机的预防和处置的能力。

金融发展评估则审查金融基础设施、市场和法律架构的质量，如支付和

① 参见新闻稿“基金组织执董会结束 2021 年全面监督审查”，2021 年 5 月 20 日。

② 参见《金融部门评估规划概况介绍》。

清算体系，识别金融部门在提高竞争力和效率方面遇到的障碍，并考察金融部门对经济发展的贡献。在发展中和低收入国家，金融发展评估还包括对银行服务的普及和国内资本市场发展等的调查。

金融部门评估结果和建议是IMF对各国经济的双边监督（即第四条款磋商）的重要组成部分。2010年，IMF执董会通过决议，决定每隔五年对25个具有重要金融系统的成员国或地区进行一次系统评估，对其他国家的金融评估则根据情况和需要灵活安排。这25个被评估的成员国名单是根据一个国家和地区的金融系统的规模和关联度决定的。2013年，IMF执董会修订了衡量金融系统重要性的方法，更加重视关联度。运用新方法后，具有系统重要性的成员国从25个增加到29个。这29个成员国或地区包括中国、美国、英国、德国、法国和日本等。此外，2014年的《金融部门评估规划审查》进一步将评估的分析结果和建议纳入具有重要金融系统的成员国的第四条款磋商。对于非系统性重要的成员国，特别是低收入国家，IMF建议更多运用能力建设，为其金融稳定评估提供支持。全球金融危机表明，第四条款磋商和金融部门评估规划这两项监督工作需要紧密结合和通盘考虑。2021年的《金融部门评估规划审查》决定把具有重要金融系统的成员国从29个增加到47个，其中32个成员国（如中国、美国和英国等）每五年进行一次评估，另外15个国家（如阿根廷、新西兰和南非等）每十年进行一次评估。

（二）评估周期和人员构成

对一个成员国金融体系做深度评估，整个过程通常需要一年以上（见专栏14.2）。[①]

在前期准备期间，评估小组通常会与有关政府部门和央行商讨评估的重点领域和合作安排，并准备问卷调查和初步分析。在评估期间，评估小组会访问该成员国，与央行和有关政府部门及金融界磋商会谈。评估小组访问的次数取决于诸多因素，特别是一个国家金融体系的复杂性。在一些具有重要

① 参见“Financial Sector Assessment Program: Frequently Asked Questions,” https://www.imf.org/external/np/fsap/faq/index.htm#q1。

金融系统的国家，评估小组至少会访问两次，每次访问的时间为两周至三周。

评估小组通常由 IMF 的经济学家和金融专家组成，有时还包括其他方面的专家。小组的规模会有差别，影响因素包括成员国金融部门的复杂性和需要进行的国际标准评估的数量。IMF 小组通常由六七名成员组成，世界银行团队的规模也大致相符。此外，每个国际标准评估也有一两个评估员。如果一个国家金融系统比较复杂，评估小组的规模会更大一些。例如，一些具有重要金融体系的经济体，评估小组可包括多达十多名 IMF 经济学家和外部专家。

专栏 14.2 FSAP 整体流程

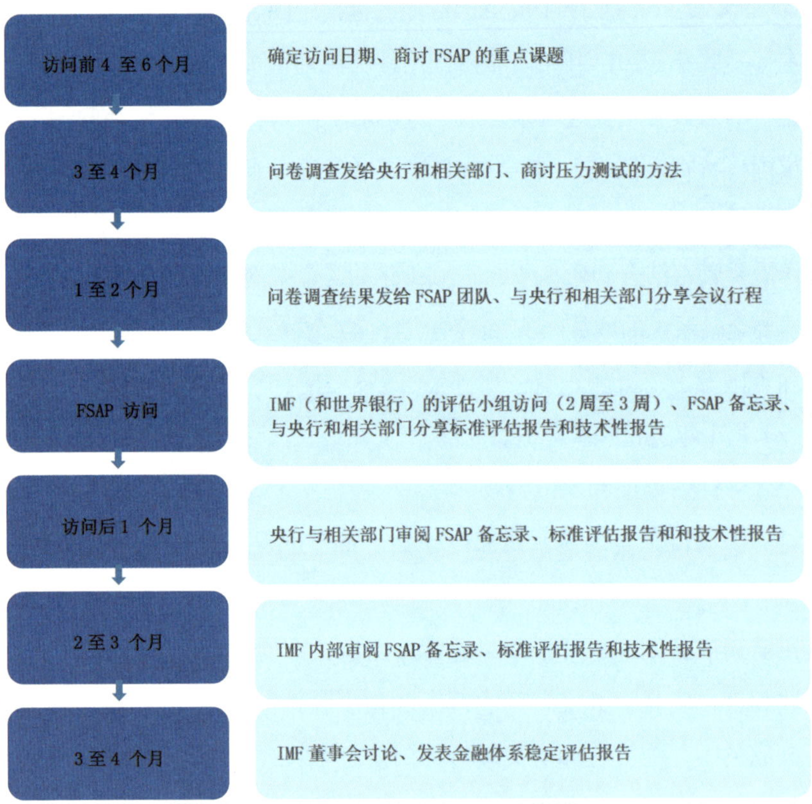

（三）评估小组访问与评估报告

在访问之前，评估小组需要做大量的准备工作，先对一个国家的金融系统做初步分析，包括金融体系的结构和演变。该小组有时也在准备期间对成员国做一个短暂的访问，与相关政府部门讨论和协商评估的重点领域，包括压力测试的数据分享和分析方法等。这与第四条款磋商前的 IMF 工作人员访问相似。

在准备期间，评估小组通常会给成员国政府和央行提供关于金融稳定问题的问卷调查，并要求相关部门提供"标准和规范"的自我评估。在通常情况下，这些自我评估和问卷调查在评估小组访问开始前一个月提交给该小组，以确保评估小组有足够的准备时间。央行通常会在访问前或访问期间与评估小组分享压力测试所需的保密数据，用来分析金融系统的稳定性。①

在访问期间，IMF（和世界银行）评估小组会与政府、央行和金融界讨论相关问题。在 2017 年对中国的访问期间，除与金融管理部门和有关政府部门会谈外，评估小组也会与金融机构、行业协会、学术界和私营部门的代表讨论有关问题。

在评估访问后，评估小组需要准备金融体系稳定评估报告，在经过 IMF 内部严格审阅后，提交给 IMF 执董会讨论。对成员国来说，发表评估小组的金融稳定评估报告、技术性报告和标准评估报告是自愿的。这些报告通常也包括压力测试、金融机构之间的联系和跨境联系以及银行业和保险业的监管等。

（四）IMF 对金融部门评估工作的定期审查

为帮助成员国适应全球金融体系的变化，IMF 定期对金融部门评估规划工作进行审查。2008 年全球金融危机后，IMF 和世界银行于 2009 年对该项工作进行了进一步审查，审查内容包括 IMF 与世界银行之间的责任划分、明确界定评估的组成部分（金融体系的脆弱性和抗冲击能力、监管框架以及金融安全网）、采用风险评估矩阵等。2014 年的《金融部门评估规划审查》发现，2009 年以来实施的金融体系稳定评估在所有重要评估领域都进行了

① IMF 十分重视和确保对成员国提供的数据进行保密，有一套如何使用这些保密数据的要求和规范。

改进，加强了对金融关联性和宏观审慎框架的分析，压力测试也覆盖了更广泛的风险范畴。

如今，金融部门评估规划已成为IMF金融监督的关键支柱。最近一次的2021年《金融部门评估规划审查》强调以下四个重要方面。

（1）金融部门评估规划的范围：进一步加强以风险为中心的方法来界定金融部门评估的范围，特别要对气候相关议题的金融风险加强分析和评估。

（2）金融分析的量化方法和工具：进一步改进互联性和宏观金融反馈效应的分析方法和模型，提高非银行机构分析的覆盖率，完善系统性风险政策的综合分析，改善与气候风险相关的金融稳定分析框架。

（3）金融部门评估规划的影响力：进一步深化金融部门评估规划与其他监督工作的紧密结合，特别要加强与第四条款磋商工作小组的合作，并在金融体系稳定评估报告中更全面地反映成员国政府的观点和意见。

（4）成员国对金融部门评估规划的参与：进一步加强以风险为基础的评估方法来确定具有重要金融系统的成员国。

* * * * * * *

IMF从建立至今，作为最重要的双边经济监督机制，第四条款磋商对各成员国的经济发展起到了重要作用。同时，IMF也多次通过监督机制向成员国提前预警其经济中存在的问题和风险，并提出相应的政策建议。自20世纪90年代末亚洲金融危机发生后，IMF又加强了对金融部门，特别是金融稳定的评估工作。IMF的双边和多边监督致力于更好地为成员国服务，促进成员国乃至全球经济的稳定增长。在全球经济日益多元化的情况下，其监督的内容、形式和方法也在不断改善和提高。

第四部分

资本流动、债务分析与主权债务重组

第十五章
跨境资本流动与政策应对①

众所周知，跨境资本流动是国际经济和贸易发展的必然结果之一。跨境资本流入，特别是直接投资对一国经济发展有着重要的促进作用。但是，资本流动也可能对经济发展造成冲击。正是由于这种复杂性，资本流动问题向来备受关注。纵观近几十年来的多次全球经济金融危机，几乎每一次危机的发生，都与资本流动的剧烈波动紧密相关。

正如本书第五章所介绍的，在重大的经济政策选择中，没有一个国家能够同时维持固定汇率制和独立的货币政策，且又能允许资本自由流动，这就是广为人知的“三元悖论”。这也可以体现资本流动的重要性和复杂性，以及与其他经济变量的高度关联性。

正因为如此，有人认为在IMF工作的经济学家，只要对货币政策、汇率政策和资本流动有深刻的了解，就可以大显身手、有所建树。显然，这样的理解还是片面的。对这些政策的深入了解固然重要，但任何一个国家在经济发展中遇到的问题，其复杂性不仅仅限于问题表面。越来越多的经验教训表明，经济发展涉及方方面面，除了上述政策外，还有财政、金融体系、机构能力和诸多结构性等政策，对经济发展都会产生重大的影响。

既然资本流动对经济发展如此重要，那么IMF是如何研究和分析资本流

① 本章作者是林慧丹。

动带来的利与弊？它又是如何帮助成员国筹划和建立管理资本流动的框架与举措？这些政策措施和建议产生的效果又如何？本章将就这些问题向读者进行介绍。

一、资本流动的发展与种类

跨境资本流动规模自21世纪初开始逐步攀升，于2007年到达高峰，超过全球经济总量的五分之一。2008年全球金融危机后，资本流动持续恢复，但总量相比金融危机之前有较大幅度的下降。在过去的十多年里，资本流动虽然偶有波动，但始终大致维持在全球经济总量的5%到10%（见图15.1）。由于发达经济体的资本账户更为开放，其跨境资本流入总量占GDP比重高于新兴市场经济体和发展中国家。然而，自2015年起，与资本账户逐渐开放这一总体趋势一致，新兴市场经济体和发展中国家的资本流入占GDP的比重也在逐步上升。

跨境资本流动大致可以分四种类型：直接投资（如特斯拉在中国建厂生产）、证券股权投资（如购买中国上市企业股票）、证券债权投资（如购买中国国债或企业债）、其他投资（剩余类别，如国外银行直接贷款给中国企业、金融衍生品的投资等）。直接投资通常意味着境外投资者在考虑资本流入国的经济情况和投资环境后，倾向于建立长期的合作关系，通常对资本流入国的企业管理有重大影响。一般来说，国际资本市场的变化对直接投资的影响较小。与之相比，“其他投资”类别受国际资本市场变化的影响较大，这是因为这类投资者改变其投资决定的成本较低，故而在四种类型中波动性最大。

跨境资本的自由进出对一个国家的经济发展十分重要，但同时也会带来风险和政策挑战。从需求角度来看，资本流动有助于稳定国内消费，促进金融投资的多样性并分散风险。从供给角度来看，跨境资本流入可以为经济发展提供融资，提高资源分配的有效性，并通过外商直接投资来实现新技术和管理实践经验的分享。但是，资本流动也会给宏观经济和金融稳定带来一定风险，尤其当资本流量和波动性较大时，这些风险可能会更加突出。而且，这种挑战既存在于资本账户相对开放的经济体，也存在于正逐步开放资本账户的新兴经济体和发展中国家。特别是当一个国家的宏观经济和金融管理构架还比较脆弱时，这种情况会更为明显。因此，如何高效地利用资本流动带来的积极影响，同时降低风险，是一项艰巨且重要的工作。

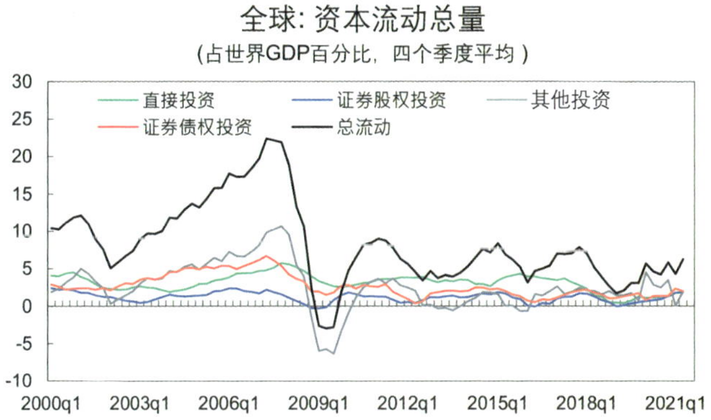

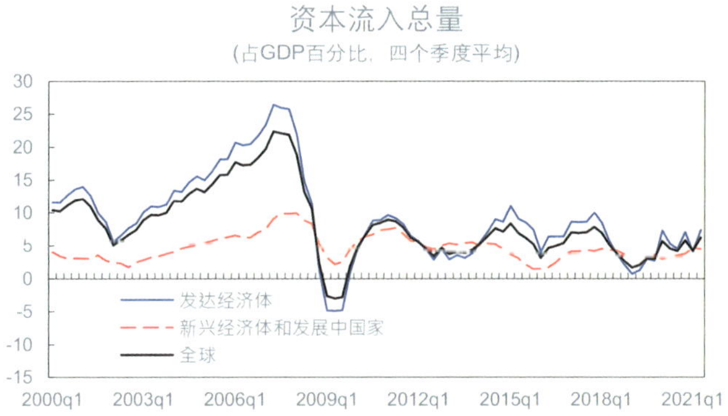

图 15.1 跨境资本流动

资料来源：IMF 全融流动分析数据库（IMF Financial Flows Analytics database）。

二、资本流动与通货膨胀及汇率的关系

为了更好地理解资本流动与通货膨胀和汇率的关系，两个相关的概念相对重要：一是商品的分类，二是相关的汇率概念。商品可以简单地分为“可贸易商品”（这些商品可以在不同于生产地的国家或地区出售，比如手机）和“非贸易商品”（其出售只能发生在物品的生产地或服务的提供地，比如，

发型师提供理发服务）。从理论上来说，可贸易商品应遵循“一价定律”，即在自由竞争、没有贸易摩擦、交易费用为零的条件下，以同一货币表示价格时，在不同地点出售的相同商品，其价格也应该相同。

“名义汇率”是一种货币相对于另一种货币的价格。如人民币持有者需要用 7 元人民币来换取 1 美元，那么从人民币持有者角度来看，名义汇率就是 7 元人民币兑 1 美元。但是，对于购买美元的个人和公司来说，用 1 美元能购买到什么商品或服务更重要，这就是实际汇率所要衡量的。人们可以用一种有代表性的商品来衡量两个国家之间的实际汇率，例如麦当劳在许多经济体都销售几乎一样的“巨无霸”汉堡，如果实际汇率为 1，那么“巨无霸”汉堡在美国的价格用名义汇率转换成人民币价格应与在中国的售价相同，即“巨无霸指数”。如果“巨无霸”汉堡在美国的价格为 2 美元，在中国就应该为 14 元。如果“巨无霸”汉堡在中国卖 15 元，那么实际汇率就不是 1。①

通常来说，资本流入会提高人们对可贸易商品和非贸易商品的需求。由于可贸易商品价格遵循全球定价，其价格应接近“一价定律”，因而需求增加带来的价格变化比较小。然而，对非贸易商品的更大需求则会提高其价格（假定短期内供给难以充分提高）。因此，资本流入会提高本国商品相对于其他国家商品的平均价格，从而产生通货膨胀上升压力，并有可能引发实际汇率的升值。

当然，资本流入对通货膨胀和实际汇率的影响程度也会因一个国家汇率制度和资本流入的构成而有所不同。

首先，汇率制度在资本流动对通货膨胀与汇率的影响中所能发挥的作用，可以通过“三元悖论”这个框架来考虑。“三元悖论”是指一个国家只能在资本自由进出、固定汇率和独立的货币政策选择中三选二。换而言之，如果一个国家选择固定汇率并同时确保其货币政策不受外界影响，那么这个国家将不能允许资本自由进出。同理，如果该国选择固定汇率，但对跨境资本流

① 实际汇率是名义汇率与两个国家之间价格比率的乘积，这是在单一产品情况下的一种简化的例子。

动开放，那么它将无法拥有完全独立的货币政策。如果一个国家选择了资本自由流动并要确保独立的货币政策，那它需要让汇率自由浮动。

在固定汇率制下，资本流入会引发本币升值的压力。因此，要维持名义汇率不变，该国中央银行必须进行外汇干预，即买入外币、卖出本币。外汇干预增加了在市场上的本币供应量，因而可能导致通货膨胀和实际汇率上升。在这种情况下，央行可以通过冲销操作（比如通过发行央行票据回收流动性）来降低本币供给量，减轻实际汇率上升的压力。然而，冲销政策往往会有成本，也不易持续执行。[①] 另外，由于冲销政策增发央行票据会导致利率上升，在汇率不变的情况下，则可能吸引更大规模的资本流入。反之，如果央行未能对外汇干预所带来的本币供给量增大进行冲销，货币供给量的上升可能会导致信贷快速增长，引发非贸易商品的相对价格和实际汇率上升。

在浮动汇率制下，跨境资本流入会对名义汇率造成升值压力，使进口商品相对价格下降，这种价格变化会促使消费从非贸易商品转向可贸易商品。如果汇率水平原本没有偏离经济的基本面或本币估值已经偏高，资本流入所导致的汇率升值可能会给实体经济带来负面影响。在这种情况下，央行则需要通过政策干预来降低这种影响（如在欧债危机期间，欧洲中央银行采取极为宽松的货币政策，引发资本外流，导致欧元区外的一些国家货币升值）。另外，法国经济学家 Helene Rey 和她的合作者研究发现，即便在一个拥有浮动汇率的国家，跨境资本进出也会影响其货币政策的自主性。比如，一些发达国家即便同时拥有灵活的汇率和独立的货币政策，其信贷条件也会受到美联储货币政策的影响。

其次，资本流入的构成也会对实际汇率升值的程度带来影响。由于外商直接投资往往很少通过本地银行系统进行资金融通，其导致的信贷和货币扩张程度也比较低。因此，直接投资带来的通胀压力与其他形式的资本流入（如

---

① 冲销政策通过中央银行发行本币债券（通常支付较高的利息）来抵消因购买外币而增加的本币供应量。通常中央银行来自外汇投资的收入较低，文献通常根据美国国债和本国国债收益率之间的差值来估算适当的冲销成本。

商业银行贷款或证券投资等）相比可能会小一些。另外，直接投资往往用于进口机械和设备而不受本地供给限制，所以通常没有汇率升值效应，却往往能通过技术和管理知识的转让和分享带来的溢出效应而提高当地的产能。

个人汇款对实际汇率的影响取决于这些资金流入是“顺周期”还是“逆周期”的。[①] 当收款国经济不景气时，个人汇款的流入可能会帮助提振消费，并部分弥补宏观经济冲击带来的外汇损失。所以这些逆周期的汇款通常不会带来实际汇率的升值。但是当收款国经济形势较好时，个人汇款流入就是顺周期的，它可能加剧宏观经济过热并导致实际汇率的加速升值。不过，当大部分的个人汇款用于可贸易商品（如进口消费品）时，它对实际汇率的影响通常较小。

三、跨境资本流动与金融稳定

跨境资本流动对金融稳定的影响可以通过系统性风险的视角来评估。系统性风险受一个国家的具体情况和资本流入的构成影响，并决定资本流动是否能促进稳健的金融深化，其中的重要因素包括该国资本市场的深度、宏观审慎政策的结构和微观监管力度等。

跨境资本流入可能通过五个常见的传导渠道造成系统性风险（IMF, 2017），包括信贷、资产价格、外汇风险敞口、银行系统（除去非金融机构和住户存款之外的资金来源比重）和整个金融系统的互联性。这些传导渠道并非各自独立，它们之间互相影响，并加重对系统性风险的影响。

在信贷传导渠道中，跨境资本流入激增往往预示信贷将大幅扩张。从资本流入的构成来看，直接投资以外的资本流入，特别是债务流入，与信贷扩张的关系尤为密切。在资产价格传导渠道中，资本流入会对资产价格产生上行压力，尤其是通过“金融加速器”效应使信贷激增。“金融加速器”最早是由前美联储主席伯南克等人提出的。[②] 伯南克和他的合作者研究发现，经济活动中的巨

① 这里的经济周期是从收款国的角度来考虑。

② 参见 Bernanke, Ben, Mark Gertler, and Simon Gilchrist, “The Financial Accelerator and the Flight to Quality,” *The Review of Economics and Statistics*, Vol. 78, No. 1.（Feb., 1996）, pp. 1-15。

大波动有时似乎是由看似很小的冲击引起的，也就是说，似乎有个机制加大了原始的冲击。在1996年的一篇学术文章中，伯南克等人将市场摩擦纳入经济周期波动的分析框架，阐述了最初的微小冲击通过信贷市场状态的改变被传递和加剧的机理，“金融加速器”的概念由此诞生。金融加速器在资本流入激增时会引发汇率升值和资产价格的上升，使得抵押物的价值和借款人的净资产价值上升，从而更能满足银行贷款的条件。尤其是在外资直接投资本国房地产而促使国内买家提高负债率时，金融系统风险可能会迅速加剧。

外币借款产生的信用风险是资本流入期间信贷激增的常见副产品，也是资本流入风险传递的第三个渠道。在国内利率明显高于全球利率时，国外资本大量流入，本币升值预期加强，公司和居民的外币借款通常也会增加。但当资本流动一旦出现逆转和汇率贬值，金融风险就可能变成严重的冲击，加重借款人偿还外币贷款的负担，在极端的情况下还可能导致破产并最终对金融中介构成风险。随后，不良贷款的增加会侵蚀银行的资本，削弱其借贷能力，导致系统性风险。

对于银行系统传导渠道，在融资条件比较好（即市场利率平稳或较低）的情况下，国内的银行可能通过银行间跨境贷款或发行债务来筹集资金，也即批发性融资。相比企业和个人存款（即零售业务）的资金来源，这些批发性融资（即非零售业务）筹措的资金通常成本较低，但可能伴随期限错配问题，而且银行需要不停地延续这种借款来支持一定数目的贷款。与更多的依赖企业和居民存款的筹资模式相比，银行间跨境贷款或发行债务筹资模式比重的增加使得银行更容易受到融资风险的影响。例如，美联储提高利息，就会使中国银行业从美国银行业的借款成本提升。相比之下，若国内银行主要以存款作为资金来源时，这种风险则可能大幅降低。

跨境贷款流动使得整个金融系统的关联性加强，从而带来系统性风险，这是本章提及的最后一个风险传导渠道。互联程度的增强可以提高金融系统的风险抵御能力，但在负面冲击较大的情况下，它也可能成为系统性风险的来源。特别是在监管框架不完善的情况下，资本流入的激增可能会使金融系统性风险加剧。

四、IMF 对资本流动管理政策的演变

IMF 对资本流动管理的政策也经历了一个演变过程。IMF 在 21 世纪初开始倡导对资本账户自由化采取有序的分析和管理。在这之前，尤其在 1997 年亚洲金融危机前，IMF 总体上对于那些希望推进资本账户自由化的国家持鼓励态度（IEO, 2005）。吸取 1997 年亚洲金融危机和 2008 年全球金融危机的教训后，许多国家开始更广泛地使用资本账户审慎管理措施。实施这些措施的最初目的是在危机期间限制资本流出，后来在资本大量流向新兴市场经济体期间，许多国家也采取措施来应对资本流入的剧增带来的影响。因此，对于 IMF 来说，重新认识剧烈的资本波动对经济带来的负面影响、完善其对资本流动管理措施的观点变得尤为重要（有关 IMF 工作人员对中国资本账户开放的政策建议见专栏 15.1）。

专栏 15.1　IMF 工作人员对中国资本账户开放的政策建议

谨慎、有序地进一步开放资本账户是 IMF 工作小组对中国资本账户开放建议的中期建议目标。在这一目标下，IMF 强调资本账户的开放应确保与汇率政策的一致性，并强调进一步提升机构能力和完善政策调整机制以确保国内金融的稳定性。

· 在 2008 年全球金融危机爆发之时，IMF 工作小组支持中国政府暂时偏离这一中期方向，部署定向信贷措施以刺激总需求，以及更有效地使用资本流动管理措施来降低资本流动的剧烈波动。

· 此后，在全球环境已得到大幅改善的情况下，资本账户进一步开放再次成为 IMF 政策建议的重要内容之一。例如，在结束 2013 年第四条款磋商（IMF, 2013c）时，IMF 工作小组在发表的声明中提出“应继续在放开利率和提高汇率灵活性方面取得进展，这将支持经济再平衡；还可以辅之以资本账户的逐步、谨慎的进一步开放”。同年，IMF 和中国人民银行组织召开了一次研讨会，讨论在国际资本流动管理方面的经验与教训。

· 即便在《IMF 机构观点》实施之前，IMF 工作小组就中国政府面对跨境资本流动的巨大波动时采用的临时资本账户管理措施也持认可态度。

比如，在2009—2013年期间，当中国经历大量资本流入时，IMF工作小组基本上支持了对资本流入采取的限制措施。2015年，当担忧转向资本外流时，工作小组再次支持中国加强现有的资本账户管理和其他政策举措。这些建议主要考虑到中国资本自由化的条件还不够成熟，因而不能安全地处理由资本大幅波动带来的冲击和影响。

·近年来，中国政府逐步放松对资本流动的管制，如开通沪港、深港股票市场交易互联互通机制和债券通等，并全面放开对合格境外机构投资者的投资权限。

IMF工作小组在近年的第四条款磋商报告中强调，在中期内，随着汇率政策灵活性的提高以及其他配套改革的到位，中国可逐步取消资本流动管理措施。资本账户的进一步开放将会带来更大的资本双向流量。因此，强有力的机构能力和政策调整机制将在确保国内金融稳定方面发挥重要作用。

近年来，为了向成员国提供资本流动管理措施的相关政策建议，IMF举办了一系列研讨会，深入分析资本流动带来的利与弊，并认真考虑有关管理措施所涉及的诸多问题。基于此，IMF执董会于2012年12月批准《IMF关于放开和管理资本流动的机构观点》（以下简称《IMF机构观点》），奠定了对成员国资本流动管理和政策指导的框架。国际货币与金融委员会（关于该委员会的介绍，见第三章）也呼吁IMF“在借鉴成员国经验的基础上，以全面、灵活和平衡的方式进一步开展资本流动管理工作”。《IMF机构观点》的推出，也可以视为对此呼吁的一个重要回应。

（一）《IMF机构观点》的主要内容

《IMF机构观点》涵盖了对资本账户开放和资本流动管理的政策建议。该观点指出，IMF不假定全面资本账户自由化是所有成员国的目标，并重申在特定时期，适合一国的资本流动自由化程度取决于该国具体情况，尤其是要考虑到该国的财政和金融状况、机构管理和治理能力及制度发展等因素。它提供了一套统一的、与宏观经济框架一致的政策建议，从而帮助各成员国在管理资本流动带来的风险时，更好地利用资本流动对经济带来的益处。

目前，IMF 关于资本流动管理措施的总体指导原则都基于上述观点。其重要原则包括以下几个方面：第一，资本流入激增和大幅资本流出主要应通过宏观经济政策调整进行有序管理，并通过金融监管来支持这些宏观经济政策的调整。第二，在有些情况下，资本流动管理措施也有助于支持宏观经济政策调整和金融稳定。第三，资本流动管理措施只能作为政策工具箱的一部分，这些措施不应取代应有的宏观经济政策调整。也就是说，在遭遇资本流动剧烈波动时，成员国应先考虑采取必要的宏观经济政策调整。在此基础上，再适当考虑采用相关的资本流动管理措施，以确保这些措施的有效性，达到趋利避害的效果，并争取为经济带来最大利益的同时，将损害降到最低程度。

具体而言，IMF 列出了资本流动管理措施的使用条件及其作用。如在以下一种或多种情况出现时，资本流入管理措施将可能发挥积极的作用：第一，调整宏观政策的空间有限；第二，适当的政策需要一段时间才能生效；第三，资本流动激增可能会导致系统性金融风险；第四，资本流动激增影响到对经济周期和有关指标的准确评估，从而影响到宏观政策的正确制定和使用。

另外，资本流出管理措施应当在一个国家已处于危机或危机迫在眉睫，且资本管理措施只是作为解决危机计划中的一环的情况下，才可能发挥积极作用。在其他情况下，一国通常应通过宏观经济、结构性和金融部门政策调整来应对资本外流的负面影响。此外，如果资本账户开放程度已经超过了该国有效管理资本流动的能力，则可能采取一些资本流动管理措施。

最后，资本流动管理措施应该是暂时的，而不是永久的。除非出于金融系统稳定原因（见以下关于资本流动管理兼宏观审慎措施的介绍）或由于资本账户过早开放而需要重新实施资本流动管理措施（IMF, 2012a 2012b），一旦资本流入激增或危机状况减轻时，资本流动管理措施应及时取消。

值得一提的是，《IMF 机构观点》并不具有法律约束力。目前唯一且专门针对国际资本流动的具有法律约束力的文件只有经济合作与发展组织（OECD）制定的资本流动自由化守则（OECD，2011）。除此之外，欧盟确立了自由资本流动作为欧盟成员国之间和成员国与第三国之间的义务，而众多的双边和区域贸易协定和投资条约通常也包括关于资本流动的义务。作为拥有 190 个成员国的全球性组织，《IMF 机构观点》为其成员国提供了建设性的政策建议，也为它们提供了管理资本流动的指导框架。

（二）《IMF 机构观点》的实施

自 2012 年通过以来，《IMF 机构观点》在第四条款磋商与资本流动有关的评估和政策建议中被广泛使用。同时，IMF 也就资本流动相关的议题为成员国提供技术援助。2016 年，IMF 执董会对其机构观点进行了审查，认定这个框架在当前的环境中仍然适用。国际货币与金融委员会也在 2017 年 4 月重申 “确保有效地、一致地实施《IMF 机构观点》，对资本流动管理措施给予更大的关注，并根据各国的具体情况来确定这些措施是否有必要” 。

IMF 现有的关于货币政策、汇率政策、资本管理和宏观审慎的政策建议与资本流动管理措施都是相关的。一般来说，IMF 强调使用宏观经济政策工具，例如通过财政、货币和汇率政策有效应对外部冲击，但这些宏观政策在应对资本流动激增时可能力不从心。因此，IMF 的政策建议也涵盖了包括资本账户管理措施在内的其他工具。

1. 货币与汇率政策

如上所述，在特定情况下，外汇干预可以作为应对资本波动性过大的一项政策选择。比如，成员国在资本流入激增而外汇储备不够的情况下可以考虑买进外汇、积累储备，也可考虑在短期汇率剧烈波动时采取外汇干预以减少负面影响。同时，成员国也可在经济过热或者汇率高估的情况下调整汇率以减缓对资产负债表的影响（IMF, 2012a）。但正如前述，外汇干预也有潜在成本，比如冲销成本过高，央行持续买入外汇也容易误导市场，认为央行总是倾向于较低的汇率。同样，存在资本流出压力时，或在汇率低估、资产负债表外汇敞口较大等情况下，外汇干预或可奏效，但前提是外汇干预不会导致储备下降到不足的水平。

对以通货膨胀为货币政策目标的国家来说，一般只在市场状况混乱的情况下进行外汇干预。也就是说，在通常情况下，央行应该强调坚持货币政策的通胀目标和对保持汇率弹性的承诺。但是，当汇率波动剧烈到可能影响金融稳定，或通过其他传递渠道严重影响通胀目标的实现时，IMF 可能会向一些成员国建议通过外汇干预来协助实现通胀目标。

2. 宏观审慎政策

2008 年全球金融危机后，很多成员国采取了包括宏观审慎政策在内的一系列措施，增强了全球金融系统的韧性，进而能够更有效地抵御资本流动带来的冲击。在宏观审慎框架的指导下，一些宏观审慎政策也可以在资本流动中发挥重要作用，在有效防范金融系统性风险的同时帮助成员国更好地利用跨境资本带来的益处。这些既能限制资本流动的剧烈波动又能降低由此带来的系统性金融风险的措施，被称为“资本流动兼宏观审慎措施”。这类措施的使用需与《IMF 机构观点》和宏观审慎两个框架保持一致（IMF, 2017）。

虽然资本流动兼宏观审慎措施的使用应为暂时性的，但因这些措施有助于防范金融系统性风险，在实施后的较长时间里，可能仍然需要适当保留。《IMF 机构观点》要求成员国认真评估维持这些措施的利与弊，特别是哪些措施既能够克服系统性风险又不会过度地限制跨境资本流动（IMF, 2012a）。

3. 应对资本流动的综合办法

为了帮助成员国有效管理跨境资本流动，IMF 近年来对宏观经济政策进行了一些新的思考，其目的是建立一个更加系统化、全面化的宏观经济分析框架——“综合政策框架”（Integrated Policy Framework），来帮助成员国制定适当的应对政策（IMF, 2020b）。该框架包含货币、财政、汇率和宏观审慎政策，并重点考虑这些政策间的相互作用和权衡，包括成员国经济结构性特征对政策选择的影响等。

在下一步工作中，IMF 工作人员将继续推进与综合政策框架相关的研究，包括这些工具对经济的长期影响。比如，长期的资本流动管理措施可能会影响金融市场发展，而持续的外汇干预可能会误导市场对未来汇率走势的判断，乐观预期可能会导致企业或家庭借入更多的外币债务，从而加剧资产负债表的脆弱性。财政政策和公共债务水平会影响一国经济对外部冲击的承受力，另外溢出效应依然存在。这些方面的影响也会被进一步纳入“综合政策框架”的考虑范畴。

五、对《IMF 机构观点》的评估

2020 年，IMF 独立评估办公室对 IMF 资本流动的政策建议与实施进行了全面的评估。[①] 评估报告认为，IMF 在向成员国提供政策建议时，有效地使用了资本流动管理措施的分析和政策指导框架，并针对具体国家情况量身制定政策建议和指导。因此，成员国欢迎 IMF 对使用资本流动管理措施的开放态度，以及在推动资本账户自由化方面所持的谨慎态度。另外，独立评估办公室还认为，在帮助成员国应对经济金融危机的过程中，IMF 工作人员关于管理资本外流的建议务实有效。

结合一些成员国近期的经验和实证研究，独立评估办公室也提出了如下五点建议：

第一，在特定情况下，成员国可将资本流动管理措施作为防御性工具。《IMF 机构观点》指出，一个国家经济处于危机或危机迫在眉睫的情况下，使用限制资金外流的管理措施最为有效。如果过早地采用这项限制措施可能会适得其反，会加速外国投资者甚至本国居民的资本外流。在危机没有迫在眉睫时，其他宏观政策可能会更加有效。但是，一些成员国政策制定者认为资本外流一旦发生，就可能一泻千里，如果等到危机来临时实施限制资金外流的管理措施可能为时太晚。所以，在处理资本剧烈流出的情况时，IMF 应该提供更加灵活的政策建议，特别是当一个国家在政策空间缩小和外部压力日益增大的情况下，在危机情形之外就应该考虑使用适当的资本流动管理措施，以防止情况进一步恶化。

第二，如果资本流动管理措施能起到宏观审慎监管的作用，那么提前实施这些措施对防范金融系统风险也会有效，并可能会增强其他宏观政策的作用。金融市场和信用评级机构也能认识到，设计合理的资本流动管理措施在风险控制方面会发挥一定的积极作用。

---

① IMF 独立评估办公室是一个独立于 IMF 管理层运作的机制。独立评估办公室就与 IMF 相关的问题提供客观和独立的评估，以帮助 IMF 从过去的工作中吸取经验和教训，并更快地改进和更好地为成员国服务（有关独立评估办公室的介绍，见第三章）。

第三，在“资本流动管理兼宏观审慎措施”和“宏观审慎措施”的区分上，成员国通常认为，使用资本流动管理措施限制资本流动往往会带来声誉上的负面影响，而当同样的措施被冠以为降低金融系统风险而采取的“宏观审慎措施”时，这种顾虑便不复存在。

第四，关于外汇干预的作用，一些国家的经验和最新研究表明，在面对资本流动大幅波动时，汇率弹性有时反而会起到放大冲击的作用，而汇率弹性通过贸易账户所带来的稳定作用则可能比原先预期的要弱。

第五，在提供政策建议时，IMF 应加强兼顾成员国的社会和政治目标。比如，当成员国非居民资本流入影响到该国居民的住房负担能力时，限制非居民资本流入可能有助于实现该国的社会和政治目标。

关于资本流动的多边监督建议，独立评估办公室肯定了《2012 年综合监督决定》中的相关内容（见第七章）。独立评估办公室认为，自这项决定实施后，第四条款磋商和 IMF 多边监督报告中加大了对成员国（特别是大型经济体）的经济政策对其他国家溢出效应的分析。然而，虽然 IMF 报告中详细分析了这些溢出效应，并提供了相应的政策建议，但其影响仍然有限，许多大型经济体在制定政策时仍然没有充分考虑其政策的溢出效应。因此，在近年来的 IMF 执董会讨论中，一些成员国（尤其是资本流入国）提出，IMF 应该更多地评估资本流出国的宏观政策和这些政策给其他国家带来的溢出影响，而不应仅仅关注资本流入国所采取的政策。

独立评估办公室还认为，IMF 在资本流动管理方面与其他国际机构的合作也取得了进一步的进展。虽然《IMF 机构观点》与 OECD 资本流动自由化守则性质不同，但两个机构工作人员的合作将会提高两个框架的一致性。比如，与原先的 OECD 守则相比，修订后的守则在处理以金融稳定为目标的措施上具有更大的灵活性。

基于自身经验和独立评估办公室的建议，IMF 在 2022 年 4 月更新了《IMF 机构观点》，扩大了政策制定者的政策工具箱，同时保持了原先的核心原则。最重要的更新是，《IMF 机构观点》现在认为，各国应该更灵活地引入资本流动管理措施和宏观审慎措施。这不仅在资本流入激增时，而在其他时候也能帮助成员国减缓资本流入，从而降低金融稳定的风险。因此，《IMF 机构观点》认可成员国可以先发制人地应用资本流动管理兼宏观审慎措施。这项更新是基于 IMF 另一项重要政策议题，即“综合政策框架”研究得出的结论。该研究认为，即使资本流入没有激增，以外币计价的外债逐渐增加也会给金融稳定带来风险。值得强调的是，虽然限制流量、先发制人的资本流动管理兼宏观审慎措施可以减轻外债风险，但它们不应该被过度使用，也不应该替代必要的宏观经济和结构性政策调整。

* * * * * * *

资本流动与宏观经济政策息息相关。有效地管理资本流动，并充分利用跨境资本为本国经济服务既是一个重要的政策问题，也是一门很深的学问。尽管人们对资本流动的利和弊已有较深刻的理解，但当资本流动剧烈波动时，一些国家对采取什么样的政策组合来应对其负面影响却又往往举棋不定。因而，如何帮助成员国制定有效的资本流动管理措施就成为 IMF 义不容辞的责任。

在当今新兴市场经济体和发展中国家金融开放循序渐进、逐步融入全球资本市场的大环境下，如何有效地利用跨境资本帮助成员国的经济稳定和持续发展，更是 IMF 的重要使命。由于跨境资本的高度关联性，一国的资本流动管理措施将不可避免地影响到其他国家。在考虑到政策溢出效应时，拥有 190 个成员国的 IMF 有着独特的优势。IMF 在这方面的工作也将不断改善，以期更好地为其成员国服务。

第十六章
公共债务可持续性分析[①]

近年来，公共债务是一个几乎人人关心的热门话题。自 2008 年全球金融危机以来，全球公共债务大幅上升，引发了各成员国的担忧。在 2020 年新冠肺炎疫情引发的经济危机期间，各国大规模的财政刺激措施、全球产出和政府收入下降进一步推动全球公共债务高企。据 IMF 估算，截至 2020 底，全球公共债务与 GDP 占比已接近 100%，是有史以来的最高点（见专栏 16.1）。许多国家，特别是低收入国家，都面临严重的债务负担，给经济复苏和持续增长带来前所未有的挑战。

在 IMF 的宏观经济政策评估过程中，对一个国家融资和偿还债务能力的分析是其重要的组成部分之一。无论是提供贷款，还是进行第四条款磋商，IMF 对成员国的外债及其公共债务的可持续性评估都是不可或缺的关键要素。这一评估在 IMF 向成员国提供贷款时尤为重要，因为其结果可能影响贷款发放的时间和数额，以及是否需要债务重组（见第十七章）。

在这一背景下，全球公共债务的变化一直是 IMF 多边和双边经济政策监督的关注重点。IMF 出版的《全球经济展望》和《财政监测报告》近年来都对这些问题进行了多次深入的分析与探讨。同时，IMF 还研发了多种分析工具来支持和推进对全球公共债务的研究和评估。为更好地发现和防范潜

---

① 本章作者是展再全。

在债务危机，IMF 制定了公共和外部债务可持续性分析（Debt Sustainability Analysis，简称 DSA）框架，并积极推进建立高质量的债务数据库，以帮助成员国及时了解有关国家的债务情况。

那么，什么是公共债务？它包括哪些方面的债务？如何看待和分析不断增长的公共债务？在讨论债务时，各方对公共债务的理解和定义可谓见仁见智。因此，比较不同国家和在不同时期的债务水平需要一个统一的口径。为解决这一问题，IMF 是如何建立公共债务定义和分类的统计原则？其债务可持续性分析框架包含哪些经济变量？这些框架对低收入国家和发达与新兴市场经济体来说又有哪些区别？

这些问题将是本章要介绍的重点。下一章将专门讨论有关主权债务重组的问题，包括 IMF 如何主导、创立和参加债务减免项目，以及为低收入国家提供债务减免。

专栏 16.1 近年来高企不下的公共债务

历史数据显示，公共债务其实并不是一直在上升，它与 GDP 的比例更像是一幅波浪图。①

这种变化在发达经济体中尤为明显。比如第一次和第二次世界大战引发的资金需求造成了公共债务的快速增加。战争结束后，迅速有力的财政调整很快降低了公共债务与 GDP 占比。但在 20 世纪 70 年代中期以来的将近半个世纪中，发达经济体的公共债务这一占比基本呈现稳定向上的趋势。在 2008 年全球金融危机中积累的高额债务在危机过后的十多年中并没有得到大幅度的降低。在 2020 年新冠肺炎疫情引发的危机中，大规模的财政刺激措施和全球产出和政府收入的下降进一步推动全球公共债务的跳跃式增长。据 IMF 估计，截至 2020 底，全球公共债务的存量与 GDP 占比已接近 100%。其中发达经济体的占比高达 125%，超过第二次世界大战后的最高点。在新兴市场经济体中，这一比例也上升到 62%。

① 专栏图来自 2020 年 10 月出版的 IMF《财政监测报告》第一章。

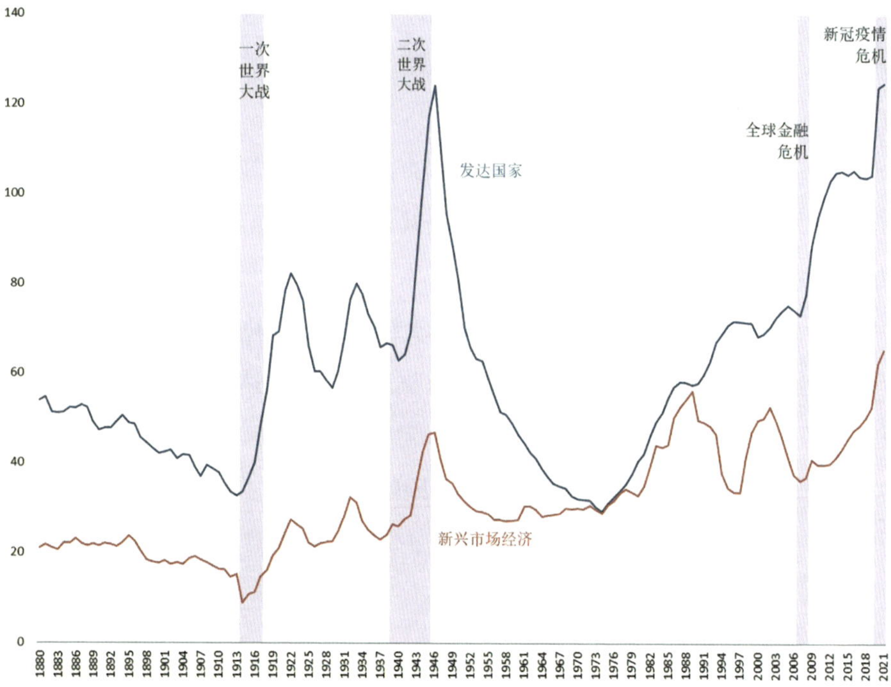

图 16.1　广义政府债务演变（总债务与 GDP 的占比）

资料来源：IMF 公共债务历史数据库、IMF《世界经济展望》数据库、麦迪逊数据库计划和 IMF 职员计算。

那我们应该如何看待和分析不断增长的公共债务呢？要回答这个问题，仅仅观察全球公共债务的存量与 GDP 的占比是远远不够的。比如，尽管公共债务在不断增加，在过去 20 年中，受益于持续的低利率，发达经济体和新兴市场经济体政府利息支出与 GDP 的占比从 3% 左右下降到 2% 左右。这是否意味着政府或其他公共部门的债务负担能力比以前更强了？要准确和全面地理解这些问题，我们需要及时、翔实和可比的数据以及全面深入的分析框架。

一、公共债务的定义与组成部分

随着互联网的飞速发展，许多国家的公共债务总量已经成为可以在网上查询的公开数据。然而，对同一个国家的债务，网上会有很多不同的数据，而且数据之间有时会有很大的差别。比如，根据美国财政部的数据，美国国债在 2019 年底是 22.7 万亿美元。IMF 的《世界经济展望》显示美国公共债务是 23.3 万亿美元，而来自 IMF《政府财政统计》的数额是 28.9 万亿美元，世界银行的数额是 28.8 万亿美元。

最高数值比最低数值多了 6.2 万亿美元（相当于美国 2019 年 GDP 的 30%）。那么，到底哪一个数据是正确的呢？事实上，几乎没有哪一个国家的公共债务可以仅仅用一个简单的数字来概括。除了人为误差和统计时间上的区别，以上不同数据来源所反映的美国债务差别主要来自三个方面：公共部门的覆盖范围不同，负债种类不一样，在估值方法方面存在差异。

在全球范围内，不同国家常常使用不同的债务概念。同一国家在不同时期或者在不同的出版物中，也往往使用不同的债务概念。这使得比较不同国家和不同时期之间的债务变得非常困难。所以在任何有关公共债务的讨论中，清晰地阐述所使用的债务概念往往和数据本身同样重要。为了帮助成员国政策制定者和研究者更好地进行跨国和跨时期的债务比较，从而更好地了解有关国家的财政和债务状况的可持续性，IMF 2013 版的《公共部门债务统计编制者和使用者指南》和 2014 版的《政府财政统计手册》建立了一个统计框架来帮助分析：（1）债务的机构覆盖范围（即债务总量包括哪些公共部门的债务）；（2）债务的工具种类（即债务总量包括哪些债务工具）；（3）债务的估值方式（如何合理地确定债务在某一时间点的价值）。以下将逐一讨论这三个方面的问题。

（一）债务的机构覆盖范围

公共债务是一个被广泛使用的概念。但在实际使用中，它的定义并不一定完全统一。它可以指政府的债务、中央政府债务，政府或政府担保的债务，以及所有公共部门的债务等。为规范其使用，IMF 2014 版的《政府财政统计手册》建立了一个从中央政府到广义政府和公共部门的树状图来规范对不同机构覆盖的描述（见图 16.2）。

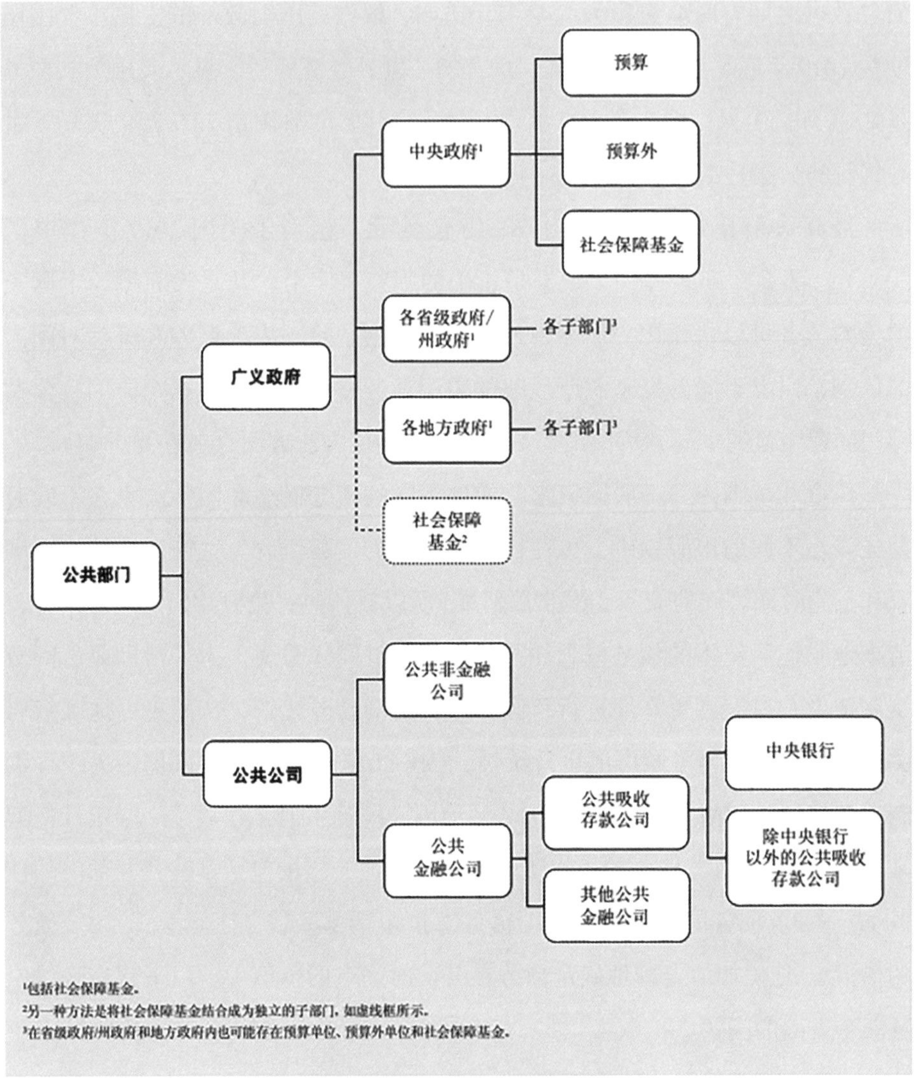

图 16.2　公共部门及其主要组成部分

资料来源：IMF 2014 版的《政府财政统计手册》第二章。

在使用和分析不同的债务数据包括哪些机构时，要特别注意以下几个方面的问题：

（1）如果公共债务只是中央政府的债务，那么对政府结构的理解和分析尤其重要。绝大多数国家有多层次的政府，各层次政府之间的分权和债务状况在不同国家之间往往差别巨大。以七国集团国家为例，在 2019 年底，他们的中央政府债务占广义政府债务的比重从不足 40% 到接近 100%，差异很大。为尽量减少由于不同政府分权结构可能引起的误导，一般推荐公共债务至少要覆盖广义政府，包括在整个国家或地区具有管辖权的中央、州、省或地区政府和地方政府。广义政府通常还包括社会保障基金。

（2）有些国家的公共债务数据包括所有的公共部门。这不仅包括广义政府的机构，还包括受公共部门控制，但又不符合政府部门定义的实体经济部门。这些经济实体部门通常被称为公共公司（即国有企业）。公共部门的规模和复杂性各不相同，随着时间的推移，在不同国家和地区也有很大的差距。需要特别注意的是，并不是所有被称为公共公司（即国有企业）的实体经济部门和它们的债务都自动排除在广义政府之外。这一排除必须建立在这一实体有充分的经营自主权和按照市场原则运作的基础上。即使对于排除在广义政府之外的国有企业的债务，也需要仔细检查中央政府或是地方政府是否已经或可能对它们提供法律意义上的担保或隐性担保。

（3）国有金融机构和中央银行通常有庞大的资产和负债，是否包括这些金融机构对公共债务总量也会有很大的影响。在实践中，虽然中央银行是公共部门的一部分，但其债务（其中大部分是基础货币）在大多数国家通常并不包括在政府债务和公共债务中。但近年来，随着中央银行增加发行和使用自有债务工具进行货币政策调控和在数量宽松的背景下大量购入政府债券，对于越来越多的国家，国际机构和研究者认为公共债务也应该包括中央银行负债才能更准确地反映一个国家公共债务的总量。

（二）债务的工具种类

公共或政府债务的讨论多数集中在两种债务工具上：政府债券和贷款。对于发达国家和大多数新兴市场国家来说，债券是最常见的公共债务形式。而在很多发展中国家，贷款形式的公共债务仍然占主导地位。贷款又可以细分为商业银行提供的贷款、外国政府及其贷款部门（例如开发银行）提供的双边贷款以及来自国际金融机构的资金等。

尽管传统上公共债务的主体部分是债券和贷款，但政府往往有很多其他形式的债务。因此，仅关注债券和贷款可能大量低估了政府债务。比如在2019年底，应付账款在一些发达国家广义政府债务中占有不小的比重。很多发展中国家并不系统性地记录和公布这一数据，往往会造成对公共债务的低估。为减少这一风险，IMF 2014 版《政府财政统计手册》要求公共债务的统计也包括除债券和贷款以外的其他种类债务工具：货币和存款、应付账款、保险、退休金、标准化担保计划以及 IMF 特别提款权。近年来，随着政府金融创新的发展和老龄化的加速，关于是否及如何把一些新型的金融工具（比如政府和社会资本合作）和政府的社会保障义务计入公共债务的讨论也一直在进行。

（三）债务的估值方式

比较公共债务的另一个需要考虑的重要因素是债务估值的方法。估值方式的选择会对债务存量的价值产生重大影响。一般来说，公共债务可以通过三种方式进行估值：（1）面值。在大多数国家和地区，债务按面值计价，并按照面值偿还；（2）名义价值。它包含借入的本金和已产生但尚未支付的利息；（3）市场价值。债券在二级市场上交易的实际价格或估计价格（如果实际交易不存在或数据不容易获得）。对于债务人，票面和名义价值至关重要，但对于债权人而言，市场价值也很重要，因为它综合反映了债权的数量和这些债权按期偿还的可能性。不同的关切点常常会导致债权人和债务人使用不同的估值方式。

在债务工具到期时，所有这些估值方法都会得出相同的结果，但在债券的有效期内，不同的估值方法得出的结论可能会大相径庭。以折价发售的零息政府债券为例，投资者支付低于面值的发行价，在到期时按票面金额得到兑付，发行价和债券面值之间的差额大约等于利息。债券在发行时名义价值等同于发行价格但低于面值，在债券到期前，名义价值会逐渐增加（见图 16.3）。政府债券的市场价值则又受其他因素影响。比如在市场恐慌期间，可能违约的政府债券的市场价值可能会远远低于面值或名义价值，而被普遍认为是安全的政府债券的价格则会高于其面值或名义价值。虽然对于准备持有债券到期的投资者，他们最关心的是政府的偿付能力和最终收益，但是不同的估值方法会对公共债务的总量有很大的影响。所以债务数据的使用者需要充分了解所发行债务的类型和采用的估价方式，才能避免被误导。

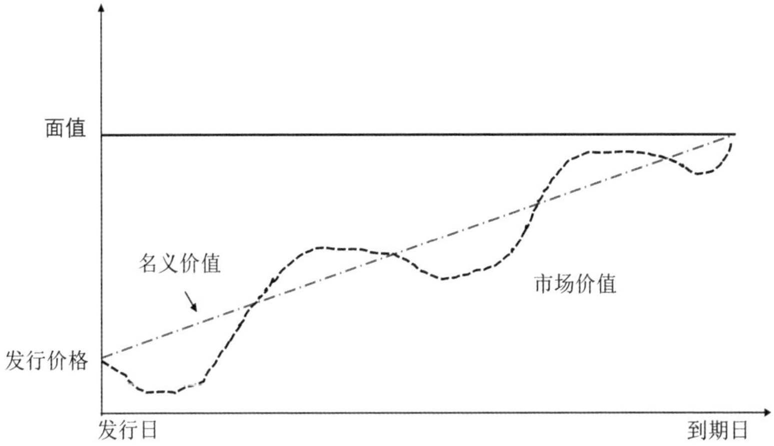

图 16.3　面值、名义价值和市场价值

二、债务可持续性分析框架的主要内容

全面、准确和及时的债务数据是分析债务可持续性的基石。但是债务可持续性不仅取决于债务的绝对值，还受到很多其他因素的影响，特别是一个国家偿还债务的能力和良好有序的债务管理系统。为了综合考虑成员国债务负担和偿还与管理债务的能力，IMF 于 2002 年建立了债务可持续性分析框架。这一框架经过数次改进，不仅成为 IMF 在对成员国宏观经济政策进行评估时的重要工具，也多次为成员国债务重组和减免提供了有效的参考数据。

在详细阐述债务可持续性分析框架之前，有两点重要的说明。第一，债务可持续性分析框架的主要作用是尽早发现债务负担的压力点，即一个国家可能面临债务偿还的困境，而不是预测债务危机或违约的发生和时间。债务危机的发生不仅需要债务负担的压力点的存在，绝大多数时候还需要触发事件和条件，而这些触发事件和条件往往是极难在事前准确预测的。第二，IMF 的债务可持续性分析框架中对债务偿还风险的评估不等同于对一个国家的主权信用评级，所以直接比较对各国的债务偿还风险的评估，甚至直接对评估结果进行排序往往会被误导。

IMF 的债务可持续性分析框架由两个基本独立的框架组成，一个适用于低收入国家，另一个适用于发达和新兴市场国家。经济发展水平的差异并不是不同国家适用不同债务可持续性分析框架的直接原因，但一个国家经济发展水平往往和其在国际资本市场的融资能力高度相关。发达和新兴市场国家通常能够在国际资本市场上持续融资，而大多数低收入国家一般缺少这一能力。这一区别使得我们要用不同的债务可持续性分析框架去综合考虑两组国家在债务构成和债务负担能力上的不同。

建立一个专门用于低收入国家的债务可持续性分析框架的主要原因是这些国家在债务组成和管理上存在一些特殊性。首先，低收入国家的债务中往往包含从国际金融机构和双边债权人得到的大量优惠贷款。这些贷款在这些国家的债务存量中通常占有很高的比例，而他们的利率一般比市场利率要低，其偿还周期常常比市场融资周期要长。如果仅仅用债务面值和短期的债务偿还资金需要来做分析，往往会高估现期债务存量，但忽视或低估了中长期债务偿还资金的流动性压力。其次，政府债务和国有企业债务在这些国家中往往更加难以清晰区分。由于国有企业本身信用的局限性，或因为其常常被用于执行或影响政府的经济和社会政策，国企的债务往往有政府明确或隐性的担保。在国企遇到债务偿付危机或流动性困难时，政府通常必须提供资金帮助。即使在法律上的担保关系并不存在的情况下，政府出于政策考虑（比如就业、社会稳定等），有时也会介入。

在这一背景下，如果仅仅考虑中央政府甚至广义政府的直接债务，也许会遗漏政府最终很有可能会承担偿付责任的债务。其他并不直接记录为政府债务但政府很可能会承担偿付责任的例子包括对其金融系统的支持和改造所需要的资金、政府在政府和社会资本合作项目中的隐性债务、政府对社会保障基金资金缺口的直接或间接的义务等。最后，低收入国家通常不能进入国际资本市场进行融资或融资的规模较小，它们的债务管理系统往往不是非常健全，而且国与国之间在债务管理系统的有效性上也存在很大区别。

与发达和新兴市场国家的分析框架不同，低收入国家债务可持续性分析框架是由 IMF 和世界银行联合建立的。使用这一框架进行分析也是由 IMF 和世界银行的工作人员共同进行的。这一框架的适用范围包括所有可以获得

IMF 减贫和增长基金贷款的低收入国家。使用这一框架的分析和评估一般至少每年进行一次，通常与成员国的第四条款磋商工作人员报告同时发布。除此之外，成员国在向 IMF 提出贷款申请时，债务可持续性分析框架报告也是必备的材料之一。

三、低收入国家债务可持续分析框架

这一框架于 2005 年建立之后，已经历经四次改进。本文对该框架的描述以最近一次改革后于 2018 年开始实施的《IMF 和世界银行低收入国家的债务可持续性分析框架指南》作为标准（以下简称《指南》）。《指南》要求低收入国家债务可持续性分析框架报告包含独立的书面分析和一套标准的表格和图表。完整的报告必须：（1）清晰简洁地说明其使用的公共债务的定义；（2）讨论关键的宏观经济和融资假设、描述该国债务发展趋势，并确定关键的风险和脆弱性；（3）描述债务压力测试的设计和结果；（4）综合来自分析框架的风险信号和其他判断因素来决定债务可持续性风险等级。成员国政府在重要结论上的观点也会包括在最终的报告中。当成员国政府与 IMF 工作人员持有不同观点时，这些分歧必须完整地反映在报告中。使用这一框架的步骤大致如下：

（一）步骤 1：确定和收集合适的数据

1. 公共债务的机构覆盖应以尽可能完全覆盖所有公共部门为目标。这一要求对于评估债务风险非常重要，因为它减少了由于所使用数据的包括范围的变化而影响债务可持续性的评估结论，同时增加了各国之间数据和结论的可比性。在这一框架下，公共债务包括所有公共部门（定义为中央、州和地方政府、社会保障基金和预算外资金、中央银行和国有非金融企业）的外债和内债以及由公共部门担保的私营部门债务。如果公共债务的机构覆盖不完全，这一缺陷必须在最终报告中明确地分项列出。

2. 公共债务的工具覆盖要尽可能包括所有的债务工具。由于并不是所有的政府财产都可以随时用于债务偿还，这一框架使用总债务，而不是剔除了财产的净债务。有争议以及可以减免的债务一般不计入这一框架下的总债务中。

3. 宏观经济变量的预测。债务可持续性分析是一个前瞻性的评估，一国未来的偿债能力往往在很大程度上取决于其中长期的经济增长。低收入国家的债务可持续性分析框架需要一个包括过去 10 年的历史数据和未来 20 年预测的宏观经济框架（基线情景）。这一宏观经济框架应反映基于现有信息条件下，最有可能发生的经济结果。在分工上，IMF 工作人员主要负责中期经济预测（5 年以下），世界银行工作人员则负责长期经济预测（5—20 年）。

4. 资金需求量的预测，包括对现有债务的偿付和预计实施政府政策所需的新债务。由于大部分低收入国家的债务不进入市场交易，而是通过多边或双边谈判决定，所以债务工具的具体条款往往缺乏标准化，每一笔贷款都可能有其独特性。这一特殊性使得对未来资金来源和其条款的预测显得极为重要，也变得相当困难。

（二）步骤 2：检测基线情景的现实性

由于基线情景对获得可信的评估结果至关重要，低收入国家债务可持续性分析框架包括了四个用于检测基线情景现实性的工具。当某一工具指出基线情景与跨国或历史经验有显著差异时，这一差异必须用合理可信的国别或历史时期的特定因素在工作人员报告中加以解释。如果无法解释，则往往需要对宏观预测框架的基线情景进行重新审查和修改。这个过程可能需要进行多次调整，才能确定下来。以下依次简要讨论每个检测基线情景现实性的工具。

1. 债务动态的驱动因素

这一工具会比较三个不同时期的债务可持续性分析报告（本年度、上年度和五年前）对外债务和公共债务与 GDP 占比的预测变化，同时提供债务动态驱动因素的细分信息，即过去五年和今后五年影响债务变化的各种因素，包括物价、汇率、GDP 增长率、利率、对外经常账户和外国直接投资、对过去预测误差的因素分析（即造成过去五年预测和实际债务之间差别的主要因素以及与其他低收入国家预测误差的对比）。通过对过去和未来的债务驱动因素的细分比较，如果显示过去和未来的债务驱动因素有很大区别，或者公共债务在过去五年中发生了意想不到的巨大变化，这可能提示我们需要重新审视基线情景的合理性和现实性。

2. 财政调整计划的现实性

这一工具提供所有取得 IMF 贷款的低收入国家在三年中实际观察到的财政调整计划的幅度与分布，并通过比较基线情景中所预测的财政调整计划幅度在跨国分布中的相对位置来检查所预测的财政调整计划是否合理可信。如果所预测的财政调整计划的幅度超过 50% 的实际观察到的财政调整计划幅度，那么往往需要进一步的分析来确保基线情景不会过于乐观。

3. 财政调整和经济增长的关系

低于预期的经济增长会使财政调整更加困难，而财政扩张会刺激经济增长。这一工具检测基线情景中对财政调整和经济增长的预测是否具有一致性。如果预测的经济增长路径明显偏离于低收入国家的常用财政乘数（大约 0.4）所得出的增长路径，[①] 并且不能用其他合理的原因来解释，则需重新审视基线情景中所预测的经济增长是否过于乐观或悲观，并做出相应的调整。

4. 公共投资与经济增长的关系

这一工具使用简单的经济增长核算框架来检测在基线情景中对公共投资与经济增长关系的假定是否合理。其中包括比较本年度和上年度债务可持续性分析中对公共和私人投资的预测，公共投资对历史经济增长的贡献，上年度债务可持续性分析中对公共投资对经济增长贡献的预测，以及本年度债务可持续性分析中对公共投资的预测及其对增长的贡献。如果新预测的公共投资与经济增长之间的关系和它们之间的历史关系或和上年度债务可持续性分析中预测的关系明显不同，而且这些不同之处无法用其他合理原因来解释，就需要重新审视和调整对公共投资与经济增长在基线情景中假定。

（三）步骤 3：确定国家的债务负担能力

在确定了宏观经济框架的基线情景，包括对债务未来走向的预测合理可信后，还需要估计一个国家的合理债务负担能力。以此作为标尺，才能评估该国的债务负担是否可持续。确定一个国家的债务负担能力并不容

① 对于低收入国家常用的财政乘数的估算，参见 2017 年 10 月《撒哈拉以南非洲地区经济展望》报告。

易。不同国家的政策和体制，宏观经济表现以及吸收内外部冲击和处理债务的能力都会影响其债务负担的能力。这种能力还通过对低收入国家出口需求的影响与全球环境紧密相关。为全面反映这些因素对一个国家负债能力的影响，低收入国家债务可持续性分析框架首先通过加权平均世界银行的国家政策和机构评估指数（Country Policy and Institutional Assessment, CPIA）[①]、该国的实际 GDP 增长率、国外汇款、国际储备与进口的比率以及世界 GDP 增长率而得到一个合成指数，然后用这一合成指数把国家的负债能力划分为高中低三档（见表 16.1）。在由统计方法确定了每一档国家公共和公共担保的外债的指标性阈值后，通过比较预测的债务路径和这些阈值，可以得到外债的风险评估。用类似的方法，可以得到用于全部公共债务的标杆值和风险评估。

表 16.1　低收入国家债务可持续性分析框架下债务负担阈值和标杆值

负债能力	公共外债现值占比（%）		公共外债偿付占比（%）		全部公共债务现值占比（%）
	GDP	出口	出口	财政收入	GDP
低	30	140	10	14	35
中	40	180	15	18	55
高	55	240	21	23	70

资料来源：2018 年《IMF 和世界银行低收入国家的债务可持续性分析框架指南》。

（四）步骤 4：压力测试

上文提到合理可信的宏观经济框架的基线情景对准确评估债务可持续性至关重要。但框架使用的数据不一定完全精确，同时对未来的预测总是伴随着很多不确定性。我们希望评估结果不会因为历史数据或是未来预测的微小变动而发生大幅改变。包含在债务可持续性框架中的压力测试的目的，就是为

① 该指数由世界银行发布。它根据分为四类的 16 项指标对成员国进行评分：（1）经济管理；（2）结构性政策；（3）社会包容和公平政策；（4）公共部门管理和机构。参见 https://datacatalog.worldbank.org/dataset/country-policy-and-institutional-assessment。

了检验评估结果对不同变量假设的敏感性。框架中的压力测试有三类：标准化的测试、量身定制的测试和自选测试。

标准化的测试适用于所有国家，内容共有六种，包括改变实际 GDP 增长、扣除利息的财政收支、出口、经常账户转移支付、外国直接投资的预测取值为基线情景中取值的一个标准差以下；30% 的本币汇率一次性贬值，和前五种测试在一半的强度上同时进行。量身定制的测试适用于面临相似风险的一组国家。所检测的风险包括负债、自然灾害、大宗商品价格和市场融资的风险。自选测试是选择性测试，用于一个国家特有的风险，比如局部战争和局部公共卫生危机。

（五）步骤 5：模型指示的风险评估

通过比较在宏观经济框架下的基线情景和最极端的压力测试情景中预测的公共债务在今后十年中的走向，以及在步骤 3 中确立的相关国家的负债能力的门槛值，低收入国家债务可持续性分析框架将一个国家的公共和公共担保的外债风险和全部公共和公共担保债务风险分别进行衡量。把外债风险单独考虑，是低收入国家债务可持续性分析框架与发达和新兴市场国家债务可持续性分析框架一个重要的不同点。政府财政税费一般用本国货币征收。低收入国家普遍缺乏在国际金融市场上的融资能力，而他们的本国货币一般无法自由与外币兑换。因此，这些国家在获取用于偿付外债的外币时往往受到更多的限制，而这些限制在很多时候会影响他们能够负担的外债总量。

低收入国家债务可持续性分析框架将一个国家的公共和公共担保的外债风险做如下分类：

1. 低风险：无论在基线情景还是在最极端的压力测试情景中，在预测期内，没有任何公共和公共担保的外债务指标超过相应的门槛值。

2. 中风险：在基线情景中，在预测期内，没有任何公共和公共担保的外债务指标超过相应的门槛值，但在最极端的压力测试情景中，至少一个指标超过相应的门槛值。

3. 高风险：在基线情景中，在预测期内，至少一个指标超过相应的门槛值。

相类似地，低收入国家债务可持续性分析框架将一个国家的全部公共和公共担保债务风险做如下分类：

1. 低风险：公共和公共担保的外债评估为低风险，并且无论在基线情景还是在最极端的压力测试情景中，公共和公共担保的全部债务对 GDP 的比例都不超过相应的门槛值。

2. 中风险：公共和公共担保的外债评估为中风险，或者公共和公共担保的外债评估为低风险，但公共和公共担保的全部债务对 GDP 的比例在最极端的压力测试情景中超过相应的门槛值。

3. 高风险：公共和公共担保的外债评估为高风险，或者在基线情景中，至少一个公共和公共担保的全部债务指标超过相应的门槛值。

（六）步骤 6：最终的风险评估

模型所指示的外债和所有公共债务的风险评估是形成低收入国家债务可持续性分析框架下最终风险评估的一个重要因素。但是除了模型之外，该框架使用者的人为判断对于得出一个合理的最终风险评估也至关重要，因为模型不可能完全反映每一个国家的特定风险和其抵御风险的能力，经常需要使用者判断的因素包括：超越门槛值时间非常短或是幅度非常小、政府的高流动性资产、私有外债的规模、基线情景的可信性等。在综合所有得到的信息后，分析框架会给出最终的债务危机的风险评估分级如下：外债危机风险高、中和低；公共债务风险高、中和低。

四、发达和新兴市场国家的债务可持续性分析框架

发达和新兴市场国家的债务可持续性分析框架由 IMF 建立并独立实行评估。这一框架于 2002 年建立，其后在 2002 年、2003 年和 2011—2013 年经过了三次改进。本文对该框架的描述以 2011—2013 年改革后于 2014 年开始实施的《IMF 市场准入国家债务可持续性分析框架指南》作为标准，着重强调与低收入国家债务可持续性分析框架的不同点。IMF 执董会于 2021 年初批准了对这一框架的进一步改进方案，并在 2022 年开始实施。

发达和新兴市场国家的债务可持续性分析框架根据一国债务风险来决定使用的审查框架。对于只需要一般审查的国家，只用完成一个基本的债务可

持续性分析；而对于需要严格审查的国家，除了基本的债务可持续性分析，还需要使用多种工具对债务风险进行识别和分析，并提供更加详尽的图表和报告。

发达和新兴市场国家的基本债务可持续性分析主要在一个基线情景和两个假定情景下进行。基线情景与第四条款磋商工作人员报告中的基线情景一致，主要基于以下经济变量和对其未来五年的预测：实际 GDP 增长率、由 GDP 平减指数衡量的通货膨胀率、包括赠款在内的政府财政收入、非利息政府财政支出、当前总债务存量、利率及其他融资条件、汇率、其他产生或减少债务的流量，包括向银行注资的成本和从私有化中获取的收益。两个假定情景包括历史情景和政府财政基本余额恒定情景。在历史情景中，未来五年实际 GDP 的预测增长率、政府财政基本余额和实际利率在预测期内均按历史平均水平取值，而其他变量与基线情景中相同。在政府财政基本余额恒定的情景中，政府财政基本余额在预测期内保持不变，都与预测第一年取值相同，而其他变量与基线情景相同。

基本的债务可持续性分析的结果包括：（1）基线情景下的经济指标，包括债务负担指标的演变；（2）最新的相关市场指标（比如风险评级）；（3）基线情景下的债务动态，包括不同因素对债务占 GDP 比率演变的贡献；（4）能够稳定债务总额与 GDP 比率的政府财政基本余额；（5）债务的期限结构以及货币构成（本币还是外币计价的债务）；（6）比较债务负担指标在不同情景中的演变。

需要进行严格审查的国家在基本的债务可持续性分析的基础上，还需要使用多种工具对债务风险进行识别和分析，并提供更加详尽的图表和报告。下面分别概述在该框架下四组工具对需要进行严格审查国家的债务风险进行进一步的识别和分析。

（一）基线情景的现实性

因为债务动态受关键宏观变量假设的影响，所以这些宏观经济变量在基线情景中的可靠性和可信度是高质量债务可持续性评估的必要条件。这一组工具的主要目的包括：（1）检查相对于其他国家对宏观经济变量预测的表现；

（2）用跨国历史经验来评估预计的财政调整的现实性；（3）评估对进入繁荣–萧条周期的经济增长预测的现实性。

1. 融资结构的脆弱性

由于发达和新兴市场国家具有在国际市场上融资的能力，其债务构成（期限、货币组成和债权人）往往比低收入国家更加复杂。这种复杂性不仅增加了债务管理的难度，还可能对这些国家的债务可持续性构成潜在风险。比如，大比例的短期债务可能反映了发行长期债务的困难，高比例的以外币计价的债务增加了债务可持续性对汇率调整的脆弱性，非居民持有的债务增加了债务展期和利率风险的脆弱性，并且可能给外汇储备带来压力。历史数据表明，短期债务（特别是以外币计价的债务）对外部的融资需求和主权债券的利差往往在债务危机之前会大量增加，所以这一工具紧密追踪这些指标，以便及时发现债务压力。

2. 债务变化对宏观和财政冲击的敏感性

对宏观财政变量的冲击可能导致债务动态的恶化。因此，采用多种压力测试，分析债务对主要宏观和财政风险的敏感性是对在基线情景下债务可持续性分析的有益和必要的补充。本模块评估四个变量（政府财政基本余额、经济增长、利率和汇率）在设定的冲击强度和持续时间，并允许在变量之间的相互作用的假设下对债务可持续性的影响。使用者可以根据可能的风险来调整冲击的强度和持续时间，并可以建立新的反映一国具体情况的压力测试。

3. “隐性”债务风险

“隐性”债务的产生有多种来源，包括政府对银行、下级地方政府或是对国有和私有企业提供担保，以及政府对金融系统持续干预和支持。虽然隐性负债一般不包括在实际公共债务中，但有些隐性债务可能会在未来转化成实际公共债务，并可能对公共债务可持续性产生重大影响。因此，债务可持续性分析中包括了相应的压力测试。虽然本模块主要考虑来自银行业危机的隐性风险，使用者也可考虑其他可能的隐性债务来源，比如自然灾害、政府和社会资本合作的破裂、救助陷入困境的国有企业和地方政府债务违约等。

在需要严格审查国家的债务可持续性分析的最终报告中，除了对确定的债务可持续性风险的讨论外，还包含“热点图”和“扇形图”来直观表述和总结这些风险。

（二）最新变化

IMF 执董会于 2021 年初批准了对市场准入国家债务可持续性分析框架的进一步改进。① 以下是这次更新的主要内容：

1. 将公共债务机构覆盖的标准范围扩大到广义政府；对公共债务的工具覆盖必须给出明确的说明。

2. 将公共债务预测期从五年延长到十年；在对主权债务风险评估时，分别考虑短期、中期和长期风险。

3. 在对预测的公共债务动态进行实现性检测时，考虑对更多的变量进行冲击分析。

4. 这一新框架在分析短期、中期和长期风险时，提供了更多和更复杂的分析工具和更加直观与全面的图表来显示可能的风险和风险实现的概率。

5. 新框架和现有框架最重要的不同之处是在综合分析所有模型指出的风险后，要求清楚地描述各种不能被模型全部反映的因素，然后分别给出明确的短期、中期和长期的主权债务风险的整体评估结果。

* * * * * * *

公共债务负担是影响宏观经济稳定和发展的重要因素之一。虽然债务危机发生的准确时间高度不确定，很难精准预测。但债务危机发生的必要条件，即债务偿付的压力点，大多可以事先通过全面、高质量的数据和分析框架来研究和预测。

IMF 作为国际货币体系的维护者，多年来一直将审视公共债务负担和可持续性作为其双边和多边经济政策监督以及双边贷款审批中不可或缺的组成部分。在这一背景下，IMF 制定了全球统计框架来确保将全面、准确和跨国

---

① 参见 https://www.imf.org/en/Publications/Policy-Papers/Issues/2021/02/03/Review-of-The-Debt-Sustainability-Framework-For-Market-Access-Countries-50060。

可比的数据用于债务负担的分析和研究，并不断更新其低收入国家和发达及新兴市场国家债务可持续性分析框架，用于监测成员国的债务负担和提供债务负担压力点的预警。同时，对已经或极有可能陷入债务危机的低收入国家，IMF 通过发起和参与债务减免计划，努力避免让债务偿付负担成为这些国家经济发展的绊脚石。

分析和预测债务可持续性十分复杂，会涉及诸多变量。有效运用债务可持续性分析框架不仅有利于成员国避免债务危机的发生或减轻债务危机带来的严重后果，也有助于债权人了解债务国的债务情况，减少信贷风险并实现双赢。

第十七章
IMF 主权债务政策的起源与演变[1]

2020 年的新冠肺炎疫情引发了自第二次世界大战以来最严重的全球经济衰退，许多中低收入国家出现了严重的流动性困难和债务偿付能力不足，各国大规模的治疫措施使公共债务达到了前所未有的水平。根据 IMF 全球债务数据库的最新数据，全球总债务在 2020 年上升了 28 个百分点，已达到全球 GDP 的 256%。2020 年，全球政府债务增量占到了全球总债务增量的一半有余，占 GDP 的比例跃升至创纪录的 99%。持续的宏观经济和金融冲击有可能在低收入和新兴市场国家引发主权债务问题[2]，并影响到全球金融稳定。

2020 年，G20 发起了“暂缓最贫困国家债务偿付倡议”（以下简称“缓债倡议”），要求其成员国官方债权人在有限的时期内暂时放弃 73 个低收入和中低收入国家的偿债。同年 11 月又宣布了“缓债倡议后续债务处理共同框架”（以下简称“共同框架”），进一步帮助这些国家解决主权债务问题。

新冠肺炎疫情引发的债务大幅增长突显了主权债务问题对全球金融稳定的冲击，使之成为国际公共政策中的一个重点问题。作为维护国际货币和金融稳定的国际机构，IMF 近几十年来在预防和解决主权债务危机方面发挥了核心作用。金融市场的全球化虽然带来了诸多益处，但也多次导致因过度负

① 本章作者是刘岩。

② 主权债务是指一个国家中央政府的负债，是公共债务的一个重要组成部分。

债而产生的危机，不但给个别国家造成了严重经济困难，也给全球经济金融系统带来了重大风险。因此，IMF 的一项重要工作，就是如何设法化解主权债务危机，从而使债务国能够走出债务泥潭，恢复经济增长活力，并防止一个国家的债务危机发生系统性蔓延而影响其他成员国。

IMF 的主权债务政策起源于 20 世纪 80 年代的拉美债务危机，而后经历了几次审查和改革，以跟上国际金融体系和资本市场快速发展的脚步。IMF 的主权债务政策框架主要由四项关键政策组成，即“融资保证政策”“拖欠政策”“债务可续性政策”“高额贷款限额政策”。同时，IMF 积极支持以合约为基础解决主权债务问题的国际架构，发起并参与国际社会对于高债穷国减免债务的倡议。一旦债务国提出要求，IMF 会积极参与，并协助债务国与其债权人达成重组协议。

本章将介绍 IMF 主权债务政策的法律基础、起源和演变，分析官方和私营部门债权人参与主权债务重组所采取的各种方法，总结 2008 年全球金融危机后 IMF 对其主权债务政策的重新评估，并讨论如何发起并参与帮助重债穷国减免外债的国际倡议。本章最后阐述 IMF 在主权债务重组进程中的作用以及推动债务透明化的举措。

一、IMF 主权债务政策的法律基础与起源

IMF 主权债务政策的法律基础来自《IMF 协定》，其第一条款规定 IMF 的宗旨之一是向成员国提供暂时性资金，使其能有机会在无须采取有损本国和国际繁荣的措施的情况下，纠正国际收支失调。第五条款第三款（a）规定，IMF 应制定使用其普通资金的政策，包括备用安排或类似安排的政策（关于这方面的介绍，见第十八章），也可对特殊的国际收支问题制定特殊的政策，以便协助成员国按照符合协定条款的方式解决其国际收支问题，并为暂时使用 IMF 的普通资金建立充分的保障。因此，IMF 向成员国提供贷款的前提是该国拥有“国际收支平衡”的需要，并在 IMF 的支持下执行有助于解决其“国际收支平衡”问题的政策。在大多情况下，政策调整以及 IMF 贷款可以调动私营部门的融资，同时也会吸引官方资金。这使得成员国得以继续按原始合

约偿还债务，并能进行市场融资，但有时借贷国外债过于沉重而无法得到足够的市场融资，同时它所需的资金远远超过了 IMF 能够提供的贷款以及该国的政策调整能力。此时，为了确保借贷国能按时偿还 IMF 贷款并确保其恢复国际收支稳定，IMF 则要求通过其他来源的资金保证来填补所需空缺。如果无法填补这个空缺，IMF 的政策要求借贷国通过重组债务，并能够在中期内重新返回金融市场融资，这是 IMF 提供贷款的前提条件。

主权债务重组主要指债权人与债务国达成协议修改偿还条件，通常是债务国发行新的债务工具来置换原始债务，以达到减息、延长偿还期限或者降低债务面值等目的。一旦其债务出现不可持续性问题，债务国应该及时采取行动，有效、有序地重组债务。拖延重组会给债务国和债权人双方都带来不利的后果。从债务国来讲，拖延重组会导致其债务继续增加，加速经济失衡，也会造成其金融不稳定和经济增长减速，导致债务问题迁延不治。从官方债权人来讲，由于官方贷款常常被用于纾解私人债权人压力，拖延重组会加剧道德风险和增加负担。最后，拖延重组也会使得私人债权人在最终的重组中承担更大损失。从 IMF 自身利益的角度来看，拖延重组不仅使得债务国更难解决面临的国际收支问题，而且会给 IMF 的贷款偿还带来额外的风险。

但是，主权债务危机及其解决对于债务国和债权人来说都是一个十分不易的过程。主权债务问题的解决往往十分复杂，因为债权人类别众多，而且矛盾不仅存在于债务国和债权人之间，也存在于利益不同的债权人之间。在债务重组过程中，每个债权人都希望能够得到全额偿付。一般说来，主权债务的债权人可分为三类：第一类是私人债权人，其中包括商业银行、机构债权持有人以及个人；第二类是官方双边债权人，如巴黎俱乐部债权人（见专栏 17.1）以及包括中国在内的非巴黎俱乐部债权人；第三类是多边的官方贷款机构，如 IMF 和世界银行。由于这几类债权人各自的利益和目标差别很大，如何能够尽快和有序地重组主权债务，同时兼顾债务国、债权人和国际金融体系的多方利益是一项巨大的挑战。

IMF 主权债务政策起源于 20 世纪 80 年代的拉美债务危机。债务危机的根源可以追溯到 20 世纪 70 年代国际货币体系遭受的剧烈冲击，包括布雷顿森林体系解体、石油价格的大幅上涨以及国际金融市场的快速开放。一系列失衡和脆弱性积累到 20 世纪 80 年代初导致国际融资骤然停滞，IMF 也因此面临其成立后的第一次系统性主权债务危机。因为债务国、债权人和国际社会需要时间来充分了解这些负债经济体所面临的挑战，所以制定和改革主权债务危机的解决框架也是逐步推进的。

1981 年 6 月，美国利率一度高达 20%，许多发达经济体利率也因央行加息而升高。在随后发生的全球经济衰退、高利率和美元升值的夹击下，在许多国家，以美元计价的债务实际负担飙升。与此同时，全球经济放缓导致出口疲软和外国直接投资低迷，更加重了外债偿还负担。波兰、罗马尼亚、匈牙利等东欧国家在 1981—1982 年期间先后向 IMF 申请贷款援助。不过，危机真正开始的标志还是墨西哥。1982 年，各国银行（特别是美国和日本银行）对墨西哥的风险敞口巨大，墨西哥的外债违约高达 430 亿美元，可能会对全球经济产生系统性的影响。当时的监管规则要求任何拖欠商业银行利息或本金的行为都需要立即减记资产价值，进一步造成广泛的偿付能力问题。随后，许多拉美国家无力偿还外债，引发了拉美债务危机，经历了“失去的十年”。IMF 对墨西哥、阿根廷、巴西和智利等国的贷款，不仅导致其贷款激增，也导致了债务国、债权人和官方部门之间关系的重大转变。

（一）融资保证政策

20 世纪 80 年代初，国际商业银行开始限制其对重债国的风险，不再主动为 IMF 所支持的债务国经济政策调整方案提供资金。于是 IMF 在向陷入债务危机的成员国提供资金时，开始寻求官方和私营部门债权人做出承诺，重新安排偿债时间并提供新的资金，共同帮助重债国化解危机。1983 年，IMF 制定了“融资保证政策”，要求官方和私营部门债权人提供具体保证，即它们将提供必要的资金，如新贷款或再融资，来填补债务国在经济调整方案中的资金缺口，债务国获得 IMF 贷款的先决条件，是确保经济调整方案的可行性以及债务国有能力偿还 IMF 贷款。

可是到了 20 世纪 80 年代后期，随着国际商业银行资产负债表的加强，银行债权二级市场交易不断发展，人们日益认识到许多国家面临的挑战是债务可持续性的问题而不是流动性的问题，私营金融机构越来越不愿意向 IMF 提供所要求的融资保证。IMF 认识到，“融资保证政策”实际上赋予了私营部门债权人有效否决 IMF 贷款的权力：如果私营部门债权人不提供融资保证，IMF 就无法向债务国提供贷款。因而，该政策削弱了 IMF 向正在努力解决国际收支问题的债务国及时提供贷款的能力，并危及该国经济政策调整的进程。因此，IMF 决定修改其融资保证政策，使其能在私营部门债权人提供具体保证之前批准向债务国发放贷款。具体的做法是，IMF 在批准发放贷款时，只需确定第一年的融资承诺和在剩余信贷期间有足够资金的前景。在随后的信贷审查时，IMF 也必须确定之后 12 个月的融资承诺。最后，IMF 需要确定成员国计划在信贷结束后执行的政策能确保其按时偿还 IMF 贷款。

官方双边债权人是通过巴黎俱乐部提供承诺的，这是因为当时主要的官方债权国都是巴黎俱乐部的成员国（见专栏 17.1）。鉴于巴黎俱乐部在处理债务重组方面的既定程序和做法，IMF 一般可以在巴黎俱乐部达成“商定纪要”(Agreed Minutes) 之前批准向债务国的贷款。根据巴黎俱乐部的“待遇可比原则”，即确保债权人地位平等，享受同等待遇，禁止债务国给予个别债权人特殊优惠条件，IMF 假定非巴黎俱乐部官方债权人将按照与巴黎俱乐部债权人类似的条件重组负债国的主权债务。

专栏 17.1 巴黎俱乐部

巴黎俱乐部的起源可以追溯到 1956 年，当时阿根廷爆发债务危机，法国财政部长邀请阿根廷及其债权国到巴黎进行债务重组谈判。此后，巴黎俱乐部演变成为官方双边债权人协商解决发展中国家的政府间官方信贷的常设机制，在解决官方双边债务上发挥了重要作用。

巴黎俱乐部现有 22 个常任成员国：澳大利亚、奥地利、比利时、巴西、加拿大、丹麦、芬兰、法国、德国、爱尔兰、以色列、意大利、日本、韩国、荷兰、挪威、俄罗斯、西班牙、瑞典、瑞士、英国和美国。巴黎俱乐部每月举行名为“Tour d’Horizon”的常规会议，讨论债务国的外债情况并协商解决方法。非成员的官方债权国可以临时参加每月例会或谈判，但须得到常任成员国和债务国的同意，并要遵守规则和保持诚信姿态。中国、阿根廷、墨西哥、印度、南非等十四个非成员债权国曾临时参加过这些会议。同时，巴黎俱乐部允许包括 IMF 在内的国际机构以观察员的身份参加每月例会或谈判。

巴黎俱乐部根据债务国的具体情况设立了不同的处理办法，其中包括重新安排偿债期限，或在规定时期内减少还本付息的义务。巴黎俱乐部的债务安排与 IMF 支持的经济调整方案紧密相关。其处理方式取决于 IMF 支持的经济调整方案中所确定的资金缺口，同时考虑债务国的偿债记录、在经济调整方案中的表现、其他债权人对于债务国经济调整方案的预期资金支持。当巴黎俱乐部成员国与债务国就重组债务达成一致后，其秘书处起草一份正式的“商定纪要”，由俱乐部主席、债权国和债务国代表共同签署。债务国随后要与巴黎俱乐部的每个相关债权国签署双边协议来完成债务国的债务重组。

经过多年的实践，巴黎俱乐部确立了债务国债务重组六项基本原则：（1）全体成员国必须一致行动；（2）只有在债权国成员达成共识时才能做出决定；（3）成员国应在互惠的基础上经常分享信息，其讨论的内容对外保密，以利于坦率交换意见；（4）根据债务国的不同情况量身定制重组方案；（5）债务国需要针对其经济和金融情况提供详细信息，已经完成或承诺实施经济政策调整与改革措施，并拥有在 IMF 支持的经济调整方案下实施改革的良好记录；（6）在偿债条件上，债务国不得优待非巴黎俱乐部成员国的双边债权人。

自 1956 年以来，巴黎俱乐部已经与 101 个债务国达成 477 项重组协议，金额达 6120 亿美元。

资料来源：巴黎俱乐部 官方网站 www.clubdeparis.org。

在融资保证政策实施之初，私营部门债权人的承诺要通过“银行咨询委员会”（又称伦敦俱乐部）足够数量的贷款银行（一般超过 90%）的正式确认。[1]

---

① 该俱乐部诞生于 1976 年，是对商业银行对发展中国家的外债重组渠道的称谓。不同于巴黎俱乐部，伦敦俱乐部不是常设机制，也没有固定成员和开会地点。

随着国际资本市场一体化程度的不断加深，债券逐渐取代银行贷款成为主权国家融资的主要方式，私营部门债权人向 IMF 提供具体承诺的方式也发生了变化，包括表明它们的债务重组正在进行，并将有充分债权人的参与，以恢复债务国债务的可持续性。[①] 值得一提的是，融资保证政策没有规定官方和私营部门债权人应提供的资金分别占比多少，这一问题应由债务国与其债权人协商解决。

（二）向拖欠国提供贷款的政策

传统上，IMF 不会向对外部债务产生拖欠的成员国提供贷款，即奉行所谓“不容忍拖欠”政策（见专栏 17.2）。在修改融资保证政策时，IMF 认识到不容忍对外部债权人（多边、官方双边和私营部门）拖欠政策加强了私营部门债权人对 IMF 贷款决策的影响力。为了鼓励私营部门债权人参与，IMF 在 1989 年修改了“不容忍拖欠”政策，同意在某些情况下容忍债务国在 IMF 信贷期间对外部私营部门债权人产生的拖欠，这被称为“向拖欠国贷款”（Lending into Arrears）的政策。IMF 在 1998 年和 1999 年再次修改该政策，将涵盖的外部债权人从商业银行扩大到更笼统意义上的私人部门债权人，包括债券持有人。

专栏 17.2　“不容忍拖欠”政策

IMF 在 1970 年制定了关于不容忍对外部债权人拖欠的政策。该政策基于两项法律原则：

（1）《IMF 协定》第一（v）条款规定成员国“在无须采取有损本国和国际繁荣的措施的情况下”，解决国际收支问题。IMF 在 1970 年制定“不容忍拖欠”政策时，认识到发生拖欠会破坏一个国家的繁荣，加剧成员国在更长期的国际收支问题，并且损害国际支付和信贷体系。因此“不容忍拖欠”政策将清除拖欠纳入 IMF 支持的信贷方案之中，从而帮助成员国实

① 这一做法于 2022 年 5 月成为 IMF 的“违约前的债务重组”（preemptive debt restructuring）政策，更强调债务透明度和信息共享。

现可持续性经济调整，并维护国际资本市场的正常运作。

（2）《IMF 协定》第五条款第 3 款要求 IMF 制定使用其资金的政策，以便协助成员国积极解决其国际收支问题，并为暂时使用 IMF 资金“建立充分的保障”。“不容忍拖欠”政策旨在限制成员国通过积累拖欠来实现融资的能力，使其恢复与外部债权人的关系并重建信用，缓解对其偿还 IMF 贷款能力的担忧，从而为 IMF 资源的暂时使用建立充分保障。

最初“不容忍拖欠”政策只限于管辖性拖欠，即由于成员国实施的汇兑限制，居民向非居民在经常性国际交易中发生付款拖欠。此外，该政策不包含因政府外部债务违约而产生的拖欠。1980 年，IMF 认识到政府违约对于成员国的信用状况和国际支付系统有效运作的负面影响，因而将“不容忍拖欠”政策的范围扩展至政府违约而产生的拖欠。

资料来源：IMF，“主权债务重组：最新发展及对 IMF 法律和政策框架的影响”, 2013 年。

根据该政策，只有在以下情况下，IMF 才可以向对外部私人债权人产生拖欠的成员国提供贷款：（1）IMF 的及时贷款支持是该国成功实施经济政策调整所必需的；（2）该国正在采取适当的政策，以诚信态度与其私人部门债权人达成合作协议。[①] 该政策的目的是让债务国相信，在它与私人部门债权人达成重组协议出现困难时，只要符合以上条件，IMF 将继续提供贷款支持。

2002 年，IMF 审查了诚信标准的适用情况，为债务国与其外部私人债权人之间的对话提供程序上的指导原则。诚信标准旨在促进以合作方式迅速达成重组协议，得到债权人的广泛支持。IMF 根据以下原则来评估是否遵守诚信标准：首先，成员国在确定有必要进行重组之后应尽早与其债权人展开对话，直至完成债务重组。其次，成员国应与所有债权人分享相关的非机密信息，并在债务重组完成前与债权人进行对话，对话模式应逐案处理。第三，成员

① 该政策适用于 IMF 对包括债券持有人和商业银行在内的外部私人债权人的主权欠款，以及因实施外汇管制而产生的非主权欠款的贷款。

国应尽早为债权人提供机会，使其能够就设计债务重组方案和债务工具提出意见。诚信原则对于促进债务人与债权人关系的正常化以及债务人恢复在市场融资是必要的；同时，建立一个可预测的债务解决程序，减少个别重组对资产类别的负面溢出效应，并促进资本市场的有效运作。[①]

二十年后，IMF 在 2022 年 5 月审查了向拖欠国贷款政策，认为该政策仍然基本适用，但是更新了诚信标准指导原则，并更加强调债务透明度。首先，成员国在确定有必要进行重组之后应尽早与其债权人展开对话，直至完成债务重组。其次，成员国应及时与所有债权人分享相关的信息，包括所有未偿债务存量及其条款、所有债权的拟议处理方案以及债务重组包含的债权范围。第三，成员国应尽早为债权人提供机会，使其能够就设计债务重组方案和债务工具提出意见。第四，成员国向债权人提供的任何条件都应与 IMF 支持的经济调整方案的有关条件一致。

二、关于私营部门债权人参与的政策

1994—1995 年，墨西哥的政治不稳定引发了大规模资本外逃，其货币比索急剧贬值，墨西哥面临严重的流动性危机。包括 IMF 和美国在内的官方部门提供了巨额贷款，使墨西哥得以通过债务展期和支付到期债务来解决危机，但没有要求私营部门债权人为解决危机提供支持。墨西哥危机暴露了主权债务框架在私营部门债权人参与债务重组方面的空白。

随着国际金融市场的迅速发展，通过市场发行债券逐渐取代了官方贷款成为主权融资的主要途径，而私营部门参与债务重组面临重重困难。首先，债权人变得越来越多样化，包括银行、机构投资者、对冲基金、投资工具、主权财富基金、不良债务基金和个人投资者等。其次，主权债务的发行以及系列也更加增多，加之二级市场的频繁交易使得债券快速换手。此外，债券持有人不像 20 世纪 80 年代数量有限的大银行经历过多次伦敦俱乐部的重组

① IMF 没有针对债务国与其外部债权人在违约前对话的政策。由于债务国必须在违约即将发生时迅速做出债务重组决定，IMF 不要求债务国与其债权人进行特定形式的对话。

过程，它们也不受主权国家的道德劝说或监督权力的制约。最后，私人债券持有人动辄兴讼，强制执行债务清偿。少数债权人会抵制重组，期望通过诉讼按原始合约条件得到偿还，这会促使原来愿意参加重组的多数债权人变卦，以求达到债权人之间的平等。即使迅速债务重组对全体债权人最为有利，但债权人之间的协调失败也会导致债务重组过程因失序而被拖延，即所谓的“集体行动”(collective action) 问题。另外，相对公司债务重组而言，因为没有国家破产法这样的法律框架来解决债权人集体行动问题，主权债务重组更加困难。2001—2002 年的阿根廷的债务危机就凸显了成功重组主权债务所面临的这些阻碍和挑战。①

（一）主权债务重组机制

20 世纪 90 年代末至 21 世纪初，IMF 在积极推动有序的主权债务重组同时，力图解决“集体行动”问题。当时的工作重点集中在两个领域：一是通过国际条约建立国家破产法律框架，二是加强合同条款。2001 年 11 月，时任 IMF 第一副总裁的安妮・克鲁格 (Anne Krueger) 提出了“主权债务重组机制”（Sovereign Debt Restructuring Mechanism）的建议。主权债务重组机制的设计借鉴了公司破产法的主要特点，希望通过建立一个法律框架，实现对一个债务国的所有债务采取统一集体行动，达到有序和迅速的重组。在随后的 18 个月里，主权债务重组机制的设计根据 IMF 内部的研讨以及与国际社会的讨论取得了一定的进展，讨论的重点是 IMF 的作用和其他关键设计问题。考虑因素包括：是否应以 IMF 确定成员国的债务不可持续性为条件来启动重组机制，该机制所涵盖的债务范围，债权人委员会的任命和作用，在汇总债权时如何处理债权人之间的公平问题等。

2003 年 4 月，IMF 以修订《IMF 协定》的形式提出了一个法定框架，以建立主权债务重组机制，解决全球协调失败问题（见专栏 17.3）。修订《IMF 协定》需要得到五分之三成员国、85% 以上投票权的支持。美国当时拥有 17.14% 的投票权，所以建立这个法定机制必须得到美国的支持。但是美国对

---

① 阿根廷的主权债务结构十分复杂，在五个法律管辖区发行了 88 种主权债券。

于建立主权债务重组机制由最初的积极态度转为放弃，认为主权债务重组机制可能会干扰美国投资者的合同索赔，并取代美国法院的管辖权，并担心美国国会不会支持修订《IMF 协定》。新兴市场经济体则担心该机制可能会提高其借贷成本，而私人债权人几乎一致反对 IMF 建立一个主权破产制度，认为该机制将限制个人投资者的权利，并可能会增加债务重组的频率。最终这一提议没有得到 IMF 执董会足够的支持，胎死腹中。

专栏 17.3 “主权债务重组机制”的核心特征

2003 年 4 月，IMF 提出了“主权债务重组机制”的核心特征：

· 重组协议：主权债务重组机制要求重组协议必须得到经核实的债权中 75% 的未偿本金持有者的支持，从而约束所有受影响的债权人。

· 限制债权人强制执行：根据主权债务重组机制，在启动成员提出请求并获得已核实债权未偿本金总额 75% 持有者的批准后，临时中止将对债权人提起的所有法律诉讼生效。

· 债权的启动和范围：只有在 IMF 成员国提出请求并且其要重组的债务不可持续时，才可启动主权债务重组机制。它可以适用于所有外部债务，而不限于以外国法为管辖法律的主权债券。

· 债权人委员会：为鼓励债权人积极和尽早参与，主权债务重组机制将授权一个有代表性的债权人委员会（如果成立的话）处理债务人与债权人之间以及债权人之间的问题。债务人将承担与委员会相关的费用。

· 优先融资：作为引导新融资的一种手段，如果某项特定融资交易的延期得到已核实债权中 75% 的未偿本金持有者的批准，则该融资交易可被排除在重组之外。

· 终止：主权债务重组机制将在以下情况终止：所有重组协议通过争端解决论坛验证后自动终止；提出申请的成员国发出终止通知；如果 40% 的已核实债权持有者希望终止，则在完成登记和核实程序后终止。

· 独立的争端解决论坛：设立该论坛的主要目的是核实债权，通过有关表决程序的规则，验证重组协议，中止法律程序，并裁定争议。IMF 总裁将指定一个由法官或私人执业者组成的甄别小组，由他们确定可在特别争议解决机制启动时为论坛服务的法官人选。

资料来源：IMF，"主权债务重组机制的拟议特征"，2003 年。

（二）集体行动条款（Collective Action Clauses）

"集体行动条款"指的是多数重组机制，它允许持有一个系列债券达到特定多数（一般为未偿还本金总额的 75%）的债权人修改该债券的财务条款，比如减少或取消债务应付的本金及利息或修改支付日期、支付币种和地点等。[①] 这种机制可以用在违约之前或之后，来约束抵制重组的少数债权人。IMF 在 2003 年决定支持通过合约条款来解决集体行动问题。IMF 认识到，债券合约中加入集体行动条款可以减少重组障碍，限制那些抵制重组的债权人的诉讼威胁，从而协助债务双方就重组问题展开谈判。一些发达经济体早已在其伦敦市场发行的国际主权债券中采用集体行动条款，但在纽约发行的债券并未采用这一条款。

IMF 支持集体行动条款的决定有两点值得注意。首先，该条款只限于以外国法为管辖法律的债券，即国际主权债券，因为持有这类债券的投资者可以在纽约或英格兰提出法律诉讼，申请执行合同条款而不会接受重组，集体行动问题最为严重。但如采用国内法作为管辖法律，债务发行国可以随时通过修改本国法律来解决集体行动问题。其次，集体行动条款只适用于一个系列的债券，限制该系列内少数人抵制重组。

2003 年 3 月，墨西哥第一次在纽约发行的主权债券使用了集体行动条款。这次债券发行很成功，得到超额认购，而且使用集体行动条款对债券价格没有任何影响。IMF 对主权债务重组机制的研究被认为有助于墨西哥决定引入集体行动条款。在接下来的一年里，一些国家纷纷效仿。截至 2005 年 3 月，集体行动条款已成为在纽约发行主权债券的市场标准。在之后的一些主权债

---

① 有些国际主权债券（尤其是英格兰法管辖的债券）在修改财务条款时，必须在达到法定人数的债权人会议上得到特定多数债权人的支持。

务重组中，比如伯利兹（2007，2013）、塞舌尔（2010）和乌克兰（2015），集体行动条款的确有助于实现较高的债权人参与率，在重组过程中发挥了积极作用。

但在 2008 年全球金融危机之后，集体行动条款的两个弱点也暴露出来。首先，如上所述，集体行动条款只适用于一个系列的债券，限制该系列内少数人抵制重组。因此，如果抵制的债权人能够获得一个系列超过 25% 未偿还本金总额，就可以阻碍该系列债券的重组。2012 年希腊主权债务重组是个很好的例子。当时希腊要重组 36 个系列的外债，这些债券受英格兰法管辖，都使用了单系列集体行动条款。但最终只有 17 个系列通过使用这个条款成功重组债务，而其余 19 个系列将近 65 亿欧元的债券，因为抵制重组的债权人在每系列中控制了超过 25% 的债券，导致集体行动条款无法使用。[①] 其次，在纽约展开的对阿根廷马拉松式的债务诉讼，以及纽约法院对于阿根廷国际主权债券中的“同权条款”(pari passu) 的解释，[②] 引起了人们对抵制重组债权人的潜在影响力的担忧。持有阿根廷在 2001 年违约前发行债券的债权人拒绝参加 2005 年和 2010 年的重组，他们在纽约法院提出诉讼，要求阿根廷按原始合约条件还本付息。2011 年这些债权人中的一部分向法院提出新的论据，即阿根廷违反了债券合约中的同权条款。纽约法院判定阿根廷的确违反这个条款，作为赔偿，禁止阿根廷向持有重组债券的债权人付息，除非它按比例偿还欠那些诉讼债权人的债务。也就是说，如果阿根廷要想付给持有重组债券

---

① 认识到单系列集体行动条款的局限性后，一些国家（如阿根廷、多米尼加共和国、希腊和乌拉圭）在主权债务合约中使用了“跨系列双向集合投票”（double limb aggregated voting）的集体行动条款。这种条款允许在重组两个或以上系列债券时选择双向集合投票机制：单系列投票（一般在三分之二）和跨系列的集合投票（尚未偿还的、要重组的所有系列总和的 75% 或 85%）。两者都必须达到设定的门槛，才能重组。

② 同权条款起源于公司信贷，从 21 世纪初在国际主权债券中开始使用。在重组公司债务的语境下，这个条款的含义并无争议。根据公司破产法的规定，公司债务人破产后，在清算过程中，所有无担保的债务将按比例得到类似的资产。这条款只有在债务人破产之后才适用，对破产前的无担保债务偿还没有影响。但在主权债务中，这个条款的含义则没有那么明确，主要是因为没有国家破产法律机制。

的债权人利息，就必须把拖欠未重组债券的全部欠款还上。同时法院还禁止付款代理人和其他相关方帮助阿根廷为重组债券付息。纽约法院的判定大大增加了抵制重组债权人讨价还价的能力，并产生更多债权人拒不重组的风险。[①]

为了解决这些新问题，IMF 与官方债权国、债券发行国以及私人投资者进行了长达 18 个月的磋商，其中包括美国、墨西哥、巴西、巴黎俱乐部和国际资本市场协会（International Capital Market Association）。[②] 磋商主要通过由美国财政部召集的特别工作小组进行，讨论的结果是由国际资本市场协会发布强化版的集体行动示范条款。2014 年 10 月，IMF 执董会采纳了这些示范条款的主要内容，并鼓励成员国在发行国际主权债券时采用这些条款（见专栏 17.4）。同时，执董会也支持国际资本市场协会对同权条款的修改，以避免其他法院对于此条款有类似阿根廷案的解释。新条款明确排除有关按比例偿还的责任。

专栏 17.4 "集体行动"条款

几十年来，集体行动条款经历了三次演变，以应对主权债务重组中出现的新挑战，使其更有效地解决集体行动问题。

· 第一代集体行动条款为单系列投票 (series-by-series voting): 允许持有一个系列债券达到特定多数（一般为未偿还本金总额的 75%）的债权人修改该债券的财务条款，限制该系列内少数人抵制重组。

· 第二代为跨系列双向集合投票 (double limb aggregated voting): 这种条款允许在重组两个或以上系列债券时选择双向集合投票机制：单系列投票（一般在三分之二）和跨系列的集合投票（尚未偿还的、要重组的所有系列总和的 75% 或 85%）。

· 第三代为强化集体行动条款 (enhanced collective action clause): 使用一

---

① 纽约法院在 2017 年就同权条款的解释做了进一步的澄清：一个主权国家决定支付一些债权人而不支付其他债权人，其本身并不违反同权条款。

② 国际资本市场协会是一个保障国际债券市场的稳定与良好运作的国际协会，制定和实施影响到国际债券市场运作的自律准则和行业规范。

个投票菜单，其中包括单系列投票、跨系列双向集合投票以及跨系列单一集合投票（single limb aggregated voting），即允许持有所有系列的大多数债券（75%）的债权人约束少数人进行重组。

资料来源：IMF，“加强合同框架以应对主权债务重组中的集体行动问题”，2014 年。

强化的集体行动条款包括了跨系列单一集合投票，即把所有要重组的系列放在一起进行投票，门槛是 75%。单一集合表决的一个重要优势是，要么无人加入，要么人人加入，将法律杠杆从单个债权人转移到整个债权人群体，这样抵制重组的债权人几乎不可能在所有重组系列总和中控制超过 25% 的债券，以此来绑架重组计划。与此同时，强化的集体行动条款也包括了保护债权人利益的措施，以确保不同债券的债权人之间的公平。例如，债务国要使用这个投票程序，就必须向重组计划涵盖的所有债权人提供同样的重组工具（uniformly applicable requirement），并且在提出重组之前，向债权人提供充分的信息。最后，这些条款提供多样投票程序选择，除了跨系列单一集合投票外，还包括传统的单系列投票和跨系列双向集合投票，增加了灵活性，大大提高了成功重组的可能性。

至此，几乎所有新发行的国际主权债券都包含了强化的集体行动条款。根据截至 2020 年 6 月 30 日的信息，自 2014 年 10 月 1 日以来，全球发行了大约 690 只国际主权债券，本金面额共计约为 8700 亿美元，其中约 91% 的债券已纳入这些条款。[①] 至今没有迹象表明，使用这些条款对于债券发行价有任何影响。在 2020 年的厄瓜多尔和阿根廷重组债券交易中，首次使用了强化的集体行动条款中的跨系列双向集合投票，并对其具体要点进行修改以满足重组的需要，从而有助于实现高度债权人参与，在重组过程中发挥了积极作用。[②]

---

① 欧元区各国财政部长已同意自 2022 年 1 月 1 日起，在所有欧元区主权债券中纳入带有单系列投票机制和跨系列单一集合投票的集体行动条款，但不包括跨系列双向集合投票。

② 使用了集体行动条款后，债权人参与率在厄瓜多尔重组中达到了 100%，在阿根廷重组中超过 99%。

强化的集体行动条款虽然已成为市场标准，但也有一些局限性。首先，大约50%已发行的主权债券没有包含这些条款。其次，即使在跨系列单一集合投票机制下，债权人抵制行为仍然可能发生。特别是在未偿债务总量相对较小的国家（如低收入经济体），抵制者能够以相当低的成本构筑阻击性头寸。最后，跨系列单一集合投票仍未在重组中使用。国际资本市场协会正在根据最近的厄瓜多尔、阿根廷重组审查强化集体行动条款的设计是否仍然适当，以确定是否需要进一步完善标准条款，或者是否应让市场纳入针对具体案件的修改。

三、对IMF主权债务政策的重新评估

2008年的全球金融危机导致了严重的全球经济衰退和随之而来的全球信贷紧缩。为应对此次危机，IMF做出了迅速而果断的政策反应，包括为失去市场融资渠道的成员国提供大规模的贷款。这对IMF的“高额贷款限额政策”“债务可持续性政策”以及“不容忍拖欠政策”提出了新的要求和挑战。

（一）高额贷款限额和债务可持续性政策

20世纪90年代资本账户危机频繁发生，IMF向成员国提供了大规模贷款。在1995年至2002年之间，IMF向成员国提供了14次前所未有的高额贷款。[①] 国际社会担忧负债国会利用IMF的贷款来偿还到期债务，而不是解决这些国家面临的国际收支困难。此外，IMF在高额贷款限额政策框架中的裁量权和灵活性使有些成员国担心IMF可能面临压力，在负债国的债务很可能不可持续的情况下提供高额贷款。经验表明，一旦债务被评估为不可持续，债务重组则不可避免，拖延债务重组很可能会增加解决危机的代价及复杂性。在这种情况下，IMF的高额贷款使人们对其资源的保障措施产生了疑问。IMF在2001年决定向阿根廷提供贷款，随后阿根廷发生主权债务违约，便成了对高额贷款限额政策进行广泛审查的最后催化剂。

① IMF高额贷款限额是指当时在各种IMF贷款工具下总贷款额年度超过IMF份额200%，累积超过份额600%。

IMF 在 2002 年制定了资本账户危机中的高额贷款限额新政策，并于 2009 年将此政策针对资本账户危机与非资本账户危机的不同要求进行合并。这个政策包含一套与国际收支压力、债务可持续性与市场准入等有关的标准，只有这些标准得到满足，成员国才可以获得高额贷款。该政策的核心是要求严格和系统的分析表明，债务很有可能保持可持续性。

债务可持续性是 IMF 所有贷款的一个关键要求。它源于《IMF 协定》第一条款（v）及第五条款第 3（a）款的“充分保障”要求，即在具有充分保障的前提下，向成员国提供暂时性贷款，以确保偿还。如果 IMF 确定一个国家的债务为不可持续，它就不能提供贷款，除非该国采取行动重组债务以恢复可持续性。这是因为，如果将贷款提供给债务不可持续的成员国，不仅会促使该国盲目举债，导致其不可持续债务的进一步恶化，而且有不能偿还 IMF 贷款的风险，并加大国际金融市场的不稳定。

所以 IMF 对成员国债务是否可持续的判断在其贷款决定中起着重要作用，并对债务重组的时间有影响。IMF 提供高额贷款时，债务可持续性的判断尤为重要，多年来在这方面做出了相当大的努力，开发分析工具，使债务可持续性的确定尽可能透明和具有可预测性。目前，IMF 有针对市场准入国家的“主权风险和债务可持续性框架”（Sovereign Risk and Debt Sustainability Framework），以及针对低收入国家的“债务可持续性框架”（Debt Sustainability Framework）。有关这方面的介绍和分析，详见第十六章。

IMF 高额贷款限额政策的债务可持续性标准有两个结果：第一，在负债国申请高额贷款限额时，IMF 可能会采用传统的催化办法提供贷款，使该国能够履行其债务偿还义务。因此，只有在债务很可能无法持续或不确定的情况下进行债务重组。第二，在确定必须进行债务重组的情况下，重组的深度必须足以使该国的债务达到可持续性。重组需要大幅减少债权净现值，但在债务可持续性不确定的情况下，要求进行深度债务重组会给债务国带来一些不合理的成本。

在 2010 年 IMF 实施欧元区救援计划的过程中，这个问题更加凸显。2010 年，希腊请求 IMF 提供高额贷款，IMF 无法确定希腊的债务是否符合高额贷款限额政策的标准，按政策应该要求希腊重组其债务。由于债务重组可能会对其他欧元区国家造成巨大冲击，IMF 修订了高额贷款限额政策，允许在成员国面临较高国际系统性溢出效应风险的情况下，向该成员国提供高额贷款，即使其债务很可能无法持续。这就是所谓的“系统性豁免”（systemic exemption）政策。

（二）高额贷款限额政策改革

这一政策变化为欧元区应对债务重组危机争取了时间，但也引起了争议，因为它最终没能阻止危机蔓延，并使一些私人债权人避免参与主权债务重组，给债务国财政调整进程带来更大的负担，危及债务可持续性。在当时和以后的若干年中，也有人质疑 IMF 为什么急于改变原来的政策来迎合欧元区应对危机的需要。

因此，IMF 在 2016 年再次修改高额贷款限额政策，取消了系统性豁免，并使高额贷款限额政策变得更加灵活。重要的是，当债务可持续性不确定时（即债务被评估为可持续但可能性不高），如果借贷国可以从其他来源得到融资，实施经济调整政策以改善其债务可持续性，并充分加强对 IMF 资源的保障，IMF 可以向该国提供高额贷款，即使预期的债务可持续性没有恢复。

在这种情况下，将有一系列的选择可以满足这些要求，这取决于个案的情况。例如，如果借贷国可以在国际资本市场借款，或在 IMF 信贷期间到期的私人债务数额较小的情况下，不需要对其主权债务进行重组。相反，如果借贷国不能在国际资本市场借款，而在信贷期间到期的私人债权将严重消耗现有的资源，通常合适的做法是对债务进行“重新安排”（reprofiling，即短期延长到期的债务期限，通常不扣减本金或利息）。虽然债务重新安排是一种债务重组的形式，但对债务人、债权人和国际金融体系来说，可能比净现值债务重组成本更低。如果任何债务重组（包括重新安排）会对国内金融稳定构成无法控制的风险，或可能出现跨界溢出效应，只要官方部门愿意提供必要的资金来改善债务国的债务可持续性，并充分加强对 IMF 资源的保障，IMF 也可以向该国提供高额贷款，而不要求债务重组。

值得一提的是，IMF 的债务可持续性政策与融资保证政策相互补充。前者旨在确保成员国的中期债务可持续性，后者旨在确保在 IMF 信贷期间能获得充分的资金。按照债务可持续性政策，当一个债务国的债务不可持续时，除非其采取行动恢复债务可持续性，否则 IMF 不能向它提供贷款。当需要私营部门债权人参与时，IMF 要确信债务国正在采取行动，会有足够的债权人参与重组，从而恢复债务的可持续性。当需要官方部门参与时，官方债权人需要向 IMF 提供债务减免或融资的具体和可信的保证（specific and credible assurance）。这可以通过具有代表性的巴黎俱乐部“商定纪要”来实现，也可以通过有法律授权对官方债权人做出承诺的官员提供具体和可信的保证。IMF 可以在债务重组发生之前批准贷款，前提是得到官方和私营部门上述承诺，在信贷计划的宏观经济参数范围内弥补融资缺口。

（三）对官方双边债权人拖欠国贷款政策

IMF 在 2015 年再次修改了“不容忍拖欠”政策，在谨慎和有限的情况下向对官方双边债权人产生拖欠的成员国提供贷款（Lending into Official Arrears）。在 2015 年改革前，不容忍拖欠政策适用于对官方双边债权人的拖欠。这是因为官方双边债权人在危机期间提供的融资经常是 IMF 支持的负债国经济调整的关键。成员国通常在资本市场无法融资的情况下向 IMF 求助，而 IMF 制定能获得足够融资方案的能力则充分取决于能否及时获得官方双边债权人提供的融资。该政策旨在减少对官方双边债权人产生拖欠，以防止损害未来 IMF 调动一揽子官方金融支持的能力。

IMF 不容忍对于官方双边债权拖欠的法律和政策框架一直依据的是巴黎俱乐部的做法。[①] 一旦巴黎俱乐部同意重组，IMF 支持的经济调整方案就不再考虑巴黎俱乐部“商定纪要”所涵盖的对官方双边债权人的拖欠。而且，根据巴黎俱乐部的可比待遇原则，也不再考虑债务国对非巴黎俱乐部的官方双

① IMF 没有明确定义官方债权，而是依赖巴黎俱乐部的做法。在评估任何债权是否属于官方债权时，IMF 重点关注该债权是否（1）由政府或代表政府的机构持有；（2）源于债权人政府或代表政府的机构向借款国提供或担保融资的交易。

边债权人的拖欠。[1] 在巴黎俱乐部没有同意重组的情况下，IMF 要向负债成员国提供贷款，就必须得到每一个被拖欠的官方债权人的同意。

近年来，官方融资的构成发生了巨大变化，官方双边债权人日益多样化。如今，中国已成为全球最大的官方债权人，印度、巴西等新兴市场国家的官方融资比重也大幅上升，而巴黎俱乐部债权人的比重一直稳步下降。因而，以巴黎俱乐部为中心的官方债务减免机制的局限性也日益突出，尤其是巴黎俱乐部重组决定基于内部共识，每个债权人无论在总债权中占比大小，均有能力阻止巴黎俱乐部达成重组协议，而非巴黎俱乐部的官方债权人虽占比很大，却在债务重组中处于被动地位，继续依据可比待遇原则排除对非巴黎俱乐部官方债权人的拖欠会本末倒置，也会给官方债权人之间的协调带来困难。此外，随着越来越多的重要官方债权人在巴黎俱乐部之外采取行动，官方债权人在重组中的集体行动问题日趋突出。

为了应对官方融资不断变化的新局面，鼓励所有官方双边债权人在债务需要重组时采取集体行动，IMF 在 2015 年 12 月推出了对官方双边债权人产生拖欠的成员国贷款新政策。根据新政策，如果欠款国的主权债务需要重组，官方债务重组机制和对拖欠的处理分成以下两个步骤进行。首先，如果巴黎俱乐部达成的重组协议具有“充分代表性”（adequately representative）[2]，IMF 可以继续依赖既往做法，即预计可以在巴黎俱乐部的“商定纪要”时，可以认为解决了对参与和未参与官方双边债权人的所有拖欠。其次，若巴黎俱乐部未能达成重组协议（例如可能不存在巴黎俱乐部债权人），或其协议不具有“充分代表性”（巴黎俱乐部的债权占比不大），拖欠国可以通过双边或其他分组机制与官方债权人进行谈判。如果通过此类程序达成重组协议，IMF 也可以向拖欠国提供贷款。即使官方债权人不同意重组或提供新融资，仍可以选择同意 IMF 向拖欠国提供贷款。尽管如此，IMF 也继续鼓励各方在

① 如债务国与双边债权人未能在商定纪要所规定的截止日期前签署落实巴黎俱乐部条款的双边协议，被排除的拖欠则会被视为重新存在，除非 IMF 判断债务国正尽全力达成此协议。

② “充分代表性”定义为必须提供 IMF 贷款规划期内所需的官方债权人资金贡献，包括减债和新融资（包括贷款、债券融资、担保及捐赠）之和的大部分。

其信贷期间就解决拖欠达成共识。

但如果通过此类程序未能达成重组协议，官方债权人也不同意 IMF 贷款，那么 IMF 对官方双边债权人产生拖欠的成员国提供贷款则必须满足以下三个条件：（1）IMF 的及时金融支持是必不可少的，并且债务国实施了适当的经济调整政策；（2）债务国真诚努力与债权人就实现 IMF 支持的经济调整方案所需的资金贡献达成协议，而未能达成重组是因为债权人不愿为经济调整方案的融资做出贡献；（3）向拖欠国贷款的决定不会妨碍 IMF 未来调动一揽子官方融资的能力。但如果拒绝重组的官方债权人具有充分代表性，因而可能妨碍 IMF 未来调动官方融资的能力，在一般情况下可判定为没有满足第三个条件，IMF 因此不能向拖欠国贷款。但即使这些债权人不具有充分代表性，也要考虑其对以往 IMF 信贷方案下的债务重组中提供资金贡献的情况，来决定是否满足这个标准。以上三个条件是否满足的判断取决于 IMF 执董会。

以上两个步骤旨在鼓励官方债权人参与达成集体共识，同时也合理保护其利益，进而降低 IMF 无法为需要帮助的成员国提供贷款援助的风险，因为某些债权人会拒绝参与重组，企图在重组协议达成之后搭顺风车，不付出减债成本却享受还债成果。与向对私人债权人欠款的成员国贷款政策一样，只要对官方双边债权人存在拖欠，IMF 执董会将在批准贷款时以及每次规划审查时应用这个新政策。在 2015 年改革后，不容忍拖欠政策只适用于对多边组织的拖欠以及在不需要重组的情况下对官方双边债权人的拖欠。

2022 年 5 月，IMF 审查了对官方双边债权人拖欠国贷款政策，由于实用经验有限，因此没有改变该政策。但是，由于债权人格局的变化，例如新债权人和新融资工具的涌现，IMF 更新了官方双边债权的定义，例如官方债权人所持的债券包含了集体行动条款，而私人债权人也持有该债券，那么对官方双边债权人拖欠国贷款政策将不适用此类债券。

此外，IMF 澄清了将如何对待债务国对新国际金融机构债权人的拖欠，以确保国际多边组织根据“不容忍拖欠”政策获得的特殊待遇不被淡化。国际金融机构被定义为至少有两个主权成员（没有非主权成员）的金融机构。如果欠债国恢复债务可持续性需要官方债权人资金贡献，IMF 应判断是否需要该债务国制订一个可信的计划来解决对国际金融机构的拖欠，来作为放贷的条件。[①] 影响 IMF 判断的因素包括：（1）该机构拥有全球而不是区域成员；（2）该机构是构成全球金融安全网一部分的区域金融安排或储备货币联盟央行；（3）巴黎俱乐部对该机构的待遇；（4）该机构是否参与了重债穷国减债倡议；（5）在手头的案件中，该机构是否被官方双边债权人通过债权人委员会排除在债务重组之外，该委员会以对官方双边债权人拖欠国贷款政策所承认的具有代表性的常设论坛（目前为巴黎俱乐部）为基础。对于任何不符合这些因素的国际金融机构，对官方双边债权人拖欠国贷款政策将适用于对其拖欠。

四、 帮助重债穷国的国际倡议

IMF 一直积极倡议国际社会共同努力帮助重债穷国解决外债负担。1996 年，IMF 和世界银行发起了"重债穷国减债倡议"（Heavily Indebted Poor Countries Initiative，简称 HIPC），目的是为低收入国家提供债务减免，确保其债务的可持续性。要获得债务减免，债务国必须满足以下四个条件：（1）有资格向世界银行国际开发协会借款（该机构向世界上最贫穷的国家提供无息贷款和赠款），并向 IMF 的减贫与增长基金借款（该基金以补贴利率向低收入国家提供贷款）；（2）无法通过传统债务减免机制解决的不可持续的债务负担；（3）通过 IMF 和世界银行支持的经济政策调整方案，建立了改革和健全政策的记录；（4）通过国内的广泛参与，制定了《减贫战略文件》。当债务国达到或在满足这四个标准方面取得足够的进展，国际社会包括巴黎俱乐部债权国以及其他官方和私人债权人，就会承诺将其债务减少到可持续的水平，债务国可以开始接受到期债务偿还的临时减免，即达到债务减免的"决定点"（decision point）。当债务国满足标准达到"完成点"（completion

① 如果欠债国不需要官方债权人资金贡献就可以恢复债务可持续性，IMF 只能在欠债国制订一个可信的计划来解决对国际金融机构的拖欠时提供贷款。世界银行的待遇与其他国际金融机构不同：IMF 只有在欠债国与世界银行商定在规定期限内结清拖欠后，才能提供贷款。

point）时，可以获得在“决定点”承诺的全部债务减免。在有资格或可能有资格获得重债穷国倡议援助的 39 个国家中，有 36 个国家已达到“完成点”并获得全额债务减免。其中，约 44% 的减债资金来自 IMF 和其他多边国际机构，其余资金来自官方双边债权人。

2005 年，八国集团呼吁 IMF、世界银行国际开发协会和非洲开发基金，对已经达到或最终将达到重债穷国倡议“完成点”国家的合格债务进行 100% 的减免。作为响应，IMF 发起了“多边债务减免倡议”（Multilateral Debt Relief Initiative，简称 MDRI）。在该倡议下，人均年收入不高于 380 美元的所有成员国（无论是否为重债穷国）都有资格从 IMF 获得多边减债倡议的债务减免。其余人均收入高于这一门槛的重债穷国将有资格从 IMF 管理的、由个别国家捐助的资金池中获得债务减免。2006 年 1 月 6 日，IMF 向首批 19 个国家提供了总额为 34 亿美元的债务减免。

2020 年新冠肺炎疫情发生以来，许多低收入和新兴市场国家的薄弱性更加突出。疫情增加了各国财政支出的需求，而由于经济增长和贸易的减少，财政收入也在下降，从而加重了债务负担。一些脆弱国家还面临融资成本的上升，或获得外部融资的机会非常有限。治疫措施对于全球经济的广泛冲击使得公共债务也达到前所未有的水平。包括中国在内的 G20 在 2020 年 4 月 15 日宣布了“暂缓最贫困国家债务偿付倡议”（缓债倡议，Debt Service Suspension Initiative，简称 DSSI），双边官方债权人在有限的时期内暂缓 73 个低收入和中低收入国家的偿债，以帮助这些国家释放更多财政资源，用于应对疫情和恢复经济发展，并呼吁私营部门债权人以同等条件参与这一倡议。

债务国申请参加倡议的条件之一是向 IMF 申请贷款（包括紧急援助），而且只要提出申请就足够了。这意味着，即使是那些因债务不可持续而无法获得 IMF 贷款的成员国，也可以从倡议中获益。IMF 工作人员为倡议提供技术支持，并为 G20 提供所需的信息，如监测倡议所释放的资源的使用情况，以应对疫情的冲击。2020 年 10 月，G20 一致同意将首次缓债期限延长 6 个月至 2021 年 6 月底。2021 年 4 月，G20 支持将缓债倡议最后一次延期 6 个月至 2021 年 12 月底。2020 年缓债金额达 57 亿美元，43 个债务国从中受惠。

鉴于 73 个债务国需要更深层次的债务减免来解决其债务脆弱性，G20 在 2020 年 11 月宣布了共同框架（G20 Common Framework），旨在在缓债倡议的基础上，进一步减免这些国家的债务，确保债权人广泛参与，公平分担负担，从而协调适合债务国具体情况的债务处理办法。该框架要求参与的债务国向包括私营部门在内的其他债权人寻求类似或更好的偿债待遇，以防止债务国用官方减免债务而获得的资金来偿还其他债权人的债务，确保妥善分担负担。通过该框架协调官方和私人债权人的债务处理办法，将有助于更全面和及时地解决债务问题。根据每个国家的经济和债务状况，这种减免可以是将部分还本付息推迟若干年（重新安排还本付息时间），或者在一个国家的债务出现不可持续的情况下，减少按现值计算的还本付息。

在 G20 共同框架下，虽然债务减免条件将由债权人和债务国决定，但 IMF 和世界银行发挥着重要的支持作用。这包括在债务可持续性框架的基础上，为所需的债务减免总额提供参考，确定融资需求，以及 IMF 提供贷款来解决这些融资需求，以支持债务国经济复苏的政策。截至 2021 年 3 月底，赞比亚、乍得和埃塞俄比亚已申请了共同框架下的债务减免，而首个债权人委员会已就乍得的申请举行了两次会议，为实施共同框架提供具体途径。

但总体而言，在该共同框架下，债务减免进展比较缓慢。乍得、埃塞俄比亚和赞比亚最近的经验表明，必须改进该共同框架。为此，IMF 现任总裁克里斯塔利娜·格奥尔基耶娃在 2021 年呼吁各方需要迅速采取行动，增强对该框架的信心，并提供一个行动方案，为债务脆弱性日益加剧的其他国家提供帮助。随着重债国家的政策空间收紧，该框架能够而且必须更快地实现其目标。[①]

与此同时，IMF 自己也通过“控灾与减灾基金”（Catastrophe Containment and Relief Trust），向 29 个最贫穷和最脆弱的成员国提供偿债减免，涵盖这些国家在 2020 年 4 月至 2021 年 10 月期间应付给 IMF 的约 7

① 参见克里斯塔利娜·格奥尔基耶娃和西拉·帕扎巴西奥格鲁：“必须加强二十国集团的‘债务处理共同框架’”,2021 年 12 月 2 日。

亿美元债务。

值得一提的是，《IMF 协定》不允许 IMF 取消债务国应偿债务。所以，IMF 主要依靠通过成员国赠款与出售其自有黄金所筹集的资金来实施重债穷国倡议、多边减债倡议以及信托基金下的偿债减免。IMF 继续与包括中国在内的捐助国紧密合作，以便能够将向最脆弱成员国提供债务减免而共同努力。

五、IMF 在主权债务重组中的作用

债务国与债权人之间是否要进行债务重组应由他们自己决定。在任何情况下，IMF 都不介入债务人与其债权人的合同关系。即使 IMF 确定一个借贷国的债务为不可持续，也不能要求该国进行债务重组。相反，IMF 始终敦促成员国保持对所有债务的及时偿还，避免违约。当一个国家决定进行债务重组时，IMF 鼓励成员国与其债权人尽快主动进行债务重组，以避免违约。违约不仅会破坏与外部债权人的关系，进而削弱一个国家重新在资本市场借款的能力，加剧其国际收支困难，而且会损害国际贸易和支付系统，加剧经济和金融混乱。

在违约迫在眉睫时，债务重组的速度十分重要，因此 IMF 不要求债务国与债权人采取特定形式的对话，非正式磋商可能是最有效的谈判方式。但是债权人之间的公平问题在违约前的债务重组中更为严重，因为不同期限的债务市场价值不同（违约后所有债务立即到期应付），只能通过债务国与其债权人之间的对话来商定如何公平地处理不同债权人的债权。

如上所述，当违约不可避免时，IMF 向拖欠国贷款的政策旨在支持有效的经济政策调整和改革，同时促进有序的债务重组，恢复债务国与债权人的关系，从而增加了债务国在资本市场融资的可能性。向拖欠国贷款政策的诚信标准为债务人与其外部私人债权人之间的对话提供程序上的明确性和指导原则。

尽管 IMF 在主权债务重组中发挥着核心作用，但却努力避免对这一过程进行微观管理。IMF 不能插手债务重组，并尽量避免参与谈判过程和由债权人和债务国决定重组的详细条款。虽然债权人之间的公平往往至关重要，一

个成员国如不能解决债权人之间的问题可能会阻碍债权人对重组的参与，但IMF避免就债务国如何在债权人之间分配必要的调整采取立场。IMF往往会建议债务国聘请财务和法律顾问，来帮助设计债务重组战略，决定债务重组的范围，以及债权人的分担。

但是IMF可以帮助债务国制定一个可实现的宏观经济政策框架，旨在经济政策调整和融资之间达成适当平衡，确定总的融资额度，为所需的债务减免总额提供参考，从而为债务国与债权人的谈判提供相关信息。此外，IMF工作人员可以发挥其他协助作用，比如应债务国政府的要求，向债权人解释其宏观经济政策框架。他们还可以协助相关政府及其财务和法律顾问确保债务重组提议符合IMF支持的信贷方案设定的基本条件。IMF还可以利用贷款条件例如，“事前措施”（prior action）或“结构性指标”（structural measures）来支持债务重组的进展，比如要求借贷国在特定期限内完成重组。最后，IMF管理层和工作人员可以应债务国的要求，提供公开声明，支持债权人参与债务重组，或协助债务国与其债权人达成重组协议。

当成员国发生债务危机和其他债权人可能急于退出时，IMF向该国提供危机贷款的能力得益于其“优先债权人地位”（preferred creditor status）。“优先债权人地位”概念源于巴黎俱乐部的债务重组，即官方双边债权人愿意将IMF排除在债务重组之外。这种处理方式反映了IMF信贷的公益性质，因为其融信贷的目的是帮助成员国解决国际收支困难，恢复其在国际金融市场上的融资能力，从而确保偿还参加债务重组的其他债权人。IMF优先债权人不是法律上的（de jure）地位，而是依靠债权人自愿承认（de facto）。一般来说，官方和私人债权人都承认IMF这一地位，因为IMF的经济政策调整和信贷方案有利于他们的债务偿还。所以IMF维护其优先债权人地位的主要方法是确保其支持的经济政策调整和信贷方案设计得当，帮助成员国尽快解决国际收支困难，并恢复其在国际金融市场上的融资能力。

* * * * * * *

IMF在预防和解决主权债务危机方面发挥了重要作用，其主权债务政策为债务国和官方及私营部门债权人达成有序和迅速的债务重组提供了一个有效的框架。IMF 还积极支持和推行提高债务透明度的举措，特别是随着主权债务不断增加，债务透明度变得至关重要。债务透明度有助于政府做出合理的借贷决定，也可以帮助债权人评估借债国的债务可持续性和评级机构评估债务国的主权信用，债务透明度还可以帮助债务国公民就政府所借的债务向政府问责。缺乏债务透明度会阻碍重组谈判的进行，也会拖延债务问题的解决。IMF 通过其数据、监督和技术援助促进债务透明度，并支持其他机构提高透明度的举措。最后，IMF 还提供广泛的技术援助和培训，帮助成员国加强其公共债务管理和债务数据报告能力。IMF 一直积极与成员国、官方和私营部门债权人、市场参与者以及其他利益相关者共同努力，寻求改善预防和解决主权债务危机的方法，通过市场机制达到有效、有序和迅速的债务重组。

IMF 的主权债务政策经历数次改革，以应对资本市场的不断发展以及各种危机带来的挑战。以合约为基础的国际构架为解决主权债务问题提供了一个有效的机制，但仍有许多问题会给未来的债务重组带来困难。例如，银团贷款在许多低收入国家的主权债务中占很大比重，但没有使用类似集体行动条款的多数重组机制，这会给重组增加困难。近年来抵押贷款占比不断上升，增加了债务解决的成本和持续时间。一旦出现违约，有担保的债权人可以强制执行抵押，减少了参与重组的动力，尤其当抵押品为债务国重要资产时，债权人会有很强的讨价还价能力，从而使债务重组更加复杂。地方政府和国有企业大量发行外债，即使主权国家没有明确担保这些外债，其脆弱性也会给主权国家带来风险。此外，成员国是否应该更多地使用信用增级工具来保护国家免受自然灾害的下行风险的影响也需要进一步研究。此外，近些年来不断涌现出非全球性的多边组织，也为主权债务重组架构带来新的挑战。

2020 年新冠肺炎疫情发生以来，许多低收入和新兴市场国家的薄弱性尤为突出，外债违约的风险达到了史无前例的程度。IMF 积极参与 G20 的缓债倡议，以避免由疫情引发系统性主权债务危机。IMF 认识到，如果新冠肺炎疫情引发系统性主权债务危机，许多国家需要重组债务。但是当前的国际架构不能有效应对大规模的债务重组，而其他的解决工具，如用国内法或国际法限制诉讼时间或豁免特定资产，会给商业信用带来不利影响，只能作为最后手段在有时限的基础上使用。

现有主权债务重组框架存在的这些问题涉及重大法律和政策考量，有待进一步探讨，使得该框架更加完善、尽快帮助债务国走出财政和金融的泥潭，恢复经济增长的活力，并防止一个国家的债务危机蔓延到其他国家，引发系统性债务危机。IMF 的主权债务政策也会继续演变，应对新的挑战，并有效地履行其使命。

第五部分

IMF 信贷政策设计与资金来源

第十八章
IMF 信贷政策的构思与设计[①]

如上面章节所介绍，当今的国际货币体系基于“二战”接近尾声时建立的布雷顿森林体系。经过近八十年的发展与壮大，现在全球经济体之间的相互依赖程度和金融市场的深度与广度已经与八十年前有天壤之别。同时，经济金融体系的巨大规模和复杂性也给全球金融稳定带来越来越严峻的挑战，全球和地区性的经济金融危机不仅波及甚广，而且复杂程度也与日俱增。国际社会间紧密合作无疑是防范和解决经济金融危机的关键出路，而 IMF 在协调和组织危机防范与应对危机方面发挥着不可替代的作用。在国际社会面临的每一场危机中，IMF 的信贷政策和危机应对措施无一例外地成为解决危机的关键。

那么，IMF 如何构思和设计其信贷政策？其信贷的目的、工具和条件又有哪些？ IMF 信贷在帮助成员国克服经济金融危机中发挥了哪些作用？在帮助成员国制定经济调整改革中又有哪些经验与教训？本章将以 IMF 信贷政策框架的历史和发展路径为基础，渐次讨论 IMF 帮助成员国解决危机的设计思路和实践，并与读者共同回顾 IMF 在历次重大全球危机中的所作所为。

一、IMF 信贷政策的历史回顾

自 1945 年建立以来，IMF 信贷和相关政策框架已经发生了多次质的变化，

① 本章作者是余江岩。

信贷总量和信贷能力也不断上升。IMF 的信款来源主要是成员国认缴的份额，同时 IMF 也可以向部分成员国借款来夯实资金库。目前，IMF 的信贷能力已达约 1 万亿美元。

在“二战”结束以后的二十多年里，IMF 最核心的职能是帮助成员国调整国际收支平衡，以维护布雷顿森林体系下的“双挂钩”汇率制度。[①] 20 世纪 50 年代中期，苏伊士运河危机引发的经济和金融市场动荡成为对 IMF 处理危机能力的第一次重大考验。IMF 向法国、英国、埃及和以色列分别提供了贷款。其中，对英国的贷款数额巨大（批准的贷款金额为 13 亿美元，相当于当时英国 GDP 的 2.2%、出口总额的 14%）。随着英国金融危机的成功化解，IMF 自此开启了它防范和化解经济金融危机的重要功能。

20 世纪 70 年代，布雷顿森林体系下的“双挂钩”汇率制度解体。但是，在后布雷顿森林体系时代，IMF 的作用并没有削弱。相反，国际经济金融危机从未停止，而且深度和广度不断扩大。从 20 世纪 70 年代的石油危机、80 年代的拉美债务危机、90 年代的苏联解体、墨西哥金融危机、1997 年亚洲金融危机、2008 年全球金融危机，到 2020 年新冠肺炎疫情引发的全球危机，无一不需要 IMF 的政策协调和信贷支持。IMF 也不断努力适应全球经济金融的发展和变化，增强危机意识，提高应对各种挑战的能力，继续在国际经济金融舞台上发挥着重要作用。

中国在 1980 年恢复了在 IMF 的席位。此后，中国分别在 1981 年和 1986 年两次向 IMF 借款，均提前偿还了贷款。如今，中国已成为 IMF 第三大股东国，多次在 IMF 的重要筹款活动中提供资金，对 IMF 的信贷和相关政策有着重要的影响力。

虽然从数量上看，IMF 的信贷金额不一定都很大，但正如下面将要谈到的，IMF 信贷对成员国的经济政策有着深远的影响，每一笔信贷都凝聚着 IMF 经济学家和成员国决策者对经济政策大量和深入的研究以及反复的优化

① IMF 于 1947 年 3 月 1 日正式开始开展业务；同年 5 月 8 日，法国成为第一个向 IMF 借款的成员国。

和修正。这些贷款所支持的经济金融改革在帮助成员国走出危机的过程中发挥了很大的作用，也是成员国获得国际社会支持和外部资金流入的重要杠杆。

正如第十九章将会介绍的，对成员国而言，IMF 的信贷资金分别来源于普通资金账户和减贫与增长基金。前者主要用于为新兴市场和发达国家成员国提供贷款，而低收入国家的信贷资金主要来自后者。IMF 的资金取之于成员国，也用之于成员国。因此，IMF 有一整套措施确保其资金的安全，防止成员国还款违约对 IMF 的财务状况造成威胁。

二、IMF 信贷的目的

人们经常会问，IMF 的信贷和其他国际组织的信贷有什么不同？比方说，IMF 能否像世界银行那样为某个项目提供融资呢？IMF 的信贷对象是各国的中央银行或财政部，其目的不是为某个项目提供融资，而是为成员国政府提供短期或中期的外汇流动性支持，以便为其争取时间和空间进行有序的经济政策调整和改革，最终恢复外部和内部的经济平衡。[①] IMF 的信贷发挥着重要的“催化剂作用”（catalytic role），在帮助成员国巩固经济金融稳定的同时吸引其他官方援助和市场资金流入。

简而言之，各国在经济发展过程中难免遇到内部或外部经济失衡的问题。有些国家因经济政策失误或外部冲击而耗尽外汇储备；有些国家财政政策不当，入不敷出；有些国家金融风险聚集，导致市场动荡，资本外逃。在没有正确的经济政策和资金支持情况下，这些国家单凭自己的力量往往难以摆脱危机日益加深的局面，而通常双边甚至多边援助者也不愿意在此时把有限的资金浪费在难以成功的经济救助上。为了应对危机，在没有足够外援的情况下，这些国家往往只能诉诸严格的资本管制、大幅削减财政支出、货币大幅贬值甚至限制正常贸易等政策。这些政策措施虽然在短时间内有效，但是幅度过大就会对经济和社会发展造成严重伤害。于是，IMF 的信贷就在此时发挥重要的作用。它可以给经历危机的成员国提供资金以补充外汇储备，同时推动

① 参见《IMF 协定》第一条款。

成员国进行有序的经济调整和改革，增强国际社会和金融市场对成员国经济政策的信心，降低危机对经济和社会带来的冲击。

当然，IMF 的信贷不是简单的流动性支持。为了获得 IMF 的贷款，成员国需要就经济政策调整和改革与 IMF 进行磋商和达成共识，并制定切实可行的实施目标和计划。IMF 贷款支持的经济调整方案涉及宏观经济政策和结构性改革的方方面面，其复杂程度不言而喻。制定经济调整方案的过程从来都不是千篇一律的纸上谈兵。相反，经济调整方案一定要针对成员国的实际情况量身定制。IMF 团队和成员国经济决策者往往要进行多轮紧张的谈判和磨合，反复对每一项政策和目标进行计算和推演，力求做到精准有效地解决问题。该团队也通常与 IMF 其他部门对政策建议进行深入的审视和辩论，若各部门之间始终无法达成一致的政策建议，则会提交给 IMF 管理层进行协调和裁决。此外，IMF 团队还会和成员国的非官方机构交流，例如拜访智库、大学、银行和其他商业及社会劳工团体，甚至去外汇交易的场所了解情况，以便切实了解成员国的经济情况，听取不同渠道的意见。最终，IMF 和成员国达成一致的经济调整方案要提交 IMF 执董会讨论批准，贷款才能生效。可以说，制定经济调整方案的过程近乎严苛，经济学家们既要有全面的政策把握能力，又要有精益求精的工匠精神，往往需要数月的紧张工作才能打磨出经得起各方审视推敲、真正有利于成员国克服经济困难的方案。

值得一提的是，每一个经济调整和改革方案都不能基于纯粹的经济政策考量，而是要考虑到多方面的政策影响。特别重要的是，调整和改革政策往往会触动各方利益，一些关键的改革牵一发而动全身，因此对社会和政治因素的慎重考量是不可或缺的。如果成员国政治环境复杂，社会矛盾突出，成功进行经济调整改革和化解危机的力度就会大打折扣。例如，在一些国家，政府希望在大选结束之后再开始经济调整和改革方案的实施，以免影响现任政府的选情。在大选之前的一段时间，一些阻力较大的改革，如能源价格改革，就不太容易实施。IMF 不能介入成员国的政治，但对各种政治因素对经济的影响则需有清醒的认识和判断。

对于申请 IMF 贷款，各国的态度也不完全一致。一些国家经济危机迫在眉睫，申请 IMF 贷款和在 IMF 帮助下制定经济调整方案成为不二选择。对于这些国家来说，现任政府与其他政党比较容易达成共识。然而，对于一些经济问题突出但不那么迫切的国家，考虑的余地就相对比较大。一些国家一方面希望通过 IMF 的支持推动经济改革和解决困难，但又担心向 IMF 借款本身会被外界视为经济困难严重的信号。还有一些国家内部很难就改革达成共识，因此与 IMF 的谈判往往旷日持久而难有结果。既然 IMF 的贷款并不那么容易获得，而且其支持的经济政策调整也需要一定的政治定力才能得以实施，为什么还是有那么多国家向 IMF 申请贷款呢？这当中有多种原因。

首先，IMF 是经济政策和结构改革的重要推手。一些国家经济面临失衡，许多政策亟待改革，仅靠国内决策者往往难以制定和实施有效的改革，国内的利益分配也极难平衡。作为中立的国际机构，IMF 可以提出独立而深入的分析和经济政策建议，并且可以通过经济调整方案有效地促进这些政策的实施。

其次，IMF 的贷款可以看作对成员国政策的背书。这对于成员国吸引资本流入、稳定金融市场和获得官方援助至关重要。研究发现，发展中国家在获得 IMF 贷款后，其获得的官方发展援助会出现十分显著的增长。在历次金融危机中，IMF 贷款也对一国内部金融市场起到了明显的稳定器作用。通常伴随着 IMF 贷款，市场的恐慌情绪会得到明显缓解，成员国在国际金融市场上的融资成本也会显著降低。当然，IMF 贷款项目也受到全球各大金融机构和投资者的广泛关注和全方位审视，它的成功需要基于 IMF 的经济学家对成员国经济和金融市场的深度了解、分析和合理而有效的政策建议，但更重要的是成员国对经济调整方案的认真执行。

第三，IMF 在解决经济金融危机方面的重要作用不可替代。在历史上的多次危机中，IMF 引导的危机解决方案均得到国际社会广泛支持，许多国际机构和政府机构也以受援国获得 IMF 贷款作为其出资的条件。在大多数情况下，IMF 不可能完全满足成员国的外部融资缺口，成员国的融资缺口还需要来自世界银行、区域开发银行、双边贷款和捐赠等的资金来填补。这时候，IMF 会与相关的国际机构和政府就贷款、捐赠和经济政策调整改革进行协调，以便有足够的资金满足融资缺口，并且确保这些资金能够合理有效地用于支持成员国进行必需的经济改革。

第四，受援国的减债努力和债务重组往往需要IMF的支持。正如第十七章所介绍的，在IMF的历史上，成员国出现债务危机的情况并不少见。迄今为止，约40个低收入国家已经通过IMF和世界银行主导的“重债穷国减债倡议”（HIPC）和“多边债务减免倡议”（MDRI）获得了大规模的多边和双边官方债务减免，从而可以把节省下来的资源投入到经济和社会发展中去。[①] 在最近的新冠肺炎疫情危机中，IMF又通过“控灾与减灾基金”（CCRT）向29个成员国提供了债务减免，并与世界银行共同推动了二十国集团对低收入国家的债务减免。另外，一些债务负担过重的国家在有希望获得IMF贷款支持的情况下，往往更容易与官方债权人（如巴黎俱乐部成员）就债务重组达成协议。

第五，IMF贷款所支持的经济调整方案当中包含着许多技术援助（也称能力建设）。这些援助可以帮助成员国增强制定和执行经济政策的能力，从而使经济调整方案的执行更加顺畅和有效。近年来，IMF越来越强调技术援助与经济政策调整和改革的有机结合，以便这些援助能够有的放矢，有效地形成对经济调整方案的支撑。

第六，IMF也在不断改善其贷款政策，使其能够更好地服务于成员国。例如，对于政策执行能力比较差的发展中国家，IMF的贷款条件会比较灵活，并且允许成员国用更长的时间逐步推进改革。

即使IMF团队和成员国政府精心制定出合理的经济调整和改革方案，其有效实施仍然受到多种经济和非经济因素的影响。实施经济调整和改革的过程可以说充满挑战和艰辛，每一次进步都凝聚着各方的共同智慧和不懈努力，其中也不乏戏剧性的变化，惊喜和错愕往往令人目不暇接。有时候前方的道路荆棘丛生，突然又柳暗花明；有时貌似波澜不惊，其实却暗流涌动。鉴于这种复杂性，IMF贷款支持的经济调整和改革方案既有许多成功的例子，也

---

① 参见 https://www.imf.org/en/About/Factsheets/Sheets/2016/08/01/16/11/Debt-Relief-Under-the-Heavily-Indebted-Poor-Countries-Initiative 和 https://www.imf.org/external/np/exr/mdri/eng/index.htm。

有一些不尽如人意的地方。

为了确保经济调整的预定目标得以实现，IMF 会对经济调整方案的实施情况定期进行审查评估，在判断方案得以成功执行的基础上逐笔拨付贷款。当然，IMF 对经济改革的把握也是有灵活性的，为了有效地实现最终的改革目标，不时对经济政策进行修正也是必要的。然而，如果执行过程中经济政策严重偏离了调整方案设定的轨道，导致方案的目标无法实现，IMF 就会暂停贷款，和成员国协商并做出调整，以使其经济改革重回正轨。这种情况在 IMF 的贷款实践中是比较常见的，而各国的反应则不尽相同。这当中既有宝贵的经验，也有苦涩的教训。

例如，在 2008 年全球金融危机期间，IMF 对希腊提供了金额巨大的贷款，而事实证明，经济调整方案执行得并不顺利。希腊经济在全球金融危机之前就比较脆弱，全球金融危机进一步造成经济的内部和外部失衡，金融风险急剧放大。于是，希腊政府于 2010 年向 IMF 申请资金支持。由于希腊的融资需求巨大，IMF 和欧盟与欧洲央行共同提供资金。IMF 执董会先后于 2010 年和 2012 年两次批准向希腊提供贷款，总额超过 500 亿 SDR（相当于 700 多亿美元）。这在 IMF 历史上是金额最大的贷款之一。同时，IMF 协助希腊政府制定了全方位的经济调整和改革方案，涉及财政、货币、金融、商品和劳动市场等政策领域。然而，希腊的经济改革方案从一开始就没有得到国内的广泛支持，不但反对党抵触，执政党内部也有不少分歧。欧盟也对当时希腊政府的执行力信心不足。在这样的政治环境下，不难想象推动经济调整和改革的难度之大。最终，IMF 支持的经济改革在财政紧缩、控制宏观经济风险及其外溢效应方面是比较成功的，但是一些关键的结构性改革没有如期完成，市场信心没有在短期内完全恢复，银行一度流失大量存款，经济衰退严重。IMF 于 2012 年批准的贷款项目只执行了三分之一就无果而终。

三、经济调整方案的设计理念和实践

传统上，IMF 所支持的经济调整方案的立足点是解决暂时的国际收支困难，IMF 通过为成员国提供短期的外汇融资来支持其进行必要的改革以恢复

“外部可持续性”，确保成员国的对外支付和外债偿还能力。

在国际资本市场兴起之前，外部可持续性问题往往是国际收支经常账户逆差过大造成的，因此金融危机常常表现为经常账户危机。经常账户危机的背后，通常是财政和货币政策过于宽松、汇率高估，导致国际竞争力低下。与之相对应，经济调整方案往往涉及紧缩宏观经济政策、汇率贬值以及结构性改革，例如改善商业竞争环境、减少市场扭曲、提高透明度、促进良政等。根据具体情况，一些国家需要提高税率，扩大税基以增加财政收入，一些国家需要控制财政支出，削减低效的投资和补贴。虽然这些政策对于促进中长期经济可持续增长是必需的，但紧缩宏观政策可能在短期内使经济面临下行压力，部分进口商品价格可能因货币贬值而上升。过度的货币贬值也会增加外债偿付的负担，甚至在外汇资产负债错配严重的金融体系中产生不利于金融稳定的因素。

随着资本账户逐渐开放，国际资本流动的规模已经远远超过了贸易流动，于是资本账户危机在 20 世纪 90 年代出现了。1997 年的亚洲金融危机和 2008 年的全球金融危机都是典型的资本账户危机。与经常账户危机相比，资本账户危机往往更隐蔽、更复杂，对外部可持续性的伤害也更大，而且传染性极强。以亚洲金融危机为例，危机于 1997 年 7 月在泰国爆发，之后很快蔓延到韩国和印度尼西亚，并最终波及俄罗斯和拉丁美洲。站在当时的角度上来看，危机的爆发模式和严重程度都是前所未有的。与以往的危机不同，泰国、印度尼西亚和韩国在危机爆发之前总体上宏观经济稳定，并没有出现难以持续的经常账户逆差。尽管 IMF 也意识到这些国家在金融体系、企业债务和透明度以及良政方面存在缺陷，并多次向其政府提出中肯的政策建议，但危机爆发的猛烈程度还是超出了大家的预料。泰国、印度尼西亚和韩国都经历了大幅货币贬值，经济在危机爆发后严重萎缩。韩国和泰国的经济在危机后期得到了较好的修复，而印度尼西亚的经济复苏之路则更加曲折。下文将具体介绍 IMF 的经验和教训。

在制定经济调整方案的过程中，一个很现实的问题是如何把握经济调整的节奏和力度。这是一个需要全面平衡的重要问题。宏观经济紧缩和汇率贬值本身就会减少经常账户逆差，缩小外部融资需求。因此，经济调整力度大，就意味着对 IMF 贷款的需求变小，反之亦然。于是，在考虑经济调整的过程中，就要计算外部融资需求中多少可以通过经济调整消除，而其余的部分则由 IMF 和其他国际机构或双边政府提供的资金来满足。这个平衡点当然要根据具体情况来确定，没有放之四海而皆准的理论和标准。经济调整的力度和速度要适中，确保在经济和社会承受能力之内执行经济调整的任务：一方面，经济调整不能过度牺牲短期经济增长；另一方面，也不能因为力度不足而导致遗留问题得不到解决，而且经济长期无法恢复到可持续发展的轨道上。

1995 年 IMF 对阿根廷的贷款和 1997 年对韩国的贷款分别代表两种截然不同的经验。阿根廷的经济调整方案以短期内的经济金融稳定为核心，没有在方案中设计太多的中长期结构性改革。当时的短期经济金融稳定措施是比较成功的，经济迅速复苏，联系汇率制得以延续，资本账户恢复了稳定。但是，长期的财政结构性问题没有得到解决，导致此后公共债务持续快速增加，最终引爆了 2001 年的严重经济危机。韩国的经济调整方案则以提高宏观经济政策质量和结构性改革为核心。在改革初期，韩国经济萎缩严重，货币大幅度贬值，资本外流没有立刻得到有效抑制。但是，随着结构改革的深入，市场对经济政策的信心逐渐恢复，经济彻底走出了危机。这两个案例反映了面对危机时经济调整的复杂性和局限性。因此，把握经济调整的力度和节奏，综合平衡短期和中长期的改革措施，既要实现短期内的经济金融稳定，又要有效解决中长期的结构性问题，是每一个 IMF 经济学家和各国决策者需要解决好的关键问题。

为了保证经济调整方案的有效执行，IMF 将经济调整方案的主要目标和措施具体化为贷款条件（conditionality）（见专栏 18.1）。[①] 贷款条件为成员国执行经济调整方案提供目标，同时也为 IMF 团队和执董会评估经济调整方案的执行情况提供依据。正确执行经济调整方案，实现贷款条件中列明的目标可以确保成员国的还款能力，维护 IMF 的资金安全。贷款条件分为两种，

① 参见《IMF 协定》第五条款第三款。2002 年，IMF 执董会审议通过了贷款条件指导方针。

即量化目标和结构性改革目标。[①]

（一）量化目标

“量化目标”必须是成员国政府能够直接或间接有效控制的经济指标，通常包括若干财政和货币政策变量。尽管 GDP 增长对于经济改革很关键，但经济增长率不受政府直接或间接的有效控制，因此不能将增长率设定为量化目标。主要指标有以下几个方面：

1. 财政政策目标

财政政策调整的目的通常是基于维护财政和债务的可持续性，加强财政纪律，同时尽可能减少紧缩措施对经济增长的短期负面影响，保护弱势群体。因此，量化目标往往涉及财政收入、经常性和资本支出、社会服务性支出以及财政赤字等。值得一提的是，并非所有 IMF 支持的经济调整方案都涉及财政紧缩。相反，根据实际情况，一些经济调整方案包含着财政扩张的措施，以便支持经济增长，抵消其他改革措施对经济增长带来的短期消极影响。

对于债务负担比较严重的国家，量化目标还会覆盖除政府外的其他公共部门的借款。由于低收入国家的债务偿还能力有限，IMF 鼓励它们更多地依赖优惠贷款而不是商业贷款来满足对外融资需要。当然，IMF 对借款国政府的债务违约有很严格的限制，通常在量化目标中会设定对新增违约的零容忍。

此外，IMF 近年来更加重视在推进经济改革的同时保护弱势群体。贷款条件中往往会设定用于保护弱势群体和社会性服务的公共支出目标。

2. 货币政策目标

有效的货币政策可以稳定通胀，引导国内金融市场的流动性和贷款有序增长，并确保成员国持有足够的外汇储备以维持对外支付和偿还外债的能力。传统的货币政策量化目标包括国际净储备和中央银行的国内净资产。2008 年全球金融危机后的十多年中，随着货币供应量和通货膨胀的关联度降低，越来越多的中央银行逐渐从控制货币总量过渡到使用利率工具来管理货币政策。因此，

---

① 为了确保成员国提供真实准确的数据，IMF《协定》第八条款第五款规定了成员国的数据申报义务。同时，IMF 针对贷款环节的错误信息建立了“误报政策框架”（misreporting policy）。

继续设定中央银行国内净资产目标的做法似乎就与货币政策框架不完全相符。于是，IMF 设定了以“审查为基础的贷款条件”（review-based conditionality）。针对以政策利率为主要工具的货币政策框架，新的贷款条件分为两种：货币政策磋商条款和通货膨胀磋商条款。货币政策磋商条款适用于正在转型中的货币政策框架，而通货膨胀磋商条款则适用于比较成熟的政策框架，特别是完全实现通货膨胀目标制的国家。根据磋商条款，当通货膨胀偏离预定目标时，成员国和 IMF 的磋商机制就会启动，成员国需要做出适当的政策调整以便使通货膨胀回到预定目标。随着越来越多的国家转向通货膨胀目标制，不少新兴市场国家，甚至低收入国家开始在 IMF 贷款条件中使用货币政策磋商条款和通货膨胀磋商条款。

为了维护国际收支的稳定，确保对外支付能力，各国都需要保持一定数量的外汇储备。在 IMF 的贷款条件中，除了国际净储备目标，往往也要求成员国避免进行大规模的外汇市场干预。除非成员国实行固定汇率制，否则成员国的外汇市场干预应该仅限于市场异动的情况。

为了确保中央银行所报告数据的真实性和可靠性，IMF 会对借款国中央银行的会计、审计、数据披露和治理结构进行审查，并提出必要的改革措施。这些改革措施往往也会被纳入贷款条件中。

（二）结构性改革目标

结构性目标则专注于结构改革，常见的结构性目标涉及公共部门财务管理、金融稳定、商品和劳动力市场政策以及减贫与经济增长政策。

1. 公共部门财务管理

在结构改革当中，公共部门财务管理往往占据着核心地位。特别是在一些管理水平不高的发展中国家，公共部门财务管理的重要性尤为突出。相关的改革通常涉及预算编制、税收和现金管理、支出控制和债务管理能力等领域。

2. 金融稳定

金融稳定措施也经常是结构改革的关键部分。贷款条件通常包括确保中央银行独立地位的立法和中央银行治理结构改革、金融机构监管、金融危机防范和处理等方面。

3. 商品和劳动力市场

一些国家经济长期增长低迷，失业率居高不下，往往是商品和劳动力市场缺乏活力、结构性扭曲的结果。对于这些国家，贷款条件中就会涉及相应的改革。商品市场改革主要包括简化市场管理、促进有序竞争，以及根据实际情况改革行业政策。劳动力市场改革通常涉及增强市场灵活性、降低工资刚性、加强社会安全网建设、促进劳动力市场参与程度等措施。

4. 减贫与经济增长

对于低收入国家，IMF 支持的经济改革不仅要解决中短期的经济稳定，而且要有效促进减贫和经济增长。因此，低收入国家需要向 IMF 提交关于减贫和经济增长的中长期指导性文件。通常，文件中涉及的政策都是在国际金融机构（如世界银行）和国际援助机构的帮助下制定的。相应的经济调整方案也要配合减贫与经济增长目标，制定有效的政策。

贷款条件的设定需要经过严格的论证。贷款条件要确保对症下药，只有那些对于改革目标十分关键的政策措施才会成为贷款条件，其他改革则可以根据情况成为经济改革设计中的一部分。同时，IMF 团队也会和借款国反复磋商，确保借款国的政府和中央银行承诺认真执行相关的政策措施。一旦贷款获得 IMF 执董会批准，IMF 团队就会密切跟踪政策措施的执行情况。执董会将对政策措施和贷款条件的执行情况进行定期审查。根据贷款设计，审查通常每六个月进行一次（如有必要，也可以每三个月审查一次）。只有审查通过之后，IMF 才会继续拨付贷款。

四、IMF 贷款工具

为了应对全球经济金融体系发展变化带来的挑战，IMF 的贷款工具也在不断演化。2009 年，IMF 对其贷款工具进行了一次全面的改革。尽管这个工具箱还在不断升级，但现在使用的贷款工具基本上就是 2009 年改革的结果。IMF 贷款的金额要考虑成员国的经济改革政策力度和资金缺口、偿还能力、贷款金额上限和过去从 IMF 借款的历史记录等因素。IMF 的所有成员国均可申请“普通贷款”工具。普通贷款工具主要包括以下几种（见表 18.1）：

1.“备用贷款安排”（Standby Arrangement，简称 SBA）：在经济金融危机中，一个国家通常需要融资来帮助它们克服短期急需的国际收支问题。自 1952 年 6 月建立以来，IMF 的备用贷款安排一直是新兴市场国家和发达国家的主要贷款工具。备用贷款安排的执行期通常在 1—2 年，经济调整方案以宏观经济调整为主，结构性改革相对较少。

2.“中期贷款安排”（Extended Fund Facility，简称 EFF）：当一个国家由于结构性问题而需要较长时间解决严重的国际收支平衡问题时，IMF 可以通过中期贷款安排提供帮助。与备用贷款安排相比，中期贷款安排侧重于帮助各国实施中期结构性改革来解决经济失衡问题，贷款安排的执行期相对较长，通常在 3—5 年之间。

3.“快速融资工具”（Rapid Financing Instrument，简称 RFI）：IMF 通过快速融资工具向面临紧急国际收支需求的成员国提供快速的资金援助，成员国无需制定完善的经济调整方案。该工具用于满足广泛的紧急资金需求，包括因商品价格冲击、自然灾害、地区冲突以及经济脆弱性导致的紧急情况而产生的国际收支需求。

此外，随着国际资本市场的迅猛发展，新兴市场和发达国家不时面临资本账户危机的威胁。不同于经常账户危机，资本账户危机极难预测，而且短期内巨大的资本流动及其产生的冲击对全球经济极具杀伤力。为此，IMF 探索出了一系列新的信贷工具，包括“灵活信贷额度”（Flexible Credit Line，简称 FCL）、“短期流动性额度”（Short-term Liquidity Line，简称 SLL）和“预防性和流动性额度”（Precautionary and Liquidity Line，简称 PLL）。通过使用这些工具，IMF 可以迅速向符合条件的国家提供高金额资金，帮助成员国稳定金融市场。借款国获得贷款额度后，通常不会使用这笔资金，只有在金融市场压力巨大、需要 IMF 提供紧急资金援助时才会动用。符合条件的借款国需要有良好的经济基础和稳健的政策。借款国通常要有健康的资本市场、充足的外汇储备、稳健的财政和货币政策、稳定的金融体系和良好的数据监测和报告体系。

为了更好地帮助低收入国家应对经济危机和挑战，IMF 还开发了若干专门针对低收入国家的减贫与增长基金下的贷款工具。这些贷款工具与普通贷款工具有一定相似性，但还款条件更加优惠，目前享受零利率。“备用信贷安排”（Standby Credit Facility，简称 SCF）与普通贷款工具中的备用贷款安排相似，也是用于应对短期的国际收支问题。“中期信贷安排”（Extended Credit Facility，简称 ECF）与中期贷款安排相似，用于解决中长期的结构性问题。值得一提的是，中期信贷安排往往被部分低收入国家反复使用，这种情况也反映了部分低收入国家经济改革需要更多时间摆脱贫困的实际情况。“快速信贷安排”（Rapid Credit Facility，简称 RCF）与快速融资工具相似，为成员国提供快速的融资以应对紧急的国际收支需求。①

表 18.1 IMF 贷款工具概览

	短期国际收支问题	中期结构性问题	紧急国际收支问题
普通贷款工具	备用贷款安排（SBA） 灵活信贷额度（FCL） 短期流动性额度（SLL） 预防性和流动性额度（PLL）	中期贷款安排（EFF）	快速融资工具（RFI）
低收入国家贷款工具	备用信贷安排（SCF）	中期信贷安排（ECF）	快速信贷安排（RCF）
贷款安排执行期限	低于 3 年	3—5 年	一次性拨付
全面经济调整方案	以短期宏观经济调整为主 （FCL/SLL/PLL 适用于经济政策稳健的国家）	重点强调结构性改革	不要求全面的经济调整方案

资料来源：作者整理。

此外，针对那些没有资金需求但仍希望 IMF 帮助制定和监督经济调整

① 虽然理论上所有成员国都可申请使用普通贷款工具，但低收入国家通常使用减贫与增长基金下的贷款工具。

的国家，IMF 还先后开发了两种工具："政策支持工具"（Policy Support Instrument，简称 PSI，仅用于低收入国家）和"政策协调工具"（Policy Coordination Instrument，简称 PCI）。与以上的贷款工具类似，也用来支持成员国的经济调整改革，并通过类似的贷款条件监督政策的落实，不同之处在于 IMF 不提供资金。成员国往往通过这两种工具向市场和国际机构展示其经济政策的稳健性和 IMF 对其政策的背书，并可以借此获得发达国家和国际机构的资金支持以及双边援助。

在过去的 10 年中，IMF 共批准近 300 笔贷款，批准总额高达数千亿美元。向新兴市场和发达国家提供的贷款以"备用贷款安排"为主，而低收入国家获取的贷款主要是通过"中期信贷安排"发放的（见图 18.1）。在 2020 年新冠肺炎疫情引发的全球经济危机当中，IMF 反应迅速，在疫情扩散之初就调高了贷款上限，提高了贷款工具框架的灵活性，并对成员国的经济政策提供指引。仅在 2020 年，IMF 就向成员国提供了约 120 笔贷款（包括批准新的贷款和提高执行中的贷款金额），总额达 1000 多亿美元，并通过控灾与减灾基金向最贫困的 29 个成员国提供为期两年的债务减免。

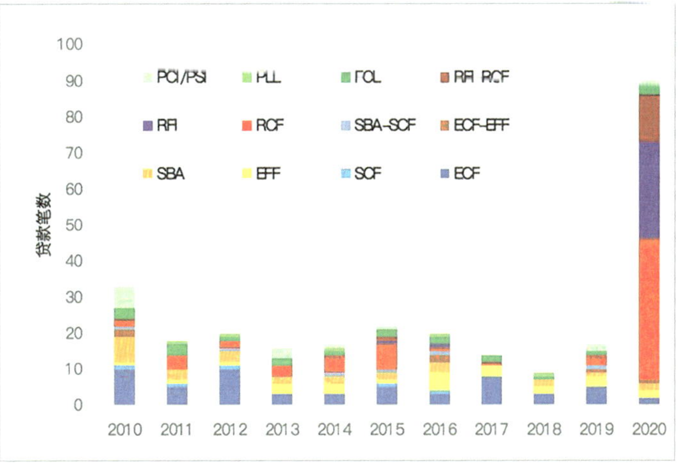

图 18.1　IMF 批准贷款种类和数量

资料来源：作者整理。

同时，IMF 和世界银行联手，积极推动二十国集团对低收入国家提供减债。

根据战略与国际研究中心的统计，2020 年国际组织向全球提供了 2000 多亿美元的资金援助，而 IMF 提供的资金就占将近一半，相当于其他国际机构贷款的总和。这些贷款和减债对于帮助新兴市场和发展中国家应对危机发挥了重要作用。研究表明，如果没有这些积极的政策应对和资金援助，大多数新兴市场和发展中国家的经济下行压力会大得多。

五、IMF 解决危机的经验和教训

IMF 在帮助成员国克服经济金融危机的过程中，积累了丰富的经验。但是，全球经济金融体系变得越来越复杂，解决危机的方法和手段也要不断发展和改善以适应新的形势。这对 IMF 既是挑战，也是进步的动力。本章不对历次经济金融危机进行深入具体的讨论，仅以 1997 年亚洲金融危机、2008 年全球金融危机和 2020 年的新冠肺炎疫情危机为例，向读者展示 IMF 在帮助克服这些经济金融危机当中的经验和得失。

（一）1997 年亚洲金融危机

始于泰国的这次危机，无论是复杂程度，还是波及范围，都是前所未有的。IMF 在危机之初遵循着解决经常账户危机的思路，但其团队很快发现传统的政策显然不能适应新的资本账户危机，便调整了经济政策的战略。随着时间的推移，IMF 也总结了更多的经验教训，形成了解决资本账户危机的新思路和政策工具。

在危机之前，泰国、印度尼西亚和韩国的宏观经济表现总体上是比较稳定的。这些国家经历了几十年的高速发展，财政赤字和公共债务水平总体可控，通货膨胀适中，良好的增长前景吸引了大量的资本流入。但是，境外资本流入包含着大量短期债务、金融和企业资产负债表失衡和错配严重、整体经济缺乏对汇率风险的有效控制、信贷扩张迅速而金融监管松弛，加上汇率制度管理僵化，使得泰国的外汇储备已经在远期市场上基本耗尽。虽然 IMF 团队对泰国的经济脆弱性有所察觉，意识到金融危机随时可能爆发，但由于担心直截了当的政策讨论会引发市场动荡，没有公开地发出危机警报，而是在非公开场合向泰国政府指出了危机爆发的可能性。这显然没有引起决策者足够的警惕，于是危机在 1997 年 7 月 2 日不可避免地爆发了。危机很快从泰国传染到印度尼西亚和韩国，其他亚洲国家和经济体也经历了不同程度的资本外逃和市场动荡。与以往的经常账户危机不同，资本账户危机使得这些国家很快陷入了货币大幅贬值、企业破产和资本外逃的恶性循环，而且资本账户危机恶化和传染的速度也是前所未有的。

IMF 在危机爆发之初就向泰国、印度尼西亚和韩国提供了总额超过 300 亿美元的贷款，相应的经济调整方案也陆续展开，但这些政策在执行过程中却遭遇了不少问题。特别是印度尼西亚的政治危机和社会动荡使得经济调整搁浅，进一步打击了市场信心，其经济复苏之路也充满波折和反复。此外，下面这些问题也增加了危机解决的难度。首先，个别国家对于汇率贬值和紧缩货币政策有顾虑，执行当中出现反复，这对稳定市场信心十分不利。其次，一些国家的短期外债规模远远大于外汇储备的规模，在资本外逃和汇率大幅度贬值的情况下，外债违约风险飙升。第三，外部官方融资的不确定性增加了危机解决的难度。第四，当时一些国家在经济政策方面缺乏透明度，加剧了市场的不信任和恐慌情绪。

客观地说，资本账户危机带来的挑战的确是前所未有的，对它的认识也需要一个过程，IMF 在解决危机方面的表现有成绩，但一些政策建议和做法也存在争议。IMF 对危机解决的思路不仅限于稳定经济，而且强调提高经济政策的质量，从根本上解决导致危机的经济失衡和政策缺陷。这个思路本身无可厚非，但在如此严重的危机面前，稳定经济的任务在危机之初无疑应该是重中之重。事实上，个别国家在危机初期经济衰退极其严重，从而增加了后期推动深度改革的难度。尽管站在今天的角度看，亚洲国家在经历了十分痛苦的调整之后，的确实现了长期的经济金融稳定，但经历过那场危机的许多人对当时的情景依然心有余悸，一些学者对 IMF 当时的政策建议一直持质疑态度。

IMF 在货币和汇率政策方面的实践是比较成功的。在危机之前，大多数亚洲新兴市场经济都实行明确的或实际意义上的固定汇率制。危机爆发后，大量的资本外逃给外汇市场带来了巨大的压力，在危机最严重的几个国家，继续通过中央银行干预来维护固定汇率已经不现实了。大多数国家由于担心进一步打击市场信心，没有采取严格的资本管制措施。于是，在危机之初迅速紧缩货币政策，大幅度提高利率，成为有效抑制货币贬值、通胀飙升和资本外逃的唯一可行手段。随着经济逐渐稳定，中央银行适时地降低了利率，以支持经济复苏，帮助修复企业和银行的资产负债表。事实证明，短暂的货币政策紧缩是正确的，对于危机爆发之初稳定金融市场起到了重要作用。

在财政政策调整方面的经验和教训值得认真汲取。尽管大多数国家在危机之前没有太大的财政赤字，但 IMF 还是和过去解决经常账户危机一样建议危机国家不同程度地紧缩财政政策。当时的思路是，尽管当时对国际收支影响最大的是资本外逃，但财政紧缩仍可以通过改善经常账户部分抵消资本外逃对国际收支的压力。这个思路成立的前提是国内总需求保持基本稳定，公共部门的紧缩政策不会显著影响非公共部门的增长。显然，在金融市场动荡、经济面临崩溃的情况下执行紧缩财政政策，对非公共部门无疑是雪上加霜。IMF 很快意识到了问题，紧缩的财政政策在实施几个月后就被放弃了，财政政策也转为宽松。

IMF 在结构性改革方面的实践比较复杂。一方面，IMF 意识到金融体系的脆弱性对经济的威胁日益增大，而在以往的经验中，金融稳定并不是经济政策的主要组成部分。在亚洲金融危机之后，IMF 大大加强了对成员国金融体系稳定的监督，并开发了相应的工具和平台，包括金融系统稳定评估制度（详见第十四章）。中国于 2017 年第一次接受了 IMF 的金融系统稳定评估。另一方面，IMF 也很快认识到一些国家的裙带资本主义、缺乏透明度和腐败为经济发展埋下了隐患，因此致力于加强良政、透明度和治理腐败的政策框架。尽管相关的政策对于提高宏观经济政策的质量是有好处的，但寄希望于短期的危机解决机制来推动深层次的改革显然困难重重，这些政策在执行当中遇到了种种挑战。另外，部分结构改革政策过于宽泛，一些改革措施并不是必需的，而且超出了 IMF 的核心职能范围，因此也招致了诟病。在总结经验的基础上，IMF 进一步规范了贷款条件的范围，使其集中在核心政策上，但继续推动良政、透明度和治理腐败的努力从未停止，而是更加制度化、规范化。

这次危机之后，IMF 也对过去激进的资本账户开放政策进行了反思。危机之前，IMF 一直在积极地推动成员国实现资本账户可兑换。这次危机使得国际社会普遍认识到资本账户过度开放给金融体系带来的风险，IMF 因此转而强调资本账户可兑换应遵循谨慎、渐进和有序原则。

（二）2008 年全球金融危机

2008 年始于雷曼兄弟破产的全球金融危机，给世界经济带来了不可估量的损失。这次危机来得如此突然，以至于包括 IMF 在内的全球经济金融界都没有意识到危机原来离我们那么近。在此之前，全球经济经历了相当长的增长和繁荣，一时间乐观情绪高涨。当时，一些学者认为全球经济已经消除了显著的周期性，甚至开始鼓吹所谓的新经济。在这种虚幻的乐观主义作用下，金融监管当局放松了警惕，IMF 也开始了自 1945 年正式成立以来首次的大规模裁员，即使在危机已现端倪的时候，IMF 的裁员也没有停止。

危机爆发以后，国际社会面临的最大挑战就是避免全球经济陷入大萧条，阻止危机继续蔓延是首要任务。2008—2013 年，IMF 向近 30 个国家批准了总额 600 亿美元的贷款，再次成为挽救世界经济的核心和焦点。

尽管 IMF 为各国设计的危机解决方案各不相同，但大体上体现出以下特点。经济调整方案着重于通过内部或外部的调整来恢复外部可持续性；通过解决产品和劳动力市场改革来提高竞争力和劳动生产率；通过预算调整和债务重组恢复财政可持续性；向银行注资及改善非金融企业的资产负债表；以及加强金融监管框架。与以往的危机解决方案不同的是，IMF 对全球金融危机的解决更注重于把握政策调整的力度和速度，倾向于渐进式的改革，避免汇率大幅度急剧贬值，对于债务重组更加谨慎，对资不抵债的金融机构也倾向于注资而不是彻底关闭。

在共同努力下，全球经济避免了大崩溃和大萧条，但深层次的问题仍需要长时间不懈的努力才能解决。与以往的经济调整相比，这次的危机解决方案有几个突出的现象值得讨论：

第一，汇率调整幅度有限。这在一定程度上反映了货币联盟国家（如欧元区）没有独立的货币政策，因此很难通过汇率贬值来解决对外经济失衡。当然，非货币联盟国家的货币贬值幅度也不大，主要原因是担心货币贬值会放大资产负债表货币错配的影响。在汇率不能做出过大调整的情况下，恢复对外竞争力和可持续性只能依靠国内政策来实现对内贬值。事实证明，对内贬值是比较困难的。虽然相对较小幅度的汇率调整有助于稳定金融市场，但这在一定程度上也制约了危机国家经济复苏的速度。

第二，IMF 支持的财政政策总体上把握了改善财政可持续性和支持经济增长的平衡。由于大多数危机国家在危机前和危机之初已经积累了不少财政风险，赤字和公共债务水平较高，IMF 设计的经济调整方案在一定程度上要求财政政策紧缩以减少财政赤字，改善债务可持续性。但是，部分国家在 IMF 介入之前财政赤字已经很高（例如希腊），因此不得不在经济调整中牺牲一定的经济增长而做出大幅度的财政调整。但是，过大的财政紧缩可能对经济造成严重伤害，从而使经济陷入财政紧缩——经济萎缩——财政形势恶化的怪圈，财政可持续性目标同样难以实现。于是，IMF 面临着两难选择：如果财政紧缩力度不足，则无法实现债务可持续；但如果财政紧缩力度太大，同样无法实现债务可持续，而且经济下滑过于严重，会引发社会动荡和对改革的抵触。为了避免这样的结果，IMF 建议对养老金和税收政策进行大幅度改革。但是，由于国内缺乏足够的共识，这些改革措施在实施一段时间后就被放弃了。

第三，在 IMF 的建议下，危机国家进行了广泛的结构性改革。但是这些结构性改革的回报在短期内不是很显著，有些国家还产生了“改革疲劳”，经济政策出现摇摆。之前讨论的希腊危机就充分显示了政治干扰对经济改革的掣肘。

第四，这次危机再次证明金融体系脆弱性的危害，暴露了金融监管不足的问题。在危机解决过程中，非公经济部门的资产负债表得到了一定的修复，但是金融机构注资和重组的步伐不够快，在一定程度上也放大了金融市场的动荡，限制了信贷增长，加重了融资成本。

IMF 对于 2008 年全球金融危机的处理得到了广泛的关注。虽然不能指望在短期内解决导致危机的根本问题，但通过稳定经济，逐步扩大可行的政策选择范围，为成员国进一步的经济改革提供了有效的框架和防火墙，使得危机国家避免了经济金融体系的崩溃。假设没有 IMF 的资金和政策支持，这些国家可能会经历更剧烈的调整，甚至也有可能进一步加剧危机。到 2013 年底，大约四分之三的危机国家重新获得了进入国际金融市场融资的能力，三分之一减少了对 IMF 融资的依赖。

但是，在 2008 年全球金融危机爆发后的十多年间，全球经济还没有完全走出危机的阴影。出于不同的原因，各国的表现不完全一样，有些结果也不尽如人意。一些国家在危机结束后依然债台高筑，失业率居高不下，经济增长乏力。总体上，全球的潜在经济增长率普遍低于危机爆发之前的水平，希腊的人均收入更是远没有回到危机前的水平。

（三）应对 2020 年新冠肺炎疫情危机的新思路

2020 年新冠肺炎疫情的爆发把全球经济迅速拖入了自 20 世纪 30 年代大萧条以来最严重的经济危机，而且这次危机的性质截然不同：

第一，复杂性前所未有。各国的医疗卫生和经济体系遭受各种错综复杂的冲击，之前的生活方式也几乎彻底改变。

第二，不确定性前所未有。国际社会只能逐步摸索，寻找应对新冠的方法，同时试图重启经济。

第三，影响遍及全球。流行病不分国界，几乎没有国家能够幸免于疫情带来的冲击。

2020 年全球经济萎缩 3.1%，同时各国为应对危机大幅增加支出，各种财政措施总规模高达 16 万亿美元，进一步加剧了债务负担。IMF 分析显示，如果没有各国政府和国际组织的努力和协调，全球经济前景将会比没有政策支持严重得多。

非常时期需要有非常的行动加以应对。许多评论人士认为，IMF 应对这次危机的表现十分亮眼，不仅反应迅速，而且采取了前所未有的措施：

1. 暂时将紧急贷款上限提高一倍，并建立了快速审批程序。2020 年，IMF 为成员国应对新冠肺炎疫情批准了约 120 笔贷款，总额达 1000 亿美元以上。

2. 通过控灾与减灾基金计划向29个最贫穷和最脆弱的成员国（包括23个撒哈拉以南非洲国家）提供债务援助。

3. 临时大幅提高普通贷款的拨款限额，以支持成员国应对新冠肺炎疫情造成的经济冲击。同时，IMF适时增加了经济调整方案的灵活性，支持成员国在危机之初以稳定经济为重点，积极组织资源应对疫情，而结构性改革则可以在经济稳定之后逐渐展开。另外，IMF要求各国加强对抗疫资金使用的监管，加强信息披露和提高透明度。

4. 引入新的贷款工具，设立了“短期流动性贷款额度”（Short-term Liquidity Line, 简称SLL），以帮助有关国家加强经济稳定性并提振信心。

5. 与世界银行一起，共同推动二十国集团达成重要协议，暂缓最贫穷国家向二十国集团政府偿还官方双边债务。

6. 支持债务不可持续的成员国进行债务重组。虽然IMF不能直接介入债务重组或者参与相关决策，但是IMF可以通过技术支持的方式引导成员国实现债务可持续。

7. 批准分配了相当于6500亿美元的SDR，用于补充成员国的外汇储备和流动性。

8. 设立旨在帮助低收入和脆弱中等收入国家的复苏及可持续基金（Resilience and Sustainability Trust, 简称RST），用于提供额外的资金支持和能力建设援助。

六、改革和挑战

IMF的信贷政策与做法经过了重重考验和多次改革，尽管不完美，但始终是国际社会防范和化解经济金融危机的重要手段。也正是因为它们的重要性，IMF一向不遗余力地改革和加强其信贷政策框架和信贷条件。每隔几年，IMF就要对贷款政策和经济调整方案的构思和设计进行全面审查。最近一次审查完成于2019年（见专栏18.1）。这次审查提出了若干重要问题：

第一，债务问题。全球的债务问题加剧，一些国家在全球流动性充裕的背景下积累了大量公共债务，债务可持续性日益恶化。在IMF的贷款政策中，如何处理债务问题往往成为经济调整方案设计的关键。一方面，IMF 要加强针对债务可持续性和债务重组的分析；另一方面，成员国也需要提高债务信息透明度，增强自身的债务管理能力。

第二，经济增长预测。良好的经济调整方案必然基于准确、全面的经济预测。一些分析认为，在 IMF 的经济调整方案中，经济增长预测有时偏于乐观。这一方面反映了全球金融危机之后全球经济潜在增长的下降，另一方面也反映了对结构性改革回报的高估和紧缩政策对经济增长影响的低估。

第三，财政政策调整的质量。由于许多向 IMF 借款的成员国都存在财政赤字过大、公共债务较高的问题，所以 IMF 的经济调整方案经常涉及财政紧缩政策。但是，财政紧缩在短期内对经济增长的影响不容忽视，前面也提到过度紧缩的财政政策反而会进一步削弱债务可持续性。因此，如何在压缩财政赤字的同时改善财政政策调整的质量，如何保护对经济增长和社会发展起到关键作用的必要支出，都是 IMF 经济学家和成员国决策者共同面临的重要课题。

第四，结构性改革。结构性改革是经济调整方案的重要组成部分，但一些结构性改革超过了 IMF 经济学家的专长和主要业务范围。因此，IMF 一方面需要提高经济学家的业务能力，包括对商品、劳动力市场和金融市场的研究；另一方面也要借助其他国际金融机构的专长和经验知识。

第五，低收入国家。低收入国家往往在经济政策执行能力和经济资源方面面临更大的制约，执行经济调整方案的成功率也相对较低。因此，如何设计更适合低收入国家的经济调整方案，一直是 IMF 探索的内容。随着国际社会对脆弱经济体和小型经济体日益重视，IMF 承诺和其他机构共同合作，在设计经济改革和调整方案时进一步考虑这些经济体的脆弱性，帮助它们提高经济抵御各种冲击的能力。

此外，IMF 也不断加强对未知领域的探索。例如，随着全球气候变化带来日益频繁的自然灾害，如何帮助成员国加强经济对自然灾害的抵御能力、促进成员国实现绿色经济增长，已经成为 IMF 内部的重要课题。

专栏 18.1　IMF 贷款条件的设定原则

2002 年，IMF 执董会审议通过了新的贷款条件指导方针。在 2018—2019 年针对贷款条件的审查过程中，IMF 认为 2002 年的贷款条件指导方针依然适用。

根据指导方针，贷款条件的设立需要遵循以下几个主要原则：

· 成员国对其经济调整方案的掌控：成员国愿意负责任地执行与 IMF 达成一致的经济调整方案。

· 简洁清晰：贷款条件应限制在可以实现借款国经济调整方案目标和监测其执行的最低限度范围内。贷款条件要在相关文件中清晰地表达，并且其执行情况要易于观测评估。

· 关键性：贷款条件只应涉及对实现经济调整方案目标和监测其执行起到关键作用的内容。

· 灵活性：由于各国情况不同，贷款条件和经济调整方案需要相应做出灵活调整，包括考虑成员国的政策执行能力，做到对症下药。

· 协调：IMF 要和其他多边机构协调，形成合力，共同解决成员国的经济难题。

资料来源：作者整理。

* * * * * * *

经历了近八十年的风风雨雨，承受了无数次危机的挑战和洗礼，IMF 正日趋成熟。危机永远不会离我们而去，而是不断变换着形态，在最不可思议的时刻，以不可思议的方式给我们致命一击。所以，防范危机、解决危机、化危为机是人类社会永久的使命。这既是 IMF 的舞台，也需要 IMF 不断地改革和提高自己。改革、创新和前行永远是 IMF 的灵魂和活力之源。

第十九章
IMF 的信贷资源与使用[①]

打开 IMF 官方网站，有几组数字常常引起人们的好奇和关注。比如，IMF 的可贷资金高达约 1 万亿美元，IMF 向成员国承诺的信贷总额已超 2500 亿美元，IMF 的 2020—2021 年财政预算达 11 亿美元等。在对外交流中，许多人常常会问，IMF 的钱是从哪里来的？它难道不像联合国那样，依靠成员国缴纳的年费来维持运营开支吗？

“钱”对 IMF 来说，并不是一个陌生的字。实际上，IMF 中的“M”就是指“货币”。也正因为它有“钱”，才使它不同于许多其他国际机构，使它能在风云变化的国际经济舞台上，发挥其独特的作用。

当然，IMF 的钱都来自 190 个成员国。因而，IMF 在履行其职能，特别是在帮助成员国应对经济金融危机的过程中，能够充分有效地利用这些资金为其成员国服务，并维护国际货币体系的稳定和运转。

本章主要介绍 IMF 的信贷资金来源、结构和操作，IMF 的收入模式和资金风险管理，以及 IMF 如何使用这些资金为成员国服务。

一、IMF 的资金来源

向成员国提供信贷是 IMF 的核心职能之一。根据其成员国多元化的具

① 本章作者是张睿锋。

体情况，IMF 的信贷有不同的操作模式。非优惠信贷（Non-Concessional Financing）是 IMF 主要的信贷模式。IMF 通过暂时给成员国提供信贷，帮助他们应对实际或潜在的国际收支困难，重建国际储备和恢复经济增长，同时实施经济政策调整和改革，纠正经济中存在的问题。对于面临长期或短期国际收支平衡困难的低收入成员国，IMF 还通过提供优惠信贷（Concessional Financing）的方式来帮助满足其支付需要，并促进其经济增长和减少贫困。

为满足成员国的贷款需求，IMF 通过多种渠道和方式筹集资金。IMF 的非优惠信贷是通过"普通资金账户"（General Resources Account）进行操作的。这一账户还用于 IMF 的份额缴纳和自身借款及日常运营，是 IMF 资金操作的主要账户。而 IMF 的优惠信贷是通过"减贫与增长基金"（Poverty Reduction and Growth Trust, 简称 PRGT）进行操作。下文主要讨论 IMF 普通资金账户的资金来源，PRGT 的资金来源将在后面部分再做介绍。

（一）成员国份额

成员国认缴的份额是 IMF 的核心资金来源。份额类似于一般金融机构或企业的资本金。每一个成员国加入 IMF 时，都会得到一个初始份额，该份额大致反映了成员国在世界经济中的相对地位。份额的计价单位为特别提款权（Special Drawing Rights，简称 SDR），成员国在加入 IMF 时必须全额缴纳资金，其中 25% 必须以特别提款权或 IMF 指定的非本国货币缴付，其余 75% 以该成员国的本国货币缴付。

IMF 是一个基于份额的机构，份额在 IMF 运营中发挥关键作用。如第三章所介绍的，成员国的份额决定了其向 IMF 出资的最高限额和投票权，[①] 并关系到可从 IMF 获得贷款的限额，份额还决定了每个成员国特别提款权的分配数额（关于 SDR 的分配，见第四章）。

份额的任何变化必须经 IMF 成员国占 85% 以上的投票权批准，并且一个

① 份额基本上决定成员国在 IMF 决策中的投票权。IMF 每个成员国的投票权由基本票加上每 10 万 SDR 的份额增加的一票构成。目前的基本票数固定为占总投票的 5.502%（详见第三章）。

成员国的份额未经同意不得改变。IMF 定期（通常每隔五年）进行一次份额总检查，评估 IMF 是否需要增加份额总量以及增加的份额在成员国之间如何分配。首先，份额总检查会从成员国的国际收支需要、IMF 满足这些需要的能力两个方面来评估份额的充足性。其次，份额总检查可以增加成员国的份额，以反映各成员国在世界经济中相对地位的变化。除了份额总检查外，IMF 还可进行特别增资，最近的一次特别增资是 2008 年批准为 54 个成员国增加份额（见第三章）。

IMF 最近一次的份额增加是第十四次份额总检查，这次总检查由 IMF 最高决策机构——理事会——于 2010 年 12 月 15 日通过，于 2016 年 1 月 26 日经成员国批准生效。总份额在这次总检查后增加一倍，从约 2385 亿 SDR 增加一倍到约 4770 亿 SDR（按 2021 年底汇率计，约为 6680 亿美元）。份额在成员国之间的比例也大幅调整，超过 6% 的份额转移给有活力的新兴市场和发展中国家。目前份额最大的十个成员国中有四个新兴市场和发展中国家（中国、印度、巴西和俄罗斯），更好地反映了成员国在全球经济中的相对权重的变化。在所有成员国中，份额最大的是美国，其份额为 829.9 亿 SDR，占总份额比重的 17.43%。份额最小的是图瓦卢，其份额为 250 万 SDR，占总份额比重的 0.001%。中国的份额为 304.8 亿 SDR，占总份额比重的 6.4%。中国的投票权占比为 6.08%，是 IMF 的第三大股东国。

IMF 第十五次份额总检查于 2020 年 2 月完成，但这次总检查并没有增加份额。目前，IMF 正进行第十六次份额总检查，预计于 2023 年 12 月中旬之前完成。

（二）多边官方借款

除了份额之外，IMF 还可以通过向成员国借款来补充其临时性的信贷资金需求。IMF 的借款有“多边官方借款”和“双边官方借款”。当 IMF 认为其份额资源可能无法满足成员国的需求，例如在重大金融危机中，可以启动这些借款安排。“新借款安排”（New Arrangements to Borrow）是目前主要的多边借款安排。最初的新借款安排是在 1995 年墨西哥金融危机后召开的 G7 集团会议上提出的。1997 年 1 月，IMF 通过了建立新借款安排的决定，最初的规模约为

340 亿 SDR。作为应对 2008 年全球金融危机行动的一项举措，2010 年，IMF 执董会决定增加新借款安排的参与国并扩大新借款安排的额度。扩大后的新借款安排于 2011 年生效，额度扩大至约 3700 亿 SDR。2016 年第十四次份额总检查生效后，因为份额规模的增加，新借款安排的额度减少至 1820 亿 SDR。2020 年 1 月，为增加 IMF 的信贷资源，IMF 执董会批准将新借款安排的规模由 1820 亿 SDR 扩大一倍至 3650 亿 SDR，期限为 2021 年到 2025 年。

除了新借款安排外，IMF 还曾经通过“借款总安排”（General Arrangements to Borrow）向成员国借款。借款总安排产生于 1962 年，其参与国主要是作为 IMF 成员的少数工业国。当新借款安排成立后，只有在新借款安排的参与国不接受激活提议时，才能启动借款总安排的资金。并且，最新一期的借款总安排已于 2018 年 12 月结束。

因此，新借款安排是 IMF 继份额之后维护国际货币体系稳定的第二道防线。经占新借款安排 85% 信贷额以上的参与国和机构同意后，才能启动使用新借款安排的资金。

（三）双边官方借款

自 2008 年全球金融危机爆发，IMF 签署了多个“双边官方借款协议”（Bilateral Borrowing Agreements），将此作为其份额和多边借款资源的补充。首轮双边借款发生在 2009—2010 年，IMF 共签订了 19 项双边借款和 3 项票据购买协议。2012 年，由于欧元区经济和金融状况恶化，一些成员国承诺通过双边借款安排进一步增加 IMF 的信贷资源，在 2012 年这一轮双边借款中，IMF 共签订了 26 项双边借款和 9 项票据购买协议。2016 年，IMF 批准了新一轮双边借款框架，共有 40 个成员国参加，总额度约为 3180 亿 SDR。2020 年 1 月，IMF 执董会批准了新一轮双边贷款协议的框架，该框架与 2016 年的借款框架大致相同，并从 2021 年 1 月起生效，期限为 3 年到 2023 年底，如果借款国同意可再延长一年到 2024 年底。

双边官方借款是 IMF 继份额和新借款安排后的第三道防线，只有在份额和新借款安排的资金被大幅使用，并经占双边借款 85% 信贷额以上的参与国同意后，才能启动使用双边借款资金。

（四）IMF 持有的黄金及使用

黄金在国际货币体系的历史上曾发挥关键作用。布雷顿森林体系解体后，黄金的作用已逐步削弱，但它仍然是一些国家外汇储备的一种重要资产。IMF 是世界上持有黄金最多的官方机构之一。2020 年底，IMF 持有约 9050 万金衡制盎司的黄金。根据历史成本计算，IMF 的黄金持有总量为 32 亿 SDR（约合 45 亿美元），但按市场价格计算，IMF 的黄金持有总量约为 801 亿 SDR（约合 1127 亿美元）。

IMF 主要通过四个渠道获得黄金：

（1）自 IMF 1945 年成立到 1978 年 4 月，成员国初始认缴份额以及增加份额的 25% 用黄金支付，构成成员国的黄金档头寸（Gold Tranche）。这是 IMF 最大的黄金来源。

（2）费用支付（成员国因使用 IMF 信贷而需支付的利息）曾经用黄金完成。

（3）如果一成员国希望获得另一成员国的货币，可通过向 IMF 出售黄金来实现。

（4）成员国还可使用黄金偿还 IMF 以前提供的信贷。

在 IMF 成立以来的前六十年里，IMF 几次决定将黄金退还给成员国，或出售其持有的部分黄金。各次原因有所不同：

（1）1957—1970 年：IMF 几次出售黄金，以补充其货币持有量。

（2）1970—1971 年：IMF 向成员国出售了部分黄金，交易量大致相当于当时南非出售给 IMF 的黄金规模。

（3）1956—1972 年：为增加收入、弥补运营亏损，IMF 向美国出售了部分黄金，并将所得收入投资于美国政府证券。之后，随着储备显著增加，IMF 向美国政府购回了这些黄金。

（4）1976—1980 年：根据成员国减少黄金在国际货币体系中作用的协议，IMF 出售了大约三分之一的黄金（5000 万金衡制盎司）。其中一半以每盎司 35 SDR 的官方定价返还给成员国；另一半在市场上拍卖，以向对低收入国家优惠贷款的基金提供资金。

（5）1999—2000 年：IMF 执董会授权进行场外黄金交易，数额最多可达

1400 万盎司，用于提供 IMF 参加重债穷国倡议的资金。大部分黄金是在 IMF 与两个需要偿还 IMF 债务的成员国（巴西和墨西哥）之间的交易中出售的。

（6）2009—2010 年：2009 年 9 月，IMF 执董会批准出售 403.3 吨黄金（1297 万盎司），相当于 IMF 当时的黄金持有总量的八分之一。这一举措是执行 2008 年 4 月商定的新收入模式的关键一步，目的是使 IMF 实现稳健的长期财务状况。新收入模式的核心是设立一个以黄金出售利润为资金来源的专项基金。这一期间，IMF 黄金出售的第一阶段仅限于与有兴趣的中央银行和其他官方持有者之间按市场价格进行的场外交易。2010 年 2 月，IMF 宣布开始在市场上出售黄金，为了避免扰乱黄金市场，出售是在几个月的时间内分阶段进行的。2010 年 12 月，IMF 完成了黄金出售计划，总收益为 95 亿 SDR（约 144 亿美元），其中，68.5 亿 SDR 是超出黄金账面价值的利润，这些利润中的 44 亿 SDR 用于设立新收入模式设想的专项基金。2012 年 2 月，IMF 执董会批准将出售黄金所获意外收入（因黄金售价高于执董会批准新收入模式时所假设的价格）中的 7 亿 SDR 分配为第一笔储备，并确保其中至少 90% 将用于针对低收入国家的“减贫与增长基金”，这也是 IMF 执董会批准的旨在提高 IMF 贷款能力的一揽子融资的一部分。2012 年 9 月，执董会批准将出售黄金所获意外收入中的 17.5 亿 SDR 分配为第二笔储备，与第一笔的要求相同。黄金出售的意外收入有助于实现“减贫与增长基金”中长期可持续性，并确保其持续充足的信贷能力。

二、对成员国的非优惠信贷

本章前面讨论到，IMF 的一项重要职能是为成员国提供资金支持，以帮助成员国应对国际收支的需要。IMF 为成员国提供资金支持的渠道主要有三个：非优惠信贷、优惠信贷以及分配特别提款权。与国际和区域开发银行不同，IMF 不为特定的项目提供融资。

（一）非优惠信贷的操作

1. 储备档头寸（Reserve Tranche Position）

讨论 IMF 信贷的具体操作之前需要先了解一下“储备档头寸”的概念。

IMF 成员国在缴付其份额储备资产部分的同时，获得了对 IMF 的一项流动性债权，类似于存在商业银行的活期存款，这一债权被称为储备档头寸。一个成员国的储备档头寸等于该成员国的份额减去 IMF 在“普通资金账户”中该国本国货币的持有量（不包括该成员向 IMF 的借款而支付的本国货币）。本章前面的份额部分讨论了 IMF 成员国在缴付份额时，25% 以特别提款权或其他 IMF 指定的非本国货币支付，这部分就是一个成员国最初的储备档头寸。然而，储备档可能随着时间而变化，比如，当 IMF 使用该成员国的货币向其他成员国提供贷款时，IMF 持有的该国货币减少，储备档头寸就会增加；当借款的成员国用该成员国的货币偿还 IMF 贷款时，IMF 持有的该国货币增加，储备档头寸就会减少。这一操作将在接下来具体讨论。

一个成员国如有国际收支需求，可以将其储备档头寸转换为特别提款权或可自由使用的货币。虽然成员国只有在存在国际收支需要时才能使用储备档头寸，但 IMF 不对该国的国际收支进行审核，储备档头寸的使用也不受贷款条件和还款期等限制，无需向 IMF 支付费用。因此，储备档头寸的使用与 IMF 其他贷款工具不同，它是该成员国的自身外汇储备的一部分，储备档头寸的使用不构成向 IMF 借款。IMF 成员国需要 IMF 资金支持时，可选择先使用储备档头寸，也可选择不使用储备档头寸而直接向 IMF 借款。当成员国向 IMF 借款时不使用储备档头寸或借款规模超过储备档头寸时，其贷款被称为“高信用档借款”（Upper Credit Tranche）。

2. 非优惠信贷的操作机制

IMF 向成员国提供的信贷，是通过向借款国出售 IMF 持有的货币或特别提款权，换取借款国本国货币的方式来实现的。IMF 只使用其普通资金账户中部分成员国的货币来提供信贷，这部分成员国必须具备良好的国际收支状况和充足的储备资产。IMF 定期（目前为每半年一次）评估成员国的国际收支和储备情况，并将状况良好的成员国纳入“资金交易计划”（Financial Transactions Plan，FTP）。对于 IMF 普通资产账户的业务操作，纳入资金交易计划中的成员国货币都是“可使用的货币”（Usable Currency），需要注意的是，“可使用的货币”不同于 IMF“可自由使用的货币”（Freely Usable

Currency）的标准，“可自由使用的货币”只包括纳入特别提款权篮子的货币，即美元、欧元、人民币、日元和英镑。

具体而言，借款国通过购买－回购的机制向 IMF 借款，借款国在向 IMF 借款时，用本国货币向 IMF 购买等值的特别提款权或资金交易计划成员国的“可使用的货币”；在偿还 IMF 借款时，再用特别提款权或资金交易计划成员国货币向 IMF 购回本国货币。借款国在用本国货币购买资金交易计划成员国的货币后，资金交易计划成员国有义务把借款国获得的货币转换成可自由使用的货币。正如前文讨论的，IMF 使用金融交易计划成员的货币提供贷款后，该金融交易计划成员在 IMF 的储备档头寸相应增加。IMF 向借款国收取利息和有关费用，向被使用货币的成员国支付利息。IMF 的贷款操作模式可用图 19.1 简化表示：

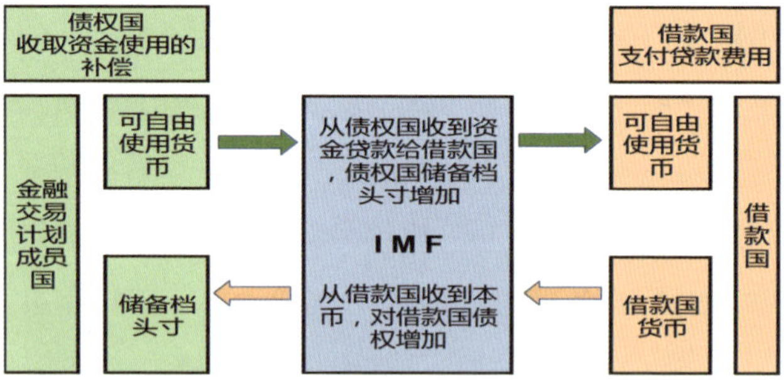

图 19.1 IMF 的信贷机制：一种资产的交换

资料来源：IMF，*IMF Financial Operations*，2018。

这种购买－回购的机制尽管在技术上或法律上不同于贷款，但是在功能上等同于贷款。不仅如此，IMF 在提供资金时会附加要求借款国实施的政策条件，类似于信贷条件（见第十八章）。

购买－回购机制还保证了 IMF 在提供贷款时，其总资源在会计角度上保持不变。这是因为购买－回购机制只影响 IMF 的资源结构但不改变 IMF 的资源总量，IMF 对成员国贷款额的增长减少了 IMF 可使用货币的持有规模，但同时增加同等金额借款国的本币持有规模。

（二）非优惠信贷的工具

如第十八章所介绍的，应成员国的要求，IMF 通常在贷款“安排”下提供资金。根据所使用的贷款工具，贷款安排可能会明确说明成员国为解决国际收支困难而同意实施具体的经济政策调整和改革措施。贷款安排所基于的经济政策调整和改革方案由成员国与 IMF 协商制定。多数情况下，该方案将以“意向书”的形式提交 IMF 执董会，并在所附“谅解备忘录”中予以更详尽的说明。一旦贷款安排经执董会批准，IMF 的资金通常随经济政策调整方案的实施分阶段发放。在一些贷款安排下，表现非常强劲的成员国可以获得 IMF 的前置贷款，即 IMF 在贷款期间的前一阶段发放的金额更大一些。

IMF 不同的信贷工具适合不同的国际收支需要（实际、预期或潜在需要；短期或中期需要）以及不同成员国的具体情况。IMF 这些非优惠信贷工具包括：备用贷款安排、灵活信贷额度、预防性和流动性额度、中期贷款安排（满足中期融资需要）、快速融资工具（向面临紧急国际收支需要的成员国提供紧急援助）。IMF 的所有非优惠贷款均收取与市场挂钩的利率，称为“收费率”。对（超过一定贷款限额的）大额贷款，还收取附加费。收费率以特别提款权利率为基础。成员国可向 IMF 借款的最高数额称作“贷款限额”。贷款限额因贷款类型而异，但通常是成员国在 IMF 份额的倍数。在特殊情况下，贷款可以超过限额。这些工具的具体特点和要求在第十八章已有更为详细的介绍和讨论。

（三）非优惠信贷的规模

IMF 所提供信贷数额的波动幅度非常大。20 世纪 70 年代石油危机和 20 世纪 80 年代拉美债务危机之后，IMF 的贷款急剧增加。到了 20 世纪 90 年代，中欧和东欧的转轨过程以及新兴市场经济体发生的危机导致对 IMF 资金的需求进一步激增。21 世纪初，拉美和土耳其的严重危机导致对 IMF 资金的需求一直居高不下。随后，IMF 贷款规模大幅减少。自 2008 年全球金融危机爆发之后，IMF 的贷款再次激增。为应对 2020 年新冠肺炎疫情危机，IMF 大幅增加了对成员国的紧急援助。2020 年底，IMF 非优惠信贷的余额总计约 934 亿

SDR，达到历史最高。其中，信贷余额最大的国家为阿根廷，金额为 319 亿 SDR（见表 19.1 和图 19.2）。

表 19.1　2020 年底 IMF 非优惠贷款前十二位贷款国（亿 SDR）

排名	国家	贷款余额
1	阿根廷	319.1
2	埃及	132.4
3	乌克兰	75.9
4	巴基斯坦	51.9
5	希腊	45.5
6	厄瓜多尔	44.2
7	哥伦比亚	37.5
8	南非	30.5
9	尼日利亚	24.5
10	摩洛哥	21.5
11	安哥拉	18.0
12	突尼斯	16.9

资料来源：IMF 官方网站。

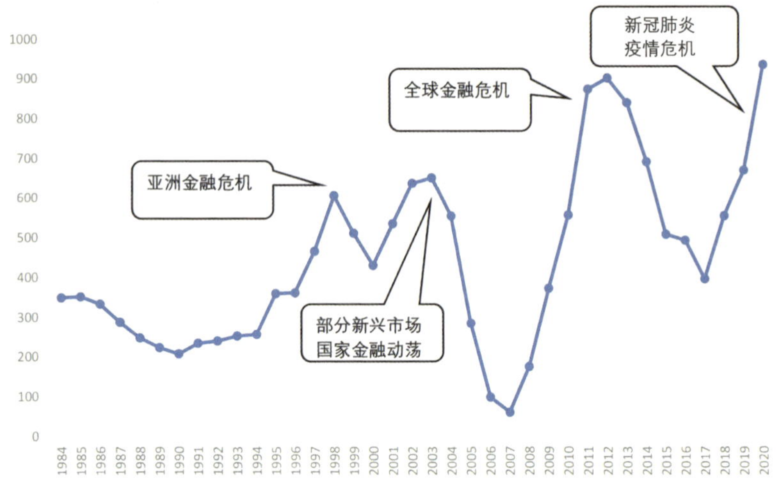

图 19.2　IMF 非优惠贷款余额（亿 SDR）

资料来源：IMF 官方网站及作者整理。

三、对低收入国家的资金支持

IMF 对低收入国家的资金支持包括优惠信贷和债务减免。IMF 所有的成员国都可以按非优惠条件申请普通资金账户的信贷。但是，IMF 还通过“减贫与增长基金”里的信贷工具专门向符合条件的低收入成员国提供优惠贷款。目前 IMF 债务减免主要通过“重债穷国减债倡议”和“控灾与减灾基金”（见第十七章）。

（一）IMF 优惠信贷的演进

IMF 对低收入成员国的优惠信贷起源于 20 世纪 70 年代中期，并在过去的几十年中逐步扩大。优惠信贷最开始的资金全部来自 IMF 出售黄金所得的利润，信贷附加的条件也比较宽松。自 1987 年开始，大部分优惠信贷的资金由成员国提供。

1. 减贫与增长基金（PRGT）

2008 年至 2009 年上半年，低收入国家首先遇到了食品和燃料价格剧烈上升的冲击，后来又遭受全球金融危机的打击。IMF 积极行动，在 2009 年上半年，显著提高了其对低收入国家的资金援助，同时努力使这些贷款的附加条件更为灵活和简便。在这些措施的基础上，2009 年 7 月，IMF 对优惠信贷进行了一次全面深入的改革，从根本上革新了优惠信贷工具的结构和融资条件，以提高对低收入国家支持的灵活性，更好地满足这些国家多样化的需求。这次改革设立了 PRGT，代替并拓展原来的“减贫与增长贷款－外生冲击贷款基金”。目前，IMF 对低收入国家优惠信贷的特点主要有以下几个方面：

一是低收入国家信贷工具的结构更为有效。所有的信贷工具都设在 PRGT 之下，其中包括三个优惠信贷窗口和一个非金融工具。

二是进一步将重点放在减贫和增长方面。以上三个新信贷工具都是为了帮助低收入国家实现稳定的、可持续的减贫和增长。成员国申请中期信贷和政策支持工具，需要正式向 IMF 提交减贫文件。同时，所有的 PRGT 工具都需要通过明确的目标来保证或提高借款成员国在社会保障或优先领域方面的开支和融资需求。

三是更低的利率。PRGT 采用比以前优惠信贷更低的利率结构，并且 IMF

会定期审核优惠信贷的利率水平，以维持这些信贷的优惠程度。鉴于当时全球处于低利率环境，IMF 于 2016 年进一步改进优惠信贷的利率结构，把所有优惠信贷的利率设定为零。①

PRGT 的信贷规模在 2020 年前的十年间基本保持稳定，但 2020 年的新冠肺炎疫情导致低收入国家对该 PRGT 的资金需要大幅增加。截至 2020 年底，在 PRGT 下 IMF 向低收入国家提供优惠信贷的余额达到 125 亿 SDR（见图 19.3）。

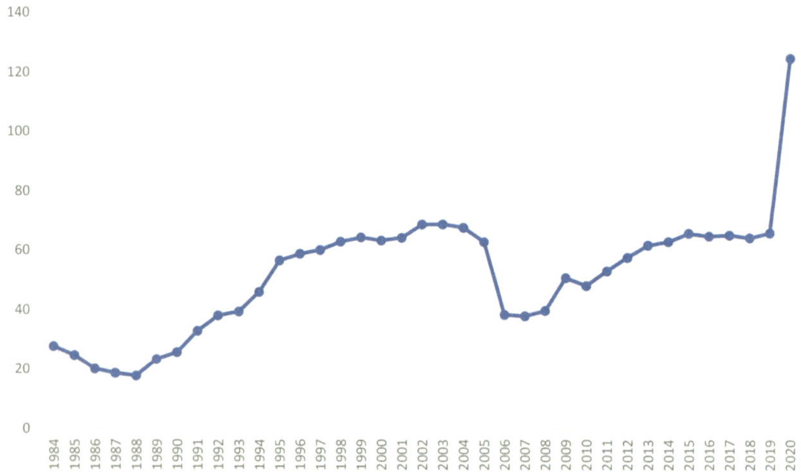

图 19.3 IMF 减贫与增长基金贷款余额，1984—2020 年（亿 SDR）

资料来源：IMF 官方网站及作者整理。

2. IMF 优惠信贷的资金来源

IMF 优惠信贷的资金来源于成员国双边借款、捐赠以及 IMF 自己的资金。优惠信贷资金的所有运作都通过 PRGT 下的账户进行，并与 IMF 普通资金账户和减债基金账户相独立。PRGT 由三个账户组成：信贷本金账户、利息补贴

① 参见 IMF，“Poverty Reduction and Growth Trust — Review of Interest Rate Structure,” IMF Policy Paper, October 2016, http://www.imf.org/external/np/pp/eng/2016/100616a.pdf。

和储备账户。

（1）信贷本金账户

PRGT 信贷本金账户的资金主要来自成员国的双边借款。自 20 世纪 80 年代末期开始，PRGT 开始使用双边借款资金以支付其基金下的贷款，但 PRGT 账户的资金不是可循环使用的，并且其双边借款的提款也有时间期限。因此，PRGT 账户需要不断筹资，以获得必要的信贷资源来转借贷给符合 PRGT 资格的低收入成员国。

作为 2009 年优惠信贷改革的一部分，IMF 开展了一次重要的筹资活动，使双边借款资源增加了 108 亿 SDR。2014 年，IMF 执董会又批准将 PRGT 下双边借款资源再增加 110 亿 SDR。在此背景下，IMF 执董会把 PRGT 累计借款限额由 300 亿 SDR 提高到 370 亿 SDR。2018 年，累计借款限额再次提高到 380 亿 SDR。

双边信贷资金的提供国可以指定将其资金用于 PRGT 特定的某项信贷工具，也可以选择资助 PRGT 所有的信贷工具。双边协议的记账货币为特别提款权，但可以选定用特别提款权提款或可自由使用的货币提款。双边协议提款后，每半年还款一次，其利率为特别提款权的市场利率。

（2）利息补贴

利息补贴是由成员国双边捐助和 IMF 自己提供的。成员国捐助通常通过赠款或投资收益的方式进行。对于后者，成员国捐助方以零利率或低于市场的利率向 PRGT 提供资金，而这些资金的投资收益和捐助者提供资金利率之间的差额，就构成了对 PRGT 利息补贴的贡献。IMF 自身对 PRGT 的利息补贴贡献最早源于 20 世纪 70 年代出售黄金的收入以及之后的投资收益。另外，IMF 还以普通资金账户返还 PRGT 管理费用的方式对 PRGF 进行补贴资助。

（3）储备账户

储备账户是 PRGT 的一个重要特点。设立储备账户的目的是在 PRGT 借款国无法或延迟偿还贷款时保证对资金提供国的还款。储备账户的资金主要来源于 IMF 出售黄金所得的利润及之后的投资收益。

3. 自我维持的减贫与增长基金

2012 年 9 月，IMF 批准了实现 PRGT 自我维持的一项战略。这一战略包括用出售黄金的利润以及之后储备账户的投资收益为 PRGT 提供补贴资源。它基于三个支柱：（1）约 12.5 亿 SDR（约合 18 亿美元）的年均信贷能力，预计将满足正常时期的优惠信贷的需求；（2）应急措施，包括双边筹资，以及暂停向普通资金账户返还 PRGT 的费用，当平均信贷需求在较长时间内显著超过年均信贷能力时可启动这些措施；（3）采用自我维持原则，即对低收入国家信贷机制的所有改变，都应与维持自我可持续性的目标相一致，确保前两个支柱下的可用资金能够在各种可能情况下满足对 IMF 优惠信贷的需求。

（二）重债穷国减债倡议

如第十七章所介绍的，IMF 对债务负担重的低收入国家的债务减免是通过重债穷国减债倡议进行的。这些倡议的目的是缓解一些低收入国家的外债负担，将受益国的债务负担降至可持续的水平。目前重债穷国减债倡议的任务已基本完成，在 39 个符合该倡议的国家中，有 36 个已经达到“完成点”。IMF 以援助方式一共提供了约 26 亿 SDR 的债务减免，其中一半来自 IMF 成员国的捐赠，另一半来自 IMF 在 1999 年出售黄金的利润。

（三）控灾减灾基金

此外，IMF 也可通过控灾减灾基金向符合条件的国家提供赠款以减轻其债务负担。2015 年 2 月，IMF 将 2010 年设立的灾后减债基金（该基金使 IMF 能够参与针对遭受最严重自然灾害的非常贫困国家的国际减债工作）转变为控灾减灾基金。新的基金使 IMF 能够在贫困国家遭受严重自然灾害时参与国际减债工作，并通过提供偿债减免资金来协助贫困国家应对灾难，这些灾难包括可能扩散到其他国家的威胁生命、传播迅速的流行病，也包括其他类型的灾难（如大范围地震）。

2020 年 3 月，IMF 对控灾减灾基金进行了一系列改革，使 IMF 能够为受新冠肺炎疫情大流行和未来任何大流行影响的最贫穷和最脆弱成员国提供迅速的债务减免。该基金向符合条件的低收入成员国提供赠款，以偿还这些国家欠 IMF 的债务。通过减免债务，这些国家把本应偿还债务的资金使用在因灾难造成的国际收支需要方面，更好地帮助这些国家抵御严重自然灾害或流行病等公共卫生灾难带来的冲击。

四、IMF 的收入模式和风险管理

（一）IMF 的收入和支出

与一些基本协定的其他国际机构不同，IMF 并不向成员国每年收取费用，而是如同商业银行，主要依靠对成员国非优惠信贷产生的收益来提供日常运营和管理所需的开支费用。IMF 信贷产生的收益包括向借款国收取的利息和费用（包括服务费和贷款承诺费）。正如前文非优惠信贷部分中所讨论到，IMF 的信贷首先会按基础利率收取利息，这一基础利率为特别提款款利率加上一定的基点；如果成员国的借款超过一定规模和时限，IMF 还会在基础利息之上收取附加费用。另外，IMF 也会根据贷款规模收取承诺费，借款国每一笔提款也需要根据提款规模支付服务费。IMF 的支出主要包括运营支出和行政管理支出。运营支出主要是贷款时需要向被使用货币的成员国（即出资国）支付利息，目前 IMF 向出资国支付利息的利率为特别提款权利率。行政管理支出主要包括 IMF 工作人员工资、差旅以及各项办公费用。IMF 贷款收取利息和支付利息之间的差额以及贷款收取的其他费用可以使 IMF 承担其运营支出和行政管理支出，其盈余部分用于每年积累储备金。IMF 的这一收入和支出模式可以使其在财务上独立地运作，而不像其他国际机构依靠向成员国收取的年费。

（二）新的收入模式

自 1945 年成立以来，IMF 主要依靠贷款的收入维持日常运营。IMF 曾采取一些措施尝试使其收入来源多样化，例如在 1978 年设立了一个投资账户，但这一账户一直没有启用。进入 2000 年以后，随着 IMF 对成员国的贷款大幅减少，依赖于贷款的收入模式变得难以持续。2006 年，IMF 启用了这一投资账户，用于 IMF 自身储备金的投资，当时金额约 60 亿 SDR，主要投资于成员国政府和国际金融机构的债券。2008 年，IMF 通过了一系列措施，以减少对贷款收入的过度依赖，以期实现“新收入模式”。在这一模式下，除了以上贷款收入和投资账户收入外，还包括以下增加收入的渠道：

（1）使用出售黄金所得的利润设立基金。出售的黄金约为当时 IMF 黄金持有量的八分之一（可参见前文有关黄金交易的讨论）。

（2）修改《IMF 协定》，扩大投资权限和范围，以增加投资的预期收入。

（3）在保持优惠信贷能力的同时，恢复把优惠信贷的管理费用返还到普通资金账户。

在新的收入模式下，IMF 通过以上渠道产生的收入可以覆盖其主要开支，即支付给出资国的利息和日常运营支出，并将有利于逐步增加自身储备资金。

（三）金融风险的管理

作为合作性的国际金融机构，IMF 在与成员国的交易中面临多种风险，需要拥有完善的风险管理体系来保障其资金的安全，以更好地为成员国提供资金支持和其他服务。下文主要讨论 IMF 在运营中面临的风险以及如何管理这些风险。

1. IMF 面临的金融风险

IMF 在履行其职责的过程中面临多种金融风险，包括信用风险、流动性风险、收入风险和市场风险等。

（1）信用风险是 IMF 面临的最主要的风险，这反映出 IMF 作为向成员国提供国际收支资金支持的核心作用。由于 IMF 不会针对特定的贷款水平、贷款增长率或贷款对象设定目标，其信贷风险可能会大幅波动。此外，对 IMF 贷款的需求可能是全球性的，所以其信贷风险的集中度和关联度有时会非常高。虽然信贷风险是 IMF 固有的职能决定的，但它采用了一套全面措施来缓解这些风险以保障成员国提供的资金的安全性。

（2）与信用风险相关的是流动性风险，即 IMF 的资金不足以满足成员国融资需求及 IMF 自身向出资国还款的风险。IMF 成员国可以提出额外的借款要求，也可能要求提取其在 IMF 的储备档头寸，或通过预防性借贷安排大额度借款。如前所述，IMF 通过多边和双边借款安排补充其信贷资金，如果这些借款国面临国际收支困难，也会要求 IMF 履行还款义务。

（3）IMF 也可能面临收入风险，即 IMF 的业务收入难以弥补其支出。如前所述，这一风险在 IMF 贷款总量下降时就会凸显。但是，IMF 的资金结构也在不断演进，其新收入模式的目的正是使其收入来源多元化以减轻收入风险。

（4）IMF 信贷活动和日常资金运营中面临的市场风险（利率和汇率风险）

比较有限。这是因为 IMF 向借款成员国收取利息的利率虽然浮动，但与支付给提供贷款资金的成员国的利率相挂钩。同时，IMF 各项交易和资产负债表的记账单位均为特别提款权，因此不存在汇率风险。但是，IMF 的投资组合也会面临一定的市场风险。

2. IMF 的风险管理框架

为防范和管理以上风险，IMF 建立了与其独特财务结构相匹配的、多层次的风险管理框架。

（1）信贷政策

信贷政策是 IMF 防范金融风险的首要工具。如第十八章所介绍的，IMF 的信贷政策包括多种要素：对成员国借款的金额进行评估，包括评估借款国的国际收支需要缺口、债务可持续性和还款能力等。只有经 IMF 认定具有足够还款能力的成员国，才能获得贷款。IMF 在提供信贷时，还要与成员国一起设计经济政策调整和改革方案，实施调整方案不仅促进借款国经济和金融的稳定，客观上也有利于增强借款国的还款能力。IMF 的贷款还有限额政策和分批放款政策，对于高额贷款有较为严格的贷款条件和具体放款的时间，并与借款国实施调整方案的进展相结合。IMF 贷款的收费水平与贷款的规模和期限有关，鼓励借款国及时还款。此外，IMF 在贷款时对借款国中央银行进行保障评估，确保其在治理和控制系统、审计、财务报告、法律结构和独立性方面达到要求，以将使用 IMF 资金的风险降到最低程度。对于贷款金额较大的成员国，IMF 还在经济政策调整和改革方案实施结束后进行贷后监测，及时分析和评估借款国的风险和还款能力。

（2）预防性准备金

“预防性准备金”（Precautionary Balances）包括一般和特别准备金，主要来源于 IMF 的信贷留存收益。预防性准备金为 IMF 应对财务风险提供了一个必不可少的缓冲，可在信用风险和收入风险引起损失时保护 IMF 正常行使职能，构成多层次风险管理框架中的一个要素。

IMF 定期（每两年）对预防性准备金的充足性进行审查和评估。在 2002 年的审查中，预防性准备金的目标确定为 100 亿 SDR，IMF 在此次审查时考虑了其信贷资产风险程度、国际财务报告标准的合规性以及其他国际金融机构储备比例等多种因素。2010 年，IMF 采用了一种更为透明、基于规则的框架以审查预防性准备金的充足性，这一框架把预防性准备金的目标与前瞻性的信贷规模相结合，并将 IMF 预防性信贷安排的规模纳入考量，同时设定预防性准备金的最低下限。这次审查把预防性准备金的中期目标设为 150 亿 SDR，把最低下限设定为 100 亿 SDR。基于这一框架，在 2012 年，IMF 把预防性准备金的中期目标提高到 200 亿 SDR，2016 年把最低下限提高到 150 亿 SDR。在最近的 2020 年审查中，由于 IMF 信贷规模包括未偿贷款的增长，IMF 预防性准备金的目标提高至 250 亿 SDR，最低下限保持在 150 亿 SDR。

（3）IMF 的优先债权人地位

优先债权人地位（Preferred Creditor Status）是 IMF 风险管理框架中不可或缺的组成部分。如第十七章所介绍的，IMF 优先债权人地位的概念起源于巴黎俱乐部，巴黎俱乐部的官方双边债权人愿意将 IMF 排除在重组过程之外。尽管 IMF 的优先债权人地位不具有法律约束力，但已经获得官方社会的认可，并且为私人债权人所普遍接受。IMF 的优先债权人地位可归因于两个方面：一是 IMF 的信贷具有公共产品性质，伴随 IMF 信贷的经济政策调整和改革方案有利于帮助解决借款国的国际收支困难、维护其经济和金融稳定。债权人和主权债务人双方都认为将 IMF 排除在债务重组过程之外，既符合他们自身的利益，也符合整个国际社会的利益。二是根据《IMF 协定》，IMF 对其成员的债权进行债务重组存在法律限制。

除以上风险管理要素外，IMF 还通过前文讨论的借款、拓宽收入来源以及稳健的投资策略等方式应对流动性、收入和市场风险。

3. 对逾期欠款的处理

在 IMF 成立的前几十年里，成员国基本都能按时偿还欠款。但是，从 20 世纪 80 年代早期开始，借款国逾期付款的数量和金额显著增加，对 IMF 的欠款由 1984 年的 1.78 亿 SDR 增长到 1991 年 36 亿 SDR 的顶峰。尽管大多数逾期付款都是暂时性的并很快得到偿还，但长期欠款（逾期 6 个月以上）不仅会损害借款国与 IMF 的关系，而且会增加 IMF 的资金成本，限制 IMF 对其他成员国提供帮助的能力。

在上述背景下，IMF 在 20 世纪 80 年代到 90 年代早期加强了对逾期欠款的处理，采取措施来系统性地应对这一问题。为防止新欠款的发生并清理已经发生的欠款，制定了增强的逾期义务合作安排。这一安排主要包括三个要素：

（1）采取预防性措施以避免逾期欠款的发生。这一要素包括前面讨论的 IMF 各项信贷政策。同时，还通过一些特别的资金安排，帮助借款国及时偿还到期债务。

（2）强化与发生逾期欠款借款国的合作。对于存在逾期欠款的借款成员国，IMF 可以帮助它们设计和实施经济政策调整和改革方案，以改善经济状况并建立宏观经济绩效和政策执行记录。成功完成经济政策调整和改革方案有利于增强外界对这些国家经济和政策前景的信心，有助于它们获得债权人和援助国的资金支持，并为今后 IMF 提供资金支持铺平道路，以解决债务积压问题。

（3）逾期欠款发生后的补救措施。如果成员国对普通资金账户发生逾期欠款，该成员国就违反了《IMF 协定》的相关义务和责任。对于不愿意与 IMF 进行上述第二项合作的成员国，IMF 根据逾期时间，制定了一系列补救措施以督促成员国尽快还款。这些措施包括限制或禁止该成员国使用任何 IMF 资金、通知其他国际金融机构、暂停 IMF 技术援助，以及暂停该成员国投票权等。成员国对 PRGT 的逾期欠款不构成该国对《IMF 协定》的违反，但 IMF 也针对 PRGT 的逾期欠款制定了类似措施。

此外，IMF 还针对逾期欠款征收特别费用，促使欠款国尽早还款，并通过安排与其他债权人过桥贷款的方式帮助成员国还款，如安排日间贷款给借款国先还清对 IMF 的欠款，当日 IMF 批准对该借款国提供新贷款可用于偿还日间的贷款。通过这些措施，截至 2021 年 7 月底，成员国对 IMF 的逾期欠款已全部还清。

五、特别提款权

特别提款权是 IMF 发行的一种国际储备资产，用以补充成员国的官方储备，IMF 成员国之间可自愿用特别提款权兑换可自由使用的货币。本书第四章对特别提款权的相关概念已有比较详尽的介绍和讨论，下文侧重从操作角度介绍如何在国际收支中使用特别提款权，以及成员国如何交易特别提款权。

（一）特别提款权的使用

如第四章所介绍的，特别提款权可以由 IMF 成员国和 IMF 自身使用。IMF 自身可以通过普通资金账户持有特别提款权，一些国际组织和货币机构也可以作为 IMF 指定持有方持有特别提款权。这些国际组织和货币机构包括世界银行、欧洲中央银行等区域性中央银行、国际清算银行等金融机构以及区域性的开发银行。IMF 指定持有方可以通过与特别提款权其他持有者交易的方式获得和使用特别提款权，但无法通过 IMF 分配的方式获得特别提款权，也不能通过“指定交易”的方式使用特别提款权。特别提款权不能由私人实体或个人持有和使用。

根据《IMF 协定》，特别提款权的使用范围包括在成员国之间的交易及 IMF 执董会同意的其他用途。IMF 通过了多个决定，确定特别提款权在成员国和其他指定持有者之间的使用范围，包括了贷款、抵押、捐赠、掉期或远期交易。但在实践中，特别提款权的大多数交易为即期交易以兑换可自由使用的货币。特别提款权不是货币，但由于特别提款权可以向其他 IMF 成员国兑换可自由使用的货币，特别提款权可看作对 IMF 成员国的潜在求偿权。需要注意的是，这一求偿权是对 IMF 成员国的，而不是对 IMF 自身的债权。

特别提款权账户是一个封闭的系统：该账户对成员国通过分配获得的特别提款权收取利息，同时对成员国持有的特别提款权支付利息，收取和支付利息的利率水平完全一样。IMF 每周确定特别提款权的利率水平，利率基于特别提款权篮子货币短期政府债务工具的代表性利率的加权平均值（见第四章）。

IMF 通常把特别提款权作为成员国货币的替代，以用于其贷款操作及和成员国之间的交易。特别提款权在 IMF 成员国之间和 IMF 普通资金账户交易中可使用的范围十分广泛。特别提款权可以用于偿还对 IMF 的贷款、支付贷款利息，以及支付储备档部分的份额（即 25% 的份额）。在实践中，IMF 贷款的提款和偿还一般以成员国货币进行，而特别提款权主要用于贷款利息和费用的支付。

（二）特别提款权的交易

（1）特别提款权自愿交易安排

本章前面讨论到，特别提款权持有者如果需要，可用特别提款权向其他持有者兑换可自由使用的货币，交易按照特别提款权的官方汇率进行。在实际操作中，这种交易通过一个由 IMF 进行协调的“市场”进行，特别提款权持有者与市场的“做市商”进行交易。这种市场交易被称为特别提款权自愿交易安排，目前这一市场大约有 30 多个做市商，中国是特别提款权自愿交易安排的做市商之一。近年来，这一特别提款权自愿交易的市场规模也在不断增大。

IMF 在这一市场中起到交易中介的作用，尽最大可能满足特别提款权卖方和买方在交易金额和兑换币种方面的要求。IMF 工作人员在撮合交易中尽量会使各做市商均等承担特别提款权的交易。通常而言，特别提款权持有量相对于其分配量较低的做市商会相对较多地用于特别提款权交易；反之，特别提款权持有量相对于其分配量较高的做市商会相对较少地用于特别提款权交易。

（2）特别提款权指定交易机制

迄今为止，特别提款权自愿交易安排能保证这一市场的流动性，满足特别提款权的交易需求。但是，如果这一市场没有足够的自愿买入特别提款权的买方，《IMF 协定》提供了一种指定交易机制来保证特别提款权的流动性。在指定交易机制下，IMF 可以要求国际收支强劲和储备充足的成员国提供一定金额的可自由使用的货币，以满足其他成员国用特别提款权兑换可自由使用货币的需求。目前，IMF 每年一次选择纳入指定交易机制的成员国，在操作中，纳入指定交易机制的成员国与本章前文讨论的金融交易计划中的成员国相同。特别提款权的指定交易机制可保证成员国在有国际收支需要时能够把特别提款权兑换成可自由使用的货币，但目前这种机制主要是作为一种预防性措施。

* * * * * * *

本章介绍了 IMF 如何通过财务管理活动履行其为成员国提供资金支持的职能，也讨论了近年来 IMF 对成员国各项资金支持的情况和特点。通过本章的讨论，希望读者对 IMF 的资金结构和操作有比较系统的了解。从本章的介绍也可以看出，IMF 的资金结构是随着时间的推移而不断演进的，其目的是更好地适应成员国对 IMF 的资金需求，帮助成员国更有效地应对经济金融危机带来的冲击，以及使 IMF 更为有效地运行并履行其各项职能。

第六部分

新课题

第二十章
数字货币、金融科技与 IMF[①]

IMF 的重要职能是通过国际合作来维护全球货币和金融稳定。本章探讨数字货币的应用以及更广泛的金融服务数字化将如何影响 IMF 的相关职能，并阐述 IMF 对数字货币和金融科技的分析与研究，以及如何帮助成员国应对数字货币和金融科技带来的挑战。本章首先讨论数字货币的意义、影响及前途、金融科技对金融体系结构可能带来的影响，然后介绍 IMF 近年来在这个领域的研究及下一步的工作计划。

一、数字货币的意义、影响及前途

（一）数字货币的来由

计算机和通信技术的迅猛发展催生了数字货币。2019 年 6 月，脸书发行 Libra 的计划在全球引起了巨大的反响，也带动了各国对数字货币的关注、研究和开发。2021 年 9 月，萨尔瓦多将比特币作为本国法定货币，再次引起了国际社会的关注和重视。

从技术角度来看，数字货币体现了数字技术的最新进展和成本降低的优势，特别是体现在云计算和移动设备的普及使用上。同时，加密技术、区块链分布式账本技术、“通证化”及智能合约的应用，使在网络上安全支付成

① 本章作者是何东。

为可能，也使证券交易结算及其他经济交易实现无缝自动化。在这样一个通证化的互联网金融体系中，物理距离和地理空间已失去了意义。

就经济角度而言，数字货币的崛起也反映了市场供求关系的变化。在需求层面上，数字货币的研发可以促进普惠金融和缓解当前国际金融体系中隐含的许多问题，如跨境支付结算体系中的局限性，从而帮助解决现有的跨境支付的一些痛点，包括速度慢、成本高和缺乏透明度等问题。在供给层面上，数字科技的突破使得更多定制化的货币有机会被引入和使用。数字化催生了货币的新特性，旨在适应当今商业模式日新月异变化的需求。随着更多实物和服务的交易在跨国大型数字平台上进行（如阿里巴巴、亚马逊、脸书、谷歌和腾讯等），数字网络可以改善和定制货币的可获得性、可传输性和可偿付性，进一步强化了货币在数字时代的作用和发展潜力。

尽管如此，大家比较关心的问题是，与传统主权法定货币不同的数字货币能否得到大规模开发和使用？目前来看，这方面还存在诸多不确定性。根据货币信用理论，某特定借债证明或借条（IOU）能否被广泛接受而成为货币，主要取决于其信用、监管和最后贷款人的有效性。换言之，主权法定货币是一个信用体系。在这个体系中，政府和中央银行的信用发挥了关键作用。从这一角度来看，尽管原则上没有什么因素会阻碍私人数字货币的研发，但在不受国家和央行信用支持的情况下，私人数字货币很难被广泛接受和使用。

纵观历史，私人货币时不时会兴起，但它们往往容易受到金融不稳定性的侵扰，且存续期并不长。除非主权政府可以维持其信誉度，央行能保证货币政策的有效性，否则很难想象私人数字货币会在国内外市场被广泛使用，但也不能排除这些私人数字货币会在特定电子商户和社交网络上有限地被接受和流通。

面对私人数字货币的挑战，各国央行需要与时俱进，以确保在数字经济的发展进程中继续发挥自己的重要作用（He, 2018）。为此，各国央行需要继续保持主权货币的吸引力，使私人部门在数字时代仍愿意使用其发行的法币。在这种情况下，发行央行数字货币（Central Bank Digital Currency，简称 CBDC）是实现这一目标的一个可行方案。2019 年以来，各国央行对央行数字货币的研发兴趣大增，但进展速度不一，推出的时间表也因地而异（见表 20.1）。

表 20.1　各国（地区）通用央行数字货币研发进展表
（截至 2021 年 8 月 31 日）

已发行或已经开始试点	
巴哈马	牙买加
中国	尼日利亚
东加勒比	乌拉圭
已开始进行电脑模拟或概念证明	
日本	瑞典
加纳	乌克兰
韩国	
已进入高级研发阶段	
加拿大	俄罗斯
欧元区	泰国
毛里求斯	英国
挪威	美国
仍在探索阶段	
澳大利亚	肯尼亚
巴西	科威特
智利	马达加斯加
库拉索岛圣马丁岛	马来西亚
捷克	摩洛哥
丹麦	新西兰
埃斯瓦蒂尼	巴基斯坦
格鲁吉亚	秘鲁
海地	菲律宾

续表

香港特别行政区	南非
冰岛	瑞士
印度	中国台湾
印度尼西亚	特立尼达和多巴哥
以色列	突尼斯
哈萨克斯坦	土耳其

资料来源：各国央行网站；国际清算银行；CBDCTracker.org。

（二）央行数字货币的属性

央行数字货币是中央银行发行的一种数字形式的法定货币。数字技术的发展大幅提升了个人和企业获得以前只有金融机构才能得到的支付工具的便利性，如央行清算余额的实时转账。同时，区块链等分布式账本技术实现了使用数字代币在点对点系统上进行价值转移，不需要再经过商业银行这样的中介机构进行转账。

通过发行央行数字货币，央行可以对货币的形态进行改进和调整，这样能够在数字经济时代中维护主权法定货币对公共政策起到的积极作用，包括在保护个人隐私、可匿名性、反恐融资、反洗钱和货币政策的有效性方面发挥促进和平衡作用。

可以想象，数字时代的货币体系会充满各种满足不同需求的支付工具。从某种角度上来看，CBDC 提供了一个"冗余"或"后备"的支付系统（"redundancy" payment system），即它与其他私人支付工具（如支付宝、微信支付等电子货币服务提供商）形成互补，在数字时代提供了一个关键的替代选项。CBDC 发挥的作用是私人服务提供商没有足够能力去提供的，它也确保了在不同平台之间支付的互操作性，从而为不同的私人数字网络提供了平等竞争的环境。从这个角度来看，主权法定货币的数字化是实现各类平台之间竞争的一个重要手段。

（三）央行数字货币设计面临的挑战

设计和发行 CBDC 的主要挑战在于操作风险。面对潜在的网络攻击，CBDC 必须要极度可靠、安全和具有韧性。CBDC 需要时时刻刻可供使用，尤其是在没有网络连接或电信通讯受阻之时。CBDC 也要确保用户能获得合理的匿名性和隐私，同时监管方要能够履行合规义务，即符合反洗钱、反恐融资和金融诚信法律法规的要求。央行还需要仔细思考 CBDC 是否能够被外国人使用，以及 CBDC 在跨境使用时能否与现有的规章制度相适，包括外汇限制和资本流动管理措施。操作层面的挑战也要求央行在推出 CBDC 的时机需要谨慎小心，不能操之过急。

有不少人担忧，CBDC 可能会对商业银行造成负面冲击。这种冲击在常规情况下即指“金融脱媒”（disintermediation），而在危机时期则可能导致商业银行更容易被挤兑。其实，只要采取合适的设计和制度安排，这些担忧都可化解。如果 CBDC 是基于账户发行的，例如央行直接从公众吸储，并支付利息，那么这就直接与商业银行存款进行竞争，并可能造成一定的金融脱媒。但如果 CBDC 是基于代币发行的，例如数字现金，那么商业银行就不会受到影响。

CBDC 存款账户的“分层”（tiering）设计也可以减少金融脱媒的负面效应。在这一体系下，对在特定数量上限以内的金额给予相对较高的利率，而对于超出限额的金额则给予更低的利率，或是零利率甚至负利率。这一体系可以让发挥支付功能的 CBDC 存款划分到第一层 CBDC，而将发挥储值功能的 CBDC 存款划分到利率不那么吸引人的第二层 CBDC。

总体来说，央行数字货币设计有很多选择空间，央行拥有许多可利用的工具来缓解 CBDC 对商业银行可能造成的潜在冲击。

（四）央行数字货币的跨境使用

目前很多央行数字货币研究和试点主要集中在本国使用的场景。数字货币的国际使用有可能改变目前以分布在全球各地和各时区的代理行和清算行关系为基础的跨境支付格局。一个央行是否允许其数字货币在国际上使用是一个政策选择，也是一个技术设计方面的问题。一些央行的实验已经证明，使用央行数字货币跨境支付是可行的。当然，做出这样的政策选择，既有好处，也有一定的成本。

央行数字货币的国际使用主要涉及三个问题。第一，央行数字货币如何改变主权货币国际使用的传统动因？同时，央行数字货币如何改善跨境支付的方式与效率？第二，对使用国和发行国将会产生哪些宏观金融影响？第三，可能会有哪些政策含义？

从概念上说，使用央行数字货币开展跨国交易的优势非常明显。不过，央行数字货币的成本优势很难量化，从而进行净收益分析。例如，对网络安全和为操作风险最小化而进行的投入，可能会带来不确定的、较高的额外成本。

货币跨境使用一般分为两类。在第一类使用中，一国货币在国际贸易和国际金融中作为交换媒介、价值储存和计价单位。在第二类使用中，外国货币取代本国货币用于国内交易，这种情况通常被称为货币替代（如在许多情况下的“美元化”）。

一般来说，推动一国货币成为主要国际货币的因素包括发行国的经济体量、贸易规模、货币的安全性和流动性、金融的关联度以及地缘政治因素等。另外，货币不同功能的协同所强化的网络效应或外部效应，也会影响货币的国际使用。一种货币一旦成为主要的国际货币，就会被大量用户使用，进而吸引更多用户接受和使用该货币。国际货币不同功能的协同可以自我强化并促进该货币的广泛使用。例如，美元作为贸易计价和支付的国际主导货币的地位，增强了美元在国际金融中的作用，反之亦然。

使用国的经济特征也会影响外币在国内交易中的使用。例如，国内宏观经济政策不完善、对政策机构缺乏信任等因素都会促使国内用户持有他国发行的货币。恶性通货膨胀和汇率剧烈波动，也会迫使本国用户改用外币作为计价单位、价值储存和交换媒介，以减少这些波动带来的影响。

除了这些传统的因素外，央行数字货币的一些特性也会推动其在国际上的使用。具体来说，央行数字货币能够降低交易成本，并提升获取便利性。央行数字货币还具有可编程性，包括通过使用智能合约进行编程，有助于降低外汇交易成本，并可通过更大规模的资产通证化来降低证券发行和交易成本。

如果央行数字货币容易获取且使用方便，那么便可成为有吸引力的周转或媒介货币。例如，央行数字货币可以让没有银行账户的外国居民和企业持有该货币，也可以在全天候运行的点对点系统上转账。因此，其使用可以促使传统的多级代理银行结构变得更加扁平化，缩短支付链，减少交易时间，增加透明度，并促进货币服务商之间的竞争。因此，跨境支付可能变得更便利、更普惠，尤其使小额汇款人受益更大。

对央行数字货币的接受和使用程度主要取决于其设计特性。便捷、低成本、安全、有弹性、停机零容忍以及能够离线使用等都是央行数字货币应具备的理想特性。与此同时，监管和执法部门需要实施反洗钱和反恐怖融资，也需要实施一定程度的匿名和隐私保护措施。

央行数字货币用于跨境支付有不同的方式。一国央行发行的数字货币既可以直接用于与其他国家的资金往来，也可以在他国国内用于支付。此外，如果能够确保各央行发行的数字货币的互通性（interoperability）并实现链接整合不同的系统，跨境支付和跨货币支付的能力会大幅提升。例如，可以建立专门的走廊网络，如货币桥，实现多个央行数字货币在实施相互支付的基础上进行交易和交换，并实现在不同类型的分类账中同步支付。

央行数字货币的国际使用对货币政策和金融稳定的影响取决于其接受和使用的方式与程度。与传统渠道的货币替代或“美元化”相比，如果外国发行的数字货币允许在他国被直接使用，因为其比法定货币更便利和更容易获取，发生货币替代的速度可能更快，规模也可能会更大。如果使用国的经济周期与发行国的经济周期不同步，该国利用货币政策应对冲击的能力将受限，并带来显著的宏观经济影响。

央行数字货币的跨境使用也可能会影响发行国货币政策的实施。譬如，如果对央行数字货币的外部需求变动引起大量资本流动，而本国金融市场又缺乏深度和广度，货币政策实施就会更复杂。发行央行需要考虑央行数字货币跨境使用所带来的“溢回效应”（spillback effect）是否符合其国内政策目标，以及为他国担当最后贷款人是否符合本国利益。

在金融稳定方面，相对于局部“美元化”的经济体所通常面临的货币替代而言，直接使用外国数字货币而引发的货币替代可能会加剧货币错配风险。在危机时期，使用他国数字货币也可能加剧本国银行的挤兑风险，这是因为，如果数字钱包转账比向境外银行账户转账更快、更方便，那么银行面临的储户挤兑风险也会更大。

总体而言，数字货币的宏观金融影响将取决于接受和使用的程度和方式。从量变到质变的角度来看，央行数字货币不会从质上改变推动货币国际使用的主要经济力量，但从量上可以增强货币替代和货币国际化背后的推动力。换言之，决定国际货币地位有许多基础性因素，如货币和金融政策的公信力、金融市场的广度和深度、决策机制的透明度等。单靠发行央行数字货币很难从根本上改变已有的国际货币的使用格局。

因此，各国面临的主要政策挑战是在实现更高效的跨境支付结算收益的同时，需要思考如何维护货币和金融稳定。应对这些挑战需要各国央行密切合作以及国际社会的支持。

要在实现收益、减少风险和降低溢出效应之间保持良好的平衡，办法之一是通过建立“货币桥”等方式，来促进不同央行数字货币的互通性。互通性非常重要，它可以推动各类数字货币共存和互补，推进能实现自动化交易的外汇市场的发展。为了实现互通性，对央行数字货币新的功能和特性需要制定相关标准，并需要各央行的紧密合作。

二、金融科技对金融结构的影响

在数字货币受到广泛关注的同时，金融科技的崛起和大型科技公司进入金融服务领域，也带动了全球各国讨论和关注这种变化会如何影响和冲击商业银行的运营模式和组织架构。

（一）“规模经济”和“范围经济”

在讨论科技公司对商业银行的影响时，应该有两个重要的考虑因素，即“规模经济”（economies of scale）和“范围经济”（economies of scope）。“规模经济”是指单位成本随着运营规模增加而递减，这也是为什么经营主体要扩大经营规模。“范围经济”是指从单一产品到多样产品，或从分业经营到混业经营，其原因在于金融行业的信息共享可以降低成本。具体说，只要银行对一个客户的基本情况进行了解后，就可对该客户销售多种产品，增加利润。例如客户在银行存款后，银行可以给客户提供诸如保险、理财等附加产品服务。

就“规模经济”和“范围经济”而言，大型科技公司和科技金融公司对商业银行等金融机构会产生怎样的影响？商业银行的优势在于大中型公司客户，而科技公司的优势在于小微企业和个人客户。商业银行服务小微企业的单位成本较高，也很难通过扩大规模来降低其服务（如贷款）的单位成本。科技公司可以通过掌握小微企业的数据，用数字科技的手段来降低单位成本，所以科技公司的崛起对解决小微企业融资难的问题，会起到促进作用。总体来说，因为商业银行有强大的融资功能，在“规模经济”方面有较大的优势。

金融科技和科技公司对商业银行的“范围经济”会产生比较大的影响，这是因为商业银行现在对客户信息了解的优势已不如以往。比如过去商业银行对客户的信息掌握是较为专业独享的，但随着数字化的不断推进，社交平台和搜索引擎对客户的信息（数字足迹）掌握很多，这些信息已不再由银行独享。实际上科技公司对社交平台和电商平台客户信息的掌握程度甚至高于商业银行，因此银行享有的“范围经济”优势已在下降。

未来的商业银行可能不再是现在这样的大而一统的多产品机构，反而会逐渐出现银行和科技公司在不同领域各有分工的局面。例如电商或社交平台上会出现卖保险、理财的应用，银行反而成了平台的一部分；贷款和存款也可能只是社交平台上的一个应用，与现在的结构相比会有较大的变化。平台会把不同的金融服务进行加总，所以银行的“范围经济”会发生巨大变化。因此也可以预期，在金融服务领域里，未来可能是各种类型的服务提供商在各种类型的平台上进行竞争。

（二）“双边市场”与平台竞争

数字经济中的各种服务平台通常采用“双边市场”的架构。在这样的市场中，“平台”为来自不同群体的买家和卖家搭建互动的桥梁，比如消费者和商家是微信支付的两个用户群体。如果大部分商家愿意接受微信支付，那么消费者也会愿意使用微信支付。相反地，如果消费者愿意使用微信支付，商家也会乐意加盟微信支付。

在这些双边市场中，市场通常高度集中，如支付宝和微信支付基本占据了中国的移动端零售支付市场。外溢性是指用户从双边市场中的一边获益，这是造成市场高度集中的一个重要原因。另一个原因则是规模效应，即用户越多，单位服务成本越低。在网络效应和规模经济效应下，很容易出现“赢者通吃”的现象。平台以极低的价格对市场的一边收取费用，吸引另一边的用户，后者为平台提供收益。比如，消费者使用微信支付时无需付费，但加盟微信支付的商家需要支付手续费。

在市场的一边以低价（甚至免费）提供商品或服务是否属于“掠夺性”定价，引发了反垄断机构的关注。在经典市场中，这类做法是削弱竞争对手的财力，或释放出进攻信号，意图将其赶出市场的一种策略。相反地，滥用高价则意味着拥有垄断势力。然而，在双边市场中，这一逻辑不一定成立。与过去相比，数字化时代的市场高度集中不一定代表着缺少竞争，譬如平台服务公司通常鼓励商家之间的竞争。针对双边市场的反垄断政策需要同时考虑市场的两面，在严格而细致的经济学分析基础上，逐案判断是否存在垄断行为（Tirole, 2018）。

总之，大型科技平台既丰富了市场竞争，也使得竞争政策复杂化。传统的以规模和市场份额来作为判断垄断的依据似乎已显得不足，监管机构需要更多地从竞争性（contestability）角度来思考和制定政策。电商或社交平台如何影响竞争性？大型平台是否能帮助提升消费者福利和平台上企业的生产效率？对这些问题，我们需要转换思路，深入探讨。

（三）竞争与金融稳定

金融科技公司和大型科技平台进入金融服务领域，与传统金融机构竞争，会不会对金融稳定带来冲击？要回答这个问题，首先需要正确理解开放金融服务对金融系统稳定性的影响，即金融服务业竞争加剧和金融系统稳定性之间的关系。

总体而言，在有效的审慎监管下，加强银行和金融服务业的竞争性对整个社会来说是好事。竞争是经济效率的主要驱动力之一，这一点同样适用于金融服务业。如果金融科技公司和大型科技公司进入金融服务领域，能够帮助提高金融服务业的效率，这是一个正面的进展。但金融业有其特殊性，是一场信心“游戏”，金融体系比其他经济领域更脆弱。因此，我们需要考虑竞争对金融稳定性的影响。

金融服务的双面市场如何影响金融稳定，以及大型科技公司是否会成为一个“大而不倒”的新问题，在这方面我们的理解仍然十分有限，需要更多深入的研究。

鉴于银行业产品多样，且存在不同程度的市场壁垒，银行业的竞争是不完全的。零售银行业中，转换成本、口碑和分支网络等都起到进入壁垒的作用。现有业务关系和信息不对称等市场摩擦是导致面向中小企业的银行业务难以发展壮大的原因之一。在批发银行业和投资银行业中，竞争是国际性和市场导向的，即使市场高度集中，竞争仍然可以相当激烈。

由于金融业的特殊性（譬如存在严重的信息不对称），竞争的加剧可能会增加金融系统的脆弱性。例如，在竞争市场上，借贷标准和风险筛选标准往往会降低，导致信用供应过剩，而消费者的过度借贷倾向，尤其是在风险偏好强烈且风险成本低下的情况下，会进一步强化这一趋势。竞争也可能会通过侵蚀现有机构的盈利能力、削弱监控贷款和维护长期客户关系的激励而加剧冒险行为。

因此，竞争和稳定之间的关系很有可能呈现驼峰式。从垄断市场开始，竞争水平的提升对应着生产效率的提升和创新，因而是有利的。而当竞争水平增加到一定程度时，带来的好处和对系统脆弱性的危害达到平衡。因而，稳定性在竞争处于中等水平时达到最佳（Vives, 2016）。[①] 超过这个平衡点后，竞争水平继续增加可能会给社会带来危害。

在中国，支付宝和微信支付的经验表明，金融服务的双面市场发展迅速，在我们对其如何影响金融稳定性还没有深入了解前，市场结构可能已经发生

① 参见 Vives, Xavier, 2016, *Competition and Stability in Banking: The Role of Regulation and Competition Policy*, Princeton University Press。

了根本性的改变。因此数字金融的发展的确给监管政策带来了新的挑战。但与此同时，数字科技的发展也为加强监管的有效性带来新的机会。随着金融部门的开放和大型科技公司进入金融服务领域，监管部门该如何将竞争水平的提升纳入审慎政策的设计和执行框架中？竞争和审慎政策又该如何协调？

通过竞争政策来减少进入壁垒、增加竞争，需要更严格的审慎标准来配合。竞争越激烈，资本充足率和流动性水平也应该越高。这是因为对收益的追逐会增加投资者的协调难度，从而更容易出现挤兑现象。同时，特许权价值的降低也会诱使银行采取更多的冒险行为。

更广泛地说，对金融科技公司和大型科技公司提供金融服务的活动，应该采用“同样功能、同样风险和同样监管”的原则。最基本的要求是持牌经营；但主要基于“实体”监管，还是“功能”监管，则还存在很多争议。在现实中，也可能很难确定“同样风险”。与传统商业银行相比，科技公司因为识别和跟踪能力的加强可以降低信贷风险，而另外一些风险（如数据泄露和网络技术安全）则可能上升。除此之外，如何对各种金融产品的显性和暗含的杠杆率与流动性风险进行监管，则需要进一步探索。

在目前阶段，随着科技巨头在金融系统中的作用日益重要，国际监管体系已经开始强调要监控和降低它们的操作风险和网络风险。随着时间的推移，某些市场细分领域高度集中，借贷平台上的资金流动量达到高水平或变得不稳定，这些因素都有可能导致科技巨头具备系统重要性和顺周期性。监管机构应定期评估稳定性风险，将功能的可比性、风险的水平和类型以及这类经济活动的规模纳入考虑。

（四）金融科技能否取代银行的货币创造功能?

讨论科技平台对金融结构的影响，除了涉及竞争政策和金融稳定的问题之外，从支付和货币角度出发和宏观货币银行学角度来观察，也存在金融科技能否取代银行的货币创造功能的疑问。要理解这个问题，首先要理解现代市场经济中的货币是如何创造出来的。

在现代经济里，货币的创造实际上是信贷创造货币的过程，所以这就涉及商业银行的特殊之处。现在所谓的货币体系二元结构，说的就是商业银行和中央银行的关系。中央银行的负债是经济中的基础货币，在整个货币供应中占比较小，但是起到了重要的支点作用。如果把货币体系看成三角形的金字塔，央行在金字塔的顶部，而商业银行是在金字塔的中部，底部则是非银行金融机构和其他非银行商业机构。

通过信用创造货币，商业银行的资产和负债表的两面是密不可分的，负债的创造是通过发放信贷来实现的。为什么中央银行不能直接向广大民众和企业发放信贷呢？这其实是一个效率问题。央行作为独大的一家机构，不太可能很全面地掌握居民和企业信息，因此发放信贷并无优势。如果将发放信贷的职权下放到商业银行，则可以提高整体效率，因为商业银行的分布比较分散，对企业和住户的信息了解也比较全面。因此，中央银行和商业银行有着非常密切的关系，实际上后者是前者创造货币功能的延伸。

商业银行负债的最大特征，特别是可以用来作支付用的活期存款，就是随到随取，自由向第三方转让，并且其和中央银行的负债是一对一的兑换关系。相较之下，科技公司很难发放可转让负债并和中央银行负债保持一对一的兑换关系，即拥有创造货币功能。在现代经济里，货币是法定的信用货币，由央行负债来定义，同时也是由商业银行来派生的。科技公司不可能取代商业银行的货币创造功能，除非它也变成了银行。实际上，大型科技公司的一些部分已经变成银行，譬如阿里的网商银行和腾讯的微众银行。

电子支付和数字货币给商业银行和科技公司的关系带来了一系列的变化。电子支付的崛起可以让科技公司和其他非银行金融公司走在前排，让货币功能分散化，即支付、交易和计价这三种功能不一定要聚集在一起。随着数字货币的崛起和金融科技的普及化，第三方科技公司可以提供各种支付服务，成为和住户部门打交道的一种前台。然而，这些支付功能还是需要通过商业银行或中央银行的转账实现，结算功能是不可能被完全取代的。

此外，商业银行在信贷方面的规模经济还是非常强劲的，为大中型企业提供支付服务具有很大优势。企业的支付需求通常是非连续的，不定期会出现一定的大额支付，现金流往往难以预测。在这样的情况下，银行资产负债表的弹性对企业有很大优势，而科技公司很难复制。换而言之，因为商业银行具有创造货币的能力，在帮助企业部门管理流动性风险方面有天然优势。即使是在电子支付和数字货币时代，商业银行和大中型企业、机构之间的关系还是有其内在的逻辑。

三、IMF 在数字货币和金融科技方面的主要工作

围绕与数字货币和金融科技有关的问题，IMF 开展了包括分析和政策研究、监督政策范围和重点的调整、向成员国提供能力建设在内的一系列工作。

这些工作由 IMF 不同部门开展和协调。其中，货币与资本市场部在金融问题的分析和政策工作中发挥核心作用，就这些问题确定基调和立场，并为各地区部门的国别工作提供指引。货币与资本市场部也代表 IMF 参与标准制定机构和金融稳定理事会（FSB）工作，通过能力建设帮助成员国增进认识和传播知识，并负责撰写每年两次的《全球金融稳定报告》（见第九章）。其他部门包括战略、政策与审查部、法律部、技术部、研究部和统计部等参与这项工作。对各个国家数字货币和金融科技问题的讨论，则由 IMF 各地区部门牵头，主要在对成员国的双边经济监督时进行。货币与资本市场部负责的金融部门评估规划（FSAP）也是 IMF 双边监督的一部分（见第十四章）。

在数字货币和金融科技方面，IMF 的工作主要围绕以下三个方面展开。

（一）分析和政策研究

IMF 相对较早地参与了数字货币的专题分析和研究，于 2016 年 1 月发布了题为《虚拟货币及拓展：初步考虑》（He et al.，2016）的工作人员讨论报告。[①] 该报告详细地介绍了数字货币的底层技术，阐述了数字货币是否是“真正”货币的问题，并讨论了其引发的法律、政策和监管问题。

2016 年初，IMF 成立了跨部门金融科技工作组，旨在“研究金融和技术领域发展给经济和监管带来的影响”。2017 年 3 月，IMF 召集组建了金

---

① 参见 He, Dong, Karl Habermeier, Ross Leckow, Vikram Haksar, Yasmin Almeida, Mikari Kashima, Nadim Kyriakos-Saad, Hiroko Oura, Tahsin Saadi Sedik, Natalia Stetsenko, and Concepcion Verdugo-Yepes, 2016, “Virtual Currencies and Beyond: Initial Considerations,” IMF Staff Discussion Note, No. 16/03。

融科技高级别顾问小组，该顾问组包含14名外部专家，包括技术专家、监管人士、律师和学者，为IMF提供建议，并与上述的跨部门金融科技工作组紧密合作。

随后，跨部门工作组撰写并发布了题为《金融科技与金融服务：初步考虑》（He et al., 2017）的工作人员讨论报告，并提交给IMF执董会进行非正式讨论。[①]这篇报告提出了一个分析金融科技对金融服务市场结构影响的经济框架，并重点关注金融科技对跨境支付领域的影响。事实证明，这种关注是有预见性的。两年后的2019年6月，脸书及其合作伙伴宣布计划推出全球稳定币Libra，后更名为Diem。显然，Diem的一个重要目标是解决跨境支付中的难题。为应对Libra等全球稳定币的迅速和广泛应用，各国央行加快了央行数字货币的研究和试验计划。在全球层面上，二十国集团要求金融稳定理事会协调改善跨境支付服务等方面的工作。

之后，在这两篇工作人员讨论报告的基础上，IMF开展了一系列外联活动，包括在2017年9月英格兰银行庆祝从英国财政部独立二十周年会议上，时任IMF总裁拉加德发表了具有前瞻性和影响力的题为“中央银行与金融科技：勇敢的新世界？”的演讲。[②]

2018年6月，鉴于中国在数字货币与金融数字化领域在全球的领先地位，IMF与中国金融四十人论坛（CF40）联合举办中国金融科技内部研讨会，就中国金融科技与金融服务发展展开深入的讨论和交流。围绕中国金融科技的业务模式、市场结构与监管实践、数字支付和数字货币等前沿问题，IMF工作人员与来自中国的监管机构人士、学者和金融机构从业者进行了深度对话。这是IMF首次就特定行业主题进行大规模的专题研讨交流，也是中国金融科技经验首次走入IMF。相关研讨成果对理解中国金融科技的发展现状和挑战、

① 参见He, Dong, Ross Leckow, Vikram Haksar, Tommaso Mancini-Griffoli, Nigel Jenkinson, Mikari Kashima, Tanai Khiaonarong, Céline Rochon, and Hervé Tourpe, 2017, “Fintech and Financial Services: Initial Considerations,” IMF Staff Discussion Note, No. 17/05。

② 参见Lagarde, Christine, 2017, “Central Banking and Fintech — A Brave New World?” Speech at the Bank of England conference。

数字金融的监管边界、数据共享与个人隐私保护的平衡和跨境监管的国际协调等问题具有重要的参考价值。自 2018 年以来，IMF 已连续四年与 CF40 举办金融科技主题研讨活动，建立了稳定的合作与交流机制。

2018 年 10 月，IMF 与世界银行共同制定了《巴厘金融科技议程》（IMF, 2018a），为指导国际社会和成员国政府审议金融科技的政策问题提供了一个总体框架。[①] 该报告概述了金融科技可能对金融稳定、金融诚信或发展产生影响的 12 个领域，有助于指导 IMF 和世界银行工作人员在其专长和职能范围内开展金融科技研究等相关工作。尽管该议程不是一项工作规划，但它指出，IMF 的初步工作重点将是金融科技对跨境资金流动的影响、国别和全球层面的货币与金融稳定、国际货币体系及全球金融安全网的演变等问题。

2018 年 11 月，IMF 跨部门工作组撰写并发布了题为《揭秘央行数字货币》（Mancini–Griffoli et al.，2018）的工作人员讨论报告。[②] 该报告提出了一个概念框架，旨在从用户和央行视角评估采纳央行数字货币的理由。它讨论了央行数字货币的可能设计方案，探讨了潜在效益和成本，并重点分析央行数字货币对货币政策、金融稳定和金融诚信的影响。它还对世界各国央行有关央行数字货币的研究和试点进行了调查。此外，该报告曾作为时任 IMF 总裁拉加德在 2018 年新加坡金融科技节发表的题为“变革之风：发行新型数字货币的理由”的标志性演讲的背景文件。[③]

同样在 2018 年，IMF 统计部发布了题为“宏观经济统计中加密资产的处理方法”的指导说明。[④] 具体来说，它建议将类似于比特币的加密资产和

---

① 参见 International Monetary Fund, 2018, “The Bali Fintech Agenda: A Blueprint for Successfully Harnessing Fintech’s Opportunities,” IMF Policy Paper。

② 参见 Mancini-Griffoli, Tommaso, Maria Soledad Martinez Peria, Itai Agur, Anil Ari, John Kiff, Adina Popescu, and Celine Rochon, 2018, “Casting Light on Central Bank Digital Currencies,” IMF Staff Discussion Note 18/08。

③ 参见 Lagarde, Christine, 2018, “Winds of Change: The Case for New Digital Currency,” Speech at the Singapore Fintech Festival。

④ 参见 International Monetary Fund, 2018, “Treatment of Crypto Assets in Macroeconomic Statistics,” IMF Statistics Department。

没有对应负债的数字代币归类为生产性非金融资产，作为贵重物品下的一个独立子类别。这项工作目前正通过协商流程不断更新，预计协商结果将刊登于新版《国际收支手册》和《国民账户体系》，两部手册预计将于 2025 年发布。

其他值得关注的分析工作还包括一篇题为《数字货币的崛起》（Adrian and Mancini-Griffoli，2019）的论文，[①] 对数字货币根据属性进行了分门别类的划分，以及题为《零售央行数字货币研究调查》（Kiff et al.，2020）的工作论文。[②] 这篇论文聚焦于操作层面，从项目管理视角出发，提出了一个结构化框架，依托该框架探讨是否应发行央行数字货币。另一篇题为《央行数字货币的法律问题：央行法和货币法的考量因素》（Bossu et al.，2020）的工作论文，[③] 根据央行法和货币法分析了央行数字货币的法律基础，并指出，尽管央行法的问题可通过相对直接的法律改革来解决，但货币法的问题则面临根本性的法律政策挑战。

2020 年 10 月，跨部门工作组发布了一份题为《跨境数字货币：宏观金融影响》的重要政策论文。[④] 这是全球范围内首篇系统性分析与数字货币跨境使用相关的国际政策问题的论文。该论文探讨了在跨境交易中使用央行数字货币和全球稳定币的各种激励因素之间复杂的相互作用，并讨论了其潜在的宏观金融影响。论文设想了数字货币对未来国际货币格局影响的几种主要情景，并讨论这些情景的政策含义。此外，该论文也是 IMF 现任总裁格奥尔基

---

① 参见 Adrian, Tobias, and Tommaso Mancini-Griffoli, 2019, "The Rise of Digital Money," IMF Fintech Notes, No. 19/001。

② 参见 Kiff, John, Jihad Alwazir, Sonja Davidovic, Aquiles Farias, Ashraf Khan, Tanai Khiaonarong, Majid Malaika, Hunter K Monroe, Nobu Sugimoto, Hervé Tourpe, and Peter Zhou, 2020, "A Survey of Research on Retail Central Bank Digital Currency," IMF Working Paper, No. 20/104。

③ 参见 Bossu, Wouter, Masaru Itatani, Catalina Margulis, Arthur D. P. Rossi, Hans Weenink, Akihiro Yoshinaga, 2020, "Legal Aspects of Central Bank Digital Currency: Central Bank and Monetary Law Considerations," IMF Working Paper, WP/20/254。

④ 参见 International Monetary Fund, 2020, "Digital Money Across Borders: Macro-Financial Implications," IMF Policy Paper, 20/050。

耶娃在2020年新加坡金融科技节发表的题为“数字时代支付领域的四个基石”的主旨演讲的背景文件。①

（二）监督工作

2017年，数字货币开始在IMF与成员国双边监督工作中受到关注。2018年3月，马绍尔群岛共和国宣布创造“数字主权货币”的决定，并以法律形式将其确认为法定货币。对此，当年9月发布的IMF第四条款磋商报告进行了讨论，并涵盖了一项全面分析，传达了IMF工作人员的观点。2020年，IMF中国第四条款磋商工作人员报告就中国央行数字货币（数字人民币）的发展进行了分析和讨论。2020年，巴哈马第四款磋商报告也探讨了沙元的发行——巴哈马的央行数字货币以及全世界第一种国家背书的数字货币。在多边监督层面上，2018年4月期《全球金融稳定报告》的一章深入分析了加密资产的统计属性，另外一个专栏介绍了央行数字货币的设计选项。

IMF已将金融科技问题纳入许多成员国的双边监督工作中，着重聚焦金融科技使用比较广泛的成员国。在许多发展中国家，如肯尼亚和坦桑尼亚，IMF第四条款磋商工作人员报告从金融包容性的角度对技术，如手机支付和电子钱包，进行了分析和讨论。从这个角度来看，金融科技可能给这些国家的经济带来变革性的影响，因为迄今为止，其国内金融服务可得性相当有限。在另一些国家，IMF第四条款磋商工作人员报告详细阐述了辖区内金融科技的发展趋势，并充分讨论了相关的政策和监管问题。这些辖区的金融科技发展迅速，已成为当局（如新加坡和香港特别行政区）面临的重要问题。近期，FSAP也开始涵盖金融科技问题及其对金融稳定的影响，取决于金融科技问题在不同国家背景下重要性的不同，FSAP涉及的深度和广度也因国家而异。

（三）能力建设

IMF成员国对数字货币和数字支付的技术援助的需求也在显著增加，具体包括如何监管非银行支付服务商、其他金融服务商和央行数字货币。IMF

---

① 参见 Georgieva, Kristalina, 2020, “Four Cornerstones of Payments in the Digital Age,” Speech at the Singapore Fintech Festival。

工作人员鼓励通过大量外联活动开展点对点学习和交流，如地区培训研习班和特定的技术援助代表团。

能力建设对于 IMF 为广大成员国，特别是中低收入国家，提供有效的服务至关重要。例如，一些小型岛屿经济体在发行央行数字货币方面处于领先地位。由于人口分散居住在不同岛屿，且数字货币有助于增强金融包容性，这些经济体往往对发行央行数字货币具有独特需求。这也是巴哈马和东加勒比货币联盟成员国发展央行数字货币的原因。央行数字货币最终可能有助于增强该地区的跨境支付稳健性。IMF 工作人员还与地区内的一些金融机构合作，完善这些国家央行数字货币设计的部分思路，具体涉及竞争、网络风险管理以及对货币和金融稳定的影响等问题。IMF 工作人员还与这些国家合作，在代理银行关系持续承压的情况下，加强其反洗钱和反恐融资框架。

四、IMF 的未来工作计划

在数字货币与金融科技这个领域，IMF 在以下几个方面具有比较优势：

首先，其工作和专长集中于国际货币金融体系的核心问题，包括宏观经济、宏观金融、汇率和溢出效应。第二，其成员国几乎涵盖世界所有国家，这提供了一个理想的平台，用以探讨与成员国利益密切相关的溢出效应和相关问题，塑造并发展有关国际货币金融体系的共同愿景，提出反映所有成员国需求和能力的政策解决方案，推动各方就数字货币的设计原则达成一致，以便在国别和全球层面促进包容性、多边主义、互操作性和稳定性。第三，IMF 汇集了广泛的专业人士，包括经济学家、技术专家和律师，这对理解数字化转型至关重要。第四，IMF 通过监督工作和能力建设与成员国保持着独特的密切联系，能借此推动在双边、地区和全球层面进行公开和有建设性的讨论，并为点对点学习、交流以及分享信息和政策经验提供便利。

为履行自身职能，IMF 将进一步扩大对成员国工作和服务的范畴，以应对数字货币和金融数字化带来的挑战。IMF 将致力于成为政策制定中严谨的建议提供者、监督工作中客观和有建设性的顾问、能力建设工作中值得信赖的伙伴。

首先，IMF 致力于在政策制定中通过严谨分析，提供政策建议，并促进政策实施，以帮助成员国解决重大问题。这包括以下几个方面。第一，全面了解问题所在和政策权衡，提供明确、严谨和影响深远的政策分析和选择，激发政策辩论。这些观点将对成员国的既有观点提供补充，并在快速演变的领域中引起有建设性和开放的辩论。多样化的观点对于避免政策失误至关重要。此外，IMF 能够提出更加侧重于政策溢出效应以及其与政策目标之间相互作用的观点。第二，从跨国经验中吸取政策教训，并借助成员国参与的网络和会议促进点对点学习。第三，促进各成员国协调一致的政策行动。这需要与其他国际机构进行积极沟通和交流，还意味着在 IMF 全体成员国之间绘制共同愿景和促成共识，采取切实措施指导数字货币的应用、设计和监管，以便各国能继续实现国内政策目标，同时维护国际货币金融体系的稳定性和高效性。

其次，IMF 将继续成为双边和多边监督工作中立场客观和有建设性的顾问。这项工作同样富有挑战性。IMF 将扩大风险评估范畴和加强评估能力，包括 IMF 第四条款磋商和金融部门评估规划将不断更新方法论，以纳入最新的评估标准和指引。另外，也有必要向地区部门的国别工作小组调派具备相关技能的工作人员，确保为成员国提供具有价值和创新的视角。加强与国际社会合作，制定和完善标准以及法律和监管框架，使其足以应对数字货币兴起带来的深刻变革，这也是 IMF 的工作重点之一。这不能局限于狭义或技术性的工作，同时还必须全面理解政策目标之间复杂的相互关系和权衡取舍。

最后，IMF 将继续成为能力建设中值得信赖的合作伙伴，这能帮助成员国更好地获得数字货币的效益并降低相关风险，尤其是避免全球数字鸿沟。这种鸿沟不仅仅体现在技术层面，更重要的是体现在一些国家没有能力或发言权，因此无法指出外国标准的潜在不足，难以进行有效监管，无法抵御数字风险（如网络攻击）和保护自身免受伤害，也无法应对货币替代等政策溢出效应。

在能力建设方面，IMF 将增加并开展技术援助和培训。这包括央行数字货币的设计和政策影响，加快分享经验和教训，识别共同关切的问题并提出政策应对等，并与率先采纳或推动央行数字货币的国家，如巴哈马、加拿大、中国、东加勒比地区央行、爱沙尼亚、瑞典、新加坡、泰国和英国等进行合作。其中一些工作，比如帮助收集和分析技术问题，将由地区技术援助中心开展，并由 IMF 工作人员转达给国际清算银行创新中心或其他专注于技术创新的国际机构。

* * * * * * *

IMF 十分重视数字货币和金融科技的迅速发展及其影响。它从分析视角出发，将这些新问题逐步纳入其双边和多边监督以及能力建设工作，旨在为其成员国促进知识共享，推广良好做法，为成员国提供更好的服务。

第二十一章
信息交流在决策中的作用[1]

随着科技进步和各种新型媒体平台和网络媒体的出现，传统的信息交流渠道，包括纸媒、广播、电视等受到了很大的冲击。为了更好和更快地与全球各国各界高效交流，更广泛地倾听社会大众的诉求，并将 IMF 的观点、分析和建议更有效地传播出去，IMF 在原有传统信息交流渠道的基础上，利用新信息技术和新媒体平台，在信息交流方面做了大量的探索和创新。与此同时，IMF 也对信息交流与新闻传递这项工作的战略定位进行了调整，对信息交流部（Communications Department）的架构设置进行了重组，补充了大量新鲜血液和技能，使得信息交流成为 IMF 工作的一个有机组成部分。

一、信息交流工作大环境的演变

20 世纪末以来，科学技术发展突飞猛进。各种形式的新技术，包括智能手机、平板电脑、社交媒体、网络新闻、电子书籍、搜索引擎等的广泛应用不仅给生产消费领域带来重大变化，也给社会发展带来了深远的影响。这些技术改变了信息传播的范围、广度和速度。社交媒体运营平台 Hootsuite 在 2021 年 7 月发布的报告中指出，全球有 48 亿互联网用户，占全世界人口的

① 本章作者是马德志。

61%；社交媒体用户数量为44.8亿，占全世界人口的57%。① 可以说，当今的世界已经变成了一个互联互通的地球村。

科学技术进步也导致了媒体影响力日益分散，给各国经济政策制定者带来了新的挑战。每一个拥有手机和社交媒体账号的人都有可能成为一个“主播”，通过发布信息来影响他人。比如各种非政府机构和公民社团、年轻人团体、社交媒体平台的主播或者“流量明星”等，在获取大众注意力、影响大众观点等方面具有相当大的影响力。传统意义上的有影响力的机构或个人，比如智库、专家学者、企业领袖、主流媒体等也越来越重视与这些新媒体的互动和交流。另外，随着信息来源的多元化，越来越多的智库、专家学者和民间团体更加活跃，以各种方式参与重大经济政策的思考和讨论。他们利用新媒体平台和网络来传播信息和组织活动，呼吁对现有的秩序进行反思和改革，并希望引起政策制定者的充分重视。

二、IMF信息交流工作的演变、战略和运作

自1945年成立以来，IMF在过去近八十年间历经诸多挑战和演变，包括1971年美元与黄金脱钩、20世纪80年代拉美债务危机、20世纪90年代初东欧剧变、1997年亚洲金融危机、2008年全球金融危机以及2020年的新冠肺炎疫情危机等，IMF做到了不断改革，与时俱进，以适应和反映不断演变的国际经济格局。

总体来说，20世纪90年代，IMF信息交流的风格比较低调，倾向于尽量不在新闻头条中出现。到了90年代末至21世纪初，IMF开始认识到信息交流的重要性和必要性。如今，信息交流工作是IMF日常运作中不可或缺的一个重要环节和政策工具。

作为IMF的日常决策机构，IMF执董会对于信息交流工作的重视和指导，在很大程度上为IMF的信息交流工作奠定了坚实的基础，并指明了总体方向。通常每隔五年，执董会都将正式审议一次IMF的信息交流战略，并就是否需

① 参见Hootsuite, *Digital 2021 Report*, October 2021。

要进行重大调整提出意见和建议。例如在 2014 年审议时，执董会在审议信息交流战略报告时明确提出："信息交流是 IMF 工作一个不可或缺的组成部分，帮助 IMF 进一步提高透明度并成为一个更有效、拥有更广泛问责机制的国际机构，它也是一项战略手段和工具。"[①] 同时，执董会每年都会听取信息交流部的工作汇报，并给予及时的反馈和意见。

IMF 管理层也非常重视对内和对外的信息交流工作。IMF 总裁会领导和深入参与信息交流工作的核心架构设计，并在多个场合不断重申信息交流对于 IMF 工作有效性的重要作用。这些举措对于 IMF 工作人员统一认识、促进各部门与信息交流部的密切合作、使得信息交流真正成为 IMF 工作中不可或缺的一环等方面发挥了重要作用。

信息交流工作虽然是由信息交流部门牵头开展的，具体工作则是由执董会指导、管理层和 IMF 各级工作人员执行落实。因此，IMF 信息交流工作的演进和变化，包括交流战略、机构设置、资源配置、具体运作等层面都需要适应新情况、新技术的发展趋势，也需要考虑 IMF 国际性、多元化和专业化的特点。

（一）IMF 的信息交流战略

IMF 是一个决策和运营比较集中统一的机构。除了在 80 多个成员国设有代表处和培训中心之外，其核心运作都集中在位于美国华盛顿的总部。总体来说，IMF 的信息交流工作基于以下三个核心定位：

第一，信息交流是一项政策工具，是 IMF 工作中的重要一环。

第二，信息交流工作的宗旨是加强 IMF 工作的有效性。信息交流是手段和工具，而不是目的，不是为了博人眼球，而是为提高 IMF 工作的有效性服务。

第三，信息交流工作不能替代 IMF 的政策。常言道，巧妇难为无米之炊。信息交流工作归根结底要依靠 IMF 扎实、高质量的分析和政策建议，而不能无中生有。不论是 IMF 还是其他类似机构，从事信息交流工作的人员经常碰到这样一个问题："我们的政策和报告是好的，但是对外沟通传播上做得不

① 参见 IMF, "Review of The IMF's Communication Strategy," IMF Policy Paper, August 8, 2014。

到位，导致外界不了解和造成工作被动。”因此，信息交流部门的早期参与不仅有利于把外界的关注和可能的反应尽早反馈给政策制定部门，而且有助于信息交流部门制定沟通规划。其次，不断审视并改进对外沟通传播也有助于提高信息交流效率。

近年来，IMF 的信息交流工作也不断改进，并认识到把该项工作更好地与 IMF 的决策和运作结合在一起，是一个长期且持续的过程。它包括加强整个机构的统一协调，与其他部门一起制定和执行合适的、有针对性的信息交流战略。这也包括注重提高信息交流材料的影响和效果，更加注重网络技术的运用，更好地推广和介绍 IMF 的各种出版物和观点，并更加有效地利用英语以外的其他语种进行传播。在对外沟通方面也要定期审视，除了与各成员国的国会或议会、公民社团、智库专家群体进行沟通和交流之外，也需要进一步加强与私营部门和金融市场的联系和沟通。

当然，这些原则也需要因时因地制宜。比如说，面对 2016 年“英国脱欧”等重大事件，为了保证信息的全面性，IMF 在与专家智库群体交流互动的基础上，增加了与一些持不同观点的智库和专家学者的联系和沟通，同时也进一步加强了对社交媒体的关注，从而扩大接触面和提升 IMF 的影响力。

（二）IMF 信息交流部的机构和人力资源配置

为了更好地适应形势的发展和做好新形势下的信息交流工作，2013 年，IMF 对外关系部更名为信息交流部，部门职责涵盖对外交流和内部信息与交流。在 2007 年前后，该部门仅有 5 个处室、不到 80 人的编制，现在扩大到有 7 个处室、120 人左右的员工队伍。信息交流部的工作范围涵盖新闻媒体、利益相关方的接触和活动安排、数字化媒体、内容创作编辑和制作、出版物、内部信息交流等多个领域。

过去十几年来，数字化媒体工作范围迅速扩大。除了原有的网络业务外，现在信息交流部还负责社交媒体和新媒体频道的开设和运营，目前 IMF 有脸书、推特、领英、优兔、Instagram、Flickr、微博、微信等机构账号和个别管理层的个人账号；信息交流部会跟踪和关注这些社交媒体上的舆情并提供实时的意见和建议，积极利用这些平台宣传和介绍 IMF 的分析、建议和工作动向。与此相关的是，信息交流部的员工队伍也快速成长壮大，很多新招募的员工谙熟社交媒体和新媒体的运作，有很多新的创意和点子，也勇于尝试创新。这些举措更好地利用了社交媒体平台，为 IMF 的对外信息交流工作补齐了短板，并开拓了新的战场和思路。

另一方面，内部信息交流旨在加强员工对 IMF 自身的认同感，并在提升机构凝聚力方面为管理层出谋划策，同时也负责了解 IMF 工作人员关注的问题并反馈给管理层，还会组织安排 IMF 内部的大型活动。如前文所述，IMF 的执董会对内部信息交流工作也非常关注，在 2015 年审议信息交流战略时专门提出要进一步重视“内部信息交流工作”。近些年来，内部信息交流的一个工作重点是促进 IMF 内外沟通交流工作的融合，争取让每个 IMF 的员工都能作为机构的“代言人”，更好地宣传和介绍 IMF 的情况。正如 IMF 信息交流部主任经常提及的：“没有好的内部信息交流，就不可能做好外部信息交流工作。”

在过去十年来，信息交流部公共关系处大幅加强了跟公民社团和非政府机构的联系，更及时地听取他们的意见和建议，并和其他部门一起采纳他们提出的很多有建设性的意见。这些举措对于增进 IMF 对这些机构的了解、加深彼此间的互信、扩大合作领域都发挥了重要的作用。近年来，在 IMF 和世行春会和秋季年会期间，非政府机构在两家国际组织大楼外示威抗议的场景已很少见了，他们找到了双方都认可的、更有效的观点表达途径。

信息交流部新闻处在过去几年来也改善了工作人员的多样性，特别是那些对亚太、非洲、中东和拉美地区有深入了解并有在这些地区丰富工作经验的员工。这在很大程度上确保了工作人员能更有效、更有针对性地跟踪和分析这些地区的舆情，并根据国别情况提出具体的应对建议。

（三）IMF 信息交流工作的开展

虽然时代变了，但很多传统的经验还是继续适用的。这包括在内容、目标群体和平台选择方面都要有所取舍，突出重点，不能眉毛胡子一把抓，克服“重量不重质”的误区。此外，信息交流的原则性也非常重要，不能出现多头发声，互相矛盾。

在信息交流方面，推动双向沟通和交流十分重要。这意味着我们与利益相关方的沟通交流和互动是诚恳的，在议题上的磋商是认真的。比如说，在起草一些关于全球经济治理、债务可持续等政策性文件时，IMF 通常会与非政府机构进行及时和有益的交流和磋商。通过这些努力，这些机构也在很大程度上认可了 IMF 过去多年来的变化，并加大了与 IMF 合作的力度。

与此同时，要力争做到有全球视野和开展全球行动。IMF 有 190 个成员国，在全球主要国际机构中，其成员国数目之多仅次于联合国。因此，在讨论一些具体议题时就要从各国国情出发，兼顾各个成员国。其中一个手段就是更多使用英语以外的其他语种（中文、法文、西文、阿拉伯语、俄语和日语）进行传播，并充分发挥 80 多个驻外代表处的作用。

在具体的操作层面，IMF 的信息交流工作非常注意以下五个方面：

1. 信息交流的一致性和及时性

IMF 的很多决策出台要经历一个开放讨论的过程。讨论问题的过程注重集思广益，但决策做出后，在对外沟通交流上则需要保持一致。IMF 有 190 个成员国，在海外有 80 多个驻外代表处，如何确保沟通交流一致性？这主要可以归纳为以下三点：

首先，信息交流部门定期举办新闻发布会。除重大节假日以外，信息交流部通常每两周举行一次面向全球记者的新闻发布会，由 IMF 新闻发言人通报最新的 IMF 动向，包括管理层行程、重要政策的出台、贷款项目的安排等，并回答记者提问。这一机制要求 IMF 内部在很多议题上需要持续不断地更新对外口径。

其次，IMF 定期召开以讨论信息交流为主的管理层例会。IMF 可能是为数不多举行此类例会的国际组织之一。一般情况下，该例会每周召开一次，管理层成员和各部门负责人参会，讨论 IMF 的最新工作要点以及与全球和成员国经济相关的重大问题。这一制度在很大程度上确保了 IMF 高层能够及时准确地了解最新动态，并在一些重大问题上提前做好规划布局和形成一致性意见。

第三，突发事件的处理机制。在遇到一些突发事件需要对员工和对外表态时，信息交流部一般都会启动现有机制，由信息交流部或由相关部门牵头准备新闻稿，一般在当天由管理层审核同意并以发言人谈话的方式发送给主要媒体。这确保了 IMF 在涉及自身议题时，能够及时发声，争取主动。

2. 信息交流的协调性

信息交流部采取纵向和横向（工作小组）结合管理模式，员工虽然隶属各个处室，但很多日常工作是由不同工作小组共同开展。信息交流部设有十几个小组，分别对应所有的地区部门以及一些主要议题（性别平等、气候变化等）。以亚太小组为例，该小组有 10 名左右成员，来自不同的处室，其多数成员来自亚太地区或曾经在该地区工作过，并由信息交流部高级官员担任小组协调人。这一方面确保了小组能够最大限度地利用机构内部积累的亚太经验和知识，同时也确保了每个小组成员都能把所在处室跟亚太相关的信息进行共享和反馈。这使得跟亚太相关的信息沟通工作能够做到一盘棋，有利于信息交流部、亚太部高层、IMF 管理层根据总体情况确定重点领域并做出战略判断。比如，如果规划显示，IMF 高层访问某一个亚洲国家过于频繁，那么就会讨论是否需要增加到其他亚太国家访问的频率等。同时，这些小组讨论的问题也涉及诸多方面，从具体的议题（金融稳定、债务、金融科技、收入不平等），到信息发布平台、发布时间、方式、发布方式、目标群体，不一而足。这样一来，可以在很大程度上做到群策群力，取长补短。

通过这种纵向和横向结合管理模式，信息交流部能够勾勒出一个类似于“航空路线图”的信息交流活动安排一览表，供各部门和 IMF 高层决策参考，特别是涉及地区之间的平衡性和一些重要议题讨论上的平衡性时。

3. 信息交流的前瞻性

对信息交流来说，及时了解工作成效是否影响到目标群体，是否关注到可能会对所在机构产生重要影响的事件，是否遗漏了一些重要信息等，都是至关重要的。

IMF 会定期进行民意调查，以了解 IMF 在成员国央行和财政部等政府部门、私营部门、非政府机构、智库、专家学者和媒体中的形象以及如何进一步加以改善。此类民意调查一般每隔三年到五年进行一次。有时候民意调查是在全球范围进行的，有时候则是以区域为主。比如，在 2012 年 IMF 和世界银行东京年会之前，信息交流部组织了一次针对亚洲的民意调查；在2015年在秘鲁利马举行的IMF和世界银行年会前，IMF进行了一次全球范围的民意调查。这些调查极大地帮助了IMF了解自己的短板，明确了其在信息交流方面的工作重点，特别是有关一些具体议题的设置和信息发布平台的选择。

从另一个角度看，信息交流也包括让外界更好地了解IMF的历史演变、现状和下一步的工作重点等。比如在公共关系方面，有专人负责“讲座团”，面向大中院校的学生、到访IMF的各种社会群体，向他们介绍IMF的情况并回答大家的提问。此类活动时长一般一小时左右，每周三次，可以网上预约。参与介绍情况的员工上至IMF管理层，下至普通工作人员，既有经济学家、金融专家，也有负责对外关系的工作人员。每次接待人数介于数十人到数百人之间。这对于青年人、学生和一些专业团体加深对IMF的了解非常重要。近些年来，一些中国大学和专家智库到访IMF的人数也与日俱增，这为中国更好地了解IMF提供了一个很好的窗口。

此外，信息交流部每年也会定期组织为世界各地，特别是发展中国家的记者提供培训，很多培训是跟路透社基金会合作举行的。这些培训既包括介绍IMF的基本情况，如何解读IMF的报告和数据，也包括由路透社的资深记者和培训专家提供的如何撰写财经类新闻稿的培训。此类培训已经进行了十几年，在2020年新冠肺炎疫情之前从未间断，为很多国家的记者更好地了解IMF和采写财经类新闻奠定了良好的基础。

IMF和世界银行春季会议和秋季年会是各国财经官员汇聚、共商全球经济大事的盛会。这也为IMF更好地介绍自己、塑造良好的机构形象提供了一个重要平台。每次会议之前，IMF的信息交流部都会和区域部门共同遴选和邀请新兴市场和发展中国家的记者、非政府机构代表和专家学者参会，并为他们制定有针对性的议程。这包括对IMF基本情况的介绍，围绕一些核心议题的讨论，与IMF总裁或副总裁的小范围会见，IMF执董会的圆桌会议，以及与IMF各相关部门或国别磋商小组负责人的双边会见或采访等安排。这一系列活动增加了他们对IMF的了解，拓展了他们的人脉，有利于他们将来在工作中继续关注IMF，同时也使得IMF扩大了自己的影响力。很多参与这些活动安排的记者或非政府机构代表往往会持续保持和 IMF 的密切联系，继续关注 IMF 各方面的工作。长此以往，他们对 IMF 的了解不断加深，尽管他们撰写的报道和报告可能会对 IMF 的政策或贷款安排提出批评意见，但往往会变得更公允、更平衡。

4. 平台和合作伙伴关系的重要性

IMF 虽然有一个比较完善的信息交流团队，但很多时候做好信息交流工作不能仅靠一个机构、一个部门来单枪匹马去进行。如何更好地利用一些现有的平台和资源，与它们建立长期和互利的伙伴合作关系，对于加强信息交流工作的有效性非常重要，达到“少花钱、多办事、办好事”的效果。

当然，这一认识也是逐渐建立和完善起来的。20 世纪 90 年代末至 21 世纪初，IMF 很多活动都是自行筹办。从 2009 年与坦桑尼亚央行合作在达累斯萨拉姆举办第一次非洲范围内的区域峰会为开端，IMF 开始注重邀请非政府机构代表和社会知名人士参会，并开启了与媒体的合作伙伴关系。参加此次区域峰会的演讲嘉宾包括联合国前秘书长安南、著名音乐家鲍勃·格尔多夫、透明国际的执行主任等，会议取得了巨大成功。此后，IMF 在其他地区举办的区域峰会和春季会议以及年会也开始了媒体合作伙伴安排，此举极大地扩大了 IMF 的影响力。

除了在自己主办的活动中建立和加强与媒体的合作关系之外，IMF 也非常重视与其他大型国际机构、会议和平台的合作，并利用这些现有的平台有效传递 IMF 的信息并扩大其影响力。这包括联合国每年一度的高峰会议、世界经济论坛的达沃斯年会和其他区域峰会、彭博创新经济论坛、巴黎和平论坛、中国的博鳌亚洲论坛、发展高层论坛和国际金融论坛等。

比如每年一度的达沃斯论坛，IMF 的总裁都会参加，就影响全球经济和金融稳定的重大问题阐述 IMF 的观点和立场，有时也会对一些系统性或前瞻性的问题发表自己的看法。2013 年 1 月，IMF 前总裁拉加德在达沃斯论坛开幕式上应邀做开幕致辞，[①] 重点谈到了收入不平等和气候变化对全球经济和

① 参见 Lagarde, Christine, “A New Global Economy for a New Generation,” Speech at the World Economic Forum in Davos, January 23, 2013。

年轻人的影响。这一演讲在很大程度上影响了IMF日后相关工作重点的调整，使其更贴近国际社会不断变化的需求。她的演讲也推动了世界经济论坛更加旗帜鲜明地把收入不平等和气候变化问题提上了议事日程。这两个机构也在其他方面不断强强联手，做到了互利互惠。比如，2018年至2020年，IMF将1月份的《世界经济展望》更新报告安排在达沃斯发布，为世界经济论坛讨论全球经济问题奠定基调。

上文谈及，IMF和世界银行每年的春季会议和秋季年会是成员国的财长和央行行长汇聚一堂共商全球经济大事的盛会。在会议开始之前一周左右，IMF总裁通常会做个“揭幕致辞”，介绍会议讨论的重点议题以及IMF对全球经济发展的观察和判断。为了扩大此类演讲的影响力，信息交流部通常牵头与一些主要智库和大学合作，请它们协助组织此类活动。例如，IMF总裁在美国布鲁金斯学会、美国外交关系协会、哈佛大学肯尼迪政府学院、欧洲布鲁盖尔智库、香港大学等机构发表过此类演讲。这一方面加强了与这些机构的联系和合作，另一方面也借助它们的平台，扩大了IMF的受众群体和影响力。总体而言，这些合作都带来了双赢或多赢的成果。

5. “巧用”自己的“明星掌门人”

过去十多年来，IMF在机构形象的变化和信息交流方面取得了诸多成就，这跟管理层对这一工作的重视是息息相关的。IMF总裁对信息沟通交流工作极为重视，并且身体力行，积极参与到跟媒体、非政府机构、青年人和专家学者的沟通和互动中来。

有一个好的代言人对于一个机构的信息交流工作极为重要。有一个富有魅力、形象好、自带流量的代言人就更是不可多得了。IMF前总裁拉加德就是这样一个典型的例子。在拉加德担任IMF总裁期间，IMF的对外形象、外界对IMF的认知和观感有了巨大的变化。追根溯源，这些变化源于IMF自身一些政策和做法上的调整和改进，包括资本流动管理、一些与贷款有关的安排方面（强调社会性附加条件等）、男女平等和收入不平等问题等。此外，这也是因为拉加德总裁自身独特的魅力和愿意跟社会各个群体加强接触的偏好，给机构赋予了一个更加亲和、人性化的形象。

利用明星领导人在社交媒体上的影响力更好地传递 IMF 的声音是一个重要课题，给 IMF 带来了机遇，也带来了挑战。比如说，前总裁拉加德在中国的微博上有近 600 万粉丝，如何以他们喜闻乐见和通俗易懂的方式，来探讨严肃和可能略显枯燥的经济问题是 IMF 经常面临的一个挑战。信息交流部也在不断做出尝试。比如，2018 年 11 月拉加德到上海参加首届中国国际进口博览会，以“三座桥”为喻，[①] 讨论了中国的过去、现在和未来，指出中国正在为繁荣的未来搭建三座桥梁：（1）通过改革开放与世界接轨；（2）通过重新平衡经济来建立繁荣；（3）通过利用国际合作的力量与未来相通。这一深入浅出的生动比喻收到了很好的传播效果。

三、IMF 信息交流工作的启示

IMF 的信息交流工作，特别是过去十几年来的发展演变对成员国或其他类似机构来说有什么借鉴意义呢？

以笔者看来，至少有以下几个方面可供借鉴：

首先，提高信息交流工作，不仅要用好和用足自有平台，也要积极利用现有的国际和地区平台。以中国为例，向全世界更全面、更真实地讲述中国的故事，不仅可以依靠中国现有的平台和渠道，包括主流媒体和社交平台，博鳌亚洲论坛、中国发展高层论坛、“一带一路”峰会等，也需要更积极、更系统地参加一些在国际上有影响力的平台，如世界经济论坛举办的达沃斯年会和区域峰会、巴黎和平论坛、IMF 和世界银行的春季会议和秋季年会等。借这些平台参与讨论、阐述观点、以事实为依据，就大家关注的问题交流看法、分享观点。

第二，加强公共关系建设。公共关系处打交道的对象来自各行各业，包括非政府机构、国会议会代表、工会代表、智库和专家学者、社会活动家以及私营部门。他们中的很多人是新闻媒体的“信息来源和渠道”。很多记者在撰写财经类新闻时，会求证他们的观点或引用他们的说法。因此，如何向

① 参见拉加德：微博文章“中国正在为繁荣的未来搭建三座桥梁”，2018 年 11 月 5 日。

他们及时和定期提供自己机构的分析、研究成果和政策建议十分必要。公共关系建设对于促进新闻交流、信息获取、加强对外沟通交流都非常重要。

第三，双向交流的重要性不可低估。比如，IMF 管理层和部门负责人与华盛顿智库专家进行定期交流活动。这些活动一般每月举行一次，分议题邀请不同专家参会讨论。一方面介绍 IMF 的一些最新研究和分析，另一方面，更是为了听取他们在这些议题上的观点和判断。这在很大程度上可以丰富 IMF 自己的研究，也为一些报告和政策出台时可能面临的外界反应提前进行准备。如何进行双向交流需要换位思考，我们在讲自己故事的同时也要了解对方想了解什么，他们感不感兴趣，听众有没有共鸣。归根结底，要想讲好自己的故事，需要以别人习惯和喜欢接受的方式把故事讲好。

最后，信息交流部门不仅仅是信息的出口，它在讨论和制定重要政策时应有一席之地。IMF 在过去十几年来的演变就是一个鲜明的例子。鉴于信息交流部的工作性质和对外界信息的了解，它可以在制定政策的早期阶段就提供有益的信息和补充。这也是为什么 IMF 执董会和管理层多次强调，要把信息交流工作更好地与 IMF 决策和运作结合在一起，让其成为 IMF 工作中的重要一环。

* * * * * * *

科学技术进步日新月异，给各国政策制定者带来了新挑战，也给信息传播和交流工作带来了新任务。本章介绍了信息交流工作大环境的演变，IMF 信息交流工作的主要内容以及 IMF 信息交流工作中得出的一些启示。总体而言，在过去十多年间，IMF 利用新信息技术和新媒体平台，在信息交流方面做出了大量的探索和创新，对信息交流团队的架构和工作要点进行动态调整，与时俱进的改革帮助 IMF 不断提高信息交流的有效性和针对性，不断加强与各个团体和机构的沟通，使得信息交流工作能够更好地与 IMF 的决策和运作进行有机融合。

IMF 的信息交流工作，特别是过去十几年来的发展演变，也为成员国提供了一定的借鉴意义。充分利用和发挥信息交流工作的平台有助于经济政策的制定和有效推行，进而促进经济的持续发展。

参考文献

Sources of References

第一章 巨变中的全球经济：挑战与机遇

Blanchard, Olivier, 2019, "Public Debt and Low Interest Rates," *American Economic Review*, 109(4), pp. 1197-1220.

Cherif, Reda, and Fuad Hasanov, 2015, "The Leap of the Tiger: How Malaysia Can Escape the Middle-Income Trap," IMF Working Paper, WP/15/131.

Curran, Enda, 2019, "These Could Be the World's Biggest Economies by 2030," Bloomberg (January 8, 2019).

Frey, Carl Benedikt, and Michael Osborne, 2013, "The Future of Employment: How Susceptible are Jobs to Computerization?" Oxford University Working Paper.

Furman, Jason, and Larry Summers, 2020, "A Reconsideration of Fiscal Policy in the Era of Low Interest Rates," Brookings Institution (November 30, 2020).

Goos, Manning and A. Manning, 2007, "Lousy and Lovely Jobs: The Rising Polarization of Work in Britain," *The Review of Economics and Statistics* 89, pp. 118–133.

Gordon, Robert J., 2016, *The Rise and Fall of American Growth – The U.S.*

Standard of Living Since the Civil War, Princeton University Press.

International Monetary Fund, Regional Economic Outlook: Asia and Pacific, (May 2015).

________, Regional Economic Outlook: Asia and Pacific, (May 2017).

Lo, Stephanie, and Kenneth Rogoff, 2015, "Secular Stagnation, Debt Overhang and Other Rationales for Sluggish Growth, Six Years On," BIS Working Paper, No. 482.

PricewaterhouseCoopers, 2017, "The World in 2050: The Long View — How Will the Global Economic Order Change by 2050?"

Rajan, Raghuram G., 2020, "How Much Debt Is Too Much?" *Project Syndicate* (November 30, 2020).

Rogoff, Kenneth, 2016, "Debt Supercycle, Not Secular Stagnation," in *Progress and Confusion — The State of Macroeconomic Policy* edited by Olivier Blanchard, Raghuram Rajan, Kenneth Rogoff, and Lawrence H. Summers, The MIT Press, 2016.

Summers, Larry, 2013, "Rethinking Secular Stagnation After Seventeen Months," *Progress and Confusion — The State of Macroeconomic Policy*, The MIT Press, 2016.

Sumner, Andy, Chris Hoy, and Eduardo Ortiz-Juarez, 2020, "Estimates of the Impact of COVID-19 on Global Poverty," *United Nations University World Institute for Development Economics Resear*ch, WIDER Working Paper 2020/43.

国际货币基金组织：《世界经济展望》，第三章，2017 年 4 月刊。

________，《财政监测报告》，2017 年 10 月刊。

________，《财政监测报告》，2019 年 4 月刊。

________，《世界经济展望》，第四章，2019 年 4 月刊。

________，"在不平等问题上，财政政策能够发挥功效"，IMF 博客。https://www.imf.org/external/chinese/np/blog/2017/101117bc.pdf.

国际劳工组织：2020 年。International Labor Organization Monitor: COVID-19 and the world of work. Fifth edition.

联合国：《千年发展目标 2015 年报告》。

世界银行：Poverty and Shared Prosperity, 2020。

第二章 生在危机，长在危机

Boughton, James M., 2014, *The IMF and The Force of History: Events that Have Shaped the Global Institution*, International Monetary Fund.

The Bretton Woods Committee, 2019, *Revitalizing the Spirit of Bretton Woods.*

El-Erian, Mohamed A., "The IMF Can (and Must) Disrupt Itself," *Finance and Development*, (June 2019), pp. 24-26.

Gardner, Richard N., 1980, *Sterling-Dollar Diplomacy in Current Perspective: The Origins and the Prospects of Our International Economic Order,* Columbia University Press.

International Monetary Fund, 1947, Articles of Agreement.

________, 1983, Annual Report.

________, 1992, Annual Report.

________, 2020, World Economic Outlook (October 2020).

第三章 IMF 的职能与治理

El-Erian, Mohamed, 2019, "The IMF Can (and Must) Disrupt Itself," *Finance and Development*, Vol. 56/2, pp. 24-26.

Horsefield, Keith J., 1969, *The International Monetary Fund, 1945-1965, Volume I: The Chronicles,* International Monetary Fund.

Horsefield, Keith J., 1969, *The International Monetary Fund, 1945-1965, Volume II: Analysis*, International Monetary Fund.

International Monetary Fund, 1947, Annual Report.

________, 1992, Annual Report.

________, 1993, Annual Report.

________, 1994, Annual Report.

________, 2006, "IMF Board of Governors Approves Quota and Related Governance Reforms," IMF Press Release (September 18, 2006).

________, 2007, "IMF Executive Board Moves Ahead with Process of Selecting the Fund's Next Managing Director," IMF Press Release (July 12, 2007).

________, 2008, "Directors Back Reforms to Overhaul IMF Quotas and Voice," IMF Press Release (March 28, 2008).

________, 2012, "Managing Director's Global Policy Agenda," IMF Policy Paper (October 13, 2012).

________, 2017a, "Qualifiers Used in Summings Up of Executive Board Meetings," IMF (July 28, 2017).

________, 2017b, "IMF Quotas," IMF Factsheet (October 2017).

________, 2019a, "Selected Decisions and Selected Documents of the IMF, Fortieth Issue — Review of the Fund's Transparency Policy — Archives Policy," IMF (April 30, 2019).

________, 2019b, "Frequently Asked Questions on Managing Director Selection," IMF (September 5, 2019).

________, 2020a, Annual Report.

________, 2020b, IMF Diversity and Inclusion: 2019 Report.

________, 2021a, "A Guide to Committees, Groups, and Clubs," (February 16, 2021).

________, 2021b, "How the IMF Makes Decisions," IMF (February 23, 2021).

________, 2021c, "The IMF at a Glance," IMF (March 3, 2021).

________, 2021d, "Transparency at the IMF," IMF (March 17, 2021).

________, 2021e, "COVID-19 Financial Assistance and Debt Service Relief", IMF (April 5, 2021).

________, 2021f, “The IMF’s Response to COVID-19,” (April 8, 2021).

________, 2021g, “IMF Members’ Quotas and Voting Power, and IMF Board of Governors,” (April 28, 2021).

King, Mervyn, 2006, “Reform of the International Monetary Fund,” Speech at the Indian Council for Research on International Economic Relations (ICRIER) in New Delhi, India (February 20, 2006).

Lamdany, Ruben, and Leonardo Martinez-Diaz (eds.), 2009, *Studies of IMF Governance: A Compendium*, Independent Evaluation Office of the IMF.

Manuel, Trevor, et al., 2009, *Committee on IMF Governance Reform: Final Report*.

Van Houtven, Leo, 2002, “Governance of the IMF: Decision Making, Institutional Oversight, Transparency, and Accountability,” *IMF Pamphlet Series No. 53*.

World Trade Organization, “Understanding the WTO: Whose WTO Is It Anyway?”

葛华勇：《国际货币基金组织导读》，中国金融出版社，2002。

蒋旭峰：“透析 IMF 全球危机救助工具箱”，《中国金融》，2020 年第 11 期，第 91—93 页。

林建海，刘菲：“IMF 2010 年份额与治理改革方案生效，提高新兴市场经济话语权”，《经济参考报》，2016 年 1 月 29 日。

孙天琦：“我国跨境资本流动管理的政策框架和实践”，《清华金融评论》，2019 年第 7 期，第 65—70 页。

第四章 特别提款权 (SDR) 和人民币入篮

Andrews, David, 2021, “Can Special Drawing Rights Be Recycled to Where They Are Needed at No Budgetary Cost?” Center for Global Development, CDG Note (April 2021).

Boughton, James, 2001, “Chapter 18 Evolution of the SDR: Paper Gold or Paper Tiger?" *Silent Revolution the International Monetary Fund 1979-1989*, International Monetary Fund.

Cohen, Benjamin, 2015, *Currency Power, Understanding Monetary Rivalry*, Princeton University Press.

Collins, Christopher, and Edwin Truman, 2020, "IMF's Special Drawing Rights to the Rescue," *PIIE Real Time Economic Issues Watch* (April 10, 2020).

Eichengreen, Barry, and Jeffrey Frankel, 1996, "The SDR, Reserve Currencies, and the Future of the International Monetary System," in Mussa, Michael, James Boughton, and Peter Isard (eds.), *The Future of the SDR — In Light of Changes in the International Financial System.*

Habermeier, Walter, 1973, *Operations and Transactions in SDRs: The First Basic Period*, International Monetary Fund.

International Monetary Fund, 1967, *Outline of a Facility Based on Special Drawing Rights in the Fund.*

________, 1995, *Users' Guide to the SDR: A Manual of Transactions and Operations in SDRs.*

________, 2014, "Recent Fall in the SDR Interest Rate — Implications and Proposed Amendments to Rule T-1," IMF Policy Paper.

________, 2015, "Review of the Method of Valuation of the SDR," IMF Policy Paper.

________, 2018a, *IMF Financial Operations.*

________, 2018b, "Update on the Financing of the Fund's Concessional Assistance and Debt Relief to Low Income Member Countries," IMF Policy Paper.

________, 2018c, "Considerations on the Role of the SDR," IMF Policy Paper.

________, 2021a, "Questions and Answers on Special Drawing Rights."

________, 2021b, "Proposal for a General Allocation of Special Drawing Rights," IMF Policy Paper.

________, 2022, "Proposal to Establish a Resilience and Sustainability Trust," IMF Policy Paper.

Ito, Hiro, and Robert McCauley, 2019, "The Currency Composition of Foreign Exchange Reserves," BIS Working Papers, No. 828.

Kenen, Peter, 1983, "The Role of the Dollar as an International Reserve Currency," *Occasional Papers* No. 13, New York: Group of Thirty.

Mussa, Michael, James Boughton, and Peter Isard (eds.), 1996, *The Future of the SDR — In Light of Changes in the International Financial System: Proceedings of a Seminar Held in Washington, D. C. March 18-19, 1996*, International Monetary Fund.

Pazarbasioglu, Ceyla, and Uma Ramakrishnan, 2022, "A New Trust to Help Countries Build Resilience and Sustainability," International Monetary Fund.

Polak, Jacques, 1979, "The SDR as a Basket of Currencies," *IMF Economic Review*, Volume 26.

Solomon, Robert, 1982, *The International Monetary System, 1945-1981* (New York: Harper & Row).

Stiglitz, Joseph, 2020, "Internationalizing the Crisis," *Project Syndicate* (April 6, 2020).

The Economist, 2016, "The Yuan in the SDR — From Base to Gold," *The Economist* (October 8, 2016).

The New York Times, 2021, "IMF Presents Plan to Help Poor Countries During Pandemic," (June 24, 2021), https://www.nytimes.com/2021/06/24/business/ international-monetary-fund-sdr.html.

Triffin, Robert, 1960, *Gold and the Dollar Crisis: The Future of Convertibility*, Yale University Press.

U.S. Congress Press Release, 2020, "Leaders of the Progressive Caucus, CBC, CHC, and CAPAC Urge Speaker Pelosi to Prioritize IMF Special Drawing Rights for Developing Nations in Remaining Year-End Legislation," (November

24, 2020).

U.S. Treasury Department, 2019, "Audit of the Exchange Stabilization Fund's Financial Statements for Fiscal Years 2019 and 2018" (December 6, 2019).

U.S. Treasury Department Fact Sheet, 2021, "How an Allocation of International Monetary Fund Special Drawing Rights Will Support Low-Income Countries, the Global Economy, and the United States," (April 1, 2021).

Williamson, John, 1984, *A New SDR Allocation?* Institute for International Economics.

蒋旭峰："SDR 可否担当改善国际货币体系重任？"，《银行家》，2018 年 11 月第 58—61 页。

中国人民银行国际司：《人民币加入 SDR 之路》，中国金融出版社，2017。

林建海、刘菲："人民币加入 SDR 是一个新起点"，《第一财经日报》，2015 年 12 月 7 日。

易纲："SDR 改革设想"，《新世纪周刊》，2011 年第 30 期，第 82—83 页。

周小川："关于改革国际货币体系的思考"，中国人民银行官网，2009 年 3 月 23 日。

第五章 国际货币体系的前世与未来

Bernanke, Ben, and Harold James, 1990, "The Gold Standard, Deflation, and Financial Crisis in the Great Depression: An International Comparison," NBER Working Paper No. 3488.

Boughton, James, 2002, "Why White, Not Keynes? Inventing the Post-War International Monetary System," IMF Working Paper, WP/02/52.

Cohen, Benjamin, 2015, *Currency Power: Understanding Monetary Rivalry*, Princeton: Princeton University Press.

Connell, Carol, 2011, "Framing World Monetary System Reform: Fritz Machlup and the Bellagio Group Conferences," *PSL Quarterly Review*, Vol. 64, No.

257.

Crockett, Andrew, 2001, "Monetary Policy and Financial Stability," Speech at the Fourth HKMA Distinguished Lecture, Hong Kong SAR.

________, 2010, "What Have We Learned in the Past 50 Years about the International Financial Architecture," Address at Symposium to Mark the 50th Anniversary of the Reserve Bank of Australia.

Eichengreen, Barry, and Jeffrey Sachs, 1985, "Exchange Rates and Economic Recovery in the 1930s," *Journal of Economic History*, Vol. 45, No. 4.

Eichengreen, Barry, 1996, *Globalizing Capital*, Princeton: Princeton University Press.

________, 1996, *Golden Fetters: The Gold Standard and the Great Depression, 1919-1939*, Oxford University Press.

Farhi, Emmanuel, 2019, "Toward a Multipolar System," *IMF Finance and Development*, Vol. 56, No. 2.

Frankel, Jeffrey, 2012, "Internationalization of the RMB and Historical Precedents," *Journal of Economic Integration*, 2012, Vol.27.

Ghizoni, Sandra, 1971, "Nixon Ends Convertibility of U.S. Dollars to Gold and Announces Wage/Price Controls," U.S. Federal Reserve History Essay.

Gopinath, Gita, and Jeremy Stein, 2018. "Trade Invoicing, Bank Funding, and Central Bank Reserve Holdings," *AEA Papers and Proceedings,* Vol. 108: 542-546.

Hamilton, James, 1988, "The Role of the International Gold Standard in Propagating the Great Depression," *Contemporary Policy Issues*, Vol.6.

Horsefield, Keith, 1969, *The International Monetary Fund, 1945-1965: Twenty Years of International Monetary Cooperation, Volume 3, Document*, Washington, D. C.

International Monetary Fund, 1947, Annual Report.

James, Harold, 1996, *International Monetary Cooperation Since Bretton*

Woods, New York: Oxford University Press.

________, 2012, "The Multiple Contexts of Bretton Woods," *Oxford Review of Economic Policy*, Volume 28, Number 3.

Kenen, Peter, 1967, *International Economics,* Prentice-Hall.

Keynes, John Maynard, 1913, *Indian Currency and Finance*, London: Macmillan Co. Limited.

________, 1924, *A Tract on Monetary Reform,* Macmillan London.

Lindert, Peter, 1969, *Key Currencies and Gold 1900-1913*, Princeton Studics in International Finance No. 24, New Jersey: Princeton University.

Mikesell, Raymond, 1994, "The Bretton Woods Debates: A Memoir," *Princeton Essays in International Finance* No. 192.

Obstfeld, Maurice, 2011, "The International Monetary System: Living with Asymmetry," NBER Working Paper No. 17641.

Ocampo, José, 2016, "A Brief History of the International Monetary System Since Bretton Woods," UNU-WIDER Working Paper 97/2016.

Padoa-Schioppa, Tommaso, and Fabrizio Saccomanni, 1994, "Managing a Market-Led Global Financial System," in Kenen, Peter (ed.), *Managing the World Economy: Fifty Years after Bretton Woods*, Washington D.C.: Institute for International Economics.

Rey, Helene, 2001, "International Trade and Currency Exchange," *Review of Economic Studies*, Volume 68: 443-464.

Saccomanni, Fabrizio, 2000, "A New Architecture or New System? A Survey of International Monetary Reform in the 1990s," in Savona, Paolo. (ed.) *The New Architecture of the International Monetary System*, New York: Springer Science and Business Media.

Takagi, Shinji, 2015, *Conquering the Fear of Freedom: Japanese Exchange Rate Policy Since 1945*, Oxford University Press.

Thorn, Richard, 1965, "Reviewed Work: International Monetary Arrangements:

The Problem of Choice by Fritz Machlup, Burton G. Malkiel," *The Journal of Finance*, Vol. 20, No. 1.

White, Harry, 1948, "Proposal for an Amendment to the IMF Charter to Increase the Level of World Trade," IMF Executive Board Document No. 347.

孙杰："布雷顿森林体系在国际货币体系变迁中的角色"，《中国外汇》，2021 年第 21 期。

张宇燕："汇率不仅是经济问题，也是国际政治问题"，新华网思客，2018 年 8 月 29 日。

________，"后美元时代的三元货币体系设想"，《经济参考报》，2011 年 5 月 5 日

余永定，张明，张斌："中国应慎对资本账户开放"，FT 中文网，2013 年 6 月 3 日。

第六章　国际经济治理的演变与前景

Boughton, James, 2019, "A Brief History of the G-24," *G-24 Pamphlet*.

G20 Eminent Persons Group, 2018, "Making the Global Financial System Work for All," *Report of the G20 Eminent Persons Group on Global Financial Governance*.

International Monetary Fund, "Collaborating With Others," https://www.imf.org/external/about/collab.htm.

________, 2017, "Collaboration Between Regional Financing Arrangements and the IMF," IMF Policy Paper.

________, World Trade Organization, World Bank, 2018, "Reinvigorating Trade and Inclusive Growth," (September 30, 2018).

________, 2020, "Joint IMF-RFAs Press Release on the 5th High-level RFA Dialogue," IMF Press Release (October 13, 2020).

Van Houtven, Leo, 2002, "Governance of the IMF: Decision Making, Institutional Oversight, Transparency, and Accountability," *IMF Pamphlet Series*

No. 53.

陆燕："WTO 改革：进展、前景及中国应对"，《国际商务财会》，2019 年第 10 期。

朱隽："积极参与全球经济金融治理"，《中国金融》，2018 年第 23 期。

第七章 IMF 的监督职责与特征

Al-Hassan, Abdullah, Mary E. Burfisher, Julian T Chow, Ding Ding, Fabio Di Vittorio, Dmitriy Kovtun, Arnold McIntyre, Inci Ötker, Marika Santoro, Lulu Shui, and Karim Youssef, 2020, "Is the Whole Greater Than the Sum of Its Parts? Strengthening Caribbean Regional Integration," IMF Working Paper, WP/20/8.

Chen, Sally, and Joong Shik Kang, 2018, "Credit Booms — Is China Different?" IMF Working Paper, WP/18/2.

Ding, Ding, Xiaoyu Huang, Tao, Jin, and W. Raphael Lam, 2017, "Assessing China's Residential Real Estate Market," IMF Working Paper, WP/17/248.

International Monetary Fund, 2008, Annual Report.

________, 2013, Annual Report.

________, 2015a, "Guidance Note for Surveillance under Article IV Consultation".

________, 2015b, Annual Report.

________, 2017, "Stepping Up the Fight Against Money Laundering and Terrorist Financing," IMF Blog.

________, 2019, Annual Report.

第八章 世界经济分析与预测

Alichi, Ali, Olivier Bizimana, Silvia Domit, Emilio Fernández Corugedo, Douglas Laxton, Kadir Tanyeri, Hou Wang, and Fan Zhang, 2015, "Multivariate Filter Estimation of Potential Output for the Euro Area and the United States," IMF Working Paper, WP/15/253.

Anderson, M. Derek, Benjamin L. Hunt, Mika Kortelainen, Michael Kumhof, Douglas Laxton, Dirk V. Muir, Susanna Mursula, and Stephen Snudden, 2013, "Getting to Know GIMF: The Simulation Properties of the Global Integrated Monetary and Fiscal Model," IMF Working Paper, WP/13/55.

Andrle, Michal, Patrick Blagrave, Pedro Espaillat, Keiko Honjo, Benjamin L Hunt, Mika Kortelainen, René Lalonde, Douglas Laxton, Eleonara Mavroeidi, Dirk V Muir, Susanna Mursula, and Stephen Snudden, 2015, "The Flexible System of Global Models – FSGM," IMF Working Paper, WP/15/64.

Beaton, Kimberly, Lorenzo Figliuoli, and Roberto Garcia-Saltos (eds.), 2019, *Paving the Way to Sustained Growth and Prosperity in Central America, Panama and the Dominican Republic*, International Monetary Fund.

Blagrave, Patrick, Peter Elliott, Roberto Garcia-Saltos, Douglas Hostland, Douglas Laxton, and Fan Zhang, 2013, "Adding China to the Global Projection Model," IMF Working Paper, WP/13/256.

Blagrave, Patrick, Roberto Garcia-Saltos, Douglas Laxton, and Fan Zhang, 2015, "A Simple Multivariate Filter for Estimating Potential Output," IMF Working Paper, WP/15/79.

Brau, Eduard, and McDonald Ian (eds.), 2009 *Successes of the International Monetary Fund: Untold Stories of Cooperation at Work*, Palgrave Macmillan.

Carabenciov, Ioan, Charles Freedman, Roberto Garcia-Saltos, Douglas Laxton, Ondra Kamenik, and Petar Manchev, 2013, "GPM6 - The Global Projection Model with 6 Regions," IMF Working Paper, WP/13/87.

Dabla-Norris, Era, James Daniel, Masahiro Nozaki, Cristian Alonso, Vybhavi Balasundharam, Matthieu Bellon, Chuling Chen, David Corvino, and Joey Kilpatrick, 2021, "Fiscal Policies to Address Climate Change in Asia and the Pacific: Opportunities and Challenges," IMF Departmental Paper No. 21/*007*.

Hansen, Niels-Jakob Harbo, Joannes Mongardini, and Fan Zhang, 2019, "Labor Market Slack and the Output Gap: The Case of Korea", IMF Working Paper,

WP/19/167.

Hassler, John, Per Krusell, Conny Olovsson, and Michael Reiter, 2020, "On the Effectiveness of Climate Policies," https://www.bde.es/f/webpi/SES/seminars/2020/Fich/sie20200226.pdf.

Kumhof, Michael, Douglas Laxton, Dirk Muir, and Susanna Mursula, 2010, "The Global Integrated Monetary and Fiscal Model (GIMF) – Theoretical Structure," IMF Working Paper, WP/10/34.

Lamdany, Ruben, Leonardo, Martincz-Diaz, (eds.), 2009, *Studies of IMF Governance: A Compendium*, Independent Evaluation Office of the IMF.

Liu, Weifeng, Warwick J. McKibbin, Adele Morris, and Peter J. Wilcoxen, 2020, "Global Economic and Environmental Outcomes of the Paris Agreement," *Energy Economics* (90), pp. 1-17.

Lombardi, Domenico, and Ngaire Woods, 2008, "The Politics of Influence: An Analysis of IMF Surveillance," *Review of International Political Economy* (15), pp. 711-739.

McKibbin, Warwick J., and Peter J. Wilcoxen, 1999, "The Theoretical and Empirical Structure of the G-Cubed Model," *Economic Modelling* 16 (1), pp. 123-148.

________, 2013, "A Global Approach to Energy and the Environment: the G-Cubed Model," Chapter 17 in *Handbook of Computable General Equilibrium Modelling*, pp. 995-1068. North Holland: Elsevier.

Tenney, Sarah, and Humphreys Norman K. (eds), 2011, *Historical Dictionary of the International Monetary Fund*, The Scarecrow Press UK.

第九章 全球金融稳定评估与监督

Adrian, Tobias, 2020, "Lower for Long and Risk-Taking," IMF MCM Departmental Paper No. 20/15.

Adrian, Tobias, Adam Ashcraft, Hayley Boesky, and Zoltan Pozsar, 2012,

"Shadow Banking," Federal Reserve Bank of New York Staff Reports.

Adrian, Tobias, Nina Boyarchenko, and Domenico Giannone, 2019, "Vulnerable Growth," *American Economic Review* 109 (4), pp. 1263-1289.

Adrian, Tobias, Federico Grinberg, Nellie Liang, and Sheheryar Malik, 2018, "The Term Structure of Growth-at-Risk," IMF Working Paper, WP/18/180.

Barajas, Adolfo, Andrea Deghi, Salih Fendoglu, and Yizhi Xu, 2020, "Strains in Offshore US Dollar Funding during the COVID-19 Crisis: Some Observations," IMF Analytical Note No. 20/01.

Greenwood, Robin, and Samuel Hanson, 2013, "Issuer Quality and Corporate Bond Returns," *The Review of Financial Studies* 26 (6), pp. 1483-1525.

International Monetary Fund, 2002a, "Emerging Equity Markets," *Global Financial Stability Report*.

________, 2002b, "Selected Topic: Emerging Local Bond Markets," *Global Financial Stability Report*.

________, 2002c, "Selected Topic: The Role of Financial Derivatives in Emerging Markets," *Global Financial Stability Report*.

________, 2003, "Local Securities and Derivatives Markets in Emerging Markets: Selected Policy Issues," *Global Financial Stability Report*.

________, 2004, "Institutional Investors in Emerging Markets," *Global Financial Stability Report*.

________, 2005a, "Development of Corporate Bond Markets in Emerging Market Countries," *Global Financial Stability Report*.

________, 2005b, "Corporate Finance in Emerging Markets," *Global Financial Stability Report*.

________, 2006a, "Structural Changes in Emerging Sovereign Debt and Implications for Financial Stability," *Global Financial Stability Report*.

________, 2006b, "Household Credit Growth in Emerging Market Countries," *Global Financial Stability Report*.

________, 2013, "Do Central Bank Policies Since the Crisis Carry Risks to Financial Stability?" *Global Financial Stability Report*.

________, 2014a, "Risk Taking, Liquidity, and Shadow Banking: Curbing Excess while Promoting Growth," *Global Financial Stability Report*.

________, 2014b, "How Big is the Implicit Subsidy for Banks Considered Too Important to Fail?" *Global Financial Stability Report*.

________, 2015a, "Corporate Leverage in Emerging Markets – A Concern?" *Global Financial Stability Report*.

________, 2015b, "The Asset Management Industry and Financial Stability," *Global Financial Stability Report*.

________, 2016a, "Corporate Governance, Investor Protection, and Financial Stability in Emerging Markets," *Global Financial Stability Report*.

________, 2016b, "The Insurance Sector — Trends and Systemic Risk Implications," *Global Financial Stability Report*.

________, 2017a, "Are Countries Losing Control of Domestic Financial Conditions?" *Global Financial Stability Report*.

________, 2017b, "Financial Conditions and Growth at Risk," *Global Financial Stability Report*.

________, 2018a, "The Riskiness of Credit Allocation: A Source of Financial Vulnerability?" *Global Financial Stability Report*.

________, 2018b, "House Price Synchronization: What Role for Financial Factors?" *Global Financial Stability Report*.

________, 2019a, "Downside Risks to House Prices," *Global Financial Stability Report*.

________, 2019b, "Global Financial Stability Overview: Lower for Longer," *Global Financial Stability Report*.

________, 2019c, "Institutional Investors: Falling Rates, Rising Risks," *Global Financial Stability Report*.

________, 2019d, "Banks' Dollar Funding: A Source of Financial Vulnerability," *Global Financial Stability Report*.

________, 2019e, "Emerging and Frontier Markets: Mind the Debt," *Global Financial Stability Report*.

________, 2020a, "Global Financial Stability Overview: Markets in the Time of COVID-19," *Global Financial Stability Report*.

________, 2020b, "Risky Credit Markets: Interconnecting the Dots," *Global Financial Stability Report*.

________, 2020c, "Emerging and Frontier Markets: Managing Volatile Portfolio Flows," *Global Financial Stability Report*.

________, 2020d, "Banking Sector: Low Rates, Low Profits?" *Global Financial Stability Report*.

________, 2020e, "Climate Change: Physical Risk and Equity Prices," *Global Financial Stability Report*.

________, 2020f, "Global Financial Stability Overview: Bridge to Recovery," *Global Financial Stability Report*.

________, 2020g, "Emerging and Frontier Markets: A Greater Set of Policy Options to Restore Stability," *Global Financial Stability Report*.

________, 2020h, "Corporate Funding: Liquidity Strains Cushioned by a Power Set of Policies," *Global Financial Stability Report*.

________, 2020i, "Corporate Sustainability: Firms' Environmental Performance and the COVID-19 Crisis," *Global Financial Stability Report*.

________, 2020j, "Bank Capital: COVID-19 Challenges and Policy Responses," *Global Financial Stability Report*.

________, 2021a, "Nonfinancial Sector: Loose Financial Conditions, Rising Leverage, and Risks to Macro-Financial Stability," *Global Financial Stability Report*.

________, 2021b, "Commercial Real Estate: Financial Stability Risks During the COVID-19 Crisis and Beyond," *Global Financial Stability Report*.

Mian, Atif, Amir Sufi, and Emil Verner, 2017, "Household Debt and Business Cycles Worldwide," *The Quarterly Journal of Economics*, 132 (4), pp. 1755-1817.

Oscar, Jorda, Moritz Schularick, and Alan Taylor, 2013, "When Credit Bites Back." *Journal of Money, Credit and Banking,* 45 (2), pp. 3-28.

第十章 宏观财政分析与监测

Alonso-Albarran, Curristine Virginia, Teresa Preston Teresa, Alberto Soler, Nino Tchelishvili, and Sureni Weerathunga, 2021, "Gender Budgeting in G20 Countries," IMF Working Paper No. 2021/269.

Barrett, Philip, Katharina Bergant, Jean Chateau, and Rui Mano, 2021, "Modeling the U.S. Climate Agenda: Macro-Climate Trade-offs and Considerations," IMF Working Paper No. 2021/290.

Eltokhy, Khaled; Katja Funke, Guohua Huang, Yujin Kim, and Genet Zinabou, 2021, "Monitoring the Climate Impact of Fiscal Policy — Lessons from Tracking the COVID 19 Response," IMF Working Paper No. 2021/259.

Gaspar, Vitor, Paulo Medas, and Roberto Perrelli, 2021, "Global Debt Reaches a Record $226 Trillion," IMF Blog.

Gaspar, Vitor, Sandra Lizarazo, Paulo Medas, and Roberto Piazza, 2021, "Fiscal Policy for an Uncertain World," IMF Blog.

Gaspar, Vitor, Raphael W. Lam, and Mehdi Raissi, 2020, "Fiscal Policies to Contain the Damage from COVID-19," IMF Blog.

Gonguet, Facien, Claude Wendling, Ozlem Aydin, and Byn Battersby, 2021, "Climate-Sensitive Management of Public Finances — Green PFM," IMF Staff Climate Note 2021/002.

International Monetary Fund, 2021, *Fiscal Monitor,* various issues.

Lam, Raphael W., and Paulo Medea, 2022, "Pandemic Tests Resilience and Credibility of Fiscal Rules," IMF Blog.

United Nations Development Programme, 2019, "Knowing What You Spend: A guidance note for Governments to track climate finance in their budgets."

World Bank, 2021, "Climate Change Budget Tagging: A Review of International Experience, EFI Insight-Governance."

第十一章　外部经济平衡分析与政策建议

Cubeddu, Luis, Signe Krogstrup, Gustavo Adler, Pau Rabanal, Mai Chi Dao, Swarnali Ahmed Hannan, Luciana Juvenal, Nan Li, Carolina Osorio Buitron, Cyril Rebillard, Daniel Garcia-Macia, Callum Jones, Jair Rodriguez, Kyun Suk Chang, Deepali Gautam, and Zijiao Wang, 2019, "The External Balance Assessment Methodology: 2018 Update," IMF Working Paper, WP/19/65.

Independent Evaluation Office of the International Monetary Fund (IEO), 2007, IMF Exchange Rate Policy Advice.

________, 2017, IMF Exchange Rate Policy Advice, Evaluation Update.

International Monetary Fund, 2006, "Review of the 1977 Decision on Surveillance Over Exchange Rate Policies, Preliminary Considerations, Background Information, and Summing Up of the Board Meeting."

________, 2007a, "Review of the 1977 Decision on Surveillance Over Exchange Rate Policies, Further Considerations, and Summing Up of the Board Meeting."

________, 2007b, "Review of the 1977 Decision — Proposal for a New Decision, Companion Paper, Supplement, and Public Information Notice."

________, 2011, "2011 Triennial Surveillance Review — Overview Paper."

________, 2012, "Modernizing the Legal Framework for Surveillance — An Integrated Surveillance Decision — Revised Proposed Decisions."

________, 2015, "Guidance Note for Surveillance Under Article IV Consultation."

________, 2016, "Methodological Note on EBA-Lite."

________, 2019, "The Revised EBA-Lite Methodology."

Manhart, Niklas, 2011, *The Legalization of the International Monetary Fund: Exchange Rate Surveillance over China*, The German National Library.

Phillips, Steve, Luis Catão, Luca Ricci, Rudolfs Bems, Mitali Das, Julian Di Giovanni, Filiz Unsal, Marola Castillo, Jungjin Lee, Jair Rodriguez, and Mauricio Vargas, 2013, "The External Balance Assessment (EBA) Methodology," IMF Working Paper, WP/13/272.

U.S. Department of the Treasury Office of International Affairs, 2020, "Macroeconomic and Foreign Exchange Policies of Major Trading Partners of the United States."

第十二章 区域经济监督与分析

Henderson, J. Vernon, Adam Storeygard, and David N. Weil, 2012, "Measuring Economic Growth from Outer Space," *American Economic Review*, 102 (2), pp. 994-1028.

International Monetary Fund, 2009a, Regional Economic Outlook: Asia and Pacific, Chapter 1 (May 2009).

________, 2009b, Regional Economic Outlook: Sub-Saharan Africa, Chapter 1 (April 2009).

________, 2009c, Regional Economic Outlook: Western Hemisphere, Chapter 1 (May 2009).

________, 2012, World Economic Outlook, Chapter 1 (April 2012).

________, 2015, Regional Economic Outlook: Middle East and Central Asia, Update (January 2015).

________, 2016, Regional Economic Outlook: Asia and Pacific, Chapter 2 (May 2016).

________, 2017a, Regional Economic Outlook: Asia and Pacific, Chapter 2 (May 2017).

________, 2017b, Regional Economic Outlook: Middle East and Central Asia,

Chapter 5 (October 2017).

________, 2018a, Regional Economic Outlook: Asia and Pacific (October 2018).

________, 2018b, Regional Economic Outlook: Sub-Saharan Africa, Chapter 2 (October 2018).

________, 2019a, Regional Economic Outlook: Europe, Chapter 2 (October 2019).

________, 2019b, Regional Economic Outlook: Middle East and Central Asia, Chapter 5 (October 2019).

________, 2019c, Regional Economic Outlook: Sub-Saharan Africa, Chapters 2-3 (April 2019).

________, 2019d, Regional Economic Outlook: Western Hemisphere, Chapter 5 (October 2019).

________, 2020a, Regional Economic Outlook: Asia and Pacific, Chapter 1 (October 2020).

________, 2020b, Regional Economic Outlook: Europe, Chapters 1-3 (October 2020).

________, 2020c, Regional Economic Outlook: Middle East and Central Asia, Chapter 1 (April 2020).

________, 2020d, Regional Economic Outlook: Middle East and Central Asia, Chapter 2 (October 2020).

________, 2020e, Regional Economic Outlook: Sub-Saharan Africa, Update (June 2020).

________, 2020f, Regional Economic Outlook: Sub-Saharan Africa, Chapter 1 (October 2020).

________, 2020g, Regional Economic Outlook: Western Hemisphere, Chapters 1, 3-4 (October 2020).

Ostry, Jonathan D., Davide Furceri, and Anthony C.K. Tan, 2021, “Divergent

Recoveries in Asia", IMF Blog (February 23, 2021).

Rhee, Changyong and Poul M. Thomsen, 2021, "Emerging from the Great Lockdown in Asia and Europe", IMF Blog (May 12, 2021).

第十三章 IMF 的国别宏观经济分析框架

Acquah, Paul, Alan Ahearne, and Paul Collier, 2014, "Triennial Surveillance Review — External Study — Structural Policies in Fund Surveillance," IMF Policy Paper.

Ahuja, Ashvin, Murtaza Syed, and Kevin Wiseman, 2017, "Assessing Country Risk — Selected Approaches — Reference Note," Strategy, Policy, and Review Department, IMF, Technical Notes and Manuals.

Allen, Mark, Christoph Rosenberg, Christian Keller, Brad Setser, and Nouriel Roubini, 2002, "A Balance Sheet Approach to Financial Crisis," IMF Working Paper, WP/02/210.

Andrés, Javie and Ignacio Hernando, 1999, "Does Inflation Harm Economic Growth? Evidence from the OECD," in Feldstein, Martin (ed.), *The Costs and Benefits of Price Stability*, University of Chicago Press.

Bergant, Katharina, Francesco Grigoli, Niels-Jakob Hansen, and Damiano Sandri, 2020, "Dampening Global Financial Shocks in Emerging Markets: Can Macroprudential Regulation Help?" *World Economic Outlook* (Spring 2020).

Bernanke, Ben, Mark Gertler, and Simon Gilchrist, 1999, "The Financial Accelerator in a Quantitative Business Cycle Framework," Chapter 21 in *Handbook of Macroeconomics*, Vol. 1C (eds.) by Taylor, John and Michael Woodford Amsterdam.

Calika, Nur, and Uwe Corsepius, 1995, "Trade Reforms in Fund-Supported Programs" in Uimonen, Subramanian, Kirmani, Calika, Mr. Leidy, and Harmsen (eds.) *International Trade Policies — Volume II, the Uruguay Round and Beyond: Background Papers,* International Monetary Fund.

Chen, Wenjie, Mico Mrkaic, and Malhar Nabar, 2019, “The Global Economic Recovery 10 Years After the 2008 Financial Crisis,” IMF Working Paper, WP/19/83.

Corsetti, Giancarlo, Paolo Pesenti, and Nouriel Roubini, 1999, “What Caused the Asian Currency and Financial Crisis?” *Japan and the World Economy,* Vol 11, Issue 3, October, pp. 305-373.

Easterly, William, and Stanley Fischer, 2013, “Inflation and the Poor,” World Bank Policy Research Paper.

Fisher, Stanley, 1998, *The Asian Crisis: A View from the IMF,”* International Monetary Fund.

Friedman, Milton (ed.), 1956, “The Quantity Theory of Money — A Restatement” in *Studies in The Quantity Theory of Money,* The University of Chicago Press.

Gaspar, Vitor, Maurice Obstfeld, and Ratna Sahay, 2016, “Macroeconomic Management When Policy Space Is Constrained: A Comprehensive, Consistent, and Coordinated Approach to Economic Policy,” IMF Staff Discussion Note 16/09.

Hall, Robert, 2010, “Why Does the Economy Fall to Pieces after a Financial Crisis?” *Journal of Economic Perspectives*, Vol. 24, No. 4, pp. 3–20.

________, 2013, “Financial Frictions,” *International Journal of Central Banking*, Vol. 9, No. 2, pp. 155–163.

Independent Evaluation Office of the International Monetary Fund, 2020, “IMF Collaboration with The World Bank on Macrostructural Issues.”

International Monetary Fund, 1987, “Theoretical Aspects of the Design of Fund-Supported Adjustment programs,” Occasional Paper No. 55.

________, 2001, “Conditionality in Fund-Supported Programs.”

________, 2014, Fiscal Monitor, April 2014.

________, 2015a, “Structural Reforms and Macroeconomic Performance: Initial Considerations for the Fund.”

________, 2015b, "Fiscal Policy and Long-Term Growth," IMF Policy Paper.

________, 2015c, "Making Public Investment More Efficient," IMF Policy Paper.

________, 2015d, Financial Programming and Policies, Vol. I.

________, 2017a, "Approaches to Macrofinancial Surveillance in Article IV Reports."

________, 2017b, "The Role of the Fund in Governance Issues — Review of the Guidance Note-Preliminary Considerations."

________, 2020a, Progress in Implementing the Framework for Enhanced Fund Engagement on Governance.

________, 2020b, "People's Republic of China Staff Report for the 2020 Article IV Consultation."

________, 2021, "Comprehensive Surveillance Review — Overview Paper."

Lauridsen, Laurids, 1998, "The Financial Crisis in Thailand: Causes, Conduct and Consequences?" *World Development*, Vol. 26 (8), pp. 1575-1591.

Lipschitz, Leslie, and Susan Schadler, 2019, *Macroeconomics for Professionals: A Guide for Analysts and Those Who Need to Understand Them,* Cambridge University Press.

Li, Xiangming, 2004, "Trade Liberalization and Real Exchange Rate Movement," IMF Staff Papers, Vol. 51 (3).

Melvin, Michael, and Stefan C. Norrbin, 2013, "The IS-LM-BP Approach" *in International Money and Finance (Eighth Edition)*, The Academic Press.

Mussa, Michael L., and Savastano, Miguel A., 1999, "The IMF Approach to Economic Stabilization (July 1999)," IMF Working Paper, WP/ 99/104.

Pimenta, Carlos, and Mario Pessoa, 2015, *Public Financial Management in Latin America: the Key to Efficiency and Transparency*, International Monetary Fund.

Rajan, Ramkishen S. and Reza Siregar, 2002, "Private Capital Flows in East Asia: Boom, Bust and Beyond," in *Financial Markets and Policies in East Asia*, Routledge London.

de Mooij, Ruud, Ricardo Fenochietto, Shafik Hebous, Sébastien Leduc, and Carolina Osorio-Buitron, 2020, "Tax Policy for Inclusive Growth after the Pandemic," *IMF Special Series on COVID-19,* Fiscal Affairs Department, International Monetary Fund.

Saylor Academy, 2012, *Principles of Economics,* https://saylordotorg.github.io/text_principles-of-economics-v2.0/index.html.

Shome, Parthasarathi, 1995, *Tax Policy Handbook*, International Monetary Fund.

Sundararajan, Vasudevan, Arne B. Petersen, and Gabriel Sensenbrenner, 1997, *Central Bank Reform in the Transition Economies,* International Monetary Fund.

伍戈："对国际货币基金组织宏观经济分析框架的思考"，《国际经济评论》，2009 年第 6 期，第 29—33 页。

第十四章 成员国经济和金融政策磋商与评估

International Monetary Fund, 2011, "People's Republic of China: Financial System Stability Assessment."

________, 2014, "Mandatory Financial Stability Assessments under the FSAP."

________, 2015, "IMF Expanding Surveillance to Require Mandatory Financial Stability Assessments of Countries with Systemically Important Financial Sectors," IMF Press Release.

________, 2016, "Review of the Financial Sector Assessment Program — Further Adaptation to the Post-Crisis Era," 2014, IMF Policy Paper.

________, 2020, "Countries in the IMF Financial Spotlight in 2020," IMF Blog.

________, 2021, “Financial Sector Assessment Program: Frequently Asked Questions.”

国际货币基金组织：《基金组织监测执行情况和 1977 年监督决定的两年期审查》，2004。

________，《三年监测审查报告》，2014。

________，《中华人民共和国金融体系稳定评估报告》，2017。

________，《中期监测评估》，2018。

________，《IMF 透明性报告》，2020。

________，《综合监督决定》，2020。

________，《全面监督审查》，2020。

________，《2019 年第四条款磋商工作人员报告：中华人民共和国》。

________，《金融部门评估规划概况介绍》。

第十五章 跨境资本流动与政策应对

Bernanke, Ben, Mark Gertler, and Simon Gilchrist, 1996, “The Financial Accelerator and the Flight to Quality,” *The Review of Economics and Statistics*, Vol. 78, No 1, pp. 1-15.

Patnaik, Ila and Eswar Prasad, 2020, “IMF Advice on Capital Flows to People’s Republic of China and India,” *IMF Independent Evaluation Office Background Paper*.

International Monetary Fund Independent Evaluation Office, 2005, “The IMF’s Approach to Capital Account Liberalization.”

International Monetary Fund, 2012a, “The Liberalization and Management of Capital Flows — An Institutional View,” IMF Policy Paper.

________, 2012b, “Liberalizing Capital Flows and Managing Outflows,” IMF Policy Paper.

________, 2013a, “Guidance Note for the Liberalization and Management of Capital Flows,” IMF Policy Paper.

________, 2013b, “Key Aspects of Macroprudential Policy,” IMF Policy Paper.

________, 2013c, “IMF Mission Completes the 2013 Article IV Consultation Discussions with China,” IMF Press Release.

________, 2014, “Staff Guidance Note on Macroprudential Policy,” IMF Policy Paper.

________, 2015, “Managing Capital Outflows — Further Operational Considerations,” IMF Policy Paper.

________, 2016, “Capital Flows — Review of Experience with the Institutional View,” IMF Policy Paper.

________, 2017, “Increasing Resilience to Large and Volatile Capital Flows — The Role of Macroprudential Policies,” IMF Policy Paper.

________, 2018, “The IMF's Institutional View on Capital Flows in Practice,” IMF Policy Paper.

________, 2019, “Taxonomy of Capital Flow Management Measures,” IMF Policy Paper.

________, 2020a, “IMF Advice on Capital flows,” IEO Evaluation Report.

________, 2020b, “Toward an Integrated Policy Framework,” IMF Policy Paper.

Organisation of Economic Cooperation and Development, 2011, “Structural Reforms and Experience with the OECD Code of Liberalization of Capital Movements,” Report from the OECD to the G20 Sub-Group on Capital Flow Management.

第十六章 公共债务可持续性分析

International Monetary Fund, 2011, “Public Sector Debt Statistics: Guide for Compilers and Users,” IMF Manuals and Guides.

________, 2013, “Staff Guidance Note for Public Debt Sustainability

Analysis in Market-Access Countries," IMF Policy Paper.

________, 2014, "Government Finance Statistics Manual 2014," IMF Manuals and Guides.

________, 2018, "Guidance Note on the Bank-Fund Debt Sustainability Framework for Low Income Countries," IMF Policy Paper.

________, 2020, "Fiscal Policies to Address the COVID-19 Pandemic," IMF Fiscal Monitor (October 2020).

________, 2021, "Review of The Debt Sustainability Framework for Market Access Countries," IMF Policy Paper.

第十七章 IMF 主权债务政策的起源与演变

G20 Communique, 2020, Finance Ministers and Central Bank Governors.

________, 2021, Finance Ministers and Central Bank Governors.

Hagan, Sean, "Designing a Legal Framework to Restructure Sovereign Debt," *Georgetown Journal of International Law*, Vol. 36 (1), pp. 299-402.

Hagan, Sean, Obstfeld, Maurice and Thomsen, Poul M , "Dealing with Sovereign Debt – the IMF Perspective," IMF Blog（February 23, 2017）.

Institute of International Finance, "Global Debt Monitor: COVID Drives Debt Surge-Stabilization Ahead?" （February 17, 2021）.

International Monetary Fund, 1983a, "Fund Policies and External Debt Servicing Problems," IMF Policy Paper.

________, 1983b, "The Fund, Commercial Banks, and Member Countries," IMF Policy Paper.

________, 1983c, "Payments Difficulties Involving Debt to Commercial Banks," IMF Policy Paper.

________, 1984, "The Role of the Fund in the Settlement of Disputes Between Members Relating to External Financial Obligations," IMF Policy Paper.

________, 1989a, "Fund Involvement in the Debt Strategy – Further

Considerations," IMF Policy Paper.

________, 1989b, "The Fund's Policy on Financing Assurances," IMF Policy Paper.

________, 1998, "Fund Policy on Sovereign Arrears to Private Creditors," IMF Policy Paper.

________, 1999a, "Involving the Private Sector in Forestalling and Resolving Financial Crises – Additional Considerations," IMF Policy Paper.

________, 1999b, "Fund Policy on Sovereign Arrears to Private Creditors – Further Considerations," IMF Policy Paper.

________, 1999c, "Involving the Private Sector in Forestalling and Resolving Financial Crises – Further Considerations," IMF Policy Paper.

________, 2002a, "Fund Policy on Lending into Arrears to Private Creditors – Further Consideration of the Good Faith Criterion," IMF Policy Paper.

________, 2002b, "Access Policy in Capital Account Crises," IMF Policy Paper.

________, 2002c, "Collective Action Clauses in Sovereign Bond Contracts – Encouraging Greater Use," IMF Policy Paper.

________, 2002d, "Accessing Sustainability," IMF Policy Paper.

________, 2002e, "A New Approach to Sovereign Debt Restructuring," IMF Policy Paper.

________, 2003a, "The Restructuring of Sovereign Debt – Assessing the Benefits, Risks and Feasibility of Aggregating Claims," IMF Policy Paper.

________, 2003b, "Collective Action Clauses – Recent Development and Issues," IMF Policy Paper.

________, 2003c, "Proposed Features of a Sovereign Debt Restructuring Mechanism," IMF Policy Paper.

________, 2003d, "Crisis Resolution in the Context of a Sovereign Debt Restructuring – A Summary of Considerations," IMF Policy Paper.

________, 2009, "Review of Fund Facilities – Analytical Basis for Fund Lending and Reform Options," IMF Policy Paper.

________, 2013, "Sovereign Debt Restructuring – Recent Developments and Implications for the Fund's Legal and Policy Framework," IMF Policy Paper.

________, 2014a, "Strengthening the Contractual Framework to Address Collective Action Problems in Sovereign Debt Restructuring," IMF Policy Paper.

________, 2014b, "The Fund's Lending Framework and Sovereign Debt – Preliminary Considerations," IMF Policy Paper.

________, 2015a, "Reforming the Fund's Policy on Non-Toleration of Arrears to Official Creditors," IMF Policy Paper.

________, 2015b, "The Fund's Lending Framework and Sovereign Debt – Further Considerations," IMF Policy Paper.

________, 2020, "The International Architecture for Revolving Sovereign Debt Involving Private Sector Creditors – Recent Developments, Challenges, and Reform Options," IMF Policy Paper.

________, 2021a, "IMF Executive Board Reviews IMF Debt Sustainability Framework for Market Access Countries," IMF Press Release.

________, 2021b, Fiscal Monitor January Update, IMF Fiscal Affairs Department.

IMFC Communique, 2014, the Thirtieth Meeting.

________, 2021, the Forty-Third Meeting.

第十八章 IMF 信贷政策的构思与设计

Independent Evaluation Office of the International Monetary Fund, 1999, "The IMF and the Recent Capital Account Crisis," IEO Evaluation Report.

________, 2004, "The IMF and the Indonesian Crisis," IEO Background Paper.

International Monetary Fund, 2005, "The Design of IMF-Supported

Programs," IMF Occasional Paper, No. 241.

________, 2009, "Review of Fund Facilities — Analytical Basis for Fund Lending and Reform Options," IMF Policy Paper.

________, 2015, "Crisis Program Review," IMF Policy Paper.

________, 2017, "Greece — Ex Post Evaluation of Exceptional Access under the 2012 Extended Arrangement," IMF Staff Report.

________, 2018, "Review of Program Design and Conditionality," IMF Policy Paper.

________, 2019, "Review of Facilities for Low-income Countries — Reform Proposals; Review of the Financing of the Fund's Concessional Assistance and Debt Relief to Low-income Member Countries," IMF Policy Paper.

________, 2020, "Temporary Modification to the Fund's Annual Access Limits," IMF Policy Paper.

________, 2021a, "Temporary Extensions and Modification of Access Limits in the Fund's Lending Facilities," IMF Policy Paper.

________, 2021b, "Fund Concessional Financial Support for Low-income Countries — Responding to the Pandemic," IMF Policy Paper.

第十九章 IMF 的信贷资源与使用

International Monetary Fund, 2009, Annual Report.

________, 2010, Annual Report.

________, 2018, IMF Financial Operations.

________, 2020a, Annual Report.

________, 2020b, "IMF Credit Outstanding for all members as of December 31, 2020."

________, "Total IMF Credit Outstanding for all members from 1984–2021."

第二十章 数字货币、金融科技与 IMF

Adrian, Tobias, and Tommaso Mancini-Griffoli, 2019, "The Rise of Digital Money," IMF Fintech Notes, No. 19/001.

Bossu, Wouter, Masaru Itatani, Catalina Margulis, Arthur D. P. Rossi, Hans Weenink, Akihiro Yoshinaga, 2020, "Legal Aspects of Central Bank Digital Currency: Central Bank and Monetary Law Considerations," IMF Working Paper, WP/20/254.

Georgieva, Kristalina, 2020, "Four Cornerstones of Payments in the Digital Age," Speech at the Singapore Fintech Festival (December 11, 2020).

He, Dong, Karl Habermeier, Ross Leckow, Vikram Haksar, Yasmin Almeida, Mikari Kashima, Nadim Kyriakos-Saad, Hiroko Oura, Tahsin Saadi Sedik, Natalia Stetsenko, and Concepcion Verdugo-Yepes, 2016, "Virtual Currencies and Beyond: Initial Considerations," IMF Staff Discussion Note, No. 16/03.

He, Dong, Ross Leckow, Vikram Haksar, Tommaso Mancini-Griffoli, Nigel Jenkinson, Mikari Kashima, Tanai Khiaonarong, Céline Rochon, and Hervé Tourpe, 2017, "Fintech and Financial Services: Initial Considerations," IMF Staff Discussion Note, No. 17/05.

He, Dong, 2018, "Monetary Policy in the Digital Age," *Finance and Development* (June 2018), pp. 13–16, International Monetary Fund.

He, Dong, 2021, "Monetary Effects of Global Stablecoins," *Cato Journal*, Vol. 41/2 (Spring/Summer 2021).

International Monetary Fund, 2018a, "The Bali Fintech Agenda: A Blueprint for Successfully Harnessing Fintech's Opportunities," IMF Policy Paper.

________, 2018b, "Treatment of Crypto Assets in Macroeconomic Statistics," IMF Statistics Department.

________, 2020, "Digital Money Across Borders: Macro-Financial Implications," IMF Policy Paper, 20/050.

Kiff, John, Jihad Alwazir, Sonja Davidovic, Aquiles Farias, Ashraf Khan, Tanai Khiaonarong, Majid Malaika, Hunter K Monroe, Nobu Sugimoto, Hervé Tourpe, and Peter Zhou, 2020, "A Survey of Research on Retail Central Bank Digital Currency," IMF Working Paper, No. 20/104.

Lagarde, Christine, 2017, "Central Banking and Fintech — A Brave New World?" Speech at the Bank of England conference (September 29, 2017).

________, 2018, "Winds of Change: The Case for New Digital Currency," Speech at the Singapore Fintech Festival (November 14, 2018).

Mancini-Griffoli, Tommaso, Maria Soledad Martinez Peria, Itai Agur, Anil Ari, John Kiff, Adina Popescu, and Celine Rochon, 2018, "Casting Light on Central Bank Digital Currencies," IMF Staff Discussion Note 18/08.

Tirole, Jean, 2018, *Economics for the Common Good*, Princeton University Press.

Vives, Xavier, 2016, *Competition and Stability in Banking: The Role of Regulation and Competition Policy*, Princeton University Press.

第二十一章 信息交流在决策中的作用

Hootsuite, 2021, *Digital 2021 Report,* October 2021.

International Monetary Fund, 2014, "Review of The IMF's Communication Strategy," IMF Policy Paper.

________, 2020, Annual Report.

Lagarde, Christine, 2013, "A New Global Economy for a New Generation," Speech at the World Economic Forum in Davos, January 23, 2013.

作者简介

林建海（全书编著；第一至第六章、第十章和后记作者）：IMF 原秘书长，兼任全体理事会和国际货币与金融委员会秘书长。现为国际金融论坛常务副理事长，美国布雷顿森林委员会成员，外交学院、北京大学经济学院、温州肯恩大学荣誉教授，上海外国语大学顾问教授，对外经济贸易大学、温州大学等客座教授。1989 年加入 IMF，2012 年至 2020 年任秘书长，深度参与全球宏观经济政策制定与监督、全球金融危机救助、国际经济治理和新兴市场国家话语权改革、人民币加入特别提款权篮子等重大决策。曾多次参加世界经济论坛达沃斯和 G20 峰会等国际会议，并任世界经济论坛全球治理委员会成员。林建海毕业于对外经济贸易大学，后赴美国加州大学伯克利分校深造，获乔治华盛顿大学博士学位。

刘菲（全书编著；第一章至第六章和第十章作者）：IMF 中东与中亚部高级经济学家。在此之前，在 IMF 战略、政策与审查部担任经济学家并在秘书部担任官员。刘菲的研究领域广泛，包括宏观经济分析、经济结构性政策、国际经济治理、房地产市场分析等，发表多篇 IMF 政策文章、经济报告，并在国际学术期刊发表多篇研究论文。她曾在国内知名媒体和刊物上，如《人民日报》《经济参考报》《财新周刊》《银行家》等发表多篇经济评论文章。刘菲毕业于北京大学经济学院国际金融专业，后赴美国印第安那大学伯明顿分校深造，获经济学博士学位。

蒋旭峰（全书编著；第一章至第六章和第十章作者）：IMF 秘书部官员，兼任 IMF 基里巴斯团队经济学家，在执行董事会政策磋商、财政政策及债务议题、SDR、国际货币体系改革和IMF治理改革等方面拥有较丰富的工作经验。在加入IMF之前，蒋旭峰曾任新华社对外部经济室主任记者和编辑、新华社华盛顿分社经济报道团队牵头人，多年报道中国、美国和全球经济，并在《经济参考报》《环球》杂志等刊物开设专栏。他曾出版著作和翻译作品十余种，并在经济类核心学术期刊发表多篇研究论文。蒋旭峰获外交学院外国语言学及应用语言学（英语）硕士学位，曾作为志奋领学者在英国东英吉利大学(UEA)深造并获经济学和金融学硕士学位，后在中国社会科学院大学获得经济学博士学位。

丁鼎（第七章）：IMF西半球部中美洲处处长，拥有丰富的政策研究和国别工作经验。在此之前，丁鼎在IMF亚洲与太平洋部和财政事务部工作，并在多个G20国家，包括中国、韩国和澳大利亚等团队中担任高级经济学家。他在宏观经济，特别是在国际金融、货币政策和房地产等领域有深入的研究，并发表过多篇学术文章。丁鼎拥有武汉大学经济学和数学学士学位和康奈尔大学经济学博士学位。

张帆（第八章）：IMF研究部经济学家，拥有丰富的政策研究和国别工作经验，包括政策建模、全球宏观经济预测与研究等。张帆曾参与印度、泰国中央银行的货币政策改革以及中国的第四条款磋商等工作，长期参与IMF旗舰刊物《世界经济展望》的研究和编写工作，并发表过多篇工作论文。张帆拥有英国华威大学（University of Warwick）理学学士、硕士和应用数学博士学位。

徐绎之（第九章）：IMF亚洲与太平洋部经济学家，参加2022年10月期《亚太地区经济展望》的研究和编写工作。在此之前，任货币与资本市场部经济学家，以研究团队核心成员身份承担了七期《全球金融稳定报告》的部分章节编写工作，研究内容涉及跨国银行美元融资脆弱性、负利率对银行业利润冲击、气候暖化与股票定价、环保政策与金融稳定，企业杠杆周期、投资基金在绿色金融中的作用、新兴市场主权债务与银行系统的风险联动等。此外，徐绎之还是马尔代夫和阿塞拜疆第四条款磋商工作小组成员。徐绎之本科毕业于美国普渡大学，以最高荣誉获经济学、数学和统计学三个学士学位，于2018年获加州大学洛杉矶分校经济学博士学位。

李彬（第十章第一部分）：IMF欧洲部高级经济学家。在此之前，曾在研究部、财政事务部、西半球部工作，拥有丰富的国别和政策工作经验，包括宏观经济研究，中国、美国、澳大利亚和欧洲等国的政策磋商经验等，在著名国际经济学术期刊上发表过多篇学术论文，并合著过数本关于金融危机和政策分析的英文书籍。在加入IMF之前，李彬曾在美联储总行国际事务部实习，也在约翰霍普金斯大学SAIS国际关系学院任教，讲授发展经济学。李彬拥有武汉大学国际金融学和数学双学士学位和芝加哥大学经济学博士学位。

陆茵秋（第十一章）：IMF亚洲与太平洋部高级经济学家。在此之前，陆茵秋在战略、政策与审查部、欧洲部和货币与资本市场等部门工作。陆茵秋有着丰富的国别和政策工作经验，包括宏观经济和资本市场研究，参加过印度尼西亚、波兰等国的磋商工作，参与过中国、波兰等国的金融系统稳定性评估以及塞浦路斯、肯尼亚的IMF贷款项目，发表过十几篇工作论文。陆茵秋拥有南京大学本科学位、复旦大学硕士学位和美国纽约城市大学博士学位。

方向明（第十二章）：IMF非洲部经济学家。在此之前，在IMF财政事务部、中东与中亚部工作。方向明有着丰富的国别和政策工作经验，包括宏观经济研究，阿塞拜疆、牙买加、卢旺达、坦桑尼亚等国的政策磋商经验，发表过关于财政制度、资本流动、冲突的经济影响和竞争与发展等工作论文和学术文章。方向明拥有复旦大学国际关系学士学位、美国约翰霍普金斯大学国际关系和国际政治硕士学位和乔治华盛顿大学金融学博士学位。

李向明（第十三章）：IMF非洲部东非区域技术援助中心主任。在此之前，在IMF各个主要地区和政策部门工作，包括非洲部、欧洲部、战略、政策与审查部、财政事务部、货币与资本市场部、能力发展部，有着丰富的国别和政策工作经验。李向明曾参与非洲、欧洲、中亚、东南亚和加勒比地区的政策监督、贷款和技术援助工作。李向明拥有北京大学城市规划学士、硕士学位以及麻省理工学院经济学和经济发展学博士学位。

柳雪（第十四章第一部分）：IMF 亚洲与太平洋部高级经济学家。在此之前，曾在欧洲部、货币与资本市场部、非洲部和财政事务部工作；2017—2018 年间，在香港金融管理局研究部任高级经理。柳雪有着丰富的政策和国别工作经验，包括全球金融市场、国际资本流动、财政政策等领域，并参与孟加拉、南非、越南、白俄罗斯、巴西、塞浦路斯等国的政策磋商、贷款或技术援助；发表过多篇有关金融领域方面的工作论文及学术文章。柳雪拥有西安交通大学科技英语和金融学双学士学位、香港科技大学经济学硕士学位和加州大学圣克鲁斯分校国际经济学博士学位。

徐腾腾（第十四章第二部分）：IMF 亚洲与太平洋部高级经济学家，负责日本的经济分析，也是诺鲁工作小组组长。在此之前，她曾负责印度和不丹两国的经济分析，并在货币与资本市场部工作，参与了德国、西班牙和波兰的金融部门评估项目和罗马尼亚的贷款项目。在加入 IMF 之前，徐腾腾是加拿大央行国际经济分析部的经济学家，负责中国和日本的研究工作；她还曾在美洲开发银行、经合组织、高盛和摩根士丹利工作。徐腾腾拥有牛津大学数学和统计学本科学位、经济学硕士和剑桥大学经济学博士学位。

林慧丹（第十五章）：IMF 西半球部高级经济学家。在此之前，曾在战略、政策与审查部及欧洲部工作。林慧丹有着丰富的国别和政策工作经验，包括宏观经济研究、新兴市场经济（中国等）、发达经济体（韩国、欧元区、葡萄牙）及低收入国家的政策磋商经验等，发表过经济增长、贸易、银行、劳动力市场和企业融资等领域的工作论文和学术文章。林慧丹拥有北京大学经济学学士学位和哥伦比亚大学经济学博士学位。

展再金（第十六章）：IMF 统计部政府财政统计处副处长。在此之前，曾在财政事务部、非洲部、欧洲部、战略、政策与审查部工作。加入 IMF 以来，他围绕 IMF 贷款和监督的政策问题以及一系列低收入和新兴市场经济体开展了广泛的工作，有着丰富的国别和政策工作经验，包括宏观经济政策研究和与亚洲、非洲和欧洲多国的政策磋商和贷款经验。他的主要研究领域包括政府财政透明度和公共债务问题。展再金拥有北京大学学士学位和美国马里兰大学博士学位。

刘岩（第十七章）：IMF 法律部副法律总顾问，负责 IMF 多方面政策和运行的法律咨询和审查工作。她目前领导法律部有关 IMF 贷款、主权债务、公司个人破产、金融和财政法、金融诚信、数字货币和金融科技等方面的工作。加入 IMF 之前，曾在美国 Fried Frank Harris Shriver & Jacobson 及 Milbank Tweed Hadley & McCloy 律师事务所从事公司法、银行法和证券法方面的业务。刘岩在 IMF 治理、主权债务、破产重组以及金融诚信等方面发表过许多学术论文，并代表 IMF 参加金融行动特别工作组、联合国国际贸易委员会等国际金融机构间的合作。刘岩拥有北京第二外国语学院学士、北京大学法律系国际法硕士专业、芝加哥大学历史系硕士和伊利诺伊大学法学博士学位。

余江岩（第十八章）：IMF 战略、政策与审查部高级经济学家。在加入 IMF 之前，余江岩任职于中国人民银行，有着丰富的国际组织和政府机构工作经验，在宏观经济，特别是在金融和货币政策方面有着深入的研究，并在国际知名期刊和 IMF 工作论文刊物上发表过多篇学术文章。余江岩本科毕业于对外经济贸易大学（原中国金融学院），并先后获日本埼玉大学和美国乔治华盛顿大学硕士学位。

张睿锋（第十九章）：IMF 欧洲部高级经济学家，先后参与对亚洲、中欧及欧元区国家宏观经济情况的监测和经济金融政策的磋商，并参与了 IMF 成员国份额调整、治理结构改革、SDR 检查、IMF 非优惠贷款政策和条件的评估与调整等工作。张睿锋的研究领域包括经济增长、宏观经济金融政策以及国际货币金融体系等。在加入 IMF 之前，张睿锋在中国人民银行上海总部工作，包括国际收支分析和商业银行外汇业务监管，并从事外汇管理体系改革和外汇市场发展的研究工作。张睿锋拥有复旦大学博士学位。

何东（第二十章）：IMF 货币与资本市场部副主任，协助主任管理和监督部门工作，并主持数字货币与金融科技方面的工作，曾主持编制《全球金融稳定报告》，并负责货币政策、宏观审慎政策、中央银行的功能与运作等方面的工作，拥有与多个成员国进行政策磋商、贷款谈判、技术援助方面的丰富经验。何东于 1993 年通过“青年专才计划”加入世界银行，1998 年加入 IMF，2004 年加入香港金融管理局，2009—2014 年任助理总裁，并兼任香港金融研究中心主任。何东的研究领域包括中国宏观经济、货币与金融稳定政策框架、跨境资本流动、货币国际化、数字货币等，并发表了大量学术论文。何东拥有上海交通大学工学学士和剑桥大学经济学博士学位。

马德志（第二十一章）：国际清算银行亚太（香港）代表处高级顾问。2007—2020 年，在 IMF 信息交流部办公室、公共关系处、新闻处和内部信息交流处工作，任高级官员、副处长和处长，参与和负责 IMF 管理层的全球公共关系事务、新闻媒体采访和安排、亚太公共新闻事务以及 IMF 内部信息交流等。2005—2007 年，任世界经济论坛（日内瓦）亚洲部副主任，负责中国事务，协调和组织论坛北京代表处的设立和第一届夏季达沃斯的举办；2002—2005 年，在中国常驻世界贸易组织代表处任职，参与服务贸易和其他国家加入 WTO 谈判事务；1998—2002 年，在商务部（原外经贸部）办公厅新闻处工作。马德志拥有青岛大学学士和对外经济贸易大学硕士学位。

严婷：IMF 信息交流部高级新闻官，负责 IMF 在整个亚太地区的信息交流和媒体关系。同时，她也负责为总裁和副总裁的信息交流活动提供咨询建议和安排，并多次主持新闻发布会。严婷也曾是 IMF 中国职员协会（Chinese Staff Association）主席。在加入 IMF 之前，她曾担任金融数字媒体华尔街见闻的副总编辑、第一财经的资深金融记者，采访过众多全球决策者、商界领袖和学者。严婷拥有复旦大学国际金融学学士学位和伦敦大学学院（University College London）发展管理与规划硕士学位。

后 记

林建海（IMF 前秘书长）

IMF 前秘书长林建海

1981 年春，我与当时北京对外贸易学院讲授国际金融的刘舒年老师合写了一篇文章，题为“关于复汇率制以及我国贸易外汇的内部结算价问题”，刊登在学校的《对外贸易研究》第一期。当时这份刊物属内部刊物，每次只登载一篇文章。在这篇文章里，我们介绍了复汇率制的概念和类型、IMF 限制会员国实施复汇率制的规定，并指出实现内部结算价的后果及如何确定今后的人民币汇价。

转眼间 40 年过去了。在编著本书的过程中，我居然找到了当年这篇文章刊登的原件。尽管纸张已经泛黄，但当年为了写这篇文章，连夜翻阅参考资料的情景仍然历历在目。实事求是地说，写这篇文章的时候，我对 IMF 几乎一无所知。当时还没有标准的国际金融教科书，我仅仅从学校自己打印的教学资料中找到了对 IMF 只言片语的介绍。然而，没有想到的是，从那时候开始，自己居然与 IMF 结下了一辈子的不解之缘。

在江河中学会游泳

1989 年的春天，在我加入 IMF 一星期之后，被指派参加马来西亚的第四条款磋商的工作小组（关于 IMF 与成员国第四条款磋商，详见本书第七章和第十四章）。当时带队的是 IMF 亚洲部副主任 Hubert Nice 先生。他是一位对宏观经济十分了解并且经验极为丰富的资深部门领导人，也是一位做事十分严谨、不苟言笑的经济学家。背地里，大家有时开玩笑说，Nice 先生有时不太 nice，因为他为人处世非常认真，不仅严格要求自己，同样也希望大家和他一样，似乎有点不近人情。比如，他在修改 IMF 工作人员起草的第四条款磋商报告时，不仅对报告的数据、内容、论点、论据和逻辑十分重视和讲究，并且也常常修改语法和标点符号等，一定要做到完美无瑕。当时，我们刚进入 IMF 亚洲部工作的年轻人都对他敬而远之。

也不知道是出于什么原因，Nice 先生对我可谓十分“nice”和“照顾”有加。从进入 IMF 第一天起，就时时刻刻关心我的工作和职业生涯的进展。在我加入 IMF 的第一个星期，他就给当时的 IMF 管理层打报告说我刚刚加入 IMF，建议立即加入他的访问小组，让我在“江河中学会游泳”。在随后的岁月里，他常常用这句话来鼓励我努力工作。2016 年，我已担任 IMF 秘书长，他从奥地利家里来到位于美国华盛顿的 IMF 总部，在我办公室进行了长时间的交谈，还特意问起当年建议把我放在江河中学会游泳，而不是在游泳池里，是不是对我在 IMF 职业生涯很有意义。

当然，在“江河中学会游泳”是要付出代价的。

按照当时 IMF 的规定，去马来西亚或亚洲其他国家出差，因旅途遥远，中途可以停歇两个晚上。我选择了香港，并且在一个四星级的宾馆住宿。两天后我和工作小组的其他成员在马来西亚会合。到达后，大家心情都比较激动和好奇，相互分享旅途中的所见所闻。当问到我的时候，我说在香港住了两个晚上，并且告诉他们宾馆的名字。他们听了后笑着说，你一定会支付一份可观的住宿费账单。原来我以为像IMF这样的国际机构，出差旅费应该是实报实销，我住的是四星级宾馆，算是给IMF省钱了。但没有想到IMF不实报实销旅途中的吃住费用，而是给大家每天一定限额的补贴，超出部分自己负责。在香港这么昂贵的城市，这些补贴远不够住宿四星级宾馆。对我来说，第一次出差就要自己掏腰包，真有点哑巴吃黄连，有苦难言。

这是在不了解的情况下，急忙在江河中学会游泳的第一笔小小的代价。

紧接着，对马来西亚为期两周的第四条款磋商访问工作正式开始。一天晚上午夜，Nice先生突然来电话，告诉我在过去的一年中，马来西亚中央银行的基础货币与广义货币之间的关系似乎发生了变化，要我马上寻找有关资料，并作出分析和提出政策建议，供第二天访问小组与该中央银行会谈时使用，并要求我在第二天早上6点之前送到他的房间。

由于我匆匆忙忙参加这次访问小组，Nice先生的问题也来得很突然，没有任何时间去思考，也不知道如何准备。当时已是午夜，去哪里寻找相关资料呢？当时我的紧张心情是难以想象的。这时我想到了工作小组的副组长，一位来自阿根廷的资深经济学家。拨通他的电话后，他说他还没有休息，手中有相关的资料，叫我不要紧张，可以与他一起分析这些资料。经过三个多小时的努力，我们终于将有关资料进行详细的分析，并得出结论和相关政策建议。

第二天早上7点，Nice先生召开访问工作小组会议，为当天与马来西亚央行和其他政府部门的会谈做准备。在会上，Nice先生看着我说，他想要的资料和分析在早上6点已经收到了，说我这次比较好地完成了任务，并说这是一个好的开始，我的目标应该是有一天能担任高级经济学家甚至访问小组组长。我看了一眼昨天夜里花了三个多小时帮助我的资深经济学家说，我们的肚子都饿了，还是先吃早饭吧。

尽管这次也是在没有准备的情况下，匆忙到江河中学游泳的另一方面教训，但也使我体会到在IMF这个大家庭里同事们相互关心和帮助的温暖与友情，感到选择来IMF工作应该是对的。

当然，如今的IMF已经发生了很大的变化，一般都要求新职员在开始的几个月内不要出差，而是在总部参加内部培训，了解 IMF 的职责、工作要求和有关专业知识，为以后的工作打下扎实的基础。

这也是学习

从马来西亚出差回来一个多月后，我又被指派去缅甸考察访问。

20 世纪 80 年代末，缅甸政治局势不稳，经济发展缓慢。因为在中国上学期间常常听到中缅的友好关系，缅甸对我来说似乎曾经相识。我也知道在 20 世纪五六十年代缅甸盛产大米，闻名世界。所以，有机会访问缅甸有点求之不得的感觉。

这次考察属于小型的 IMF 工作人员访问，除了带队的负责人，就是我这位新兵。小组的第一项工作是要起草一份关于这次访问的内部文件，分析缅甸的经济状况和困难，并提出政策调整建议。在通常情况下，这份文件的起草应该由领队人负责。也不知道出于什么原因，Nice 先生特意指明要我负责第一稿，并告诉我完成后，第一时间交给他审阅。

接到这个任务后，我是丈二和尚摸不着头脑，不知如何下手。我进 IMF 才两个多月，对 IMF 国别政策所知甚少，但任务下来了，必须得完成。当时我想到的第一步是了解周围有没有与缅甸的经济发展状况相近的国家，如斯里兰卡、孟加拉等国。第二步就是详细阅读这几个国家近年来的经济分析报告，从中找出他们分析的方法和结论，包括相关政策建议。在这个基础上，我又看了一些其他国际机构关于缅甸经济分析的文章，开始准备第一稿。

交稿的第二天，Nice 先生就来电话约见。他开门见山地问这篇稿件是不是我自己写的，并说文稿中的一些措辞和政策建议他似乎在什么地方见到过。听了我老老实实的汇报后，他说尽管你是借鉴其他报告，但稿件中的论点和论据还比较清晰，逻辑性也比较强。他接着说，在许多不懂的情况下，应该多问问其他经济学家，开始时也可以借鉴其他一些报告，从中可以更好地理解相类同国家经济面临的问题和解决方案，这也是一种学习、成长的方法，但最终需要培养自己的分析判断能力和写作水平，因为每个国家的国情不可能完全相同。只有这样，才能有所作为。

我对这种半批评、半鼓励的谈话记忆犹新。在 IMF 这样的环境里，学习机会是多方面的，只要自己脚踏实地、勤于思考，一定会有收获。

“你们看上去也很正常啊”

在 2008 年全球金融危机之前，特别是 1997 年亚洲金融危机前，IMF 常常被外界认为是一个“神秘”的国际机构。这种神秘感来自两方面的原因：一是它本身不常做对外宣传，也不善于与外界沟通；二是它的职责和工作性质相对比较抽象。与世界银行的具体项目投资相比，IMF 对成员国和全球经济的双边和多边监督工作是看不见、摸不着的东西（关于 IMF 对成员国和全球经济的双边和多边监督，见第七章）。IMF 信贷是借给成员国政府的，资金往来通常是通过与成员国政府央行转账完成的（关于 IMF 信贷政策和资金来源及使用，见第十八章和第十九章）。

记得在亚洲部工作期间，每次经过亚洲国家海关，其工作人员都会问我从哪里来，在哪里工作。开始几次，我都回答说在美国华盛顿的国际货币基金组织工作，但他们似乎听不懂，继续追问我工作的单位。于是，我回答说在世界银行工作。当年亚洲各国，乃至世界各地，对世界银行都比较熟悉。此后，每次去亚洲出差，我都回答说在世界银行工作，便于顺利进关。这从侧面反映了当年许多国家不太了解国际货币基金组织是一个什么样的机构、从事什么样的工作。

记得有一次和同事从东南亚出差回来，心情比较轻松，在飞机上有说有笑。坐在我们旁边的一位乘客，听到我们在谈话中常常提到 IMF，便很好奇地问我们是不是在 IMF 工作。随后又说你们看上去很正常呀，没有像我想的有三头六臂的那样，弄得我们哭笑不得。

记得 20 世纪 90 年代我和同事们经常去东南亚的某个国家访问，商谈信贷事宜。当时该国的经济形势十分严峻，政治形势也不稳。由于 IMF 的贷款项目往往带有比较严格的经济调整措施，如增加政府税收和减少政府开支，包括控制政府工作人员工资等。从宏观经济政策调整的角度来看，这些措施的目的是要恢复经济稳定，也许都是必要的。然而，从普通民众的角度来看，有些经济调整措施影响到他们的日常生活开支，很难接受。因此，有时 IMF 工作小组的访问成为一个非常敏感的话题，也经常有民众上街游行抗议 IMF 的信贷条件（关于 IMF 信贷条件，见第十八章）。

因此，在该国访问时，为了确保访问小组工作的顺利开展，工作小组成员常常使用化名，并规定在为期两周的访问期间，不得擅自离开宾馆。数次出差后，我们小组的每一个成员都有好几个化名。记得有一次我们一起上街，有人叫住我们说，你们这样在大街上走是不安全的。这时我们才明白原来他是我们过去的一位安保人员，用我们过去的化名招呼我们，而我们却忘记了自己曾经使用过的名字。

时过境迁，如今的 IMF 可以说是家喻户晓。如第一章所介绍的，1997 年的亚洲金融危机、2008 年的全球金融危机和 2020 年新冠肺炎疫情危机将 IMF 推到了全球经济的风口浪尖，成为应对全球经济金融危机的“救火队”。在中国，除了每年的第四条款磋商之外，IMF 还参与 2016 年在杭州举办的 G20 峰会、“一带一路”峰会、中国进口博览会和每年一度的“1+6”圆桌对话会（中国国务院总理和六大国际经济机构负责人会议）等。通过这些活动，IMF 和中国加深了相互了解，跨入了密切合作的黄金期。

IMF 的知名度也得益于近年来富有成效的对外交流沟通策略（见第二十一章）。随着全球经济日益互联互通，信息技术日新月异的发展，IMF 致力于推进信息交流与共享，如今，大部分成员国的第四条款磋商工作人员报告和几乎所有的贷款项目文件都在 IMF 官网上公布。IMF 也大量发表其各种经济研究报告，包括三大旗舰报告（《世界经济展望》《全球金融稳定报告》《财政监测报告》）以及其他方面的研究文章。

掀开“神秘”的面纱，IMF 原来并不是一个高高在上和不食人间烟火的组织，而是一个实实在在的国际机构。

机会无处不在

正如第三章所介绍的，除执行董事会和管理层之外，IMF 内部拥有 20 个左右的具体部门，其中包括 5 个地区部门（非洲部、亚洲与太平洋部、中东与中亚部、欧洲部、西半球部）和若干职能部（如战略、政策与审查部、研究部、货币与资本市场部、财政事务部、法律部、信息交流部、秘书部、统计部、资金财务部等）。为了不断增加职员的知识面和国别政策工作经验，IMF 鼓励他们在职业生涯中，争取有机会到不同的部门去磨练，也可以去 IMF 之外的国际机构或成员国政府工作。这些多样化的工作经历也为职员日后的成长和升职打下基础。

因此，每过几年，经济学家们都要考虑下一步的工作安排。20 世纪 90 年代末，当时我在政策部（后改为战略、政策与审查部）参与了应对亚洲金融危机的多方面工作。工作四年之后，我也要考虑下一步的工作安排。鉴于政策部的重要职责，当时我可以选择去任何一个地区部门或职能部门任职，但我考虑再三，最终选择去资金财务部去锻炼。

当时许多人对我的选择不理解，他们认为政策部是举足轻重的部门，IMF 任何第四条款磋商文件和所有贷款协议都必须经过该部门审查后才能签发。如果说各个地区部门是 IMF“前台”，政策部则是 IMF 的中枢部门，而资金财务部则是“后台部门”。他们不理解我为什么要从如此重要的中枢部门转向所谓的“后台部门”工作。但我认为我已经在“前台”亚太部工作了七年，又在政策部工作了四年，如果有机会去所谓的“后台部门”去了解和锻炼，可以增加知识面，对 IMF 会有更全面的了解。

在资金财务部的开始一两年，我认识到其工作性质和职责范围确实与政策部和五个地区部门截然不同，几乎每天都是忙于资金账户管理的具体事务，接触到的政策层次的问题比较少。但不久后，重大的机会出现了。1996 年，IMF 和世界银行发起了“重债穷国减债倡议”（HIPC），目的是为低收入国家提供债务减免，确保其债务的可持续性。2005 年，八国集团又呼吁 IMF、世界银行国际开发协会和非洲开发基金，对重债穷国提供 100% 的减免。为响应这些政策倡议，IMF 发起了“多边债务减免倡议”（MDRI），对年人均收入 380 美元或以下的所有成员国（无论是否为重债穷国）提供债务减免（关于这方面的介绍，见第十七章）。

因为这两项倡议涉及重大政策问题，也需要大量资金支持，资金财务部被推到了这两项全球倡议的前沿阵地，变成了 IMF 的“前台”。在此期间，我几乎每个星期都有机会与 IMF 管理层，特别是总裁，见面讨论关于债务减免的相关事宜。同时也有许多机会参与 IMF 执行董事会的讨论，增加了与执行董事们的相互了解与友情，了解并学到了许多关于执行董事会如何运转的规定和做法，为自己日后在秘书部工作打下了一定的基础。同样重要的是，在这几年的磨练中，我与当时政策部、法律部、五个地区部门的工作人员紧密合作，增加了彼此间的了解和配合。在之后的职业生涯中，得到了当年这些部门负责人的关心、鼓励和支持。可以这么说，在财务部工作的岁月中，我学到了许多在其他部门不可能学到的知识，特别是对 IMF 资金来源、资金使用、信贷工具和条件等有较全面的了解。同时，对 IMF 配额分配与改革、特别提款权（SDR）的来龙去脉和具体操作有了比较深入的理解。

回头看，如果没有亚州部、政策部与资金财务部相结合的知识与经验，在我后来的秘书长的岗位上，与 IMF 管理层、执行董事会和成员国的交流和沟通上也不一定会如此富有成效。

因此，在与 IMF 年轻职员们的交谈中，我时常提到我在资金财务部的工作经历和心得，鼓励大家开阔眼界，珍惜每一个机会，并充分利用这些机会来扩展自己的知识面和提升工作能力。无论在什么地方，在什么职位上，都是学习和锻炼的场所。机会无处不在，关键是自己要把握和利用好每一次机会，学会既要在繁杂的树木中看见森林，也要在广袤的森林里看到参天大树和具有强大生命力的小灌木丛。

工作的体会

近年来，新闻媒体和大学学生们常常问我在 IMF 的工作心得体会。回顾 31 年的工作经历，似乎觉得有许多体会可以与大家分享，但又不知从何下笔。总结一下，有几点与读者共勉。

首先，作为秘书长，我最常做的工作便是协助总裁主持 IMF 执行董事会会议，讨论全球经济和成员国经济金融政策，制订 IMF 的融资计划、贷款发放以及其他管理事宜。我也全面负责 IMF 执行董事会每年召开的逾 350 个会议，包括所有的准备和总结工作，我和自己的团队需要阅读处理近三千份、长达数十万页的会议文件。我同时也担任 IMF 理事会和国际货币与金融委员会的秘书长，协助理事会和委员会主席主持由 24 国央行行长和财政部长组成的委员会核心会议，参与经济金融政策讨论和战略制定。在这个位置上，我深刻体会到在 IMF 工作过程中积累的知识、经验、思考方法和判断能力的重要性。在国际舞台上深度参与全球宏观经济政策的讨论和引领不仅需要有关方面的学识和工作经验，多年在 IMF 工作中沉淀得到的判断力和外交能力也是历任秘书长胜任这份工作的重要因素。

其次，像所有 IMF 职员一样，工作再难再累，我都甘之如饴。因为一切的工作与努力，往往归结到推进成员国乃至全球经济发展与社会进步。IMF 的工作区域以五大洲为半径，以各成员国为工作对象，对推动全球经济发展起到直接重要作用。IMF 高度的专业环境和重大的国际责任是我们工作的重要动力。

最后，常有人问我的人生信条是什么，其实很简单。像大家一样，“做事认认真真，做人踏踏实实”是我始终恪守的信条，也是人生的哲学。我体会到工作中没有捷径，一切成功都源于踏踏实实的做事精神，源于更多的付出和努力。周末少玩一点，晚上少睡一点。多思考、多观察，向前辈学习，观察他们对问题的看法和处理方法。不管事情大小，都要做好；不仅做好，还要力争超越自己，超越他人。在 IMF 这样的国际机构里工作，既要求对全球经济问题有深刻的理解，平衡、周全地考虑所有成员国的利益和所关心的问题，也需用战略性的眼光来寻找解决方案。在待人处事方面，要多为他人着想，少为自己打算；大家好，也是为我们自己好。

时代的匆匆脚步

2019 年 8 月的巴黎，天高云淡，天气宜人。我在巴黎拜访时任 IMF 总裁拉加德女士。我们见面，心情分外愉快。站在她家的阳台上，仰望近在咫尺的巴黎铁塔和远处明媚繁华的城市风光，不由得感慨万千。拉加德女士于 2011 年就任 IMF 总裁。2019 年，受欧洲领导人委托，拉加德总裁同意接受欧洲中央银行行长一职，并于 2019 年 9 月 12 日卸任 IMF 总裁职务。在共事的八年中，我们共同经历全球经济的风风雨雨（如应对 2008 年全球金融危机、希腊危机等），分享成功的喜悦（如 2016 年 IMF 治理改革到位、使中国成为 IMF 第三大股东国，人民币加入特别提款权篮子等）。利用这个机会，我们二人畅谈当前国际经济动态和挑战以及 IMF 发展的前景。临别时，拉加德总裁再三表示，今后无论什么时候来巴黎，她永远是我最好的朋友。从她家里出来，我已经参加工作的女儿说，“你们两人能像朋友和家人般地讨论和点评国际经济事务，真是十分难得。”

为了确保 IMF 工作的延续性，IMF 执行董事会决定即时启动下任总裁遴选程序。作为当时的秘书长，我又开始为新一轮总裁选举而工作。同年 10 月 1 号，IMF 选出了新任总裁克里斯塔利娜·格奥尔基耶娃。新总裁曾在世界银行和欧盟组织担任要职，是一位经历丰富的国际组织领导人。她也曾经在世界银行担任过秘书长，对我的工作性质十分熟悉。在新总裁选举顺利完成后，我曾经表示希望早日离任。但在新总裁的盛情邀请下，我又工作了一年，于 2020 年底正式离任。在离别时，新总裁动情地说我是她在 IMF 第一个接触的职员，在选举期间结下了深厚的友情，并希望我能写一本回忆录，增加大家对 IMF 的了解。

离任至今，我依然与现任总裁格奥尔基耶娃和前任总裁拉加德保持紧密的联系，定期通话与见面，互相问候致意，分享所见所闻。

尽管本书不是回忆录，但全方位地介绍了 IMF 的职责和工作范围，特别是 IMF 如何洞悉世界经济，化解全球危机。谨此，向各位参加本书编写的 IMF 同事们，特别是刘菲博士和蒋旭峰博士，表示衷心的感谢。正因为有他们的辛勤付出和贡献，本书才能得以完稿并与读者见面。

希望本书对读者有所帮助和启发。

2022 年末